# 走近图灵

— 纪念典藏版 —

THE
TURING
GUIDE

[新西兰] 杰克·科普兰　[英] 乔纳森·鲍文　马克·斯普雷瓦克　罗宾·威尔逊　等◎著
　　　　Jack Copeland　　　　Jonathan Bowen　　Mark Sprevak　　　Robin Wilson

江 生　于 华◎译

清华大学出版社
北京

北京市版权局著作权合同登记号　图字：01-2022-4815

The Turing Guide
ISBN 978-0-19-874783-3

Copyright© Oxford University Press 2017
The Turing Guide was originally published in English in 2017. This translation is published by arrangement with Oxford University Press. Tsinghua University Press is solely responsible for this translation from the original work and Oxford University Press shall no liability for any errors, omissions or inaccuracies or ambiguities in such translation or for any losses caused by reliance thereon.

版权所有，侵权必究。举报：010-62782989，beiqinquan@tup.tsinghua.edu.cn。

**图书在版编目（CIP）数据**

走近图灵：纪念典藏版 /（新西兰）杰克·科普兰（Jack Copeland）等著；江生，于华译．—北京：清华大学出版社，2023.5
书名原文：The Turing Guide
ISBN 978-7-302-63388-4

Ⅰ．①走… Ⅱ．①杰… ②江… ③于… Ⅲ．①图灵（Turing, Alan Mathison 1912-1954）—生平事迹—通俗读物②计算机科学—技术史—普及读物 Ⅳ．① K835.616.16-49 ② TP3-09

中国国家版本馆 CIP 数据核字（2023）第 068352 号

责任编辑：王巧珍
封面设计：李召霞
版式设计：方加青
责任校对：王荣静
责任印制：曹婉颖

出版发行：清华大学出版社
　　网　　址：http://www.tup.com.cn，http://www.wqbook.com
　　地　　址：北京清华大学学研大厦 A 座　　邮　编：100084
　　社 总 机：010-83470000　　邮　购：010-62786544
　　投稿与读者服务：010-62776969，c-service@tup.tsinghua.edu.cn
　　质 量 反 馈：010-62772015，zhiliang@tup.tsinghua.edu.cn
印 装 者：三河市铭诚印务有限公司
经　　销：全国新华书店
开　　本：165mm×240mm　　印　张：41.5　　插　页：1　　字　数：634 千字
版　　次：2023 年 6 月第 1 版　　印　次：2023 年 6 月第 1 次印刷
定　　价：198.00 元

产品编号：094894-01

照片由马克西姆·泽维尔于 2014 年修复
http://www.maximexavier.co.uk

# 序
# FOREWORD

本书是对艾伦·图灵在数学、科学、技术和哲学领域地位的礼赞,包括了图灵同代人的讲述。图灵的贡献涉及诸多领域,只需略读本书就能知晓这一点。书中介绍了图灵严谨的学术成就,将60多年前污迹斑斑的打字稿和残缺不全的手稿生动地呈现在我们面前。其中一些章节介绍了现代科学的发展,另一些则是个人的回忆,或哲学层面的思考,但它们的共性是揭开隐秘的历史。

艾伦·图灵的百年诞辰反映出一种普遍的公众意识,即在21世纪,他的人生和工作成果像以前一样举足轻重。一个显而易见的原因是:计算机无处不在,它已渗透到人们的日常观念,改变了个体与社交世界的关系。如火如荼的公众运动呼吁官方认可图灵的成就,纠正其被判有罪的同性恋身份,而计算机使这一切成为可能。与此同时,现代国家以计算机为基础收集和分析信息,该举措意义重大,对世界政治舞台产生了新的影响,图灵正是计算机科学的创始人。他深知计算机将无所不及,在对机器智能意义的前瞻性论述中就预言了这一点。图灵探讨的内容包罗万象,极具吸引力,涉及从性到密码学等多个主题。

安德鲁·霍奇斯(ANDREW HODGES,牛津大学数学学院)
——畅销书《艾伦·图灵传:如谜的解谜者》(*Alan Turing: the Enigma*)作者

# 前　言
## PREFACE

✱

艾伦·图灵，英国数学家、计算机先驱，公认的计算机科学之父。本书是对图灵在诸多领域所做贡献的赞誉。它面向普通读者，以通俗易懂的方式解释图灵提出的科学和数学概念。

本书分为八个部分，每一部分都讲述了图灵生活和工作的不同方面。第一部分是传记：第1章以时间顺序讲述了图灵短暂而辉煌的一生。第2章是图灵的家人德蒙特·图灵对他的评价。第3章是图灵的同事兼密友彼得·希尔顿的讲述，他回忆了与艾伦·图灵这样的天才一起共事的感受。第4章是有关他同性恋案件的审判，及其受到的令人震惊的处罚。第二部分内容涉及计算机起源的早期阶段，重点讲述图灵的"通用计算机器"，今天被称为通用图灵机。第三部分详细描述了图灵在第二次世界大战期间于布莱切利园从事的密码破译工作。战争对很多人来说是一场灾难，但对图灵来说，战争为其提供了一个重要的国际性表现机会，发挥了他的创造性天赋。毫不夸张地说，如果没有图灵，战争可能会持续更长时间，甚至有可能是纳粹赢得最终的胜利。图灵战时工作的绝密性质导致了他的大部分工作直到最近才被解密，其中一部分至今仍属机密。

战争结束后，图灵离开布莱切利园，加入伦敦的国家物理实验室。第四部分是关于他战后所做的计算方面的工作——先是在伦敦，之后在曼彻斯特。图灵设计硬件和软件有他自己的方法，虽然另类但非常有效。第五部分讨论了被图灵称之为"机器智能"的人工智能（AI）。他首次提出人工智能的重大预言，并为其开拓的领域贡献了大量了不起的理念。第六部分是关于图灵最后的科学成就——形态发生理论。该理论试图揭示在生物（例如海星或雏菊）的生长过程中形态生成的秘密。1952年，图灵发表的关于形态发生的精彩论文为他赢得了数学生物学家的声誉，该论文也是新兴的"人工生命"的研究起点。第七部分描述了图灵在纯数学和应用数学领域所做的贡献，包括他用于破译德国恩尼格玛的"班布里处理"解码法，以及他在可判定性或"判定问题"方面的研究成果，该工作导致了通用计算机器的问世。第八部分正如其标题所示，是本书的尾篇，主题包括对宇宙本质的思索，以及对近期有关图灵的戏剧、小说和音乐的探讨。

作　者

# 致　谢
## ACKNOWLEDGEMENTS

为撰写本书所做的研究工作得到以下机构的帮助，我们在此表示感谢：BCS-FACS专家组；伯明翰城市大学；布莱切利园；基尤的英国国家档案馆；英国数学史学会；新西兰坎特伯雷大学；丹麦哥本哈根大学信息科学学院；爱丁堡大学；耶路撒冷以色列高等研究院；剑桥大学国王学院；伦敦南岸大学；缪斯奥飞有限公司；牛津大学继续教育系；澳大利亚昆士兰大学以及瑞士苏黎世的瑞士联邦理工学院（ETH）。

还要感谢肖恩·阿姆斯特朗、理查德·巴纳赫、威尔·鲍文、拉尔夫·厄斯金、特里弗洛加特、图拉·詹尼尼、凯尔西·格里恩、瑞秋·哈索尔、米哈尔·利尼尔、鲍勃·洛克哈特、基思·曼斯菲尔德、帕特里夏·麦奎尔、弗朗西斯卡·罗西、丹·泰伯、纳玛塔·瓦西亚纳坦和比利惠勒。

特别感谢格雷厄姆·迪普罗斯，他负责照片的后期制作和图像编辑。

# 目录
CONTENTS

## 第一部分　传记 / 1

### 第 1 章　生平与成就 / 3
杰克·科普兰　乔纳森·鲍文

### 第 2 章　不修边幅的人 / 17
约翰·德莫特·图灵爵士

### 第 3 章　遇见天才 / 28
彼得·希尔顿

### 第 4 章　罪与罚 / 33
杰克·科普兰

## 第二部分　通用机器及其他 / 43

### 第 5 章　图灵的世纪 / 45
斯蒂芬·沃尔夫勒姆

### 第 6 章　图灵的伟大发明：通用计算机器 / 51
杰克·科普兰

### 第 7 章　希尔伯特及其著名问题 / 61
杰克·科普兰

### 第 8 章　图灵与数字计算机的起源 / 72
布莱恩·兰德尔

## 第三部分　密码破译者 / 83

### 第 9 章　布莱切利园 / 85
杰克·科普兰

### 第 10 章　恩尼格玛机 / 91
乔尔·格林伯格

### 第 11 章　用一支铅笔破解机器 / 103
梅维斯·贝蒂

### 第 12 章　炸弹机 / 116
杰克·科普兰　联合作者：让·瓦伦丁　凯瑟琳·考伊

### 第 13 章　班布里处理介绍 / 137
爱德华·辛普森

### 第 14 章　金枪鱼：希特勒的王牌 / 154
杰克·科普兰

### 第 15 章　我们是世界上最早的计算机操作员 / 172
埃莉诺·爱尔兰

### 第 16 章　泰斯特团队：破译希特勒的终极密码 / 179
杰瑞·罗伯茨

### 第 17 章　超级揭秘 / 189
布莱恩·兰德尔

### 第 18 章　黛丽拉——语音加密 / 198
杰克·科普兰

### 第 19 章　图灵纪念馆 / 204
西蒙·格林尼什　乔纳森·鲍文　杰克·科普兰

## 第四部分　战后的计算机 / 215

### 第 20 章　婴儿机 / 217
杰克·科普兰

### 第 21 章　自动计算引擎 / 234
马丁·坎贝尔 - 凯利

### 第 22 章　图灵的时代精神 / 245
布莱恩·卡彭特　罗伯特·多兰

### 第 23 章　计算机音乐 / 256
杰克·科普兰　杰森·朗

### 第 24 章　图灵、洛夫莱斯和巴贝奇 / 276
多伦·斯瓦德

## 第五部分　人工智能与心智 / 293

### 第 25 章　智能机器 / 295
杰克·科普兰

### 第 26 章　图灵的心智模型 / 308
马克·斯普雷瓦克

### 第 27 章　全面阐述图灵测试 / 318
黛安·普劳德福特

### 第 28 章　图灵的智能概念 / 335
黛安·普劳德福特

### 第 29 章　连接主义：用神经元进行计算 / 344
杰克·科普兰　黛安·普劳德福特

### 第 30 章　儿童机器 / 350
黛安·普劳德福特

第 31 章　计算机国际象棋——初现时分 / 364
杰克·科普兰　丹妮·普林茨

第 32 章　图灵与超自然 / 390
戴维·莱维特

## 第六部分　生物生长 / 405

第 33 章　人工生命的先驱 / 407
玛格丽特·博登

第 34 章　图灵的形态发生理论 / 424
托马斯·伍利　露丝·贝克　菲利普·梅尼

第 35 章　放射虫：证实图灵的理论 / 434
伯纳德·理查兹

## 第七部分　数学 / 439

第 36 章　介绍图灵的数学 / 441
罗宾·惠蒂　罗宾·威尔逊

第 37 章　可判定性和判定问题 / 458
罗宾·惠蒂

第 38 章　重温班布里处理：纵深与贝叶斯 / 470
爱德华·辛普森

第 39 章　图灵与随机性 / 486
罗德·唐尼

第 40 章　图灵的导师麦克斯·纽曼 / 498
艾弗·格拉坦-吉尼斯

## 第八部分　尾篇 / 507

### 第 41 章　整个宇宙是一台计算机吗？ / 509
杰克·科普兰　马克·斯普雷瓦克　奥隆·沙格里尔

### 第 42 章　图灵的遗产 / 532
乔纳森·鲍文　杰克·科普兰

撰稿人简介 / 548
延伸阅读、注释和参考文献 / 557
章节注释 / 561

第一部分

# 传记

✱✱ THE TURING GUIDE

# 第 1 章
# 生平与成就

杰克·科普兰

乔纳森·鲍文

1954 年,艾伦·图灵不幸英年早逝。几个月后,他的同事杰弗里·杰弗逊(Geoffrey Jefferson,曼彻斯特大学神经外科教授)写下一段话,或许可作为图灵的墓志铭:[1]

艾伦的天才之灯燃烧得如此耀眼,以至于连他自己都无法承受。他不谙世故,在我看来有时过于孩子气,过于离经叛道。他闪耀着天才的光芒是因为他一直童心未泯。我认为他是科学界的雪莱。

## 41 岁去世的天才

离 42 岁生日仅半个月,艾伦·麦席森·图灵(Alan Mathison Turing)结束了他短暂而辉煌的职业生涯。[2] 然而,他的思想生生不息。千禧年之交,《时代周刊》将他列为 20 世纪最伟大的 100 位思想家之一,与莱特兄弟、阿尔伯特·爱因斯坦、DNA 结构的发现者克里克和沃森,以及青霉素的发现者亚历山大·弗莱明并驾齐驱。[3]

图灵短暂的一生所取得的成就不计其数。他最为人熟知的身份是数学家,破解了纳粹德国最难攻克的密码。他还是计算机革命的先驱之一，今天的计算机用户对他思想所产生的影响了如指掌。我们使用同样的硬件购物、管理资产、写回忆录、播放喜欢的音乐和视频、向街对面或世界各地发送信息。现在看来，这些都是理所当然的事情。在"computer"这个术语还专指计算员（在保险公司或科学实验室内部负责计算的职员）的时代，图灵就设想出一台"通用计算机器"，能够完成程序员以一系列指令形式安排的任何事情。当时他不曾预见，他的通用计算机器改变了我们的生活方式：时至今日，个人计算机如燎原之火迅速普及，日销量高达百万台左右。图灵的通用机器将我们带入了一个世界，在这个世界里许多年轻人从未体验过没有互联网的生活。

图灵的贡献远不止于此。他的密码破译拯救了无数人的生命，他在理论和实践层面对计算机发展做出了非凡的贡献，他是人工智能的开山鼻祖。此外，他在数学和数理逻辑、哲学、数学生物学以及心智研究领域的贡献影响深远。杰弗逊赞美图灵的才华"由内而外，熠熠生辉"。本书讲述了这个天才所取得的成就。

## 出生和早年时光

图灵的母亲萨拉·斯托尼（Sara Stoney）来自一个工程师和科学家家庭，图灵的父亲朱利叶斯（Julius）曾在印度皇城马德拉斯（现钦奈）担任公务员。1912年，朱利叶斯与萨拉返回英国暂住，艾伦于当年6月23日出生（图1.1），出生地是梅达谷的石柱廊酒店，该酒店距伦敦帕丁顿车站约半英里。

图1.1 图灵出生地的牌匾，位于西伦敦梅达谷沃灵顿新月大街2号。由西蒙·哈利约特发布到维基共享资源，https://commons.wikimedia.org/wiki/File:Alan_Turing_（5025990183）.jpg。知识共享许可

小艾伦在英格兰南部长大，生活优渥——家中有厨师、女佣，还有机会到国外度假。但他过着近乎孤儿的生活——被寄养在看护人家中，只有当父母休假从印度回来时，才能见上一面。有一次，萨拉与艾伦分别数月后回来，发现他发生了很大的变化。[4] 萨拉写道：

> 他以前活泼好动、爱好交际，和任何人都能成为朋友，现在则变成一个孤僻的、沉迷于白日梦的孩子。

她再次启程前往印度时，"艾伦冲下校车，张开双臂，追赶着我们渐行渐远的出租车"。这一幕给她留下了痛苦的回忆。

这个不善交际、爱做梦的孩子在懵懂的 9 岁时被送到寄宿学校，等待他的是受欺负的、给学长跑腿打杂的青春期。他就读的第一所学校是海兹赫斯特，靠近坦布里奇韦尔斯，这是一所为上层阶级孩子开设的预备学校。14 岁时，他转到多塞特郡的舍伯恩（Sherborne）。该校建于 1550 年，在舍伯恩大教堂的遮蔽下，看起来像一座修道院。图灵衣冠不整，独自一人骑着自行车来到这里。"我是图灵"，他郑重宣告。[5]

我们的时间线从图灵到达舍伯恩开始。（图 1.2）

图 1.2　艾伦·图灵 16 岁至 19 岁的照片。摄于舍伯恩学校
照片由舍伯恩学校提供

**1926** 年　　14 岁的图灵从南安普敦骑行 60 多英里来到新学校。

| | |
|---|---|
| **1927年8月** | 15岁半的图灵撰写了爱因斯坦的著作《相对论》的摘要。 |
| **1929年** | 他的父母出资供他到剑桥大学国王学院读书。 |
| **1930年** | 学校挚友克里斯托弗·默卡死于肺结核。 |
| **1931年** | 获得国王学院奖学金。沉浸在数学和国王学院的同性恋文化之中。 |
| | 打桥牌,打网球,划船,滑雪,喜欢戏剧和歌剧,练习他的二手小提琴。 |
| **1934年** | 以优异的成绩通过剑桥大学最后一次考试:获得一等荣誉学位,即剑桥人所说的"B星数学荣誉学位考试优胜者"。 |
| **1935年** | 当选为国王学院研究员,年仅22岁。 |
| | 参加麦克斯·纽曼(Max Newman)的"数学基础"课程,受到启发,发明了通用图灵机。 |
| **1936年** | 完成并发表了著名论文《论可计算数及其在判定问题上的应用》,奠定了现代计算机科学的基础。 |
| | 前往美国普林斯顿大学攻读博士学位,师从阿隆佐·邱奇(Alonzo Church)。业余时间从事密码设计工作。 |
| **1937年** | 研究数学家所说的"直觉"。 |
| | 研究一种可能的方法来规避库尔特·哥德尔(Kurt Gödel)著名的不完备性定理(也称"不完全性定理")。 |
| | 打曲棍球,打网球。 |
| **1938年** | 完成博士论文《基于序数的逻辑系统》(Systems of Logic Based on Ordinals)。 |
| | 制造电子密码机。 |
| | 战争临近,离开普林斯顿前往剑桥。重返国王学院生活。 |
| **1939年** | 讲授"数理逻辑"课程。 |
| | 参加"数学基础"课程,授课老师是剑桥大学古怪的哲 |

学家路德维希·维特根斯坦（Ludwig Wittgenstein）。

开始研究德国的密码机"恩尼格玛"。定期去伦敦的政府编码与密码学校（GC&CS）访问资深密码破译专家迪利·诺克斯。

撰写论文《泽塔函数的一种计算方法》。建造用于计算泽塔函数（zeta function）的机械模拟计算机；后来，机器的零部件在阁楼上闲置多年。

9月3日，英国对德宣战。图灵在诺克斯的"研究部门"工作，主管部门是位于布莱切利园（又名"X站"）的GC&CS战时总部。

开始研究德国海军的恩尼格玛。德国的U型潜艇往返于北大西洋传送信号，图灵推导出用于保护信号传送的特殊方法。

发明了破解U型潜艇讯息的"班布里处理"密码分析方法。

完成恩尼格玛破解机"炸弹"的初步设计。

**1940年** 前往巴黎，观摩自开战以来由波兰密码破译员解密的首个恩尼格玛讯息。

破解恩尼格玛代号为"浅蓝"的密钥，但结果证明这只是一个训练密钥。

布莱切利园建立"8号小屋"，由图灵负责（图1.3）。他的目标是破译德国海军每天的军事讯息。

图灵第一个代号为"胜利"的炸弹机在"1号小屋"组装完成。

骑车上下班时戴防毒面具以预防花粉过敏。

加入"英国国土警卫队"，学习射击。

德国炸弹落在申利布鲁克恩德村他的住所附近。

**图1.3** 图灵在布莱切利园8号小屋的办公桌和办公室（重建）

版权方：Shaun Armstrong/mubsta.com。经布莱切利园信托公司许可复制

**1941年** 首次实时破解U型潜艇传递的讯息，为穿越北大西洋的商船提供了避开U型潜艇的方法。

现在，布莱切利读取U型潜艇讯息的速度几乎与德国的一样快。

应邀至白厅接受官方祝贺，获得200英镑奖金。

向在"8号小屋"工作的同事琼·克拉克求婚，但后来又解除了婚约。

与三位顶级密码分析专家联名致信丘吉尔首相，反映布莱切利园的工作漏洞和瓶颈。丘吉尔给参谋长下达的备忘录是："今天就采取行动，确保优先满足他们的一切诉求。"

探索机器智能的概念；与杰克·古德（Jack Good）讨论象棋对弈的算法。

**1942年** 见证他的"炸弹"在北非助力英军击败隆美尔的历史时刻。

加入研究部门，参与破译代号为"金枪鱼"的新的德国密码。发明"图灵术"破解无价的"金枪鱼"讯息——部分讯息由希特勒亲笔签发。

与麦克斯·纽曼讨论"金枪鱼"的破解机。

与唐纳德·米奇探讨机器智能。预见机器学习。深入探索象棋机器。

离开布莱切利园前往美国，与华盛顿特区的美国海军密码破译员联络。

访问位于俄亥俄州代顿市国家收银机（NCR）公司，对"美国炸弹机"的设计提出建议。

**1943 年**　在纽约贝尔实验室从事语音加密工作。会见克劳德·香农（Claude Shannon）。

从美国返回，担任布莱切利园的高级科学顾问。

在距离布莱切利园几英里的汉斯洛普园创建了一个小型实验室，开始研究便携式语音加密系统。

住在汉斯洛普军营，吃军队的集体食堂。

**1944 年**　布莱切利园的工作蒸蒸日上。世界上第一台大型电子计算机——由汤米·弗劳尔斯设计的"巨人"——正破解"金枪鱼"自 2 月以来发出的讯息。

在汉斯洛普会见挚友罗宾·甘迪和唐·贝利。

开始跑步。在团队比赛中轻松夺冠。

**1945 年**　完成"黛丽拉"语音加密系统的程序说明书。

与贝利和甘迪一起在乡间散步，以此庆祝欧洲胜利日。

与弗劳尔斯一起前往德国，调查德国的密码学和通信系统。原子弹在广岛爆炸时，向弗劳尔斯解释原子弹的工作原理。

国家物理实验室（NPL）的约翰·沃默斯利不期而至，邀请图灵加入 NPL。图灵接受了邀请，设计了一台电子通用图灵机。

移居伦敦。

完成自动计算引擎（ACE）的设计。指定处理器速度为 1MHz。

认为计算机可以通过程序员的编程"展现智能",但风险是"偶尔会犯严重错误"。

描述程序自我修改的概念;描述修改其他程序的程序的概念;预言编译器的概念。

**1946年** 向NPL的执行委员会提交《电子计算机计划》,报告中首次对存储程序式计算机的设计进行了详细说明。

为表彰图灵在战时所做的贡献,乔治六世授予其不列颠帝国勋章,勋章送达邮政局。

定期从NPL跑步15英里到伦敦北部弗劳尔斯的实验室,向其请教硬件问题。加入沃尔顿运动员俱乐部,在长跑比赛中获胜。

在伦敦阿德菲酒店主持一系列关于ACE的每周讲座;讲座于1947年2月结束。

**1947年** 赴美参加哈佛大学计算机会议。会议组织者霍达华·艾肯并未邀请他发言,但在演讲之后的讨论中,他主导了话题,在存储器设计方面提出了独到见解。

在伦敦皮卡迪利街的伯灵顿大厦发表演讲,有史以来第一次提到计算机智能。这是人工智能(AI)的首次公开亮相。

开创计算机编程的先河,在NPL创建了一个大型软件库。

ACE的硬件研究进展缓慢,图灵颇为恼火——想把自己焊到计算机上。

在1948年伦敦奥运会的大型资格赛中排名第五。

决定参加奥运会选拔赛,因髋部出现问题,只得放弃。

厌倦了NPL的工作,返回剑桥休假一年。想要多打打网球。

在剑桥大学为机器智能研究工作做出开创性贡献。

发明了LU(下三角-上三角)分解方法,用于求解矩阵方程的数值分析。

**1948 年**

撰写人工智能的第一份宣言——《智能机器》。论文提出了遗传算法（genetic algorithm）、类神经元计算（neuron-like computing）以及连接主义人工智能（connectionist AI）的概念。

假设"智力活动主要由各种搜索构成"（预见了艾尔·纽厄尔和赫伯·西蒙的"启发式搜索假设"，声称智力在于搜索）。

提议使用"电视摄像机、麦克风、扬声器、轮子和伺服控制系统"来建造机器人。

撰写现在被称为"图灵测试"的实验版本。

接受麦克斯·纽曼的邀请，到曼彻斯特大学计算机器实验室工作。

离开剑桥前，开始为曼彻斯特大学的"婴儿机"——世界上第一台电子存储程序计算机——设计软件。

与朋友戴维·钱珀瑙恩（David Champernowne）设计了一个国际象棋程序"图罗钱普"（Turochamp）——可谓第一个人工智能程序。

搬到曼彻斯特，见到由工程师弗雷迪·威廉姆斯和汤姆·威尔伯恩建造的"婴儿机"。改进硬件，为"婴儿机"增加输入-输出设备。

进行音符编程实验。

**1949 年**

运行他的"梅森快车"（Mersenne Express）程序来寻找素数。

开创调试技术。

告诉《泰晤士报》记者：我们没有理由否认计算机"终将在平等的条件下"与人类智力竞争。

在剑桥大学的一次计算机会议上发表题为《验证一个大型程序》的演讲，预见了计算机科学家现在所说的"软件验证"。

为费兰蒂 1 号计算机设计一个随机数产生器。

**1950 年**

撰写世界上第一本编程手册。

收到第一台商用计算机——费兰蒂 1 号。不久，他每周两晚沉浸在计算机的世界。

运行一个计算泽塔函数值的程序。报告称，程序从中午一直运行到第二天早晨，"可惜机器坏了，工作就此停止"。

购买了一栋维多利亚式半独立的房子。房子位于曼彻斯特富裕的郊区威姆斯洛，用红砖砌成，名为冬青居（图 1.4）。告诉母亲萨拉"我想，在这儿我会过得很开心"。

图 1.4 图灵在威姆斯洛的"冬青居"牌匾

约瑟夫·比尔-皮克斯顿发布到维基共享资源，https://commons.wikimedia.org/wiki/File：Turing_Plaque.jpg。知识共享许可

在哲学期刊《心智》（*Mind*）上发表远见卓识的论文《计算机器与智能》，确立了他"人工智能之父"的称号。

描述他的"模仿游戏"（imitation game），即完善的图灵测试。

**1951 年**  当选为伦敦皇家学会会员。

在 BBC 电台发表演说,题为《数字计算机能思考吗?》他说:"如果一台机器可以思考,它的思考可能比我们更明智,到那时人类该何去何从?"探讨了计算机具备自由意志的想法。

在一次演讲中预言,会思考的计算机将"很快超越人类微不足道的能力"。说我们应该"期待机器来掌控"。

在曼彻斯特计算机实验室会见克里斯托弗·斯特雷奇(当时是一名教师),建议斯特雷奇编写计算机自检程序。

在曼彻斯特的牛津街遇到一个叫阿诺德·莫瑞的年轻人。

**1952 年**  再次在 BBC 电台发表演说,探讨计算机是否能够思考。预言"至少 100 年以后"计算机才能准确无误地进行模仿游戏。

向警方报告家中发生了盗窃案。承认与莫瑞发生性关系,受审并被判"严重猥亵罪",被判实施 12 个月的"器官疗法"——化学阉割。

发表《形态发生的化学基础》,首创数学生物学和人工生命研究领域。他的联合研究报告《雏菊的生长概述》反映了童年的兴趣(图 1.5)。

图 1.5 "观察雏菊的生长":母亲萨拉画笔下的艾伦·图灵
感谢图灵家族许可复制

1953 年　　　使用费兰蒂 1 号计算机模拟生物生长。

将计算机用作原始的文字处理器。

器官治疗结束。

被任命为曼彻斯特大学"计算理论"的准教授。

发表论文《国际象棋》，描述他的国际象棋程序。

1954 年　　　发表最后一篇论文《可解和不可解的问题》。

于 6 月 7 日星期一晚在威姆斯洛的家中去世。第二天，管家伊丽莎·克莱顿发现了他的尸体。尸检显示死亡原因是氰化物中毒（图 1.6）。

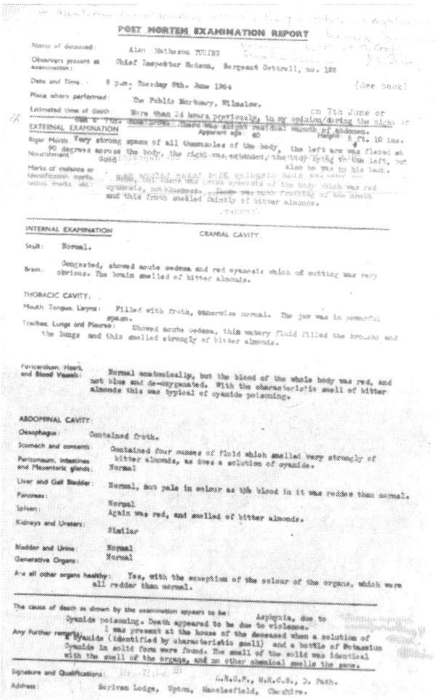

图 1.6　验尸报告，报告上有萨拉·图灵的手写注记

出自剑桥大学国王学院图书馆。AMT/k6.1b；经国王学院图书馆许可复制

在 6 月 10 日的调查中，验尸官认定图灵死于自杀。

6 月 12 日，告别仪式在吉尔福德市萨拉家附近的沃金火葬场举行。

图灵没有留下遗书。根据调查记录，没有任何证据可以向验尸官表明图灵有意自杀。现代准则是，搁置此人试图自杀的任何合理质疑，除非有确凿的证据，否则不应报告为自杀。[6]在审理过程中，验尸官说了一句站不住脚的话：[7]

人们永远不会知道，像他这类人下一步的所思所想。

## 毒 苹 果

艾伦·图灵咬了一个毒苹果，这是众所周知的事。他去世后不久，报纸上出现一则报道，称一位正在研究"电子大脑"的科学家服用了氰化物。报道附了一张如今家喻户晓的照片——床边一个被咬过的苹果。[8]

床头柜上放着半个苹果，有一侧被咬过几口。

图灵百岁诞辰日的早晨，《华盛顿邮报》发表了一篇文章，重复了一贯的说法，即盟军的密码破译专家"自杀"，自杀方式是咬了含有氰化物的苹果；2014年《英国每日邮报》的两页长文直言不讳地说，图灵"吃了一个涂有氰化物的苹果，自杀身亡"。[9]

在图灵的卧室里，确实发现他身旁有一个苹果。然而，苹果从未做过氰化物检测。人们却津津乐道于苹果中毒的故事。

警方的病理学家认为，图灵喝了溶解在水中的氰化物，吃苹果可能只是为了减轻一些味道。[10]事实上，图灵有在睡前吃苹果的习惯，[11]床头柜上的那一半苹果无法解释他的死因。

图灵的卧室旁是一间狭小的实验室，他称之为"噩梦室"（nightmare room）。[12]警方在其中发现了一个装有氰化物溶液的玻璃果酱（果冻）罐。[13]负责尸检的病理学家查尔斯·伯德认为，图灵一定是喝了氰化物溶液。[14]然而，图灵死亡现场的验尸官，隶属于验尸官办公室的莱纳德·科特雷尔却报告说，"图灵嘴上没有灼烧的迹象"——如果服毒，有可能出现这种迹象——并说他只闻到图灵的嘴巴周围有"微弱"的苦杏仁（氰化物）味道。他注意到图灵的嘴上有泡沫。[15] 这种微弱的气味很可能是泡沫散发的，而不是来自果酱罐中那刺鼻气味的食物残渣。

"噩梦室"正在进行某种实验。科特雷尔发现了一个装满气泡液体的盘子，电极通过变压器连接到天花板中央的灯上。他闻到"噩梦室"里有一股"浓烈的氰化物气味"。[16] 萨拉怀疑图灵的死因可能是吸入了实验室中的氰化物气体。[17] 这是有可能的。在狭小密闭的药物实验室工作的非法"药剂师"有可能因意外暴露于化学反应所释放的氰化物气体而死亡。[18]

图灵或许是自杀，或许不是。真相大概永远无法知晓。也许我们应该耸耸肩，接受这种"尚无定论"的结局，转而去关注他的一生及其非凡的成就。

## 后　　续

2009 年，英国首相戈登·布朗发表了期待已久的慷慨致歉：[19]

图灵的案件是按当时的法律处理的，时光不能倒流，但很显然，对他的处罚极其不公。我们痛惜他所遭遇的一切。有机会表达这种歉意，我感到很欣慰。

2013 年，图灵获得英国女王伊丽莎白二世的皇家赦免。当时，根据同样的反同性恋法被定罪的约有 75 000 人，他们仍未被赦免（见第 42 章）。图灵没有做过任何需要赦免的事，他或许宁愿作为被不公正的、邪恶的法律所迫害的群体代表而留在不被赦免的名单里。

图灵去世后的几年，他所开创的新领域不断壮大——最引人注目的是计算机科学和计算机编程，还包括人工智能和数学生物学。计算机领域的诺贝尔奖被恰如其分地命名为 A. M. 图灵奖。

图灵是一个创造了伟大功绩的天才。他害羞、是同性恋者、机智、急躁、勇敢而谦逊。《走近图灵》讲述了这个天才的一生。

# 第 2 章
# 不修边幅的人

约翰·德莫特·图灵爵士

我的叔叔艾伦·图灵不是一个讲究穿着的人。关于这一点得感谢他的雇主，他们为他提供了一个施展才华的环境，接纳他的离经叛道。然而，社会风俗对他生活的影响越来越大。在此，我从家庭的角度讲述图灵的故事。

## 照　片

家庭相册里有一张老照片，那是艾伦在舍伯恩学校毕业前一年的留影（图 2.1）。照片拍摄于 1930 年 6 月，他的朋友克里斯托弗·默卡去世后的几个月。艾伦看起来轻松愉快，但他的裤子显得很邋遢。我们不知道拍摄者是谁，但从时间上看，照片拍摄于某次纪念活动。舍伯恩每年都举办庆祝活动，邀请父母和政要参加。届时，男生，尤其是高年级男生应穿戴整齐，体面亮相。通常，艾伦的母亲（我的祖母）

图 2.1　1930年，艾伦·图灵在舍伯恩学校
经贝利尔·图灵许可复制

会帮他打理，但与其他寄宿学校的男孩一样，艾伦要为自己的着装负责。如果祖母之前曾照料过他的话，那么在那时就可能放手让他自己做了。

## 1922年，海兹赫斯特

在艾伦成长的过程中，我的祖母几乎没有直接管过他。我的祖父在印度担任公职，为大英帝国效力。身为贤惠的太太，祖母的职责是陪在祖父身边，做一个照料家庭的贤内助。（一个世纪过去了，今天看来这似乎是对天赋的浪费。祖母天资聪颖，多才多艺，倘若生在当代，可能会成为杰出的科学家。）艾伦被寄养在英国的海滨小镇圣伦纳兹，与养父母一起生活。9岁时，他被送到位于苏塞克斯郡弗兰特附近的海兹赫斯特预备学校。

艾伦一度很享受学校生活——至少第一学期是这样。那时，发生了一个地理测试的小插曲。我的父亲比艾伦大四岁，是班里的优等生，而艾伦是差生。学校要求全体学生参加一次地理测试。结果图灵1（我父亲）得了59分，图灵2（艾伦）得了77分。我父亲觉得很没面子。

剑桥大学国王学院的档案馆收藏了很多艾伦·图灵的有趣物件，包括他从海兹赫斯特寄回的家信。[1] 这些信以"亲爱的爸爸妈妈"开头，好奇的业余心理学家可能会把它们当作研究素材。1924年6月8日，即将12岁的艾伦写了一封信，颇具代表性：

亲爱的爸爸妈妈：

我又开始用我的钢笔写字了。请告诉我，你们是不是觉得我的字写得很难看……我忘了上周是否告诉过你们，说我有多讨厌木薯布丁，你们说图灵家的人都讨厌木薯布丁、薄荷酱以及别的什么食物。我从未尝过薄荷酱，但几天前吃过了，你们说的没错。

艾伦所说的钢笔是他自己发明的，薄荷酱是英国传统饮食中的奇葩。学校报告不可避免地提到艾伦字迹潦草、衣着邋遢。我祖母画了一幅名画，画中的艾伦正在研究雏菊,而不是专注于曲棍球比赛。当时,他在海兹赫斯特读书(图1.5)。

我父亲离开海兹赫斯特后,去了马尔伯勒公学,他在那里过得很不开心。他认为那个环境会毁了艾伦,于是说服我的祖父母把艾伦送到民主氛围更浓厚的舍伯恩,以便让他尽情享受对科学的热爱。在舍伯恩读书期间,艾伦获得了一些奖品。奖品是当时常见的精装经典著作,封面上印有学校的徽章。这些奖品完好无损地保存在布莱切利博物馆:显然,艾伦从未碰过它们。从艾伦与默卡家人的通信中,我们得知他希望这些奖品是科学书。但即使是在舍伯恩,也没开放到那种程度。

1931年,艾伦从舍伯恩毕业,进入剑桥大学国王学院读本科。在国王学院,甚至布莱切利园这样的学术环境里,没有人会在意他邋遢的着装和交际中的不拘小节。他在国王学院可不只是埋头思考数学。从他的家信中看得出,他对反战运动很感兴趣:20世纪30年代初,政治的影响无处不在。国王学院赛艇俱乐部的队长手册中记录着,艾伦在毕业时已经是一名不错的赛艇运动员。那年5月的比赛颇为激烈,俱乐部在八个参赛队中排名第二,不巧5号选手中途受伤,在不利的情况下,他以替补身份上场,帮助团队夺得冠军。布莱切利博物馆里陈列着艾伦参赛的那支桨。但他的照片很少,事实上,几乎找不到他成年的照片。

像学校里的大多数照片一样,艾伦在国王学院的照片——毕业照(图2.2、图2.3)和赛艇俱乐部照——都是一本正经的摆拍。在家庭相册中,有一张他参加我父亲婚礼的照片:头发整齐、顺滑而有光泽。他的裤子有明显的熨痕,这可不常见。我猜是我的祖母帮他打理过。除了毕业照,艾伦的其他全身照都显示出,他根本不在乎无意义的日常琐事,比如穿着干净的、熨烫妥帖的裤子(图2.4)。

图2.2 艾伦1934年的毕业照
经贝利尔·图灵许可复制

图 2.3 1934 年,吉尔福德:戴帽子的女士可能好奇,为什么摄影师会拍摄裤子那么邋遢的男人

经贝利尔·图灵许可复制

图 2.4 朱利叶斯·图灵(艾伦的父亲)和艾伦,1938 年,吉尔福德;朱利叶斯的裤子有明显的熨痕

经贝利尔·图灵许可复制

## 1939 年,布莱切利园

1938 年,政府编码与密码学校(GC&CS)的负责人阿拉斯泰尔·丹尼斯顿计划打造一份"专业人才"紧急名单,再现第一次世界大战期间破译德国密码的"40 号房"(Room 40)的辉煌战绩。衣冠不整在应聘中可不是加分项。布莱切利园的领导曾任皇家海军军官,人们可能以为他们会在意应聘者的外表,但他们有意超越表象,接纳团队成员怪异甚至是离经叛道的行为。于是,艾伦的名字出现在丹尼斯顿的名单上。这显示出布莱切利园领导人的远见卓识。

1939 年 9 月 4 日,艾伦接到一个电话,通知他到 GC&CS 新的办公地址——布莱切利园报到。那时的布莱切利园可不是现在的样子。艾伦到达时已有九位专家，第二天又来了七位。接下来的几年，布莱切利园的密码破译突飞猛进，从启蒙时代典型的密室方式发展成巨大的、运行通畅的智能机器，早期破旧不堪的小屋变成了专门建造的办公场所。今天，我们仍然可以在布莱切利园看到这些历史遗迹。

20 世纪 70 年代中期之前，家人对艾伦在布莱切利园的工作知之甚少。虽然我们知道有人在从事密码破译工作，艾伦也参与其中，但并不了解密码破译所取得的成就，不了解它的战略、产生的影响，以及艾伦在其中的重要作用。众所周知，布莱切利园的员工都发过誓，要对工作保密，即使战后也不例外。因此，艾伦对他的工作守口如瓶。我祖母写了一本艾伦的传记——《艾伦·图灵》（萨拉·图灵，1959），提到艾伦战时"在外交部工作"。她说，刚开始甚至连他的办公地址都是保密的，后来艾伦才说他在布莱切利园。但是（正如她在 1959 年所写的那样）"我们对他所从事的秘密工作的性质一无所知，这些工作从未被披露过"。

在布莱切利园，艾伦的同事大多是学术圈外的普通人，还有服务人员。看到艾伦如此年轻有为，却不修边幅、不拘小节，他们感到惊讶。于是，艾伦那种教授型的怪咖形象便形成了。他的传记作者之一安德鲁·霍奇斯提到一则传闻：艾伦的裤子是用绳子拽着的。还有，他运动外套里面穿着睡衣。我的祖母总苦口婆心地劝他拾掇一下自己：[2]

他住在申利布鲁克恩德的皇冠旅馆，离布莱切利约三英里。旅馆老板娘拉姆萧夫人对他很照顾，关心他的起居，劝他注意着装。布莱切利园的工作人员对我家亲戚说，艾伦"沉迷于他的理论，一点也不讲究发型、服饰和社会习俗，但却是一个讨人喜欢的家伙"。布莱切利园里也有人衣着破旧，艾伦对此深表遗憾，说他们的破衣服甚至"连补丁也没有"。当然，（我的祖母提醒我们）那时的服装配给券供应不足。

我的祖母于 1976 年去世，享年 93 岁。当时公众对艾伦·图灵的成就知之甚少，他在布莱切利园的工作以及对计算机科学的诸多贡献都鲜为人知。不让公众了解艾伦破解恩尼格玛的功劳，对我的祖母来说是多么残酷的事情。

1974 年，团队领导者温特博瑟姆出版了《超级机密》，曝光了布莱切利园的工作，保密规则被打破。[3] 但温特博瑟姆在书中只字未提艾伦·图灵。布莱切利园博物馆陈列着一封信的复本，那封信是我祖母去世前不久收到的。信中简要陈述了艾伦在密码破译工作中的巨大贡献，但未及细节。1977 年，BBC 制作了一部电视系列片《秘密战争》，我们聚在家里的黑白电视机前，想了解更多有关艾伦的消息。幸运的是，我们看到了他的一张半身照，但片中未提及他的工作内容和成果。直到几年后，安德鲁·霍奇斯的精彩传记《艾伦·图灵传：如谜的解谜者》出版（霍奇斯，1983），艾伦工作的重要性才昭示天下。

## 1952 年，曼彻斯特

在剑桥大学，艾伦可以过上适合自己的生活。总的来说，在布莱切利园的那几年他过得也相当自由。但是离开布莱切利园之后，社会习俗对他产生了不利的影响。战后，艾伦参与了英国的通用计算机器建造项目。节衣缩食的年代，日子过得本就清苦，而脱离学术系统到国家物理实验室（National Physical Laboratory，NPL）之后，他的生活更是急转直下、举步维艰。

艾伦在 NPL 的工作经历注定短暂。他离开的原因之一是，他写了一篇介绍计算机用途的前瞻性论文，被 NPL 的主管查尔斯·达尔文爵士（查尔斯·达尔文的孙子）嘲讽为"小学生的论文"，认为不适合发表。

此时，麦克斯·纽曼雪中送炭，为艾伦在曼彻斯特大学谋得一个职位。这让他回归了轻松的生活，可以自由地思考。曼彻斯特计算实验室让艾伦能够以非常现代的方式使用机器——将计算机作为证实想法的工具，而不是作为高级计算器来计算复杂的算术题。艾伦的观点是，建造一台可运行的计算机，它的前景更为广阔，比建造用于算术运算的机器更令人振奋。

曼彻斯特的研究进展契合时代精神。那是原子弹、航天火箭、喷气式飞机和电视机横空出世的时代——这些发明震撼人心，对学生更具吸引力。可以想象，公众对人工大脑的想法很感兴趣。1949 年 6 月 11 日，《泰晤士报》

刊登了一篇文章，题为《机械大脑：三百年谜题的答案》：

> 战争结束后，英美两国致力于制造高效的机械"大脑"。曼彻斯特大学在该项实验中获得成功，人类进化出一台可运行的"大脑"……曼彻斯特大学的"机械心智"实验室由电子技术系的 F. C. 威廉斯教授创立，现任负责人是两名数学家——M.H.A. 纽曼教授和 A.M. 图灵先生。最近几周，实验室解决了一个 17 世纪提出的问题，该问题的性质尚未披露……

这是一项扣人心弦、令人神往且存有争议的事业。艾伦已全身心地投入其中：

> 昨天，图灵先生说："这只是一种对未来的预示，预示即将发生的事情……我们可能需要好几年才能实现这一新的可能。但我不明白，机器为何不能进入人类智力所及的领域，最终与人类公平竞争。相比机器，我不认为你有能力鉴赏十四行诗，虽然这种比较可能有点不公平，因为机器写的十四行诗，只能在另一台机器那里才会得到更好的鉴赏。"

十四行诗的说法始于曼彻斯特大学的神经外科教授杰弗逊爵士。《泰晤士报》采访的前一天，他在"李斯特讲座"中发表了主题演讲——《机械人的心智》。杰弗逊爵士对思维机器的想法不感兴趣，他说：

> 除非机器能通过思考，有感而发创作出十四行诗或协奏曲，而不是给出随机的符号，我们才认为机器等同于大脑。

演讲结尾，杰弗逊爵士引用了《哈姆雷特》的诗句：

> 人类何其神圣！理性何其崇高！才能何其无限……

艾伦当然读过《哈姆雷特》。艾伦的哥哥约翰，也就是我的父亲说：[4]

我想，艾伦一定是为了准备学校的认证考试而在假期阅读《哈姆雷特》。他把书放在地板上，说："嗯，这部剧有我喜欢的一句话。"我父亲以为他对英国文学产生了兴趣，但这份希望很快就破灭了。艾伦说，他指的是最后一幕的说明语——众人退场，抬走尸体。

双方以最文明的方式开战：杰弗逊爵士支持传统观点，将机器视为计算器，而艾伦则代表那些有远见的人。1952年，BBC邀请他们通过电台辩论机器是否可以思考。为确保公平，由纽曼教授担任裁判。

从学术角度讲，曼彻斯特大学是艾伦的好去处，但从个人角度看，搬到曼彻斯特让他的生活变得更加复杂。其中的故事众所周知。我祖父将他的金表传给了艾伦，当地小偷伙同艾伦在酒吧里认识的年轻人，从艾伦的住所里偷走了那块金表，还有一些小物件。艾伦不谙世故，加上手表被盗很是懊恼，于是去了警察局。但警察对这位研究机械大脑，并在电台侃侃而谈的皇家学会会员的性行为更感兴趣。

家人认为，这一切使他们陷入尴尬的社会处境。艾伦的哥哥约翰是一名律师，艾伦咨询过他的意见。约翰认为应尽量减少公众的注意，为保护母亲免受丑闻影响，最好是认罪。在法庭上，艾伦按照他的建议做了，但态度桀骜不驯：他称自己遭受了道德不公。结局算是如愿以偿——案件的新闻报道很少，他的母亲得到了适当的保护。此外，值得欣慰的是艾伦没有入狱，也没丢掉工作。但图灵兄弟以不同的方式付出了代价。

众所周知，法院判的是缓刑，外加一个疗程的强制性激素"治疗"。这导致艾伦的乳房发育。我认为，治疗还导致他全面的情感错乱。跟约翰一样，我也是一名职业律师。从60年后的法律角度审视艾伦的案子，判决的残忍几乎令人难以置信。

艾伦·图灵的判决依据的是1948年的《刑事司法法案》。[5]事实上，这是一部相当进步的法案：第一章废除了刑事奴役和苦役，第二章废除了鞭刑，第三章体现了法院判决在量刑方面的现代化，将缓刑作为监禁的替代方案。1948年法案之前，法院不能对缓刑令附加条件，但改革后的法律允许法官"要求罪犯遵守法院提出的条件，设定条件是为确保其行为良好或防止再次犯罪"。

我曾天真地以为艾伦的案子是按第三章判的。我想知道，1948 年《刑事司法法案》通过时，议会是否规定"要求"的范围不仅局限于居住条件或监督管理。这几天我在想，强制实施激素注射可能侵犯了《人权法案》。[6] 根据 1689 年的《权利法案》，即使在 1952 年，这种判决也可能违宪。[7]

但我忽视了第四章，它赋予法院如下权力："如果做出附加执行要求的缓刑判决，从判决之日起，期限不得超过十二个月。治疗应在合格医生的指导下进行。"我忽视的原因是，这种权力仅适用于"法院认为……罪犯的精神状况需要治疗，且疗效可能较好"，实施治疗是出于"改善罪犯精神状况的考量"。

艾伦不仅被视为罪犯，还被看作精神病患者。牛津大学犯罪学系研究了 1953 年判决的 636 起案件——并非艾伦判决的那一年，但很接近——这些案件都根据第四章，判当事人缓刑并执行附加条件。[8] 其中，67 人因同性恋被定罪。下表列出了对"成年受害者"实施同性恋罪行的 20 名罪犯的医学诊断，颇具说服力。

| 心理变态人格 | 10 | 焦虑 | 1 |
| 低智商 | 2 | 不明确的神经症 | 2 |
| 精神分裂症 | 2 | 抑郁症 | 1 |
| 有基础疾病 | 2 | 无异常 | 0 |

看来在 1952 年，同性恋被视为精神病患者。在如此糟糕的环境中，艾伦还是最不走运的人。牛津大学的研究表明，414 名罪犯中只有 3 人按照第四章的规定接受了激素治疗。

此案的另一个后果是艾伦与家人的关系恶化。社会习俗不允许我们在家里讨论艾伦的性取向——用一个不太恰当的说法，这是他的母亲无法揣度的事情。艾伦发现哥哥在处理此案时脾气火爆。他们的对话言辞过激，事后又后悔不迭。这些伤口需要时间愈合，但时间已所剩无几。不到两年，艾伦离世，看起来明显是自杀。并且社会习俗仍在施加影响。

1954 年艾伦去世时，他的母亲在意大利度假。约翰再次接到曼彻斯特的电话，还要负责应付小报更加猖獗的流言蜚语。雪上加霜的是，当他到达曼彻斯特，艾伦的精神病医生告诉他，艾伦的一本"日记"不见了：日记中记录了他的各种情绪，以及所遭受的人为的折磨。如果日记被拿到法庭上作为举证证据，让他母亲和国家新闻机构听到他的不当言论，后果将不堪设想。约翰在房子里东翻西找，最终找到了日记。现在，仍有人认为审讯只是一种掩人耳目的过程，至少是做表面文章，但约翰认为，避免不利证据出现在法庭记录上是正确的做法。你不必费劲就能找到大量生理和心理的证据来解释艾伦的死因。

20世纪50年代，艾伦·图灵显然不是唯一被起诉的男同性恋者。法律——以及小报头条名人诉讼案的始作俑者——都声名狼藉。艾伦去世后仅两个月，在丘吉尔首相最后一任任期结束的前几天，议会成立了一个委员会，领导人是约翰·沃尔芬登先生。委员会负责审议与同性恋罪行及罪犯待遇相关的法律法规。[9]委员会建议将私下同意的成年人同性恋行为合法化。遗憾的是，他们的裁决来得太晚，不能帮到艾伦。20世纪60年代法律得以修订，但要改变社会态度，让人们不再认为同性恋者患有"需要治疗的精神病"，还需要更长的时间。

## 2012年，英国内外

与1952年相比，2012年值得庆祝的事很多。女王陛下伊丽莎白二世登基60周年、英国成功主办奥运会，这一年也是艾伦的思想大放异彩的一年：他的影响遍及基础数学、计算机、密码学、发育生物学（developmental biology），当然还包括与"思考"有关的语言哲学——它们不断激发着新的思想和研究。这一切多么令人欣喜振奋。

2012年举办的各种会议和活动，引发学术圈内外的历史回顾，让人们从艾伦的生活和工作中汲取经验教训。现在，他成了正面榜样。特别值得关注的是，2012年10月英国政府通信总部（GCHQ）部长在利兹发表的演讲。他向艾伦·图灵的百年诞辰隆重致敬，但演讲的主题是多领域人才发掘的重要性。

这是布莱切利园战时的成功经验，战后却被社会所忽视。如今，布莱切利园战时的多元文化被视为典范，成为公务员的招聘目标。社会习俗已发生改变。在这种环境下，未来的图灵们可能会发展得更好。

再来举一个例子。舍伯恩学校的生物系设在图灵楼里（距离他1930年照片拍摄地步行不到两分钟），这让参观者感到好奇。学术圈外的人最不了解的是艾伦在形态发生领域的贡献。人们可能期待他高瞻远瞩的思想激发大众的想象，但相比编码和数学这些更为抽象的领域，他在生物领域的发现却少有人问津。也许因为在艾伦最后的日子里，剑桥爆出了重大发现：1953年4月25日，沃森和克里克[10]在《自然》杂志上发表了一篇关于DNA结构的著名论文，令艾伦在胚胎细胞分裂方面的研究黯然失色。艾伦去世后，发育生物学变成了"分子生物学"，如此宏大的思想吞噬了整整一代生物科学家（包括我自己，在成为律师之前我也是生物科学家）。艾伦的百年诞辰提醒我们：生物生长背后的秘密远不只是DNA。

艾伦的百年诞辰激发了大量新思想。巴里·库博创立的"艾伦·图灵年"网站列出了250项百年纪念活动，[11]从新创音乐的表演到各类学术研讨会的举办，不一而足。我最喜欢的是在中国海南岛召开的研讨会，所有报告都使用世界语。活动氛围朴实无华，但这也许是最恰当的纪念方式。如果艾伦还活着，也许会避开2012年的喧闹，但公众关注趣事总比关注俗事（比如他的裤子）要好得多。

# 第 3 章
# 遇见天才

彼得·希尔顿

在艾伦·图灵短暂人生的最后 12 年里，我有幸成为他的同事。工作中我们密切合作，我对他了解至深。遇到真正的天才是一段难得的经历。学术界的人常受到才华横溢的同事带来的智力启发。我们可以欣赏他们的思想，通常能理解这些思想的来源；我们甚至经常认为自己也能创造出这些概念和想法。然而，与天才共事是截然不同的体验；意识到天才就在自己面前，感受到他渊博的学识和独特的思想，这一切都令人叹为观止、心潮澎湃。[1]

## 领军人物

艾伦·图灵正是这样的天才。第二次世界大战的危机创造了意外的机会，让我们成为图灵的同事和朋友。那段经历影响深远、永不磨灭，是我们一生的财富。

战前（1935—1936 年），图灵已经在数理逻辑领域做了基础性的工作，提出了后来被称为"通用图灵机"的概念（见第 6 章）。他的目的是使可计算函数的概念变得精确，但实际上，他描绘了计算机设计基本原理的蓝图，奠定了计算机科学的基础。

1942年1月，我加入由数学家和一流棋手组成的精英团队，致力于恩尼格玛的破译。艾伦·图灵是团队公认的领军人物。但是我必须强调，我们是一个团体——不是一场个人秀！与团队其他成员相比，图灵的贡献确实独特。他不怎么关心每天输出的破译讯息，而更关注方法的改进，尤其关注我们使用的机器。在图灵和整个团队的努力下，我们的工作被丘吉尔誉为"我的秘密武器"。在休·怀特莫尔的舞台剧《破译密码》中，图灵的扮演者德里克·雅克比戏路夸张，他说"我破译了德国密码"。图灵从未说过这句话。他为人谦虚诚恳，绝不会将如此壮举归功于自己。图灵的作用至关重要，但他并非单兵作战。

1942年1月，我来到布莱切利园，在门口迎接我的是一位怪咖。他迎头问道："你会下棋吗？"——此人正是图灵。好在我会下棋。战时服役的第一天，我的大部分时间是帮助图灵解决他感兴趣的国际象棋问题。从那天起，我便与他建立起轻松而随意的友情，并有幸在日后继续保持这种关系。

1945年夏天，欧洲战争结束不久，我离开布莱切利园，在邮政工程研究所工作了一年之后复员，回到牛津大学攻读博士学位。1948年，我在曼彻斯特大学获得了自己的首个学术职务，系主任是伟大的拓扑学家麦克斯·纽曼，他在布莱切利园的关键部门发挥了决定性作用（见第14章）。我很荣幸，被麦克斯任命为助理讲师。他还略施巧计，诱使艾伦·图灵离开国家物理实验室，入职曼彻斯特大学——图灵的特殊任务是为费兰蒂公司设计一台计算机（见第20章、23章）。图灵与纽曼的合作获得了成功。我可以生动地回忆起图灵向我解释计算机的工作原理及操作方法的情景。1952年，我离开曼彻斯特大学，到剑桥大学任职，但一直与图灵保持着联系，直到他去世。

## 热情友善的人

艾伦·图灵为人热情友善。他无疑是一位旷世奇才，却平易近人，总是耐心细致地解释自己的想法。他并非狭隘的领域专家，他丰富的思想涉及精密科学的多个领域；事实上，在他去世前的那段时间，研究兴趣主要集中在形态发生学。他的想象力生动而活跃，幽默感很强——他骨子里是一个严肃的人，但绝非不苟言笑。

战争期间，我们不知道图灵是同性恋。这并不是因为他刻意掩饰自己的性取向。尽管他从不宣扬这一事实，但他一直秉持着诚实的态度，并不以此为耻。战后，反对男同性恋的法律得到英国社会的大力拥护。1952 年 1 月，图灵，曼彻斯特大学的准教授、英国皇家学会会员被捕，与其朋友阿诺德·莫瑞一起被指控犯有"严重猥亵罪"。他没有否认指控，但不认为自己有错。判决的附加条件是，他必须接受旨在降低性欲的激素治疗；该治疗唯一明显的作用是促使他的乳房发育。他接受了审判和定罪。即使在如此艰难的困境中，他仍然对生活和思想的自由交流保持着巨大的热情。

图灵认罪之后，被撤销了切尔滕纳姆 GCHQ 密码破译顾问的职务，也不能再访问美国。英国安全部门认为应该早些驱逐他（战时，图灵在 GCHQ 的工作具有不可估量的价值），却对 GCHQ 的苏联间谍杰弗里·布莱姆的活动视而不见。这是多么可悲且具有讽刺意味的一幕。I.J. 古德是我们战时的同事兼朋友，他中肯地评价了图灵在战胜纳粹的过程中做出的杰出贡献：[2]

幸运的是，当局并不知道图灵是同性恋，否则我们可能会输掉那场战争。

## 伟大的原创思想

如果让我来描述图灵的天才本质，我认为，那是他极富创意的思维能力，他常回到第一性原理去寻找灵感。即使走马观花地了解一下他的毕生著作，也会发现他的论题不拘一格。他发表的论文涉猎广泛，但在取得实质进展的领域却只有一两篇。

在无忧无虑、轻松惬意的日子里，图灵表现出独特的思维方式，以及另类而富有感染力的幽默感。先讲一则他参加网球比赛的趣事。图灵是一名运动健将，准确地说，是优秀的马拉松运动员。在布莱切利园，他喜欢打网球，尤其喜欢玩双打。他的近网拦截能力很强，击球速度和好眼力让他打出许多有效的拦网。然而，他不满意自己的成功率——他能拦截对手的球，但球经常下网。他将非凡的思维过程应用于日常问题，做出如下推理：

问题是，拦截时几乎没有时间计划击球路线。可用时间取决于球拍弦的松紧度。因此我必须松一松球拍的弦。

艾伦·图灵想到做到，他对自己的球拍进行了必要的改动。具体怎么改的因时间久远，记不清了，但我记得在下一场比赛中，图灵带着一个类似渔网的球拍出场了。他成了全场的焦点。他倒是接得住球，也能将球打到自己选择的任何地方——但是，这番操作显然是违规的。很快，他就被劝说使用正常的球拍。

德国伞兵入侵英国，危险迫在眉睫。图灵想成为神枪手，于是他申请加入"地方防卫志愿者"，即人们熟知的"国土警卫队"。当然，加入前要填写很多表格，表格里都是些不相关的问题。有政府机构工作经验的人都知道，填写这类表格无非是提供姓名、在表格上签名、注明日期以及回答问题。答案是什么并不重要，没人会看。其中一个问题是：

你是否知道，加入"皇家地方防卫志愿者"需要遵守军纪？

图灵的论证如下："可以想象，如果我做出肯定的回答，在任何情况下都对我不利。"于是他回答"否"。他被正式录取，很快成为一流的射手——他主动选择的事情通常会做得很好。

后来，入侵的危险退去，图灵越来越厌倦军事练兵，索性不去了。结果，他收到了很多烦人的措辞严厉的传票，最终被传唤到军事法庭，主审法官是国土警卫队白金汉郡指挥官菲林汉姆上校：

列兵图灵，过去的八次练兵你都没有参加，这是事实吗？
是的，长官。
你知道这是非常严重的罪行吗？

不知道,长官。

列兵图灵,你想把我当傻子吗?

没有,长官。如果您查一下我的国土警卫队申请表,就会看到我并不知道要遵守军纪。

申请表呈上,菲林汉姆上校看后气得面红耳赤,只能说:

当初就不该录取你。赶紧给我滚!

# 第 4 章
# 罪与罚

杰克·科普兰

1952 年,图灵因同性恋被捕受审。法庭认定他有罪,判处他接受化学阉割。他为自己的国家做出了巨大的贡献,拯救了无数生命,却遭受如此羞辱。图灵以他一贯的勇气面对这场磨难。[1]

## 阿 诺 德

图灵写了一部短篇小说,[2] 虽然只有寥寥数页,并且没有写完,但通过小说我们可以对作者有更深的了解。小说的主人公亚历克·普赖斯是一位科学家,在曼彻斯特大学工作。显然,他是艾伦·图灵的化身。

与图灵一样,普赖斯总是穿着"一件旧运动外套和没有熨烫的精纺毛料长裤"。图灵称,这是普赖斯的"大学生制服",说这套行头"让他觉得自己仍是魅力四射的年轻人"。刚刚迈入四十岁门槛,图灵一定感到韶华易逝。普赖斯的工作与星际旅行有关。二十多岁时他提出一项重大发现,后被称为"普赖斯的航标"。小说没有说明该发现的性质,普赖斯的航标显然影射了通用图灵机。"亚历克使用这一术语时总是很自豪",图灵写道。

"使用显而易见的双关语让他很开心。他常炫耀自己的同性恋取向。遇到投缘的人，亚历克会假装航标（buoy）这个词没有u"。"自从去年夏天在巴黎与大兵分手后，普赖斯就一直单身"。普赖斯在曼彻斯特的街上遇到躺在长椅上的年轻人——罗纳德·米勒。他是无业游民，与街头混子为伍，靠男男性交易换点小钱。亚历克路过时看了他一眼，他粗俗地问："要男人？"羞涩的亚历克坐到长椅上。两人就那么坐着，气氛尴尬。最终，亚历克鼓起勇气邀请罗纳德到附近的一家餐馆吃午饭。罗纳德刻薄地想："乞丐不能挑剔。"亚历克冒冒失失、装腔作势的搭讪方式让他提不起兴趣，但他默默地对自己说了句颇有哲理的话，"管他的，关了灯全都一样"。

"罗纳德"是"阿诺德"的易位构词。1951年12月，图灵邂逅阿诺德·莫瑞，此人正是小说中罗纳德·米勒的原型。图灵在曼彻斯特的牛津街遇到莫瑞，两人一起吃了饭。[3] 几天之后，他们在威姆斯洛霍利米德镇图灵的家中见面。图灵送给莫瑞一把折叠刀作为礼物。失业的莫瑞可能更想要现金。再次见面时，他们发生了关系。第二天早晨，莫瑞从图灵的口袋里偷了8英镑，离开了霍利米德。不久之后，图灵的住所被盗。

尽管莫瑞和他的狐朋狗友有很大的嫌疑，图灵还是再次与他共度了一夜。第二天上午，他带着莫瑞去了当地的警察局。图灵进去了，莫瑞没有。在报告入室盗窃的过程中，图灵向警方提供了一则错误的消息，正如报道后续审判的记者大肆渲染的那样，"这令他名誉扫地"。

审讯中，图灵承认与莫瑞发生过三次性关系。这个爆料让盗窃案显得不值一提。警察心知肚明，依照1885年颁布且沿用至今的老古董法律，图灵犯了两种罪——对男性的严重猥亵罪，以及在严重猥亵行为中相互犯罪。他触犯了六次法律。

艾伦·图灵表达了自己的看法，他问警察："接下来会怎样？难道皇家委员会不该开会讨论，让同性恋合法化吗？"但直到1967年，同性恋才在英国合法化。

## 审 判

三周后，即 1952 年 2 月底，图灵和莫瑞出庭。法庭宣读了指控书，两人都要接受审判。法庭允许图灵获得保释，保释金为 50 英镑。莫瑞不得保释。

经过一个多月的痛苦煎熬，案件于 3 月底开庭，地点在纳茨福德市宁静的小镇柴郡。公诉书以冠冕堂皇的措辞开头"国王诉艾伦·麦席森·图灵"，但乔治六世刚刚去世，"国王"被匆匆划掉，改成了"女王"。图灵和莫瑞对所有六项罪名认罪。

图灵佯装不在意，开玩笑说："与罪犯待在拘留所，我有种无须负责的解脱感。"[4] 他坦言，"很开心能再次见到共犯，虽然我一点都不信任他"。图灵的老友，数学家麦克斯·纽曼，作为品德信誉见证人被传唤出庭。纽曼说："他全神贯注于自己的工作，是同代人中学识最渊博、最富独创性的数学家之一。"在如此黑暗的日子里，这样的赞誉一定让图灵感到欣慰。

莫瑞的律师试图把责任推给图灵，说是图灵先招惹了他。律师胡搅蛮缠地说，如果莫瑞"没有遇到图灵，就不会误入歧途，也不会偷走 8 英镑"。他的策略奏效了：尽管莫瑞有盗窃前科，却因 12 个月的良好表现而免于处罚。图灵的律师为了让他免受入狱之苦，提到器官疗法的可能性："可以考虑让他接受治疗。提请法庭考虑这样一个事实：图灵从事的工作至关重要，如果他被带走，会损害公众的利益。"

法官根据律师的提议，判处图灵 12 个月的缓刑，命令他"接受曼彻斯特皇家医院一名有资质的医生开具的治疗方案"。他所拯救的国家不该让他受到如此礼遇。图灵在一封信中写道："毫无疑问，这将使我变成另外一个人，一个我不了解的人。"信的签名是"痛苦的艾伦"。[5]

坐牢的替代方案（器官疗法）可能对他的工作产生了不利影响，让他无法从事计算机研究。被捕一事已给他造成了沉重打击：他告诉一位朋友，自己不能在英国政府通信总部（GCHQ）工作了。[6] GCHQ 是布莱切利园和平时期的接管机构，曾以 5 000 英镑高薪雇用他破译战后密码（这个薪酬是 1945

年图灵入职国家物理实验室起薪的六倍多）。[7] 布莱切利园的同事琼·克拉克在战后继续从事密码破译工作。她说，图灵是 GCHQ 伊斯特克特分局的顾问。[8] 但现在，这位忠贞不渝的爱国者却莫名其妙地成了安全隐患。

## 缓刑以及地狱般的"治疗"

所谓的治疗，包括注射一年的雌性荷尔蒙。[9]"他们说，注射是为了减少性冲动。治疗结束后，就会恢复正常。"图灵说，"我希望他们是对的"。[10]

图灵似乎以一种戏谑的态度承受了这一切，包括审判和随之而来的荒唐的化学"疗法"。他的朋友彼得·希尔顿（图 4.1）称之为"顽皮的勇气"。另一位朋友唐·贝利记得，图灵甚至将激素治疗看作"一个笑话"。[11] 图灵的生活态度向来坚韧豁达。此时，这个品质依然伴随着他。一切都将烟消云散。"缓刑期间我的美德闪闪发光。这太棒了，必须如此。"他说，"如果说我不正经，把自行车停在不该停的地方，那我的不正经可能已经有 12 年了。"[12]

图 4.1 彼得·希尔顿
照片由玛姬·奥迪尔拍摄，
由梅格·希尔顿提供

图灵告诉他的朋友诺曼·劳特利奇，他的乳房越来越大。劳特利奇说："这是治疗导致的。他把治疗当作一个笑话。"[13] 不人道的"治疗"显然严重摧残了图灵的身体，但似乎并没达到当局想要的效果。在给朋友罗宾·甘迪的信中，图灵坦言：即使在治疗即将结束，体内的雌激素处于峰值时，他仍对年轻男子有感觉。[14]

尽管个人生活陷入泥潭，但图灵的职业生涯却迎来了新的契机。他最初是数理逻辑学家，后来成为密码破译专家，接着是计算机科学家、人工智能先驱，现在又成为数学生物学家。1952年8月，器官疗法还在进行，英国皇家学会发表了他的一篇开创性论文，该论文提出了生物生长的新理论（见第33~35章）。这是图灵生命化学研究的第一阶段。

缓刑期间，雌性荷尔蒙充斥着他的身体。在这种状态下，图灵的科研工作继续推进。他长时间埋头于控制台，用曼彻斯特的计算机模拟其理论所阐述的化学过程。1953年3月，剑桥大学的两位科研人员——弗朗西斯·克里克和詹姆斯·沃森破解了DNA的化学结构。沃森说，那天"弗朗西斯冲进老鹰酒吧，让听力范围内的所有人都知道我们发现了生命的秘密"。[15]与此同时，图灵即将揭开一个更大的秘密：胚胎在母亲的子宫里生长，微小的、双螺旋结构的DNA发育成人体，大自然如何实现这奇迹般的飞跃？

电影《模仿游戏》中有一个场景（本尼迪克特·康伯巴奇饰图灵）：图灵的大脑受到激素的严重影响，甚至无法玩填字游戏，更别说解决它了。[16]像电影的大部分内容一样，这场景纯属虚构。（《纽约书评》称其为"影片中最离谱的一幕"）。[17]当时的真实情况是，图灵正忙于自己的事业——利用计算机辅助探索生命的秘密。

## 谢尔危机

图灵的缓刑期就要结束了，此时他收到一张明信片，他的挪威男友谢尔·卡尔森即将来访。[18]魔咒呼之欲出。图灵形容他与谢尔的关系"纯洁无瑕"。[19]"微醺之后，在异国的旗下有一次轻吻。就这些。"他说。但他万万不该让谢尔在自己缓刑期间来威姆斯洛。这张明信片引发了当局的强烈反应，他们一定是在窥探图灵的邮件。谢尔未能与图灵会面。图灵告诉罗宾·甘迪，"有段时间，英格兰北部的警察在到处找他，主要在威姆斯洛、曼彻斯特、纽卡斯尔等地搜捕"。[20]谢尔返回卑尔根。

国家显然在密切监视艾伦·图灵。他了解英国密码破译的核心秘密，而他被捕的时间又不凑巧。1951年年中，盖·伯吉斯和唐纳德·麦克林叛逃莫斯科，这一丑闻使公众将背叛、剑桥知识分子与同性恋关联起来。军情五处和秘密情报局不想因疏忽再被抓到把柄。同样在1951年，美国科学家埃塞尔和朱利叶斯·罗森伯格（Julius Rosenberg）因向俄罗斯泄露原子武器的秘密被判处死刑。他们在美国处决的时间与谢尔事件几乎同步。英美两国对安全的担忧已达到白热化的程度。

冷战时期的那个节点，当局将图灵视为西方国家最大的安全隐患。与德国交战期间，他几乎是盟军密码世界里全知全能的统帅——知识的适用期很长——如今，更为恐怖的是，这个另类的、拥有自由思想的剑桥知识分子也涉足了原子世界。曼彻斯特计算机服务于原子武器的研发。项目初期，当局与曼彻斯特计算机实验室接洽，让他们进行"一系列繁杂的计算"[21]，那时图灵担任项目顾问。1950年首次接洽后，双方迅速建立起永久的合作关系。1953年10月，英国原子研究机构签署了一份正式协议，为开发执行绝密任务的曼彻斯特计算机所需的大量时间付费。[22]

图灵口中的"谢尔危机"似乎已经烟消云散。几周后，也就是1953年4月，他的缓刑期在平静中结束。此时，离他去世只有一年多。他从器官疗法中解脱出来。1953年的春天，阳光明媚，天空重现湛蓝。

## 处 罚 之 后

1953年初夏，图灵收拾行李去新开业的地中海俱乐部度假，俱乐部位于希腊科孚岛的益普索。[23]太阳、大海、男人。他寄了一张明信片，说他在海滩上遇到一个可爱的小伙子。

没有证据证明，图灵在注射了数月的激素后患上危及生命的抑郁症。现存的证据表明，在生命最后的14个月里，他的精神状态并无异样。此外，他的事业如日中天，生长研究进展非常顺利，重大研究成果的问世指日可待。

图灵与他的朋友尼克·弗班克（Nick Furbank）谈论过自杀。弗班克告诉我"这个话题我们确实谈过几次"。[24] 但弗班克并不清楚图灵是否在谈他自己——如果他想结束生命，是不会告诉朋友的。弗班克并没多想，他忙于别的事情，不经意间离开了图灵的生活圈。图灵去世前的两三个月，弗班克都没有去过他家。像许多人一样，弗班克接受了图灵自杀的说法。70多年过去了，他仍觉得自己辜负了图灵。

另一部讲述图灵的影片是《密码破译者》，于2011年在英国电视台首播。该纪录片的制作者是帕特里克·萨蒙和保罗·森。故事讲得很巧妙，大部分情节是图灵和他的心理治疗师格林鲍姆博士之间虚构的对话。[25] 1952年，图灵开始约见弗朗茨·格林鲍姆。格林鲍姆住在威姆斯洛路附近，骑自行车很快就到。不久，图灵就与心理分析师及其子女建立起友谊，他们常一起共度周日。影片结尾，图灵与格林鲍姆讨论自杀。萨蒙和森写了续文："图灵自杀：案件终结。"在他们的笔下，格林鲍姆相信"图灵有自杀的可能"。作为图灵的心理治疗师，他"洞察到艾伦之死是自杀而非意外"。[26] 这可不是格林鲍姆本人的说法。图灵去世当年，真正的格林鲍姆给萨拉写了一封信（是否真诚就不得而知了），信中写道："我确信艾伦死于意外。"[27]

萨蒙和森讲述了一件事：大约在去世前四个月，图灵立了一份遗嘱，这是"准备自杀的证据"。[28] 然而，一个人在41岁时立遗嘱是很怪异的举动。无论如何，图灵的遗嘱与一个想自杀的人的遗愿风马牛不相及。他给管家克莱顿夫人留了一笔小额遗产，外加一笔年金。"在她聘用期内，12月31日到次年12月31日为一周年，每年1953英镑。"（图4.2）[29] 图灵是一个从不说废话的人，似乎不太可能写出这样的内容，除非他真的考虑到克莱顿夫人在未来受聘期的年金积累问题，否则不会在遗嘱中提及此事。

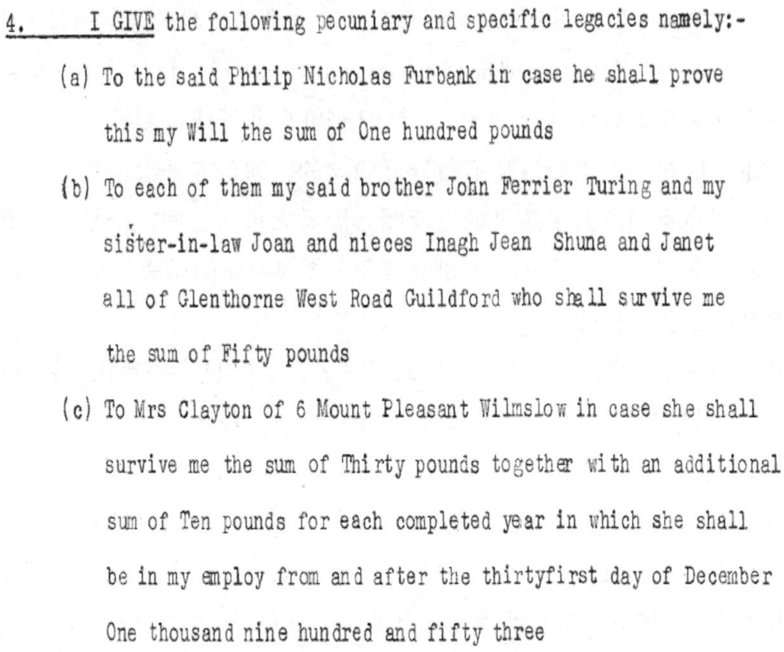

```
4.      I GIVE the following pecuniary and specific legacies namely:-
    (a) To the said Philip Nicholas Furbank in case he shall prove
        this my Will the sum of One hundred pounds
    (b) To each of them my said brother John Ferrier Turing and my
        sister-in-law Joan and nieces Inagh Jean  Shuna and Janet
        all of Glenthorne West Road Guildford who shall survive me
        the sum of Fifty pounds
    (c) To Mrs Clayton of 6 Mount Pleasant Wilmslow in case she shall
        survive me the sum of Thirty pounds together with an additional
        sum of Ten pounds for each completed year in which she shall
        be in my employ from and after the thirtyfirst day of December
        One thousand nine hundred and fifty three
```

图4.2　图灵遗嘱摘录，由他本人于1954年2月11日签署

## 最后的日子

图灵去世前一周，和罗宾·甘迪在冬青居度过了一个愉快的周末。图灵的管家克莱顿夫人说"他们玩得很开心"。[30]甘迪说："圣灵降临节前的周末，我和他在一起。他的兴致似乎比以往更好。"[31]图灵的邻居韦伯夫人也觉得他心情很好。6月3日星期四，也就是去世前四天，他举办了一个即兴派对，招待韦伯夫人及其孩子罗布，为他们煮茶、烤面包。她回忆道："这是一次愉快的聚会。"[32]甘迪接受了官方的说法，但他认为图灵没有理由自杀。

任职于曼彻斯特大学数学系的彼得·希尔顿（第3章的作者）在战时就是图灵的朋友，那段时间他们经常见面。希尔顿告诉我，最后一次回家之前，图灵在大学办公室留下一张便条，上面写着下周的工作计划。图灵的另一位同事，计算机工程师欧文·以法连，自1954年初与图灵在计算实验室共事，他告诉我:"我是艾伦最后的同事。"周末离开实验室时,他们像往常一样互相说"再会",没想到却成了永别。以法连说:"从没有警察或别的什么机构来问过我他去世前几天的情况。"他接着说:

"如果有人问我,我会说艾伦·图灵在最后的日子里表现得很正常,一如既往地勤奋工作。"

去世前不久,图灵与伯纳德·理查兹(第 35 章的作者)确定了一次重要的约见,听取这位年轻科学家关于图灵的生物生长理论的新证据。可悲的是,就在约定日当天,图灵的遗体被发现。[33] 理查兹说:[34]

"我告诉过图灵,我获得了令人震惊的三维结果,显示了他的形态发生方程的生物学解。他说我们的会面还要等几天。唉,这个约定永远无法实现了。听到他去世的消息,我很震惊。"

|第二部分|

# 通用机器
# 及其他

**✱✱ THE TURING GUIDE**

# 第 5 章
# 图灵的世纪

斯蒂芬·沃尔夫勒姆

我从未见过艾伦·图灵,他在我出生前五年就去世了。但不知为何,我觉得自己很了解他,我的许多研究兴趣与他高度吻合。巧的是,沃尔夫勒姆公司的 Mathematica 于 1988 年 6 月 23 日问世,与图灵的生日是同一天。[1]

大概 11 岁时,我第一次听说艾伦·图灵,那时我有了自己的第一台计算机。我父母的朋友介绍我认识了一位古怪的老派教授,他知道我对科学感兴趣,向我提到了这个"叫图灵的聪明小伙子",他们相识于第二次世界大战期间。

这位教授有个怪癖,每当拉丁语文章中出现"ultra"这个词,他就不断重复,让我记住它。我确实记住了,但当时并没多想。几年后我才意识到,"ultra"是战时英国在布莱切利园进行密码破译的代号。教授想在不泄密的情况下,以非常含蓄的方式告诉我有关它的故事。大概正是在布莱切利园,他遇到了艾伦·图灵。

几年后,英国学术圈不时有人提到艾伦·图灵。我听说战时他为破译德国密码立下了鲜为人知的汗马功劳,却在战后遭到英国情报部门的暗杀。当时,英国战时的密码工作以及图灵的作用仍属机密。我想知道保密的原因,于是四处打听。有人说图灵发明的编码可能仍在使用。但实际上,继续保密是为了不让外界知道某些编码已被破解,这样的话,其他国家就会继续使用。

我不确定何时再次"邂逅"艾伦·图灵。当我决定投身于计算机科学研究,常在各种资料中读到"图灵机",应该就在那时吧。记得很久以前,大概是 1979 年,我在图书馆找到了一本他的传记,作者是他的母亲萨拉·图灵(Sara Turing)。[2]

艾伦的形象和成就在我心中逐渐清晰起来。接下来的三十多年里,我常与他不期而遇。比如,20 世纪 80 年代初,我对生物生长理论非常感兴趣——读过萨拉·图灵的书,才发现艾伦·图灵在该领域完成了大量未发表的工作。1989 年,在推广 Mathematica 的早期版本时,我决定做一张黎曼泽塔函数的海报,发现艾伦·图灵曾保持零点计算的记录(见第 36 章)——他还专门为此设计了一台齿轮机器。

最近,我甚至发现图灵写了一篇关于"数学符号和术语改革"的文章——这个主题关系到 Mathematica 和 Wolfram|Alpha,我对此很感兴趣。我了解到我的高中数学老师(诺曼·劳特利奇)是图灵人生末期的朋友。我的老师知道我对计算机感兴趣,但他从未向我提起图灵或他的工作。确实,35 年前图灵几乎不为人知,只是近几年才出了名。

毋庸置疑,图灵最伟大的成就是在 1936 年提出了构建图灵机的理念——一种旨在表示数学过程机械化的理论设备——从某种意义上说,Mathematica 正是这种机器的具体体现。

但在 1936 年,图灵的研究目标是纯理论的——事实上,图灵机的构建并非为了表示数学中可机械化的部分,而是不可机械化的部分。1931 年哥德尔定理表明,数学中可证的命题是有限度的,图灵想了解数学中任何系统程序能力所及的范围。(见第 7 章和第 37 章)

图灵是剑桥的年轻数学家,他的工作围绕他那个时代的数学问题而展开。他的解决方案之一是在理论上构建一台通用图灵机,能够被"编程"以模拟其他图灵机。实际上,图灵已经创造出通用计算的思想,奠定了所有现代计算机技术的基础。

不过,图灵的工作在当时并没有引起太大反响,可能因为这并非剑桥的数学研究重点。在发表论文之前,图灵得知普林斯顿大学的阿隆佐·邱奇(Alonzo Church)得到了相似的结果,但其方法不是通过理论机器,而是通过类似数学的兰姆达演算。后来,图灵前往普林斯顿大学学习,师从阿隆佐·邱奇。在那里完成了他人生中最深奥的论文。

接下来的几年，图灵主要从事战时密码工作。几年前我了解到，图灵战时曾拜访过贝尔实验室的克劳德·香农（Claude Shannon），探讨语音加密问题（见第 18 章）。图灵一直在研究一种用于密码分析的统计方法，我很想知道他是否告诉过香农，从而启发香农开创了信息论（information theory），但该方法的初衷是为了发展密码技术。

战后，图灵参与了英国第一台真正的计算机建造（见第 20 章和第 21 章）。建造在很大程度上基于工程学，而不是图灵的通用计算理论。然而，二者肯定有关联，或者说间接相关。1943 年，芝加哥的沃伦·麦卡洛克（Warren McCulloch）和沃尔特·皮茨（Walter Pitts）写了一篇关于神经网络的理论性论文，借助通用图灵机的理念探讨了大脑中的一般计算。约翰·冯·诺伊曼（John von Neumann）读了这篇论文，建议将该理论用于真实计算机的构建和编程。（冯·诺伊曼在 1936 年就读了图灵的论文，但当时并没有完全认识到它的重要性。在为图灵写的一封推荐信中，他只是说图灵在中心极限定理方面做了一项有趣的工作。）

值得注意的是，从撰写通用计算的理论性论文到为真正的计算机编程，艾伦·图灵只用了短短十几年。但我不得不说，站在今天的高度，他的程序有着浓重的"黑客风"——许多特殊功能被封装并编码为奇怪的字符串。这或许在所难免，因为突破新技术必须要有黑客精神。也许，构建第一台通用图灵机也需要黑客精神。图灵的理念是正确的。他很快发布了勘误表来修复一些程序缺陷。几年后，又发现了更多的错误。当时图灵并未料到，程序错误的出现是如此频繁。

图灵也不知道，其通用计算结果的一般性（或非一般性）的程度。也许图灵机只是计算程序的一个模型，与另一模型（大脑）相比，具有截然不同的能力。但几十年过去了，我们可以清楚地看到，大量可能的模型与图灵发明的机器完全等价。

奇怪的是，艾伦·图灵好像从未在一台计算机上模拟过图灵机。他将图灵机看作证明普遍原理的理论设备，并未将其视为可进行明确研究的具体实物。事实上，图灵在构建生物生长过程模型时，一上来就使用微分方程，似乎从未考虑图灵机这类机器与自然过程关联的可能性。

大约在1980年，我对简单计算程序产生了兴趣。最初，我也没考虑图灵机，研究的是后来被称为"元胞自动机"的模型原理。我发现，元胞自动机的规则虽然非常简单，却能生成极其复杂的性能。我很快意识到，我们可以将它理解为与一个复杂计算相对应（图5.1）。

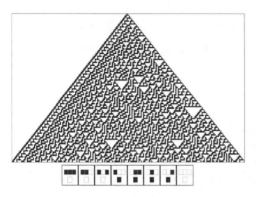

图5.1 20世纪80年代初，我发现的名为"规则30"的简单元胞自动机（cellular automaton）。像计算领域中的许多其他系统一样，即使规则很简单，却能生成显著的复杂性

本图经史蒂芬·斯蒂芬·沃尔夫勒姆许可复制

我可能在1991年才模拟了我的第一台显式图灵机。对我来说，图灵机的构建更倾向于工程系统，而非类似自然系统的东西。但我很快发现，与简单的元胞自动机一样，即使是简单的图灵机也能生成非常复杂的性能。

从某种意义上说，艾伦·图灵很容易想到这一点，但就像我最初的直觉一样，他的直觉可能告诉他，这是不可能的现象。所以，或许仅仅是运气（和使用简单计算）才让他发现了这一点。

我确信，如果他模拟过图灵机，就会对其普遍性概念的门槛，以及图灵机性能的简单程度产生好奇。20世纪90年代中期，我搜索了简单图灵机的空间，找到了最小的可能候选。我提供了25 000美元奖金，一位名叫亚历克斯·史密斯的英国大学生于2007年证明，这台图灵机确实是通用的（图5.2）。毫无疑问，如果艾伦·图灵在世，会很快明白这些结果对于思考数学和自然过程的意义。但是，由于实证发现的缺失，他的思想并未在此方向上取得进展。相反，他开始从工程学的角度思考计算机能在多大程度上模拟大脑，创建了"图灵测试"等概念（见第25和27章）。今天，阅读他的论文，我发现他提出的大量有关人工智能的概念仍需论证——尽管有些已经过时，比如超感官知觉（见第32章）。

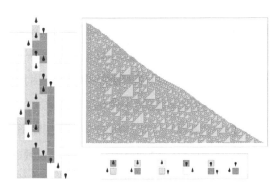

图 5.2　最简单的通用图灵机。20 世纪 90 年代中期，由我首次确认。2007 年，在我赞助的项目中，有人证明了它的通用性。它的读写头有两种状态（向上或向下），包含三个符号（由颜色或阴影表示）。左图显示了 20 个进化步骤，而右图的压缩形式对应于 129 520 个步骤

1950 年，图灵发表了著名的论文《计算机器与智能》，[3] 提出将大英百科全书的内容编入机器——他估计这项工作需要 60 名工人用 50 年才能完成。得益于过去 60 年的科学发展，加上一些聪明才智，我们有了 Wolfram|Alpha。如今，编程工作可能会耗费较少的人力。我想知道图灵怎么看待它。

近些年，图灵的智力成果公之于众，他还成了民间英雄，主要是因为他的离奇死亡。我们永远也无法知道他的死是否有意为之，但据我了解，并非如此（见第 1 章和第 4 章）。人们听说他吃了含有氰化物的苹果，认定他是自杀身亡。后来知道他爱捣鼓实验，为了电镀勺子制造氰化物，还把食物和化学制剂放在一起，是一个很不讲究整洁的人。如此看来，死因就没那么确定了。

我常设想与图灵见面的情景。我没听过他的录音（尽管他参加过不少 BBC 广播电台的节目），但我知道，即使在生命最后的日子里，他仍谈笑风生，言语中带着一丝犹豫，似乎是因为想得比说得快。对他来说，讨论数学是最轻松惬意的事。他也思考一些物理问题，但好像从未深入研究过。终其一生，图灵都保持着对智力问题孩童般的热情与好奇。

图灵独来独往，孜孜不倦地沉湎于各类工作。他是同性恋者，离群索居。他不是组织里的政治家。生命的最后几年，他发现自己被边缘化了，无论是在计算机领域还是在他新的研究方向——生物生长（biological growth）和形态发生（morphogenesis）领域。

在某些方面，图灵是英国社会典型的局外人。他的智慧闪烁在不同领域，在纯数学方面很高的造诣奠定了他的专业基础。他对传统数学的贡献虽谈不上卓著，但无疑令人敬佩。在涉足的每一个领域，他构建的观点都具有前瞻性，即使有时晦涩的符号和大量细节会阻碍技术的实现。

图灵能够将成熟的数学形式体系与当时新兴的工程学结合起来，从而目睹计算的一般概念的诞生。某种程度上说，他生逢其时。

很遗憾，计算机实验被证实广泛可行时，图灵已去世 20 多年。我很想知道，他若研究 Mathematica 会有哪些新发现。我确信他会将它的性能发挥到极致，写出让我惊叹的代码。但我最大的愿望是，他能早我若干年发现《一种新科学》（A New Kind of Science）中所提到的基本原理，并理解其重大意义。[4]

图灵测试提出 60 年后，仍未出现完全类人的人工智能。这可能会让他失望。或许他早该投身于 Wolfram|Alpha 这类创新活动，将人类知识转化为计算机可处理的内容。

如果艾伦·图灵能多活几十年，肯定会致力于六七个新领域的研究。但他 41 年的人生中所取得的成就，已有很多值得我们感恩。他奠定了（如我所从事的）计算机科学的概念基础，无愧于"计算概念之父"的称号。

# 第 6 章
# 图灵的伟大发明：通用计算机器

杰克·科普兰

没有哪个人可以称为计算机的发明者——这是集体努力的结果。在不同的时间、地点，很多先驱从事过这项研究。有些人的工作相对独立，有些人则是团队合作。推动计算机问世的大名鼎鼎的科学家有查尔斯·巴贝奇（Charles Babbage）、约翰·冯·诺伊曼（John von Neumann），当然还有艾伦·图灵。荣誉榜上的其他重要人物包括康拉德·楚泽（Konrad Zuse）、汤米·弗劳尔斯（Tommy Flowers）、霍华德·艾肯（Howard Aiken）、约翰·阿塔纳索夫（John Atanasoff）、约翰·莫奇利（John Mauchly）、普雷斯珀·埃克特（Presper Eckert）、杰·福雷斯特（Jay Forrester）、哈里·郝斯基（Harry Huskey）、朱利安·毕格罗（Julian Bigelow）、塞缪尔·亚历山大（Samuel Alexander）、拉尔夫·斯鲁茨（Ralph Slutz）、特雷弗·皮尔西（Trevor Pearcey）、莫里斯·威尔克斯（Maurice Wilkes）、麦克斯·纽曼、弗雷迪·威廉姆斯（Freddie Williams）和汤姆·基尔伯恩（Tom Kilburn）。图灵的杰出贡献是发明了"通用计算机器"（universal computing machine）。他是描述现代计算机基本逻辑原理的第一人，论文发表于 1936 年。12 年后他的理念变为现实。1948 年，威廉姆斯和基尔伯恩成功建造了一台电子通用计算机器——世界上第一台现代电子计算机诞生了。

## 通 用 机 器

1936 年，年仅 23 岁的图灵发明了现代计算机的基本逻辑原理——可以说事出偶然。这个羞涩的、稚气未脱的天才，刚当选为剑桥大学国王学院研究员。康河旁有一座古老的石屋，年轻的图灵独自一人在顶楼的一间陋室里工作。与现代研究环境截然不同——中世纪，大学开始蓬勃发展，自那时起剑桥的学者就一直在不舒适的石建筑里思考，这些建筑让人想起大教堂或修道院。

穿过狭窄的中世纪小巷，距国王学院几步之遥有一群建筑和几方庭院。17 世纪，艾萨克·牛顿（Isaac Newton）在那儿彻底改变了我们对宇宙的理解。图灵将迎来另一场革命。他正沉浸于基础数学的理论研究。谁都想不到他高度抽象的研究能产生什么实用成果，更不会想到那将是一台改变我们生活的机器。

众所周知，让计算机完成指定工作（比如文字处理）的方法是在存储器中安置适当的程序，并启动它运行。这就是图灵 1936 年发明的"存储程序"概念。[1] 他绝妙的想法是纯粹的思想产物——这台机器有一个处理器和一块硬件，它可以无缝地从一台专门从事一种工作的机器转变为一台专门从事完全不同工作的机器——例如，从计算器到文字处理器，再到国际象棋棋手。它通过存储器中的程序和编码指令序列来实现这一点。

图灵称他的发明为"通用计算机器"，我们现在称之为通用图灵机。如果艾萨克·牛顿知道这事，可能希望是自己先想到的。如今，几乎人手一台计算机（图灵通用机器的物理实现），计算机器"一站式服务"的想法像车轮和拱门一样平淡无奇，但在 1936 年，工程师的想法是，根据不同的目的建造不同的机器。图灵设想的通用机器具有革命性意义。

## 硬　件

论文发表几年后，图灵的革命性理念仍停留在纸上。从一开始他就想建一台通用机器，但他知道缺乏可行的技术。[2]

当时领先的数字技术是继电器（一种电磁控制开关），广泛用于电话交换机、打孔卡计算设备及其他设备。但继电器非常缓慢、笨重，做通用图灵机的主要部件很不可靠。尽管如此，德国计算机先驱康德拉·楚泽（Konrad Zuse）使用继电器建造了一台被认可的计算机。1941 年，他的第三次尝试——后被称为 Z3（"楚泽 3"）的基于继电器的计算机成功运行。然而，楚泽的机器并没有引入存储程序的概念。[3] 在美国，霍华德·艾肯也使用继电器建造了一台大型计算机（哈佛 1 号），但同样不包含程序存储器。

1944 年，关键时刻出现了。图灵将目光投向汤米·弗劳尔斯在布莱切利建造的高速电子密码破解设备。[4] 与继电器等电磁元件不同，电子管没有移动的部件，只有一束电子。正如第 14 章所述，弗劳尔斯（图 6.1）在 20 世纪 30 年代开创了数字电子学。1942 年，他接触到德国新的密码系统"金枪鱼"，立即意识到数字电子技术是破解所需要的技术。

弗劳尔斯的金枪鱼破解机"巨人"确实是一台计算机，它实际上是世界上第一台大型电子数字计算机，但不具备通用图灵机的超级灵活性。这是因为弗劳尔斯创造巨人机的目的只有一个——破解"金枪鱼"。巨人机也没有引入图灵的存储程序概念。弗劳尔斯在设计计算机时，麦克斯·纽曼——图灵的老师、朋友和密码破译同事——给他看了图灵 1936 年关于通用机器的论文，其重要理念是将程序存储在存储器中。但是弗劳尔

图 6.1　汤米·弗劳尔斯
计算历史图灵档案馆。照片由杰克·科普兰和达斯汀·帕里修复

斯手头的任务紧，他想让巨人机尽快运作，显然对额外的困难不感兴趣。

图灵一看到巨人机就意识到，电子学提供了建造高速通用存储程序式计算机的方法。[5] 然而，直到四年后的1948年6月21日星期一，现代计算机时代才真正到来。这是第一台在硬件中运行首个存储程序的通用图灵机。它的名字很简单，叫"婴儿"。机器体格庞大，几乎占满了整个房间。它基于图灵的理念，是笔记本电脑、手机和平板电脑的远祖。自此以后，电子的存储程序式通用数字计算机变得越来越小巧，速度也越来越快。今天，它们可以放进上衣口袋和书包里，让每个人都能与广阔的世界连接。

如第20章所述，两位杰出的电子工程师弗雷德·威廉姆斯和汤姆·基尔伯恩在曼彻斯特大学建造了"婴儿"。1946年至1947年，图灵在伦敦开设讲座，讲授计算机设计的基础知识，基尔伯恩是他的学生。课程快结束时，基尔伯恩学以致用，将图灵的理念付诸实践，很快绘制了曼彻斯特"婴儿"的草图。当时，纽曼的计算机实验室刚刚成立，"婴儿"正是在那里建成的。纽曼主导过布莱切利园九台大型设备的建造，"婴儿"是世界上第一台电子计算设备。

## 图灵的自动计算引擎

战争结束时，纽曼已是曼彻斯特大学的菲尔登数学教授。[6] 他与图灵一样，追逐着构建电子通用计算机器的梦想。当时，图灵入职伦敦国家物理实验室（NPL），设计电子通用存储程序式计算机——自动计算引擎，也称ACE。[7] 于是，伦敦和曼彻斯特之间展开了建造第一台通用计算机器硬件的竞赛。

图灵的计划引起了英国媒体的兴趣，新闻标题满天飞，诸如《ACE可能是最快的大脑》《一分钟内完成一个月的工作》《ACE领先于美国的模型》。[8] 然而表象的背后，一切进展得并不顺利。图灵想让"巨人"的设计者弗劳尔斯及其助手建造ACE，这个想法很快遇到了阻碍。战后，英国饱受摧残的电话系统急需重建，弗劳尔斯重任在肩，他表示自己很想与图灵合作，但不久就会忙得不可开交。[9] NPL的官僚机构行动迟缓，似乎无法另作安排。1948年4月，图灵的上司约翰·沃默斯利在报告中感叹道，硬件开发"可能停滞了18个月"。[10]

等待工程开发启动的同时，图灵和他的助手致力于计算机编程的开创性工作，为尚未问世的计算机准备了一个大型程序库。[11] 一旦硬件的工作完成，这些现成的程序就能大展身手，以证明 NPL 科学计算设备的成功。[12] 该工作受到政府、工业界和大学的委托，是世界上第一项此类服务。

直到 1950 年 5 月，图灵的 ACE 样品机才运行第一个程序（图 6.2）。那时，已经有几台存储程序式计算机成功运行，但是图灵的 1-MHz 设计让它们望尘莫及。

图 6.2　图灵的自动计算引擎（automatic computing engine，ACE）样品机

© 皇家版权所有，经国家物理实验室许可转载

## 在曼彻斯特进入市场

1948 年，"婴儿"诞生，曼彻斯特当之无愧地赢得了比赛。[13] 图灵很快搬到了那里。他厌倦了 NPL 低效的官僚作风，渴望投入到电子通用图灵机的建造中。

图灵刚到曼彻斯特计算机实验室时，"婴儿"的功能还很低级。他撸起袖子埋头苦干，把它改造成一个功能全面的计算机。最初的"婴儿"除了一排手动开关外，没有任何输入装置。[14] 它们被用来一次一位地将程序插入存储器中——对实际计算没有多大用处。威廉姆斯和基尔伯恩设计的输出装置也同样简陋：电视屏幕上显示零和数字的模式（圆点和一字线），用户必须尝试读取它们。

图灵将布莱切利园的密码破解技术运用于计算机，基于"巨人"的打孔纸带设计了输入 - 输出系统。[15] 他还为计算机设计了一个编程系统，撰写了世界上第一本编程手册。[16] 多亏了图灵，第一台电子通用计算机器开始运作了。

很快，其他品牌的电子通用计算机陆续问世。1949 年，莫里斯·威尔克斯的 EDSAC 在剑桥大学数学实验室建成；杰·福雷斯特的旋风 1 号在麻省理工学院建成；埃克特 - 莫奇利计算机公司的 BINAC 在费城建成；特雷弗·皮尔斯的 CSIRAC（发音为"sigh-rack"）在澳大利亚的悉尼大学建成。山姆·亚历山大和拉尔夫·斯鲁茨为美国标准局东部分局建造的 SEAC，于 1950 年在华盛顿特区运行了第一个程序，领先 ACE 样品机仅仅几周时间。同年晚些时候，哈里·赫斯基为美国标准局西部分局设计的 SWAC 紧随其后，在洛杉矶建成。

1951 年，冯·诺伊曼的"普林斯顿计算机"（俗称 MANIAC）正式运行，设计者是普林斯顿高等研究院的朱利安·毕格罗。它是最具影响力的早期计算机。同年，电子存储程序式计算机开始进入市场。第一台商用计算机是费兰蒂公司的费兰蒂 1 号，它是在"婴儿"的基础上，由曼彻斯特的费兰蒂有限公司生产；畅销品牌是由埃克特和莫奇利设计的 UNIVAC I 以及基于 EDSAC 的 LEO。1953 年，IBM 在普林斯顿的 MANIAC 基础上，制造了自己的首台存储程序式电子计算机 701。电子计算机艰难的开拓时代即将结束。

## 深入了解图灵的通用计算机器

2013 年，英国进行了一项全国性民调。民众认为 1936 年图灵的通用计算机器是英国 100 年来最重要的发明，其重要性超过了万维网、青霉素甚至 DNA 结构的发现。[17] 让我们来看看这个伟大发明的工作原理。

通用计算机器由读写头和无限长的存储纸带组成。存储纸带被分成许多方格，在读写头中来回运行。方格可能是空白的，也可能包含单个符号，例如"0"或"1"；读写头只能扫描其中的一个方格，即在特定的时间最多只能扫描一个符号。存储带不仅包含计算所需的数据，也包含程序。

图灵机的基本（或"原子"）运作非常简单：读写头能擦除所扫方格上的符号、在扫描的方格上打印符号，以及将存储带移动到左边或右边，一次移动一个方格。

读写头还可以改变内部表盘（或同等功能的装置）的位置。表盘的功能是为读写头提供一个初级的短期记忆；例如，移动的读写头可以"记住"它正在离开的方格包含符号"1"（比方说），只需在离开方格时将表盘设置为位置"1"。用图灵机的术语说，表盘当前的位置被称为当前状态。

图灵表明，通用机器可以执行非常复杂的任务，方式是持续、大量地进行五种基本操作：擦除、打印、向左移动、向右移动、改变状态。尽管图灵机非常简朴，却能完成目前市场上任何一台计算机所能进行的计算。这非常了不起。图灵认为，通过读取和执行存储带上程序员存入的指令，通用图灵机可以执行任何可能的计算。这个观点被称为"图灵论题"（见第41章）。[18]

与现代计算机一样，通用计算机器的程序和数据都以数字形式置于存储器里。图灵展示了如何构建编程代码，其中所有可能的指令序列（即所有可能的图灵机程序）可以用数字表示，最终由0和1组成。在计算机存储器中放置包含编码指令的程序，这个想法简单而深刻，为人类迈入现代计算机时代提供了依据。

图灵1936年的论文《论可计算数》标志着理论计算机科学的诞生。图灵在论文中将"机器"引入了数学基础的讨论。该创新体现了其数学基础研究方法的新颖（甚至是大胆）。图灵去世后不久，麦克斯·纽曼在为伦敦英国皇家学会准备的传记回忆录中写道：[19]

今天我们很难想象，在数学基础的讨论中引入纸带及打孔模式是多么大胆的创新。

然而，具有讽刺意味的是，今天的计算机科学教科书通常将通用图灵机当作纯抽象的数学概念。像符号集合、状态-符号配对的函数这种纯数学概念取代了图灵的读写头、纸带和打孔。（例如，在一本颇具影响力的现代教科书中，图灵机被定义为有序四元组 <$K, s, \Sigma, \partial$>，其中 $K$ 是一组状态的有限集合，$s$ 是 $K$ 的一个元素，称为初始状态，$\Sigma$ 是一组符号的集合，$\partial$ 是集合 $K \times \Sigma$ 上的转移函数，其值是状态-符号的配对，包括代表左右移动的特殊符号 $L$ 和 $R$）。[20] 如此一来，图灵大胆的创新被抽象化，转换成数学的传统语言。图灵机不再是受制于因果关系、存在于时空中的实体对象。以某种方式让机器运作的纸带和打孔模式都不见了。

像我这种"图灵机的实用主义者"抵制上述现代观点。我们仅仅将上述数学描述看作是图灵机有用的形式表示。但是，正如有助理解的数学表示不应与理解事物的过程相混淆一样，图灵机过于抽象的数学表示不能与所表示的实体（即理想化的物理机器）混为一谈。[21]

很显然，图灵本人就是图灵机的实用主义者。他对机器的描述充满了工业气息，不仅提到了打孔纸带，甚至还提到了读写头里的"轮子"和"操作杆"。[22] 然而，图灵自己的现实主义描述被现代抽象的版本所淹没。

## 图灵和冯·诺伊曼：两位计算机时代的创始人

和平时期，图灵最伟大的成就是提出了两个密切相关的技术概念——通用计算机器和存储程序，它们奠定了现代计算机的基础。然而，计算机史学家发现图灵的贡献难以确定。可悲的是，在他去世之后的几十年，许多计算史出版物很少提到他。

即使今天，图灵在计算史中的地位仍未达成真正的共识。2013 年，美国计算机协会顶级杂志《ACM 通讯》发表了一篇文章，反对图灵发明存储程序概念的说法。[23] 文章的作者是我的好友摩西·瓦尔迪（Moshe Vardi），他认为那个说法不符合历史事实。

瓦尔迪强调，并不是图灵，而是匈牙利裔美国数学家约翰·冯·诺伊曼（图 6.3）于 1945 年"首次明确阐述了存储程序式计算机"。这是事实（见第 20 章），但这并不能支持瓦尔迪对历史错误的指控。的确，冯·诺伊曼的论文首次解释了如何将图灵的理念转换为电子形式，但存储程序式通用计算机的基本概念仍是图灵首次提出的。

无论在私下还是公开场合，冯·诺伊曼都非常明确地将功劳归于图灵。遗憾的是，他的说法鲜为人知。1946 年，他说图灵的"伟大贡献"是展示了"一个明确的机械装置可以是'通用的'"。在 1949 年的一次演讲中，他强调图灵 1936 年的研究成果非常重要，即一台设计得当的机器"当接收到合适的指令时，能够做任何可由自动机完成的事情"。[24] 冯·诺伊曼的朋友和科研同事斯坦利·弗兰克尔（Stanley Frankel）说：[25]

图 6.3　约翰·冯·诺伊曼
摄影师不详。来源：普林斯顿高等研究院的谢比尔·怀特和利昂·利维档案中心

许多人称冯·诺伊曼为"计算机之父"……但我确信他自己绝不会犯这样的错误。

弗兰克尔解释说：他曾明确对我强调说，基本概念来自图灵。我确信他对别人也是这么说的。

关于图灵对冯·诺伊曼的影响，第 20 章还有更详细的讲述，我也会讲述冯·诺伊曼对曼彻斯特"婴儿"的设计影响。

冯·诺伊曼为通用图灵机的现实版奠定了电子基础，他的同事普雷斯珀·埃克特和约翰·莫奇利在工程方面做了大量协助性工作。在冯·诺伊曼的设计中，图灵 1936 年机器中有趣的"读写头"和"存储纸带"被电子设备所取代，适合快速计算的"实用"编码也取代了图灵开创性的编程代码。[26] 冯·诺伊曼的设计后来成为行业标准。因此，虽然他并非"计算机之父"，但无疑是现代计算机时代的创始人之一。然而，他对计算机发展做出的最大贡献，或许是让美国电子工程师了解到图灵的存储程序式通用计算机概念。

1945 年，冯·诺伊曼在其开创性论文中报告了他（以及埃克特、莫奇利）的设计。图灵紧随其后，设计了自己的通用机器 ACE 的电子版本。[27] ACE 的设计与冯·诺伊曼的完全不同（第 21 章和第 22 章将详细描述图灵的设计）。图灵为了速度牺牲了一切，推出了 1940 年代的版本，被今天的计算机设计师称为精简指令集计算机（reduced instruction set computer, RISC）。1947 年，他看到 1936 年的通用计算机器与电子存储程序式通用数字计算机之间的联系，做出了清晰的说明：[28]

> 几年前，我在研究数字计算机器的理论可能性和局限性。我考虑了一种机器，有一个中央装置和一个包含无限长纸带的存储器……数字计算机器……实际上是通用机器的现实版。它有一个电子设备的中央池和一个大存储器，适当的计算程序指令存放在存储器之中。

回到摩西·瓦尔迪的反对意见。他反驳了图灵发明存储程序概念的说法。瓦尔迪说（站在冯·诺伊曼的一边）"我们不应该将数学理念与工程设计混为一谈"。所以，图灵的贡献充其量只是抽象的数学理念？别太早下结论。瓦尔迪忽略了一个事实，那就是：有些发明同属于数学和工程领域。通用图灵机就是这类发明，这正是它的卓越之处。

图灵在 1936 年描述的不是抽象的数学概念，而是一个实体三维机器，包含（如他所说）轮子、操作杆和纸带；在电子计算的开创性年代，重点问题实际上是：如何构建通用图灵机优秀的实用电子版本？

# 第 7 章
# 希尔伯特及其著名问题

杰克·科普兰

1936 年，由于图灵、哥德尔和邱奇的开创性贡献，数学发生着巨大的变化。关于数学本质的陈旧观点（如伟大的数学家大卫·希尔伯特大力倡导的观点）开始日落西山。与此同时，这三位革命者正在奠定现代计算机时代的基础。他们看到了一个令人振奋的新世界——一个未知的、无法想象的、不可计算的数学领域。[1]

## 20 世纪 30 年代的革命

20 世纪 30 年代，一群离经叛道的数学家和逻辑学家开创了一个新领域，如今被称为理论计算机科学。[2] 先驱们开始探索计算的意义和局限性。其中的佼佼者是艾伦·图灵、库尔特·哥德尔和阿隆佐·邱奇。

他们三人是现代科学史中的关键人物。或许可以说，即使在今天，我们也低估了他们在科学史上的作用。20 世纪 30 年代，他们所从事的理论性工作奠定了计算机革命的基础，计算机革命反过来又推动了具有新时代特征的科学知识的飞速发展。很快，以前做梦都想不到的大规模数字计算促进了所有领域的科学发展，这在很大程度上要归功于他们开创性的科学研究。然而，当时图灵、哥德尔和邱奇认为自己研究的是最抽象的领域，与实用计算相距甚远。他们关心的是基础数学。

## 永恒的不完备性

图 7.1 库尔特·哥德尔
来源：美国新泽西州普林斯顿高级研究院的谢尔比·怀特和莱昂利维档案中心，库尔特·哥德尔的档案。经普林斯顿大学许可复制

1931年，来自维也纳大学沉默寡言的数学家、25岁的库尔特·哥德尔（图7.1）证明了算术是不完备的这一定理，迎来了数学的新时代。[3] 简言之，哥德尔所表明的是，数学中的真理比可被形式证明的要多。

这一耸人听闻的结论震惊甚至激怒了一些数学家。人们认为一切重要的事情都应该是可证的，因为只有通过清晰而自明的规则推导出的严谨证明才能带来确定性。但哥德尔表明，无论制定了多少数学形式规则，总有一些数学真理——比 $1+1=2$ 更复杂的真理——不能通过规则来证明。荒谬的是，消除不完备性唯一的方法似乎是选择实际上相互矛盾的规则。[4]

## 希尔伯特的可判定性问题

哥德尔划时代的结论开启了对数学最根本问题的探索——这正是图灵研究的领域。[5] 这个未解之谜被称为可判定性问题（entscheidungs problem），或"判定问题"（decision problem）。

德国数学家大卫·希尔伯特（图7.2）将可判定性问题带到聚光灯下。[6] 希尔伯特比图灵年长50岁。世纪之交，希尔伯特在巴黎的一次演讲中，设定了20世纪大部分数学议程。20世纪30年代，他的身份近乎数学王国的教皇。[7] 那时的图灵比本科生大不了几岁，羞涩且桀骜不驯。他开始研究可判定性问题，表明事情绝非希尔伯特所想的那样。

图灵这样总结可判定性问题：[8]

是否存在一种"通用的机械过程"来判断任何给定的公式是否可证？

"可证"的意思是，按照逻辑步骤，运用希尔伯特逻辑数学演算的规则和原理（被数学迷称为一阶逻辑），[9] 公式可以被推导出来。希尔伯特认为，必定存在一个一般过程来判定任意给定

图7.2　大卫·希尔伯特
源自维基共享资源，公共域许可 https://commons.wikimedia.org/wiki/File:Hilbert.jpg

公式是否可证，而难题是找到这个过程。在他看来，这是一个非常重要的挑战。

哥德尔用一种引人注目、通俗易懂的方式解释了图灵论证的可判定性问题。他描述了一台假想的机器——一台计算机器。它看起来有点像打字机，只不过侧面多了一个手柄。[10] "转动手柄"是哥德尔的隐喻，现在我们称为"执行算法"。用户在键盘上键入数学或逻辑数学公式（用户选择键入的公式可能为真，也可能为假），然后转一圈手柄。从希尔伯特的数学观点看，这台计算机器原则上可以设计为：手柄转动后，如果键入的公式可证，那么铃声响起。如果公式不可证，就不响铃。

总之，这台机器能够从"计算"的意义上"判定"键入的公式是否可证（因此称为"判定问题"）。图灵的论证可以简单地表述为：这种机器不可能存在。一旦偏离了数学最基本的领域（如布尔代数和"纯一元"函数演算），根本不可能设计出一台有限的计算机器来判定公式是否可证。希尔伯特的想法（坚信存在一个一般的机械过程，可判断任何给定的公式是否可证）是完全错误的。

1939年，在美国的一次演讲中，哥德尔语出惊人地总结道：论证本质上是说"人类的大脑永远无法被机器所取代"。[11] 哥德尔的意思是"心智没那么简单"。如果图灵在场，他可能不赞同这个观点，但这是另外一个话题。[12]

## 图灵的通用计算机器

正是为了证明这种判定机器不可能存在，图灵创造了通用计算机器——它包含简朴的数字处理器和可无限扩展的存储器（见第 6 章）。

图灵认为，利用存储器中的程序，通用机器可以执行任何可能的计算（见第 41 章）。[13] 在战时技术的支持下，仅仅十几年后，图灵的发明就走出了纯理论领域，成为真正的硬件。时至今日，电子通用机器仍在改变着科学和社会，但图灵发明它时根本没有想到电子计算机。出乎意料的是，他一心想证明，无论计算机有多强大，从某种意义上说，总有某些数学领域超出了任何计算机的能力范围。

哥德尔和邱奇都没有想到要发明通用机器。[14] 哥德尔对计算机科学最大的贡献在于"递归函数理论"（recursive function theory）这个数学分支。与图灵的通用机器一样，它也是好奇心驱动的产物，目的是探索数学最底层的基础。递归函数理论本质上是计算机程序理论，但哥德尔创建该理论时（与霍拉尔夫·斯科勒姆、斯蒂芬·克莱尼、希尔伯特合作），完全没有考虑到我们现在所说的计算机。他致力于证明不完备性定理，第一次隐约看到了一个未知的数学世界——它光怪陆离、令人兴奋，超出了可计算的范围。

除了递归函数理论，哥德尔还为计算科学贡献了一个基本思想。在 1931 年发表的同一篇数学论文中，他证明了第一不完备性定理和第二不完备性定理。这篇论文是 20 世纪数学的经典之作。[15] 哥德尔的构想是，逻辑和算术陈述可以用数字表示。图灵、冯·诺伊曼等人进一步发展了这一思想。如今，每台笔记本电脑都包含二进制数字，程序指令、逻辑、算术命题以及所有类型的数据都用它来表示。数字在计算中无处不在。然而，哥德尔本人对电子计算机的发展不太感兴趣，或者说根本没兴趣。[16] 与图灵、冯·诺伊曼不同，他是一个不会屈尊走下抽象巅峰的数学家。

## 数字超级乐观主义

回到计算机局限性的问题：你是否同意这种说法，即原则上（如果不是实际中），计算机可以执行任何定义明确的数学任务？

事实上，有些任务的处理量非常大，最快的计算机需要数亿万年才能完成，而涉及的数字也会大到任何现实的存储器都无法承载。"数字超级乐观主义"是指相信这一观点，即只要有足够大的存储器和足够强的处理能力，计算机原则上可以完成所有的数学计算。

只要假定计算机可以像通用图灵机一样，在无限的存储器中运行程序，那么即使无限任务也可以被编程。举一个对无限任务进行简单编程的例子：计算 $x^2$，首先 $x=1$，然后 $x=2$，然后 $x=3$……如此一直以整数继续下去。该程序的计算永无止境。无论你想到的 $x$ 有多大——比如，10 亿年中纳秒数的 10 亿倍——程序最终将运行到这个数字，并算出它的平方数。

但是图灵表明，数字超级乐观主义是错误的。[17] 计算机绝无可能完成所有定义明确的数学任务，甚至原则上说也不可能。无论程序员多么优秀，硬件多么强大，有些任务计算机器就是无法完成。

图灵是描述此类任务示例的第一人。探索的过程中，他在哥德尔窥见的新领域——不可计算的未知世界——开辟了一条道路。

## 探索未知的世界

图灵列举的例子有些比较简单，最简单的例子通俗易懂。例如，有这样一个任务：对于使用特定编程语言（如 C++）的任意计算机程序，运行该程序，判定它能否输出特定的键盘字符，比如"#"。

对懂编程语言的人来说，扫一眼程序的所有行，找出能让计算机输出字符"#"的指令似乎轻而易举。但图灵表示，任何计算机都无法完成这项任务。

理由大致是，任务的范围涵盖了所有的计算机程序，包括计算机正在执行的任务程序。

针对判定机器的结论，图灵还提供了另一个不可计算的任务例子：在希尔伯特的一阶逻辑中，计算机无法确定任意选定的公式是否可证。第37章和第41章中有更多的内容，解释图灵关于"判定机器"的否定结果。

哥德尔和图灵对希尔伯特关于数学的本质和基础的解释造成了多重打击，而希尔伯特破碎的梦想从未得以修复。希尔伯特最关心的是（正如其所言）"为数学重新赢得昔日的盛名，即它是无可争议的真理"，[18] 而不怎么关心其无可争议性以及古老的声誉。哥德尔和图灵把目光投向了新的数学领域，这是希尔伯特从未想象过的世界。

## 希尔伯特论公理

公理是非常基本的数学命题，不需要证明。希尔伯特将公理描述为"尽可能简单、直观和易于理解"的原理。[19] 例如，以意大利数学家朱塞佩·佩亚诺（Giuseppe Peano，也译作：皮亚诺）的名字命名的佩亚诺公理。佩亚诺公理是关于"自然"数的（0，1，2，3，4等）。举两个例子：

- 如果自然数 $x$ 的后继数 = 自然数 $y$ 的后继数，那么 $x = y$；
- 0 不是任何自然数的后继数。

在 0，1，2，3，…序列中，自然数的后继数（successor）是紧接这个自然数之后的数字。例如，7 的后继数是 8，而 3 + 4 的后继数也是 8。大多数人能直观地认识到这两个公理都为真。

公理是所有数学证明的起点：数学家通过严格的逻辑推理，从公理中证明定理。从佩亚诺五条公理中可以推导出大量关于自然数的其他真理：例如，自然数乘以 0 的结果是 0；如果任一自然数具有选定的数学性质，那么就有一个具有该性质的最小数（"最小数原理"）。如果说所有关于自然数的真理都可以从佩亚诺公理中推导出来，那当然令人愉悦。但哥德尔证明了事实并非如此：佩亚诺公理是不完备的。正是从这个意义上讲，并不是所有关于数字 0，1，2，3，…的真理都可以从佩亚诺公理中得到证明。这个结论让希尔伯特感到一种猝不及防的不快。

准确地说，哥德尔证得这个不完备性结果是基于这样的假设，即佩亚诺公理之间是彼此一致的。将所有的佩亚诺公理放在一起看，它们的一致性似乎显而易见。传统意义上说，一致性（或无矛盾性）是数学的命脉。希尔伯特花了大量精力，就是为了证明算术的一致性。他说，"如果我们没有给出具体的证明，就永远无法确认公理的一致性"。[20] 另一方面，一旦有了一致性的证明，"那么我们可以说，数学陈述实际上是无可争议的，是终极真理"。[21]

因此，希尔伯特希望算术有一套一致且完备的公理系统。但是，哥德尔在他的第一不完备性定理中证明了，希尔伯特不可能如愿以偿。好像这还不够糟糕。希尔伯特试图为数学提供一个"安全基础"，哥德尔又狠狠地给了他当头一棒。[22] 在第二不完备性定理中，哥德尔证明了：不可能给出符合希尔伯特严格条件的算术一致性证明。希尔伯特认为，数学由"无可争辩的真理"组成，数学家必须寻找缺失的证明。而哥德尔证明了它是不可能实现的。[23]

图灵揭露了希尔伯特思想中的另一个缺陷。该问题涉及在一套已制定的公理中增加新的公理——无论是佩亚诺公理还是用于几何或分析的其他公理。假设数学家想在佩亚诺公理中增加更多的公理——什么是合法的新公理？希尔伯特的回答简单而有力：数学家可制定其认为合适的任何新公理，只要可以证明新公理与已确认的公理一致。图灵指出，（由于技术原因）哥德尔的第二不完备性定理没有排除这种形式的一致性证明，他决定自己揭露希尔伯特的这一思想缺陷。[24]

1928 年，就在图灵出击的前几年，希尔伯特发表以下陈述：[25]

数学科学的发展以两种方式不断交替：（i）通过形式推断，从公理中推导出"可证"的新公式；（ii）新公理的增加与其一致性证明一同出现。

希尔伯特之所以认为判定问题至关重要，正是由于持有这种数学观点。同年，他宣布：[26]

一致性问题也可以通过判定过程加以解决。

因此，希尔伯特称判定问题为"数理逻辑的主要问题"。[27]

毫无疑问，这些激动人心的话影响了年轻的图灵，他决定自己来解决这个具体问题。他应该读过希尔伯特1928年的陈述：[28]

在一阶逻辑中，一般判定过程形式的发现是尚未解决的难题。

希尔伯特强调，"尚不存在判定问题的一般解决方案……。"但他1928年的说法流露出乐观态度。他兴高采烈地写道，"判定问题即将解决"。[29]

仅仅几年后，即1936年，图灵成功地证明，这样的判定过程不可能存在。因此，希尔伯特解决一致性问题的这个方案宣告流产。图灵用他一贯简洁的方式说：[30]

我将证明，在 $K$（一阶逻辑）中，不存在某种一般方法能判断给定的公式是否可证。同样，也不存在某种一般方法能判断由 $K$ 与增加的公理（公式）组成的系统是否一致。

所有的数学家都会犯错，但希尔伯特所犯的错误意义如此重大，影响如此深远，以至于对错误的揭露永久地改变了数学。这是希尔伯特的伟大之处。

## 图灵拜访邱奇

1936年秋，图灵离开英国前往美国，他要在普林斯顿大学完成博士论文。他的导师阿隆佐·邱奇在20世纪30年代革命三巨头中排行第三（图 7.3）。邱奇比图灵大几岁，是普林斯顿大学数学系的少壮派。20世纪20年代末，他加入德国的希尔伯特团队，在那里学习了六个月。在20世纪30年代的革命中，邱奇的主要贡献是提出了 $\lambda$ 演算——希腊字母 $\lambda$ 的发音为"兰姆达"——后成为计算机编程基本工具集的一部分。

图灵离开英国之前,他和邱奇(几乎同时)提出了计算理念的两个不同的数学定义。哥德尔对邱奇的定义不以为然,直言不讳地告诉邱奇,他的方法"完全不符合要求"。[31] 相反,哥德尔认为图灵的定义"最令人满意"。[32] 即使图灵年轻又谦虚,但他自己也承认,他的定义"可能比邱奇的更有说服力"。[33] 很显然,他们的关系从一开始就并非普通的学生-导师模式。遗憾的是,二人似乎没有擦出火花。最终,邱奇可能令图灵感到失望。

图7.3 阿隆佐·邱奇
来源:阿隆佐·邱奇论文(C0948):普林斯顿大学图书馆,宝典和特殊藏品部,原稿分部。经普林斯顿大学许可复制

图灵选择了希尔伯特关于数学本质的另一个武断观点,作为其论文的主题。他再次指出,数学现实并非希尔伯特认为的那样。[34] 这次的分歧涉及数学直觉。

## 通过直觉获得真理

大多数人可以凭直觉知道基本的几何命题为真。例如,一条直线和一个圆相交,交点不超过两个。无需通过一系列逻辑步骤来说服自己这个命题为真。希尔伯特给出两个例子——2 + 3 = 3 + 2 以及 3 > 2,来说明"可立即直觉到"[35] 的算术命题。直觉的标志是这种简单的"看到",而不是跟随有意识的逻辑推理(如果 A 那么 B,如果 B 那么……)。图灵说,"直觉活动在于做出自发的判断,这些判断不是有意识的推理训练的结果"。[36] 越高明的数学家,通过直觉理解真理的能力越强。

图灵和希尔伯特都强调直觉的重要性。希尔伯特称:[37]

我们相信,对于科学知识来说,某些直观的概念和见解是必要的,只讲逻辑是不够的。

然而，希尔伯特既想驯服直觉，又想压制直觉。他说，人们认为，数学直觉提供抽象数学领域的知识——这些领域包含抽象的对象，如数字、多维图形以及（图灵可能补充说）无尽的纸带——然而，事实远非如此。直觉的作用很务实，它提供有关"具体符号"及其序列的知识。[38] 希尔伯特给出的具体符号的例子包括"1 + 1"，"1 + 1 + 1"和"$a = b$"；他用"2"这个符号来缩写"1 + 1"，用"3"缩写"1 + 1 + 1"，等等。[39] 他的具体符号只不过是人类计算员在计算时留下的铅笔或墨水记号。希尔伯特的观点大胆且具有独创性，他坚信，"数论的对象"是"符号本身"：他竭力主张这种观点足以"构建整个数学"。[40]

希尔伯特以这些简洁而深刻的陈述来打压数学直觉：数字是用铅笔字迹模拟出来的，而直觉在于感知关于具体符号及符号所表达的模式的真理。希尔伯特说，这些模式的结构对我们来说是"一目了然的"。[41] 例如，将"+ 1"附到"1 + 1"后面，得出"1 + 1 + 1"。换句话说，"2"加"1"得出"3"。我们可以很快理解这些内容。

希尔伯特还想要尽可能地限制直觉的作用。直觉经常让我们确信公理是正确的（尽管如此，他承认，有时数学家对公理持不同的意见。有时在选择公理时可能会有一定的任意性）。[42] 其他的数学命题则是通过"完全明确的形式化规则"，从有限的公理中得到证明。[43] 这些规则是任何人类计算员都可以运用的规则，例如"$B$ 由 $A$ 推得"与"$A \rightarrow B$（$A$ 蕴含 $B$）"是一个意思。像公理一样，规则是有限的。直觉也认为规则是正确的。[44] 然而，一旦公理和规则固定下来，就不再需要直觉。从此，一切只与遵循规则有关。

图灵在1938年的博士论文中提及希尔伯特和他的追随者：[45]

*在哥德尔之前的时代，有些人认为……数学的所有直观判断可以被这些有限的规则（和公理）所取代。*

图灵的观点正相反。他认为，数学很难驾驭，直觉的作用不能像希尔伯特希望的那样受到限制。他在总结中说："我们一直在探究消除直觉的可能性有多大。"他的结论是，事实证明，对直觉的需求是无限的。希尔伯特可能会回应说，图灵关于不受约束、极其强大的直觉能力概念，属于他所谓的"神秘艺术"。[46] 图灵可能会说，希尔伯特的思维太狭隘了，这是他对数学"完全确定性"迂腐追求的结果。

# 结　语

希尔伯特对数学本质的看法，虽然在当时具有创新性，但却是一个更为简单的数学时代的产物。如今，那个时代早已成为历史：哥德尔和图灵永远改变了数学。然而，希尔伯特的"证明论"（proof theory）——可能是他最引以为豪的发明——仍活跃在当今时代，是每所大学数理逻辑课的核心内容。

希尔伯特当然感受到了图灵对他数学计算本质的批判。1928年，在他与威廉·阿克曼（Wilhelm Ackermann）合著的著作《数理逻辑原理》的第一版中（1938年出版的第二版又删除了），有一句大胆的陈述：[47]

可以预期，对逻辑公式进行系统的（可以说是计算）处理是可能的。

## 第 8 章
# 图灵与数字计算机的起源

布莱恩·兰德尔

20世纪70年代初,我开始研究艾伦·图灵在第二次世界大战期间所做的工作。我的研究源于查尔斯·巴贝奇的直接接班人——特别是爱尔兰先驱珀西·卢德盖特(Percy Ludgate)。我决定制定一个全面的历史叙述计划,讲述数字计算机的起源。通过调查,我了解到第二次世界大战期间英国开发可编程电子计算机的绝密信息。我揭秘了这台计算机叫"巨人",它于1943年在布莱切利园(英国政府的战时密码破译机构)建成。但是,我没能得到机器解密的详细信息。我断定,有关布莱切利园和巨人机的更多信息要在很久以后才能公之于众。[1]

## 引　言

大约是1970年,为准备纽卡斯尔大学的就职演讲,我在查找有关查尔斯·巴贝奇和艾达·洛夫莱斯(Ada Lovelace)的工作信息时,偶然发现了珀西·卢德盖特。巴贝奇在一篇有关"自动计算引擎"的论文中写道,[2]卢德盖特说他也参与了分析机的设计,并在《都柏林皇家学会论文集》一篇较早发表的论文中对此进行了描述。[3]读过那篇论文之后,我意识到,一个被彻底遗忘的爱尔兰发明家浮出水面。他发展了巴贝奇的想法，即现在所说的程序控制的机械计算机。以前，我所认同的普遍观念是：巴贝奇 1837 年的开创性工作——分析机，在一个多世纪之后仍没有新发展。[4] 于是，我对卢德盖特进行了深入研究，并在《计算机杂志》发表了研究结果。[5]

这位爱尔兰会计师的一生悲惨而短暂。在爱尔兰图书馆管理员和档案管理员的帮助下，我找到了一些关于他的详细信息，甚至联系上他的一位亲戚。遗憾的是，除了 1909 年的论文之外，我没有发现更多关于他设计的纸带控制分析机的信息。

通过对卢德盖特工作背景调查，我获得了大量信息，这些信息与前计算机技术有关，也涉及巴贝奇其他鲜为人知的接班人。于是，我想出一个计划，以书籍的形式收集和出版一套精选原创论文和报告，讲述"现代"计算机发展过程中大量引人入胜的发明和项目。

我以查尔斯·巴贝奇的工作为起点，将截止日期定在 1949 年，第一台实用存储程序式电子计算机开始运行的那天。所以，我计划收集有关 ENIAC、EDVAC 和曼彻斯特"婴儿"的材料，以剑桥大学的 EDSAC 为终点，将所有后续发明的机器留给未来的计算机史学家。

我给同事发了一份计划收集的资料清单，征求他们的意见。其中一个人问，为什么没有艾伦·图灵。我的理由是，据我所知，图灵在国家物理实验室（NPL）的计算机工作，落后于曼彻斯特和剑桥的成就。而且，战前他所做的有关可计算性的工作，即图灵机，是纯理论的，因此不在我的收集范围之内。

我对计算机的兴趣始于 1956 年，那是我在帝国理工学院的最后一年。当时，计算机方面的书很少，有一本是鲍登的《比思想更快》（Faster than Thought）。[6] 在那本书的副本中，我第一次了解了巴贝奇和图灵，也了解了英国早期的各种计算机项目。不久之后，我读了精彩的多弗（Dover）平装书《查尔斯·巴贝奇及其计算引擎》（Charles Babbage and his Calculating Engines），对巴贝奇及其合作者洛夫莱斯有了更深的了解。[7] 鲍登在书中写道：

机器计算的基本概念和抽象原理由 A. M. 图灵博士提出。1936 年，英国皇家学会会员图灵在伦敦数学学会上宣读了他的论文，但这类机器在英国的研发因战争而推迟。1945年，国家物理实验室的J. R. 沃默斯利对问题进行了调查。之后，实验室数学部主管、图灵博士以及几位专家也参与进来……

资料清单里漏掉了图灵而被同事质疑这件事刺激了我，我开始深入研究图灵1936—1945年间的工作。我得到了一本1959年图灵传记的副本，作者是他的母亲萨拉·图灵。[8] 书中关于图灵第二次世界大战期间的工作只有寥寥数语：

对德宣战后，他立即去了外交部，成为通信部的临时公务员……刚开始，连他的工作地点都是保密的，后来才知道他在布莱切利园工作。我们完全不了解他所从事的秘密工作的性质，也从来没有人向我们透露过。

这时候，我才知道他的战时工作与密码破译有关，尽管我和我的同事都不知道布莱切利园。重读戴维·卡恩的巨著《密码破译者》（The Codebreakers）[9]时我才知道，布莱切利园是外交部对通信部的"委婉称呼"——也就是说，它是英国战时密码破译工作的中心。然而，布莱切利园都做了些什么，书中的信息很少，也没有提到图灵。

大约就在那时，我看到了哈尔斯伯里勋爵的一段话：[10]

现代计算机发展过程中最重要的事件之一是两种思想的交融。当然，我指的是已故的图灵博士和冯·诺伊曼在战时及战后的会面……

1949年，哈尔斯伯里勋爵任国家研发公司总经理。该公司是英国的政府机构，曾向早期的多个计算机项目提供经济资助。我写信给他，遗憾的是，他忘记了信息的出处。他这样回复我的询问（兰德尔引述[11]）：

关于图灵和冯·诺伊曼的会面，我只能说，他们彼此互相启发。除此之外，恐怕不能为你提供更多信息。他们各自的大脑中都只有一半画面，会面时两人的思想合二为一。我相信他们都在从事原子弹项目的数学研究。

我还询问了图灵在 NPL 的同事，结果一无所获。但是，时任 NPL 计算机科学部主管的唐纳德·戴维斯安排我去拜访了萨拉·图灵。她乐于助人，为我提供了几条线索，但并不比她书中的内容丰富多少。

其他线索都无济于事，我的研究热情开始减退。最终，我得到一个机会，查阅图灵报告的副本。报告详细叙述了自动计算引擎（ACE）的研发计划。[12] 报告是过时的，甚至还引用了冯·诺伊曼 EDVAC 的报告，[13] 所以，当时我并没有细看。后来才意识到应该认真研究。然而我确实注意到，图灵在报告中暗示，他已获得了丰富的电路经验。

## 秘密的战时计算机

随后，我的调查发生了戏剧性的转变。我曾给许多人写信，想更全面地了解图灵是否（以及如何）对实用存储程序式计算机的早期发展做出贡献。唐纳德·米奇对我的问题作出如下回答（兰德尔引述[14]）：

关于冯·诺伊曼与图灵会面的事，我相信哈尔斯伯里勋爵的看法是正确的……纽曼写的讣告（正如你所引用的），具有很大的误导性；这或多或少取决于你如何定义"计算机"。如果我们将其限定为存储程序式数字机器，那么纽曼的说法是公平的，因为在埃克特和莫奇利之前（也要归功于冯·诺伊曼），除了巴贝奇，没有人想到这个设备。但如果你认为它是指高速电子数字计算机，那么图灵等人在战时就对它很熟悉了，它比 ENIAC（ENIAC 不是存储程序式机器）领先了几年。

米奇所说的图灵讣告是 M. H. A. 纽曼教授写的。曼彻斯特大学战后计算机的发展与纽曼有关。讣告中写道：[15]

战争结束后，多种因素使然，图灵的注意力转向了新的自动计算机器。在 1937 年的论文中，他出于逻辑论证的目的，描述了"通用机器"。新的自动机器基本上是"通用机器"的实现,尽管机器的设计者们还不知道图灵的工作。

之后,我发现在公开文献中有几篇(相当晦涩的)提到了布莱切利园的工作(图灵参与其中),最令人吃惊的是 I. J.(杰克)古德的一篇论文。论文列举了连续几代通用计算机,包括:[16]

密码分析计算机(英国):机密的,电子的,计算涉及多达 100 个符号的复杂的布尔函数,二进制电路,电子时钟,插入和切换程序,用于数据输入的穿孔纸带,打字机输出,脉冲重复频率 $10^5$,约 1 000 根离子管;1943(M. H. A. 纽曼,D. 米奇,I. J. 古德和 M. 弗劳尔斯。纽曼受到图灵 1936 年论文的启发)。

(汤米·弗劳尔斯名字的首字母实际上是"T. H."。)

古德的论文还称,虽然主要影响来自冯·诺伊曼在普林斯顿大学高级研究院(Institute for Advanced Study)IAS 机器的设计方案,但从图灵 1936 年的论文,[17] 到战时密码分析机,再到第一台曼彻斯特计算机,中间有一个因果链。此外,杰克·古德回复了我的询问。他说,尽管他并不十分确定图灵与冯·诺伊曼会面的传闻是否属实,但他指出,在他所描述的战时计算机之前,至少还有一台计算机存在。事实上,正如他所说(兰德尔引述[18]):

早在第二次世界大战之前,图灵就对机器的逻辑非常感兴趣,他是参与设计战时大型专用电磁计算机的骨干之一。如果他当时遇到冯·诺伊曼,我想他们肯定会讨论这台机器。1941 年到 1943 年,英国设计建造了两台超大型的机器……相比第一台,第二台机器更接近现代数字二进制通用电子计算机。但第一台可能让图灵和冯·诺伊曼都预感制造通用电子计算机的时机已经成熟。

我收到汤米·弗劳尔斯的一封信,信中提供了更多细节,介绍战时图灵的角色和密码破译机（兰德尔引述[19]）：

机器的研发在我们的战时组织中属于绝密信息，图灵和其他成员被要求对机器保密，这些信息从未解密。我能说的是，它们是电子计算机（先于ENIAC，在当时是独一无二的），包含机电输入和输出。它们是带有接线程序的数字机器。贴了标签的电线被用作半永久性存储器，热电子真空管双稳态电路被用作临时存储器。为实现目标，我们确实通过操纵键提供了不同的编程，操纵键可以根据需要串联和并联受控门。当然，编程的范围非常有限。我确信，对于像我这样的工程师，以及像艾伦·图灵这样的数学家来说，这项工作的价值在于，由于我们自己开发的电子技术为计算机的设计带来了更大的可能性，我们对逻辑开关和处理有了新的理解，也更加熟悉。因此，当我们知道存储程序式计算机后，就能够抢占发展先机。最终的障碍是缺乏资金，而不是缺乏专业知识。

为弄清图灵与冯·诺伊曼会面的事，我还联系了S.弗兰克尔博士，他在洛斯阿拉莫斯工作时认识了冯·诺伊曼。虽然在这件事上无法提供帮助，但他提供了更多的证据，证明图灵战前工作所产生的影响（兰德尔引述[20]）：

我所知道的是，1943年或1944年前后，冯·诺伊曼充分认识到图灵1936年发表的论文《论可计算数》的重要性……这篇论文大致描述了"通用计算机"。每台现代计算机都是它的实现（可能不包括最初建造的ENIAC，但肯定包括后来所有的计算机）。冯·诺伊曼向我介绍了那篇论文。在他的催促下，我仔细研究了论文。许多人称冯·诺伊曼为"现代计算机之父"，但我相信，他自己永远不会犯这个错误。他或许可以称为助产士。他曾明确对我强调说，基本概念来自图灵——只要在他之前，巴贝奇、洛夫莱斯和其他人并未提出这些概念。我确信他对别人也是这么说的。在我看来，冯·诺伊曼的重要作用在于，让世界了解图灵提出的这些基本概念，了解图灵在摩尔学院和其他地方所从事的研发工作。

现在，我意识到自己是在探索一段宏大的历史。在计划收集的关于数字计算机起源的材料中遗漏图灵的名字，是一个错误。

我为研究工作准备了一份机密草稿，发送给我咨询的每个人，征求他们的意见，获得发布他们言论的许可，并希望它能引发更多的揭秘。这个愿望实现了。唐纳德·米奇在回复中提供了更多信息。包括以下内容（兰德尔更为完整地引述[21]）：

图灵没有直接参与布莱切利电子机器的设计，尽管他与这项工作保持着联系。他关注的是电磁设备的设计，用于另一种密码分析。负责这项工作硬件设计的是邮局工程师比尔·钱德勒……第一台机器"希斯·罗宾逊"由韦恩·威廉姆斯设计……于1942/1943年在马尔文电信研究所建成。无论是"罗宾逊"还是"巨人"，一旦启动，所有机器完全自动运行，只能手动停止！两个五槽纸带圈，长度通常超过1 000多个字符，由铝滑轮以2 000字符/秒的速度驱动。带有两个链轮的刚性轴与两个纸带的链轮孔啮合，使两者保持对齐。第二阶段："巨人"受邮政局的委托，于1943年12月首次安装成功（1号）。经过艰苦的努力，另外三个订单中的第一个（2号）在诺曼底登陆日（1944年6月6日）前安装成功。该项目的主管是T. H. 弗劳尔斯。弗劳尔斯升职后，A. W. M. 库姆斯接管了协调工作。巨人机由弗劳尔斯、库姆斯、S. W. 布罗德本特和钱德勒共同设计……只有一个滑轮驱动的纸带，即数据纸带。处理这些数据的预设模式都是从存储组件模式内部生成的。这些组件存储为由闸流管制成的环形寄存器，可通过插入的探针手动设置。数据纸带以5 000字符/秒的速度驱动，但是（2号）并行操作与短期存储器组合后，有效速度为25 000字符/秒……战争结束时，安装和订购的巨人机总量约为12台，其中约有10台完成了安装。

我已经知道了这些机器的名字，它们仍属于保密的范围。这些信息还提供了一种可能，让我可以按照现代数字计算机技术来评价巨人机。相对于逻辑能力，它们的算术能力显然很差，只涉及计数，不能进行一般的加法或其他运算。然而，它们确实有一定数量的电子存储，还有纸带作为"备份存储"。虽然是全自动的，甚至可以打印输出，但它们是专用机器。这些机器由插板和开关构成，至少有一种基本的编程形式，在其专业领域具有很强的灵活性。巨人机无疑属于存储程序式计算机。但是，战后英国第一台存储程序式计算机项目确切的发展顺序和影响模式仍是未解之谜。

调查发展到这个阶段，"不入虎穴，焉得虎子"。我直接写信给当时的首相爱德华·希斯（Edward Heath），敦促英国政府解密英国战时电子计算机的发展。1972年1月，我的请求被拒绝。他给我的答复是，英国在第二次世界大战时就制造了一台电子计算机！这是我所知的唯一未解密的官方说法。

我回复说，"为明确英国科学家和工程师在计算机发明中的贡献，战时计算机最终解密时，官方需要公开这段历史"。1972年8月，我收到一封信，说他们会完成这项工作。信的结尾写道：

首相非常感谢你的建议。他希望筹备工作足够充分，确保相关的英国科学家和工程师所做的大量工作在未来得到应有的认可。

最终，首相安排丹·霍尔伍德编译机密的官方历史，他是参与建造巨人机的工程师之一。[22] 最近，托尼·塞尔说，1993年他在着手重建巨人机时，霍尔伍德的报告起到了至关重要的作用。[23]

## 存储程序概念

我的调查有一部分涉及图灵战前的工作，以及战时在布莱切利园的秘密工作，它们都与"存储程序概念"（stored-program concept）有关。这是发明现代计算机所需的重要思维步骤的最后一步。这一贡献应该归功于谁，存在着很多争议，主要原因是对概念所涉及的内容缺乏共识。

这个概念最突出的特点是，将控制计算机的程序连同在该程序控制下由计算机操作的信息保存在一个存储器中，而不是存储在某些外部只读介质（如打孔卡、纸带或可插拔电缆）中。这本质上是一种实用的想法，是为了解决卡片或纸带控制的机械或机电设备所不存在的问题，这些设备的计算速度与控制它们的卡片或纸带的读取速度相匹配。电子学的出现，以及构建可编程电子计算设备（如巨人机和 ENIAC）的首次尝试，暴露了对一些程序表示方法的需求，这些方法可以应对所需的程序大小，其访问速度与它们所控制的（完全电子化）操作相匹配，它允许以足够快的方式将任务已完成的程序替换为下一个要执行的程序。尽管巨人机和 ENIAC 编程所用的插头、电缆和开关可以匹配电子运算速度，但程序切换是很慢的手工活。尤其是 ENIAC，它的程序比控制巨人机的程序要复杂得多。

将程序和数据保存在同一存储器中（一旦有了足够大的存储器），除了能加快程序转换速度之外，还有一个更实用的优势。设想的各种不同类型的应用程序需要为指令以及（变量和常数）数据区分相对存储量，因此，分开的存储器给存储器分配制造了决策难题。使用一个存储器就解决了这个问题。

这些实际考虑，再加上一个重要的认识，即一组可插拔电缆和开关"只是"一种信息表示方式，似乎是摩尔学院团队计划开发 EDVAC（ENIAC 的后继机器）的基本理由。这些计划是存储程序式计算机概念被普遍接受的起点——虽然尚未将程序视为由计算机自己生成或控制的信息，但至少采纳了将程序保存在计算机存储器中并从中执行程序的想法。

巴贝奇构思了存储和操作程序指令的想法（用现代术语来说，这是存储程序概念的第二个方面），该说法部分来自洛夫莱斯夫人关于其分析引擎的笔记中的一小段文字：[24]

数字是数量的符号，当它们作为幂指数时，通常也是运算的符号……当然，如果 $n$ 列上有一些表示运算的数字，它们可能会相互组合，并且通常需要这样做，就像数字意味着数量以各种形式相互组合一样。可能是这么安排的：所有表示运算的数字都应该出现在引擎的某个单独部分，该部分表示数值量；但在某些情况下，目前的模式更简单，事实上，在理解之后，它也同样清晰。

这段非常晦涩的内容与洛夫莱斯夫人笔记中的其他内容有些矛盾。事实上，更重要的是巴贝奇的笔记。1836 年 7 月 9 日，巴贝奇在速写本中写下一段简短的评论，指出使用分析机计算并打印修改后的程序卡的可能性，这些程序卡可用于控制进一步的计算。这段注释比较清晰地表明，他仅仅将程序视为可操作信息的深层形式。

在我看来，洛夫莱斯夫人 1843 年对编程的描述（其中甚至间接提到我们现在所说的"索引寻址"）也显示出对程序概念的深刻理解，虽然我们完全不清楚她（而不是巴贝奇）对该主题的笔记内容贡献了多少想法。

据我所知，除了查尔斯·巴贝奇和洛夫莱斯夫人这些含糊不清的陈述，以及图灵在 1936 年论文中提到的明确含义（指无限长的纸带"存储器"）之外，"将指令视为存储在计算机主存储器中的信息"的想法最早出现在冯·诺伊曼著名的 EDVAC 报告中。[25] 然而，我又发现了 J. 普雷斯伯·埃克特 1945 年的一份报告。[26] 报告称，1944 年初，在冯·诺伊曼还未参与 EDVAC 项目之前，他们就设计了一台"磁性计算机器"，其程序"与数字存储在同一存储设备中"。遗憾的是，人们对埃克特、莫奇利、冯·诺伊曼和戈德斯丁在 EDVAC 设计中贡献的大小并没有达成共识——我不想参与这场纷争。

调查的这一阶段，我的主要目标尚未实现，尤其是仍未搞清图灵是否在存储程序式计算机概念的发展中发挥了直接作用，尽管我确实认为调查澄清了一些重大误解，纠正了一些张冠李戴。

1972 年，我调查了图灵战后在 NPL 的工作。卡彭特和多兰则对图灵 1945 年 ACE 的设计进行了分析。遗憾的是，我们的结果并不完全一致。[27] 1972 年，我读过的大量文献都表示图灵 ACE 的设计报告[28]在 EDVAC 报告之后发布（并且确实引用了 EDVAC 的报告），[29]但卡彭特和多兰提供了一份详细的对比。二人将图灵设计的成熟的存储程序式 ACE 与 EDVAC 报告中相当落后的设备进行了对比。（与图灵的 ACE 报告相反，EDVAC 报告明确指出，不允许修改存储程序指令。尽管后来又取消了这个限制。）如今想来，我真该仔细研究 EDVAC 和 ACE 的报告，将存储程序概念的起源更多地归功于图灵，而不是认为他的贡献仅限于 1936 年的论文。显然，关于计算机的起源，我的精选论文集中应该收录图灵 1945 年鲜为人知的 ACE 报告。时隔多年，我完成了调查，对存储程序概念以及图灵在其中的作用提供了更全面的分析。[30]

事实上，谁第一个产生下面两种想法（并理解其重大价值）仍存有争议：（1）拥有用于指令和数值量的大规模可寻址内存（addressable internal memory）；（2）具备对存储指令的生成和修改进行编程的能力。然而无可争辩的是，自 1945 年起，EDVAC 团队发表的论文和报告为许多国家的计算机设计师提供了灵感，对现代计算机的快速发展起到了关键作用。

## 结　　语

虽然最初的目标没有实现，但我积累了一些证据（这也许更重要）。有证据表明，麦克斯·纽曼和汤米·弗劳尔斯领导的团队（艾伦·图灵也参与其中）在 1943 年建造了一台专用电子数字计算机——"巨人"。它比 ENIAC 的问世早几年，而 ENIAC 通常被认为是世界上第一台电子数字计算机。

我已经确定，巨人机是在邮政局的多利斯山研发站研发，在布莱切利园完成安装。至少在有限的意义上，巨人机及其后续机型均为"程序控制"式计算机。此外，有一种可信的说法是，图灵战前发表的关于可计算性的经典论文（通常被认为"仅仅"具有理论意义），直接影响了英国的机器设计师，也在他参与美国的计算机研发时影响了冯·诺伊曼。

获得了所有信息提供者的许可之后，我和唐纳德·米奇很想把我调查的摘要公之于众。[31] 我们选择的公布途径是米奇在 1972 年的机器智能专题研讨会，由爱丁堡大学出版社出版每年的会议论文。（在一次报告之后，我在研讨会上无意中听到爱丁堡大学出版社两个员工的谈话。他们在讨论发布我的报道是否安全——他们自我安慰说，就算翻车了，被起诉的也是出版社的领导爱丁堡公爵！）

后来，我设法说服唐纳德·米奇，将两页的调查摘要以及对图灵的报道添加到我的计算机史学文集中——第一版于 1973 年出版，名为《数字计算机的起源：论文选集》（*The Origins of Digital Computers: Selected Papers*）。[32]

至此，我对图灵和巨人机的研究结束了，因为我确定，有关布莱切利园和巨人机的更多信息需要很长时间才能公开。但仅仅几年后，更多布莱切利园的战时信息被解密，于是我重启调查，发现了大量关于巨人机项目的信息。详见第 17 章。

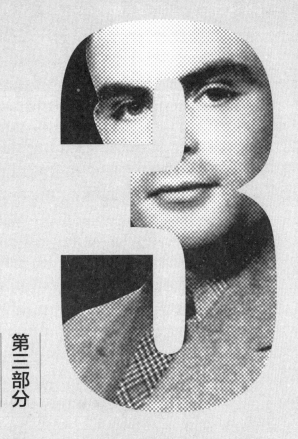

第三部分

# 密码破译者

** THE TURING GUIDE

# 第 9 章
# 布莱切利园

杰克·科普兰

本章总结了图灵在布莱切利园的主要成就，评估了他对第二次世界大战的影响。

## 战争派对

1939 年 9 月初，战争开始的第一天，图灵入职布莱切利园。那是位于白金汉郡的一座丑陋的维多利亚式宅邸，英国军事密码破译的战时总部（图 9.1）。图灵是破解德军恩尼格玛机（外表像打字机的密码机）的关键人物。[1]

图 9.1 布莱切利园别墅
经布莱切利园信托基金公司许可复制

德国的海陆空军在第二次世界大战期间每天发送数千条密码讯息。这些讯息涉及高层机密，如前线将军备战的详情报告和希特勒本人签署的命令，也包括重要的战争细节，如天气预报和补给舰库存清单。由于图灵及其同事的密码破译工作，这些讯息绝大部分落入了盟军手中——有时，讯息在发出一两个小时之内就被破译。破译速度越快，情报就越有价值。至少有一次，恩尼格玛的密文在发出15分钟内就被截获和破译，送到了英国海军上将面前。[2]

## 炸 弹 机

图灵让机器与机器对抗。马里安·雷耶夫斯基（Marian Rejewski）是波兰杰出的密码破译专家，图灵在其战前工作的基础上，发明了恩尼格玛的破解机"炸弹机"。布莱切利园很快从一座只有30多个破译专家的乡村别墅变成密码破译的大工厂。[3]

战争结束时，布莱切利园及其周边分部约有200台炸弹机。[4] 早在1943年，图灵的机器每月就能破译84 000条恩尼格玛讯息，平均每分钟两条。[5] 第12章介绍了炸弹机及其工作原理。

## U型潜艇的危险

穿梭在北大西洋的U型潜艇使用的恩尼格玛机有一种特别安全的加密形式，图灵曾单枪匹马苦干20个月研究破解方法。1941年6月，他和团队成员一起破译了U型潜艇与基地之间发送的实时讯息。就在当月，温斯顿·丘吉尔的顾问发出警告，北大西洋的大规模沉船事件将很快使英国因饥荒而战败。[6] 勇猛的英国战时领袖丘吉尔后来承认："战争期间，唯一让我害怕的是U型潜艇。"[7] 图灵的工作最终使这一局面化险为夷。U型潜艇发出的讯息暴露了它们的位置，于是，英国商船可以轻松改道，从而避开潜艇——方法简单却非常有效。

## 破解"金枪鱼"

德国发明了一台新的更复杂的密码机,图灵要寻找方法破译突然涌出的大量讯息(详见第 14 章)。这台新机器在英国情报部门的代号为"金枪鱼"(Tunny)。

"金枪鱼"电传打字机的通信网络横跨欧洲和北非,是当今移动通信网络的前身。它被用于最高级别的通信,在希特勒、柏林军队最高指挥部与前线将军之间使用。布莱切利园另有一位沉默寡言的天才,名叫比尔·塔特(Bill Tutte),图灵在此人前期工作的基础上侵入了金枪鱼系统。图灵 1942 年的突破性工作催生了破解金枪鱼的系统方法:"图灵术"(第 14 章中也有描述)。

图灵术是图灵对战争三大贡献中的第三个,另外两个是设计炸弹机和破解 U 型潜艇使用的恩尼格玛机。运用图灵术,布莱切利园能够阅读柏林和前线将军冗长的对话,这些对话让德国的战略一览无余。93 岁的杰瑞·罗伯茨上尉说:"1942 年到 1943 年,图灵术是我们对付金枪鱼的唯一武器。"罗伯茨上尉曾任布莱切利园"泰斯特团队"负责人。"泰斯特团队"是破解金枪鱼的两个部门之一,以拉尔夫·泰斯特的名字命名(见第 16 章)。

汤米·弗劳尔斯的巨人机是第一台大型电子计算机,其中复杂的金枪鱼破解算法也源于图灵术(第 14 章所述)。随着巨人机的装配成功,布莱切利园成为世界上第一个电子计算基地,战争结束时已有 9 台巨人机。

## 海狮:从未发动的战役

希特勒计划于 1940 年入侵英国。如果他的海狮行动成功发动,那么运兵舰以及满载坦克、大炮和重机枪的补给船就会从法国穿越英吉利海峡。[8]1940 年 7 月,布莱切利园破译的恩尼格玛讯息显示,入侵迫在眉睫。[9]

在大规模的海空袭击中,数千架满载全副武装德国兵的滑翔机将降落在英国国土，大量伞兵也会着陆。成群的俯冲轰炸机将摧毁机场，击退英国的地面部队。一旦侵略者站稳脚跟——占领了港口和机场——希特勒强大的军队就会所向披靡，占领英国所有的重要城市。这就是希特勒的计划。

然而，海狮行动被推迟，最后放弃了。但英国的命运仍岌岌可危。如果1940年夏天，皇家空军表现得没有那么坚韧，如果德国领导人的注意力没有转向俄罗斯，如果图灵的第二台炸弹机——脑洞大开地命名为"阿格努斯·戴"（上帝的羔羊）——没有破译卢特瓦夫的绝密恩尼格玛讯息……结局或许会大不一样。[10] 或许，1941年日本帝国空军袭击珍珠港时，罗斯福要面对一个完全由裕仁天皇的盟友希特勒统治的欧洲。

## 对抗隆美尔的网络战争

1942年，随着北大西洋U型潜艇威胁的减退，以及隆美尔元帅的装甲部队在北非阿拉曼的惨败，盟军对德军的反击开始了。

英国在U型潜艇战争中的成功——图灵起到了关键作用——解放了从北美到英国的补给线，而希特勒在阿拉曼的溃败让他失去了占领苏伊士运河和夺取珍贵的中东石油的机会。之后的战争中，燃料的持续短缺令德军备受煎熬。

在阿拉曼的某次激战集结期间，布莱切利园的破译员读到了隆美尔的密信。[11] 隆美尔给他们带来一个好消息，说他的坦克燃料不足，无法有效作战。密码破译员正是这种状况的推手。几个星期来，他们已经得知德国和意大利船只载着隆美尔的补给穿越地中海。这一情报使皇家空军能够选择最精准的攻击目标。几千吨燃料沉入大海。

阿拉曼战役的第十天，隆美尔给柏林发出一条坏消息，承认"正面临着全军覆没"。布莱切利园急切地读着希特勒的回复，他要求隆美尔绝不能后退一步——希特勒下令，"全力以赴，决一死战"。[12]

## 如果恩尼格玛和金枪鱼没被破解，一切将会怎样？

如果图灵没有破解德军密码系统，那么今天的世界会有什么不同？

写"反事实"历史总带有推测，从不会索然无味。因为，如果一些关键要素的走向与事实不同，战争、战役或选举的整个结局可能会大相径庭，也可能没什么改变。如果中情局在2000年灭掉乌萨马·本·拉登，"9·11事件"可能还会发生，因为本·拉登死后，他的副手会站出来控制基地组织，实施本·拉登计划。

假设，与事实相反，图灵和布莱切利园的密码破译员没能破译德国和意大利海军在地中海的通信，也没能破译北大西洋U型潜艇的加密讯息，结果会怎样？商船载着珍贵的食物、燃料、弹药和人员从美国运往英国，它们将继续受到U型潜艇无情而高效的攻击，成为其囊中之物。数不清的紧急物资会沉入海底。如果皇家空军没有摧毁德军的海运补给，隆美尔甚至可能在阿拉曼击败英军，继续为德国夺取中东石油。然而，即便如此，由于其他反事实事件，欧洲战争仍可能在1945年春结束。

举个例子。1945年，美国或英国可能会在柏林投下原子弹。即使没有欧洲原子弹，即使由于轴心国加强了密码安全，布莱切利园未能破解关键的恩尼格玛、金枪鱼和哈格林密码系统，盟军仍可能获胜。一旦希特勒占领了幅员辽阔的苏联，德国的战败几乎在所难免。回到事件的实际过程。在俄罗斯战线上，布莱切利园也起到了关键作用，尤其是运用"图灵术"破译了柏林和前线将领之间绝密的"金枪鱼"密码。[13]

历史学家能否量化图灵对战争进程的影响？他们当然不能满怀自信地声称图灵缩短了战争进程，原子弹的例子就说明了一切。[14] 由于官方保密，图灵的贡献在很大程度上被20世纪的历史学家所忽略，但在21世纪，我们至少可以完整地描述图灵在布莱切利园所取得的成就。

图灵的恩尼格玛破解机"炸弹"，以及金枪鱼的破解机"巨人"（在"图灵术"启发下开发出破解算法），为盟军提供了前所未有的内部视角，窥探到敌人的军事部署。更重要的是，布莱切利园拥有一扇无与伦比的窗口，可以看到德国对即将到来的法国登陆行动的备战情况，这就是1944年6月的诺曼底登陆。

如果图灵没有破解U型潜艇的恩尼格玛，将战争推向尾声的欧洲大陆入侵行动可能会延迟几个月，甚至几年。这是因为如果商船继续在大西洋沉没，位于法国对面的英国南部港口甚至无法大量集结必要的军队和弹药。如果没能破译U型潜艇讯息，就必须等到盟军海军用传统方法击毁它，才能实现诺曼底登陆。

## 无法估算的后果

诺曼底登陆哪怕延迟一天都会对希特勒有利，会给他提供更多的时间，应对即将到来的穿越英吉利海峡的进攻——他将有更充裕的时间，将军队和坦克从东线转移到法国，并加固法国海岸和莱茵河，这是诺曼底海滩和德国中心区之间最关键的自然屏障。此外，德国将造出更多的V1无人机和V2火箭导弹，向英格兰南部地区狂轰滥炸，并大肆破坏支持盟军进攻部队的港口和机场。

据史料记载，从诺曼底海滩攻入柏林，盟军大约用了一年时间。在反事实的情境下，希特勒有更充裕的备战时间，战争可能会延时一倍。这意味着大量的人员伤亡。据保守估计，欧洲战场每年的战亡人数约700万。

回到原子弹的例子和反事实历史的艰难。即使整个战争期间，金枪鱼和U型潜艇的恩尼格玛都没被破解，战争仍可能在1945年5月结束。然而，如果战争再持续一年，将有700万人丧生。如果大西洋U型潜艇继续发挥作用，欧洲要塞得以加固，战争将不得不再持续3年，会有2100万人丧生——这无疑说明了图灵贡献的重要性。

图灵，这位数字战士，与丘吉尔、艾森豪威尔以及少数战时重要人物并驾齐驱，在盟军击败希特勒的战役中堪称英雄。伦敦市中心的战争英雄雕像群中，应该有图灵的雕像。

# 第 10 章
# 恩尼格玛机

乔尔·格林伯格

第一次世界大战结束后不久,德国海军得知,其加密通信在战争期间被英国和俄国读取。德军意识到需要彻底改革加密方法。于是从 1926 年开始,德军的不同分部开始使用恩尼格玛密码机。第二次世界大战开始时,经过一系列修改,恩尼格玛的安全性更强了,成为高效的军事通信系统的核心。破解德军的恩尼格玛需要英国(此前是波兰)最聪明的大脑。[1]

## 引　言

密码机在第二次世界大战中发挥了重要作用,其确切来源并不十分清楚。[2] 20 世纪 20 年代初,荷兰发明家雨果·科赫和德国工程师阿瑟·谢尔比乌斯申请了转子密码机专利。

1923 年,加密机股份公司(Chifrienmaschinen AG)在瑞士伯尔尼举行的国际邮政大会上展示了一台笨重的密码机。机器有一个标准打字机键盘作为输入装置,其设计接近于谢尔比乌斯的专利机器。谢尔比乌斯把他的机器命名为"恩尼格玛","A 型"是后续机型的最早版本。很快出现了 B 型、C 型和 D 型。1927 年,D 型成为畅销的商用机。一些国家出于研究目的购买了恩尼格玛机。20世纪20年代中期，政府编码与密码学校（英国情报单位）副校长爱德华·特拉维斯代表英国政府购买了一台。

尽管舍弃了谢尔比乌斯1918年的加密方法，但德国海军决定在1926年使用恩尼格玛机。与此同时，为了增强安全性，德军开始重新设计这台机器。1928年用的是G型，[3] 1930年6月，I型（Eins）成为标准版本，先是在陆军中使用。1934年10月与1935年8月，开始在海军与空军中使用。

海军使用的M1在功能上与I型兼容，但有一些细微区别。例如，三个转子的圆环上刻有字母（A~Z），而不是数字（01~26）。M1有一个4V的电源插座，适合在船上使用。M1生产了611台。1938年，M2紧随其后，产出890台。1940年，M2被M3取代，大约制造了800台。这三个型号的机器都有相同的内部标记"Ch.11g"。"Ch."代表加密机股份公司，该标记表示所有三个型号均为同一设计的变体，同为该公司制造的恩尼格玛系列。[4] 本章主要讲述图灵及德国海军的密码机。

## 恩尼格玛机的组件

简言之，恩尼格玛机对德语明文进行逐个字母替换，产生所谓的德语"密文"。密文看起来像随机杂乱的字母——事实上并非如此。

恩尼格玛只用于加密和解密讯息，是一种"离线"设备。实际的讯息传输是单独的过程，通过另外的设备运行。恩尼格玛是移动通信的理想之选。它重约25磅，放在木箱里，用一条合适的皮带就可以轻松携带。机器可以由交流电源或电池驱动。

恩尼格玛机有一个键盘，26个字母排成三排（图10.1）。上排从左到右为QWERTZUIO，这是德国标准（英美键盘与现代键盘一样，最上排是QWERTYUIOP）。恩尼格玛的键盘没有标点符号或数字键，如果操作员想要输入数字1，他得键入

图10.1 恩尼格玛M3
经布莱切利园信托基金公司许可复制

eins，德语 1 的单词。三个德语元音字母 ä、ö, 和 ü 必须输入为 "ae"、"oe" 和 "ue"。

靠近键盘的是 26 个小玻璃圈，每个玻璃圈上都印有字母表中的一个字母。（可能是由丙烯酸制成的"安全玻璃"，在德国被称为 Plexiglas，在英国被称为 Perspex。）这些玻璃圈也排成三排，与键盘字母的顺序一致。完整组件被称为"灯板"。每个玻璃圈下面都有一个小灯泡，很像前 LED 时代的手电筒。每按一次键，其中一个灯泡就会亮起。灯泡照亮的模印字母就是刚才按键字母的加密。例如，如果按下 O 键，Q 下的灯泡亮起，则 Q 是明文中 O 的加密（图 12.5）。

机器中间有三个转子，它们是加密机制的关键。有一个可移动的轴穿过每个转子中心的孔，转子就在这个轴上旋转（图 10.2）。每次按下按键时，部分或全部转子就会旋转。根据其相对转速，左、中、右转子分别被称为慢速、中速和快速转子。

按照恩尼格玛的设计方式，可能需要多达 17 000 次按键才能将三个转子返回到初始位置，尽管如果使用多套三组转子（如下所述），这个数字可能会下降到 4 056。[5] 但实际上，即使这样少的按键次数也不会出现在一条明文中，因为字符数被限制到 250 个，海军恩尼格玛明文被限制到 320 个字符。

图 10.2　恩尼格玛 M3 内部
经布莱切利园信托公司许可复制

每个转子的两面都有 26 个电触点。转子内的固定线路从一个面的触点通向另一面的触点。每个转子的线路都不同。这意味着如果从机器中取出转子，并以不同的顺序放回，机器的线路就会不同。

每个转子的右侧（从前面看机器时）是齿轮，左侧是一个金属环（或金属圈），上面有字母 A~Z（有时是数字 01~26：陆军和空军的机器通常是数字，海军的机器通常是字母）。金属环可以通过夹子固定在任意一个字母的位置上。金属环的最左边有一个"可翻转"的凹槽（在某些情况下有两个凹槽）。金属环和凹槽的功能将在后面解释。

转子的右侧（同样是从正面看机器时）是所谓的"引入板"，带有 26 个电触点（图 12.5）。转子的左侧是一个叫作"反射器"的固定轮，带有可成对连线在一起的 26 个针式触点。战争期间，不同时期使用不同布线的反射器，但最常用的一种被布莱切利园称为"B"反射器。反射器的功能描述如下。

恩尼格玛 M3 转子的内部线路与早期型号不同。M3 的前部也有一个"插线板"。它有 26 个插口，每个插口对应一个字母，字母的排列顺序与键盘上的字母相同，同样是三行。接线两端带有插头，置于插口中，可以根据当天设置机器的指令改变位置。每根接线将两个选定的字母连接在一起。插线板的目的是在放置转子之前将输入的字母转换为不同的字母（图 12.5）。从转子里出来的字母在到达灯板之前被插线板再次转换。1939 年 11 月起，大多数德国恩尼格玛网络在插线板上连接了 10 对字母。此前，连接的对数较少，密文更容易被破译。

转子放入机器，关闭盖子，每个转子的锯齿边缘从盖子上的一个槽中伸出（图 10.3）。与每个插槽相邻的是一个小的可视窗口，显示圈中最顶端的字母。每个转子都可以通过手动旋转其突出的边缘，随意移动到 26 个字母的任一位置。

图 10.3 每个转子边上的窗口显示了转子的当前位置

经布莱切利园信托基金公司许可复制

在键盘上每按一次键，至少一个转子会向前移动一个位置，这是加密过程的核心。每次键入时右侧的转子都会移动，而中间和左侧转子的移动则由字母环的位置决定。因此，贯穿机器的电路是动态的，每按一个键都会发生变化。正因为如此，在键盘上重复输入同一个字母，灯板上会产生一串不同的字母。

一旦三个转子位于引入板和反射器之间，它们之间就有 26 个并联电路。在键盘上按下一个键时，电流从该键依次流过插线板、引入板、右侧转子、中间转子、左侧转子和反射器，然后（根据反射器的线路）再次通过左侧转子、中间转子、右侧转子、引入板和插线板，最终到达灯板（图 12.5）。随着电流在机器中的流动，这个字母不断变换。当灯板上的灯泡亮起时，字母可能已经转换了 9 次。

到 1939 年，海军恩尼格玛操作员的盒子里配有 8 个转子，他们从中选择 3 个。最初，M3 配备 5 个密码转子，与恩尼格玛 I 的转子兼容。这意味着海军的恩尼格玛可以与陆军和空军的恩尼格玛机交换讯息。然而 1939 年，海军的 M3 在最初 5 个转子的基础上添加了 3 个转子（新转子被命名为 VI、VII 和 VIII）。德国的 U 型潜艇使用 M3，直到 1942 年 2 月，北大西洋 U 型潜艇船队开始使用配备四个转子的 M4。[6]

与 M3 兼容的 M4 是在三转子基础上的改进版本。反射器的宽度减半，剩下的空间由第四个转子占据。（M4 有两个不同版本，布莱切利园称之为"贝塔"和"伽马"。）新转子在加密过程中保持不动，不能与其他海军恩尼格玛机的转子互换。M4 让恩尼格玛的加密过程多了一个步骤。

经过与 U 型潜艇艰苦卓绝的斗争，图灵破解了 M3。稍后本章有更详细的论述。

## 发 送 讯 息

加密消息的机器准备是这样的（以 M3 为例）：从盒子中取出三个转子，按照指定顺序放到机器里。然后将转子的字母环调到指定位置。接下来，操作员在插线板上连接 10 对字母（战争最初的几周，连接不到 10 对）。最后，将转子调到预定的初始位置。

这种方式产生的电路配置数量巨大。计算方法是，插线板配置数（1.507 亿）乘以转子的选择方式数（336），然后再乘以转子可能的初始位置数（17 576）。

恩尼格玛机一旦设置完毕，加密消息就是一个相对简单的过程。操作员在键盘上输入德语明文，消息输入时，其加密形式的字母在灯板上亮起。解密过程同样直截了当。一旦收到密文，收件人的恩尼格玛也设置完毕，收件人只需在键盘上输入密文,灯板上就会亮起德语明文的字母(图 10.4)。复杂之处在于确保发送方和接收方的恩尼格玛机设置一致。德军为解决这个问题而广泛使用的程序,被布莱切利园称为"每日密钥",该程序与海军恩尼格玛 M3 的主要密码一起使用。具体内容将在后续中讲述。

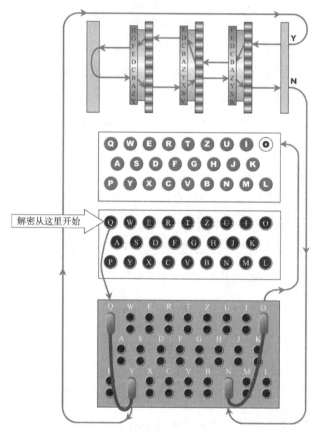

图 10.4 恩尼格玛如何解密
版权所有:杰克·科普兰,达斯汀·帕里

消息加密之后一般是通过无线电传播。U 型潜艇往返传输信号的过程使用了一个变换频率的复杂程序。海军讯息通常以四个字母为一组传输,如下例所示(少数海军网络与陆军和空军一样,使用五个字母一组的做法)。两组额外的四元组分别放在讯息的开头和结尾。它们被称为"指示符"组,其功能稍后描述。

1941 年 5 月 27 日,德国海军的一个重要信号被截获。截获的讯息是这样

第三部分 · 密码破译者　　　　　第 10 章 · 恩尼格玛机

的（为了说明，使用本章后面所讲的指示符组）[7]：

MMÄ 1416/27/989　38

IJTV USYX DERH RFRS OQRV DTYH QWBV HILS CXHR OPOD
GTQL DDHI KFTG EDZS WXQS EDFR HGYG EDZZ UYQV DTYY
EDGH KIRM SYBK PANX JSTP QXDT ERGP JMSX VFWI FTPZ
ADHK WDLE QPAL ALDH XNDH RYFH IJTV USYX

1231　7640

MMÄ 是识别发射台的呼号，1416 是发送讯息的起始时间，27 是当月中的某天，989 是讯息序列号，38 是四元组的总组数（可检查是否收到完整讯息）。IJTV USYX 是指示符（在讯息末尾重复）。英国拦截器添加的最后一行给出了拦截时间 1231 和传输频率 7640kHz。

指挥 U 型潜艇的海军司令发给比斯开湾所有 U 型潜艇的讯息是：

现在必须假定俾斯麦号已经沉没。U 型潜艇在方位 BE6150 和此位置西北部寻找幸存者。

战争期间，截获的海军恩尼格玛讯息数量稳步增加，从 1940 年的每天约 300 条增加到 1944 年至 1945 年的每天 1 500~2 000 条。1945 年 3 月 12 日，单日最高截获记录为 2 133 条。

## 每日密钥

每日密钥（或每日设置）告诉操作员如何设置当天的机器。海军的每日密钥由四部分组成：[8]

- "插线板配对"：插线板上通常 10 个字母与另外 10 个字母连接。剩下的 6 个不接线的字母被称为"self-steckered"，意思是"自插"。当电流通过插线板时，每个自插字母保持不变。
- "转子顺序"：从 8 个转子中选出 3 个转子，按特定顺序放在机器中。

有 8 × 7 × 6（即 336）个可能的顺序排列（M4 有更多）。

- "基础设置"：这是一个三字母组，用来指定操作员开始加密"消息设置"时要使用的转子位置。下文描述的消息设置本身就是三个字母，例如 BDK，表示开始加密消息文本时转子的位置。无论何时，操作员都是手动转动转子。当三个规定的字母出现在观察窗中时，转子就处于初始位置。
- "环设置"：这是围绕每个转子的可旋转字母环的位置。每个转子的环都有单独的设置，有 26 × 26 × 26（即 17 576）种可能的配置。设置环的目的是掩饰转子的初始位置。即使知道消息设置，也无法从中推断出转子的实际初始位置，除非还知道环设置。这是因为组成消息设置的字母没有固定在转子上，而是刻在可转动的环上。

完整的每日密钥实际上并不是每天都在改变。在相邻的日子里，称为"配对日"，转子顺序和字母环设置会保持不变；在 30 天的时间内，转子顺序和字母环设置通常只会改变 15 次。在 31 天的月份中，通常有一个为期 3 天的周期，周期内转子顺序和环设置相同。在某些海军恩尼格玛密码中，每日密钥完全更改的频率低至每 10 天一次。

德国的"密钥制造者"在许多方面作茧自缚。6 号小屋发现了陆军和空军密钥编译者使用的规则，这些规则被称为"密钥规则"。[9] 海军密钥制造者制定了不必要的"转子顺序规则"：例如，有序转子中通常包含一个转子 VI、VII 或 VIII。转子顺序规则有时可以将可能转子顺序的数量从 336 个减少到 10 或 20 个，从而使密码破译者的工作变得更加容易（虽然这些规则直到 1944 年才被发现）。[10]

然而，德国海军每日密钥系统的最大弱点是固定的基础设置。图灵的"班布里处理"（在第 13 章和第 38 章中介绍）完全取决于基础设置在白天不变的事实。如果德国人使用可变的基础设置，讯息的破译就会困难重重。

德国海军有许多不同的通信网络，每个网络都有自己的每日密钥。在包括大西洋大部分地区在内的本土水域中，U 型潜艇和水面舰艇使用的主要网络是 Heimische Gewässer，布莱切利园称之为"海豚"。直到 1942 年 9 月，"海豚"和"海神"（当时仅在 M3 上使用）是唯一被破解的海军通用恩尼格玛密钥。现在说说"海豚"的来龙去脉。

## 消息设置

使用每日密钥设置好恩尼格玛机之后，操作员需要做进一步的准备工作，如下所述，他要将三个转子转动到第一条消息的初始位置（例如 BDK）。每个转子都得转动，直到相关字母出现在视窗中。

德国空军和陆军允许操作员选择这三个字母。遗憾的是，操作员经常选择明显的三元组字母，例如恩尼格玛键盘上斜对角的字母（例如 QAW 和 WSX），这让密码破译员的工作变得更简单。德国海军比陆军和空军更有安全意识，他们向"海豚"操作员分发消息设置列表手册，以此加强安全性。

手册被称为"代码书"（Kenngruppenbuch），布莱切利园称之为"K 书"。K 书包含所有 17 576 个可能的三元组（即三字母组，例如 PQR）。从 1941 年到战争结束，德国海军一直在使用同一本 K 书。此外，一旦操作员从 K 书中选择了一个三元组，他就会在传输之前使用"二元组表"来伪装它。二元组是两个字母的配对（例如 PQ）。

二元组表是将二元组与二元组配对的纸质表格，用于所有 676（即 $26^2$）个二元组。一个表可能显示为 AA = PY、AB = ZR、AC = NV 等。AA = PY 告诉操作员用 PY 来伪装 AA（反之亦然）。九个完整的表构成一个集合，在发给操作员的特殊日历中显示某天使用集合中的某个表。（新的二元组表分别于 1940 年 7 月、1941 年 6 月、1941 年 11 月、1943 年 3 月和 1944 年 7 月推出。）

创建和使用消息设置的过程如下：[11]

1. 操作员从 K 书中随机选择一个三元组，比如 ARQ。然后将转子设为基础设置（当天每日密钥的三字母组），比如 JNY；操作员挨个转动转子的字母，直到 JNY 出现在观察窗中。然后他通过在键盘上输入需加密的字母 ARQ，灯板上显示（比如说）LVN。LVN 是消息设置，现在他将转子设置到这个位置，开始加密消息（在键盘上输入明文）。

2. 操作员需要将三元组 ARQ 发送给消息的接收者，以便接收者可以在基础设置上解密，并找到消息设置。因此，发送者在发送之前继续用 ARQ 做伪装。他从 K 书中选择另一个三元组，比如 YVT。然后写下：

_ Y V T

A R Q _

在两个空格中填写他选择的字母，比如：

W Y V T

A R Q N

接下来，他查阅当天的双字母表，按表中给出的等效项，将垂直字母对 WA、YR、VQ、TN，替换成（例如）IJ、TV、US、YX。最后，他将 IJTV USYX 置于加密消息的开头（参见前面截获消息的示例）。IJTV USYX 被称为消息的"指示符"。此外，为了更好地管理，操作员在加密消息的末尾再次添加指示符。

3.消息的接收者在双字母表副本中查找 IJ、TV、US、YX，并用等效项（WA、YR、VQ、TN）替换这些字母，变为：

W Y V T

A R Q N

然后将转子设为基础设置（本例中为 JNY），解密 ARQ 得到 LVN，即消息设置。最后，将转子设置为 LVN，在键盘上输入密文来解密消息；德文明文字母就会在灯板上逐个亮起来。

## 技术细节：互换性和转子"翻转"

恩尼格玛机的设计特点是"互换性"。意思是，假设机器将 O 加密为 Q，那么在转子的相同位置键入 Q 会在灯板上产生 O（图 10.4）。由于恩尼格玛的这一特性，加密和解密的两个过程本质上是相同的。键入明文产生密文，在相同的机器设置下键入密文再次产生明文。

机器的互换性是反射器和插线板的设计造成的。然而，这是反射器工作方式的代价。由于反射器的设计，一个字母不可能加密为自身——这是机器的软肋。一个字母要加密为自身，电流必须同时在两个方向上通过电线，这在物理上是不可能的。看来德国人准备接受这个缺陷，大概是因为他们认为这是可以接受的代价。加密和解密过程完全相同的机器，操作起来会更简单。然而，机器的设计者完全没有意识到，这个弱点对密码破译者多么有利（见第 12 章）。

转子的"翻转"功能是为了确保机器的线路随每次按键而变化，或者换句话说，确保每次在键盘上输入一个字母时至少有一个转子转动。无论其他转子的运动状态如何，右边的转子总是每键一转。每当右边的转子处于所谓的"翻转位置"时，中间转子就会转动一位，而每当中间转子处于翻转位置时，左边的转子就会向前转动一位。

三个可翻转的棘爪控制着转子的运动。这些是枢轴杆（位于机器的后部），每个转子的棘爪与安装在转子侧面的齿轮啮合。每当转子上的一个翻转槽与其棘爪啮合时，转子就处于翻转位置。棘爪、齿轮和翻转凹槽的联合动作使转子向前移动一步。

当字母位于转子顶部（通过观察窗可见）时，转子 I 至 V 处于翻转位置：

转子 I：Q　转子 II：E　转子 III：V　转子 IV：J　转子 V：Z

转子 VI、VII 和 VIII 略有不同。转子 I 到 V 在不同位置上各有一个凹槽，而转子 VI、VII 和 VIII 在同一位置上各有两个凹槽。当 M 或 Z 位于字母环的顶部时，这三个转子处于翻转位置。

## 强 化 加 密

在所谓的超级加密中，一条消息（或指示符，或其他内容）被多次加密。一些特别重要的（或私人的）海军讯息使用"军官"（Offizier）系统进行超级加密。首先，军官按照特殊的"军官"每日密钥设置恩尼格玛，进行消息加密，然后使用普通的每日密钥对生成的密文进行二次加密。布莱切利园称这些超级加密的消息为"军官"。显然，"军官"的破译难度相当大。

军官系统的每日密钥与普通的每日密钥有相同的转子顺序和字母环设置，但是使用了一组不同的插线板配对，并且转子的初始位置只有 26 个。这些位置由字母表中的 26 个字母表示，有效期为一个月。每个通用密钥都有其关联的军官密钥。在海豚系统中，军官密钥被布莱切利园称为"牡蛎"。

另一个超级加密例子的是海军使用特殊的密码簿来缩短信号，作为防止岸基高频测向的预防措施。无线电传输信号越短，拦截器确定其精确方向的机会就越小。例如，使用这些特殊的密码簿来缩短护航目击报告（使用短信号簿）和天气报告（使用天气短信号簿）。这一举措应用了现在所说的"压缩规程"。

## 结　语

英国战时领袖温斯顿·丘吉尔在战后说：[12]

大西洋海战是整个战争的主导因素。我们应时刻铭记，发生在其他地方的战争——陆地、海上或空中的战争最终都取决于大西洋海战的结果。

凭借艾伦·图灵的才华、休·亚历山大的领导，以及8号小屋的其他密码破译者的敏锐头脑，德国海军的恩尼格玛得以破解，为盟军的大西洋海战创造了有利条件。

德国海军使用密码簿来掩盖消息设置，成功破解是对它的讽刺，因为使用恩尼格玛正是为了克服第一次世界大战期间德国海军密码簿的固有弱点。此外，德国人本可以通过对恩尼格玛机轻而易举的小改动，使消息破译更加困难。例如，只需将翻转凹槽放在所有转子的同一位置上，就会使8号小屋用于计算每日设置的手工方法失效。然而，德国人却并未那么做，这是另一件具有讽刺意味的事。与德国更强大的"金枪鱼"密码机（第14章中描述）一样，设计者增加的那些复杂功能，本来是为了使机器更难破解，反而让密码破译者的工作变得更容易。

从根本上说，第二次世界大战期间德国的密码规程存在着巨大漏洞——布莱切利园的颠覆性成功说明了这一点。然而，总体而言，弱点并不在于恩尼格玛机本身。正如戈登·韦尔奇曼所说：[13]

如果使用得当，这台机器本是坚不可摧的。

# 第 11 章
# 用一支铅笔破解机器

梅维斯·贝蒂[①]

1925 年，恩尼格玛上市。第一个研究其工作原理的人是著名的一战密码破译专家迪利·诺克斯（Dilly Knox），他开发了破解恩尼格玛的手工方法。他所说的"机缘巧合"其实是细致观察与启发性猜测相结合的结果。战前的几个月，图灵与诺克斯一起工作。战争爆发后，图灵加入了诺克斯所在的布莱切利园恩尼格玛研究部门。本章讲述了战前图灵从诺克斯那儿得到的恩尼格玛信息。

## 引　言

布莱切利园曾是一座富丽堂皇的宅邸，战时成为秘密情报局（SIS）的驻地，政府编码与密码学校（GC&CS）是其下属单位。海军上将休·辛克莱负责间谍活动（人工情报）和新的通信情报（信号情报）收集，后者很快成为他的工作重点。

---

① 梅维斯·贝蒂于 2013 年 11 月去世。本章由杰克·科普兰和拉尔夫·厄斯金在其去世后修改。

破译敌人的密码在情报工作中至关重要，温斯顿·丘吉尔是第一个意识到这一点的首相。1914年11月，他在海军基地旁边设立了"40号房"。按照布莱切利园的标准，40号房是一个小型密码破译单位，主要专注于海军和外交消息。法国和德国也设立了密码局，他们配备的工作人员是军人，但丘吉尔执意招募思想独立的学者，即所谓的"教授型"人才。这是一个高明的决定。阿尔弗雷德·尤因是无线电报专家、剑桥大学工程学教授。在他的影响下，国王学院成为两次世界大战期间"教授型"人才的快乐猎场——他网罗的人才包括迪尔温（迪利）·诺克斯（图11.1）（第一次世界大战时加入）和艾伦·图灵（第二次世界大战时加入）。

图11.1　迪利·诺克斯素描，作者：吉尔伯特·斯宾塞
经梅维斯·贝蒂许可复制

图灵到来之前，招募的大多是古典学家和语言学家。诺克斯本人因揭秘烧焦的古希腊莎草纸碎片而享誉国际。1925年，恩尼格玛首次上市，为银行和企业的电报和电缆提供安全保障。GC&CS获得了两台新机器。不久，诺克斯就开始仔细研究其中的一台。到1939年初，他仍是GC&CS中唯一精通恩尼格玛讯息破译的人。西班牙内战（1936—1939年）期间，重新布线的商用恩尼格玛机被用于军事目的，它没有插线板。诺克斯在试验GC&CS的商用机（不同线路）时，用他设计的方法破解了机器线路。

战前几个月，图灵被派去加入诺克斯。[1]那时，诺克斯可能正在研究法国或波兰密码局送给GC&CS的"袭文"（cribs）。[2]"袭文"是一个术语，指一段加密消息所对应的明文："袭文"在后来布莱切利园成功破解恩尼格玛的过程中发挥了重要作用（见第12章）。然而，即使图灵和诺克斯也无法通过这些早期的"袭文"破解该系统。直到1939年8月，诺克斯在华沙附近的密码局总部会见了波兰密码破译专家，工作才取得较大的进展。自20世纪30年代初，波兰人就一直在破译德国军方的恩尼格玛讯息，他们决定在德国入侵波兰之前交出秘密。诺克斯获得了波兰人的信息。1939年9月，图灵全职加入恩尼格玛破解团队。此前不久，诺克斯的助手彼得·特恩用长篇"袭文"来推断带插线板的恩尼格玛机两个转子的线路。具有讽刺意味的是，长篇"袭文"由德国人自己提供。特恩是牛津大学布雷齐诺斯学院的一名数学家，1939年2月被聘为迪利的永久员工，他非常熟悉诺克斯的方法。下一节（"破解恩尼格玛竞赛"）将讲述长篇"袭文"的故事，特恩正是利用它来破解转子的。

1939年秋末，图灵开始攻克德国海军的恩尼格玛，这在当时是无人能解决的难题。他选择在迪利的马厩小屋里工作，以远离别墅的管理员（图11.2）。迪利和图灵一样，是一个独行侠。小屋的一楼非常狭窄，图灵在楼上工作。上楼唯一的通道是墙上的梯子，两个女同事组装了一个滑轮，用篮子运送咖啡和三明治。通常情况下，图灵不愿下楼社交。

图11.2　3号小屋，上面的阁楼是图灵长时间工作的地方

经彼得·福克斯许可复制

1940年4月，我作为一名德语语言学家从伦敦大学来到这里。此时，小屋的工作已全面展开。图灵的第一台炸弹机开始破解海军的恩尼格玛，他已是恩尼格玛破解团队8号小屋的负责人。迪利在小屋中研究尚未破解的恩尼格玛版本。我被带到小屋，向他介绍自己。他抬起头，在烟斗的烟雾缭绕中对我说："你好，我们正在破解机器——你有铅笔吗？"

迪利鼓励图灵想办法将恩尼格玛的密码破译机械化，这将是图灵的伟大成就。他们都知道图灵的"炸弹"能够破解每日恩尼格玛设置，只是因为用"纸和笔"的方法发现了机器的线路——这便是迪利对我的欢迎词及本章标题的源起。

## 破解恩尼格玛竞赛

最早重视恩尼格玛的是波兰人和法国军事情报局的D部门，他们认为它是一种潜在的德国战争武器，其功能是获取加密的外国材料——更准确地说，最早重视它的是法国 D 部门负责人古斯塔夫·伯特兰，他对来自法国强大邻国好战的喧闹表示担忧，于 1932 年首次启动密码间谍活动。经过一番暗箱操作，他用重金搞到了恩尼格玛手册和其他文件的照片，包括无比珍贵的 1932 年 9 月和 10 月的密钥列表。德国作战部的叛徒汉斯 - 希洛·施密特拍下这些照片，卖给了伯特兰。英法两国政府对这种绝密材料毫无兴趣，但波兰政府却恰恰相反。

图 11.3 马里安·雷耶夫斯基
来自瓦迪斯劳·科扎楚克，《恩尼格玛》（武器与装甲出版社，1984）

当时，英国更关心共产主义的颠覆，而不是法西斯主义的崛起，所有的密码破译员都在研究布尔什维克的密码。波兰人更重视希特勒的威胁，还能拦截德国的低频无线电信号，这是我们当时无法做到的。波兰密码局从波兹南大学招募了三位数学家，其中一位叫马里安·雷耶夫斯基（Marian Rejewski），他成功破解了恩尼格玛机（图 11.3）。他观察到消息开头双重加密的指示符组的一种模式，结合施密特的密钥列表照片，使用数学方法解决了机器的线路问题。

尽管迪利在西班牙内战中功绩显赫，但破解德军的恩尼格玛机却远远落后于雷耶夫斯基。敌人的错误是破译密码的天赐良机。西班牙战争中，迪利正是利用操作员的错误破译了恩尼格玛讯息。就德国的恩尼格玛而言，迪利从操作员错误中的获益，不亚于从德国密码局获得的帮助。1930 年，德国人推出了带插线板的机器，他们发布了一份手册，向操作员展示如何设置机器和使用每日密钥。[3] 手册给出了一个 90 个字母的真实明文示例，附有生成的密文及机器设置。德国人犯了一个天大的错误。当他们发现错误时，立即撤销了这个真实的例子，换上一个虚构的例子来代替这个长篇"袭文"。"袭文"通常是密码破译者耐心猜测的结果，具有推测性，而且很短——但是这段长"袭文"是确定的，因为它的发布者是德国密码局。

大概是在 1938 年，GC&CS 从法国人那里得到这本手册。迪利使用长篇"袭文"去破解德军的恩尼格玛，但没有成功，他需要攻克一个重要问题。

当迪利第一次查看商用恩尼格玛机时，他发现键盘字母与机器引入板的连接方式（图12.5）只是按照德语QWERTZU键盘上的字母顺序排列。他所有的方法都是基于这一发现。幸运的是，整个西班牙内战期间，线路一直保持不变。但是德军机器的线路不一样，诺克斯无法找到答案。

雷耶夫斯基通过启发性的猜测找到了答案。迪利在华沙会议上向他提出的第一个棘手的问题是"QWERTZU是什么？""QWERTZU"是迪利提到的引入板的接线方式。雷耶夫斯基现在可以透露他的秘密了，他立即做出了回答。键盘与引入板的接线顺序正是简单的字母顺序ABCDE……！

波兰人从伯特兰那里了解到迪利破解恩尼格玛的成就，于是力邀他参加华沙会议。迪利当时患流感卧病在床，还刚刚做完第一次癌症手术。他的家人记得他脸色苍白地从床上爬起来，决定前往华沙。1939年7月27日，他在华沙附近的派瑞森林会见雷耶夫斯基，还有另外两位波兰数学家亨利克·佐加尔斯基和耶日·鲁日茨基。在1978年的一次采访中，雷耶夫斯基回忆道，迪利是一位出色的密码学家，一位"与众不同的专家"，自己教不了他什么。他说，"诺克斯掌握知识的速度快如闪电"。[4]

从华沙返回英国，迪利立即给三位波兰数学家发了一封信，对他们的"合作与耐心"表示衷心的感谢，并附上三条真丝围巾，每条围巾上都印有一匹德比的冠军马，这是非常雅致的答礼。他还送了一套"棒条"，那是一些带有字母的小纸板条，再现了恩尼格玛转子的运作。这些棒条是迪利原创方法的基础，他已经感觉胜利在望。迪利将雷耶夫斯基提供的关于ABCDE的消息告诉彼得·特温，特温立即使用长篇袭文和迪利的"棒条"法，在短短两个小时内揭开了恩尼格玛两个转子的谜底。

## 难 以 捉 摸

迪利邀请图灵到他位于库恩斯伍德的家中见面，传达华沙会议的全部内容。在书房的密谈中，他分析了自己落后于雷耶夫斯基的原因。1939年8月4日，迪利写了派瑞会议的官方报告，并标注"绝密"[5]。他在报告中写道，雷耶夫斯基告诉他，波兰的解决方案是通过数学实现的。迪利急切地想知道这是否属实，想知道是否因为他缺乏数学知识而使工作陷入僵局。报告说，图灵使他确信，事实并非如此。

剑桥一流的数学家戈登·韦尔奇曼（Gordon Welchman）与图灵同时加入小屋组织。他很快就大放异彩，1940年1月成为6号小屋的负责人。在将迪利的小作坊转变为工厂生产线的过程中，韦尔奇曼是主要推动者——这让迪利感到恐惧。按照韦尔奇曼的说法，迪利"既不是组织人员也不是技术人员"，本质上是"一个才思泉涌的人"。[6] 图灵也不是组织人员，但他是技术人员，并且像诺克斯一样，绝妙的创意源源不断。迪利写的一份关于新员工的"绝密"备忘录，让我们一睹他对图灵的看法：[7]

> 图灵难以捉摸。他非常聪明，但很不负责任，会提出各种好主意。我刚好具备适当的权威和能力，可以将他的想法约束在某种秩序和纪律中。但他表现得很好。

维尼奥勒城堡位于巴黎附近，是波-法联合密码局。德军逼近，波兰人开始逃亡，该密码局是在波兰人逃亡后成立的。逃亡之前，波兰密码破译者发明了一种穿孔纸板，即所谓的"佐加尔斯基板"，它显示双重加密的指示符中字母重复出现的位置。但波兰人没有资源制造足够多的"佐加尔斯基板"。令迪利失望的是，法国政府不允许波兰人离开维尼奥勒城堡。图灵带着最后一包英国制造的佐加尔斯基板前往维尼奥勒城堡，波兰人迫不及待地想从他那里了解诺克斯的方法。迪利发现，一个粗心的操作员使用转子的结束位置作为消息第二部分的起始，他称之为"蠢错"。波兰人可能还不知道那是什么。"蠢错"大大减少了密码破译员必须测试的恩尼格玛的设置量。雷耶夫斯基承认，还有"另一条线索要感谢英国人"。[8] 迪利机智地发现，一个看似不重要的天气代码泄露了恩尼格玛当天的插头连接方式，因为德国人愚蠢地使用当天的插线配对设置来加密天气消息。正如雷耶夫斯基所说，这是"德国人犯的一个重大错误"。

与波兰人交谈时，图灵不能过多地提及自己的工作。雷耶夫斯基后来说，他们将他看作"一个专门研究数理逻辑,刚开始研究密码学的年轻同事"。[9]

## 图灵、迪利和海军恩尼格玛

图灵本人与佐加尔斯基板的制作无关,也没有使用它们来发现转子顺序和环设置。大概正因为如此,波兰人认为他是初学者——当时他正忙于研究德国海军的恩尼格玛,而波兰人在这方面的贡献很少。几天友好的逗留之后,图灵带回了一条重要消息,解释了布莱切利园未能成功使用波兰方法的原因。波兰人无意中提供了关于两个转子翻转的错误信息(有关转子翻转的介绍,请参阅第10章)。

在华沙会议上与雷耶夫斯基会面后不久,迪利给阿拉斯泰尔·丹尼斯顿写了一张便条。丹尼斯顿是他在华沙的同事,也是GC&CS的主管。便条留存至今,是手写的,上面印有"华沙,布里斯托尔酒店"字样。诺克斯的结束语很醒目:[10]

> 所有成功都取决于一个因素(指示符的机器编码),它随时可能被取消。这一点再怎么强调也不过分。

迪利从皮尔返回,与图灵在家中见面。迪利告诉图灵,波兰的方法会突然失效,这一危机给图灵带来很大震撼。图灵后续的恩尼格玛工作目标就是寻找一种更强大的方法。迪利的预测是对的:指示符系统在1940年5月1日发生变化,波兰的方法在一夜之间作废。[11]

从法国回来后,图灵把自己关在阁楼里,与德国海军的恩尼格玛作斗争。尽管转子的线路与德国其他军种使用的线路相同,但问题是海军的消息设置是超级加密的(参见第10章),图灵需要推断这种超级加密方法。迪利在1937年研究德国海军恩尼格玛时就意识到了这个困难,他很快就放弃了海军密码,转而研究德国陆军和空军的恩尼格玛。

尽管迪利不时鼓励图灵,说自己很快就会开始研究意大利海军的恩尼格玛。但现在，破解德国海军恩尼格玛的责任落在图灵一个人身上。与此同时，迪利说服他的好友，海军情报主管约翰·戈弗雷上将允许他出席囚犯审讯：在第一次世界大战之后撰写的一篇论文中，迪利认为应该采用这种做法。1939 年 11 月，迪利设法从一名德国海军战俘那里获取了一些恩尼格玛的重要信息。战俘说，现在操作员不使用特定的字母键来表示数字（恩尼格玛的键盘没有数字键），而是按照指令拼出数字 1、2、3 等（Eins、Zwei、Drei 等）。事实上，有一段时间德国人同时使用这两种方法。图灵发现这个信息非常有用。

1940 年，在关于恩尼格玛的手册中（布莱切利园简称为《教授之书》），图灵描述了迪利的"钢笔和铅笔方法"，以说明袭文的一般用途。[12] 他在《教授之书》中使用了大量的概率，但概率是迪利非常厌恶的东西。我很快就了解到，重要的是"机缘巧合"——尽管这个"机缘巧合"需要迪利的助手们保持极大的耐心。两人的另一差异从《教授之书》的严谨性中可见一斑。在描述迪利的"棒条"法时，图灵强调了两种"点击"（密文中有用的重复），他以逻辑学家的表达方式，称之为"笔直"和"交叉"。在迪利的部门，我们使用怪诞的诺克斯命名法，用"甲虫"表示"笔直"，"海星"表示"交叉"。

## 海 上 忧 患

大批穿越北大西洋的商船被 U 型潜艇击沉，德国海军恩尼格玛的破解任务日益紧迫。如果皇家海军能够捕获设置超级加密消息的二元表，就会助图灵一臂之力。（第 10 章介绍了什么是二元表）海军上将戈弗雷与迪利、4 号小屋的负责人弗兰克·伯奇策划了一些计谋。迪利建议通过发送虚假的请求信号获取每日密钥。戈弗雷在布莱切利园的私人助理兼联络官伊恩·弗莱明提出了一个更厉害的计划（此人后来写了詹姆斯·邦德的系列小说）。弗莱明设计了一个计谋，让一架被俘的德国轰炸机在英吉利海峡坠毁，坠毁位置尽可能靠近合适的德国船。假设德国水手会迅速营救（英国士兵伪装成德国飞行员），英国士兵一上船，就控制住德国水手，窃取可以找到的恩尼格玛材料。

图灵平时对情报不太感兴趣，但这次他焦急地关注着计谋的进展。然而，皇家空军侦察机没能找到一艘独自出海、配备恩尼格玛的德国小船，最终弗莱明的"铁血行动"被无限期推迟。弗兰克·伯奇写道：[13]

> 图灵和特恩来找我，就像殡仪馆的工作人员被骗走了一具很棒的尸体。

图灵和特恩不得不等到 1941 年 3 月，在挪威罗弗敦群岛附近的一次海战中，皇家海军的驱逐舰"HMS 索马里"从一艘武装的德国拖网渔船"克雷布斯"上捕获了宝贵的恩尼格玛文件和几个转子。[14]

据记载，德国海军恩尼格玛的破解时间是 1941 年 3 月末，那时图灵和迪利已经不在一起工作。但 1941 年 3 月也是迪利的荣耀时刻。3 月 29 日凌晨，马塔潘（克里特岛附近）海战的最后一炮打完时，布莱切利园收到了戈弗雷上将的消息：[15]

> 告诉迪利，我们在地中海取得了巨大的胜利，这完全归功于他和他的姑娘们。

1940 年 6 月墨索里尼参战，迪利立即投入到意大利海军恩尼格玛的研究中，他很快发现意大利人正在使用西班牙内战的"K"模型，机器多了几个转子。第一条被破译的消息表明，意大利人现在养成了将句号拼写为 XALTX 的好习惯，并且消息末尾的句号会加上 XXX，以构成四元组，为"棒条"设置一个可能的八字母袭文。仅仅一个句号就为英国在马塔潘战役中击败意大利做出了巨大贡献，丘吉尔将其描述为"自特拉法尔加海战以来最伟大的战役"。

我们破译的第一个短消息是"今天是倒数第三天"，并带有"告知已收到"的命令。令人难以置信的是，这句话有三个句号，包括文末意外收获的八字母"袭文"。它提醒我们意大利要开始行动了，所以我们不得不奋战三天三夜，找到他们要攻击的地点和目标。结果发现是一支大型护航队从亚历山大港启航，开往希腊。马塔潘海战胜利后，英国地中海地区总司令安德鲁·坎宁安上将来到小屋庆祝。迪利用 XALTX 作双关语，称庆祝活动给我们带来"欣喜"（exaltations）。总司令觉得很有趣。

## 炸 弹 攻 击

图灵的炸弹机是令人惊叹的庞然大物,许多转鼓轰隆作响。迪利是刘易斯·卡罗尔的粉丝,他将图灵看作他的"炸弹小子",这出自卡罗尔在《杀死贾伯沃克》里描述爱丽丝屠龙给出致命一击时说的那句"我的好小子,到我的怀里来"。

炸弹机的灵感来自波兰的初级版本"邦巴"(bomba,波兰语"炸弹"的意思),但绝不是它的升级版(见第 12 章)。从华沙回来后,迪利在家中与图灵见面时,告诉图灵有关"邦巴"的细节。波兰人将全部技术力量投入到双重加密指示符上,迪利认为这是愚蠢的行为。他明确表示,虽然他本人会尽其所能为波兰人提供所需的佐加尔斯基板,但图灵应全力以赴设计一种使用"袭文"破译消息的方法,而不是像波兰人那样,只专注于消息的指示符。炸弹小子听从了迪利的建议:这确实是一件幸事,因为就在第一台炸弹机开始运作时,德国人放弃了双重加密指示符。

小屋对面是一家空荡荡的店铺,以前是卖李子的。迪利设法得到这家店,作为试用实验小工具的小作坊。图灵有了关于炸弹机的想法,他将自己埋在李子店的元件中。图灵告诉迪利,炸弹机经过适当的设置高速运行时,确实能测试袭文。迪利听了很高兴。(有关图灵炸弹机的完整介绍,参见第 12 章。)1939 年 11 月 1 日,在小屋召开了一次会议,韦尔奇曼和特恩也出席了。会议的目的是确定炸弹机的要求,以便将设计发给工程师团队,他们将在位于莱奇沃思的英国编表机公司的工厂建造它。1940 年春,第一台炸弹机"胜利"准备应战海军恩尼格玛。难怪迪利组织了一次庆祝活动。

然而,迪利的工作并不顺利。大约在 1940 年春,他给 SIS 负责人斯图尔特·孟席斯写了一封长达六页的辞职信,抱怨丹尼斯顿提出的用生产线系统破解恩尼格玛的建议。韦尔奇曼是一个真正的组织者。在他的领导下,负责陆军和空军的 6 号小屋已经启动并运行。1939 年 10 月,韦尔奇曼已做好了小屋的改造计划,列出了需要的物资——甚至细化到将插座嵌入踢脚线,以便更好地使用台灯来检查玻璃桌面上的佐加尔斯基板。韦尔奇曼还指定了图灵炸弹机的插座位置，尽管当时炸弹机只是一个主观想法。迪利对场所的不满是，他的研究部门所在的 3 号小屋被关闭了，原因是有人认为存在安全风险。图灵的阁楼面对着旁边 2 号小屋的阁楼，一名维修人员及其家人住在 2 号小屋里，德国密码被破译这件事不能让他们知道。

新计划没有对迪利的任务做具体规定。图灵的机器搬到 1 号小屋后（1 号小屋最近被 X 站的无线电操作员腾空），迪利就自己安排，搬进了李子店。他写了一首伽卜沃奇式的诗 "我的炸弹小子，到店里来"。李子店现在是他唯一的立身之处。迪利辞职信的结尾，痛诉丹尼斯顿轻视图灵的地位。迪利注意到，根据丹尼斯顿的计划，"如果图灵先生成功找到解决德国海军行踪的方法，应该'在伯奇先生的领导下'工作"，迪利继续说：[16]

这个建议……太荒谬了，而且不可行……我不能再留在你的部门与这个提议者一起工作。

弗兰克·伯奇是迪利的老朋友，但他对恩尼格玛几乎一无所知。伯奇认为图灵虽然才华横溢，但杂乱无章，不守规矩，并且游走在"理论和抄袭"之间。[17] 伯奇甚至没有意识到，图灵为了迎合迪利的实用性抄袭，已经放弃了自己的理论方法，该方法涉及群论这一数学分支。

最后，一切都还好。虽然伯奇是一名海军事务专家，负责分析 4 号小屋的情报并为图灵提供袭文，但他无法直接控制图灵和 8 号小屋。迪利并不是唯一担心图灵地位的人。尽管 8 号小屋名义上的负责人是图灵，但它确实需要像韦尔奇曼这种天生的组织者来管理。休·亚历山大是解决这个问题的理想人选。他是一名出色的管理者和密码分析家，于 1940 年 2 月第一个被招募到 6 号小屋。1941 年 3 月，他调到 8 号小屋，加入海军恩尼格玛研究团队，很快成为代理负责人，让图灵可以按照自己想要的方式自由轻松地工作。

1940 年，法国沦陷。剑桥大学的数学学位考试结果一出来，韦尔奇曼就跑去招募更多的数学家。他为自己的 6 号小屋招募了基思·巴蒂（后来成为我的丈夫），并指派前下属琼·克拉克到图灵的 8 号小屋工作。他告诉两名新员工，密码破译工作实际上并不需要数学家，但数学家往往在这方面表现突出。琼后来回忆说，作为新人她被图灵"收编"，安排在 1 号小屋测试炸弹机的"停机"。[18] 这项工作非常辛苦，因为第一台炸弹机"胜利"停机的次数太多（如第 12 章所述）。

现在，迪利的地位很稳定。他以前的 3 号小屋和相邻的 2 号小屋合二为一，图灵之前工作的阁楼搭建了楼梯，为迪利的新员工提供了空间。迪利决定只聘用女员工。在琼·克里克被任命之前，他已经招募了来自伦敦大学的数学家玛格丽特·洛克。其他新下属都有语言技能。选择语言学家是理所当然的，但我们还有一位言语治疗师和一位来自戏剧学校的人。我们（甚至在白厅）都被称为"迪利的姑娘"。

## 铁路恩尼格玛和《教授之书》

1940 年 6 月，图灵和迪利再次合作。德国人推出了重新布线的商业恩尼格玛，供德国铁路管理局使用。[19] 图灵和特恩承担了研究任务。约翰·蒂尔特曼上校曾破解过铁路恩尼格玛，他说是德国讯息"非常刻板的形式化"助了一臂之力。[20] 我们知道，消息特征固化很容易受到基于袭文的攻击。图灵过来查看迪利的袭文表。意大利刚刚参战，我们找到了一张西班牙内战时的意大利袭文表——德国铁路的恩尼格玛与意大利的机器密切相关。

不久，图灵决定为新下属编写手册——《教授之书》。第 1 章介绍恩尼格玛机的工作原理，第 2 章和第 3 章描述了迪利的棒条法及其寻找转子线路的"传奇"系统。图灵回忆了战前研究过的长篇袭文（由德国密码办公室提供），他观察到至少需要 90 个字母的袭文才能成功使用传奇法。[21] 第 4 章描述了"无插线的恩尼格玛"，包括铁路恩尼格玛和意大利军事恩尼格玛。图灵提到了我们发现的意大利袭文表——尽管他抄错了！正因为图灵给出了铁路恩尼格玛的例子，他使用的诺克斯法有时被认为是他的原创——但他本人从未这么说过。本书最后几章讲述图灵在海军恩尼格玛和炸弹机研究方面的原创贡献。

1996 年，美国国家安全局发布了《教授之书》的部分内容，同时出版了帕特里克·马洪的《8号小屋的历史，1939—1945年》，书中前几章介绍了图灵对海军恩尼格玛的历史性攻击。于是，人们开始了解和欣赏图灵伟大的密码学成就。但迪利的工作几乎没有留下记录。出于安全原因，他所在部门的历史直到2011年才解密。

## 结　语

1941年底，迪利身患绝症，他破解了最棘手的多转子恩尼格玛机，这是德国军事情报机构（相当于英国的军情五处和军情六处）使用的机器。[22] 在他生命的最后几个月，我们在他家中联络。此时，成立了一个叫作诺克斯情报部（ISK）的新部门，特恩担任领导，基思·巴蒂也加入了我们。GCHQ（政府通信总部，前身为布莱切利园）描述ISK工作的官方报告简称为"BBR&T"，作者是基思·巴蒂、我、玛格丽特·洛克和彼得·特恩，报告描述了如何使用迪利的方法破解10台不同线路的恩尼格玛机。[23]

总之，年轻的图灵早期与资深密码破译专家迪利·诺克斯的合作是布莱切利园成功破解恩尼格玛的关键。

# 第 12 章
# 炸弹机

杰克·科普兰

联合作者：让·瓦伦丁

凯瑟琳·考伊

恩尼格玛的破解机"炸弹"是图灵对战争胜利的主要贡献之一。他发明的革命性机器为盟军打开了德军的秘密通信。本章介绍了炸弹机的用途以及工作原理。让·瓦伦丁和凯瑟琳·考伊是在布莱切利园工作的皇家海军女子服务队成员。她们描述了第一次见到令人惊叹的图灵炸弹机的情景，揭秘了炸弹机操作员的工作状况。让·瓦伦丁还介绍了参观秘密的炸弹机制造厂的情况。[1]

## 从邦巴到炸弹

波兰的密码破译员从 1933 年初开始研究德国军用恩尼格玛。领导者是具有传奇色彩的马里安·雷耶夫斯基，他是 20 世纪最伟大的密码破译家之一。

如第 11 章所述，在希特勒的军队入侵的前几周，雷耶夫斯基和同事邀请英国人到波兰，在密码局召开了一次绝密会议。密码局隐藏在华沙附近的派瑞森林中。来访者中有当时英国经验最丰富的恩尼格玛破解战士迪利·诺克斯（见第 11 章），以及英国军事和民事密码破译负责人阿拉斯泰尔·丹尼斯顿中校。

"波兰人早上 7 点给我们打电话，"丹尼斯顿回忆说，"我们驱车赶往一片离华沙约 20 公里的森林空地。"[2] 波兰人决定在最后时刻公开所有秘密。雷耶夫斯基说"在那次会议上，我们知无不言，言无不尽"。[3] 会议结束后，诺克斯高兴地唱起歌来——尽管他得知雷耶夫斯基成功破译密码时的第一反应是毫不掩饰的愤怒，因为波兰人远远领先于他。[4]

1938 年，雷耶夫斯基及其同事制造了一台小机器，他们称之为"邦巴"[5]，波兰语字面意思是"炸弹"。这个特殊名字的由来当时没有记载，后来出现了很多猜测。克拉克与图灵有过短暂的订婚经历，她回忆说，在布莱切利园工作时，图灵曾告诉自己之所以叫炸弹"是因为它发出嘀嗒声，就像无政府主义者的定时炸弹"。[6] 然而，让·瓦伦丁（图 12.1）记得炸弹机的操作员被告知，炸弹机运行的某个时刻会释放一个金属部件，掉到地上"像炸弹一样"。布莱切利园及其分站的美国军事人员也得到同样的解释，他们向华盛顿报告说，波兰机器命名为炸弹是因为"当找到可能的解决方案时，机器的某个部件会掉到地上，发出巨响"。[7]

图 12.1　让·瓦伦丁

经吉恩（瓦伦丁）·布鲁克许可复制

坠落的重物挣脱"邦巴"的驱动机制，这当然是有可能的——维多利亚时代计算机先驱查尔斯·巴贝奇设计的早期计算机打印机（差分机的一部分），有着相同的想法。然而，雷耶夫斯基绘制的"邦巴"草图没有显示任何涉及落重的机制，这或许表明"邦巴"的停止机制本质上是磁性的。[8] 名字由来的另一种解释是，雷耶夫斯基思考机器时正在吃一种冰淇淋甜点，法语称作 bombe。[9] 军事历史学家迈克尔·福特说，雷耶夫斯基告诉他，这个名字就是这么产生的。[10]

雷耶夫斯基的"邦巴"由 6 台恩尼格玛复制机组成。他的机器运行良好，"邦巴"的原型机又生产出几个"邦贝"（"邦巴"的复数形式）。到 1938 年 11 月，波兰密码局已经有 6 台邦贝在破译德国恩尼格玛讯息。[11] 丹尼斯顿和诺克斯目睹了邦贝:"波兰人把我们带到一个装满电气设备的地下室,为我们介绍了'邦贝'",丹尼斯顿回忆道。[12]

邦巴的运作依赖于恩尼格玛操作规程中的一个缺陷,德国人没有注意到它。发送方操作员会告知接收方操作员在消息被加密之前转子转到哪个位置,告知的方法存在一个缺陷。就像第 11 章中所说,诺克斯在派瑞时就意识到德国人可能随时纠正这个缺陷——很快,1940 年 5 月诺克斯的预言应验了,这对波兰的方法来说是毁灭性的打击。其实在那个时刻来临之前,邦贝的效力就一直在减弱。1938 年 12 月,德国操作员可供选择的转子增加了两个。1939 年 1 月,插线板连接的字母从 5 个增加到 8 个。[13] 1940 年 5 月德国人对操作规程的更改是压倒骆驼的最后一根稻草。幸运的是,在派瑞会议后,图灵着手创建一个改进版的邦巴,最初称为"超级炸弹"。[14] 他的设计不仅包含波兰人的破解方法,还包含另一种更通用的方法,如果波兰人利用的漏洞被堵住,该方法仍然可行。[15]

## 胜　利

工程师哈罗德·道格·基恩(Harold 'Doc' Keen)负责将图灵的逻辑设计转化为硬件。1939 年 10 月,基恩的手下开始制造图灵的第一台炸弹机"胜利"。1940 年春,就在德国人堵住雷耶夫斯基所发现的漏洞的几周前,"胜利"在布莱切利园安装完成。[16] "胜利"建造得很稳固,在运行的 14 个月里停机时间不超过 42 小时。[17] 由于空间不够,图灵庞大的新机器被安置在 1 号小屋。[18] 它的成本约为 6 500 英镑——约为兰喀斯特轰炸机价格的十分之一,换算成现在的货币约为 250 000 英镑。[19] 考虑到炸弹机的作用,它们是战争中性价比最高的装备之一。

1940 年,"胜利"和第二台炸弹机"阿格努斯·戴"(Agnus Dei,上帝的羔羊)的讯息破译率超过 98%。[20] 1941 年 3 月前后,"胜利"和"阿姬"(Aggie)搬出 1 号小屋,在位于宅邸花园迷宫中的 11 号小屋落户。[21] 11 号小屋被称为炸弹小屋。直到 1942 年 2 月,在它旁边建了一座更大的 11A,以容纳越来越多的炸弹机。[22]

"胜利"的出现标志着布莱切利园密码破译产业化的开始。到1941年底，基恩位于莱奇沃思的工厂生产了十几台新的炸弹机。这场网络战争的规模史无前例。大批工人涌入布莱切利分站操作炸弹机。她们都是皇家海军女子服务队（Women's Royal Naval Service，WRNS）成员，俗称"鹪鹩"（Wrens）。最终，操作炸弹机的女员工超过1 500名。[23] 图灵称她们为"奴隶"。[24] 炸弹机24/7全天候运行，操作员三班倒。她们的集体宿舍条件简陋，暖气不足，睡的是多层铺位，吃得也很糟糕。

## 6号小屋和8号小屋

炸弹机在6号和8号小屋使用。许多一线恩尼格玛密码分析员在这两所小屋里工作。6号小屋负责陆军和空军的恩尼格玛，8号小屋负责海军恩尼格玛。和鹪鹩一样，密码分析员也是三班倒，夜以继日地工作。他们有的是平民，有的是军人，但并不需要遵守军纪。"我们只遵守内部纪律"，彼得·希尔顿回忆说，他加入8号小屋时年仅18岁（见第3章）。[25] 图灵是8号小屋负责人，剑桥大学数学教授戈登·韦尔奇曼领导着6号小屋。与图灵一样，韦尔奇曼也是在1939年9月4日英国对德宣战后的第二天入职布莱切利园。[26] 1982年，韦尔奇曼出版了《6号小屋的故事》，首次讲述了布莱切利园破解恩尼格玛的细节。他因泄露机密信息而受到当局的监禁威胁。

数学家彼得·特温在8号小屋协助图灵的工作。他于1939年2月加入恩尼格玛战队，最初是迪利·诺克斯的助手（见第11章）。[27] 直到1939年3月，图灵的名字才被添加到丹尼斯顿的"紧急名单"中。名单上的人都是"教授型学者"，一旦发生战争，就会被召集起来。琼·克拉克回忆说，图灵在"1939年夏天"[28] 加入恩尼格玛问题研究团队。作为数学家，特温和图灵是战前英国密码破译界的奇葩。波兰人从一开始就明白，恩尼格玛本质上是数学问题。但在英国人的思维方式中，"对招募数学家是否明智表示怀疑，因为数学家被视为怪咖，天马行空、不切实际"，特温解释道。[29] 人们认为，这种抽象的思想家缺乏"对现实世界的理解"。

6号和8号小屋的其他佼佼者包括英格兰棋手斯图尔特·米尔纳-巴里，他曾担任《泰晤士报》国际象棋通讯员。还有英国国际象棋冠军休·亚历山大。战前，亚历山大是约翰·路易斯连锁百货公司的主管。他管理经验丰富、懂得如何激励下属，最终接替图灵成为8号小屋的负责人。图灵讨厌管理工作，总是把大部分事务交给亚历山大。[30] 亚历山大有一种接地气的幽默感，同事们喜欢引用他绝望的句子"我们必须调试转子，耐心等待"。[31]

琼·克拉克是少数女性密码分析专家之一。1940年6月她刚加入8号小屋就开始使用炸弹机的原型机"胜利"。在剑桥求学期间，她是韦尔奇曼的学生。克拉克回忆说，8号小屋有一间密室，那是密码破译员的办公室。当她走进时，其中一位同事对她说"欢迎来到老爷们的房间"。[32] 这是大英帝国坚固的男权思想的佐证——肯定不是一种讽刺。作为一名女性密码破译员，她的工资甚至比"鹩鹩"还低，每周不足2英镑。[33] 然而，正是克拉克使用"胜利"首次取得破译工作的成功。[34]

皇家空军中士团队承担炸弹机的维护工作，到战争结束时有250人。最初几个月由埃尔文·琼斯中士指挥，后来他晋升为中队队长。[35] 与"鹩鹩"操作员、密码破译员一样，工程师也是三班倒。[36] 早期，1号小屋是他们的办公室兼餐厅、卧室。[37] 后来，英国皇家空军将这些密码工程师归入一个特殊的职业类别，他们的官方头衔成了令人困惑的"仪器维修师（制表技工）"。[38]

## 分　　站

战争结束时，莱奇沃思工厂制造了200多台炸弹机。[39] 大多数机器放置在伦敦郊区伊斯特克特和斯坦莫尔的两个大型"分站"中。战争初期，布莱切利园附近建立了两个小分站——一个由阿德斯托克小村庄的马厩改建而成，另一个"小屋"位于风景如画的韦文登镇。

更多的炸弹机安置在盖赫斯特庄园。它距离布莱切利约8英里，是一座伊丽莎白时代的漂亮宅邸。[40] 精力充沛的"鹩鹩"甚至印刷了自己的报纸——PAGES公报："PAGES"代表"布莱切利园、阿德斯托克、盖赫斯特、伊斯特科特和斯坦莫尔",韦文登分站于 1944 年初关闭。

分站与布莱切利园之前由特殊的电话和电传打字机连接。1943 年,第一批美国制造的炸弹机在 Op.20G 投入使用,Op.20G 是位于华盛顿特区的美国海军密码破译单位。战争结束时,这里有大约 122 台美国炸弹机。[41] 得益于出色的跨大西洋电缆通信,华盛顿的炸弹机与布莱切利的操作几乎能做到无缝衔接。亚历山大说,布莱切利园"使用 Op.20G 的炸弹机,几乎和使用二三十英里外的分站炸弹机一样方便"。[42]

## 初 见

凯瑟琳·考伊(图 12.2)是一名"鹩哥"。本节讲述了她怎样来到心中的"至圣所"。这是一座位于伊斯特科特的巨大建筑,12 个大"海湾"放置了 70 多台炸弹机(图 12.3)[43]。考伊到达时,伊斯特科特刚开放,只安装了第一台炸弹机。[44] 图灵的每台炸弹机都有一个名字,从阿贾克斯到"五号"(当时流行的广播剧——汤米·哈德利的《又是那个男人》中的神秘角色)。[45] 伊斯特科特炸弹机以地名命名,"鹩哥"服务的机器名为巴黎、华沙、重庆和马拉松等。其他名称图 12.3(图中的机器各自有它的名称,写在机器侧面的白卡上)。

图 12.2 凯瑟琳·考伊
计算历史图灵档案馆

图 12.3 伊斯特科特分站的炸弹及其"鹩哥"操作员。通常两位鹩哥负责一台炸弹机
英国皇家版权所有,经 GCHQ 主任许可复制

我以志愿者的身份加入了皇家海军女子服务队，不属于入伍军人。我在"HMS 彭布罗克郡五号"获得了一份 SDX（"特殊职责 X"）的工作。彭布罗克五号不是一艘船，而是一个陆地单位，我不知道在哪里。官员说这是份"安静的工作"。1944 年 1 月 1 日，我和另外两个新"鹡鹆"钻进一辆面包车的后座。我们在伊斯特科特的几座活动小屋前停了下来。

他们把我们带进其中一个小屋，说这是我们的"船舱"。所有的鹡鹆都要使用海军术语。小屋中间烧着一个无烟煤炉以驱赶严寒，烟雾是最令人讨厌的。我们睡在铺位上。我见到了几个熟面孔，其中一个是我的堂姐。气氛很友好，但我们工作的内容仍然是个谜。

来到伊斯特科特的第二天，我被带到至圣所的"B 区"，他们告诉我要在被称为"炸弹"的机器上破译德军讯息。然后，他们严肃地给我上了一堂安全课。我不记得我们那时是否都签了《官方保密法》。除了讲座，我们还看了电影，电影警告我们随意的聊天会付出生命的代价。伊斯特科特是伦敦地铁北线的终点站，地铁上的大海报向所有人强调同样的内容。

令人失望的是，我们不是密码破译者，倒成了打杂女佣。我们擦地板、擦窗户，甚至还干刷漆的活儿。最糟糕的是厨房的工作，厨师们专挑最脏最臭的活儿让我们干。我不知道为什么在开始重要工作之前会有这种折磨。也许安全人员在调查我们的背景。大约 10 天后，我们突然被带回 B 区，学习如何操作炸弹机。

## 见到炸弹机

炸弹机放置在一个大金属柜中，重约 1 吨，长 7 英尺多一点，宽近 3 英尺，高 6 英尺 6 英寸（图 12.4）。[46] 图灵的同事帕特里克·马洪（Patrick Mahon，后来成为 8 号小屋的负责人）用一种敬畏的语气描述"炸弹"：[47]

图 12.4 伊斯特科特分站的炸弹机：注意有人在柜体顶部涂鸦的万字符和右下角的"勿踏"

计算历史图灵档案馆

炸弹机是非常复杂的电气设备，有大约 10 英里长的电线和大约 100 万个焊接接头。必须精心维护其复杂精密的仪器，否则很可能错过正确答案……从一侧看，炸弹由 9 排转鼓组成；另一侧则是几圈彩色电线，让人联想到费尔岛毛衣。

"胜利"是炸弹机的原型机，包含 30 个恩尼格玛机的复制机；后来的模型包含 36 个复制机。密码破译员可以选择任何最适合消息破译的配置，将这些复制的恩尼格玛连接在一起。每个"鼓"（图 12.4）模拟一个转子，三个鼓模拟一台恩尼格玛机。中间靠右侧的三个特殊的鼓被称为"指示符鼓"：它们显示输出。"胜利"的第一个猎物是 1940 年 4 月 26 日至 27 日发送的海军讯息。首次成功破译来之不易：经过"一番艰难险阻，我们奋斗了两周，机器成功地给出了答案"，亚历山大说。[48]

如第 10 章所述，密码破译者在解密消息之前，需要知道：

- 恩尼格玛的插线板是如何连接的
- 当天的恩尼格玛装了哪三个转子
- 操作员开始对消息进行加密时，转子处于什么位置（图 12.5）。

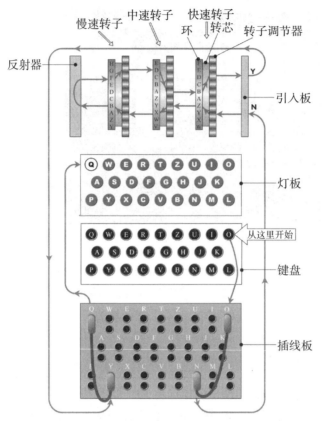

图 12.5 恩尼格玛机如何加密
版权所有：杰克·科普兰和达斯汀·帕里

炸弹机快速搜索，转鼓旋转着，然后突然停下来，指示符鼓上显示三个字母——例如 BOV。这些是机器对消息开头转子位置的猜测。[49] 炸弹机右侧的面板（图 12.3）记录了机器对插线板连接的猜测——不一定是所有的连接，但（幸运的是）它们足以让密码破译员破译目标消息。后来的炸弹机，称为"巨无霸"，能够通过电子打字机在纸上打印输出。[50]

"炸弹"停机后，它的猜测就会由密码破译员处理，并在复制的恩尼格玛上进行测试。如果消息被破译，一切正常——如果没有，炸弹机操作员需重新启动机器，继续搜索。

一条消息的"炸弹机运行"结束时，鹩鹩就会重新配置机器，为下一条消息做好准备。她们在机器的背后工作，按照密码破译员负责人制定的"菜单"

（图 12.6），重新设置炸弹机复杂的鼓间连接。[51] "机器的背面基本上没有说明，"炸弹操作员戴安娜·佩恩说，"一排排字母和数字上悬着大量的插头（图 12.7）。"[52]

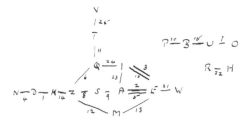

图 12.6 图灵绘制的早期炸弹机菜单。菜单基于图 12.8 中的袭文

《教授之书》，p 99（见注 15）；计算历史图灵档案馆将其数字化并放大

图 12.7 炸弹机的后面板，拍摄于 11A 小屋。操作员在后面板上"插入"菜单

皇家版权所有，经 GCHQ 主任许可复制

炸弹机是特殊用途的机电计算机。它们以超人的速度搜索恩尼格玛转子的不同配置，寻找键盘与灯板的连接模式，这种模式将密码字母变成德语明文。马洪开玩笑说，"炸弹机很像传统的德国士兵，效率很高，但一点儿都不聪明。"[53] 然而有人会说，炸弹机确实有一点智能，尽管从根本上说，机器完全依赖于人脑：整个过程离不开密码破译员精心选择的"袭文"。袭文是密码破译员认为出现在消息中的一段德语明文。

图灵基于袭文的强大破译法（在"炸弹机的工作原理"一节中有详细描述）没有受到 1940 年 5 月德国系统变化的影响——与雷耶夫斯基的方法不同，后者不涉及袭文。此外，雷耶夫斯基的邦巴完全忽略了恩尼格玛的插线板。[54] 早期，德国人使用的插线板只变换 5 对字母顺序，邦巴还能应对。英国炸弹机之所以强大，关键在于运用了图灵解决插线板的妙方。[55] 很快，图灵在"胜利"中所使用的先进技术成为整个布莱切利园破译纳粹国防军恩尼格玛讯息的中坚力量。

作为密码破译员用来表示袭文的术语，"抄袭"本身就是一门艺术。一些密码破译员担任专门的"抄袭员"，搜索德语消息中经常出现的短语，通常是刻板的军事术语。8号小屋的抄袭员在"袭文屋"工作。一种常用的袭文是 WEWA，气象站的恩尼格玛术语（德语 Wetter Warte 的缩写）。另一个是"上一条消息的延续"（Fortsetzung，缩写为 FORT）：由于消息通常分几个部分发送，因此 FORT 是非常好用的袭文。常见的一组字母 EINS（意思是"一"）是一个永远可靠的袭文——任何消息都有近九成的可能在某处出现 EINS。[56] 相比于对密码破译员的需求，炸弹机更需要长一些的袭文；例如"Fort EINS EINS VIER NEUN"（"延续 1149"）。[57] 炸弹机可以使用这种 11 个字母的短袭文，但最好能用 30 到 40 或更多字母的袭文。[58]

好多奇怪的袭文来自恩尼格玛用户的愚蠢。"德国操作员头脑简单，行为习惯幼稚。"丹尼斯顿讽刺道。[59] 气象站定期发送包含常规短语的消息，例如"WETTER FUER DIE NACHT"（"夜间天气"）和"ZUSTAND OST WAERTIGER KANAL"（"东海峡情况"）。一个海军站甚至每晚发送确认消息"FEUER BRANNTEN WIE BEFOHLEN"（"依次打开信号灯"）。马洪说，这是一个"很棒的袭文"，他本人就是一个天才抄袭员。[60] 德国空军和陆军的袭文包括"皇家空军飞机在机场上空"、"安静的夜晚。无事可报"和"酒桶到手"。[61]

皇家海军从一艘武装的德国拖船 Schif 26 上捕获了一些袭文，实现了"胜利"的首次成功破解。这艘运载弹药的船在驶往挪威纳尔维克港的途中被拦截、控制。[62] 船上搜出大量袭文以及其他与恩尼格玛相关的材料。

| 1 | 2 | 3 | 4 | 5 | 6 | 7 | 8 | 9 | 10 | 11 | 12 | 13 | 14 | 15 | 16 | 17 | 18 | 19 | 20 | 21 | 22 | 23 | 24 | 25 |
|---|---|---|---|---|---|---|---|---|----|----|----|----|----|----|----|----|----|----|----|----|----|----|----|----|
| D | A | E | D | A | Q | O | Z | S | I  | Q  | M  | M  | K  | B  | I  | L  | G  | M  | P  | W  | H  | A  | I  | V  |
| K | E | I | N | E | Z | U | S | A | E  | T  | Z  | E  | Z  | U  | M  | V  | O  | R  | B  | E  | R  | I  | Q  | T  |

图 12.8 一个 25 字母的袭文。袭文（底栏）与相应的密文（中栏）对应。[63] "Keine Zusaetze zum Vorberiqt"（袭文）的意思是"初步报告中没有补充内容"。（"Vorberiqt"是"Vorbericht"的缩写：恩尼格玛运算符经常用 Q 替换 CH。）顶部的数字表示加密过程的连续步骤

图 12.8 显示了一个 25 字母的袭文。由于反射器的特点，恩尼格玛机永远无法将字母编码为自身。密码破译员可借助这个基本事实来确定消息中袭文的位置。因为反射器的存在，从转子里出来的字母肯定和进去的字母不一样（图 12.5）。所以，抄袭员会沿着密文滑动一个疑似明文片段（例如 ZUSTANDOSTWAERTIGERKANAL），寻找无字母匹配的位置。袭文中的字母与密文中相同字母对上位置称为"碰撞"：碰撞表明袭文位置错误。当袭文的长度超过 30 个字母时，除非它位于消息的正确位置，否则很可能整体"作废"。

图 12.9 炸弹机的功能。炸弹机在插线板和转子启动的位置寻找正确加密袭文的接线模式

图 12.9 总结了炸弹机的运作方式。机器高速搜索以确定：

- 哪些转子被放入恩尼格玛
- 插线板的接线模式
- 消息开头转子的初始位置（例如 XYZ）。

这些元素的正确组合将从袭文中产生正确的编码字母。在理想世界中，炸弹机可以通过这些元素的每个可能组合对袭文进行加密来实现这一点。比如，寻找某种组合，可以从 KEINEZUSAETZEZUMVORBERIQT 中推出 DAEDAQOZSIQMMKBILGM PWHAIV。然而在现实世界中，可能的组合数量是天文数字，炸弹机的搜索时间永无止境。图灵面临的挑战是找到一种更快的方法。

## 炸弹机的工作原理

理解图灵方法的关键是他观察到，如果袭文涉及多个"循环"，则可以利用这些"循环"来确定插线板的布线、转子的初始位置，以及恩尼格玛的三个转子。[64]（图灵使用了术语"闭链"，我称之为循环。）

图 12.8 中的袭文包含几个循环。一个发生在第 2 步和第 5 步：在第 2 步，

E 通向 A（即，E 加密为 A），而在第 5 步，A 又返回到 E（因此 A 解密为 E）。这个短循环如图 12.10 所示。图 12.11 描述了在第 10 步、第 23 步和第 5 步发生的更长的循环：E 与 I 连接，I 与 A 连接，A 与 E 连接。（注意，"连接"是可逆的：如果 X 与 Y 连接，则 Y 与 X 连接。这是因为在恩尼格玛中，如果 X 在某个步骤编码为 Y，那么 Y 将在同一步骤编码为 X。）步骤 13、12、6、24 和 10 包含一个特大循环：E 在第 13 步与 M 连接，M 在第 12 步与 Z 连接，Z 在第 6 步与 Q 连接，Q 在第 24 步与 I 连接，I 在第 10 步与 E 连接。图灵称 E 为这三个不同循环的"中心字母"。[65]

图灵的独到见解是循环会泄露信息。他是这样说的，德语"Stecker"意思是插线板布线：循环是"与插线板布线无关的袭文特性"。[66] 他意识到，可以通过使用首尾相连的恩尼格玛复制机的短链，从袭文的循环来获取消息。让我们来看刚才提到的三个循环中最长的一个，E → M → Z → Q → I → E。为了从这个五步循环榨取信息，我们将 5 台恩尼格玛复制机连接在一起，其方式是：第一台恩尼格玛的输出——例如，在灯板上亮起的字母——作为第二台恩尼格玛的输入，就好像这个字母是在第二台恩尼格玛的键盘上输入的。类似地，第二台恩尼格玛的输出是第三台恩尼格玛的输入，第四和第五台依此类推。

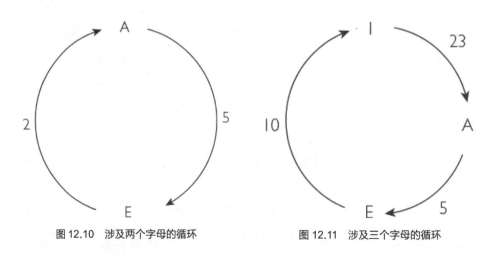

图 12.10　涉及两个字母的循环　　　图 12.11　涉及三个字母的循环

实际上，链中的第二、第三、第四台恩尼格玛键盘和灯板可以省去，用简单的接线代替。第一台恩尼格玛的灯板和第五台的键盘也可以用接线代替。现在只剩下一个键盘，连接到第一台恩尼格玛，其作用是将字母输入到链中，还有一个灯板，在第五台恩尼格玛上，记录链末端产生的字母。（炸弹机连键盘和灯板都省了，但想象它们的存在有助于可视化探索循环的过程。）我们还去除了所有五个插线板：炸弹机中使用的恩尼格玛复制机没有插线板，输入的字母直接进入转子。

通过转动链中每台机器的转子，我们希望将5台恩尼格玛驱动成一个循环，以便进入的同一个字母再次出现。因为我们希望这个循环与袭文中的目标循环匹配，所以第一台机器的转子应该比第二台机器的转子多1步（循环从第13步开始，然后跳到第12步）。同样，第二台机器的转子应该比第三台机器的转子多6步，第四台机器的转子应该比第三台机器的转子多18步，而第五台机器的转子应该比第四台机器的转子少14步。对炸弹机进行编程包括设置机器，以便当第一台恩尼格玛复制机的转子（鼓）旋转时，比第二台恩尼格玛复制机的转子（鼓）领先一步——链中的其他恩尼格玛复制机也是如此。

由于循环以E开始并以E结束，查看搜索过程的一个简单方法是：不断地将E输入到恩尼格玛的链条中（通过在键盘上反复按E），不断转动5台机器的转子——同时保持转子的相对位置，正如刚才所解释的——直到我们设法将恩尼格玛放入一个循环中，使得链条末端的灯板上亮起E。一旦我们找到了循环，那么链条中第一台机器的转子位置一定是发送者机器加密的第13步时转子所在的位置，从这个位置很容易回溯并发现发送者转子在消息开始时的位置。

虽然这种简单的看待事物的方式是一个很好的起点，但它太简单了——尤其是因为它忽略了这样一个事实，即在加密的第13步（循环的开始），并不是字母E进入发送者的恩尼格玛转子，而是发送者机器的插线板上碰巧连接了字母E（图12.5）。

与E相连的字母称为E的"插线板配对"（图灵的术语是E的"插线值"）。我们需要输入到恩尼格玛复制机链中的是E的插线板配对（不是E本身），并且希望将恩尼格玛驱动到一个循环中，以便E的插线板配对（而不是E）出现在链条的另一端。由于我们不知道E的插线板配对是什么（这是我们想找到的信息之一）我们首先检查 E 的插线板配对是 A 的可能性：我们不断将 A 输入到链中，不断转动转子，试图将恩尼格玛放入一个循环中，以便 A 出现在链条的另一端。

如果我们无法创建从 A 到 A 的循环，即使将转子转动到所有可能的位置，那么 E 的插线板配对也不可能是 A。所以我们开始尝试 B，重复前面的步骤，依此类推。倘若我们的运气不好，就会经过最后一次尝试才找到循环（将 Z 输入链中并得出 Z）。这个循环的存在——在开头和结尾出现相同字母的唯一循环——确定了 E 的插线板配对是 Z。

## 榨 取 循 环

请注意，我们所确定的不只是 E 的插线板配对特性。如前所述，我们现在知道发送者转子在消息开始时的位置。还有更多信息。一旦我们找到了循环，从第一个恩尼格玛复制机的转子出来的字母必须是 M 的插线板配对，因为在循环的第一步，E 被加密为 M。链中的其他恩尼格玛也是如此——例如，从第三台恩尼格玛复制机转子出来的字母必须是 Q 的插线板配对，因为 Z 在循环的第三步被加密为 Q。所以，根据需要使用图灵的方法，不仅能推断出发送者转子的初始位置，还能得到有关插线板的大量信息。

到现在为止一切顺利。然而，有一个难题。在实践中，许多不同的转子位置会将多台恩尼格玛的链条变成一个循环，E 的插线板配对将有众多候选。机器很容易找到在链条末端亮起所输入字母的方法。

为了对抗这尴尬的多样化，图灵使用了袭文中的其他循环。如图 12.6 所示，图 12.8 的袭文"Keine Zusaetze"，中心字母为 E 的循环超过 6 个。炸弹机为每个循环设置了一个单独的恩尼格玛链；并且相同的字母，比如 A，被不断输入到每个链中。"炸弹"的电机会转动链中所有恩尼格玛的转子，寻找使每条链的末端亮起 A 的方法，如果找到产生这个结果的方法，炸弹机会自动停机。循环越多，在每条链的末端亮起输入字母的方法就越少，因此停机的次数也就越少。

如果有足够多的循环，图灵的这个程序产生的停机次数通常很少。每次"炸弹"停机时，消息都会自动从恩尼格玛链中提取，并显示出来，供鹪鹩操作员读取。鹪鹩通过电话传递文本。让·瓦伦丁说，她并不知道自己从 11A 拨出的电话是打给谁的，也不知道文本的去向。"保密是当务之急。"她解释道。战争结束后很久，她才知道消息传送到只有 10 码远的 6 号小屋。如果破译的是海军消息，文本通过电话传送到 8 号小屋。

在 6 号或 8 号小屋中，炸弹机的猜测结果在恩尼格玛复制机上进行检查和测试。密码破译员在键盘上输入密文，满怀希望地观察输出的德语明文片段。如果出现明文片段，则炸弹机破译成功，但如果没有发现明文，此次停机的信息被丢弃，然后电话告诉炸弹操作员继续搜索。8 号小屋有一个房间叫"机器室"，专门用来测试炸弹机的猜测结果。[67] 炸弹机操作员收到的菜单也来自机器室，尽管有时菜单是在袭文室制定的，这取决于工作的难度。[68] 菜单纸由连接机器室和炸弹机小屋的气动管道传送。

后来，随着炸弹机和分站数量的增加，建立了一个控制室，将 6 号和 8 号小屋的菜单分配给特定的炸弹机。控制员是从鹪鹩中招募的，她们使用"显示所有机器性能的挂图"来安排工作。[69]

到目前为止，复杂的问题是发送人使用哪三个转子来加密消息。开始工作时，发送人按照当天的指令从木箱中选择 3 个转子，并按照说明书指定的顺序将它们放入机器中。德国陆军和空军的恩尼格玛，盒子里有 5 个转子，提供 5 × 4 × 3 = 60 种不同的选择，而德国海军恩尼格玛的盒子里有 8 个转子，共有 8 × 7 × 6 = 336 种选择。每个转子内部都有不同的接线模式，因此，如果使用图灵的方法寻找正确答案，必须使用恩尼格玛链，其中的转子顺序与发送人机器的转子顺序相同。

该问题的解决方案之一是让炸弹机同时测试许多可能的转子设置。比方说，如果 36 个恩尼格玛复制机中有 12 个需要处理袭文中的循环，那么剩下的 24 个可以使用其他两组可能的转子组合运行相同的搜索。但是按照所有可能的顺序测试所有可能的转子组合，需要花费炸弹机太多宝贵的时间，所以在机器工作之前，使用一种称为"班布里处理"的手工方法。班布里处理是图灵的另一项发明，旨在消除尽可能多的转子组合。第 13 章和第 38 章对班布里处理有详细描述。它仅用于破译海军消息。

另一个复杂情况是，恩尼格玛的中间转子和左侧转子有时会"翻转"一个凹槽（如第 10 章所述）。到目前为止描述的搜索程序假设（可能是错误的）在加密 KEINEZUSAETZEZUMVORBERIQT 时没有发生"翻转"。在实践中，炸弹的运行包括测试发生翻转的各种可能性。除了多耗费时间，测试翻转并非难事。

## 同时扫描与对角线板

有一种显而易见的方法可以加快炸弹机的搜索过程。到目前为止，所描述的过程花费了不必要的时间，因为每次测试一个新输入字母时，鼓都要遍历所有位置。

如果不这么做，而是在鼓的每个位置同时测试所有 26 个字母，就可以更快地进行搜索。这种方法被称为"同时扫描"。正如图灵所说，同时扫描时，"在机器不移动任何部件的情况下，同时测试了中心字母的所有 26 个可能的插线值"。[70] 不进行同时扫描，在"胜利"上运行一项任务通常需要大约一周的时间。根据官方历史记载，人们很快意识到，"这项工作仍需要进行一些根本性的改变，才能在战争中发挥作用"。[71]

图灵在研究一种实现同时扫描的电子方法。这时，韦尔奇曼提出了增加一个硬件的想法，这个硬件叫"对角线板"。对角线板不是电子的，它的接线反映了这样一个事实，即插线板的连接总是相互的，从某种意义上说，如果插线板用 Y 替换了 X，那么它也可以用 X 替换 Y（X 和 Y 可以是任何字母）。图灵告诉琼·克拉克，韦尔奇曼最初提出对角线板"只是为了进入更多的链条"。[72] 意识到对角线板可实现同时扫描的是图灵。克拉克说，"我记得图灵跳起来说'对角线板可以让我们同时扫描'，然后冲到 6 号小屋告诉韦尔奇曼。"[73] 克拉克继续解释，图灵的启发性贡献是"意识到如果允许无限次重新进入链，则输入字母的错误接线假设意味着所有接线错误。[74] 由于这些可能的影响，测试单个（错误）字母会产生同时测试所有字母的效果。

接入对角线板还能让炸弹机减少袭文循环中间字母的插线板配对。[75] 这将极大地缩短消除过程，即使是使用一两个循环的袭文，停机次数也会减少到可控的数量。如果没有对角线板，炸弹机需要包含三个或更多循环的袭文，因为袭文的循环越少，停机次数通常越多。[76] 韦尔奇曼发明的对角线板至关重要。图灵说："当时的情况显而易见，由未配备对角线板的炸弹机来管理，必须使用的袭文长度要比可管理的长度短得多。"[77] 就在这个时候，对角线板出现了。

从 1940 年 8 月起，对角线板成为所有炸弹机的标准组件。同时扫描使速度提升了 26 倍，着实令人惊叹。在移动最快的鼓进入下一个位置之前，炸弹机只需几分之一秒就可以测试所有 26 个字母。[78] 同时扫描可以在 6.5 小时内完成"胜利"一周的工作。引入同时扫描之后，"炸弹"才真正成为对抗恩尼格玛的实用武器。

如果从未发明过对角线板会怎样？图灵说，经过"几个月的试验"，他早些时候提出的同时扫描的某些电子方案"可能会奏效"。[79] 但延迟并非唯一的成本。如果没有对角线板，炸弹机所攻击的消息通常至少包含三个循环。密码破译员要在指定的恩尼格玛网络中破译一天的通信量，至少需要当天发送的一条消息中包含三到四个循环。假设这条消息被炸弹机攻击，那么密码破译员就可以使用得到的信息来破译该网络上当天剩余的讯息。即使平均每两三天网络才能产生具有所需循环的消息，仍然足以让密码破译员保持通信流畅，尽管覆盖范围会稍逊一筹。

如果没有发明对角线板，炸弹机的作用有多大？评估这个问题的关键点是：具有必要循环的消息被拦截的频率是多少？1944 年，包含三个或更多循环的消息肯定很常见，因此在发给伊斯特科特的美国炸弹机操作员培训手册中予以说明；该手册给出了包含三个或更多循环的菜单示例。[80] 众所周知，密码破译员准确记录了截获的消息数量，包括三个或更多循环的消息，但如果这些消息还保存着，解密似乎有待时日。[81] 缺失了这个数据，我们无法判断如果没有对角线板，炸弹机的效力有多大。然而，可以公平地说，即使没有对角线板，实现了同时扫描的炸弹机在盟军的斗争中仍会发挥重要作用，尽管破译的恩尼格玛讯息会比实际情况要少。

雷耶夫斯基、图灵、基恩和韦尔奇曼制造了一种新型机器；他们的炸弹机在战争和高速自动化信息处理之间建立了一种新的、持久的联系。

## 鹪鹩的视角

这是本章的最后一节。让·瓦伦丁（图 12.1）讲述了 1943 年她在伊斯特科特接受炸弹机培训的情况，以及抵达布莱切利园、参观莱奇沃思炸弹工厂的细节。

我接到命令，到培训新鹪鹩的训练站报到，训练站位于苏格兰的图利切万城堡。我和大约四五十人一起学习敬礼和齐步走——这些技能以后很少用到，因为布莱切利园是你见过的最不军事化的地方。培训结束后，我们被挨个告知未来的去向。三四个鹪鹩军官坐在一张桌子后面，一把小硬椅摆在桌前。他们指示我坐在椅子上，于是我坐下了。他们上下打量着我说"站起来，瓦伦丁！"。我站起来，立正，眼睛注视着前方。军官们传递着文件，不时私语。我站在那里想"这到底是怎么回事？"最后他们说"坐下！"。于是我又坐了下来。"我们会要求你做一些我们也不了解的事情。"他们说，"没人告诉我们这些事情是什么，所以我们也没法告诉你——但上级要我们寻找像你这样的女孩。所以明天你要去伦敦——到了那里你就知道了。你可以走了。"

第二天，我平生第一次坐上了特快列车，从我的家乡苏格兰前往伦敦。在那里我见识了地铁——之前我甚至不知道还有地铁。我到伯爵宫报到，在那里等了一周。有一天，我们去了议会大厦，听了丘吉尔先生的演讲。他站起来讲话，有些语无伦次，有人说了声"坐下，维尼"。于是他坐了下来，演讲就这样结束了。最终我们接到了命令，去伊斯特科特报到。他们说，我们五个人是第一批派往那里的"值班员"。

伊斯特科特的宿舍很脏，因为建筑工人一直在里面住着，等着离开的通知——这就是我们不得不在伯爵阁等待的原因。我被带到一个房间，他们让我打扫房间，还给了我一把扳手，让我搭起两层铺位。第二天，我们被带到了基地的工作区。我们走进一个房间，看到一台巨大的机器，我的心沉了下去。这台机器大约 8 英尺长，近 7 英尺高。

我不知道怎样才能触到大机器的顶部。原来，图利切万的军官让我"站起来，坐下"，是看我的身高能否操作机器。后来，我知道操作员有最低身高要求，但就我而言，图利切万的招聘小组似乎没有考虑这个标准。我站在机器旁，显得那么矮小。那儿的人不禁说了声"哦，天哪"。后来他们做了一块大木桩，站在上面我可以轻松触到机器上的所有部件。

炸弹机的正面有 108 个转鼓，背面有大量电线和插头之类的东西，这是一台令人畏惧的机器，尤其是对于那些不太懂机械的人来说。但实际上，一旦你学会使用炸弹机，就不觉得是什么难题。

他们没有透露有关恩尼格玛的信息，只告诉我们，我们的任务是协助破译加密的德语讯息。我们知道自己的工作很重要。

1943 年秋天，培训结束后，我被送到布莱切利园。一辆房车把我们十几个人带到那儿。进入园中，步行一百码左右到了 11A 号小屋，那是当时的炸弹室，里面有五六台炸弹机。我们的到来让当班的女操作员松了一口气。在接下来的 8 小时里，我们在炸弹机上工作，中间只有半个小时去别墅吃一顿快餐。

我从来没有去过布莱切利园的其他地方，甚至连别墅的其他地方都没有看到——活动范围只是别墅和工作的小屋之间的那几码路。组织被完全分割开来。你不能去别人的小屋，他们也不能来你的小屋。别墅用餐是自助式的（这是我从未经历过的事），与另外两三个人随机选一张桌子就餐。这些人可能是鸳鸯同事，也可能是平民，甚至是军官——根本没有等级制度。我们可以谈论天气，或是当地电影院放映的电影，但从来不谈工作。战争期间在布莱切利园工作，是一段与世隔绝的经历。

有一次，我们放假一天，应邀参观位于莱奇沃思的英国制表机公司工厂，炸弹机就是在那里制造的。我们问"为什么要去那儿？"，他们说，工厂的士气很低落，工人们需要振作起来。"但不要告诉他们生产的是什么。"我们收到警告，"不要告诉他们任何事情，只是去参观……让他们振作起来。"我们乘坐一辆旅行车来到莱奇沃思。英国制表机公司已将其业务扩展到隔壁的工厂，那个工厂以前生产斯普瑞紧身胸衣。那是荒谬的女士服装，僵硬到几乎不能活动。但现在这个工厂在做有益的事——制造炸弹机。

我们简短地向基恩医生介绍了自己，实际上他根本不是医生。他做学徒的时候，把工具装在一个老式的医生背包里，所以其他学徒都叫他"医生"。这个绰号跟了他一辈子。他是制造炸弹机的幕后策划者。图灵在韦尔奇曼的帮助下设计了它，但基恩是研究如何实际建造它的人。

难怪炸弹机工厂的士气低落。他们甚至比我们更封闭。我走进一个小房间，发现有两三位女士坐在桌边；她们不停地数着十九根电线。电线看起来有点像钢琴线。如果这份工作让我做上几天，我就得去看心理医生。女士们不知道她们在做什么，我们也不能告诉她们，即使我知道电线是什么。炸弹机的每个转鼓的正面都有一圈字母，A、B、C……；每一个字母后面都有四个细小的金属丝刷，每一个都由19根细丝组成。这些可怜的女孩正在做的就是数出19根细丝。你能想象有什么事比这更令人崩溃的吗？

我在布莱切利园过得很开心，对炸弹机操作员的工作也很满意。有一天，告示牌上出现了一张告示，上面写着"出国必备以下条件"。我一点儿都不想出国。但1944年4月我离开了布莱切利园，不久后到了锡兰，研究日本密码。

# 第 13 章
# 班布里处理介绍

爱德华·辛普森

一旦炸弹机开始启动,就会对恩尼格玛每天变换的密钥发起大规模的机电攻击。但是由于炸弹机数量有限,对它们的需求必须降到最低。对于海军恩尼格玛,8 号小屋使用了一种叫作"班布里处理"的密码分析步骤来减少炸弹机必须执行的处理量。班布里处理基本上是一个手工过程——尽管霍列瑞斯部门发明的卡片分类机做出了重要贡献——政府雇佣了几位最优秀的密码分析员,还有一个由 WRNS("鹡鸰")和平民"女孩"组成的大型支持团队。最近在布莱切利园的 6 号小屋的屋顶发现了班布里,为这个故事增添了新的反转。

## 背　景

在破解和读取恩尼格玛的故事中,有很多精彩的情节:

• 1939 年 7 月下旬,英国和法国密码分析家与波兰同行在华沙郊外召开秘密会议(见第 11 章);

• 1939 年 8 月中旬,斯图尔特·孟席斯上校(后来成为"C",秘密情报局局长),身着晚礼服,扣眼上戴着荣誉军团勋章,在伦敦的维多利亚车站,等候接收法国情报部门古斯塔夫·伯特兰送来的波兰制造的恩尼格玛复制机；

- 1942年10月，英国皇家海军佩塔德号（HMS Petard）的安东尼·法森和科林·格雷泽重新开始研究U型潜艇的恩尼格玛。当时8号小屋已关闭了10个月不再涉及这项任务。他们以生命代价从沉没的U-559中获得恩尼格玛材料。为纪念他们的英勇行为，英国政府在他们身后追赐了乔治十字勋章；
- 大约200台特制炸弹机在布莱切利园及其分站无休止地运作（见第12章）。

"班布里处理"是个古怪的名字，作为破解恩尼格玛的方法，它乍看上去并没有什么特别之处（图13.1）。其数学原理和采用的技术都可以追溯到18世纪。然而，在艾伦·图灵天才想法的基础上，休·亚历山大以其杰出的领导力和独特的创意使之进一步完善，加上几位密码分析家和使用班布里处理的"姑娘们"的努力，炸弹机破译的海军情报量成倍增加。

很幸运，1945年前后，在休·亚历山大和帕特里克·马洪撰写的8号小屋的两部历史中，对班布里处理都有系统的描述（尽管有些不一致）。他们是继艾伦·图灵之后的8号小屋负责人。[1, 2] 本章会常提到这段历史，也将引用艾伦·图灵著作中有关班布里处理的内容。

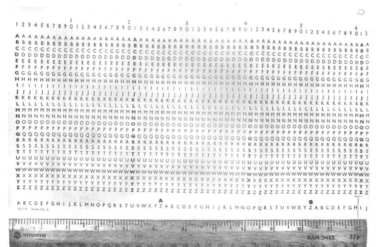

图 13.1　一份班布里

国家档案馆 ref. HW 40/264。皇家版权所有。经英国国家档案图像图书馆许可复制；感谢拉尔夫·厄斯金和约翰·加勒霍克

## 班布里处理做了什么

面对 5 个字母组合的保险柜，窃贼只需要耐心地依次尝试所有组合，就知道其中一个会打开柜门。理论很简单，难的是规模。窃贼要尝试的组合数量是 $26^5$，约 1 200 万种。8 号小屋的密码分析员每天面对 8.9 亿个可能的密钥，是窃贼的 7 500 万倍，这个数量难以想象。（第 38 章中有算法说明）只有一个每日密钥是正确的，第二天它就会改变。

第 12 章对炸弹机发挥的作用进行了说明。炸弹机的工作速度非常快：它可以在 15 分钟内测试 $26^3$（17 576）个环设置（参见第 10 章），获得一个转子顺序。加上设置的时间，它可以在 24 小时内进行 60 次这样的运行——但要依次测试所有 336 种可能的转子顺序，共计约 600 万（17 576 × 336）种环设置，仍需要 5 天半的时间。大西洋 U 艇潜艇的战争分秒必争，6 号小屋还需要在有限的炸弹机中分出几台去破译陆军和空军的消息。艾伦·图灵设计的程序班布里处理解了燃眉之急。

为填充机器中的 3 个槽，德国海军加密人员从 8 个转子中选择 3 个，并将它们按特定顺序放置。布莱切利园有六位最聪明的密码破译员，他们一直使用班布里处理来确定 8 个转子中的哪个在右侧和中间的槽中，从而显著减少了炸弹机为产生结果而运行的测试次数。

例如，假设班布里处理精准识别了中间的转子，并确定右侧转子是三个特殊海军转子中的一个（见第 10 章）。那么，对于右侧转子的三种可能性中的每一种，8 个转子中剩余的 6 个之一可以选为左侧转子：共计 18 种可能的组合。因此，现在只需要 18 次测试，而不是原来的 336 次测试。本章和第 38 章解释了它是如何做到的。[3]

## 定义班布里处理

布莱切利园 1944 年的密码字典给出以下晦涩的定义：[4]

班布里处理

- 班布里处理用于在讯息（尤其是恩尼格玛讯息）之间设置纵深。
- 通过关联消息设置之间的距离或间隔……与加密设置之间的可能间隔来识别恩尼格玛机的右侧转子和中间转子的动作或过程……

但这种方法不能在所有情况下使用。陆军和空军的恩尼格玛就无法使用它，因为那些德国密码员在加密消息的起始位置时可以自由选择基础设置，而不是按照总部的规定。该方法对付海军恩尼格玛，只能用于三转子（而不是四转子）版本，而且只有在通过重构或窃取而得知二元表的情况下才能使用，即使如此，相同密码版本的消息也至少要有 300 条可用时才能奏效。"窃取"是指在船上或战场上捕获的真实的德国加密文件（或其他恩尼格玛材料）。班布里处理主要用于对抗海豚，即德国海军的"国内海域"密码。

## 按"纵深"设置

让我们来看定义的第一部分。纵深是密码分析员的主要工作内容——不仅适用于恩尼格玛，而且适用于各种密码。如果两条或多条消息（无论是以字母、数字还是编码短语的形式）以完全相同的方式进行加密（无论通过手动或电动还是通过其他方法，如加添加物或任何东西），它们被称为按"纵深"设置。因为它们的加密方式是相同的，所以潜在语言或代码的某些结构特征（例如其最常见元素的频率）会重复出现在密文中。以完全相同的方式加密两条或多条消息通常会为密码分析员破译密码提供机会。第 38 章中给出纵深的简单示例。

在恩尼格玛中，当两条消息使用相同的插线板设置、相同的转子（以相同的顺序）以及转子的初始位置，导致两条消息的某些部分重叠，并以同样的方式加密时，就会出现纵深。第 14 章和第 16 章描述了纵深与"金枪鱼"密码的关系。

马洪撰写的历史提供了如何使用纵深来破解恩尼格玛的详细内容。马洪于 1941 年 10 月加入 8 号小屋。此前的历史来源于他与图灵的交流。马洪告诉我们，图灵在 1939 年底之前发明了班布里处理，当晚，他攻破了海军的指令系统。当时，图灵说：[5]

我不确定它在实践中能否起作用，要等到几个"实际破解日"之后才确定。

恩尼格玛的加密系统（包括许多组件和许多细节），每天都在变化。图灵速记本上"实际破解日"的意思是，获取某些机密消息之后，当天所有消息都得以破译。1930 年代的密码破译专家休·福斯于 1940 年 11 月临时加入 8 号小屋。事实上，直到他加入后才成功使用班布里处理破译了一天的所有消息。得益于接下来几个月的"煎熬"，班布里处理从研究阶段进入实际使用阶段。

图灵的发明源于两种结果的结合。首先，当两条恩尼格玛讯息有纵深时，上下排列的两条明文，相匹配恰好对齐的一对字母将在密文中再次匹配，因为它们的加密方式完全相同。其次，语言中的字母分布不均匀。作家和练习写作的学生经常将语言的不均匀分布转化为优势。埃德加·爱伦·坡（Edgar Allan Poe）在 1843 年出版的最受欢迎的短篇小说《金甲虫》中写道：

人类的聪明才智能否制造出一个谜题，该谜题是人类聪明才智无法通过恰当的应用解决的，这一点可能颇受质疑。

6 号小屋和 8 号小屋很可能从中得到了鼓励。坡（Poe）从英文字母的频率开始，逐步解释了置换密码的破解。[6]

一个世纪后，正如图灵发明班布里处理一样，剑桥大学圣约翰学院的乌德尼·尤尔（Udny Yule）用统计方法对比了麦考利与班扬的散文词汇结构，并定义了二者的统计"特性"。尤尔还用"特性"来检验托马斯·厄·肯培是否写了匿名的基督教灵修书《效法基督》，此书是 15 世纪用拉丁文写成的。1944 年，尤尔发表了分析结果。[7] 他对著名作家作品的统计分析与图灵纵深评分的统计方法极为相似。

结合这两种观察，图灵得出的结论是，当两条被认为重叠的消息推测性地彼此对齐时（即纵深对齐），它们之间的字母重复会比没有对齐时更频繁。因此，通过对此类重复进行计数，可以将正确的对齐与错误的对齐区分开来。

但首先，密码分析员必须找出可能重叠的成对消息。恩尼格玛讯息的开头告诉接收者如何通过三字母指示符（例如"ASL"）将当天的三个转子设置在正确的初始位置。显然，具有相同指示符的两条消息可以立即获得一个纵深，但这种运气很少见。在实践中，遵循两种不同的方法（稍后描述），通过计算重复次数来测试每一对结果，并根据可接受性阈值进行判断（在"班布里"和"权衡证据"章节以及第 38 章有描述）。

在第一条途径中，对当天的消息进行分类，以提取前两个指示符字母相同的那些配对——从而它们的两个转子的初始位置也相同。第三个转子的初始位置是未知的，但这两条消息重叠的可能性足以证明测试一条消息与另一条消息的一致性是合理的。尽管消息对的数量巨大，并且测试它们的重复性很烦琐，但这属于手工方法的范围。

接下来，选择只有第一个指示符字母相同的消息对。这样的配对数量如此之多，根本不可能在所有的比对中对它们进行测试。必须在其中进行进一步的选择，而这只能由机器执行。这就是第二条途径："四元组"一节对此有详细解释。剩下的配对，在相同位置没有共同的指示符字母，甚至超出了机器的常规能力。

## 穿孔的多种用途

推测性对齐检测起源于 18 世纪，开发了卡片穿孔的潜力。1725 年，里昂丝绸工人、管风琴制造商的儿子巴西尔·布琼（Basile Bouchon）注意到，音乐盒的制造商如何使用穿孔纸卷来标记小钉插入圆柱体的位置：纸卷代表要演奏的音符，确定钉子应该放在哪里，以便来演奏它们。用现代术语来说，它包含了所有必要的信息。布琼发现，丝绸编织机可以用同样的方式来编织图案。1728年，他的助手让-巴蒂斯特·法尔肯（Jean-Baptiste Falcon）用一组由环形丝带连接的穿孔卡片代替了纸卷。1805年，这一想法被成功地运用到提花编织机中。

查尔斯·巴贝奇（Charles Babbage）于1823年开始研究他的差分机（图24.1），但未能完成。他在欧洲旅行时看到了提花编织机，于是在1834年开始设计更复杂的分析机（图24.3）。艾达·洛夫莱斯（Ada Lovelace）也注意到了提花编织机（图24.4）。她是拜伦勋爵的女儿。她的母亲坚强而聪慧，很早就把她从父亲身边带走。后来，她的父亲抛弃了她们，去了希腊，在那儿英年早逝。如第24章所述，艾达的母亲带她去参加巴贝奇广受欢迎的数学晚会。1833年，艾达写道：[8]

> 这台机器（即提花编织机）让我想起了巴贝奇和他的所有机械宝物。

洛夫莱斯（艾达的婚后名字）和巴贝奇建立了一种罕见的、成果丰硕的数学合作关系。1843年，洛夫莱斯在关于梅纳布雷亚的《机器分析概念》的笔记中写道：[9]

> 分析机的显著特征（它赋予机械如此广泛的能力，使其可能成为抽象代数得力的执行助手）是引入了提花编织机的设计原理，通过打孔卡来调节织物制作中最复杂的图案。两种机器的区别就在于此。差分机不具备这个功能。我们可以恰如其分地说，分析机编织代数模式，就像提花机编织花朵和树叶一样……这台机器可以谱写出任何复杂精美的科学乐曲。

用现代术语来说，洛夫莱斯将巴贝奇的计算器概念发展到计算机的概念。

洛夫莱斯写下这段话的四十年后，赫曼·霍列瑞斯（Herman Hollerith）基于编织机原理，提出用机器来处理数据的想法；他使用穿孔卡片机处理

1890 年美国人口普查报告，在竞赛中获得成功。即使在业务归于 IBM 及相关机构之后，他的名字仍然与这项技术关联。在布莱切利园的"巨人"及其后续计算机问世之前，"霍列瑞斯机器"垄断了 20 世纪 40 年代数据的机械化处理。布莱切利园的"霍列瑞斯部"规模庞大，意味着该技术在各方面都达到了顶峰。"霍列瑞斯部"最初设在 7 号小屋，1942 年搬到了 C 区，因其负责人名叫弗雷德里克·弗里伯恩，该部门被称为"弗里伯恩团队"。他是从莱奇沃思的英国制表机公司借调来的。

## 班 布 里

8 号小屋的班布里处理也依赖于打孔，因此可以追溯到巴西尔·布琼。首先，通过计算消息之间的重复次数来正确地按纵深放置消息，可能是通过将前两个指示符字母相同的消息对写在两张纸条上，并将它们相互滑动来完成的。这个简单的方法得以详细说明，并在 1943 年 9 月前发展出一种卓有成效的技术。该技术是在长页纸上垂直打印字母，分为 60、120、180 或 260 列。行和列的间距均为 5 毫米，每个字母占据 5 毫米方格。最长的 260 列纸张，大约有 1.3 米长（加上边距）。当两张纸首尾连接时，长度延伸到近 2.6 米。

印刷成班布里格式的纸张被称为"班布里"。它们的使用被称为"班布里处理"。但它的德语形式 Banburismus[①] 更受欢迎：这是 J. B. 莫顿（笔名"海滩寻宝人"）风格的幽默。战前、战后和（更重要的是）战时的 50 年里，莫顿在《每日快报》的文章有一群忠实读者。在他的文章中，经常出现的一个角色叫"乌得勒支的斜眼博士（上帝保佑他）"。

班布里上印有供参照的"OUP2 号表格"，因此班布里印刷厂可能是牛津大学出版社的分包商。布莱切利园通过牛津曼希尔德学院印刷和代码制作部门负责人爱德华·霍克订购它们。例如，1942 年 1 月 13 日他们订购了 7 000 张不同长度的班布里。伦敦裘园的国家档案馆有一张原始的班布里

---

① 译者注：Banburismus 的德语原义是"班布里主义"。

（如图 13.1 所示）。它似乎跟我们要讲到班布里很像。此刻，一个惊喜出现了。

## 屋顶上的班布里

2013 年，一些奇怪的事件将古老的班布里带入了现代世界。修复布莱切利园 6 号小屋期间，一名工人在屋顶上发现了一些皱巴巴的纸。大概是有人用废纸补洞挡风。幸运的是，这些纸没有被丢弃，人们发现那是密码分析员的工作成果，包括两张用过的班布里（图 13.2、图 13.3）。战后，布莱切利园被弃用，从那时起就没有人见过使用过的班布里。

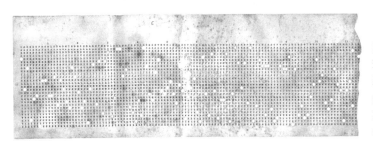

图 13.2 在屋顶发现的班布里：班布里 1 号

经布莱切利园信托基金许可复制。© 布莱切利园信托

图 13.3 在屋顶发现的班布里：班布里 2 号

经布莱切利园信托基金许可复制。© 布莱切利园信托

还有两张纸分别写着"黄色"和"4 月 14 日""15/4/40"。"黄色"是 6 号小屋对德国陆军和空军在 1940 年 4 月 9 日入侵丹麦和挪威期间使用的特定恩尼格玛网络的代号。6 号小屋于 4 月 14 日破解了"黄色"。屋顶上的遗迹与那个历史性的日子直接相关。

两张班布里都是不完整的。它们与国家档案馆（据推测）较新的版本有些不同。屋顶遗迹的字体更加华丽，没有"OUP 2 号表格"，底部也没有重复出现的字母表。无名用户在纸上打出的洞非常清晰,每个洞都位于列中的某个字母之上,居中的精准度令人印象深刻。并非总能做到如此准确。1941年12月30日,布莱切利园向指挥官霍克抱怨说:

最后一批OUP 2号表格的印刷……有点不规则,列之间的空间差异有时很大,以至于表格给出错误答案。

人工操作的错误在此也展现出来。班布里1号的第83列的G和W上,以及第112列的B和T上都打了孔,而在第113列中根本没有打孔:每列应该正好有一个孔。有一份工作文件写道:

转子顺序321和123似乎打错了孔。

另一个人将其圈成红色,补充道:

致所有相关人士[字迹难以辨认]。

问题比比皆是。首先,怎么会发生如此公然破坏安全的行为? 规则非常明确,那就是,哪怕房间暂时空无一人,每一片工作用纸都必须锁起来。我们在6号小屋屋顶的两个地方发现了纸张,但不知道1940年该房间的使用者是谁。琼·克拉克回忆了8号小屋的处理方法:[10]

闲置期间进行的杂务包括:拆除按钉,撕毁解决问题的班布里纸,以及重新化成纸浆所需的其他工作。

天气报告实际上并不支持阻挡寒风的推测。建造6号小屋之前的那个冬天非常寒冷。那年1月是自1838年以来牛津最冷的月份。2月中旬依然很冷,下雪一直持续到3月初。4月沉闷潮湿,最后一周温暖,那些纸的时间正是4月。5月的气温比平均水平高出很多。无法给出更合理的解释。

为什么是在 6 号小屋？由于密码系统的技术原因，6 号小屋破解的陆军和空军恩尼格玛并不需要，也不使用班布里处理，它仅在 8 号小屋用于海军恩尼格玛的破解。这里有一个线索。马洪在他的历史回顾中写道：[11]

德军入侵挪威，8 号小屋的密码部队被整体转移，以协助陆军和空军的密码破译，工作如火如荼地开展起来。

在屋顶还发现了其他文件，上面的信息可以带来更多线索。经常使用动词"推"，例如"推动，测试"和"重新推"。这些连同已经提到的"在不该打孔的地方打孔"，以及其他文字细节，都是 8 号小屋使用的术语，6 号小屋的操作不涉及"打孔"和"推动"。因此，许多工作文件以及班布里似乎都与海军恩尼格玛，而不是陆军和空军恩尼格玛相关，而且 1940 年 4 月借调到 6 号小屋的 8 号小屋密码分析员也继续从事海军恩尼格玛的工作。

## 使用班布里

亚历山大的历史回顾中描述了班布里的使用方式：[12]

如果消息长度为 182 个字母，且文本以 IXBNR 开头……女孩会拿一个 200 个字母长的班布里，在连续的列中用红色标记字母。完成这个操作后，她会将班布里放到手动打孔器上打出标记的字母。

"手动打孔"要产生孔对齐的准确性，一定具备某种程度的复杂性（或许装有导轨？）。书中接着写道：

假设我们获得了（消息指示符）ASL 和 ASJ。然后，班布里的 ASL 和 ASJ 被取出，放在黑暗的背景上。比如说，ASL 在下，ASJ 在上。ASJ 的"导孔"会连续放在第 1、2、3…25 个 ASL 上……每个位置的重复都立即被识别，因为重复意味着每个班布里在同一地方都有一个洞，然后可以看到黑色背景出现在白色纸张上。记录每个位置的得分……

亚历山大的历史回顾中有数字说明该操作的规模。以整数计算，在班布里处理的鼎盛时期，每天有400条消息，平均每条150个字母，需打出大约60 000个孔——也就是说，每分钟42个孔，或每三秒打两个孔，昼夜不停。从400条消息派生的80 000个配对中，大约1/676（即120对）的前两个指示符字母是相同的，要对它们进行比较，每次比较要以50种不同的对齐方式进行。这样，不断地计数和记录，一天内必须进行6 000次比较，每分钟4次。

1941年初，18岁的艾琳·'科珀'·普罗曼加入了布莱切利园，成为一名外交部文职人员。她非常想家。她回忆道：[13]

我在8号小屋的第一份工作是在班布里上寻找配对。我们分组工作，虽不是鸦雀无声，但也没有太多闲聊：非常郁闷。给我们的班布里都是打了孔的。我们坐在那儿滑动和计算较短的班布里，但必须站起来处理较长的。这绝对是我在布莱切利园做过的最无聊的工作。很乏味，我的眼睛很痛，我们很难看到这份工作的意义所在。

克里斯汀·奥格维-福布斯也是外交部的一名文职人员，她于1941年7月被派往8号小屋。她描述了班布里的工作：[14]

一张班布里纸尺寸为10×24（长消息纸张会更长），上面印有竖排的字母。接下来你拿到一条编码消息，写下它的编号和三个字母的设置（从前两组和后两组中收集）。然后沿着班布里推动尺子，在每一列中用铅笔标记消息中的一个字母，不留空隙。另一张桌子上有一个小洞，下面有一盏灯。沿着纸滑动，在每张纸的铅笔标记上打一个彩屑大小的洞。

拿到两条消息，它们前两个转子设置一致，例如CCE和CCK或ALP和ALA。一张班布里叠在另一张上面，沿着一个方向滑动25个位置，然后沿另一个方向滑动25个位置。根据每个字母在德语中出现的次数，有很多孔洞是重合的，特别是当一条德语密文滑过另一条德语密文时——必有一个是正确的。

记下每个位置的孔数，希望能组成一组。一组五个、六个，如果你上下滑动寻找，还可能更多。结果被传递到袭文室，与德语明文相匹配，并为炸弹机制作菜单。

地中海的德国海军通信量要少得多。相同的机器，相同的系统，它从当天中午运行到第二天中午。一个人就可以应付这一切。我很喜欢自己的工作，轮班时被称为"地中海女王"。白班是每隔一天上班，在下午4点前要到岗，拿到一份"即用"菜单。

艾琳·普罗曼和克里斯汀·奥格维-福布斯所说的"滑动"一定是密码分析员所写的"推动"的同义词。

来自6号小屋屋顶的班布里1号（图13.2）验证了上述说法。第1~6列上方写着"TGZ"，第9~13列上方写着"B/078"（一点也不为后人着想）：这些字符是克里斯汀·奥格维-福布斯所说的三字母设置——或指示符——以及数字。在第41~52列上方写着"with TGC 11xx/159"。读过亚历山大的历史回顾，我们就知道它的意思是"当这条消息和另一条带有TGC指示符的消息进行比较时，有159个字母的重叠，发现了11个重复，其中四个字母是两个二元组"（两个字母的序列）。第38章将探讨这些数字的意义。

屋顶上发现的纸张经过精心保存、挑选——包括两张班布里——于2015年3月在布莱切利园展出。

## 四 元 组

在班布里1号中，指示符（TGZ和TGC）的前两个字母是相同的。然而，前面提到的两条途径中的第二条，所使用的消息对，只有第一个指示符字母相同（因此只有一个转子位置相同）。这种消息对的数量占比很大，需要一个严格的标准来测试。幸运的是，语言的结构再次派上用场。

在实践中，消息之间重复的字母通常不以单个密文字母出现，而是以二元组、三元组甚至九元组（九个字母的序列）乃至更长的形式出现。由四个字母组成的符号序列被证明特别有效，通称"四元组"（tetra）。

当我们观察这些字母同时出现的序列时，发现语言中某些字母比其他字母出现的频率更高。在英语中，诸如"en"这样的双字母序列出现的频率比"e"和"n"单独出现的频率总和还要多，但对于某些双字母组合（比如"mf"或"bv"），情况正好相反。和以前一样，这种二元组的尖峰分布会在经过相同加密的消息之间重复。因此，一个重复的二元组比两个单字母的重复更能有力地证明对齐是正确的。三个字母的重复会更好一些——如此类推。

亚历山大的历史回顾表明，在德国海军语言中，四个字母重复出现的可能性是随机字母序列的 100 倍。而六个字母重复的可能性要大 15 000 倍。

经验表明，为了使任务易于管理，对于这些数量众多的消息对，必须将其检查范围限于四元组（或更多的字母组）。"通信量"是接收到的全部加密消息的通俗术语，它被分批发送到弗里伯恩的霍列瑞斯部门，在那里对输入进行搜索，以便在消息对之间查找四元组或更好的重复。

恩尼格玛的一天通常在午夜结束，之后开始新的一天（地中海的德国海军恩尼格玛是一个例外），弗里伯恩团队的攻击工作全天候进行。每天的"四元组目录"列出发现的所有四元组或更好的重复序列，全天分期交付给 8 号小屋。1942 年 2 月，17 岁的艾瑞斯·布朗加入了 7 号小屋；后来成为弗里伯恩秘书的助理，她最初是一个"消息女孩"。她回忆说：[15]

那年冬天，我每天多次将原始四元组消息带回 8 号小屋。

亚历山大承认弗里伯恩团队寻找重复组的重要性：[16]

如果没有这项工作，我们就会束手无策，我们非常感谢我们收到的高效快捷的服务。

## 权衡证据

因此，从滑动班布里和寻找四元组重复的两个并行操作中（两个操作都仿效巴西尔·布琼利用了卡片上的穿孔），8号小屋拥有一组消息对，根据这些重复字母的证据，这些消息对可能会在纵深上对齐。需要一种算术来确定多少证据是"足够的"——也就是说，在将其用于随后的复杂重建过程之前，有足够的证据来确定可以依赖某个特定的推测对齐。唐纳德·米奇回应了麦克斯·纽曼，称图灵为此目的设计的评分系统是他"战争期间最大的智力贡献"。[17]

这两个历史回顾都没有解释该算法的推导：正如第38章所解释的，它实际上是基于贝叶斯定理和不同重复次数的数学概率的计算。但恩尼格玛的细节每天都在变化，加之大西洋之战进入对峙状态，没有时间计算个体概率。取而代之的是，8号小屋设计了一个简化的分数计算过程，只需通过非数学专业（但聪明）的"女孩"做些加减法就能完成。这一过程借用了声学中现成的分贝单位，并将其重新命名为"分贝"，最终使用了一半大小的单位，即半分贝或hdB。第38章介绍了这个最巧妙的程序的主要细节。

## 真正的难点

到目前为止，本章只分析了密码字典对"班布里处理"定义的第一部分。定义的第二部分很晦涩，因为无法简单地解释那个过程。（有点老套地）类比一下，解释它就如同向一个没玩过国际象棋的人描述国际象棋一样。我们选择两段历史作为例证，每段都有一个复杂的例子，需要几页纸的笔墨。这超出了本书的范围。处理它们需要同时具备熟练的独创性、反复试验和持续逼近。

在这里，最熟练的密码分析员自己动手使用班布里处理来实现以下目标：

部分地识别当天的恩尼格玛转子和其他要素。亚历山大始终关注效率最高的员工。他说：

给一流的员工和文员付薪水是值得的；在这里，很难为能力平庸的人找到有用的工作。

他同样关注员工的幸福。1943年秋，17岁的希拉里·劳作为外交部的文职人员来到8号小屋。她回忆说：[18]

休·亚历山大……是个善解人意的人……他在访问美国后，给我们带回了尼龙袜和口红……有一次他还带我们去看在炸弹机上工作的鹞鹞们。

1944年秋，亚历山大离开8号小屋，担任日本海军分部 NS IIJ 的负责人。当他拜访科伦坡前哨站（Colombo outpost）的工作人员时，"展现出友善的性格，还参加了一场板球比赛。"[19]

亚历山大所说的"一流员工"是指八到十个密码分析员，他们都是平民，通常两班或三班倒。图灵不在其中：他所设计的系统一经启动运行，就转向其他研发领域。无论从声誉还是论资排辈的角度看，亚历山大都属于出类拔萃的人物，他也是一流的班布里学家和出色的密码分析师的管理者。唯一的女密码分析员琼·克拉克说他是"最好的班布里学家之一"。希拉里·劳回忆说：

我们一直认为克拉克是真正的"才女"，她带有一种异于普通人的超凡脱俗的气质。

克里斯汀·奥格维-福布斯说：[20]

我们在登记室看到琼·克拉克与图灵教授订婚。她非常温顺，走在图灵身后两步。教授避免眼神接触，目光不会停在一处，无论那是一张纸上还是一杯茶。他们总是耐心地告诉我们工作结果,特别是沙恩霍斯特号和格奈森瑙号的情况。这自然会让我们更加努力。他们还在 D 日当天 12 点到 9 点的夜班告诉我们登陆即将开始。

沙恩霍斯特号和格奈森瑙号是德国重要的战列巡洋舰,前者在 1943 年 12 月沉没,后者在 1942 年 2 月遭到无法修复的重创。这些战绩都有布莱切利园的功劳。

然而,布莱切利园出现了打压才女的苗头。指挥官特拉维斯建议琼·克拉克调到海军女子服务队,以获得应得的晋升。她谢绝了。[21]

密码分析员津津有味地回忆使用班布里处理的经历。马洪说,它是"最让我们开心的两种消遣之一",是"一种令人愉快的智力游戏"。[22]

杰克·古德写道,使用班布里处理"令人心情愉悦,既不会简单到乏味,也不会困难到导致精神崩溃"。[23] 但是很多女员工的回忆就没那么美好了。她们在 8 号小屋和弗里伯恩团队枯燥地打卡,眼睛紧张地数着班布里上打孔重合的地方。她们对班布里处理的贡献不容低估。

越来越多的炸弹机投入使用,所有转子的排序变得更简单、更快捷,选择合理对齐的需求随之减少。马洪写道:1943 年 7 月初颁布了一项新政策,在炸弹机运行之前 "不要等待班布里处理",三周后又说"最近,我们没有班布里处理可做"。最后在 1943 年 9 月中旬,它终于光荣退役了。

## 第 14 章
# 金枪鱼：希特勒的王牌

杰克·科普兰

1942 年，越来越多的金枪鱼密码机取代了恩尼格玛，用于加密柏林最高级别的军队通信。希特勒用它与前线将军交流。1942 年夏天，图灵破解了金枪鱼，他发明了首个系统方法破译无价的金枪鱼讯息，改变了战争的进程。

## 新的超级密码

布莱切利园的密码破译者击败了恩尼格玛，这一事实震惊了世界。鲜为人知也更令人震惊的是，密码破译者还成功破解了其后出现的最先进的德国密码机（图 14.1）。[1] 新机器于 1941 年开始加密德国陆军消息，在战争中使用了近两年。它在布莱切利园的代号是"金枪鱼"。破译金枪鱼的情报改变了战争进程，挽救了无数生命。

布莱切利园破解金枪鱼的秘密严守了 50 多年。2000 年 6 月，英国政府解密了金枪鱼行动的官方历史，那是长达 500 页的超级机密。这段历史名为《关于金枪鱼的综合报告》，写于战争结束的 1945 年，作者是三位金枪鱼密码破译者唐纳德·米奇、杰克·古德和杰弗里·蒂姆斯。[2] 最后秘密公开了：《综合报告》披露了破解金枪鱼的完整经过，这是一段不可思议的历史。

图 14.1 箱子里的金枪鱼机器（左图），及其 12 个编码转子（右图）
左图经计算历史图灵档案馆许可复制，右图经帝国战争博物馆许可复制（Hu56940B）

　　金枪鱼比恩尼格玛先进得多，它标志着加密技术的新时代。恩尼格玛的历史可以追溯到 20 世纪 20 年代初——1923 年，制造商首次将它投放市场——尽管德国陆军和海军对其进行了大量修改，但到 1939 年战争爆发时，恩尼格玛不再是最先进的设备。

　　从 1942 年开始，希特勒和柏林的德国陆军最高司令部越来越多地使用金枪鱼，以保护他们与在东西战线指挥战争的前线将军们的绝密通信。德军使用有漏洞的金枪鱼无线电网络传送最高级别的情报，让布莱切利园有机会窃听其决策层之间冗长的通信。金枪鱼泄露了有关德国战略、战术规划及军事优势、劣势的详尽信息。

　　柏林工程公司 C. 洛伦兹公司制造了金枪鱼。第一个型号名叫 SZ40，"SZ"代表"Schlüsselzusatz"（"密码附件设备"）。1943 年 2 月推出第二个版本 SZ42A，紧随其后的是 1944 年 6 月的 SZ42B（"40"和"42"代表年份，与 Windows 98 一样）。金枪鱼是三款德国新型密码机中的一个，由不同公司制造。这三个型号在布莱切利园通称为"鱼"。鱼族的其他成员代号为"鲟鱼"和"长尾鲨"；长尾鲨的用途有限，而与金枪鱼产生的通信量相比，鲟鱼提供的情报极少。

　　1941 年 6 月，英格兰南部的"监听站"首次截获了金枪鱼的无线电消息。

与新的超级密码斗争了一年之后，1942年年中，金枪鱼讯息被大量破译。当然，图灵在其中发挥了关键作用。

## 金枪鱼系统

金枪鱼的尺寸为19英寸×15½英寸×17英寸，是一个"密码附件设备"：它连接到一台电传打字机，自动加密电传设备产生的输出脉冲流。它还自动解密传入的讯息，通过电传设备打印出明文。

金枪鱼的发送端连接电传打字机的键盘，操作员在键盘上输入德语明文。明文在接收端被自动打印出来，通常像老式电报一样打印在纸条上。金枪鱼机器处于"自动"模式，可以依次高速发送许多长消息。传输机在自动模式下运行时，明文会卷入电传设备中预先打孔的纸带上。

相比之下，基于摩尔斯的恩尼格玛就显得笨拙了。使用金枪鱼，无线电发送端和接收端的德国操作员甚至看不到密文（消息的加密形式），而恩尼格玛密文的字母是依次出现在灯板上。键盘操作员在键盘上输入明文时，一名助手费力地逐个记下灯板上的密文字母；然后，无线电操作员以摩尔斯电码传输密文。金枪鱼速度更快，可以处理更长的消息，并且只需要两个人（而不是六个人）来发送和接收讯息。金枪鱼系统不需要摩尔斯电码：金枪鱼机器的输出，即加密的电传打字机代码是直接播出的。

国际电传打字机代码（当时在全球广泛使用，时至今日仍在使用）为键盘上的每个字母和符号分配了一组模式，该模式由五个0和1组成。在这个系统中，"1"代表一个脉冲，"0"代表没有脉冲。使用布莱切利园过时的惯例，用"叉"表示脉冲，用"点"表示没有脉冲：例如，字母C是 •××× •（无脉冲、脉冲、脉冲、脉冲、无脉冲）。今天我们用0代替•，用1代替×，所以C是01110。再举一些例子：O是 •••××，L是 •×••×，U是 ×××••，S是 ×•×••。图14.2展示了战时记忆辅助工具，其中列出与每个键盘字符相关联的点和叉。

电传打字机代码在通过无线电高速传输时会产生有节奏的颤音。在英国

```
CONVENTIONAL       IMPULSE
   NAME           1 2 3 4 5
/                 · · · · ·
9                 · · x · ·
H                 · · x · x
T                 · · · x x
O                 · · x x x
M                 · · · x x
N                 · · x x ·
3                 · · x x x
R                 · x x x ·
C                 · x x x ·
V                 · x x x x
G                 · x · x x
L                 · x x · x
P                 · x x · ·
I                 · x x · x
4                 · x x x ·
A                 x x · · ·
U                 x x x · ·
Q                 x x x · x
W                 x x · x x
5 or +            x x · x x
8 or –            x x x x x
K                 x x x x ·
J                 x x x x ·
D                 x · x x ·
F                 x · x x x
X                 x · x · x
B                 x · x · x
Z                 x · · · x
Y                 x · x · x
S                 x · x · ·
E                 x · · · ·
```

图 14.2 战时记忆辅助工具显示金枪鱼系统中使用的每个键盘字符的电传代码。在现代符号中，点写为"0"，而又记为"1"

计算历史图灵档案馆

境内首次监听到德国广播的拦截者说，他们听到的是一种新的音乐。

1941 年 6 月，柏林和希腊之间的第一条金枪鱼无线电线路试运行。1942 年 10 月，该实验线路关闭，在很短的一段时间里，人们以为德国人已经放弃了金枪鱼。但是 2 月底，经过修改，金枪鱼重新出现在柏林和萨洛尼卡之间的线路上，还开辟了柯尼斯堡和俄罗斯南部的新线路：这是金枪鱼网络快速扩张的开始。1944 年盟军光复法国时，金枪鱼系统达到了顶峰，布莱切利园已知线路就有 26 个。密码破译者给每条线路起了海洋生物名：柏林—巴黎是"水母"，柏林—罗马是"海狸"，柏林—哥本哈根是"大比目鱼"，等等。

金枪鱼通信的两个中心交换站分别位于施特劳斯贝格（靠近柏林，负责西线连接）和柯尼斯堡（负责到俄罗斯的东线连接）。1944 年 7 月，柯尼斯堡交换站关闭，在距离柏林以南国防军地下指挥总部约 20 英里的戈尔森建立了一个新的东线连接枢纽。在战争的最后阶段，金枪鱼的网络管理越来越混乱，到德国投降时，剩余的中央交换站已经从柏林转移到奥地利的萨尔茨堡。

在一些大型中心，例如巴黎，也有固定的交换站。线路的远端通常靠近战场，是可移动的。两辆卡车组成一个移动的金枪鱼单位。一辆装载无线电设备，使其远离电传设备的干扰。另一辆装有两台金枪鱼，一台用于发送，一台用于接收。有时使用电话座机代替无线电，运载金枪鱼的卡车直接连接到电话系统。在英国，只有通过无线电发送的金枪鱼通信才能被截获。

## 金枪鱼如何加密

与恩尼格玛一样，金枪鱼的核心是一个转子系统。每次操作员在电传打字机键盘上键入一个字符时（或在"自动"传输的情况下，每次从预先打孔的纸带读入新字母时），部分或全部转子会转动。金枪鱼总共有 12 个转子，它们并列成一排，就像碗碟架上的盘子。每个转子的边缘都标有数字（01、02、03 等），操作员可以通过一个小窗口看到这些数字。

从 1942 年 10 月开始，使用了以下操作规程。在开始发送消息之前，操作员会将 12 个转子转动到特定的组合，例如 02 14 21 16 03 36 21 16 43 21 50 26：组合来自密码本。密码本被称为"QEP"手册，包含一百多个组合。在布莱切利园，所选组合被称为此条消息的"设置"。发送每条新消息之前，需将转子转到新设置，尽管由于操作员错误，并非每次都这样操作。接收端操作员有一本同样的 QEP 手册，他的金枪鱼转子也设置为相同的组合。这样，机器就能在收到消息时自动解密。

金枪鱼通过与另一字母相加来加密消息的每个字母，从而掩盖原始字母。字母的相加方式是将构成它们的单个点和叉相加。金枪鱼的设计师选择的点—叉相加的规则很简单：点加点就是点；叉加叉是点；点加叉是叉；叉加点也是叉：

•＋•＝•　　×＋×＝•　　•＋×＝×　　×＋•＝×

简而言之，同类相加产生点，异类相加产生叉。（计算机技术人员会将金枪鱼加法看作布尔异或运算 XOR。）

金枪鱼的内部机制产生了一个字母流，布莱切利园将其称为"密钥流"，或简称为"密钥"。密文的每个字母都是通过将来自密钥流中的一个字母加到明文的一个字母上而产生的。比如明文的第一个字母是 H，密钥流的第一个字母是 W，那么密文的第一个字母就是 H 加 W 的结果。根据点叉相加规则，H（••×•×）加 W（××•×）等于 U（×××••）：

| H | W | | U |
|---|---|---|---|
| • | + × | = | × |
| • | + × | = | × |
| × | + • | = | × |
| • | + • | = | • |
| × | + × | = | • |

德国工程师选择特殊的点叉相加规则，因为他们想做出这样的安排：将一个字母与另一个相加，然后再相加一次就又回到起点。对于键盘字符 $x$ 和 $y$，形式上为 $(y+x)+x=y$。例如，H 加 W 会产生 U（上图），然后 U 加 W 将返回 H：

| U | W | | H |
|---|---|---|---|
| × | + × | = | • |
| × | + × | = | • |
| × | + • | = | × |
| • | + • | = | • |
| • | + × | = | × |

这解释了接收方的金枪鱼如何解密密文。密文是将密钥加到明文的结果，所以如果接收方的机器给密文加了完全相同的密钥字母，加密就被除去，显示出明文来。

例如，假设明文是一个单词 HITLER。由发送方的金枪鱼加到明文中的密钥流可能是 WZTI/N。在发送方的机器中，这些字符被连续加到 HITLER 中的字母上：

H＋W I＋Z T＋T L＋I E＋/ R＋N。

你可以从图 14.2 中看到，这会产生 UQ/HEI，字母通过无线电传输。接收方的金枪鱼在加密消息中加了相同的密钥字母：

U＋W Q＋Z /＋T H＋I E＋/ I＋N。

解密出字母 HITLER。

## 12 个 转 子

金枪鱼通过将另外两个字母加在一起来生成密钥流，布莱切利园称其为"赛流"和"凯流"，从希腊字母 $\psi$（psi，发音"赛"）和 $\chi$（chi，发音"凯"）得来。12 个转子产生了赛流和凯流；事实上，转子分为 3 组，其中 5 个"$\psi$ 转子"、5 个"$\chi$ 转子"和 2 个"电动转子"（图 14.3）。

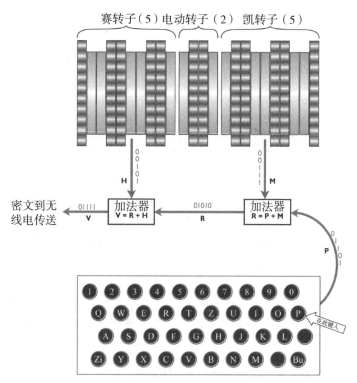

图 14.3　金枪鱼如何加密字母
杰克·科普兰和达斯汀·帕里。版权所有

每个转子都有不同数量的凸轮（有时称为"销"）均匀排列在转轴上（数量从 23 个到 61 个不等）。凸轮的功能是在经过一个开关时按下它，这样转子旋转时就产生电脉冲流。操作员可以调整凸轮,将其选择的凸轮向侧面滑动,这样选定的凸轮就会停止运转,并且在经过开关时不再按下它(图14.4)。此时转子转动,不再产生均匀的脉冲流,而是产生脉冲和非脉冲(叉和点)模式。一旦操作员以这种方式调整了凸轮,这种围绕转子的设置(有些工作,有些不工作)被称为"转子模式"。

正是转子周围凸轮的模式产生了 $\chi$ 流和 $\psi$ 流。在键盘上每按下一个键(或在"自动"模式下从纸带中读入一个字母),5个 $\chi$ 转子就会同步转动,刚好让每个转子上的一个凸轮经过其开关。叉或点的产生取决于凸轮是否工作。

图14.4 处于工作(左)和非工作位置的转子凸轮

杰克·科普兰和达斯汀·帕里从《关于金枪鱼的综合报告》中提取。版权所有

假设第一个凯($\chi$)转子开关上的凸轮产生一个点(无脉冲),第二个上的凸轮同样在其开关处不产生脉冲(点),但第三个和第四个上的凸轮都产生一个叉(脉冲),第五个转子的凸轮产生一个点:那么,在凯($\chi$)转子旋转时产生的字母是 ··××·(N)。5个赛($\psi$)转子也提供了一个字母(或其他键盘字符),被加到N上,生成一个密钥流字符。按照金枪鱼的加法规则,凯($\chi$)转子产生的字母和赛($\psi$)转子产生的字母相加后,再将产生的字母加到明文字母上,或者如图14.3所示,依次将转子产生的字母加到明文字母上,二者没有任何区别。

一些转子的转动会带来大麻烦。尽管每次在键盘上按下一个键(或从纸带或无线电接收器中收到一个字母)时,凯($\chi$)转子总是围绕一个凸轮转动,但赛($\psi$)转子的转动是不规律的。赛($\psi$)转子可能与凯($\chi$)转子围绕一个凸轮同步转动,或者它们可能都静止不动,失去转动的机会。布莱切利园将赛($\psi$)转子的无规律转动称为"跟跄"。两个电机轮的运动决定了赛($\psi$)转子是与凯($\chi$)转子一起转动还是静止不动。金枪鱼的设计者大概认为赛($\psi$)转子的这种无规则转动会增强机器的安全性——但事实上,这却是金枪鱼的关键缺陷。

## 首次侵入金枪鱼

第一次拦截来自未知新机器的讯息时，无法读取其中的任何内容。但1941年8月，约翰·蒂尔特曼（John Tiltman）上校（图14.5）取得了巨大的成功，成功破译了一条大约4 000个字符的消息。他是密码破译界的一个传奇。在解决金枪鱼之前，蒂尔特曼在破译日本军事密码方面取得了一系列重大突破。此后，他没有什么可做的了。金枪鱼被认为可以加密电传打字机的消息，它很可能是一个"加法"密码机。如前所述，加法机器将密钥加到明文上以形成密文。比如，P + K = Z，其中P是明文，K是密钥，Z是密文。

有时，金枪鱼的发送方操作员会愚蠢地为两条消息使用相同的设置：布莱切利园称之为纵深。纵深通常是消息加密和传输过程中出现错误的结果——可能是无线电干扰，或者纸带卡住或撕裂。所以发送方操作员会从消息的开头重新开始。如果他没有为转子选择新的初始位置，而是愚蠢地使用相同的位置，就会产生纵深。然而，如果消息在第二次传输时以相同的方式重复，那么纵深对密码破译者没有帮助——他们只是得到了同一密文的两个副本。但是，如果发送方操作员在第二次尝试中出现了打字错误、缩写或其他变体，那么纵深将包含两个不完全相同的消息，两条消息都使用完全相同的密钥加密——这是密码破译者的梦想。

1941年夏末，蒂尔特曼破解了这一纵深，密码破译者首次侵入了金枪鱼。基于金枪鱼是加法的假设，他将两个截获的密文（$Z_1$ 和 $Z_2$）相加。如果金枪鱼确实是一台加法机器，那么这个逐字符相加将消除密钥，并产生大约4 000个字母构成的两条明文 $P_1$ 和 $P_2$。因为：

$$Z_1 + Z_2 = (P_1 + K) + (P_2 + K) = (P_1 + P_2) + (K + K) = P_1 + P_2。$$

蒂尔特曼花了10天时间，设法从 $P_1 + P_2$ 序列中提取出两条独立的明文。他必须猜测每条消息中的单词。他是一个非常敏锐的猜测者。每次从一条消息中猜出一个单词时，蒂尔特曼都会将其加到 $P_1 + P_2$ 序列中适当位置的字符中，如果猜对了，就会出现第二条消息的可理解片段。例如，在 $P_1 + P_2$

序列的特定位置加上可能的单词"geheim"（秘密），得出疑似合理的片段"eratta"。[3] 这个简短的破译可以扩展到左右两边。通过猜测"eratta"是"militaerattache"（军事专员）的一部分，获得了第二条消息的更多字母，如果这些字母被加到 $P_1 + P_2$ 序列中的对应物上，就会揭示出第一条消息的更多字母——依此类推。

最终，蒂尔特曼获得了足够多的局部突破，从而意识到每条消息的长度都是相同的，因此他能够破译整个消息。通过将生成的一条明文加到密文中，他能够提取用于加密消息的大约 4 000 个密钥字符（因为 $P + Z = K$）。

## 塔特和图灵加入攻击

然而，破译一条消息与了解金枪鱼的工作原理完全是两回事。蒂尔特曼提取了密钥，但密码破译者仍然不知道机器是如何产生密钥的。对于恩尼格玛，布莱切利园在战前就知道机器的内部工作原理，这要归功于波兰的密码破译者。战争打响后，在陆地和海上捕获了许多恩尼格玛。而金枪鱼则是一个未知数：没有捕获到机器，而且在战争即将结束时也没有搞到手。

然而，1942 年 1 月，布莱切利园研究部门的一名年轻成员威廉·塔特（图 14.5）通过研究蒂尔特曼提取的密钥来推断金枪鱼的内部工作原理。这是战时密码分析最震撼的成果。

图 14.5 伟大的密码破译者约翰·蒂尔特曼（左）和比尔·塔特

左图经芭芭拉·艾库斯和切尔滕纳姆政府通信总部许可复制

右图经杰克·科普兰许可复制

塔特推断，机器通过添加两个独立的字母流来生成密钥。他进一步推断，这两个字母流分别由不同的 5 转子产生（每个字符的电传代码中有 5 位），他创造了新词"凯（$\chi$）转子"和"赛（$\psi$）转子"。他推断，凯（$\chi$）转子有规律地转动，而赛（$\psi$）转子在另外两个转子的控制下无规律地转动，他将另外的两个转子命名为"电动转子"。塔特的秘密推演将挽救无数生命。

破解新密码系统有两个独立步骤。首先是所谓的"破解机器"：密码破译者必须对密码机的设计有足够的了解，这一点塔特现在已经做到了。其次，必须找到一种快速可靠的方法来破译每天截获的消息。这种方法必须足够快，能让密码破译者及时破译消息，以免情报过时。

图灵设计了第一种方法，对抗金枪鱼的每日通信。这种方法简称为"图灵术"。[4] 图灵术是基于图灵发明的一种技术，一种称为"德尔塔"的"横向"加法过程（取自希腊字母 $\Delta$，delta，读作"德尔塔"）。密码破译者使用金枪鱼加法规则进行 A 加 B、B 加 C、C 加 D 来德尔塔四个字符 ABCD。人们可能认为，将密文字母以这种方式加在一起会使消息更杂乱，但图灵表明，德尔塔实际上揭示了隐藏的消息。德尔塔是一种今天仍然适用的加密技术。它不仅是图灵术的基础，也是金枪鱼破解算法的基础，这种算法将在布莱切利园不久后开发的电子计算机中使用。以计算机为基础攻击金枪鱼系统的想法来源于图灵的这个基本观点。

然而，图灵术是一种手工进行的纸笔方法。自 1942 年 7 月到 1943 年 6 月，图灵术是密码破译员对抗金枪鱼的唯一武器。在此期间，他们破译的密文约 150 万个字母，数量惊人。但是，无论手工破译员的效率有多高，都无法赶上日益增多的金枪鱼讯息。密码破译员需要一台机器来助力——由于金枪鱼的复杂性，这台机器必须比图灵的炸弹机快得多。

塔特说，使用图灵术的密码破译员必须利用他们的洞察力——图灵术要依靠你"骨子里的觉察"。他嘲讽图灵"更像艺术家而非数学家"。[5] 塔特想发明一种不靠直觉来破解金枪鱼的方法——某种靠机器执行的方法。1942 年 11 月，在德尔塔的基础上，塔特找到了这种方法；这是他攻击金枪鱼的第二大重要贡献。[6] 但是出现了一个意料之外的困难。塔特的方法需要大量的计算。如果手动执行该方法，破译一条长消息可能需要数百年的时间。[7]

## 机器对抗机器

图 14.6 麦克斯·纽曼，密码破译者及计算机先驱
经威廉·纽曼许可复制

此时，图灵的老师，来自剑桥大学的麦克斯·纽曼加入了金枪鱼之战（图 14.6）。早在 1935 年，在一次数理逻辑讲座中，纽曼就鼓励图灵加入一项研究，该研究的成果即通用图灵机。次年，图灵准备发表他的开创性论文《论可计算数》，纽曼提供了帮助（见第 40 章）。[8] 1942 年 8 月末，纽曼离开剑桥大学，加入布莱切利园的研究部门，成为对抗金枪鱼的密码破译者。[9]

塔特向纽曼解释了理论上金枪鱼的破解方法，纽曼立即建议使用电子计数器进行高速运算。这是一个"顿悟"的时刻。纽曼知道，战前，剑桥大学卡文迪什实验室（Cavendish Laboratory）已使用电子计数器计算放射性排放量。灵光乍现，他想到这项技术可以解决金枪鱼消息破译中的各种问题。在图灵的帮助下，纽曼将自己的想法告诉了布莱切利的密码破译负责人爱德华·特拉维斯，他同时负责机器的制造（图 14.7）。

图 14.7 罗宾逊，巨人机的前身。后来，这台机器被称为"老罗宾逊"，取代最初的"希斯·罗宾逊"（两台机器外表相似）
来自《关于金枪鱼的综合报告》，国家档案馆 Ref.HW 25/5（第 2 卷）。皇家版权所有，经英国国家档案图像图书馆许可复制

1943年，纽曼机器的原型机安装完毕。很快，这台机器以著名的漫画家"希斯·罗宾逊"（Heath Robinson）的名字命名，他画的机器稀奇古怪。希斯·罗宾逊第一次开机时，从里面冒出了烟雾。[10]纽曼的奇妙设备证明了用机器实现塔特方法的可行性，但希斯·罗宾逊速度慢，容易出错，经常发生故障。

## 一台巨大的计算机

电话工程师汤米·弗劳尔斯（Tommy Flowers，图6.1）知道自己可以建造比希斯·罗宾逊更好的机器。战前的几年里，他开始研究大规模数字电子产品。位于伦敦北部多利斯山的邮政局研究站（Post Office Research Station），有一个他所领导的研究团队。除了内部人员，很少有人知道电子真空管性能可靠，可以大量地使用。

传统观念认为，真空管太脆弱，不能大量使用：每个真空管都有一根炽热的发光细丝，丝的纤细意味着真空管容易毁坏。设备中的真空管越多，工作过程中一两个真空管出现爆裂的可能性就越大。由于真空管不断爆裂，完全不可能大规模使用，大多数工程师认为：这一观念来自无线电接收器的经验，它们会频繁地打开和关闭。但是弗劳尔斯发现只要让真空管持续运行，它们就非常可靠。他还发现了进一步提高可靠性的方法，例如使用比正常电流更弱的电流。早在1934年，他就成功组装了一台实验设备，其中包含3 000到4 000根真空管。该设备通过音调来控制电话交换机之间的连接，就像今天的按键音一样。

在那个年代，数字电子是一个鲜为人知的领域。1977年，弗劳尔斯告诉我，英德开战时，他可能是英国唯一一个意识到真空管可用于大规模高速数字计算的人。[11]他被派往布莱切利园协助密码破译，可谓好钢用在刀刃上。他意识到希斯·罗宾逊无法提供所需的准确性和速度。希斯·罗宾逊的真空管最多几十个——弗劳尔斯认为太少了。他知道，大量使用真空管可以存储信息，而希斯·罗宾逊只能将这些信息存储在易磨损的纸带上。弗劳尔斯提议，制造一台包含约2 000根真空管的巨型机器。

纽曼听取了弗劳尔斯的建议，向其他电子专家咨询。专家们说，设备里有那么多真空管，永远无法可靠地工作。结果，布莱切利园否决了这个建议。但在位于多利斯山的实验室里，弗劳尔斯开始悄无声息地建造全电子机器，他知道这正是密码破译者需要的设备。弗劳尔斯回忆说，为了建造巨型计算机，即"巨人"，他和他的工程师、线路工团队夜以继日地工作了10个月，忙到"头昏眼花"。他说，这一切"没有经过BP（布莱切利园）的同意"，而且是"在质疑的情况下"完成的。"直到看到巨人机管用，BP才对其产生了兴趣"，他苦笑道。幸运的是，相比布莱切利园，弗劳尔斯的老板戈登·拉德利对他的构想更有信心，给予他所需要的一切支持。

1944年1月18日，弗劳尔斯团队用一辆卡车将巨人机运到布莱切利园。这是计算史上的一个重要时刻——世界上第一台大型电子计算机正在交付。计算机的到来引起了不小的轰动。"我觉得，在他们真正拥有这台机器之前，根本没理解我的提议，"弗劳尔斯说，"他们对此难以置信！"密码破译员惊讶于巨人机的速度。与希斯·罗宾逊不同的是，如果重复设置相同的问题，巨人机总会产生相同的结果。这一点也让密码破译员感到震撼。

"巨人"的名字起得很贴切——计算机重约一吨（图14.8）。1944年2月5日，弗劳尔斯的巨型计算机开始破译德国消息。弗劳尔斯在日记中简要地写道，"巨人机完成了它的第一份工作。车在回家的路上抛锚了。"

图14.8 巨人机。请注意前景中的早期计算机打印机。长穿孔带安装在铝轮上，穿孔带上是要分析的消息

出自国家档案馆《关于金枪鱼的综合报告》。HW 25/5（第2卷）。皇家版权所有，经英国国家档案图像图书馆许可复制

巨人机使用塔特的方法，清除了凯（χ）转子产生的部分密钥的密文。去除凯（χ）转子产生的结果被称为消息的"去凯"（de-chi）：包括仅被赛（ψ）转子掩盖的明文。去凯几乎可以手工破解，因为赛（ψ）转子为密钥组件提供了独特的模式。这些模式是由于赛（ψ）转子的无规则转动造成的，这是金枪鱼机器最大的弱点。去凯被一个称为"泰斯特团队"的部门破解，它的领导者是拉尔夫·泰斯特少校。杰瑞·罗伯茨上尉是泰斯特团队的密码破译员之一，他在第16章解释了该过程。

## 第一个计算机中心

战争结束时，纽曼的部门有9台巨人机在昼夜不停地工作，另一台在工厂里，准备交付。9台计算机安置在两座大型钢结构建筑中。这是世界上第一个电子计算场所，有作业队列、换班的操作员团队、纸带打孔人员以及工程师日夜工作，确保机器平稳运行。直到20世纪60年代，第一批现代计算中心开始围绕大型主机发展，这种景象才再次出现。

然而，纽曼的这座令人难以置信的巨型计算机工厂并没有延续到战后。1945年5月，随着德国的投降，金枪鱼退出舞台。纽曼和泰斯特团队的员工都失业了。德国的电传密码机本已开创了加密技术的新时代——金枪鱼及其基本加密原理 $Z = P + K$，将继续在全球范围内使用。但战争结束时，英国政府认为没有必要保留所有的巨人机。在一次保密行动中，两台巨人机被转移到密码破译总部的新址，位于伦敦郊区的伊斯特科特。巨大的抓斗将两台机器从屋顶的洞中移走，它们就这样从纽曼的部门消失了。[12] 其余的机器都被拆除。装有机器零件的卡车秘密驶向曼彻斯特（见第20章）。"巨人机不翼而飞，"多萝西·杜·布瓦松回忆道，"当时，上面告诉我们，这是丘吉尔的命令。"[13]（杜·布瓦松是巨人机操作员。图15.2，她背对着镜头。）她回忆说："只剩下机器留在地板上深深的印痕。"

英国大部分的秘密电子计算机，欧洲最先进的机器，就这样被彻底销毁了。尽管这种残酷的科学倒退并不为外界所知，但它造成的严重损失并不会因此而减轻。巨人机本可能成为公共科学的一部分，图灵、纽曼和弗劳尔斯会很快开发出巨人机适用的新应用，它们本可以成为科学研究设施的核心。如果1945年年中8台大型电子计算机在公共领域亮相，现代计算的故事将以截然不同的方式开始。谁能预测这个不同的起点会带来怎样的改变？像布莱切利这样的计算中心在世界不同地区蓬勃发展，互联网——甚至个人计算机——可能提前10年或更早出现。甚至在进入新千年之前，社交网络可能已经改变了世界的政治版图。

## 保守秘密

金枪鱼和巨人机的秘密保守了很长时间——比恩尼格玛要长得多。纽曼部门和泰斯特团队的前工作人员严守命令，没有透露任何消息。巨人机的操作员凯瑟琳·考伊甚至不敢去看牙医，担心自己在麻醉状态下说出什么秘密。[14]

考伊最大的遗憾是，她永远无法告诉丈夫自己在战时从事的了不起的工作——操作第一台大型电子计算机。杰瑞·罗伯茨的父母去世时，对他战时在泰斯特团队的工作一无所知，对此他深感遗憾——这份工作如此重要，如果是在别的领域，他大概有理由期待获得英国王室颁发的勋章。在罗伯茨或他的某位同事破解了15到30个连续的去凯字母后，海伦·柯里破译出完整的德语明文。她谈到无法与家人分享记忆的巨大痛苦。她说，在"沉默的岁月"中，她的战时经历"就像一场梦幻，与我想象的几乎一样"。[15]

图灵的母亲萨拉悲痛地写道，"他被迫保持沉默"。[16] "从来没有暗示过他所从事的秘密工作是什么"，她抱怨说，必要的守口如瓶"毁了"他们的交流。麦克斯·纽曼的儿子威廉是计算机图形学界的领军人物。他说他的父亲只是间接地提及战时工作，直到去世也"没透露多少信息"。[17]

巨人机被拆除时，新闻爆出美国制造了一台电子计算机。ENIAC（Electronic Numerical Integrator and Computer，电子数值积分计算机）是约翰·莫奇利和普雷斯珀·埃克特的发明，两位远见卓识的工程师受美国陆军的委托，建造一台高速计算机。[18] 美国陆军希望用这台机器完成一项庞大的工作，即准备炮手瞄准火炮所需的复杂表格。费城宾夕法尼亚大学负责计算机的建造，ENIAC 于 1945 年底投入使用，距第一台巨人机的问世晚了近两年。战争结束后不久，弗劳尔斯就见到了 ENIAC。他说，巨人机具备复杂的逻辑运算设备，"比 ENIAC 更像一台计算机"。[19]

巨人机一直处于保密状态，而 ENIAC 则于 1946 年走入公众视野，并被宣扬为第一台电子计算机。约翰·冯·诺伊曼完全不知道巨人机的存在。他通过卓越的科学著作和富有魅力的公开演讲告诉全世界，ENIAC 是"第一台电子计算机器"。[20] 即使今天，弗劳尔斯成就的秘密仍然困扰着计算史。战后不久，ENIAC 是第一台电子计算机的神话就一锤定音了。此后，书刊（更不用说杂志和报纸）告诉读者，ENIAC 是第一台电子计算机。一本面向计算机科学学生的有影响力的教材，出现这样的历史总结："计算机的起源最早从巴贝奇开始，直到 ENIAC 电子机器的诞生。"[21] 令人遗憾的是，这个说法不准确。

弗劳尔斯就这样从历史上消失了。尽管考虑到保密性，这个结果不可避免，但却极不公平。弗劳尔斯的晚年略有些凄苦：

战争结束后，我被告知要永远保守巨人机的秘密，这当然令我失望……我相信，一旦巨人机被证明是成功的，就是一次历史性突破，出版物将使我在科学界和工程界声名鹊起——ENIAC 被认可就证实了这一点……我不得不忍受 ENIAC 公司获得所有的赞誉，却不能告诉世人，是我捷足先登。

更不幸的是，他在电子工程方面的观点在同行中几乎没什么分量，人们不了解他的成就，都说他"自命不凡"。他说：

我敢肯定，哪怕在战争结束十年后解密巨人机，无论对我自己还是对英国工业，都将会产生不同的影响。

有一天，弗劳尔斯把肯·迈尔斯叫到了多利斯山自己的办公室。[22] 巨人机建造伊始，迈尔斯就与他并肩作战。1944 年，第一台巨型计算机交付布莱切利园的历史时刻,迈尔斯也在场。弗劳尔斯指了指办公室的保险柜,里面保存巨人机的所有文件和记录,包括他的蓝图。他悄悄告诉迈尔斯,高层指示要彻底销毁这些文件。他们把文件抱到一楼车间,那儿有一个取暖的煤炉。迈尔斯告诉我:"我和他一起,将文件化为灰烬。"

## 后续——通用图灵机硬件

巨人机绝非一台通用机器。正如杰克·古德向我解释的那样,即使是长些的乘法——破解金枪鱼所不需要的——也超出了它的计算范围。巨人机也不包含图灵最重要的存储程序概念。它需要操作员在布满插头和开关的大面板上进行手动编程。每执行一组新指令,女操作员都要通过插头和开关(毫不夸张地说)重新连接计算机的某些部分。今天看来,这种费劲的编程方法原始到令人难以忍受,因为我们已将图灵了不起的存储程序概念视为理所当然。ENIAC 也是通过重新布线和设置开关进行编程。ENIAC 操作员设置和调试程序的时间可能长达三周。[23]

除了当事人,整个世界没有人知道巨人机的存在,但它对图灵和纽曼的影响却非常大:图灵在 1936 年发表了开创性论文,他和纽曼的战后项目是构建通用图灵机硬件,巨人机将图灵的理论与实践联系到一起。1945 年 10 月,图灵有机会实现其存储程序式通用电子计算机的梦想,当时他加入了国家物理实验室,那是位于伦敦郊区特丁顿的政府研究机构。纽曼的机会几乎同时出现,他于 1945 年 9 月被任命为曼彻斯特大学的菲尔登数学教授。

第 21 章和第 22 章讲述图灵雄心勃勃的自动计算引擎(Automatic Computing Engine,ACE),而较为保守的曼彻斯特"婴儿"计算机则在第 20 章中有描述。如果图灵和国家物理实验室建造出第一台通用图灵机硬件,那将是情理之中的事。但命运并不总是公平的:正如第 20 章所述,曼彻斯特的纽曼团队抢先一步。

# 第 15 章
# 我们是世界上最早的计算机操作员

埃莉诺·爱尔兰

1944 年，我在布莱切利园工作，住在附近的沃本修道院。我的工作是操作巨人机，帮助密码破译员破译密码。本章描述我们的工作情况，以及战争的最后几个月在布莱切利园的生活和工作感受。

1944 年，我在伦敦一家集邮公司工作。我的一个朋友加入了皇家海军女子服务队（Women's Royal Naval Service，WRNS），担任汽车运输司机，我也决定加入。我怀着激动的心情去了安妮女王之门，成为一名志愿者。很快，我接受了面试，被要求去体检。没过多久，我收到一封信，通知我于 1944 年 8 月 2 日去格拉斯哥附近图利切万城堡的 WRNS 机构报到。后来我发现，WRNS 新成员更多的是向伦敦的米尔山报到，但当时发生了接二连三的爆炸事件，当局不想冒险接收新人，所以把我们送到了苏格兰。

奇怪的是，在即将开始这次冒险的前一周，我遇到了一位校友，她也加入了 WRNS，也被要求在同一天去图利切万报到。我很高兴有人和我结伴同行。我们一直共事到 1946 年 12 月底 WRNS 遣散为止。

我们前往格拉斯哥，然后去到洛蒙德湖畔的一个小车站，在那儿有人将我们送往图利切万 WRNS 接待营。这是一座被征用的城堡，矗立在一个大山坡上。山脚下有一个管理办公室，还有许多活动小屋，充当寝室、杂物室、小商店等。小屋对面是一个巨大的练兵场。山顶是军官住的城堡，还有一个

图 15.1 埃莉诺·爱尔兰
计算历史图灵档案馆

练兵场,飘着海军军旗。

每天早晨 5 点起床的钟声响起,我们被要求做各种琐碎的工作,如清理小屋、削土豆皮、清洁城堡的台阶。也许这是一个考验,目的是在这个阶段淘汰一些人。我们这些留下来的人换上临时服装,最后穿上了制服(图 15.1)。每人都有一个服务号码。我们永远不会忘记这个号码——它似乎刻在了灵魂里。

我们进行数小时的队内训练,让大脑变得更聪慧,并听取高级服务讲座和自塞缪尔·佩皮斯时代以来的历史讲座。我们接受面试,以确定想加入哪个部门:我不记得自己说了什么。后来我们发现,这都是幌子——他们已经决定我们要去哪里。离开图利切万之前,有人告诉我们,我们将被派到离伦敦 50 英里的某个驻地。我们感到"非常沮丧"。

我们坐上从格拉斯哥出发的夜行火车,车里挤满了服务人员。到达布莱切利时,大家都已筋疲力尽。专车将我们从车站接到布莱切利园,车程只有几分钟。布莱切利园有严密的安全措施。车辆停在一个由警卫看守的入口处,我们依次被带往一座混凝土建筑,在那里拿到了安全通行证。没有通行证就无法进入大院,我们被要求用生命保护它。

矗立在眼前的是一座维多利亚式大房子,房前是一大片草坪。我们得知,人们称它为"宅邸"。宅邸旁边有一栋矮楼,一位鹣鹣军官带我们进去,很严肃地给我们上了一课,讲的是布莱切利园的超级机密,以及正在开展的各项工作。任何时候,我们绝不能泄露任何有关工作或工作地点的信息,否则就会被监禁或处以更严厉的惩罚。在布莱切利园之外,不允许讨论我们的工作,即使与同事讨论也不行。我们不能询问外单位的人所从事的工作。不允许写日记。我们被告知,我们的类别是 PV 特别任务 X:"PV"代表"彭布罗克 5 号"——我们的假想船船名。我们不会佩戴工种徽章,如果有人问我们是做什么的,我们就说是秘书。我们被告知,我们从事的是高度机密工作,所以永远不会被调到其他地方。每个人都必须签署《官方保密法》。这次讲座太震撼了，每次我结束工作离开办公大楼，都会放下百叶窗，遮蔽室内的一切。布莱切利园里有外交部和海陆空的工作人员，但我们对其他部门的工作一无所知。

这些秘密令人迷惑不解、莫名郁闷。我们回到车上，不知道要被带到哪里。车子驶离沉睡的布莱切利镇，穿过林间路，开了九英里来到沃本村。拐过一座教堂，穿过气派的大门，驶入一个风景优美的公园。映入眼前的是沃本修道院宏伟的宅邸。这就是彭布罗克5号。

车子在正门停了下来，迎接我们的是一位WRNS低级军官。她带我们进入一个巨大的监管机构大厅，给我们发放修道院的车站通行证。她告诉我们，每次出门必须上交通行证，返回时再领取。唯一的例外是，我们半夜"守夜"（海军术语"轮班"）回来时，通行证是从贴有标签的自己的邮筒取回——大厅的对面有一个大的邮箱架。

顺着大楼梯来到二层，我们分到了各自的临时寝室。值班队员都乐于助人，向我们介绍了一切生活所需。我仍然记得所有的门都是绿色双扇门，外层材质是粗呢，这给我留下了深刻的印象。房间很豪华——以前是贝德福德公爵及其家人的卧室。马桶高出地面两个台阶，用的是代夫特陶器。墙壁用红丝线装饰。浴室非常大，浴盆在两步台阶之上，外层镶着红木，黯淡无光。我听到的第一件事是，一个修女在走廊里游荡。这是一个叫道恩的女孩告诉我的，她兴致盎然地谈论着，还向我保证她的朋友真的见过那个幽灵般的修女。

在布莱切利完成两周的培训后，我们被安排了轮值时间（A，B，C或D段）：幸运的是，我和四个朋友一起被分到C段。那时，我们搬出了临时住所，搬进宅邸屋檐下仆人的房子。我们八个人住在一个叫作"剑鱼50"的小屋。小屋很简陋，只有四张上下床，四个抽屉柜，还有一个内置壁柜。在发现老鼠出入之前，我们把箱子、食物等物品放在里面。

屋子冬冷夏热。八个人挤在里面，不得不开着窗户。雪落到窗台上，三个星期不化：贝德福德应该是英国最冷的郡。

我们的客厅（在WRNS中被称为"前甲板"）没那么拥挤，是房子里最大、最好的房间。整面墙镶嵌着木板。房间里有三根电热金属管，每根四英尺长。

休班时我们穿上厚外套，围坐在管子周围。后来，隔壁一间舒适的方形房间经过一番改建，供我们使用。房间里有一个大理石砌成的火炉，为我们点燃了寒冬的喜悦。还有一个漂亮的印花布艺沙发：这是我 WRNS 职业生涯中最温馨的物件。

早期的厨房很不整洁，位于地下通道的尽头。通道的石板年数久远，有不少磨损。我们在擦干净的桌子上吃饭，用各自的马克杯，而不是统一发放的金属杯。伙食还凑合。刚开始，我们和外交部的工作人员一起在布莱切利园的宅邸里吃饭，伙食很好。后来，我们的人太多了，他们就在我们的工作地点附近建了几座小屋，作为我们的餐厅。吃得很糟糕。上夜班吃饭很不方便，我一直不习惯在那个时段吃饭。夜班吃饭不能去食堂，而要出大门，沿一条小巷走到布莱切利车站。月台尽头有一个海陆空三军小吃店，我们会吃些面包，喝一杯好茶，然后再走回去。这比吃冰凉的猪肝和梅干要好：我已经 30 多年没再吃梅干了。

沃本修道院的大部分建筑都被 WRNS 征用了。建筑物的后面是外交部的马厩——也是保密的地方。贝德福德公爵担心修道院失火，所以不上夜班时，我们得手持火把在黑暗中巡逻。一次两个人，巡逻两小时。我讨厌这差事，太可怕了。

公爵住在花园里的一所房子里，他会时不时地在周围转转，确保一切都好。所有的家庭照片和家具都存放在修道院的侧厅。我的几个朋友住在一间温馨小屋里。多年后，我故地重游，发现它变成了餐厅，墙上挂着黄色丝绸和华丽的收藏品——卡纳莱托的画作。布莱切利园也很漂亮，有七个湖，还养着一群珍贵的鹿。我喜欢在小屋的窗边欣赏风景。

修道院的军官很少，他们（甚至是主管军官）都不知道我们从事什么工作。记得刚入住时，如果周日不值班，我们要走路两英里到沃本村教堂做礼拜，然后再走回来。后来，副官被告知说我们的工作压力非常大，不能再增添不必要的压力。我们就不去教堂了，纪律变得更加宽松。

到达修道院的第二天，一名士兵开着一辆老旧的军队运输车，载着我们来到布莱切利园。汽车停在正门，我们下车并出示通行证。我们被告知在宅邸外等待。有人领着我们经过一个网球场和一排低矮的混凝土建筑——后来我们得知，这些都是防弹建筑。我们在 F 座停下，那也是一座阴沉沉的混凝土建筑。

## 开　始

麦克斯·纽曼亲自在 F 座的入口处迎接我们，他做了自我介绍，对我们的到来表示欢迎。我们被带到一个低矮的长形房间，房间里有一个大黑板和几张长桌。纽曼先生站在黑板前，我们都坐在桌旁。他的态度和蔼可亲，让我们感觉很自在。他告诉我们，这个部门是最近才设立的，我们将与数学家和工程师合作。他说，他特别要求部门员工必须是皇家海军女子服务队成员，由她们来运行机器，筹办登记处。

两周来，我们每天都会去听纽曼的课。他教授我们一种新型的二进制数学知识，他会在黑板上写写画画。他向我们展示机器使用的纸带，我们很快就熟悉了它们——纸带有一英寸宽，非常坚固。沿着纸带的中心有一排小链齿孔，这些小链齿孔被用来驱动纸带穿过机器。我们必须学习熟练读取纸带上的字母表：这个字母表与 GPO（邮政总局）远程打印机字母表相同。每个链齿孔的上下位置都留出空间，上面可以打两个更大的孔，下面可以打三个：例如，字母"A"在链齿孔上方有两个孔，下面什么都没有。

我们被带到部门内部参观，了解工作内容。我们来到一个房间，看到了两台机器的电传打印纸带上传来消息。后来我了解到，大部分信息来自肯特郡的诺克霍尔特和德比郡的凯德斯顿。我们被带进一个长形的房间，在那里人们切割、连接纸带，修复机器上裂开的纸带。然后，我们去了登记处（它被称为"Ops"），在那里所有的纸带都被登记并制成表格，然后放入小文件架里。我们还看到了部门当时拥有的两台巨人机。我被它们吓到了——一大堆开关、真空管，还有嗡嗡作响的纸带：我觉得这一切令人不可思议，如梦如幻。如今，众所周知，制造这些计算机是为了替代由艾伦·图灵首创的手工方法，以完成密码破译工作。而且，大家也都知道，虽然图灵没有参与巨人机的设计，但他的手工方法涉及的思想是巨人机的算法基础。当然，我们是平凡的计算机操作员,当时没有人告诉我们这一切。

两周的培训结束后,我们接受了知识测试。我们的工作任务是根据考试成绩分配的——管理、处理纸带等等。我很荣幸地被选中操作巨人机,我认为这是一份理想的工作(图 15.2)。一个叫让·布拉德里奇的鹪鹩教我如何操作机器。她解释了所有开关的用途,向我展示了如何用大头针将转子模式钉在机器后部的网格上。大头针的材质是铜镍合金,个头很大也很结实。

图 15.2 巨人机与两名操作员

出自国家档案馆 ref.HW 25/5(第 2 卷)《关于金枪鱼的综合报告》。皇家版权所有。经邱园国家档案馆图片库许可复制

纸带被封闭在光电管前的位置,那儿有一个小门可以让纸带滑过。金属轮支撑着纸带,根据纸带的长度,我们会使用尽可能多的轮子来使纸带完全绷紧。将纸带调整到合适的张力是一个棘手的任务:这需要一点时间,而且必须非常小心。如果张力不对,我们会担心纸带断裂,断裂意味着浪费了宝贵的时间。(我记得在指导新手期间,吃饭都急匆匆的,因为担心离开太久会出差错。)我们给机器设置的"切入"都是定时的,通常需要一个小时才能运行。每盘纸带都登记在一个本子上,记录我们收到纸带的时间,以及纸带从机器上取下的时间。它让我们树立起很强的时间观念。大家都很清楚,我们在与时间赛跑,我们的工作成果生死攸关。

我们的工作有四种轮班安排。我在 C 轮,班次分别为上午 9 点到下午 4 点,下午 4 点到午夜 12 点,午夜 12 点到上午 9 点——一周白班,一周晚班,一周夜班,还有一周"换班"。第四周,我们要补 A 轮员工的缺。换班的那周

很辛苦，上午9点下班，下午4点又要上班。我们每个月有一个周末休息，偶尔还有一个额外的周末。别墅对面的车道上停着一排小巴士，它们会把我们带到沃伯恩和布莱切利园之间的地方，其他目的地包括盖赫斯特庄园和韦文登。

布莱切利又建了一座大房子来容纳两台巨人机。我被派到巨人3号上工作，我的朋友让·比奇在巨人4号上工作。这两台机器矗立在一个大房间里，体积大约是巨人1号的两倍。后来，为了容纳更多的巨人机又建了H座。

我在数学家密码破译员的指导下独自操作巨人3号。这些密码破译员通常被称为"密码学家"，他们在巨人机前的长桌旁工作。其他人，如杰克·古德（Jack Good）、唐纳德·米奇（Donald Michie）和肖恩·怀利（Shaun Wylie），会来讨论当下的问题，并提出建议。密码学家面前的桌子上放着几张密码纸，用计算尺进行计算。他会告诉我他想从机器里得到什么。我把他正在考察的任何模式钉在机器后面的网格上，然后放上他想要运行的纸带。巨人机的正面是开关和插头。我们可以设置开关进行字母计数，机器有自己的电子打字机来记录结果。有时我会得到一个标准值，每当打字机上出现一个数字时，我就会做计算，并在数字上写下它高于或低于标准值多少。我的心算能力因此变得很强。

当时我并不知道，巨人机的设计是为了破译一种叫作"金枪鱼"的机器发送的讯息。这种机器专供德国最高司令部使用，以确保通讯的绝密性。希特勒、戈林、戈培尔以及陆军元帅和将军们都使用金枪鱼机器。我是在50年后才知道这些的。德国人认为金枪鱼机器发出的密码绝对牢不可破。金枪鱼的转子模式钉在巨人机的背面，纸带上有一条被截获的讯息。巨人机的目的是在一条讯息的开头找到编码转子的位置。

如果巨人机出现任何问题，我们会联系维修团队。该团队负责人是工程师哈里·芬森，他非常聪明。另一位与我们共事的工程师肯·迈尔斯也很优秀，他在战后负责协调伦敦的交通灯。这些工程师所做的重要工作很少或者根本没有得到认可。

战争结束时，我们协助拆解了大部分巨人机：这是个令人伤感的活儿。之后，我们被要求再次签署《官方保密法》。直到现在，我们都只字不提战时的工作。

# 第 16 章
# 泰斯特团队：破译希特勒的终极密码

杰瑞·罗伯茨*

我于1941年秋加入情报部队。当时，只允许极少数人进入布莱切利园的别墅，那里是神经中枢。能在这座别墅工作，并成为泰斯特团队的四位创始人之一，我感到很幸运。泰斯特团队成立于1941年10月，旨在破译"双重加密"信息。1942年7月，团队转向破解"金枪鱼"。[1]

## 艾伦·图灵

在回顾破译金枪鱼密码的历史之前，我想追忆一下艾伦·图灵。如果没有他，一切都会截然不同。我永远感激他，让我不必在纳粹统治下抚养我的孩子。如果我们被纳粹打败，就会进入漫长的黑暗时代，纳粹绝不会善罢甘休。

我来说说在纳粹统治下的生活情景。战后，我遇到了珍妮夫人，她是一位勇敢的比利时女士。她的家庭曾为盟军飞行员提供安全住所。这些飞行员在欧洲上空被德军击落，想重返英国，再次投入战斗。海伦·珍妮和她的丈

---

\* 杰瑞·罗伯茨于2014年3月去世，享年93岁。杰克·科普兰对该章节进行了修改。

夫在房子里挖了一个隐蔽的洞。一天，盖世太保在早上6点例行检查，当时房子里藏着一名飞行员。他们到处搜查，没有找到便离开了。大家松了一口气，高兴地以比利时人习惯的方式互相拍背庆祝。此时盖世太保返回，看到了这一幕。他们逮捕了她的丈夫，她再也没有见过他。如果纳粹入侵英国，这种事情会屡见不鲜。

英国没有落入纳粹之手的原因之一是，1941年图灵破解了U型潜艇的恩尼格玛。从沉没的吨位可以看出他对大西洋战役的决定性影响。1941年6月，图灵破解U型潜艇的恩尼格玛之后，因被击沉而损失的吨位下降了77%，从1941年初每月损失约282 000吨，到11月每月损失64 000吨。如果图灵没有成功破解恩尼格玛，几乎可以肯定的是，英国会因陷入饥荒而战败。

前不久，我遇到一位邻居的朋友，从他那里了解到大西洋战役的片段。战争期间，他曾在SAS服役，那是一支强悍的队伍。1941年初，他们横渡大西洋。向我讲述这件事时，他的脸色变得阴郁起来：

那是我一生中最黑暗的日子。离开港口时我们有21艘船，抵达英国时只有11艘。潜艇击沉了10艘船，幸存者在水中挣扎。

在布莱切利园，我经常遇见图灵。我的脑海经常浮现出他走过小屋走廊的情景。他穿着深褐色的运动夹克和宽松的灰色裤子，目光低垂，走路时用手指轻弹着墙面，是一个腼腆内向的人。他的形象与人们想象中的英雄不一样；他不是勇士之王。但在那个紧要关头，他是欧洲最有影响力的人，我们的自由都要归功于他。

## 金枪鱼是什么？

金枪鱼（也被称作"鱼"，德国人称之为洛伦兹SZ40）是一种专门设计的新型机器，由希特勒订购，加密德国驻柏林陆军总部与各前线高级将领、陆军元帅和大部队总指挥之间的绝密讯息（见第14章）。金枪鱼最初只有一条线路，由于德军高层的高度重视，它开始在整个欧洲迅速传播。

1940年，希特勒的野心转向统治整个欧洲的计划。他知道会发生大规模的陆战，将军们会疲于奔命。那时，德军陆海空一直在使用恩尼格玛加密讯息，但希特勒对此并不满意：他的将军和司令部之间的通信需要更强大、更安全的机器。因此，德国洛伦兹电气公司给了他一台超级机器——"金枪鱼"。它有12个转子，非常先进，极其复杂，速度也更快，比三个或四个转子的恩尼格玛更安全。

如果我们要加密一条消息，可能会使用简单的字母替换，这会给我们提供一级或一层加密。金枪鱼不是一级或二级加密，而是三级加密。连二级加密都是密码学的噩梦：三级加密是世界上最先进的加密方法！

## 金枪鱼为何如此重要？

金枪鱼只涉及最高级别的情报。高层人士在讯息上签名，他们的名字经常出现在我们破译的密文中：凯特尔（德国国防军最高统帅部总长）、约德尔（德国国防军最高统帅部作战部长）、隆美尔（德国陆军元帅，绰号"沙漠之狐"）、冯·伦德施泰特（西线）、凯塞林（意大利）、冯·曼斯坦因（俄罗斯前线）——当然还有由阿道夫·希特勒本人签署的讯息。这是个不错的起点！

这些人位于机器的一端，它的另一端是前线部队的将军和元帅，如俄罗斯三个战区的领导者冯·韦克斯、冯·克鲁格和莫代尔。我们覆盖了五条主要战线。俄罗斯有三条战线：北部、中部和南部。还有西部战线及意大利半岛战线。意大利战线很重要，因为德国人被蒙哥马利赶出北非后，其军队转移到了西西里岛。

那时，陆军恩尼格玛负责发送师级和团级讯息，而金枪鱼讯息则涉及整个德军和陆军集团。正如你所想的那样，金枪鱼不断发送着高级情报。

## 最辉煌的战绩

我们对金枪鱼的破解在许多场合发挥了重要作用,但最震撼的历史时刻有四个。首先是1944年6月盟军登陆诺曼底海滩。在诺曼底登陆前的准备阶段,重要的是了解德军会将其大型装甲师继续留在加莱—布洛涅北部地区(这是希特勒的意愿),还是会像将军们所希望的那样转移到诺曼底。将军们是专业人士,他们知道盟军需要条件良好的登陆海滩,但希特勒是老大。事实上,我们帮他做出了错误的决定:在诺曼底登陆日之前的那段时间,我们设计了一套计划,沿着肯特和埃塞克斯海岸停泊物体,从空中看,这些物体就像大量的登陆艇,随时准备入侵加莱—布洛涅地区。

希特勒上当了。通过破解金枪鱼,我们知道他对局势的评估已经占了上风。因此,相比将军们的防御方案,诺曼底的防御力量更弱。此外,解密的讯息暴露了该地区几乎每个装甲师的位置。可以想象,当艾森豪威尔、蒙哥马利及其下属准备反攻计划时,这些讯息带给他们多大的帮助。另一方面,如果希特勒做出相反的决定,将所有坦克和士兵转移到诺曼底,那么诺曼底登陆很可能会失败,之后至少需要两年才能做好另一次类似的准备。而在此期间,希特勒很可能加固欧洲防御,使其坚不可摧。不仅如此,德国科学家还在研制自己的原子弹,已经收集了所需的25%的铀。那是千钧一发的时刻。

第二个出色的战绩是在俄罗斯城市库尔斯克附近发生的一场坦克大战,它展示了金枪鱼的破解如何力挽狂澜。石油匮乏的德国人为了在俄罗斯的石油战争中获胜,不惜一切代价,但在1943年2月,他们于斯大林格勒一败涂地。然后,在1943年4月,我们破译了金枪鱼讯息,了解到德军正计划在莫斯科西南部的库尔斯克发动另一场大规模进攻。我们提前几个月向俄罗斯发出警告,他们明智地利用了这段时间,包括向其工厂施压,要求生产更多的坦克。最终,库尔斯克战役于1943年7月4日打响,德国人在史上最大规模的坦克战中被击败。

第三个出色的战绩是德国在意大利的战败。从北非撤退的德军被赶出西西里岛之后，立即转移到意大利大陆。地中海地区的德国最高指挥官凯塞林（Kesserling）在那儿进行了一次非常顽强的抵抗。但我们破译了凯塞林大量的金枪鱼往来讯息。从这些解密文件中，我们知道了敌人的战略决策和总体思路。在盟军的进攻下，凯塞林逐步向北撤退，直至退出意大利。

第四个例子发生在诺曼底登陆之后，当时战线陷入僵局，法国战局僵持不下。盟军曾试图在诺曼底攻占卡昂，但失败了，德国人狡猾地顶住了进攻。希特勒责令法国战场的德军负责人冯·克鲁格将盟军逼退至海上，或至少守住防线。他坚持了三四个星期。后来，巴顿突破了法国西线，蒙哥马利突破了北线，他们设法包围了两个地区之间的部分德军，俘虏了9万人。冯·克鲁格奉命返回柏林，但他没有面对愤怒的希特勒，而选择了自杀。

人们常说，破解金枪鱼将欧洲战争缩短了至少两年。这是一场平均每年约有700万人死亡的战争，因此我们的破解拯救了数百万人的生命。这一成功很大程度上归功于比尔·塔特（Bill Tutte）和泰斯特团队的工作。在塔特研究金枪鱼之前，图灵曾面试过他，但他没有通过面试；幸运的是，他再次接受面试，面试官蒂尔特曼上校接受了他。当时，我和塔特在同一间办公室工作。如今，我的脑海中仍清晰地浮现出一个场景：塔特长时间注视着前方，摆弄着铅笔，纸上写满了算式。我曾怀疑他是否真的在完成工作，但他确实是在用心工作！

## 破解金枪鱼

塔特打开了通往金枪鱼的大门，一些破译的讯息揭示了它的重要性，我们意识到必须每天破解金枪鱼。在此之前，泰斯特团队研究的是一个叫"双重加密"的老式密码系统，现在完全转向了金枪鱼。1942年年中，泰斯特团队由1名语言学家和3名高级密码学家组成，我是其中之一。随着泰斯特团队工作量的增加，又有6名密码学家加入。到战争结束时，泰斯特团队共有118名工作人员。我估计我们破译了大约64 000条密文，大部分讯息长达数页。这与恩尼格玛相比简直是小巫见大巫。恩尼格玛每天每小时都有上百条讯息被破译。但金枪鱼讯息的价值更大。

泰斯特团队最大的特点是成员都很年轻。比如，彼得·希尔顿（Peter Hilton）在牛津大学读大一年时就加入了，当时他只有 19 岁（图 4.1）。唐纳德·米奇年纪更小，还只是个中学生。我年纪大一点儿，加入时 20 岁（图 16.1）。塔特在 24 岁时破解了金枪鱼系统（图 14.5）。至于 29 岁的图灵，肯定属于老前辈了。但不要因此产生错误的印象，破解金枪鱼从来都不是一件轻而易举的事。破解每天的转子模式对我们来说永远是一个挑战，每个转子都有 5 个关键线路，我们必须破译密文中 30 到 50 个连续的密码。在两个或三个不同的位置攻破讯息是一回事，但要破译这么多连续的位置就困难多了。第一年，在没有任何机器的帮助下，我们人工破译了 150 万个密码。这个工作量非常大。

图 16.1　杰瑞·罗伯茨在布莱切利园
经梅·罗伯茨许可转载

我来解释一下泰斯特团队破解金枪鱼最重要的一个方法。早些时候，即 1943 年德国加强安全措施之前，有很多我们称为"纵深"的消息，这些消息是用同一个密钥加密的（关于密钥的解释见第 14 章）。我们的拦截站通常能够探测到一对消息是纵深消息，他们把消息传递给我们。我会选择两个较长的密文，拦截人员认为这两个密文可能是用相同的密钥加密，然后我把这两个密文加在一起。因为这些有纵深的消息使用了完全相同的加密，这个相加的过程有"抵消"公共密钥的效果。虽然生成的字母串看起来是随机的，但实际上它是由两条明文加在一起组成的。我现在的难题是把这两条明文分开。

例如，将两条密文加在一起的过程可能会产生这样的字母流：

…FJM 5 XEKLRJ J…

（这些点表示字母从左向右移动）。我会选择一个德语单词——诀窍是选择一个合适的单词——然后把它加到字母流中，在哪里添加听从我的直觉。如果这行不通，我会尝试把我选择的词添加到其他位置。如果幸运的话，我迟早会找到一个位置，让所添加的单词生成来自另一条配对消息的明文。例如，我可能尝试添加普通明文 9ROEM9。该明文与罗马数字有关，德国陆军单位通常用罗马数字表示，如 I，XXII，CXX 等。金枪鱼操作员通过输入德语中的"Roman 1""Roman 22"等来处理这些数字。"Roman"的缩写——ROEM（来自"Roemisch"）——因此经常出现在消息中，通常在两端都加一个"9"，因为金枪鱼操作员用"9"表示单词之间的空格。

将 9ROEM9 加到 6 个连续字母流 FJM5XE 中——可能会得到 DE9GES。DE9GES 可能是明文，所以我会在 ROEM 之后使用一个数字，在本例中是 EINS（1）。将 9ROEM9EINS9 加到字母流中产生一段"确定信息"：

 F J M S X E K L R J J
 + 9 R O E M 9 E I N S 9
 = D E 9 G E S C H I C K

到目前为止，我假设明文是 9WURDE9GESCHICKT9（德语的意思是"发送"，带有三个单词间隔符），然后看一下别的讯息中给出了什么字母。如果添加 9WURDE9GESCHICKT9 不能产生合理的明文字母，我会放弃 WURDE，尝试其他可能的单词。像这样坚持不懈，如果幸运的话，我可以破译这两条信息中长段的明文。

旧习难改：如果德国人知道我们发现 ROEM 这四个字符这么有用，他们会立即停止使用！直到今天，我仍记得所有基本的字母添加，如 J + R = E、M + O = 9，我们必须将它们牢记于心，随时使用，因为我们每时每刻都在测试——加这个词，加那个词，不断添加。

我们必须在这两条消息中，尽可能地将破译的范围向左或向右延伸，直到每一条消息都获得 30 到 50 个字母的明文，然后我们就可以计算出当天的转子模式。一旦我们有了当天的转子模式，破译当天发送的其他消息就略微简单了：只需要破译一条消息中大约十几个连续的字母，然后就可以"设置"转子，即加密消息时转子的起始位置——这样就可以破译整条消息。

## 机 械 辅 助

我们破解金枪鱼的第一年，情况是这样的：密码破译过程完全是我们的"人工破译"。后来又创建了另一个金枪鱼破解单位，即纽曼团队。如第14章所述，他们用机器加速破译过程的转子设置阶段。泰斯特团队继续人工设置赛转子和自动转子。纽曼团队也依赖我们去寻找转子的每日模式，而我们使用的就是我刚才描述的方法。我们将其称之为"破解转子"。泰斯特团队成功完成该过程的初始阶段之后，纽曼团队才能继续下一阶段的工作——没有泰斯特团队就根本不可能破译密码。我们还负责完成整个过程的最后阶段——即消息的实际破译——由 24 名 ATS "女孩"（英国陆军妇女队成员）在我们自己的机器上操作完成。

这些机器所做的与德国金枪鱼正好相反。德国机器把明文转换成密文，我们的机器是将密文转换成明文。ATS 的女孩们使用我们提供的转子信息正确设置机器之后，便输入完整的密文，然后机器会输出明文。堪称魔法！

金枪鱼的破解主要分三个阶段。第一个阶段从 1942 年年中到 1943 年年中，持续了整整一年，泰斯特团队独立工作，完全是人工破译消息。正是在这一阶段，我们破译了德军进攻库尔斯克计划的消息。第二阶段从 1943 年年中到 1944 年 2 月，我们从纽曼团队的希斯·罗宾逊机器那里得到了少量的帮助。希斯·罗宾逊很有用，但有点慢，不可靠，总是出故障。所以 1944 年 2 月中旬，当"巨人 1 号"出现在纽曼团队时，大家都松了一口气，它开启了第三阶段，也是最后阶段的工作。

纽曼团队的成员操作巨人机和罗宾逊机器，他们的工作很出色。与泰斯特成员完全不同，他们主要是数学家和工程师，而泰斯特成员则是拆解师和语言学家。两个团队就像两个美国土著部落，彼此和睦相处，却听不懂对方的语言！

## 三 位 英 雄

几年前，我把艾伦·图灵、比尔·塔特和汤米·弗劳尔斯称为布莱切利园的"三位英雄"，我很高兴看到其他人也这么称呼他们，因为他们的确是英雄：我们现在很了解图灵，却很少有人知道塔特的名字，很多人都不知道弗劳尔斯，他设计并建造了巨人机。在我看来，他们中的任何一位都有资格与威灵顿公爵或马尔伯勒公爵相提并论。他们的工作产生了重大影响——事实上，甚至比威灵顿公爵或马尔伯勒公爵的影响还要大。如果没有这三位伟人，以及布莱切利园的众多支持人员，今天的欧洲将会是另一番情景。英国很幸运，拥有这些杰出的人，他们在正确的时间、正确的地点破解了金枪鱼。

他们得到嘉奖了吗？马尔伯勒因其军事成就被赐予布伦海姆宫，惠灵顿被赐予皮卡迪利大街1号。图灵得到了200英镑的奖金和一枚大英帝国勋章。在那个年代，这个待遇算是不错，但与高级公务员退休后获得的巨额奖金和奖章相比就不算什么了。二十年来，他们的办公桌上空空如也，这和拯救国家的角色不太相符！汤米·弗劳尔斯的待遇要好得多：他获得了1 000英镑的创新奖，因为他引入了一项技术，彻底改变了世界各地的工作和娱乐方式。由于他的其他工作，他获得了大英帝国勋章。与比尔·塔特相比，图灵和弗劳尔斯都算是幸运的。塔特什么也没得到，一无所获！难怪他去了加拿大。这件事是全国性的丑闻。无论哪个国家都会为这些人感到骄傲，会大力宣扬他们的成就。我不明白为什么做出如此杰出贡献的密码学家没有得到官方的认可，两手空空一无所获。为什么白厅没有这三位英雄的雕像，为什么泰晤士河河畔没有一座纪念碑，纪念为盟军战胜希特勒做出巨大贡献的密码破译者？

我很幸运，成为研究金枪鱼的九位顶尖密码破译专家中最后一位幸存者。2011年7月，女王和爱丁堡公爵访问布莱切利园，我很高兴被女王陛下接见（图16.2）。三个月后，BBC制作了一部关于金枪鱼的影片，名为《密码破译者：布莱切利园失落的英雄》，很多人可能都看过。影片并不完美，但却很优秀。

它如实讲述了历史，客观公正地讲述了金枪鱼、比尔·塔特和汤米·弗劳尔斯。

图 16.2　2011 年，杰瑞·罗伯茨在布莱切利园觐见女王。后面是一台金枪鱼

版权所有：Shaun Armstrong/mubsta.com。经布莱切利园信托公司许可复制

拍摄结束后，我和妻子梅开车去卡迪夫的 BBC 观看第一辑。杰克·科普兰和我纠正了几个错误，我们还请制片人朱利安·凯里增加塔特和弗劳尔斯的内容，他做到了。到目前为止，这部影片的电视观众超过一千万。

2012 年，该片获得两项英国电影与电视艺术学院奖，并在 2013 年被评为纽约媒体影响力奖年度三大最佳历史纪录片之一。比尔·塔特和汤米·弗劳尔斯的功绩终于得以传播。

# 第 17 章
# 超级揭秘

布莱恩·兰德尔

1974 年和 1975 年出版了两本书——《超级机密》和《兵不厌诈》。这两本书引起了极大的轰动，第一次让公众注意到布莱切利园战时的秘密活动。这些事态进展让我有理由再次调查说服英国政府解密巨人机的可能性。第二部分描述了在部分解密之后，我于 1975 年 7 月获得官方许可，对该项目进行详细的调查，并在之后公布调查结果的整个过程。在 1976 年的洛斯阿拉莫斯（Los Alamos）计算历史会议上，我首次详细讲述了汤米·弗劳尔斯（Tommy Flowers）怎样领导邮政局的多利斯山研究站，为布莱切利园建造一系列专用电子计算机，并探讨了它们如何融入现代电子计算机发展的历史全景。本章讲述了更详细的调查过程。[1]

## 引　言

在布莱切利园，解密的德国讯息代号为"超级"（Ultra）。1974 年春，官方放宽了涉及它的禁令，弗雷德里克·温特博瑟姆（Frederick Winterbotham）的《超级机密》（*The Ultra Secret*）出版了。[2] 这本书讲述的是"第二次世界大战期间，布莱切利园如何从所谓'牢不可破'的德国密码机中获取绝密情报,在完全保密的情况下对这些情报进行'处理',并分发给罗斯福总统、温斯顿·丘吉尔以及战场上所有将领和指挥官。"这本书引发了轰动,布莱切利园、恩尼格玛密码机以及破解恩尼格玛对战争的影响受到了公众的广泛关注。书中只有一次提到计算机:

布莱切利的幕后人员利用新的电子科学协助工作,这已经不再是一个秘密了……我不是计算机时代的人,也不想去理解它们,但早在20世纪40年代,我就被带进了神殿,那里有一张古铜色的脸,就像某个注定要成为布莱切利园神谕的东方女神。

书中没有提到艾伦·图灵,也没有提到我所知道的与布莱切利园的密码破译机器有关的人。

《兵不厌诈》[3]的反响更大,它揭露了德国人如何使用恩尼格玛。书中讲了波兰密码分析员所做的工作,还有图灵等人在布莱切利园使用一种叫作"炸弹"的机器所做的工作,这种机器是为破译恩尼格玛密码而设计的,但没有提到计算机,只提到与雷达和无线电有关的电子设备。其主题是这些工作对盟军作战的巨大影响。

关于布莱切利园活动的讨论,政府的政策似乎发生了重大变化,这让我鼓起勇气去询问巨人机项目是否有解密的可能。他们强烈要求我不要再给首相写信——显然,我之前的请求在大西洋两岸引起了很大反响。在戴维·卡恩的建议下,我于1974年11月4日写信给伦纳德·霍珀爵士。卡恩说伦纳德是政府通讯总部(GCHQ)的前负责人,当时的内阁办公厅副秘书长及情报与安全协调员。在一次简短的通信交流之后,我收到伦纳德爵士1975年5月22日写的一封信。信中告诉我一个好消息,"政府允许发布巨人机的部分信息",并建议向公共档案馆发布巨人机的战时照片。他们邀请我到伦敦内阁办公厅参与讨论。

1975年7月2日,我如约来到内阁办公厅大楼,心情有些紧张。有人陪我穿过一条走廊,经过那扇著名的通往唐宁街10号的内部大门,进入一个镶着木板的房间。在那儿,我见到了伦纳德·霍珀爵士、他的私人助理和拉尔夫·本杰明博士。(我不记得是在当时还是后来知道,本杰明博士是 GCHQ 的首席科学家。)他们给我看了照片,并详细讨论了解释性文件的措辞。(他们担心的是,当今计算机时代的人们可能无法理解他们的解释中所使用的战时术语。)我们都同意对一页文件做适当的修改。

他们告诉我,政府愿意帮助我采访巨人机项目的领导者,这些人已经被告知可以与我谈论的话题范围——政府已经批准我撰写该项目的历史,前提是在发表之前要提交报道进行审批。我自然是同意了。我对密码学没什么兴趣(也没有多少知识储备),只想从计算历史的角度看待巨人机,这促使我做出了调查的决定。

1975 年 10 月 25 日,公共档案局(现国家档案馆)展出了照片和解释性文件。我有幸给图灵夫人写了一封信(现陈列在布莱切利园的图灵展馆),信中写道:

政府最近发布了一份官方消息,对令子的工作在现代计算机发展中的重要性表示明确的认可。我想您一定愿意了解其中的内容。他们承认,1943 年,科研人员为外交部通信部门开发了一种特殊用途的电子计算机。官方消息称,查尔斯·巴贝奇的工作和令子在 20 世纪 30 年代的工作奠定了现代计算机的理论基础。他们认为,外交部特殊用途的计算机是世界第一台电子计算机。此外,他们认为令子的工作对这台机器的设计产生了重大影响。

最近美国出版了一本书,名为《兵不厌诈》。书中描述了盟军在战争期间蒙骗德国人,防止他们预见诺曼底登陆的工作。这本书将令子列为破译德国最重要的密码之一——恩尼格玛密码的主要人员,这意味着他的工作对第二次世界大战的结果至关重要。《兵不厌诈》一书透露的这一信息当然不是官方的,但我相信,它会让很多人更全面地了解令子的天赋与才华。我很高兴看到这一切正在发生。

1975 年 12 月 2 日,我收到了图灵夫人的回信。她说,她"非常感激"我的来信,她认为这封信意义重大,她想要一些复印件,以便分发给大家。

1975 年 10 月至 12 月期间,我采访了巨人机的主要设计者:汤米·弗劳尔斯、比尔·钱德勒、西德尼·布罗德赫斯特和艾伦·库姆斯博士。他们四位都很平易近人，给我留下了深刻的印象。他们谈论起自己的成就都非常谦逊。在回忆多利山和布莱切利园的往事时，他们为调查提供了慷慨的帮助。我还有幸采访了麦克斯·纽曼和唐纳德·米奇。戴维·卡恩在杰克·古德位于弗吉尼亚州罗阿诺克的家中采访了他。我与这些受访者及很多相关人士频繁地通信，包括驻扎在布莱切利园的几个美国人。有位受访者提醒我注意1967年《华盛顿邮报》对卡恩的《密码破译者》[4]发表的评论：

> 这本书虽然精彩，但就像一部没有考虑到莎士比亚的英国戏剧史。卡恩说的没错，第二次世界大战期间英国有3万人参与了密码分析……就重要性而言，更不用说戏剧性和才智方面，英国人的努力让卡恩这本巨著中的其他描述黯淡无光，其分量或许超越了书中所有内容。

我的每次采访都有录音，我把它们全部转录了下来。我通过采访和信件请他们回忆30年前的往事，他们没有任何机会查阅原始文件和档案。保密是头等大事，这造成了严格的活动隔离。很少有人能详细了解自己小团队之外的人的工作。许多人想刻意忘掉战时的工作。

由于上述原因，将我获得的所有信息整合起来，甚至只是建立一个准确合理的年表都非常困难。肯尼斯·梅（Kenneth May）的《数学史书目与研究手册》给我很大启发，我将其方法应用于这项任务中。[5]例如，他描述的用于创建和使用一组相关卡片索引的技术，在很大程度上帮我整理了受访者关于罗宾逊机开发的时序混乱。我构建的索引使用了未打孔的IBM卡，而不是传统的索引卡。卡片装在一个标准盒子里，所以我知道大约有2 000张。

通过与巨人机设计者的探讨，可以清楚地了解到，他们与图灵的互动主要发生在巨人机之前的项目。调查之后，我总结了他们对图灵的看法（引自兰德尔[6]）：

> 显然，图灵因过人的才智、伟大的独创性及其做出的重要贡献，受到布莱切利园大多数同事的尊敬。但也有很多人看不惯他另类的性格。很多人觉得他令人费解，也许是被他的名声震住了，更可能是被他的性格和举止所困扰。

然而，与他共事的邮政局工程师都表示，大家很容易理解他——布罗德赫斯特称他是"一位天生的老师——他能清晰地表达任何模糊的观点。"他们非常敬重他，尽管如钱德勒所说，"对他作为工程师的评价越少越好"。这一点得到了米奇的认同，他说："他对任何设备都很感兴趣，无论是抽象的还是具体的——他的朋友们觉得他最好继续研究抽象设备，但这并没有妨碍他。"

1976 年 4 月 12 日，我将关于巨人机的论文草稿提交给本杰明博士。随后，与他和霍伍德先生进行了通信和讨论，并对论文及摘要做了小幅修改，主要是删除了与密码破译相关的内容。他们只允许我说：

布莱切利园在第二次世界大战期间的工作仍属机密，但近年来出版的作品不断出现一种说法，即它是英国政府密码分析的一个重要组成部分。

然而，他们允许我保留对《超级机密》和《兵不厌诈》等书的引用。这意味着读者对图灵及其同事所从事的工作，以及罗宾逊机和巨人机的目的不会产生多少质疑。

## 巨人机亮相

审批后的论文提交给 1976 年 6 月在洛斯阿拉莫斯举行的国际计算历史会议。（这里不打算详述那篇 21 000 字论文的内容！）

库姆斯博士和他的妻子计划在会议召开期间去美国度假，他提出与我同行，我很高兴。我安排他参加会议。客观地说，我的演讲引起了轰动——想想我被批准收集的材料，怎么可能不引起轰动呢？

最近，我看到鲍勃·贝默（Bob Bemer）报道了他对这一事件的印象：[7]

我参加了在洛斯阿拉莫斯举办的国际计算历史研究会议，那是激动人心的时刻……

我与很多人交流，其中一位是库姆斯博士，他中等身材，是个英国人。他很兴奋，真的算是手舞足蹈。我直截了当地问他兴奋的原因，他回答说："明天早上你就知道了——你会知道的。"

星期六上午，我们在物理系礼堂集合。我坐在前数第三排靠右的座位，以便能看清楚所有著名的参会者。我座位的左边间隔三个空位，坐着那个充满活力的英国人，他一直笑容满面。他前排左边间隔两个座位，坐着康拉德·楚泽教授……第五排左边坐着约翰·莫奇利博士，他因建造了电子数值积分计算机（ENIAC）而闻名于世。

布莱恩·兰德尔教授走上讲台，问大家是否想了解图灵在第二次世界大战期间的工作。然后，他展示了布莱切利园的幻灯片，那是英国战时密码服务的大本营。过了一会儿，他给我们看了一张幻灯片，上面是他在抽屉里找到的一种月牙形的孔径装置。[8] 原来它是每秒 5 000 个字符的纸带阅读器的一部分！接着，他继续讲述世界上第一台真正的电子计算机巨人机的故事……

我看了看莫奇利，此前他一直以为自己参与发明了世界上第一台电子计算机。我听过许多关于惊掉下巴的描述，今天总算见识了。还有楚泽——面部表情可能是痛苦的。他本可以是世界上最神奇工具的第一位设计者，我永远不会知道这究竟是国家的原因（德国战败的部分原因是不能制造自己的电子计算机），还是职业原因。

后来，我的英国朋友告诉我们，他是负责巨人机日常运行的人。我明白了他为何如此激动。想象一下这个情景：30 多年后，孩子们问："爸爸，您在战争中做了什么？"一个男人终于可以给出答案。

会议组织者匆忙增设了一个晚间会议，会议室挤满了听众。库姆斯博士和我在会上回答了他们提出的很多问题。这次会议上，库姆斯的角色是为我的论文谨慎地增添一些细节，而我的角色（至少在一定程度上）则是努力确保他那过于奔放的性格不会导致太多轻率的行为。汤米·弗劳尔斯事先警告过我："库姆斯博士性格活跃热情，很可能会泄露太多外交部要求保密的信息，你应该小心不要刺激他！"

我的论文很快得以发表，并作为纽卡斯尔大学计算实验室技术报告广泛传播[9]——洛斯阿拉莫斯会议的会议记录直到四年后才公布。[10]此外，经当局审核之后，《新科学家》于1977年2月发表了论文的摘要版，包括所有巨人机的照片；[11]该版本收录在我的书《数字计算机的起源》第三版和最后一版中，取代了之前米奇的两页内容。

1976年初，我得知BBC电视台正在策划一部名为《秘密战争》的系列纪录片，而第六集，也就是原计划的最后一集（标题为《仍是秘密》）是关于恩尼格玛的。1976年3月，我与其制作人多米尼克·弗莱萨迪在BBC国际台所在地布什大厦见了面。我很谨慎地向他讲述了巨人机的故事，还给他看了巨人机的照片，他非常激动。他带我进入一间镶着木板的工作室，里面非常阴暗、令人望而生畏。走廊里挤满了人，他们说着除英语之外的各种语言。这个建筑让我想起最近去过的几座东欧政府大楼。我对最近内阁办公厅会议记忆犹新，我认为在这种环境中必须谨言慎行。

这次会面的结果是，弗莱萨迪修改了《秘密战争》系列第六集的计划，把巨人机和恩尼格玛都包括在内。BBC利用其强大的研究资源制作了这一集，其中详细介绍了最初破解恩尼格玛的波兰密码分析员的工作、恩尼格玛的工作原理以及布莱切利园如何使用大量机器，即由艾伦·图灵和戈登·韦尔奇曼设计的"炸弹机"，以工业规模破解恩尼格玛通信。这也让巨人机的故事比我想的要深入一些。为了拍好《仍是秘密》的巨人机部分，他们通过镜头采访了汤米·弗劳尔斯、戈登·韦尔奇曼、麦克斯·纽曼和杰克·古德，拍摄了一些多利斯山和布莱切利园的场景，展示了官方巨人机的照片。

虽然在我的论文中，对巨人机用途的描述非常谨慎，但《仍是秘密》非常清楚地指出，巨人机通过一种叫作"秘密作者"的机器，破译德国高层的电报密码。然而，它描述的机器及其工作原理，是西门子和哈尔斯克公司制造的基于电传打印机的设备。几年之后，关于巨人机项目目标不准确的描述才得以纠正，人们才知道，巨人机是用来帮助破译电传打字机消息的，而电传打字机消息使用一个单独的加密设备（洛伦兹公司制造的SZ40/42）加密。它连接普通电传打字机，而不是加密电传打字机。

还有一件事值得一提。那是1976年年末，当时我正在多伦多大学休假，应邀拜访了梅教授，并在他的科学历史和哲学研究所举办了一场研讨会。我从未接受历史学家的正式训练，对自己在这种情况下从事历史研究的鲁莽行为感到担忧。梅教授意识到这一点，安慰我说："别担心——不懂科学的历史学家和不懂历史的科学家写的糟糕的科学史一样多！"这句话我永远忘不了。

## 后　　续

这部电视系列片在1977年初播出，获得了巨大成功。[12] 毫无疑问，该片及其全集附书[13]极大地吸引了公众对布莱切利园、艾伦·图灵、恩尼格玛和巨人机的注意，虽然人们在几年前就知道巨人机不是用来对付恩尼格玛的，但偶尔仍会对此感到困惑。

我最初的疑问并没有得到答案，那是关于图灵和冯·诺伊曼在战时的一次会面，它播下了现代计算机的种子。目前大家的共识是，那次会面是一个传奇，我表示认同。我的文章发表后，一位与当局关系密切的美国资深计算机科学家强烈建议我继续探索这个问题！但是没有下文了。

我参与BBC电视节目后，发生了一件有趣的事。电视系列片播出之后，多米尼克·弗莱萨迪问我何时再去伦敦，可以安排一顿庆祝晚餐。我们在布什大厦前见面，他把我介绍给苏·班尼特，她是《仍是秘密》一集的研究人员。弗莱萨迪是这样向她介绍我的："班尼特小姐，我想让你见见兰德尔教授，他是《秘密战争》系列片的内幕消息来源。"我很少感到无语，但这次却真体验到了！

有必要提一下1977年发生的最后一件事——纽卡斯尔大学授予汤米·弗劳尔斯荣誉博士学位，《泰晤士报》在第二天刊登了醒目的报道。[14] 他的巨大成就终于获得公众迟来的认可，而我在其中起到了作用，这让我感到无比自豪。

# 结　语

还有一件与纽卡斯尔有关的事值得一说。哈里·欣斯利（Harry Hinsley）教授／爵士是布莱切利园的老兵，也是多卷册官方历史《第二次世界大战中的英国情报》的资深作者。[15] 1979 年，第一卷出版后不久，在我的邀请下，他到纽卡斯尔大学做了一次公开演讲：他的演讲主题是布莱切利园的活动对战争的影响。演讲后，有人问了一个问题："如果这项工作如此重要，为什么它没有缩短战争？"他的回答简明扼要："它让战争缩短了大约两年！"图灵的早逝是一个悲剧，弗劳尔斯和他的同事不得不等待 30 多年，才看到他们在这一伟大成就中所扮演的角色得到公众的认可。

自 1977 年以来，关于布莱切利园，特别是艾伦·图灵的工作和影响的信息越来越多。安德鲁·霍奇斯（Andrew Hodges）优秀的传记详细描述了图灵辉煌但悲剧的一生。[16] 后来这本传记被休·怀特莫尔改编成一部精彩的戏剧《破译密码》。在布莱切利园的国家计算机博物馆里，炸弹机和巨人机的博物馆级复制品已经被制作出来并投入展出。2012 年，为了纪念图灵的百年诞辰，世界各地举办了各种各样的精彩活动。在沉寂了几十年之后，图灵和他的同事在布莱切利园的战时工作开始公之于众，希望这篇幕后报道对公众逐步了解艾伦·图灵能有所帮助。

# 第 18 章
# 黛丽拉——语音加密

杰克·科普兰

恩尼格玛被破解了,金枪鱼的开创性工作也完成了,图灵的突破性思维需要在别处发挥作用。常规的密码破译让他感到厌烦,只有在突破新领域时他才处于最佳状态。1942 年,他前往美国,探索密码学的下一个挑战——语音加密。[1]

## 欢迎来美国

1942 年 11 月,图灵离开布莱切利园前往美国。[2] 在大西洋航运最危险的时期之一,他乘坐一艘客轮前往纽约。那一定是一段令人头疼的旅程。仅在当月,德国 U 型潜艇就击沉了一百多艘盟军船只。[3] 客轮上挤满了军人,图灵是唯一的平民。有时,多达 600 人挤在军官休息室里——图灵说,他差点晕过去。

客轮刚抵达纽约,他就被告知证件不合格,这使他陷入无法入境美国的危险。移民官甚至讨论把他关在埃利斯岛。图灵言简意赅地说:"这能让我的雇主学会怎样给我提供更合适的证件。"[4] 这是一个调侃英国政府的圈内玩笑:自 1939 年成为密码破译者以来,他的雇主不是别人,正是英国外交部。

美国并没有张开双臂欢迎图灵。他这次冒险横跨大西洋主要是为了在曼哈顿的贝尔电话实验室待一段时间，那里正在进行语音加密工作，但当局拒绝他访问这些绝密项目。[5] 美国陆军参谋长乔治·马歇尔将军宣称，贝尔实验室的工作"非常机密，不能让图灵博士参与。"[6]

温斯顿·丘吉尔在华盛顿的私人代表约翰·迪尔爵士试图改变马歇尔将军的决定，图灵在美国的头两个月是为华盛顿的密码破译人员出谋献策——毫无疑问，马歇尔对此一无所知，否则他可能会禁止图灵的参与。在此期间，图灵还担任工程师的顾问，美国工程师正在设计炸弹机的电子版本，准备在美国生产。

图灵到达华盛顿时，美国海军密码破译部门的乔·埃克斯带他参观了这座城市。[7] 华盛顿用字母和数字来命名街道——M街、K街、第9街、第24街等，图灵对此很感兴趣，这让人想起恩尼格玛。南北向街道从南到北用数字命名，东西向街道从东到西用字母命名，但是26个字母不够用，城市规划者在国会大厦从头开始字母名，西南的C街与西北的C街平行，只不过再往南几个街区。图灵立即问了一个关键问题："如果26个字母又都用完了怎么办？"他开玩笑说，编号应该高达26×26——对应于可能的26个不同的字母表，每个字母表都有26个字母——当他得知实际上有两条第1街、两条第2街，所有街道都有两条时，他笑了。

## 提 供 帮 助

图灵亲自访问华盛顿时，已经与美国联络了至少一年。美国海军的密码破译人员无法破译德国U型潜艇的恩尼格玛，图灵礼貌地表示，他们的方法完全不切实际。[8]1941年，他为美国海军编写了一份有用的教程。很多作品（例如，由哈维·凯特尔和乔恩·邦·乔维主演的好莱坞电影《U-571》）经常将美国描绘成破解海军恩尼格玛的功臣，但事实并非如此。

存档的另一份图灵关于美国密码破译工作报告的重印本，名字起得很平淡，叫作《访问俄亥俄州代顿市国家收银机（NCR）公司》。[9] NCR工程师约瑟夫·德施在代顿领导美国海军的一个大规模炸弹机制造项目。图灵在报告中解释说，美国的炸弹机将被当作新增的肌肉，而大脑的工作仍在布莱切利园完成。他说，"如今，在美国的炸弹机上运行英国袭文被认为是理所当然的。"

图灵乘火车前往俄亥俄州，为德施和电子专家罗伯特·穆玛（Robert Mumma）提供建议，穆玛是德施炸弹机项目的得力助手。图灵在布莱切利园的同事杰克·古德称德施"近乎天才"，但在代顿，图灵还是发现了炸弹机设计中很多不当之处。[10]他在报告中一针见血地指出："我怀疑其中存在一些误解。"他抱怨说：

我发现他们只想制造炸弹机，对恩尼格玛的兴趣相对较少。

图灵对美国炸弹机的最终设计做出了重大贡献，但这并没有得到广泛的认可。在1995年的一次采访中，穆玛解释了图灵访问代顿项目的重要性。[11]穆玛说，图灵只是简单地"告诉我们要做什么和怎么做"。他强调，图灵"比任何人都更能控制设计"。

## 密　谈

马歇尔将军和约翰·迪尔爵士经过漫长的通信之后，贝尔实验室终于在1943年1月向这个衣衫褴褛的英国旅客打开了堡垒般的铁门。[12]在接下来的两个月里，图灵一直待在那里。[13]贝尔实验室有13层，坐落于曼哈顿西区，靠近哈德逊海滨，步行不远就能到达格林威治村的同性恋酒吧、俱乐部和自助餐厅。[14]纽约相对开放的同性恋社区一定与布莱切利园差异很大，图灵在那里对自己的性取向保密。

贝尔实验室正在开发一种基于语音合成器的语音加密系统，称为"声码器"。语音加密是密码学的新前沿。如果语音能够被安全加密，那么绝密业务就可以通过个人之间的无线电甚至电话进行交流：对于军事指挥官来说，这是一种比书面文本形式更自然的沟通方式。此外，交互式语音通信不容易被误解，也避免了不完整的缺陷。美国及其盟国在 1943 年至 1946 年间使用代号为 SIGSALY 的贝尔实验室系统。图灵在贝尔实验室的两个月里，可能对 SIGSALY 系统做出了一些贡献。

贝尔实验室的声码器作为一种乐器继续存在；听过提聘（T-Pain）、赫比·汉考克（Herbie Hancock）、克拉特沃特（Kratwerk）或电光乐队（Electric Light Orchestra）音乐的人都会听到它那怪异而不寻常的声音。今天的声码器比一台笔记本电脑大不了多少，而 1943 年的原始型号占据了房间的三面墙，由许多机柜组成，每个都比图灵还高。[15] SIGSALY 的体积像巨人机一样庞大：图灵决定将语音加密技术微型化。

## 小　尺　寸

一回到英国，图灵就在汉斯洛普园的尼森小屋建立了一个电子实验室。汉斯洛普园是白金汉郡的一座乡村别墅，距离布莱切利园几英里。[16] 如今，汉斯洛普园是英国最安全的地点之一，也是英国政府通信中心（HMGCC）所在地。在那里，按照图灵时代的传统，数学家、工程师和程序员为英国情报机构提供专门的硬件和软件。在汉斯洛普，图灵设计了便携式语音加密系统，他将其命名为"黛丽拉"（Delilah）；它由三个鞋盒大小的盒子组成（图 18.1）。

图灵在电子电路设计方面的天赋在其汉斯洛普实验室得到了发展。汤米·弗劳尔斯也参与了这个高度机密的新项目。[17] 他和图灵用对方的语言交流。弗劳尔斯风趣地说："图灵解释问题近乎语无伦次，这是出了名的。"但他自己却能很好地理解图灵的意思。[18] 他回忆道："我们的关系非常融洽。"

留存的黛丽拉设计图，每幅都有一张桌子那么大。这么多年过去了，还是亮粉蓝色。图纸详细描绘了复杂的电子系统。[19] 加密语音的方法类似于金枪鱼加密输入文本的方法（见第 14 章）。金枪鱼为书面文字添加了遮掩键，而黛丽拉为口语添加了遮掩键：对黛丽拉来说，密钥是一串看似随机的数字。加密过程的第一步是将语音"离散化"，将其转化为一系列单独的数字：每个数字对应于语音信号在特定时刻的电压。[20] 然后，黛丽拉在这些数字上添加密钥，创造语音信息的加密形式。这些信息随后被自动传至线路接收端的另一台黛丽拉。

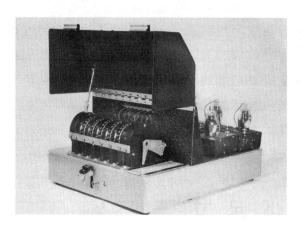

图 18.1　图灵的黛丽拉

国家档案馆编号 HW 25/36。1945年3月，图灵和贝利，《语音保密系统黛丽拉技术说明》。版权所有：英国国家档案馆图像图书馆

与金枪鱼一样，接收方的黛丽拉必须与发送方的黛丽拉同步，这样发送方和接收方的机器就会产生相同的密钥。在设计黛丽拉时，图灵巧妙地调整了现有的密码技术。黛丽拉产生密钥机制的核心是一台仿恩尼格玛的五转子文本加密机。

接收机器从加密的信息中提取密钥，得到的解密数字（指定电压）用于重现原始语音。图灵说，输出结果中有些噪声，但总体上还是可以理解的——如果机器出了差错，就会"像步枪射击一样突然发出噼里啪啦的响声"，图灵说。[21] 接收方操作员的耳朵一定很难受。但图灵成功了：黛丽拉是一个功能完善的便携式语音加密系统，它的尺寸只相当于 SIGSALY 很小的一部分。

## 混乱的生活

图灵在汉斯洛普住的是破旧的小屋，吃的是军队食堂。[22] 一位指挥官回忆道：[23]

尽管图灵不得不在混乱的环境中与士兵们一起生活，但他很快就安顿下来，成为我们中的一员。他总是很安静，但随时准备讨论他的工作，即使是和我这样无知的人。

几个月后，军队把几名刚毕业的大学生送到汉斯洛普，图灵与他们成了很好的朋友。罗宾·甘迪住在图灵的尼森小屋，改进用于拦截德国讯息的设备。[24] 刚开始，甘迪觉得图灵有点像苦行僧，但后来"被他迷住了，发现他很有人情味。他谈论着共同的朋友，安排晚宴，对自己的衣着和外表有点小得意"。[25] 1944年3月，唐·贝利来到汉斯洛普，帮助研发黛丽拉，这开启了他的第二段新友谊。[26]

他们三人经常结伴在白金汉郡的乡间散步。有一天，图灵报名参加团体一英里赛跑。一些士兵认为，他肯定会拖后腿，但图灵在比赛中"轻松夺冠"，指挥官回忆道。[27] 这是图灵作为一名奥林匹克跑步运动员职业生涯的开始。战争结束后不久，他开始认真训练。他在剑桥的朋友阿瑟·庇古说："他飞快地跑过10、15或17英里的标志牌，头发在风中飞舞。"[28]

## 胜　利

图灵的发明从未被正式使用过，因为德国在1945年5月战败，那时黛丽拉刚研发成功不久。俄国军队涌入柏林时，纳粹精英们用沉重的板条箱堵住了帝国总理府的窗户，箱子里装满了永远不会被授予的十字勋章。[29] 图灵和贝利、甘迪一起在乡间安静地庆祝胜利。[30]"战争结束了，"他们在树林的一块空地上休息，贝利对图灵说，"现在是和平时期，你可以说出一切了。""别傻了，"图灵答道，"那次谈话就这样结束了。"67年后，贝利回忆道。

## 第19章
# 图灵纪念馆

西蒙·格林尼什

乔纳森·鲍文

杰克·科普兰

对图灵及其密码破译同事来说，今天的布莱切利园是一座人来人往的纪念馆。这一切来之不易。第二次世界大战之后，布莱切利园逐渐衰败，许多战时的临时建筑都无人维护。密码破译者在战时的工作仍处于高度保密状态，这意味着公众不了解他们的成就，甚至不知道他们的存在。直到几十年后，信息封锁开始解除，越来越多的人开始了解布莱切利园的重要性——但那时，为了建设住宅区，遗址面临着被夷为平地的危险。本章讲述了布莱切利园是如何从房地产开发商和财务失败中被拯救出来，成为国家纪念馆的。这个故事中真正的英雄不胜枚举——有数以百计勤奋工作的人们，其中许多是志愿者，他们长期的共同努力拯救了布莱切利园。

## 背　景

布莱切利园，也被称为X站，可以说是与第二次世界大战有关的最重要的地方。它是所有战时秘密中保存最好的地点。战争开始前不久，布莱切利园被外交部收购，当时它有55英亩土地、一座建筑风格奇特的大宅邸（见图9.1）和那个年代大型地产中常见的各种附属建筑。这座豪宅建于维多利亚和爱德华时代，其庭院被规划为正式的花园，有一片湖和许多标本树。说来奇怪，这些树后来在保护遗址方面发挥了作用。

战时的布莱切利园几乎不停地进行着建设。建造了许多典型的国防部风格的砖房，以及各种各样的木屋。其中 8 号小屋是图灵研究海军恩尼格玛的地方（图 19.1）。1940 年，图灵发明了炸弹机，布莱切利园开始改建成密码破译工厂（见第 12 章）。战争结束时，这里有 70 多座建筑，包括原来的宅邸和附属建筑。这些建筑可容纳 3 000 多人，以及大量与密码破译有关的机器和其他设备。

图 19.1　8 号小屋，艾伦·图灵在这里研究海军恩尼格玛

版权所有：Shaun Armstrong/mubsta.com。经布莱切利园信托公司许可复制

## 密码破译者迁出

1946 年 4 月，英国军事密码破译总部从布莱切利园转移到伦敦郊区的伊斯特科特（Eastcote），密码破译者在那里接管了以前一个分站的炸弹机（图 12.3）。[1] 他们把平时工作所需的密码破译设备都运来了，包括九台巨人机中的两台，还有两台英国金枪鱼（德国密码机的更大复制品，用于破译金枪鱼讯息）。当时，该组织的旧称"政府编码与密码学校"正式更名为"政府通信总部"（GCHQ）。6 年后，GCHQ 又开始另一次大规模迁移，在 1952 年至

1954年期间，GCHQ将其业务从伦敦地区转移到切尔滕纳姆（Cheltenham）的一片宽阔的区域，至今仍留在这个安静的小镇。

严守整个布莱切利园的运作秘密在所难免。新的冲突和冷战迫在眉睫，GCHQ不想让世界知道它在密码破译方面的优势。因此，有关布莱切利园战时历史的文件被封存于机密档案之中，很少有人了解其历史重要性。直到20世纪70年代和80年代初，随着1974年弗雷德里克·温特博瑟姆《超级机密》的出版，1977年BBC系列片《秘密战争》的上映，以及1982年戈登·韦尔奇曼备受争议的《6号小屋的故事——破译恩尼格玛》的出版，布莱切利园的科学家及其对盟军胜利的幕后贡献才开始曝光。然而，大量信息仍处于保密状态，直到1996年到2000年间，一些关键文件曝光后，布莱切利园运作的全部方式和范围才大白于世。

## 击败地产开发商

布莱切利园的历史在战后的岁月里相对平淡无奇。其所有权最终移交给英国电信（BT），民航局也将其用于培训。20世纪90年代，英国电信决定处理布莱切利园，开发商表现出浓厚的兴趣，计划拆除现有建筑。地方和中央政府没有提出反对意见，因为该遗址的历史价值尚不明确。

但在出售之前，当地一个很有魄力的历史协会安排了一批战时工作人员参观这座宅邸。[2] 大约400人参加了会议，许多人表达了对重建计划的愤怒。布莱切利园信托基金的成立是为了阻止这笔交易——尽管当时该信托基金没有资源，也不清楚如果交易成功，将如何处理这55英亩土地和70栋建筑。

1992年，米尔顿·凯恩斯委员会同意将布莱切利园定为保护区。[3] 这一举措与树木保护令一起阻止了商业开发商的计划。英国电信决定支持信托公司，同意支付庄园的运营成本，直到信托公司可以维持运营。正是在这个时候，信托公司第一次向公众开放布莱切利园，尽管是在非常有限的范围内。乐观情绪开始蔓延。随着时间的推移，志愿者们用最少的资金陈设展品、举办展会，每位参与者都觉得这个地方是为子孙后代而保存的。

## 遗址的二度危机

几年后，英国电信撤销了对布莱切利园的财政支持，信托公司不得不承担巨额运营费用。当时没有可行的解决办法，灾难似乎迫在眉睫。信托公司继续尽其所能，充分利用志愿者的力量，但要让潜在的赞助者认可布莱切利园重大的历史价值，却遇到了很大的困难。精力充沛的信托公司首席执行官克里斯汀·拉奇到美国进行了一次筹款，却空手而归。信托公司也无法将其信息传达给英国政府。人们很自然地希望得到政府或地方当局的资助：博物馆通常赚不到足够的钱来支付其成本，因此地方博物馆通常得到地方当局的大量支持，而国家博物馆则得到政府的资助。但布莱切利园却没有这种待遇：信托公司不断陷入财务困境。

事实上，在2005年之前的10年里，他们只筹集到少量资金；幸运的是，信托银行允许继续开放布莱切利园，同时寻找新的解决方案。部分图灵纪念馆租给一家创业公司后，财务状况有所好转；但在2006年，支出仍然超过收入近50万英镑。一项有争议的决定是出售一块土地用于住宅开发，这能让信托公司偿清债务，但收支平衡的主要问题仍然存在。另一个棘手的问题是如何维护园区的建筑：信托公司没有维护资金。庄园继续衰败，情况令人担忧；出入某些建筑物很危险，而另一些则存在安全隐患。国家遗产正在逐渐消失。

在这段充满压力的时期，信托公司饱受内讧的困扰。2007年，紧张局势达到顶峰。由托尼·塞尔和玛格丽特·塞尔在20世纪90年代建立的国家计算机博物馆从中脱离，成为庄园的一个独立实体。如今，国家计算机博物馆作为独立景点，位于H座，是一座大型混凝土建筑。1944年9月，扩张的纽曼团队和巨人机搬至此处。[4] 博物馆里有托尼·塞尔重建的巨人机和一台英国金枪鱼，[5] 一个密码破译展览，以及一系列非常珍贵的后期计算机（很多机器仍处于正常的工作状态），展示了从巨人机到近代计算机的计算历史。

## 拨云见日

2007年，信托公司实施了一些根本性变革，包括成本的节约、创收的新举措，以及总体上更积极的成本控制方法。最后，信托公司的收入超过了支出。但这只是争取了时间，一个重大问题仍未解决，那就是如何筹集资金来保存和修复这些建筑，并将布莱切利园发展成今天的世界级遗址。

从长远来看，有效的宣传是确保布莱切利园未来的关键。第一步是之前提到的1996年到2000年的文件解密。一批新书吸引了国内外对布莱切利园的关注：从最近解密的战时文件中收集了大量创新性信息，这些书把布莱切利园的故事提升到一个新水平。其中包括杰克·科普兰的《图灵精要》（2004）、迈克尔·史密斯的《X站：布莱切利园的密码破译者》（1998）、休·斯巴格-蒙提奥雷的《恩尼格玛：密码破译攻坚战》（2000）、拉尔夫·厄斯金和迈克尔·史密斯的《今日行动》（2001）以及杰克·科普兰的《巨人机：布莱切利园密码破译者的秘密》（2006）。图灵在战时写了大量关于恩尼格玛的论文，在布莱切利园被称为《教授之书》，《图灵精要》摘录了论文的很多内容。还有帕特里克·马洪引人入胜的《8号小屋的历史，1939—1945年》，这两本书都在1996年解密。而《巨人机》和《今日行动》则包含了布莱切利园的主要密码破译者的全新讲述，令人大开眼界，他们是基思·贝提、梅维斯·贝提、彼得·埃杰利、汤米·弗劳尔斯、杰克·古德、彼得·希尔顿、唐纳德·米奇、罗尔夫·诺斯科威、杰瑞·罗伯茨、比尔·塔特、德里克·塔特和肖恩·怀利。1996年至2000年解密之前，一本重磅书是1993年出版的《密码破译者：布莱切利园内幕》，作者是哈利·欣斯利和艾伦·斯特里普。

到2008年，信托公司的内部宣传机器达到了最高水平，新闻媒体对布莱切利园事件的兴趣激增。当年的头几个月，广播报道包括BBC的45分钟重聚采访，采访对象是五位布莱切利园的退伍军人，他们是莎拉·巴林、梅维斯·贝蒂、鲁斯·伯恩、阿莎·布里格斯和约翰·赫利维尔。[6] 7月24日《泰晤士报》刊登了一封题为《拯救布莱切利园遗产：我们不能让布莱切利园走向毁灭》的信。[7] 97位计算机科学家在信上签名,其中包括休·布莱克,她在当天的BBC电视新闻中强调了布莱切利园的困境。BBC报道说:[8]

由休·布莱克博士领导的科学家团队表示,第二次世界大战期间英国的密码破译中心急需拯救。这座宅邸和周围的小屋已经年久失修,恩尼格玛密码就是在这里被破译的,第一台计算机就是在这里建造的。

布莱切利园不断扩大的宣传对游客数量产生了巨大的影响:2008年至2012年间,游客数量翻了两番。每年的游客数量是衡量布莱切利园健康状况的标准,它们不仅是信托公司营业收入的决定因素,也是布莱切利园所激发的公众热情的指标。2008年3月,当每年的游客人数不足5万时,信托公司首席执行官西蒙·格林尼什宣布,布莱切利园的财务状况岌岌可危。但随着战争故事的大规模传播,公众的关注度持续高涨。到2015年底,每年的游客量已增至28.6万人。

## 传 播 信 息

电影公司为布莱切利园的宣传推波助澜。滚石乐队的米克·贾格尔于2001年制作发行了《恩尼格玛》,布莱切利园的游客数量因此翻了一番。最近,好莱坞的《模仿游戏》(2015)吸引了全世界的观众。尽管影片因内容不准确而饱受诟病,但它还是让人们认识到布莱切利园破译德国海军密码的重大意义。电影呈现了战时布莱切利园军民混杂的气氛:在利落的陆军和海军制服中,出现身穿套头衫和法兰绒的密码破译人员。当某人即将破译一条讯息时,就会出现栩栩如生的场景:密码破译人员兴奋地聚在一起,焦急地期盼着结果。同样生动的场景还有运送工人的大巴,以及人们可以休闲交谈的开阔空间,比如图灵(本尼迪克特·康伯巴奇饰)和琼·克拉克(凯拉·奈特利饰)拿着三明治,坐在草地上讨论数学。

有关布莱切利园的电影主要关注恩尼格玛,而没有提到意义重大的金枪鱼破解（见第14章和第16章）。2008年，杰瑞·罗伯茨和杰克·科普兰（两人自2001年以来一直是朋友和合作伙伴）与几家电影公司探讨布莱切利园这方面的成就。他们的努力修成正果。BBC拍摄的影片《密码破译者：布莱切利园失落的英雄》获得2012年两项英国电影学院奖，并在2013年的纽约媒体影响力奖中被评为年度三大最佳历史纪录片之一。《密码破译者》激发了导演丹尼斯·范·韦里贝克的灵感，他于2015年创作了一部关于图灵的电影《破译纳粹密码的人》，这部电影由德法公共电视台在欧洲各地发行。与《模仿游戏》不同，《破译纳粹密码的人》准确地描述了图灵及其在布莱切利园的工作。其他重要的电影，如2011年帕特里克·萨蒙的《密码破译者》，以及BBC的《布莱切利园：被遗忘的密码破译天才》（由拉塞尔·英格兰执导，改编自乔尔·格林伯格的书《戈登·韦尔奇曼：布莱切利园绝密情报设计师》）也发挥了作用。

社交媒体也为信息传播发挥一臂之力。2009年，在休·布莱克的鼓励下，史蒂芬·弗莱在推特上写道：[9]

也许你想签署拯救布莱切利园的请愿书。欲知布莱克博士的理由，请阅读 http://savingbletchleypark.org ——布莱切利园为我们赢得了战争！

有人认为，布莱切利园是被社交媒体拯救的，它最终受益于近70年前在自己的屋檐下开创的现代数字电子时代。这当然是一个很有吸引力的想法。但对于社交媒体的作用到底有多大，各方意见不一。在最终的分析中，推特和其他社交媒体似乎只对游客数量产生了较小的影响。对布莱切利园的游客所做的调查表明，2008年至2014年期间游客量剧增的直接原因，来自社交媒体的部分不到1%。更重要的因素是2008年查尔斯王子和康沃尔公爵夫人的访问，以及在布莱切利园拍摄并于2009年播出的两档《鉴宝路演》电视节目，每档节目的观众都达到了600万。

# 现　　代

2011 年 7 月，伊丽莎白女王参观了布莱切利园，她宣称：[10]

我们对在此工作过的所有人，尤其是女性，怀有深深的钦佩和感激之情，这种情感无论怎样强调都不为过，他们对国家的贡献无可估量……这里是像艾伦·图灵这样的天才们奋斗过的地方。但这些聪慧睿智的数学家、语言专业毕业生和工程师，获得了来自精擅不同技能的人们的支持，他们通过有条不紊、平淡无奇、艰苦卓绝的工作发挥自己的才智。因此，布莱切利园成功的秘诀在于，它是所有人才的家园。

女王会见了让·瓦伦丁（图 12.1）、杰瑞·罗伯茨（图 16.2）和其他退伍军人，参观了约翰·哈珀重建的炸弹机（图 19.2 所示）。[11]

图 19.2　布莱切利园重建的炸弹机

摄影：乔纳森·鲍文

女王访问时，布莱切利园已经摆脱了开发商，走出破产的困境，其大部分建筑都得到了妥善维护；其重要性也得到了国内外的认可。现在，人们的注意力转向利用这个独特的地方向公众讲述密码破译者的故事。为此，举办了许多新的永久性展览，包括"艾伦·图灵的生平与成就"和"希特勒'牢不可破'的密码机"，后者讲述了金枪鱼的故事，以及塔特、图灵、弗劳尔斯等人如何凭借聪明才智破解它的经历（两个主题展览均由梅森和科普兰策划）。斯蒂芬·凯特尔设计的图灵雕像是"艾伦·图灵的生平与成就"展览的一大特色（图 19.3）。

图 19.3　由斯蒂芬·凯特尔创作的布莱切利园图灵石雕像和一台恩尼格玛，"艾伦·图灵的生平与成就"展览的一部分[15]

斯蒂芬·凯特尔（http://www.stephenkettle.co.uk）。乔纳森·鲍文摄

2012 年是艾伦·图灵年，图灵的百年诞辰庆典（见第 2 章和第 42 章）为布莱切利园扩大了国际知名度。布莱切利园为图灵年特制的《图灵教育日》提前几周就售罄了；与本书的目的一样，布莱切利园的活动旨在向普通观众解释图灵的科学思想（活动由杰克·科普兰、克莱尔·厄温和胡马·沙阿组织）。2014 年，剑桥公爵夫人殿下开启了新的修复和开发项目，这要归功于 2011 年遗产彩票基金的 500 万英镑拨款。此外，还包括布莱切利园的运营和通讯总监凯尔希·格林以及来自外交部、谷歌和其他公司、信托和基金会的总计 300 万英镑的额外捐款。[12] 布莱切利园的开发总监克莱尔·格拉泽布鲁克说：

公众也支持这项活动，并给与了慷慨捐赠。

捐款不仅资助了最先进的博物馆设施和 C 座富有想象力的新游客中心，

而且还大规模升级了景点和景观，所有这些都有助于布莱切利园恢复其战时的场景（连汽车都被禁止进入中心景区）。图灵8号小屋附近的3号和6号小屋修复到原状，并被重新粉刷成战时的颜色。[13]

2015年的欧洲胜利纪念日，现任首席执行官伊恩·斯坦登公布了下一阶段的发展计划：[14]

布莱切利园将成为后代体验、学习和休闲的场所，它的未来已经得到了国家的保障，这一总体规划是完成其修复之路的下一个里程碑。

# 结　　语

幸运的是，自战争以来，除了原来的几栋小木屋和F座（纽曼团队和第一台巨人机所在地）以外，布莱切利园基本上保持了完整的样貌。今天的布莱切利园看起来和图灵时代差不多。

《卫报》恰如其分地写道：[16]

布莱切利园不仅从废墟中被拯救出来，而且得到了非常妥善的修复，这真是太棒了……即使在最困难的时期，布莱切利也笼罩着神奇的光环。

确实不可思议。谷歌的通信主管彼得·巴伦表达了许多年轻人的想法，他说：[17]

我们很多员工都认为，如果战时他们在场，也想在布莱切利园工作。

第四部分

# 战后的计算机

**THE TURING GUIDE

# 第 20 章
# 婴儿机

杰克·科普兰

现代计算机时代始于 1948 年 6 月 21 日。那天，第一台电子通用存储程序式计算机成功运行了第一个程序。这台计算机先祖建于曼彻斯特，是世界上第一台通用图灵机硬件，被恰如其分地命名为"婴儿机"。图灵与婴儿机及曼彻斯特后继机器的故事盘根错节。[1]

## 现代计算机诞生了

1948年夏，世界上第一台电子存储程序式数字计算机运行了第一个程序（图 20.1）。婴儿机的设计者弗雷迪·威廉姆斯（Freddie Williams）和汤姆·基尔伯恩（Tom Kilburn）向全世界宣布了这个好消息。在给科学期刊《自然》的信中，他们写道，"一台小型电子数字计算机已在皇家学会计算机实验室成功运行了几个星期"。[2] 威廉姆斯是曼彻斯特人，战争期间他一直在伍斯特郡农村从事雷达工作。他的助手基尔伯恩是直言不讳的约克郡人。战争结束时，他们没有什么突出的成就，也不了解电子技术的最新进展。1945 年 12 月，两个好友回到英格兰北部，从事现代计算机的开发。[3]

图 20.1 婴儿机。弗雷迪·威廉姆斯（右），汤姆·基尔伯恩（左）
经曼彻斯特大学计算机科学学院许可转载

婴儿机属于小规模大学试点项目，是外部公司商业开发的经典成功案例。根据威廉姆斯和基尔伯恩的设计，曼彻斯特工程公司费兰蒂建造了最早的商用电子数字计算机：费兰蒂 1 号。第一台费兰蒂于 1951 年 2 月出厂。[4] 几周后，即 1951 年 3 月，美国推出第一台商用计算机 UNIVAC I。[5]

威廉姆斯和基尔伯恩为婴儿机开发了一个高速存储器，后来成为全球计算机的中流砥柱。它由类似于小型电视机显像管的阴极射线管组成。数据（0 和 1）作为散点存储在每根管的荧屏上：清晰的小点代表 "1"，模糊的大点代表 "0"。不久后，该发明被命名为威廉姆斯管存储器，由曼彻斯特大学和费兰蒂有限公司建造。婴儿机的直接后继机也使用这种存储器。使用它的计算机包括 TREAC，建于伍斯特郡的秘密机构，威廉姆斯曾在那里从事雷达工作。还有由华盛顿特区的美国国家标准局建造的 SEAC；由美国国家标准局西部分局在加州大学洛杉矶分校建造的 SWAC；普林斯顿高等研究院制造的极具影响力的计算机 MANIAC（没有正式名称，MANIAC 是非正式名称）；普林斯顿计算机划时代的后继机 IBM 701 和 702，以及 AVIDAC、ORDVAC、ORACLE、ILLIAC、SILLIAC，还有其他一些名字古怪的第一代计算机。[6]

麦克斯·纽曼（图 14.6）是图灵在布莱切利园的同事，正是他创立了曼彻斯特计算机实验室，那是婴儿机的诞生地。战争结束后，布莱切利园停止运营，纽曼成为曼彻斯特的菲尔登数学教授。他的梦想是创建新的纽曼部门，制造出真正的通用图灵机硬件——一台存储程序式电子计算机。这将彻底改变和平时期的数学和科学，就像巨人机彻底改变战争一样。（有关麦克斯·纽曼及其在布莱切利园和曼彻斯特大学的更多工作信息，参见第 14 章和第 40 章，以及注释 1 中列出的出版物。）

遗憾的是，曼彻斯特婴儿机的传统历史对纽曼在该项目中的作用，以及图灵的贡献不是被忽略就是被低估。西蒙·拉文顿在 1975 年关于曼彻斯特计算机项目的经典历史中说，"纽曼及其数学家团队在曼彻斯特计算机设计中没有发挥积极作用"。玛丽·克罗肯在她 1993 年的历史讲述中说"纽曼和图灵对威廉姆斯的计算机设计没有产生任何影响"。[7] 事实上，两人在曼彻斯特计算机开发过程中起到非常重要的作用，他们在布莱切利园的同事杰克·古德也有贡献。直到最近，图灵对基尔伯恩早期计算机体系结构思想的影响才得到认可。图灵为基尔伯恩提供了原创想法，而古德（一位才华横溢的原创思想家）主要充当中间人，为基尔伯恩提供源于美国的设计理念。纽曼也帮助威廉姆斯和基尔伯恩接触到美国人的思想。

1946 年，约翰·冯·诺伊曼（图 6.3）和他在普林斯顿高等研究院的计算机团队设计生产了一台机器。其实，1948 年制造的婴儿机在逻辑设计方面与那台机器相同。1948 年，威廉姆斯和基尔伯恩引领世界的身份是电子工程师，而不是计算机设计师。纽曼和古德充当了普林斯顿团队与基尔伯恩、威廉姆斯之间的信使，传递有关普林斯顿大学的信息设计理念。基尔伯恩似乎从未意识到，他从纽曼和古德那儿获得的逻辑思想的真正来源，而威廉姆斯则承认他和基尔伯恩的想法可能（通过纽曼）受到冯·诺伊曼的间接影响，尽管他并没有指出这种影响有多大。[8]

然而，思想的交流并非单行线。1948 年夏，普林斯顿项目因存储器问题陷入绝境，冯·诺伊曼的总工程师朱利安·毕格罗（Julian Bigelow）参观了威廉姆斯的曼彻斯特实验室。[9] 毕格罗将威廉姆斯誉为"发明天才"，他意识到曼彻斯特管存储器正是普林斯顿团队所需要的。1951 年，普林斯顿第一台大型计算机问世——主存储器由 40 根威廉姆斯管组成，而婴儿机中只有一根。普林斯顿团队的领军人物之一赫尔曼·戈德斯丁（Herman Goldstine）说，威廉姆斯管存储器使"整整一代电子计算机成为可能"。[10] 普林斯顿计算机的后继商业机 IBM 701，是 IBM 的第一台存储程序式电子计算机。它拥有完整的威廉姆斯电子管存储器，标志着商业计算机新时代的开始。

巧的是，在威廉姆斯进入电子计算机领域之前的半年或更长时间，图灵就已经提出了一种与威廉姆斯管非常相似的计算机存储器设计方案。在《电子计算机计划》中（该报告阐述了他的 ACE 设计方案），图灵写道，"可以在不涉及任何新型电子管的情况下开发适用的存储系统，事实上可以使用套有锡箔的普通阴极射线管作为信号板"。这正是威廉姆斯后来采纳的方法。图灵继续写道：[11]

有必要不时刷新电荷模式，因为电荷会消散……如果像电视机那样一直有规律地扫描，就不会引发严重问题。事实上，当我们想要获取特定信息时，必须使用相当复杂的切换。有必要……切换到需要获取信息的点，在该点进行扫描，替换掉扫描删除的信息，然后从离开的点返回，重新刷新。

图灵的提议当然是正确的，关键问题是如何在消失之前"刷新"存储模式——0 和 1。他在上述引文中提出的解决方案实际上正是威廉姆斯后来采用的方法：阻止模式消失的方法——换句话说，让管子记住"写在上面的数据"的方法是不断扫描管子表面，读取然后重写每个数字。正如威廉姆斯后来所说："去查看一个位置，问'那里有什么'，好的，在那儿，于是再把它放回去。"[12]

威廉姆斯提交威廉姆斯管专利申请的前一个月，也就是 1946 年 10 月，国家物理实验室（NPL）寄给他一份报告副本——图灵的《电子计算机计划》。[13] 威廉姆斯是否读过这份报告，在当时并没有留下记录，但没有理由认为他从未读过。他只需打开信封，扫一眼目录，就能看到难以抗拒的章节标题《存储方式的替代方案》，这正是他探索的领域。跳到这一章，他会发现图灵对威廉姆斯管的精辟描述——内容足以让他瞠目结舌，震惊到嘴里的香烟都掉到地上。图灵认为，将基本想法转化为工程现实"并不太难"。威廉姆斯很可能不赞同这个说法。威廉姆斯从图灵的报告中汲取了多少，现在已无法证明。可以肯定的是，他很快放弃了之前设想的"先行脉冲"法，转而采用图灵提出的更简单的"读取/重写"法来刷新数据。

## 被抹杀的功绩

尽管威廉姆斯和基尔伯恩将存储程序式计算机的逻辑数学概念出色地转化为电子硬件，但纽曼部门的数学家却认为他们的贡献并不大。[14] 彼得·希尔顿于1948年加入曼彻斯特数学系。他说，人们认为威廉姆斯和基尔伯恩是优秀的工程师，而不是"有思想的人"。然而，今天的形式大变，曼彻斯特的成功通常只归功于工程师。幸运的是，威廉姆斯本人的话提醒我们发现真相。威廉姆斯说："我和汤姆·基尔伯恩对计算机一无所知。"[15] "他们提供了足够的信息，让我们了解存储的问题以及要存储的内容，这些我们都已经解决了，现在是时候彻底了解计算机了，"他回忆道，"纽曼教授和A. M. 图灵先生……引领着我们。"[16]

图灵和纽曼是否对婴儿机的发明产生影响，基尔伯恩的晚年成为权威观点的重要来源。在关于曼彻斯特计算机的第一篇论文中，基尔伯恩将功劳归于图灵和纽曼，[17] 但在后来的几年里，他坚称自己和威廉姆斯的工作是独立的，没有受到外界的影响，就这样将图灵和纽曼从婴儿机的历史中抹去了。1997年，基尔伯恩接受我的采访，他强调纽曼"对婴儿机毫无贡献"。[18] 他告诉我，图灵的唯一贡献只针对计算机建造后的运行，包括整理他所谓的"百无一用"的编程手册。

然而，图灵1936年的逻辑数学思想促发了曼彻斯特存储程序式计算机项目，其推动者是纽曼。即使在破解金枪鱼的过程中，纽曼也一直在思考图灵的通用机器：弗劳尔斯设计巨人机时，纽曼向其展示了图灵1936年关于通用计算机器的论文（《论可计算数》），其关键思想是将编码指令存到存储器中。[19] 1944年，纽曼在写给冯·诺伊曼的信中提到，他期待战争结束后立即启动一个电子计算机项目。[20] 冯·诺伊曼的普林斯顿计算机也是1936年图灵通用计算机的物理体现。朱利安·毕格罗告诉我，冯·诺伊曼甚至让普林斯顿工程师阅读《论可计算数》。[21] 毕格罗说，冯·诺伊曼之所以成为"推动整个领域发展的人"，是因为他理解图灵通用机器的思想内涵：[22]

图灵的机器听起来不像今天的现代计算机,但它确实是。那是最初的构想。

尽管冯·诺伊曼在关于普林斯顿计算机开发设计的论文中没有明确提到图灵,但他的合作者兼联合作者阿特·伯克斯告诉我,他们1946年的设计报告(联合作者还包括戈德斯丁)确实引用了图灵1936年的成果。[23] 报告中强调的"形式逻辑"工作——特别是图灵1936年的研究——已经"理论上"证明,存储程序可以"控制、执行"问题规划者能想象到的任何一串机械运算,无论它们有多复杂。[24] 有关图灵对·冯·诺伊曼的影响,更多信息参见第6章。

因此,图灵1936年的理论思想是曼彻斯特和普林斯顿计算机项目最早的灵感来源。1947年,在纽曼和古德的努力下,普林斯顿设计的早期版本最终成为曼彻斯特婴儿机的逻辑蓝图,我们将在后面讲到这一点。但普林斯顿计算机之所以能工作,只是因为威廉姆斯给冯·诺伊曼团队提供了帮助,将婴儿机的存储器设计给了他们(当然,是为了换取可观的版税)。这是一个奇妙而错综复杂的循环,图灵始终位于循环的中心。

## 前传:从布莱切利园到曼彻斯特

战争一结束,图灵和纽曼就开始着手创建通用硬件图灵机项目,这绝非巧合。但在20世纪70年代之前,英国政府没有公开巨人机的照片,[25] 很少有人知道,电子计算机从1944年开始就已经在布莱切利园运行了(见第14章)。直到2000年,英国政府才完全解密巨人机(见第17章)。[26] 由于对巨人机一无所知,早期的计算史学家形成了一种观点,即英国先驱有关大型电子计算机的想法来源于美国ENIAC团队。[27]

ENIAC(第14章)及其后继机EDVAC无疑是部分英国计算机先驱(如道格拉斯·哈特里、莫里斯·威尔克斯)的灵感源泉。[28] 然而,是巨人机而非ENIAC,将图灵在战前产生的通用机器想法与纽曼在战后创建的电子存储程序式计算机项目联系起来。巨人机对图灵产生了重要影响。弗劳尔斯告诉我,图灵见到巨人机之后,通用计算机的理念变为现实就只欠东风了。[29] 布莱切利园纽曼部门的其他数学家和工程师也将弗劳尔斯的电子设备和通用存储程序式计算机的想法相关联。纽曼部门的成员（如密码破译者唐纳德·米奇所说）"完全意识到通用图灵机（universal Turing machine，UTM）的物理实现是使用真空管技术"。[30]

当曼彻斯特大学告知纽曼，准备任命他为教授，纽曼立即制订了计算机实验室计划。布莱切利园磨炼出他卓越的组织才干，现在用于设计建造电子存储程序式计算机。他向伦敦皇家学会申请了一笔可观的拨款（1946年5月获得财政部批准）。[31] 1945年8月，他写信给布莱切利园，要求给曼彻斯特送"两台完整的巨人机"。纽曼说："我们希望机架和'床架'（纸带架）能够正常工作，但只要能使电路无法识别，其余部分都可以拆除。"[32] 1945年12月7日，一辆6吨的挂车载着布莱切利园的宝物抵达曼彻斯特。[33] 杰克·古德说，第一次在曼彻斯特计算机的纸带架上工作，"让我想起亚当的肋骨"。[34]

1946年，曼彻斯特大学的爱德华·斯托克斯·梅西电子技术教授职位空缺，弗雷德·威廉姆斯前往面试。此时，纽曼已经创建了计算机实验室，正在为项目招募合适的工程师。在向皇家学会提交的资金申请中，纽曼说他需要的是一名"电路设计工程师"，尽管"此人无法提供主要思想"，但要"有丰富的电路设计实践经验，同时深刻理解相关抽象概念"。[35] 纽曼是威廉姆斯的面试官之一。[36] 威廉姆斯开始解释计算机新存储器的优点，说他正在完善性能。此时，合作前景就像天堂里的婚姻。威廉姆斯说，这是"一次卓有成效的合作"。[37] 年仅35岁的他获得了教授头衔。威廉姆斯刚入职时，纽曼的计算机实验室只不过是一间空房。后来，威廉姆斯开起了"计算机实验室"的玩笑，他回忆说："墙上贴着棕色瓷砖，门牌写着'磁学室'。"[38] 他直率地戏谑道，那是"卫生间"。

纽曼曾任布莱切利园的项目主管，管理300多名员工。他发起并监督制造了一批在当时处于技术前沿的机器。[39] 纽曼本人并不是工程师，取得巨大成功的诀窍在于运用了一个简单的原则：招募合适的工程师，让他们明确目标并为此努力。正如米奇所写的那样：[40]

他（纽曼）一旦信任你，就会放手让你自己做决策。

在曼彻斯特，纽曼采用了同样的方法：他教威廉姆斯掌握存储程序式计算机基础知识，然后（如纽曼所写）"机器设计自然是他说了算"。[41]

此时，图灵已经教会汤姆·基尔伯恩更多的计算机设计知识。

## 图灵的阿德菲讲座（1946—1947）

1946年底，汤姆·基尔伯恩进入图灵的世界。他走进伦敦一间昏暗的教室，听图灵关于计算机建造的讲座。[42] 不久前，威廉姆斯成功地将一个二进制数字存储在一根阴极射线管上，证明他的存储器设计原则上是有效的，因此（如威廉姆斯所说）"现在是时候彻底了解计算机了"。[43] 他们听说图灵正在伦敦举办计算机设计的系列讲座，就让基尔伯恩去听课。[44] 图灵的讲座从1946年12月持续到1947年2月，在斯特兰德的阿德菲酒店会议室进行。[45]

基尔伯恩晚年时，有人问他从哪里获得计算机的基本知识，他通常恼怒地回答，不记得了。[46] 在一次采访中，他含糊不清地说：[47]

1945年初到1947年初，我了解了数字计算机……我不知道自己从哪里获得这些知识。

然而，基尔伯恩在1947年12月的第一份计算机研究报告中提到了图灵"未发表的成果"，并且使用了图灵的许多技术术语。[48] 其中包括图灵的"通用机器""指令表"及其他术语。无论它们是否源自图灵，都是阿德菲讲座中图灵方法的独特体现。例如"源""目标""临时存储器（也称暂存器）""静态存储器"和"动态存储器"。婴儿机运行后，基尔伯恩在随即的报告中写道：[49]

针对数字计算机器的数学要求，与M. H. A. 纽曼教授和A. M. 图灵先生进行了许多有益的探讨，对此我表示感谢。

威廉姆斯这样概括图灵的作用：[50]

（图灵）和纽曼指导我们学习计算机基本原理，他们发挥了重要作用，当然是在数学方面，而非工程方面。我们与他们二人都有过密切合作。

阿德菲讲座在曼彻斯特项目中发挥了关键作用，基尔伯恩从中学到了计算机设计的基本原理。事实上，他的计算机基本知识的来源并不神秘——是图灵教给他的。

## 基尔伯恩的第一台计算机

基尔伯恩是个优秀的学生，参加讲座期间他进步很快，从一开始的"计算机新手"[51]发展到可以自己设计计算机：事实上，他为曼彻斯特计算机设计的最初版本与图灵的原理很接近。与冯·诺伊曼及其团队不同的是，图灵提倡一种没有中央处理器（CPU）的去中心化的计算机（decentralized computer）——不存在可以执行所有逻辑和算术运算的中心。（术语"去中心化"及其反义词"中心化"源于杰克·古德，纽曼在曼彻斯特部门为他开设了数学和电子计算专题讲座。[52]）按照图灵在讲座中提出的思路，基尔伯恩设计了一台去中心化计算机：这与冯·诺伊曼提出的中心化设计完全不同。

在阿德菲举办的第五次讲座，主题是图灵 ACE 的第五版设计。其中讲到，用不同的"源"和"目标"取代中央累加器。中央累加器是一个存储单元，它将输入数字与已存数字相加。之后，这个总和替换累加器先前的内容。早期的中心化计算机通过在累加器之间传输数字来完成所有的计算。而图灵的去中心化第五版 ACE，算术和逻辑运算在不同的"目标"中进行——通常是水银延迟线。一个目标执行加法运算，另一个执行减法运算，其他目标执行逻辑运算，等等。ACE 的程序指令是这样的："将 15 和 16 号源内容传输到 17 号目标。"[53] 图灵将其简单地写为"15-17"。该指令的作用是将与 17 号目标相关的操作应用于传输的两个数字。此例是加法运算，15-17 指令将存储在 15 和 16 号源中的数字相加。由于要执行的运算标识隐含在 17 号目标（或在某些指令下，隐含在源编号中），因此指令中没有明确的术语指定操作本身——指令中不包含意为 ADD 的"操作码"。

　　基尔伯恩设计的计算机没有中央累加器。在他的图灵式去中心化设计中，机器的每一个基本算术和逻辑运算都是由单个目标实现的。[54] 基尔伯恩解释说，每条指令都将一个数字"从机器的一部分（一个'源'）转移到另一部分（一个'目标'）"。在图灵范式中，指令由数对、源编号 s 和目标编号 d 组成。这些数字控制着"源树"和"目标树"（基尔伯恩使用图灵的术语）。"树"是一个有关互连和门的系统。源树访问存储地址为 s 的数字，而目标树访问执行所需操作的目标（如加法器）。指令的作用是通过源树将操作数从主存储器发送到目标树，然后再到加法器（或指令中指定的其他单元）。所有这些想法，包括源树和目标树的概念，在阿德菲讲座期间图灵都向基尔伯恩解释过。基尔伯恩用一幅方框图来总结他的设计，描绘了一台近似 ACE 的计算机。[55]

　　同一时间段，即 1946 年秋冬，纽曼访问了普林斯顿大学。[56] 回国后，他决定采用冯·诺伊曼的中心化设计。1947 年初，图灵的 NPL 同事哈里·赫斯基前来参观纽曼-威廉姆斯项目（如他所称），他了解到曼彻斯特项目"或多或少复制了冯·诺伊曼项目"。[57] 纽曼最初打算复制图灵的 ACE 设计，本以为弗劳尔斯及其伦敦的工程师会参与曼彻斯特计算机的建造，[58] 但后来他放弃了这个计划。他和杰克·古德前往 NPL，详细了解图灵的 ACE 设计细节。他认为图灵无法明确表达自己的思想，因而大为恼火。于是他不再坚持，返回曼彻斯特，留下古德继续了解情况。[59] 古德后来告诉米奇，"图灵误入迷途，纠缠于细节，只见树木不见森林"。[60]

　　ACE 不适合纽曼，他觉得冯·诺伊曼的设计原则简单明了。当他发现基尔伯恩对类似 ACE 的计算机有不少想法时，可能有些不以为然。

## 来自普林斯顿的爱

　　威廉姆斯和基尔伯恩来到曼彻斯特后不久，纽曼就亲自给他们上了几堂计算机设计课。那时，图灵的阿德菲系列讲座即将结束。[61] 自然，纽曼的讲座强调冯·诺伊曼的中心化设计。[62] 威廉姆斯说，"纽曼向我们解释了计算机运

作的整个过程"。⁶³ 在给布莱恩·兰德尔的信中，他回忆道：⁶⁴

> 我记得纽曼给我们上过几堂课，他对计算机的组织结构做了概述。数字由它们所在的地址识别，从该地址一次一个地传输到累加器，输入的每个数字都被加到已经存在的数字上。累加器中的数字随时都可以返回存储的指定地址，并清空以供进一步使用。

此时，威廉姆斯让基尔伯恩了解他们建造的细节。除了全神贯注于完善新的存储器之外，威廉姆斯还要管理他的电子技术系。⁶⁵ 基尔伯恩很快抛弃了 ACE 设计理念，开始设计一台中心化计算机。

基尔伯恩咨询了古德，请他为中心化计算机推荐一个指令集。⁶⁶ 指令集是所有计算机的逻辑核心；它详细说明计算机的"最小"操作，即所有编程活动的基本组成部分。1947 年 5 月，古德向基尔伯恩推荐了 12 条基本指令，如表 20.1 所示。⁶⁷ 1998 年，在 IEEE 计算机先驱奖获奖感言中，古德向计算机界宣布了这个重要的历史事实。他说，"应基尔伯恩的要求，我为婴儿机的基本数学指令提供建议"。⁶⁸

表 20.1　古德的普林斯顿指令。该表列出的 12 条基本指令，是 1947 年 5 月古德推荐给基尔伯恩的。古德只给出方括号中注明的符号形式

| 序号 | 指　　令 | 符号形式 |
| --- | --- | --- |
| 1 | 将寄存器 x 中的数字（有 64 个存储寄存器或"房子"）传送到累加器 | [x → A] |
| 2 | 将 x 中的数字与累加器中的数字相加，将结果存储在累加器 | [A + x → A] |
| 3 | 将 x 中数字的相反数传送到累加器 | [–x → A] |
| 4 | 累加器中的数字减去 x 中的数字，然后将结果存储在累加器中 | [A–x → A] |
| 5 | 将累加器中的数字传送到（算术）寄存器 R | [A → R] |
| 6 | 将 R 中的数字传送到累加器 | [R → A] |
| 7 | 将累加器中的数字传送到 x | [A → x] |

续表

| 序号 | 指令 | 符号形式 |
|---|---|---|
| 8 | 将 x 中的数字传送到 R | [x → R] |
| 9 | 将累加器中的数字向左移动一位 | [l] |
| 10 | 将累加器中的数字向右移动一位 | [r] |
| 11 | 无条件地将控制转移到 x 中的指令 | [C → x] |
| 12 | 控制的条件转移，即，如果累加器中的数字大于或等于 0，就将控制转移到 x 中的指令 | [CC → x 如果 A ≥ 0] |

基尔伯恩将古德的 12 条指令精简到 5 条。（威廉姆斯和基尔伯恩在 1948 年给《自然》的信中，给出了婴儿机指令。我通过将其与古德 1947 年 5 月的指令集相比较来确定这一点。）基尔伯恩认定减法应该是婴儿机唯一的最小算术运算，因此古德的前两条指令是不必要的。威廉姆斯后来解释了为什么不需要加法：[69]

我们要提供的是绝对最小化设备……你可以通过减法来做加法，因为 0 减去一个数可得到它的相反数，然后再从你想加的数中减去它的相反数，就得到了总和……所以我们只有一个基本算术运算，那就是减法。

两个移动指令 l 和 r 在逻辑上是多余的，可以在最小化机器中去掉：正如古德指出的那样，[70] 左移是乘以 2，而右移是除以 2。古德的指令 A → R、R → A 和 x → R 也是多余的，因为婴儿机中没有算术寄存器 R。

基尔伯恩的精简指令集包含古德的 3、4、7 和 11 号指令，还包含古德 12 号指令的修改版（即，如果累加器中的数字小于零，则跳到存储中的下一条指令）以及第六条指令的修改版（停机）。现在基尔伯恩有了指令集，他了解自己和威廉姆斯的建造目标——正如他对我所说的："除非你得到指令代码，否则无法建造计算机。"[71] 他们建造的微型中心化计算机包含三根威廉姆斯管，组成存储器、累加器和控制器，这些都是在古德的指导下完成的。婴儿机通过在存储和累加器之间传输数字来进行计算，如表 20.2 所示，[72] 婴儿机的 5 条初始指令集完全是基尔伯恩从古德的 12 条指令中导出的，另外增加了"停止"指令。[73]

古德似乎没有向基尔伯恩提及，他的 12 条指令是从 1946 年冯·诺伊曼、伯克斯和戈德斯汀的设计论文中提炼的。[74] 与纽曼一样，古德也仔细研究过那篇论文。[75] 在他的 12 条指令中，只有指令 5——将 A 中的数字转移到 R——是普林斯顿指令集中所不具备的。伯克斯 - 戈德斯汀 - 冯·诺伊曼论文中描述的计算机更为复杂，婴儿机确实是它的近亲。它们都是带有累加器的单地址计算机；[76] 此外，两台计算机的控制设计是相同的。[77]

表 20.2　1948 年，威廉姆斯和基尔伯恩给《自然》的信中展示的婴儿机指令集（见注 2）。（方括号中的符号，是我将指令转换成古德的普林斯顿形式。）指令 1~4 都是古德 1947 年 5 月指令集的内容，指令 5 是古德 CC 指令的简化形式

| 序号 | 指　　令 | 符号形式 |
| --- | --- | --- |
| 1 | 如果 x 是存储中的任意数字，-x 可以写入中央累加器 A | [-x → A] |
| 2 | A 中的数字可以减 x | [A - x → A] |
| 3 | 数字 A 可以写入存储中的指定地址 | [A → x] |
| 4 | 控制可以转移到表中指定的次序 | [C → x] |
| 5 | 可检验 A 的内容是否为 x ≥ 0，或 x<0；如果 x <0，则跳过存储中的下一条命令 | [CC] |
| 6 | 可命令机器停机 | [ 无等价表示 ] |

如果将表 20.2 与 1947 年哈里·郝斯基的普林斯顿设计总结进行对比，我们可以轻而易举地分辨出，婴儿机的设计在多大程度上遵循了普林斯顿思想。除了使用减法作为唯一的基本算术运算之外，婴儿机的指令集与普林斯顿的几乎一样：[78]

普林斯顿：在冯·诺伊曼计划中，机器基本上由一个存储器和一个静态累加器组成。从存储器到累加器的所有传输本质上都是加法。规则类型如下：

（1）清除 A　清除累加器。

（2）x to A　将存储器中 x 位置上的数字与累加器的内容相加。

（3）A to x　将累加器中的数字传送到存储器中的 x 位置。

（4）C to x　将控制转移到 x；即，下一个要执行的命令在存储器中的位置 x。

（5）CC to x　有条件地转移控制；即，如果 A 中的数字为负，则控制转移到存储器中的 x。否则，控制服从存储器中的后续命令。

婴儿机的独创性当然不在于逻辑设计，而在于阴极射线管存储器和电子工程。婴儿机被认为是英国的胜利，是英国计算机领先世界的象征。多亏了古德及其基于普林斯顿的指令集，婴儿机从美国引进了逻辑设计——基尔伯恩或威廉姆斯似乎从未意识到这一点，这是计算史最大的讽刺之一。

## 冯·诺伊曼和 ACE

冯·诺伊曼也对图灵的 ACE 设计产生过影响。早在 1945 年 6 月，冯·诺伊曼关于计算机设计的第一篇论文（即现在人们常说的《EDVAC 报告初稿》）开始流传，并被广泛阅读和大量使用。[79] 图灵的好友罗宾·甘迪回忆说，图灵第一次阅读冯·诺伊曼的论文时"兴奋不已"。[80] 他对论文进行了细致地研究——虽然他想尽快从硬件中汲取知识，但他设计了一台截然不同的、去中心化的计算机。同年晚些时候，图灵发表设计报告《电子计算机计划》，他希望读者熟悉冯·诺伊曼的"初稿"，建议读者结合冯·诺伊曼的报告一起阅读。

事实上，图灵在《电子计算机计划》中的设计比冯·诺伊曼的要具体得多。冯·诺伊曼对 EDVAC 的描述非常抽象，几乎没有提到电子学。郝斯基是一名工程师，他的工作是完成 EDVAC 的第一份硬件设计。他说，他认为冯·诺伊曼的论文"没有帮助"。[81] 而图灵的设计提供了硬件的详细说明，还包括机器代码的示例程序。然而，图灵很乐意借用冯·诺伊曼报告中的基础材料。例如，他的加法器图与冯·诺伊曼的基本相同（《电子计算机计划》图 10 所示的加法器与冯·诺伊曼"初稿"图 3 所示的加法器一样），尽管总体上图灵的逻辑图远远超越了"初稿"——它为计算机的算术部分和逻辑控制设计了详细的电路。1946 年,图灵对一位报社记者说,他"在 A.C.E. 上干的粗活要归功于美国人",可能就是指这微不足道的借用。[82]

然而,相比巨大的差异,图灵的设计与冯·诺伊曼的相似性较小。此外,尽管冯·诺伊曼对《电子计算机计划》产生了影响,但这一事实不应掩盖 1936 年通用图灵机对冯·诺伊曼的重要影响。

## 创 造 历 史

1948 年夏初,曼彻斯特婴儿机组装完毕,准备试用。基尔伯恩和威廉姆斯费了九牛二虎之力,手动输入了第一个程序。他们用一组开关将信息存入存储器,真是一个比特接一个比特地输入。该程序的作用是发现给定数字的最大因数,这是一个大多数人可以在信封背面轻松完成的任务。最终,这个只有 17 条指令的程序成功存储在一根威廉姆斯管上。

威廉姆斯说:小心翼翼地按下了启动键,"管上的亮点立即群魔乱舞"。[83]结果证明那是一场死亡之舞。接下来的一周里,这种状况反复出现。他回忆说,"但有一天,在我们期待的地方闪着亮光,预期的答案出现了"。那是 1948 年 6 月 21 日星期一,世界进入现代计算机时代——以前从未出现过运行存储程序的电子硬件。威廉姆斯用平淡的语调说:"我们加倍努力,又聘请了一名技术员。"

在曼彻斯特,图灵终于有了一台存储程序式计算机。他很快开始使用曼彻斯特大学的费兰蒂 1 号来模拟生物生长(如第 33~35 章所述)。其他研究者也开始探索计算机的潜力,曼彻斯特实验室爆发出一系列"首创"。很快,克里斯托弗·斯特雷奇(Christopher Strachey)成为计算领域的领军人物之一。早在 1952 年,他就启动运行了一个下跳棋的人工智能程序,用急促的"哔哔"声催促人类对手走下一步。[84]如果人类玩家耽搁太久,计算机的打印机就会不耐烦地唠叨:

快点走棋,要不就认输。

甚至会说：

我不想再浪费时间了。你去和人类玩吧。

斯特雷奇控制了计算机的显示器管（显示器管通常用于向工程师展示内部工作情况），将其设置为虚拟棋盘（图 20.2，出自斯特雷奇的笔记）。这是第一次将计算机屏幕用于互动游戏。

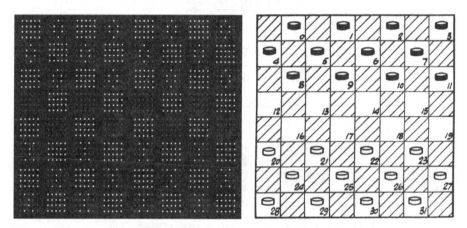

图 20.2　曼彻斯特计算机正在下跳棋。斯特雷奇的手绘图解释了屏幕上的符号。黑色图是计算机

经牛津大学图书馆和坎普希尔村信托公司许可转载

几年前，威廉姆斯和基尔伯恩曾使用威廉姆斯管存储数字文本。1947年秋，他们使用"图片元素"这一术语（如今简称"像素"）来表示组成字母的离散光点。[85] 这是另一个历史性时刻。一张历史性实验照片显示，原始像素显示在管子表面，上面写着 "C. R. T. STORE"（"阴极射线管存储"）。[86] 更重要的是，1948 年 6 月，威廉姆斯和基尔伯恩首创了计算机屏幕上的移动数字图像：婴儿机屏幕上的像素模式有节奏地变化，表现（或描绘）了程序运行时计算机存储器中不断变化的内容。这些图像在小玻璃荧光屏上闪烁。今天的数字电影、计算机生成动画以及手机、平板电脑屏幕上的图像正是在此基础上发展而来。图像观看链接 tinyurl.com/irst-moving-digital-images。[87]

图灵和斯特雷奇都对计算机处理文字和数字的能力感兴趣。斯特雷奇甚至设计了一个写情书的程序，签名是"M. U. C."（曼彻斯特大学计算机的首字母）。斯特雷奇说他使用的编程技巧"简单幼稚"（对他来说可能如此）：他设计了一些造句法，将其存到计算机存储器中。存储器中还存有单词和词组列表，那是他从罗杰同义词词库（Roget's Thesaurus）中选出来的。[88] 他的程序会一步步遵循某种方法，比如"在此处从某列表中选择一个单词"。程序使用图灵设计的随机数产生器（一种电子轮盘）进行选择（见第 39 章）。[89] 计算机的信写得非常古怪：[90]

亲爱的甜心：
  你是我渴望的老兄感觉。我的感情好奇地依恋着你的热切愿望。我的爱渴望你的心。你是我期盼的同情：我温柔的爱。
  你的美人儿
  M.U.C.


亲爱的：
  我同情的爱漂亮地吸引了你的温情。你是我深深的爱慕：我屏息的崇拜。我老兄对你的热情充满了令人窒息的希望。我的相思病爱慕珍惜你的热情。
  你的渴望的人儿
  M.U.C.


图灵则更重实际，他在计算机键盘上输入字母，利用斜线符号来生成标点符号和简单的格式。他将信件打印出来，投入邮筒。有一封信写给罗宾·甘迪，内容是关于他的博士毕业答辩。[91] 开头是：

亲爱的 / 罗宾 ////////////// 对不起 //// 你的 / 答辩 / 真的 / 没 / 办法 / 提前 ////

相信图灵是世界上第一个用文字处理器写信的人。此外，他和斯特雷奇开始探索计算机作为乐器的可能性，见第 23 章。

# 第 21 章
# 自动计算引擎

马丁·坎贝尔－凯利

1945 年 10 月，艾伦·图灵被国家物理实验室聘为计算机开发负责人。他设计的自动计算引擎（ACE）很独特，但很好用。ACE 样品机于 1950 年完成，它是当时最快的中型计算机。然而，到 1958 年全尺寸 ACE 投入使用时，它已被先进的技术所淘汰，成为落伍者。[1]

## 引　言

虽然战时布莱切利园见证了密码破解机"炸弹"（机电设备，图灵是设计者）和"巨人"（电子设备，图灵是旁观者）的发展，但这些发明对源于美国的电子存储程序式计算机并没有产生直接影响。

1945 年 6 月，约翰·冯·诺伊曼代表宾夕法尼亚大学摩尔电气工程学院的计算机团队在《EDVAC 报告初稿》中描述了存储程序式计算机。[2] 报告是冯·诺伊曼和 ENIAC 计算机发明者约翰·普雷斯珀·埃克特（John Presper Eckert）、约翰·莫奇利（John W. Mauchly）等人讨论的结果。他们的探讨始于 1944 年夏。ENIAC 是一款主要用于弹道计算的电子计算机。实际上，该计算机仅限于求解普通微分方程。它有几个设计缺陷，包括大量的电子管

（18 000 根）和仅能容纳 20 个数字的小存储器。编程也非常耗时。EDVAC 正是为了弥补这些缺点而设计。它的独特之处是将指令和数字存在同一个存储器中，因此被称为"存储程序式"计算机。

值得注意的是，1936 年，图灵在普林斯顿大学攻读博士学位，成为阿朗佐·邱奇的学生。图灵结识了冯·诺伊曼，他是普林斯顿高等研究院（Institute for Advanced Study，IAS）的创始教授之一。冯·诺伊曼非常熟悉图灵 1936 年的论文《论可计算数》。事实上，那篇论文给他留下了深刻的印象，他邀请图灵到 IAS 做助理研究员，但图灵决定返回英国。后来，布莱切利园成为图灵战时的工作地。虽然冯·诺伊曼在 EDVAC 报告中没有明确引用图灵的成果（不同于数学生物学家麦卡洛克和皮茨的做法），但他（以及 EDVAC 的研发）很可能受到图灵的影响。有人说，图灵是存储程序式计算机真正的开创者，但没有证据证明这一点（第 6 章详细探讨了图灵的计算机"发明者"身份）。话说回来，如果图灵没发明那种计算机，那他肯定发明了某种计算机，而且非常成功。

## ACE 及其来龙去脉

第二次世界大战爆发后，英国在曼彻斯特大学、剑桥大学以及伦敦附近的泰丁顿国家物理实验室（NPL）创建了三个主要的计算机开发项目。曼彻斯特项目负责人是弗雷德里克·威廉姆斯和汤姆·基尔伯恩，剑桥项目负责人是莫里斯·威尔克斯（Maurice Wilkes），NPL 项目负责人是图灵。

虽然三个项目的主要目标都是建造一台提供计算服务的计算机，但它们的次要目标略有差异。在曼彻斯特大学，威廉姆斯和基尔伯恩隶属于电气工程系，计算机基本上是一个工程学研究项目。他们开发了一种基于阴极射线管的新的存储形式，1948 年 6 月在"婴儿机"中演示成功（见第 20 章）。虽然婴儿机是世界上第一台存储程序式计算机，但它能力太弱，无法解决现实问题。第二年开发了一台功能全面的计算机（见第 23 章）。费兰蒂公司制造了这款机器的全设计版，从 1951 年初开始为大学提供计算服务。费兰蒂后来成为英国计算机制造商的龙头企业。

在剑桥大学的数学实验室，威尔克斯的目标是尽快制造一台计算机，用于计算服务和研究编程方法。威尔克斯的设计很简单，他遵循 EDVAC 报告，使用保守的电子元件。他复制了金钟公司为去除雷达回波开发的设计成果，使用相对缓慢的电子装置和水银延迟线存储器。EDSAC 于 1949 年 5 月投入使用，1950 年初开始为全校提供计算服务。1951 年，威尔克斯与研究生戴维·惠勒、斯坦利·吉尔出版了经典著作《电子数字计算机程序准备》，影响了世界计算机编程的发展。EDSAC 的商业版——里昂电子办公（LEO），由 J. 里昂烘焙公司开发。

1945 年 5 月，战争刚结束，NPL 就成立了数学系，系主任是约翰·沃默斯利（John Womersley）。（NPL 成立于 1900 年，是政府资助的标准制定和物理科研中心。）创建数学系的目的是为行业和政府研究机构提供计算服务，类似于大学中现有的或规划的计算服务。数学系分为五个部门：微分分析器部、霍勒里斯打孔卡计算部、统计学部、台式机部和 ACE 部。

ACE 的目标是建造一台电子计算机，开展数值方法研究（关于计算中近似和误差的数学研究）。1945 年 10 月，图灵被聘为部门负责人。最初，部门只有他一个人。1946 年 5 月，詹姆斯·威尔金森（James Wilkinson）加入。1947 年 9 月，图灵离开了 NPL，威尔金森成为出色的接班人。他在数值方法研究中做出了重大贡献，于 1969 年当选为英国皇家学会会员，次年获得计算机协会颁发的图灵奖，这是计算机领域的最高荣誉。后来加入 ACE 的研究人员包括迈克·伍德格（Mike Woodger）和布莱恩·蒙迪（Brian Munday）。

## ACE 设计

几乎所有的美英计算机项目都基于 1945 年 6 月的 EDVAC 报告，以及此后冯·诺伊曼和同事赫尔曼·戈德斯汀（Herman Goldstine）在 IAS 发表的报告。虽然图灵采纳了 EDVAC 的许多想法，但 ACE 是那个时代最具原创思想的设计。1946 年 3 月，图灵提交了《关于数学部门自动计算引擎（ACE）的开发建议》。[3] 报告非常详细，甚至包括 11 200 欧元的成本估算（少算了至少 90%）。建议书引用了 EDVAC 报告，并使用其术语、存储器构造、加法技术和逻辑符号。

为理解 ACE 的独特性，有必要了解 EDVAC 的运作原理及其存储器技术。EDVAC 报告特别指出，计算机包括五个功能部件：控制器、运算单元、存储器以及输入和输出设备。EDVAC 的主要特点是程序和数字都存在存储器中。存储器包括一系列从零向上编号的存储位置，每个位置都可以存储指令或数字。程序放在一系列连续的存储器位置中。为了执行程序，指令会从存储器输入控制单元，然后按升序执行（除非被"分支"指令中断）。图灵认识到，这种按顺序执行指令的方式注定效率低下。

典型的延迟线由 5 英尺长注满水银的钢管组成，每根钢管两端都带有声学传感器。为了存储数据，管子一端的电子脉冲（"比特"）转换为声能：这些声能以音速传到水银柱，在管子的另一端重新转换为电子脉冲。然后，电子脉冲被重新注入延迟线的输入端。这样，一串比特就永久地存在延迟线里。声音的传播速度比电子慢得多，声波脉冲在管子里的传送大约需要 1ms。延迟线大约可以存储 1 000 比特（更确切地说，是 1 024 比特）。完整的存储器包括一堆水银延迟线。图灵设想了 50 到 500 根延迟线，总存储量为 1 500 到 150 000 个指令或数字、字。

延迟线存储器有一个问题，即"等待时间"，后被称为"延迟"。指令或数字出现在延迟线之前，计算机不能使用它们。由于这种延迟，平均等待时间为 0.5ms。这就导致 EDVAC 型计算机的速度受到延迟线速度的限制，几乎与运算电路速度无关。例如，使用一毫秒延迟线的 EDSAC，每秒只管理 650 条指令，远远没有发挥其潜力。

图灵的独到见解是，存储器中的指令不按顺序排列，而是被放在适当的位置，以便在需要的时候从延迟线中显示出来：这就消除了等待时间，机器速度会更快（该观点并未出现在 1946 年 3 月的 ACE 报告中，那是几个月后的想法）。为了实现这一目标，每个指令都将指定下一指令的位置。数字也要有策略地放置，尽量减少等待时间。虽然这会给编程增加困难，但图灵相信，优越的性能会证明复杂性的增加是合理的：这种编码风格后被称为"最优程序设计"。图灵的最优程序设计是纯粹的原创思想，或许是他 1936 年论文最直接的思想产物。在图灵机和 ACE 中，每条指令都指定了下一指令。

## 从 ACE 到样品机

沃默斯利收到图灵的 ACE 报告后，就对机器的建造方展开调研。机器建造可以交给邮政局，也可以与电信研究所（Telecommunications Research Establishment, TRE）合作。后来这两个选项都放弃了。1946 年 11 月，沃默斯利到剑桥大学与威尔克斯接洽。威尔克斯没有确定的资金来源，于是做出积极的回应，将 EDSAC 的设计初稿给了沃默斯利。沃默斯利将它转交给图灵，征求专业意见。然而，图灵在备忘录中的评论相当犀利、傲慢（当然，备忘录是私下表达）。他写道：[4]

我读过威尔克斯关于样品机的建议，他有意建造机器，我表示赞同，也认可他提议的延迟线数量。然而，他的"代码"建议与发展方向背道而驰。美国传统的问题解决方式是通过增加设备，而不是通过思维。我能想象，执行他的代码（被鼓吹为"精简到极致"），所需的控制电路要比我们全尺寸的 ACE 电路更为复杂。

沃默斯利对威尔克斯的反馈比图灵委婉些（他没有拿出图灵的备忘录），但很显然，EDSAC 和 ACE 之间的鸿沟无法弥合，二者从此分道扬镳。事实上，直到 1977 年伍德格出版了图灵的备忘录，威尔克斯才看到那些评语。1946 年，威尔克斯认为图灵的想法是错误的，1977 年，他相信历史站在他这边。

1946 年 12 月至 1947 年 2 月期间，图灵在伦敦供给部的阿德菲办公室举办了一系列计算机设计讲座（见第 20 章）。威尔克斯听了第一堂之后就再也没去——他认为图灵的想法与主流相去甚远，讲座对他来说毫无价值。

与此同时，ACE 的建造进展缓慢。1947 年 1 月，一位名叫哈里·赫斯基（Harry Huskey）的美国人来到数学系，开始为期一年的访问。他曾在 ENIAC 工作过,剑桥大学数学物理学教授道格拉斯·哈特里(Douglas Hartree)建议他去 NPL。道格拉斯·哈特里是战后访问摩尔学院的英国专家之一,也是 NPL 执行委员会成员。

赫斯基建议,NPL 应该自己建造计算机,而不是委托给其他机构。赫斯基具有丰富的 ENIAC 经验,他提议先造一台小型原型机,他称之为"测试装置"。图灵对此反应冷淡,这无疑会推迟全尺寸机器的建造。他没有参与其中。1947 年 9 月,图灵离开 NPL,在剑桥大学国王学院休了一年假,再也没有回去。在 NPL 负责人查尔斯·达尔文的撮合下,机器交给无线电部建造,数学部担任顾问。遗憾的是,无线电部没有数字电子学经验。直到 1948 年春,他们才设立了一个电子部门,招募了一些专家。1947 年底,赫斯基在 NPL 为期一年的访问结束,ACE 项目仍停滞不前。

直到 ACE 的成员与电子部门负责人 F. M. 科尔布鲁克沟通,僵局才被打破,两个团队之间积极合作,共同建造 "ACE 样品机"(图 21.1)。从此,项目进展迅速。1950 年 5 月,ACE 样品机建造完毕。机器配备 32 条延迟线,每条可存储 32 个字,总存储容量为 1 024 个字——与剑桥和曼彻斯特计算机容量相当。

图 21.1 伦敦国家物理实验室数学部的 ACE 样品机

© 皇家版权所有,经国家物理实验室许可转载

## 最优程序设计

显然，从 ACE 样品机开始运行的那一刻起，它就不仅仅是一台小型原型机。它是一台非常高效的计算机，理论上的最快运算速度为每秒 16 000 次。

ACE 部开发了一个令人刮目相看的子程序库，包括三角函数和矩阵运算等常用程序。这个子程序库是在威尔金森的领导下开发的，以数值方法的复杂性著称。在程序中使用子程序通常会缩短 70% 的长度，因而相应减少了调试和优化代码的烦琐工作。

ACE 样品机的编程分为两步：第一步，将程序作为一系列指令写下来，这与其他计算机编程大致相同；第二步，程序员"优化"程序。程序员将每个指令、数据项和变量分配给延迟线存储器的特定存储位置。[5] 优化非常耗时：它更像是滑块拼图，需要程序员具备一定的经验，在优化时间和机器节省时间之间获得平衡。

编程问题可能的解决方案是自动优化程序。虽然一些自主研发的美国计算机配备了自动优化程序，但 ACE 样品机从未实现这一功能。

克里斯托弗·斯特雷奇（Christopher Strachey）从 1951 年 1 月开始尝试编写自动优化程序。（斯特雷奇之前是一名教师，对计算机很感兴趣。他和伍德格的一位共同好友介绍他加入 NPL。他从不后悔这一决定：见第 23 章。）编写优化程序是一项艰巨的挑战。1951 年 7 月，他被曼彻斯特大学的费兰蒂 1 号所展示的强大能力所吸引，决定在计算机领域大展身手。当时，图灵是曼彻斯特计算机实验室副主任。战前，图灵和斯特雷奇同在国王学院读书，所以早就听说过对方。图灵建议斯特雷奇编写一个"跟踪"程序，让机器自我模拟——这可能是一个有用的调试工具（见第 23 章）。斯特雷奇的 ACE 样品机自动优化挑战失败了，项目组的其他人也没能完成它。

子程序的编写只需一次，但可以多次使用，这让研究人员认为有必要在优化方面投入大量时间，以展现 ACE 样品机的最佳性能。其中，"浮点"子程序的编写尤为必要。浮点表示法能够不考虑所涉及的数字大小而进行计算，现代电子计算器就是一个例子。如果没有浮点运算，数字只能局限于机器的容量（通常为十进制数），这涉及棘手的缩放操作。表 21.1 显示了 ACE 样品机、剑桥大学 EDSAC 以及曼彻斯特 1 号的浮点子程序库的速度比较：ACE 样品机的速度大约是竞争对手的 10 倍。请注意，ACE 样品机有 800 根电子管，而费兰蒂 1 号和 EDSAC 的电子管都超过 3 000 根。可以说，ACE 样品机的成本比竞争对手低了 20 倍。这是一个杰作。

表 21.1　浮点运算

| 运算 | 时间（毫秒） | | |
|---|---|---|---|
| | ACE 样品机 | EDSAC | 曼彻斯特 1 号 |
| 加 / 减 | 8 | 90 | 60 |
| 乘 | 6 | 105 | 80 |
| 除 | 34 | 140 | 150 |

后来，ACE 样品机增加了一个磁鼓，总存储量与曼彻斯特计算机一样大，并且能解决大型矩阵问题。

## ACE 的遗产

1946 年至 1948 年期间，英国电气公司总经理乔治·尼尔森（George Nelson）担任 NPL 执行委员会的外部委员。在了解了 ACE 项目后，他认为 ACE 不但有助于公司的工程计算，还可能成为公司的产品。英国电气公司的尼尔森研究实验室位于斯塔福德郡的基兹格罗夫。年轻的大学毕业生乔治·戴维斯（George Davis）被任命为 NPL 和尼尔森研究实验室之间的技术转让联络人。两个组织保持着良好的工作关系。

1952 年，ACE 样品机研制成功。尼尔森决定，英国电气要建造一台复制机：这不足为奇，英国电气被称为 DEUCE，"数字电子通用计算引擎"的缩写。此时，英国计算机产业开始蓬勃发展，约有十几家公司生产计算机。第一个进入市场的是费兰蒂，紧随其后的是几家电子和控制公司，包括 EMI、AEI、大都会维克斯电器有限公司、通用电气和艾略特兄弟公司。1955年，里昂公司成立了子公司利奥计算机有限公司。20世纪50年代末，办公机器公司BTM和鲍尔斯-萨马斯开始开发计算机。尽管英国电气公司较早进入市场，但很快就发现市场挤满了竞争对手。

DEUCE与ACE样品机规格相似，有32条延迟线和一个磁鼓存储器，售价约为60 000英镑。这是一台科学机器，不适合商业数据处理，但在对计算要求很高的公司中销量不错。事实上，就原始计算速度而言，它是市场上最有价值的计算机。

DEUCE特别受航空公司欢迎。1954年的"彗星号"空难事件是航空公司购买计算机的主要动力。"德哈维兰彗星"是英国（也是世界上）第一架喷气式客机。1954年的空难付出了惨痛的生命代价，罪魁祸首是由速度不稳定（所谓的"颤振"）造成的金属疲劳。政府规定，所有新飞机都必须进行大量的应力计算，以证明其适航性。英国电气公司是这场灾难的主要受益者。

DEUCE与ACE样品机都存在一个根本问题，那就是编程困难。但1955年，布莱恩·蒙迪为ACE样品机开发了一个用户友好型矩阵包——GIP（"通用解释程序"）。它适用于DEUCE，在很大程度上简化了应力计算所需的矩阵程序开发。

此后的五年中，DEUCE的买家包括皇家航空公司（RAE）、航空航天制造商肖特兄弟&哈兰、布里斯托尔飞机公司、布里斯托尔·西德利航空发动机公司和英国电气航空集团（后来的英国航空公司）。RAE购买了两台DEUCE，它们的名字起得很有趣，分别叫格特和黛西，是向当时两位受欢迎的喜剧演员致敬。

从1955年推出到1960年，DEUCES共售出30多台。除了航空航天工业，有几台机器还售给需要大量计算的国防和研究机构，包括原子武器研究所、原子能管理局、国家工程实验室和中央电力委员会。

1956年，一台DEUCE出口到新南威尔士大学理工学院。通常来说，DEUCE在高等院校并不受欢迎。大学计算机中心的任务有两个：提供计算服务和为本科生提供编程训练。DEUCE能出色地完成第一个任务，但对编程新手来说，这台机器操作起来极其困难。因此，大学更愿意购买其竞争对手的机器——费兰蒂"飞马"。飞马的主设计师是克里斯托弗·斯特雷奇。他汲取早期 ACE 样品机的经验，绕开用户的最优程序设计需求。飞马是磁鼓存储计算机，规格和价格与 DEUCE 相似，但斯特雷奇通过简洁的创新设计，去除最优程序设计，实现了 DEUCE 大约一半的性能。作为程序员梦想的计算机，飞马的美誉当之无愧。

就经济效益和产业而言，ACE 设计最重要的遗产是本迪克斯 G-15 计算机，其中 400 多台在美国销售。与英国电气公司开发 DEUCE 一样，加州本迪克斯航空公司也想生产供自己使用的计算机，并将其作为潜在产品。两个公司同步开发商用计算机。本迪克斯聘请哈里·赫斯基担任顾问，设计机器说明（他当时在底特律韦恩州立大学工作）。第一批 G-15 于 1965 年出厂，售价 45 000 美元（约合 16 000 英镑）。G-15 抛弃了落后且昂贵的水银延迟线技术，使用磁鼓作为主要存储装置。尽管 ACE 的存储器技术很落后，但最优程序设计还是能提供一个可接受的速度。G-15 从 ACE 设计中汲取了很多优势。十年来，它一直是美国航空航天和工程行业的主力之一。

虽然 ACE 设计的直接衍生品还包括其他机器（比如 TRE 独一无二的 MOSAIC 和美国的帕卡德-贝尔 250），但它们都无法与 DEUCE 或本迪克斯 G-15 媲美。得益于最优程序设计，ACE 所有衍生品都具有出色的性价比。

美国的 IBM 650 磁鼓计算机充分发挥了最优程序设计技术。20 世纪 50 年代后期售出 2 000 台。IBM 总裁称之为公司的"T 型机"，它确立了 IBM 在计算机行业中的主导地位。但其直接或间接影响未必源于图灵。20 世纪 50 年代中期，最优程序设计已是一种众所周知、经常被重新发明的技术。此外，编程技术已发展到可以自动生成最优代码，它与高级语言一起，使新机器与传统设计一样易于操作。然而，当真正的随机存取存储器出现时，最优编码这个时代概念就消失了。

## 结　语

1956 年，英国电气公司生产的 DEUCE 取代了 ACE 样品机。这两个机型在 20 世纪 50 年代为 NPL 提供了主要计算资源。但是 NPL 仍在继续建造全尺寸 ACE，并于 1958 年底正式完工。现代主义的落地窗映衬着它弯曲的造型，气势磅礴且不失优雅（图 21.2）。遗憾的是，那时它使用的水银延时线存储器已经过时，ACE 也因此退出历史舞台。当然，NPL 已经建造出这台机器，不得不一直用到 1967 年。

图 21.2　1958 年的全尺寸 ACE
© 皇家版权所有，经国家物理实验室许可转载

威尔克斯曾反对过图灵的设计。从某种意义上说，ACE 的落幕证明威尔克斯是对的。他认为，延迟线只是一种昙花一现的技术，最终会出现真正的随机存取存储器。并且，按照传统的设计理念，用新的存储器技术取代旧的会相对容易。事实上，EDSAC 2 就是专为水银延迟线存储器设计的，但在项目中途改为随机存取存储器。ACE 做不到这一点。毫无疑问，图灵的观点受到了一个事实的影响，即他拥有一流数学家的操控技能。图灵低估了普通用户的编程困难。他相信，ACE 的卓越性能足以弥补编程付出的那点额外努力。

或许可以公平地说，图灵的策略短期来看没错，但长远考虑，威尔克斯是对的。然而，20 世纪 50 年代初，短期效应非常重要。

# 第 22 章
# 图灵的时代精神

布莱恩·卡彭特

罗伯特·多兰

本章回顾了艾伦·图灵自动计算引擎（ACE）的设计历史、1945 年的写作经历，以及设计中具有重大影响的诸多概念。其后的 15 年里，所有这些思想在新兴的计算行业中再度浮现。我们无法确定，计算机先驱们在多大程度上受到图灵未发表思想的影响，或者随着时间的流逝，这些思想在多大程度上被重新发现。无论如何，它们都已成为计算行业时代精神的一部分。

## 引　言

1975 年，大学（比如我们新西兰的大学）使用的计算机主要是伯勒斯 B6700——"堆栈"机器。这种机器的数据（包括子程序的返回地址等）存在堆栈的顶端，以便最后一个输入成为第一个输出。实际上，堆栈上的每个新数据项都"掩埋"了前一项。与英国电气过时的 KDF9 以及数字设备公司刚推出的 PDP-11 不同，堆栈机器别具一格。这种存储概念从何而来？它似乎只是计算时代精神的一部分，是学科知识氛围的一部分。时至今日依然如此。

计算机历史主要发生在 20 世纪 70 年代的美国——计算机被称为冯·诺伊曼机，早期的美国计算机（如 ENIAC 和 EDVAC）家喻户晓。而早期的英国计算机却被视为一个脚注；曼彻斯特计算机运行了第一个存储程序，这一事实在很大程度上被忽视了，这大概就是"程序"（program）一词通常采用美式拼写的原因。[1] 人们倾向认为，计算机学科所有主要思想都起源于美国（如堆栈概念）。

当时，艾伦·图灵在公众眼里是一个理论家，以研究人工智能而闻名。人们不知道他是密码分析家，不知道他研究电子产品，不知道他设计了一台计算机，也不知道他是同性恋者。现实的计算史中几乎没有他的名字。

这里有一个线索。ACE 的第一篇论文的确提到"基于 A. M. 图灵之前的设计"。[2] 雷克斯·马利克（Rex Malik）[3] 写的一篇行业新闻稿将图灵描述为"一个凌晨四点的系统破坏者"，这听起来不像是理论家。第二次世界大战期间的秘史越传越多，包括布莱恩·兰德尔（Brian Randell）1972 年的论文和 1973 年的书。[4] 1972 年，国家物理实验室（NPL）作为技术报告出版了图灵 1945/1946 年 ACE 提案的重印版。[5] 1974 年，《超级机密》爆出了内幕。[6]

## ACE 提案

笔者在 1975 年阅读过 ACE 提案，被它的写作风格和独创性所吸引。它与人们普遍认为的 1945 年最新技术（如约翰·冯·诺伊曼的 EDVAC 报告）的对比也令笔者痴迷。[7] 随后，我们详细分析了最初的 ACE 设计，写了一篇论文——《另一台图灵机》，发表在 1977 年的《计算机杂志》上。[8] 图灵当然读过 EDVAC 报告，但他的论文除了具有截然不同的清晰的写作风格之外（不像冯·诺伊曼使用晦涩的术语），还为 ACE 提供了完整而详尽的设计。（除非另有说明，本章中"ACE"指 1945 年末图灵原作中描述的设计。）

如果作为工程蓝图，图灵的报告还不够详细，也不适用于实际建造，无论是建造 ACE 样品机还是全尺寸 ACE。然而，与 EDVAC 报告相比，图灵的报告让读者费解的内容要少得多。ACE 设计中的许多想法在 20 世纪 60 年代初已是常识，但图灵作为计算机设计师的身份却鲜为人知。

图灵以 48 页的篇幅，描述了存储程序式通用计算机、浮点库、人工智能、硬件引导加载器等概念，还包括详细的电路图和示例程序。这些想法不全是他本人的，但作为一篇集大成的论文，的确非同凡响。

理论家怎么能在 1945 年写出这样的报告？这是一个难题。图灵不仅仅是一个理论家，就连他最著名的理论文章《论可计算数》（1936 年），也是由存储带和逻辑电路引发的思想实验。第二次世界大战之前，他曾两次认真尝试制造数学机器。战争期间，他设计了信息处理机器，并在布莱切利园目睹了大规模的数据处理，在汉斯洛普亲自制造了电子设备（见第 18 章）。即使是在 1936 年，制造电子通用图灵机所需的基本部件也已具备：磁线记录可追溯到 1898 年，触发器（多谐振荡器）可追溯到 1919 年左右。电子与门（重合电路）和二进制计数器在 1930 年出现。1945 年，图灵深入了解了巨人机，是时候设计一台成熟的机器了。

NPL 要获得资金支持，才能使提议成为可能。1944 年底，在供应部、政府编码与密码学校校长爱德华·特拉维斯、道格拉斯·哈特里和莱斯利 J. 科姆里的支持下（科姆里是新西兰人，1938 年创立了科学计算服务有限公司[9]），NPL 数学部的工作得到批准，即提供和协调国家自动化计算设施，包括军事应用。

数学部的首位主管是约翰·沃默斯利（图 22.1）。人们更熟悉他在流体动力学的成就。战前，他就开始研究微分分析器，读过《论可计算数》。1945 年初，他接到 NPL 的任命，上任前被派往美国了解 ENIAC 以及 EDVAC 计划。沃默斯利明白通用自动计算机的潜力，愿意扶持非传统的想法。他给图灵看了 EDVAC 报告，聘请图灵为其下属部门的研究员，设计"自动计算引擎"。该部门只有图灵一个人。到 1945 年底，图灵完成《电子计算机计划》，也称《关于数学部门自动计算引擎（ACE）的开发建议》。1946 年 3 月，在沃默斯利和哈特里的支持下，报告提交给 NPL 执行委员会。委员会批准了 ACE 项目（并

图 22.1　约翰·沃默斯利
转载自 D. A. 麦克唐纳，《动脉血流》第二版，阿诺德：伦敦（1974 年）

非详细的设计），由 NPL 负责人查尔斯·达尔文爵士主持（著名的查尔斯·罗伯特·达尔文的孙子）。

图灵的提案包括：存储程序式计算机、二进制表示和浮点运算的原理概述；详细的架构和指令集；详细的逻辑图；用于各种逻辑元件的电子电路以及样本程序。估计预算 11 200 英镑（是图灵在 NPL 年薪的 20 倍），开创了 IT 行业大幅低估成本的悠久传统。这台 ACE 是串行机（serial machine），运行频率为 1MHz，字长 32 位。如果说图灵并非"字"的原创者，那他也是早期使用者。ACE 与 EDVAC 完全不同，它的中央处理器（TS1-TS32）有 32 个寄存器。"TS"的意思是"临时存储器"，实际上是一条短的水银延迟线。（指令集是寄存器到寄存器的，而 EDVAC 是一个累加器。）ACE 只有 11 条指令，与其硬件设计高度契合，图灵因此成为精简指令集计算机（RISC）的首位设计者。[10]

图灵提出的应用程序从 NPL 计划的数值分析到统计人数、解拼图和下棋。下棋肯定不在计划内，它可能源于图灵战时与克劳德·香农探讨的话题（见第 31 章）。图灵预见了可重定位代码（relocatable code）以及与汇编语言（assembly language）极为相似的形式，他称为"大众"形式。他还预见了包括浮点程序在内的子程序库。他的示例中包括两个名为 BURY 和 UNBURY 的程序，实现了嵌套子程序调用的堆栈。

## 产生深远影响的思想

我们在 1975 年的论文中指出，图灵 1945 年的 ACE 提案包含一套产生重大影响的技术思想（表 22.1）。冯·诺伊曼的 EDVAC 报告只涉及其中的一部分。本节我们会更详细地解释 ACE 提案的大部分概念。

存储程序概念（即计算机可以将程序存在存储器中）源自图灵的论文《论可计算数》。在德国，康拉德·楚泽（Konrad Zuse）也在用他的 Plankalkül 语言开创这个概念。他没有读过图灵的论文。表 22.1 中，存储程序后面的四个概念在 EDVAC 报告中也出现过，图灵曾在不久前读过。这可能暗示这些想法是通过冯·诺伊曼间接地从美国衍生而来。然而，汤米·弗劳尔斯的巨人机已经使用了标准电子元件表示的二进制，图灵似乎不太可能从美国获得这方面的知识。当然，《论可计算数》中已经有了二进制的想法。正如麦克斯·纽曼所强调的，巨人机也有一个基本的条件分支。ACE 提案中的电路符号（以冯·诺伊曼为中介）源自美国著名的计算神经生理学先驱沃伦·S. 麦卡洛克和沃尔特·皮茨，他们的论文反过来引用了图灵的《论可计算数》。[11]

表 22.1 图灵 1945 年 ACE 提案中产生深远影响的技术思想

| 产生深远影响的思想 | EDVAC 报告中 | ACE 提案中 |
| --- | --- | --- |
| 存储程序 | √ | √ |
| 标准化电子逻辑元件表示的二进制 | √ | √ |
| 组合电路和时序电路的完整符号 | √ | √ |
| 存储—控制—运算单元 输入/输出架构 | √ | √ |
| 条件分支指令（虽然笨拙） | √ | √ |
| 地址映射（简单格式） |  | √ |
| 指令计数器和指令寄存器 |  | √ |
| 用来传送数据和寻址多个快速寄存器 |  | √ |
| 微码（简单格式）；分级层次结构 |  | √ |
| 全卡输入/输出操作（类似于直接存储器访问） |  | √ |
| 完整的运算、逻辑和循环指令集 |  | √ |
| 内置错误检测和裕度测试 |  | √ |
| 浮点运算 |  | √ |
| 硬件引导装入程序 |  | √ |
| 子程序堆栈 |  | √ |
| 模块化编程；子程序库 |  | √ |
| 文档标准 |  | √ |
| 作为数据处理的程序；链接编辑器；象征性地址 |  | √ |
| 运行时间系统（输入/输出转换；宏扩展提示） |  | √ |

续表

| 产生深远影响的思想 | EDVAC 报告中 | ACE 提案中 |
|---|---|---|
| 非数值应用程序 | | √ |
| 人工智能探讨 | | √ |

表 22.1 中所有其他概念都来自图灵的报告，而非冯·诺伊曼的报告。这些概念之前没有人发表过。我们不应该忽视一个事实，即这些概念的问世比有名的费城摩尔学院讲座要早几个月。我们现在知道的事实包括：图灵在布莱切利园的经历；他对巨人机的了解；对 19 世纪提花机原理的了解；对巴贝奇和洛夫莱斯的工作成果的了解，以及他在战争期间与克劳德·香农（Claude Shannon）的讨论（见第 31 章）。虽然 ACE 报告中的一些思想可能并不是全新的，然而，在那个年代能将这些概念汇聚在一起仍然令人惊叹。其他计算机先驱要用更长的时间才能做到这一点。[12]

## 图灵的思想遇到什么问题？

接下来，我们再来看表 22.1 中具有深远影响的概念。很显然，它们是图灵 1945 年的独创。随后的几年，这些思想重新浮现。问题是：其中有多少是重新发现，又有多少是未经确认的重新使用？

图灵没有在公开文献中描述这些想法。1945 年的 ACE 报告用蜡纸印刷了少量副本，到 1948 年已经没有余量，1972 年完全消失。ACE 样品机众所周知，詹姆斯·威尔金森关于样品机的两份报告也广为流传，[13] 但是几乎没有提到图灵的贡献。剑桥计算机设计团队（见第 21 章），特别是莫里斯·威尔克斯团队，从未承认图灵的影响。尽管斯坦利·吉尔参与过 ACE 项目和剑桥 EDSAC 项目，但都是在项目的主设计确定之后加入的。曼彻斯特大学遵循 EDVAC 的路线（见第 20 章）。

然而，所有的 ACE 理念都出现在后来的设计中。我们的目标是让读者品鉴图灵的洞见，思考为什么在 1946 年这些思想就如此高瞻远瞩。要传达 ACE

设计中图灵原创思想的广度和深度，不探索技术细节也不使用现代术语是很困难的事情，但我们会将技术色彩降到最低限度。

图灵的一些思想与"存储器的字""地址"和"寄存器"概念联系在一起。计算机存储器被分成小的单位，称为"字"。在 ACE 中，每个字由 32 位组成，如今普遍使用的字仍是 32 位。在存储器中，字的位置用一个数字表示（0 代表第一个字，1 代表下一个字，等等），这便是这个字的"地址"。计算机指令要处理存储器中某个字时，它会被复制到一个叫做"寄存器"的临时存储设备中，寄存器是计算机中央处理单元的一部分。ACE 的每个寄存器都有 32 位。

为了程序员使用方便，现代计算机有一个常见技术——存储器地址"映射"。程序员可以假设程序和数据始终在同一个地方，即使程序运行时，它们实际上处于存储器的不同部分。ACE 预言了地址映射与存储器交叉存取技术（虽然没有运用到 ACE 样品机中）。后来，地址映射出现在曼彻斯特机器上，最著名的是 1962 年的阿特拉斯计算机。

图灵明确表示，需要一个特殊的寄存器来存储机器当前遵循的指令，还需要另一个寄存器存储下一条指令的地址。这两个寄存器通常被称为"指令寄存器"和"指令计数器"。图灵首次写下了这两个概念。它们在计算机设计中普遍存在，也许是因为其他方法都无法实现上述功能。

图灵设计了多个寄存器，而 EDVAC 只有少量几个。除了 DEUCE，第一台配备多个寄存器的生产机器是 1956 年的费兰蒂"飞马"。20 世纪 60 年代，存储数据或地址的多个快速寄存器开始普及（如 IBM 360）。图灵在 ACE 中预言了一种特殊的寄存器——"索引寄存器"，它相当于数据的指针。1949 年，曼彻斯特计算机实验室首次使用索引寄存器（曼彻斯特称之为"B 线"）。

许多现代计算机使用所谓的"寄存器到寄存器设计"。其中，指令使用寄存器作为运算或逻辑操作的源和目标。1945 年的 ACE 提案首次描述了该设计，并运用到 ACE 样品机和 DEUCE 中（图 22.2）。1956 年费兰蒂"飞马"也采用了该设计。1970 年，数字设备公司的 PDP-11/20 再现了这个理念。它的设计者是戈登贝尔，他在澳大利亚做富布赖特学者时使用过 DEUCE。

图 22.2 DEUCE，ACE 的产品模型

© 皇家版权所有，经国家物理实验室许可转载

ACE 设计为多层结构，包含简单的基本编排和基本指令。但是，通过在二进制代码中设置额外的位的开或关，可以修改某些指令以执行相当复杂的操作。今天，我们称这项技术为"微码"（microcode）。此概念在 1947 年 MIT 的"旋风"中实现，也在著名的剑桥 EDSAC2（1956）中重现。

另一项重要的现代技术是"直接内存访问"（direct memory access），即数据自动传输到外部设备，或从外部设备自动传输出去，无需复杂的机器指令序列。ACE 设计的一个特点是，整个穿孔卡片的输入或输出一气呵成。人们通常将这项技术归功于美国国家标准局 DYSEAC（1954），或者认为它来自 1957 年 IBM 709 中使用的"通道"技术，但 ACE 穿孔卡片的特点明确预示了直接内存访问。

ACE 按计划设计了一套完整的运算指令，但它也有逻辑指令（AND、OR 等），后者可能出于密码分析的要求。1949 年的曼彻斯特 1 号和 1952 年的 IBM 701 重现了逻辑指令。

图灵建议内置错误检测（built-in error detection）和操作裕度测试（operating margin tests）。这个需求可能来自他在布莱切利园的工作经验，也可能直接来自巨人机的设计者汤米·弗劳尔斯（虽然巨人机不含裕度测试）。电子真空管计算机的其他建造者要了解它困难重重。

ACE 是为浮点运算而设计的计算机。有效的浮点运算意味着机器分别存储一定数量的大数字（如 3142）和十进制乘数（如 0.001），而不是存储单个值 3.142。乘数以指数的形式存储（如 -3 表示 $10^{-3}$）。这使得机器能够存储和处理大量的数字。从 1914 年开始，人们开始了解这项技术，它出现在各种电子计算机中，如楚泽 Z1（1938）、哈佛 2 号（1944）和斯蒂比茨 V 型（1945）。我们并不清楚图灵的想法是借他山之石，还是一种再发明。1954 年，浮点电子器件出现在曼彻斯特 MEG、费兰蒂"水星"的原型机以及 IBM 704 中。

计算机刚诞生时，开机后通常什么都做不了，而程序必须通过前面板上的开关手动插入。今天的计算机会启动一个自带的基本程序，这个内置小程序叫"引导加载程序"。令人惊叹的是，1945 年 ACE 的设计就包含该程序，尽管人们通常认为首次使用它的是 1952 年的 IBM 701。

图灵还清晰描述了我们现在所说的"模块化编程"（modular programming）和"子程序库"（subroutine library）。他意识到大型程序需要从较小的程序（称为"模块"或"子程序"）中构建，许多小程序可以保存和重复使用，从而组成一个"程序库"。这些想法至少被重新发明了两次，发明者分别是美国的格蕾丝·赫柏（1951—1952）、剑桥的莫里斯·威尔克斯、戴维·惠勒和斯坦利·吉尔（1951）。人们通常认为，软件文档标准是格蕾丝·赫柏在 1952 年前后首次提出的，但图灵在 1945 年就认识到需要这些标准，这比任何存储式编程计算机都要早三年。

计算机科学中一个非常重要的概念是"递归"（recursion）。在递归中，子程序调用自身。从技术上讲，这有点棘手，因为计算机必须跟踪递归的位置。这是通过将数据项堆叠在彼此的顶部，并反向出栈来实现的。如前所述，图灵在他的 ACE 提案中准确地描述了堆栈和出栈过程，将其称为 BURY 和 UNBURY。1958 年的 LISP 编程语言和 1960 年欧洲的 Algol 语言中出现了递归堆栈（recursive stack）。它随后出现在英国电气 KDF9（1960）、伯劳斯 B5000（1961）、曼彻斯特大学和费兰蒂共同建造的阿特拉斯（1962）的硬件中。Algol 在这方面有多个贡献者，包括图灵在 NPL 的同事迈克·伍德格，他是 Algol 原始报告的作者。（伍德格告诉我们，"递归"这一明确的概念出现在 Algol 语言中，得到传奇人物艾兹赫尔·戴克斯特拉的认可。[14]）

图灵还预测了几种基本的软件开发工具。第一个工具相当于现代术语"链接编辑器"——将几个机器代码合并成一个程序的程序。一个程序操纵另一个程序的概念出现在 1945 年，真是令人叹为观止。第二，他建议使用符号地址编程，也就是说，程序员使用易于理解的名称，而不是编写数字内存地址。第三，他建议不使用数值机器代码，而是用一种可读的（"流行的"）机器码形式编程，近似于现代的汇编语言。沿着这些思路，DSAC 在 1949 年有了按字母顺序排列的指令，EDSAC 自己将其转换成机器代码。随后，曼彻斯特（1952）和剑桥有了"自动编码"编程系统。图灵为曼彻斯特的软件开发做出了直接贡献，但完全可行的自动编码解决方案出自托尼·布鲁克（1954 年）。

图灵描述了一个用于输入输出转换的简单运行时系统。该系统迅速普及，体现了图灵在 1945 年的远见卓识。他探讨了非数字应用程序，灵感可能来自加密分析（根据《官方保密法》不能以书面形式讨论加密分析）。他在 ACE 提案中还提到了人工智能。图灵在战争期间曾与克劳德·香农探讨过人工智能。因此，人工智能的起源要归功于他们二人。

1945 年，图灵甚至预见到了计算机程序员这一职业。[15] 他表现出卓越的社会远见，我们最好引用他本人的话：

指令表必须由具有计算经验的数学家来编写，或许还需要有一定的解谜能力……编写指令表的过程应该是令人陶醉的，因为任何非常机械的过程都能交给机器，所以不必担心它会是一份苦差。

然而，不久后的 1947 年，他写道：[16]

困难的是保持适度的自律，这样我们就不会忘记正在做的事情。我们需要一些高效的程序管理员来维持秩序……我已经提到，ACE 能做的工作大约相当于 10 000 个（人类）计算员。

他还预见了系统程序员的形象，说他们神秘莫测，常发表怪异的言论：

大师（程序员）很容易被取代，因为技术一旦定型，就有可能设计出一套指令表系统，让电子计算机自己完成编程。然而，程序员可能不愿这么做，他们不想被机器抢了工作。因此,每当有人提出这种危险的建议,他们都会给工作披上神秘的面纱,说些高深莫测的话来搪塞。

## 结　　语

我们应该将多少功劳归于图灵?很显然,在1945年末,他是英国第一台通用计算机的设计者,展现出非凡的远见和创造力。他博采众长,提出了许多原创想法,写出了思维清晰、逻辑连贯的论文。图灵去世(1954年)之前,英美计算机先驱的圈子还比较小。我们可以假设口碑有着巨大的效应,人们并不总能恰如其分地将功劳归于思想的原创者。

图灵在诸多领域的高瞻远瞩令人惊叹,然而,它们在多大程度上直接或间接地影响了其他先驱,又在多大程度上应运而生,被他人重新发现?这些问题即使现在也难以定论。尽管如此,图灵的思想确实成为未来计算时代精神的一部分。[17]

# 第 23 章
# 计算机音乐

杰克·科普兰

杰森·朗

图灵对数字时代的贡献之一是将计算机转变为一种乐器,这项开创性工作在很大程度上被忽视了。[1] 1957 年,美国贝尔实验室传来由计算机生成的音符,创造了音乐世界的都市神话。[2] 事实上,大约 9 年前,在曼彻斯特大学的图灵计算机实验室里,有人就听过计算机生成的音符。本章确立了图灵在计算机音乐史上的先驱地位,还描述了克里斯托弗·斯特雷奇(后来成为牛津大学首位计算机科学教授)使用和扩展图灵的音符播放子程序,创造出最早的计算机生成旋律。

## 引　言

在婴儿机运行第一个程序的几周后(见第 20 章),图灵接受了曼彻斯特大学的工作邀约。他改进了婴儿机的基本设备,在战时加密技术的基础上设计了输入输出系统(见第 6 章)。他用的纸带与巨人机一样,是电传打字机纸带。纸带读取器将纸带上的穿孔模式转换成电脉冲,并输入计算机。读取器里有一排光敏电池,能读取移动纸带上的孔——所用技术与巨人机相同。

几个月后,一台大型计算机在曼彻斯特计算机实验室建造成形。图灵称其为"曼彻斯特电子计算机 1 号"（图 23.1）。³ 实验室分工明确，基尔伯恩和威廉姆斯负责硬件设计，图灵负责软件设计。威廉姆斯致力于开发旋转磁鼓，一种新的辅助存储形式，基尔伯恩开发其他硬件。图灵设计曼彻斯特 1 号的编程系统，撰写了世界上第一本编程手册。⁴

图 23.1　婴儿机成长为图灵所说的"曼彻斯特 1 号"
经曼彻斯特大学计算机科学学院许可复制

曼彻斯特 1 号于 1949 年 4 月开始运行，其他项目仍在继续。⁵ 曼彻斯特的一家工程公司费兰蒂签下合约，制造商用计算机。1949 年 7 月，新机器的基本设计图移交费兰蒂。⁶ 1951 年 2 月，第一台费兰蒂计算机在图灵的计算机实验室安装完成并投入使用（图 23.2），它比美国制造的最早的商用计算机 UNIVAC I 提前了几周。⁷

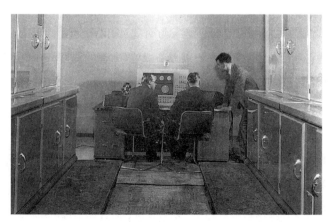

图 23.2　图灵在费兰蒂 1 号计算机控制台。他称之为"2 号"
经曼彻斯特大学计算机科学学院许可复制

图灵称新机器为"曼彻斯特电子计算机 2 号",而其他人则称之为"费兰蒂 1 号"。在本章中,我们遵循图灵的命名。图灵的编程手册是为曼彻斯特 2 号而写的,名为《曼彻斯特电子计算机 2 号程序员手册》,但这是他在 1 号上进行编程设计的结果。[8] 就目前所知,该手册包含了最早的音符程序设计教程。

## 如何进行音符编程

曼彻斯特计算机有一个叫作"鸣响"的扬声器。当机器出现状况需要引起操作员注意时,扬声器就会呼叫警报。[9] 通过简单的编程设计,扬声器可以播放音符。

计算机"鸣响指令"的工作原理是这样的:计算机里有一个电子时钟同步所有操作。时钟像是无声的节拍器,每秒打出数千个无声的节拍。执行鸣响指令,扬声器就会发出声音,但声音的持续时间只有几分之一秒,比嘀嗒声还短。图灵将它描述为"介于嘀嗒、咔嗒和砰砰之间的声音"。[10] 重复执行鸣响指令,就会不断发出这种短音,每四个一组:嘀嗒、嘀嗒、嘀嗒、咔嗒,嘀嗒、嘀嗒、嘀嗒、咔嗒。[11]

如果这种短音重复的次数够多,那么人听到的不再是有间隔的嘀嗒声,而是一个稳定的音符。图灵意识到,如果鸣响指令不只是简单的重复,而是执行不同的模式,耳朵会听到不同的音符。例如,如果重复的模式是"嘀嗒、嘀嗒、嘀嗒、咔嗒,嘀嗒、嘀嗒、嘀嗒、嘀嗒、嘀嗒、嘀嗒、咔嗒、嘀嗒、嘀嗒、嘀嗒、嘀嗒",就会听到 $C_5$ 音符。(下标表示音符产生的八度音阶。)图灵将 $C_5$ 描述为 C 中音。音乐家有时会使用这个术语,特别是在极高音区演奏乐器时,尽管他们通常将 C 中音称为 $C_4$,比 $C_5$ 低一级的音阶。[12] 重复不同的模式"嘀嗒、嘀嗒、嘀嗒、咔嗒,嘀嗒、嘀嗒、嘀嗒、咔嗒,嘀嗒、嘀嗒、嘀嗒、嘀嗒,嘀嗒、嘀嗒、嘀嗒、咔嗒,嘀嗒、嘀嗒、嘀嗒、嘀嗒"产生音符 $F_4$,等等。这是一个了不起的发现。

图灵对传统音乐编程似乎不太感兴趣。不同的音符被用于表达计算机的内部状态——某个音符表示"工作已完成",其他音符表示"从磁鼓传输数据时出现错误""内存中数字溢出"等。[13] 运行图灵设计的程序,耳朵注定不得安宁,不同的音符和节奏让用户能"收听到"(如图灵所说)程序正在执行的内容。他将编程一段完整音乐的工作交给了别人。

## 一个大惊喜

某天,克里斯托弗·斯特大学雷奇(Christopher Strachey,图 23.3)来到计算机实验室。战前,他在剑桥大学国王学院认识了图灵。斯特雷奇很快成为英国最有才华的程序员之一,后来担任牛津大学编程研究团队负责人。

图 23.3 克里斯托弗·斯特雷奇,1973年在他"泥屋"的花园里日光浴。两年后英年早逝

经牛津大学图书馆和坎普希尔村信托许可复制

刚到曼彻斯特实验室时,斯特雷奇还在哈罗公学教数学和物理。大约在 1951 年 1 月,他听说了数字计算机,立即产生了兴趣。1951 年 4 月他写信给图灵,表达了自己在该领域攻坚克难的意愿。[14] 图灵送给他一本《程序员手册》副本,斯特雷奇开始埋头苦读。[15] "当时,程序员手册因晦涩难懂而闻名。"斯特雷奇说。[16] 图灵对音符编程简要的说明令他大为赞赏,称其为热情的钢琴家。斯特雷奇初次访问实验室是在 1951 年 7 月。图灵决定抛给他一个大难题,让他试着写一个计算机自检程序。[17] 斯特雷奇离开实验室后,图灵调皮地对好

友罗宾·甘迪说："这活儿可够他忙的！"[18]

1951年暑假，斯特雷奇确实为此忙得不可开交。[19]斯特雷奇是个才智过人的程序员。他回忆说，自己拿着二十多页的编程代码"一路小跑回到曼彻斯特"——这是迄今为止最长的程序。[20]斯特雷奇说，图灵用其独特的快语速和尖嗓门，讲述了如何使用计算机。[21]之后留下他一个人，直到第二天早上，他才离开计算机控制台。

他说："我坐在这台巨大的机器前，控制台上的开关有20个，排成四五排，感觉就像在战舰控制室里。"[22]这是他人生第一次通宵编程。他潜心调试自己庞大的程序，他称之为"检查表"。[23]在《程序员手册》中，图灵使用"核对表"来表示检查程序的手工方法。"检查表"是它的变体。《程序员手册》中写道，该方法"在纸上完成，纸上印有四分之一英寸的方格，其上有墨水画的竖线"。[24]

斯特雷奇通宵达旦地工作，不止是调试，还准备了一个惊喜。他调试并运行了自己设计的另一个程序。计算机播出英国国歌《天佑女王》，令在场的人惊讶不已。[25]对于初露头角的程序员来说，这真是获得关注的最佳方式。几周后，麦克斯·纽曼听到计算机播放《天佑女王》，立即给斯特雷奇写信，建议他来实验室里做编程工作。[26]

曼彻斯特的音乐计算机也引起了大众媒体的注意，新闻标题打出《电子大脑能唱歌了》。[27]文章写道，"世界最强大脑"被"赋予音乐的编码版本"，可以"构建出必要的波形"。BBC派出一个录制小组，与"少儿时光"的电台主持"阿姨"一起录制计算机的演奏。[28]除了《天佑女王》，BBC还录制了格伦·米勒的《兴致盎然》，计算机将这首著名的曲子演绎得尖细而僵硬。此外，还再现了一首童谣《巴巴黑绵羊》，曲调活泼而仓促。曼彻斯特2号经常出小故障，在演奏格伦·米勒的杰作时死机了。阿姨脱口而出："机器显然兴致索然。"

BBC未经编辑的录音传达了人们与新事物互动时的感受。有一刻，阿姨评论道"机器讨厌那曲子"。曼彻斯特流传着思维机器、电子大脑的概念。图灵自然乐于煽风点火。他告诉《泰晤士报》记者，他看不出计算机为何不能"进入人类智力所及的领域，最终与人类公平竞争"。[29]

1952年，250名音乐家参加了美国音乐家协会年会。曼彻斯特数学教授、计算机实验室创始人麦克斯·纽曼在年会上发表演讲，主题是新的计算机音乐。国家媒体报道了他的演讲。[30] 想让曼彻斯特计算机演奏音乐，"你要做的就是向鸣响发送指令，这个指令与你希望播放的音符频率一致。"纽曼接着介绍了新发现——我们可以为计算机编程，让它自己创作乐曲。他承认，到目前为止，机器自创的曲子"非常难听"。（程序很可能使用了图灵的随机数产生器，那是费兰蒂计算机的标准硬件组件。）《曼彻斯特卫报》的报道如下：[31]

纽曼教授说，下一步是制造一台能谱写优美乐曲的机器，但到目前为止，尚未设计出完善方案。

文章继续写道：

演讲结尾，纽曼教授安慰音乐家："一切看起来令人担忧，事实远非如此。看到机器如何作曲，了解到它离真正的音乐创造有多远，作曲家就会明白，他们无须为了与机器竞争而采取防卫措施。"

## 图灵的《编程手册》摘录

《程序员手册》中的音符编程教程较短，体现了他特有的写作风格——只讲干货，读起来并不轻松。但特色的另一面是，他以简洁的手笔向读者提供了音符编程的完整知识。图灵称鸣响指令为"/V"（读作"斜杠 V"）。整个音符编程教程用了半页多的篇幅：

鸣响．执行带有功能符号 /V 的指令时，脉冲就会作用到扬声器的隔膜上。有节奏地反复执行这个指令，可以产生有着丰富谐波的稳定音符。这会引起操作员的注意，以便处理机器。最简单的例子是，机器完成全部工作后，需要清除电子存储，开始新的操作。只需重复一个周期的鸣响指令，例如：

  FS  NS/V

CS   FS/P

在这种情况下，每过一秒，指令都会将脉冲送到扬声器中。脉冲以 8 节拍间隔出现，即每 1.92ms 给出 521Hz 的频率（约为中音 C）。或者，可以使用三个指令循环：

O@   /V

G@   P@/V

M@   O@/P

这会让有点响的鸣响声频率降低五分之一。[32] 应用于扬声器的单个脉冲发出的声音清晰可辨，介于嘀嗒、咔嗒和砰砰声之间。声音传递明确的说明，在程序适当的位置放入鸣响指令，操作员可以"收听到"程序的进展。咔嗒的节奏表示计算机所处的运行状态。[33]

## 图灵的教程详解

我们将解释图灵这部具有历史意义的教程。他那满是符号的子程序令人望而却步。解释完这些程序之后，会有一个更清晰的概念，去理解循环子程序与其生成的音符之间的关联。然后，我们会描述 BBC 录音中的音符播放循环，以及关于录音本身的奇妙发现。这一发现使我们能够穿越历史，回到 1951 年 BBC 访问计算机实验室的那一天，听到计算机发出的声音。读者可以打开本节末尾的链接来收听。

在图灵的两个循环样本中，一个样本由两个指令构成，另一个由三个指令构成。他使用国际电传打印机代码来缩写二进制数字（位）字符串，这些字符串组成"机器代码"指令。电传打字机代码将一串五位字符与每个键盘字母关联在一起。例如，A 是 11000，B 是 10011。那个年代的工程师都熟悉电传打印机代码。第二次世界大战期间，希特勒和他的将军们使用金枪鱼电传打印机代码，图灵对此非常熟悉（见第 14 章和第 16 章）。选择电传打印机代码来缩写曼彻斯特计算机的位码，对于图灵来说是顺理成章的事。这个系统的主要缺陷是缩写的内容让人摸不到线索，这是《程序员手册》难以理解的原因之一。

电传打印机的代码"/"是 00000,"V"是 01111：因此 /V 是曼彻斯特 2 号十进制鸣响指令 0000001111 的电传打印机代码缩写。图灵的 /P 也是一个指令：指令总是从"/"或"T"（00001）开始。图灵样本子程序中的其他符号（"NS""P@""FS""CS""O@""G@""M@"）是存储地址：每对符号缩写威廉姆斯管存储器中的一个十进制地址。

指令 /P（控制的无条件转移）将地址立即转移到"/"左侧，以此告诉机器执行存储在指定位置的下一个指令。实际上，第一个循环的第二行将机器送回第一行，第二个循环的最后一行再次将机器送回第一行。[34] 计算机持续循环，直到重复 n 次后，程序中某处的指令终止循环。[35] 程序员根据旋律的节奏要求选择数字 n，以此确定音符的播放时间。

我们对 BBC 录制的曼彻斯特 2 号播放的《天佑女王》《巴巴黑绵羊》和《兴致盎然》进行分析后发现，播放音符的持续时间在 80 到 1 100ms 之间。分析还发现，通过"静音"循环（不包含鸣响指令的短循环），在连续的音符之间设计了非常短的停顿。音符间的暂停有助于确定每个音符的起始部分，它对于播放同一音高的音符也必不可少：如果单个音符之间没有间隙，就会产生一个长音符。

就当前的目的来说，图灵的第一个子程序中 /V 左侧出现的 NS 可以忽略，第二子程序中 /V 左侧出现的 P@ 也可以忽略：这些表达式会对计算机的视觉显示产生特殊影响，对产生音符不起作用。（将地址 NS 包含在第一个子程序的第一行所产生的效果是，当机器鸣响时，存储在 NS 的信息在监视器显示屏上亮起；[36] 这为操作人员提供了一个视觉提示。同样，三行子程序的第二条指令中 P@ 的作用是，在鸣响声响起时使存储在 P@ 的信息在显示屏上亮起。）在没有这些特殊效果的情况下，两个音符播放子程序可以更清晰地写为：

FS /V
CS FS/P
O@ /V
G@ /V

M@ O@/P

为了更加清晰,我们可以用简单的行号来代替电传打字机编码的地址:

1 /V
2 1/P
1 /V
2 /V
3 1/P

如前所述,/V 指令用了 4 个嘀嗒声来完成——用曼彻斯特的术语来说是 4 个节拍——而实际的鸣响发生在第 4 拍上[37]——/P 指令也用了 4 个节拍来完成。(正如威廉姆斯和基尔伯恩所说,曼彻斯特计算机的基本节奏是"每小节四拍"。[38])因此,图灵的两行子例程序运行一次会产生"嘀嗒嘀嗒嘀嗒咔哒,嘀嗒嘀嗒嘀嗒嘀嗒",在子程序中反复循环会产生前面讨论的两个序列中的第一个。同样,运行三行子程序会得到:"嘀嗒嘀嗒嘀嗒咔嗒,嘀嗒嘀嗒嘀嗒咔嗒,嘀嗒嘀嗒嘀嗒嘀嗒",反复循环得到前面提到的第二个序列。

每拍的精确持续时间为 0.24ms。第一个子程序每 8 拍产生一次咔嗒(即每 1.92ms):因此,当机器通过这个子程序反复循环时,产生的咔嗒频率是每毫秒 1÷1.92=0.521 83 次咔嗒,或每秒 521.83 次咔嗒。在标准单位中,咔嗒声的频率为 521.83Hz):这接近 $C_5$,它在标准的平均律音阶中分配的频率是 523.25Hz。平均律音阶是键盘乐器的标准音阶,相邻的键所演奏的音符听起来彼此距离相等。[39]

表 23.1 显示了在 BBC 录制的《天佑女王》《兴致盎然》和《巴巴黑绵羊》乐谱片段中出现的所有音符的平均律音阶。然而,计算机并不总是能够达到平均律音阶,表 23.2 显示了计算机产生的实际频率。

不引用任何存储地址,从中提取所使用的特定指令,图灵的音符播放子程序可以通过我们所谓的"音符循环"清晰地表示出来。图灵的 $C_5$ 例行程序对应的音符循环是:

开始 ---H---- 重复

每个破折号代表一个节拍,而鸣响 H 在第一小节的第四拍上。音符循环可以更简洁的表示为 <3H,4>。

表23.1  1951年,BBC 录制的《天佑女王》《兴致盎然》和《巴巴黑绵羊》乐谱中部分音符的平均律音阶

| 音符 | 频率(Hz) |
| --- | --- |
| $F\#_2$ | 92.5 |
| $G_2$ | 98 |
| $A_2$ | 110 |
| $B_2$ | 123.4 |
| $C_3$ | 130.8 |
| $C\#_3$ | 138.6 |
| $D_3$ | 146.8 |
| $E_3$ | 164.8 |
| $F\#_3$ | 185 |
| $G_3$ | 196 |
| $A_3$ | 220 |

表23.2  曼彻斯特2号通过包含四拍指令或四拍与五拍混合的指令循环播放的频率,降至 BBC 录音中的最低频率。通过进一步增加循环中的节拍数,机器播放的音符频率不断降低,直到大约 20Hz 时,人耳开始听到一连串单独的咔嗒声,而不是一个音符。我们把计算机能够播放的音符称为"可播放音符"

| 节拍 | 频率(Hz) |
| --- | --- |
| 8 | 520.8 |
| 12 | 347.2 |
| 13 | 320.5 |
| 16 | 260.4 |
| 17 | 245.1 |

续表

| 节拍 | 频率（Hz） |
| --- | --- |
| 18 | 231.5 |
| 20 | 208.3 |
| 21 | 198.4 |
| 22 | 189.4 |
| 23 | 181.2 |
| 24 | 173.6 |
| 25 | 166.7 |
| 26 | 160.3 |
| 27 | 154.3 |
| 28 | 148.9 |
| 29 | 143.7 |
| 30 | 138.9 |
| 31 | 134.4 |
| 32 | 130.2 |
| 33 | 126.3 |
| 34 | 122.6 |
| 35 | 119.1 |
| 36 | 115.7 |
| 37 | 112.6 |
| 38 | 109.7 |
| 39 | 106.8 |
| 40 | 104.2 |
| 41 | 101.6 |
| 42 | 99.2 |
| 43 | 96.6 |

## 分析音符

播放低音的子程序需要添加更多的指令，因为在鸣响之间添加额外的四节拍会降低频率。图灵的几条指令以简捷的方式消耗了时间：执行指令耗时四拍，但这些指令什么也没做。例如 /L：除非在程序启动前在控制台上手动设置"虚停"开关，否则指令什么也不做（在这种情况下，/L 会导致机器暂停）。任意一个四拍"虚拟"指令都可以用来创建低频音符。例如，音符循环 <3H, 4, 4> 产生 347.22 Hz 的频率，约为 $F_4$（349.23 Hz），比 $C_5$ 低五分之一。

音符循环 <3H, 4, 4> 产生的音符与图灵的第二个循环示例相同，其符号表示为 <3H, 3H, 4>。以相同频率添加第二个声音脉冲并不会改变音符，但（正如图灵所说）会让音符更响亮。我们把播放相同频率的音符循环称为等效的。

音符循环的另外两个示例是 <3H, 4, 4, 4, 4, 4, 4>（产生 130.21Hz 的频率，非常接近 130.81Hz 的 $C_3$）以及 <3H, 4, 4, 4, 4, 4>（产生 148.81Hz 的频率，介于 146.83Hz 的 $D_3$ 与 155.56Hz 的 $D\#_3$ 之间）。这两个音符循环都会产生轻柔的声音：如果加上额外的鸣响以形成等效的音符循环，如 <3H, 3H, 3H, 3H, 4, 4, 4, 4> 和 <3H, 3H, 3H, 3H, 4, 4, 4>，则相同的音符会更响亮。

我们将只包含一个鸣响的音符循环称为基本形式，而将包含多个鸣响的等效的音符循环称为循环的填充形式。填充音符循环产生的音符与基本形式循环产生的音符具有不同的音色或音质。音色表现为相同频率的波形在形状上有差异；例如，如果小提琴和长笛以完全相同的音量演奏完全相同的音符，但由于它们的音色不同，人们很快能识别出它们声音的不同。

我们构建了一个可编程的模拟器来播放曼彻斯特 2 号的音符循环，用它来研究填充音符循环的效果。Atmel ATmega168 微控制器被用来创建曼彻斯特 2 号作为音符播放设备的功能模拟。我们将一个小扬声器直接连接到一个数字输出管脚上。使用脉冲和延迟的微控制器程序再现了曼彻斯特 2 号的节拍结构，并模拟了曼彻斯特 2 号音乐例程的效果。

我们发现，基本音符循环产生的声音相对较细，而填充音符循环产生的声音更响亮、更饱满。然而，过度填充也是可能的。模拟器显示，包含太多的鸣响会增加一个高泛音，尤其在包含更多低音符的节拍中。由于不间断的鸣响指令序列产生了曼彻斯特 2 号可达到的最高频率 1041.67Hz（在 $C_6$ 附近），过度填充音符循环的结果是，耳朵不仅会听到预期的音符，还会听到作为高泛音的最大音符。

BBC 的录音表明，程序员可能使用了填充。如果只使用未填充的循环，低音符会比高音符更轻柔，因为在低音符中，鸣响之间有更长的间隔。在录音中没有观察到这种情况，事实上，一些低音符比一些高音符更响亮。然而，由于记录材料的质量较差，目前的分析并没有揭示每个音符循环中使用的鸣响次数。

虽然曼彻斯特计算机的正常节奏是每小节四拍，但有些指令需要五拍才能执行。音符循环中加入合适的五拍指令（例如图灵的 TN 指令）扩展了可播放音符的数量。例如，在之前显示的 148.81Hz 音符循环的基本形式或填充形式上添加 10 个额外的节拍，会产生一个 109.65Hz 的循环，这非常接近 $A_2$（110Hz）；基本形式是 <3H, 4, 4, 4, 4, 4, 5, 5>。后面是循环播放的低音符 $F\#_2$：<3H, 4, 4, 4, 5, 5, 5, 5, 5>。这个循环产生 92.59Hz，比该音符 92.5Hz 的平均律音阶略高。

在下文中，音符循环有时会以缩写形式表示；例如，<3H, 4×7> 代替 <3H, 4, 4, 4, 4, 4, 4, >，<3H, 4×4, 5×5> 代替 <3H, 4, 4, 4, 4, 5, 5, 5, 5, 5>。表 23.2 显示了曼彻斯特 2 号通过包含四拍或五拍指令的音符循环可以产生的全部频率范围（低至 96.9Hz）。

## 鸣响 – 停止

图灵在他的教程中解释过，<3H, 4> 的一个基本用法就是所谓的"鸣响 - 停止"。如果教程中显示的两行代码放置在例程（或者我们今天所说的"程序")的末尾，那么一旦程序运行完毕，计算机就会连续发出 $C_5$ 的声音，直到操作员干预。干预的形式可能是按控制台上的"KEC"键，即"清除所有"键，以清除已完成的程序，为运行下一个程序做准备。[40] 由于没有便利的鸣响-停止装置，操作人员必须留在控制台，观察指示器，以判断程序是否已经停止运行。

对于这一问题，人们在美国早期的计算机 BINAC 中发现了一个截然不同的解决方案。赫尔曼·卢克夫（Herman Lukoff）是 BINAC 的工程师之一，他解释说，负责在夜班监控 BINAC 的技术人员杰克·西尔弗（Jack Silver）不得不整晚"盯着闪光；这是确定计算机是否正常工作的唯一方法"。一天晚上，西尔弗打开收音机，缓解这种单调的气氛：[41]

令杰克惊讶的是，扩音器里发出的不是舒缓的音乐，而是各种奇怪的声音。他很快意识到运行着的 BINAC 产生了这些噪音，因为一旦它停止，噪音就停止……他很好地利用了计算机生成的音调。杰克发现，把音量调大，他可以在大楼里走动，而且能立即察觉计算机何时停止工作。

由普雷斯波·埃克特（Presper Eckert）、约翰·莫奇利（John Mauchly）和埃克特-莫奇利计算机公司的工程师在费城建造的 BINAC，是开创性的埃克特-莫奇利 ENIAC（见第 14 章）的存储程序后继机。埃克特和莫奇利继续建造了 UNIVAC，这是最早进入市场的电子数字计算机之一。

曼彻斯特 1 号可编程鸣响器的首次系统使用似乎是为了提供"鸣响-停止"装置。

## 第一个音符何时播放？

图灵的《程序员手册》中，有一部分专门介绍曼彻斯特 1 号。图灵明确指出，可编程鸣响器的出现早于曼彻斯特 2 号。[42] /V 是曼彻斯特 2 号的标记法；在曼彻斯特 1 号时代，让扬声器发出计算机乐声的是指令 K（11110）。曼彻斯特 1 号于 1950 年夏停产，[43] 运行速度比曼彻斯特 2 号慢，其节拍持续时间为 0.45ms，而曼彻斯特 2 号为 0.24ms。这大大减少了可演奏音符的数量：将节拍延长到 0.45ms，会导致最高频率循环 <3H，4> 的频率从 523.25Hz 下降到 277.78Hz，约为 C#$_4$。

目前尚不清楚可编程鸣响器第一次被添加到计算机中的时间。格拉布·图迪尔（Geof Tootill）的实验室笔记是关于婴儿机到曼彻斯特 1 号发展过程为数不多的史料之一。在 1948 年 10 月 27 日的笔记中，图迪尔在机器的 32 条指令中列出了 K 指令 11110，但他表示当时该指令未赋值。[44] 考虑到图灵对编程方面的关注，以及他强调使用鸣响指令和暂停指令（他称之为"虚停"）进行"测试"（即调试新程序），所以鸣响器很有可能是更早加入的。[45] 1949 年 4 月，计算机已经能运行复杂的程序，比如寻找梅森素数（形式为 $2^n-1$ 的素数）程序，[46] 图灵的鸣响和虚停调试工具可能在此之前就已经引入了。使用循环来增加鸣响器的原始音量，也可能与 K 指令的引入同时发生。由循环产生的响亮音符比由单一指令发出轻柔音符更有用。正如曼彻斯特 1 号的普通用户狄特里希·普林茨所说："通过编写一个包含这条指令的简单循环程序……听到计算机发出一声鸣响。"[47]

1948 年 11 月 28 日，图迪尔笔记本上的一张表显示了当时的机器指令，列出了 N、F 和 C 三个不同的虚停点。图灵的程序员手册中关于曼彻斯特 1 号的部分解释说，为了检查程序，这些虚停与鸣响指令 K 一起操作。11 月 28 日的表中，K 指令已经得到赋值：图迪尔将其功能列为"停止"。然而，他的表还包含另一条名为"Stop"（00010）的指令。由于机器不需要两个普通的停止指令，所以此时 K 很可能是用于鸣响-停止。当程序执行到插入鸣响-停止的位置时，执行将暂停，鸣响器将连续播放 C#$_4$（中 C 升调），直到操作员干预。我们得出结论，曼彻斯特 1 号在 1948 年 11 月前后至少演奏了一个音符。

## 其他早期的计算机音乐

曼彻斯特1号并不是唯一一台播放音乐的早期电子存储程序式计算机。特雷弗·皮尔斯（Trevor Pearcey）在悉尼制作的CSIRAC（发音为"赛-瑞克"）演奏的曲目包括《波基上校进行曲》《友谊地久天长》《亚麻色头发的少女》，以及亨德尔和肖邦的片段。一些音乐程序保存在穿孔纸带上，但似乎没有留下任何录音。澳大利亚作曲家保罗·多恩布什（Paul Doornbusch）用重建的CSIRAC硬件和现存的程序重新创造了一些乐曲。[48]CSIRAC现陈列于墨尔本博物馆，设备仍然完整，基本上仍处于工作状态。

多恩布什的录音和BBC的曼彻斯特录音显示，两台计算机的程序员都遇到了"无法播放的音符"问题，即无法通过可用的音符循环来重现（甚至接近）音符。一个例子是音符$D_3$，它在曼彻斯特的《天佑女王》中出现了5次。该音符的平均律频率是146.8Hz，但曼彻斯特2号最接近的是148.81Hz，这是明显不同的音，我们在前面讨论过。从多恩布什的录音来看，$F\#_2$，$G_2$，$C\#_3$，$F\#_3$，$D_4$，$E_4$，$F_4$，$G_4$和$A_4$对CSIRAC来说尤为麻烦。

对音符无法播放的问题，澳大利亚和英国的解决方法截然不同。在曼彻斯特，他们选择使用最接近的可播放频率，容忍旋律轻微的不和谐，选择频率时考虑到它们的整体关系，而不是试图尽可能接近平均律频率。另一方面，CSIRAC的程序员试图通过在两个可播放频率之间快速来回移动来模拟不可播放的频率，所讨论的音符位于这两个可播放的频率之间。其结果是，在一段旋律中，与调音相关的问题被与音色相关的问题所取代，澳大利亚技术产生的音符听起来粗糙且不自然。

大约在1949年11月，一台CSIRAC雏形机首次运行了一个测试程序。[49]这台计算机好像是从1950年后期开始部分运行，并在1951年中期开始正常运行。CSIRAC第一次播放音符的日期没有留下记录；大概是在1950年末或1951年，比曼彻斯特计算机晚了至少2年。众所周知，CSIRAC于1951年8月在悉尼大学举行的第一届澳大利亚自动计算机器大会上播放了歌曲。[50]2008

年 BBC 新闻的一篇文章（消息来源于澳大利亚）声称，CSIRAC 是第一台播放音乐的计算机。[51] 其唯一的证据是 CSIRAC 在悉尼会议上的展示早于之前所说的 BBC 对曼彻斯特计算机的录音日期。但事实上，BBC 录音的确切日期不得而知，而且曼彻斯特计算机第一次播放《天佑女王》的时间（确切日期）也是未知的，应该是在 BBC 录音之前的几天、几周甚至几个月。遗憾的是，在没有证据的情况下，《牛津手册：计算机音乐》也称 CSIRAC 是"第一台播放音乐的计算机"。[52]

## 美国的鸣响

然而，CSIRAC 肯定不是第一台能播放音乐的计算机。BINAC 在 CSIRAC 运行第一个测试程序之前就开始播放音乐了。BINAC 于 1949 年 8 月建成（尽管它在当年 4 月运行了一个 50 行测试程序）。[53] 正如卢科夫所说，他们为庆祝机器的建成举行了一个派对：[54]

派对是在 8 月的一个晚上举行的，地点就在 BINAC 的测试区。除了开胃小菜和鸡尾酒，BINAC 的工作人员还安排了一场壮观的计算机表演。有人发现，通过编程正确的周期数，可以产生可预测的音调。于是，一个扩音器安装到 BINAC 高速数据总线上，首次通过程序控制播放乐曲。观众们都很高兴。然而，谁都没想到，用复杂的数字计算机生成的简单音调听起来很可笑……经过长时间费劲的算术计算，计算机搞砸了！工程师们不得不给它编程，让它生成真正的旋律。

因此，可以确定的是，1949 年夏，埃克特-莫奇利计算机公司听到了第一首由计算机播放的乐曲。可能是在 1948 年 11 月，图灵计算机实验室听到了计算机播放的单个音符。事实上，大西洋两岸的开拓性发展是同步的，澳大利亚在一两年后进入这一领域。

## 聆听 BBC 的录音

BBC 网站发布了曼彻斯特 2 号原版录音的数字版本，曼彻斯特大学网站上也有同样的完整版本。[55] 按下"播放"键，听众就会感受到一堵厚厚的噪音墙扑面而来——一种混合了嘶嘶声、嗡嗡声和塑胶唱片不断发出的有节奏的噼啪声。这时，一个类似于大提琴的音调打破了杂音，机械地奏出了国歌的前两段。旋律虽然很熟悉，但有点走调，有些音符走调的程度更明显。此外，一些音符相对于相邻的音符来说比较响亮（很可能是填充的结果）。在第二阶段结束时，播放突然被一个小故障和紧张的笑声打断。

工程师重新启动了程序，这一次机器活力四射地演奏了完整的第一节。接着，几乎没有停顿地演奏了《巴巴黑绵羊》的第一行。曼彻斯特 2 号的第三首歌《兴致盎然》再次遇到未知错误，发出了高音哔哔声。录音团队再给计算机一次机会，让它演奏《兴致盎然》。它令人钦佩地演奏到最后一行，然后再次崩溃。整个录音共持续约 3 分钟。

录音期间，刻制了两张不同的塑胶唱片。其中一张被 BBC 拿走，可能是为了在广播中使用。这张唱片不太可能保存下来，但第二张送给了曼彻斯特工程师弗兰克·库珀（Frank Cooper）留作纪念。里面还有另一段录音，是在主要录音结束后应库珀的要求录制的。[56] 库珀回忆说，当时"计算机有点不舒服，不想演奏太久"。最后，他把这张 12 英寸的单面塑胶唱片捐赠给计算机保护协会，随后国家声音档案馆（隶属于大英图书馆）制作了一份数字版副本。[57]

表 23.3 给出了 BBC 录音中播放《天佑女王》时音符循环的基本形式；表 23.4 给出了其他两个旋律中其余音符循环的基本形式。

BBC 录制的旋律的程序作者是谁还不得而知。库珀说，计算机演奏家奏出国歌后，"每个人都对此产生了兴趣——工程师开始编写音乐程序，程序员开始编写音乐程序"。[58] BBC 的录音内容无法明确作者归属：即使录音中播放国歌的程序也可能是斯特雷奇原作的修改版。然而，至少可以说，《巴巴黑绵羊》《兴致盎然》的程序员与《天佑女王》的程序员使用了相同的音调符号和基本循环：新循环只用于国歌中未出现的音符。即使可以使用一些替代基本循环，但这些选择能否产生更和谐的频率还存有争议。总之，有可能三首录音旋律的程序编写者都不是斯特雷奇——当然，它们都受到了斯特雷奇编写的开创性程序《天佑女王》的启发。

表 23.3 《天佑女王》的基本音符循环

| 音符 | 节拍 | 基本音符循环 |
| --- | --- | --- |
| $F\#_2$ | 42 | <3H, 4×7, 5×2> |
| $G_2$ | 40 | <3H, 4×9> |
| $A_2$ | 36 | <3H, 4×3, 5×4> |
| $B_2$ | 32 | <3H, 4×7> |
| $C_3$ | 30 | <3H, 4×4, 5×2> |
| $D_3$ | 26 | <3H, 4×3, 5×2> |
| $E_3$ | 24 | <3H, 4×5> |

表 23.4 《巴巴黑绵羊》和《兴致盎然》中添加音符的基本音符循环

| 音符 | 节拍 | 基本音符循环 |
| --- | --- | --- |
| $C\#_3$ | 28 | <3H, 4×6> |
| $F\#_3$ | 21 | <3H, 4×3, 5> |
| $G_3$ | 20 | <3H, 4×4> |
| $A_3$ | 17 | <3H, 4×2, 5> |

## 修 复 录 音

我们对 BBC 录音的频率分析显示，录制的音乐播放速度有误。原因很可能是在塑胶唱片剪辑过程中，BBC 录音车的转盘转得太快。（实现速度恒定一直是BBC标准移动录音设备的一个问题，其机械灌制机在旋转的唱片上刻出了一个凹槽。[59]）因此，当唱片以每分钟78转的标准速度播放时，[60]频率被系统地改变了。我们在国家声音档案馆的数字录音副本中发现的正是这些改变的频率，而非计算机实际播放的频率。

显然，我们认为的相当准确的计算机声音记录，事实上并不准确。频率的改变产生了严重的影响，以至于录音中的声音与计算机实际产生的声音关系不大。录音与原作相距甚远，许多录音频率实际上是曼彻斯特2号不可能播放的频率。

当然，我们想听听图灵计算机的真实声音。事实证明，录音中的这些"不可能的音符"是做到这一点的关键：利用不可能的音符和实际播放的音符之间的频率差异，我们能够计算出为了再现计算机的原始声音，录音必须加速多少。[61]于是，我们第一次听到了图灵计算机的真实声音，那是一个美好的时刻。

为了将我们的研究成果投入到档案的实际使用中，我们修复了国家声音档案馆的录音：现在它们已是国家声音档案馆馆藏的一部分。我们提高了录制的速度，过滤掉多余的噪音，也消除了录制速度中恼人的颤动影响。唱片灌制过程是造成颤动的最主要原因，颤动是频率失真的另一个因素，甚至导致音符在整个播放时间内轻微变形。

自从半个多世纪前，早期的费兰蒂机器报废后，就没有人听到计算机的真实声音。德国研究人员大卫·林克（David Link）试图通过编写曼彻斯特2号的模拟程序来重现这种声音。[62]但是模拟远非真实，如果没有包括鸣响器在内的原始物理组件，模拟无法再现真实的声音。但是现在，多亏了1951年的录音与现代分析技术（在新西兰）的奇妙融合，我们终于可以听到图灵的曼彻斯特2号发出的旋律。聆听我们的修复可访问 www.AlanTuring.net/historic_music_restored.mp3。

# 第 24 章
# 图灵、洛夫莱斯和巴贝奇

多伦·斯瓦德

1953 年,费兰蒂 1 号的销售负责人维维安·鲍登宣称,[1] 剑桥数学家查尔斯·巴贝奇(Charles Babbage)在一百多年前阐明了所有现代计算机的基本原理。本章内容有关计算机的历史起源,它确定了图灵在计算领域的核心思想体现在现代计算机的实现上。这些思想可以追溯到 19 世纪,巴贝奇和艾达·洛夫莱斯(Ada Lovelace)对其有详细的阐述。电子计算史前史的一些概念与现代概念意外重叠,比如机械过程、算法、将计算作为系统方法,以及停机和可解性之间的关系。本章最后探讨了图灵是否了解这些渊源,如果答案是肯定的,他在多大程度上受到了它们的影响。

## 引　言

计算被公认为现代社会的福祉。计算的迅猛发展与电子学的发展并驾齐驱,并在电子学发展的推动下一路向前,这是我们的时代特色。20 世纪 30 年代末,艾伦·图灵涉足自动计算领域时,恰逢电子时代的黎明。在自动计算先驱时代的叙事中,他的名字是不可分割的一部分。

将计算与电子时代相关联,会抹杀计算史前史的作用,好像现代所有伟大的成就都是无源之水、无本之木,独立于早期的计算设备和技术支持。18世纪,自然连续律(lex continui in natura)称自然中不存在非连续性的事物,我们倾向于以同样的方式看待历史因果关系。割裂历史令人不快,那是一种反对渐进主义的思想,或者至少是一种反对事件之间必然联系的思想。

本章的主要观点是,现代计算中的核心理念,那些与图灵密切相关的思想,在19世纪就已经出现,比通常的说法要早一百年。虽然很多人认为这一观点不足为奇,但他们可能只知道证据,未必充分了解历史细节。间隔一个世纪的思想表现出惊人的一致,引出一个无法回避的问题:现代计算先驱在何种程度上(如果有的话)意识到之前存在的理念?[2]

图灵的那套理念无疑是现代的,然而,在查尔斯·巴贝奇(1791—1871年)和艾达·洛夫莱斯(1815—1852年)的著作中,这些思想都有明确的阐述。包括:

- 算法和分步程序
- "机械过程"和将计算作为系统方法的理念
- 将计算作为符号的规则操作
- 将停机作为可解性的标准
- 机器智能
- 抽象的形式主义——试图用简洁的符号语言表达复杂的关系

## 自动计算的起源

自动计算的第一个主要推动力来自查尔斯·巴贝奇。他设计的大型机械计算引擎是可行计算机器的起源。巴贝奇从当代实践中脱颖而出。相比过去,他所创造的概念和机器,在逻辑构想和物理尺度上都产生了质的飞跃。他的创新令人震惊。在英国摄政时期和维多利亚时代,巴贝奇是科学知识界显赫且有争议的人物。他的父亲是富有的伦敦银行家。1810年,18岁的巴贝奇在父亲的支持下前往剑桥大学学习数学。数学是他从小就热爱的学科,这种热爱持续了一生。入学时,他已是颇有造诣的数学家,他发现大学老师对新的欧洲理论持保守冷漠的态度,于是自己设计了大部分课程。他与约翰·赫歇尔（John Herschel）建立了终生友谊（赫歇尔后来成为著名的天文学家，被誉为科学大使），还结交了很多好友。他下棋，通宵玩小赌局的惠斯特牌，逃课、不去教堂，和好友一起去河上漂流。

剑桥大学成立了旨在改革数学的分析学会，巴贝奇在其中发挥了重要的作用。他的政治观点激进，在英法交战时仍支持拿破仑帝国。在结业考试中，他试图为某个被判卷人视为亵渎上帝的观点辩护，因而遭受责难。尽管这体现出鲜明的果敢精神和独立思想，他却回忆说，自己"饱受羞怯的折磨"。

1814年，巴贝奇与乔治亚娜结婚，二人在伦敦定居。他投身于伦敦的科学界，发表了几篇数学论文，接着又写了6本书，90多篇论文，涉猎的领域展现出他广泛的研究兴趣，令人心生敬畏。中年时，他成为科学界受人尊敬、威风凛凛的人物，人们对他褒贬不一。他骄傲、好斗、不按常理出牌——他公开抨击皇家学会，严厉谴责它对科学界疏于管理，而这种谴责却有失偏颇。他倾向于抗议而不是说服，好像自己被赋予了无礼的权利。他的第一个传记作者称他为"易怒的天才"，这个评语一直流传下去。[3]

巴贝奇虽然爱好广泛，但终其一生最痴迷的还是计算引擎，这是他最为人熟知的研究领域。计算引擎设计带给他巨大的回报，但由于运气不佳，没能建造成功又令他备受打击。众所周知，他从未建造出完整的计算引擎。承认自己的失败怎会不感到痛楚。

一个广为人知的段子表现出巴贝奇的顿悟。1821年，他在伦敦和约翰·赫歇尔一起审核计算员算得的天文数表。计算错误量让巴贝奇很沮丧，他大声说：[4]

我真希望这些计算已被蒸汽动力搞定了。

诉诸于蒸汽动力可以被解读为对机械万无一失的隐喻，也可以理解为一种想法——将机械化生产作为解决问题的手段。"机械工具的准确无误"将确保在需要时提供无差错的数表。[5] 巴贝奇立即开始伟大的探险——设计和制造机械化计算机器——他余生的大部分时间都在履行这一使命。

1822年春，巴贝奇制作了一个可运行的差分机（Difference Engine）小模型，模型由落重驱动。差分机的名称源于其数学原理差分法。差分机能一举消除所有人为的错误，至少这是它的目标。制作数表的人工过程——计算、抄写、排版和核对——容易出错，如今，机械运作确保这些过程准确无误。

研究差分机之前，巴贝奇的主要兴趣和经验在数学领域。1813—1821年，他发表的13篇论文都是数学论文。1822年，这位30岁的数学家开始试验他的新模型，运行第一个实用自动计算机器，并首次思考机器计算的意义。1822年6月至12月，巴贝奇用了6个月将新的思想实验写入5篇论文。尽管论文在很大程度上被忽视，但其内容卓尔不凡，富有启发性。

1822年春，巴贝奇的第一个模型"差分机0号"制作完成，但并未留存于世。1832年，演示部件制作完成，它占了差分机1号计算部分的七分之一，具有差分机0号的所有基本特征，反映出巴贝奇在第一篇机器计算论文中的想法（图24.1a）。巴贝奇的儿子称它为"精美的部件"。[6] 它也许是自动计算史前史中最著名的象征。这是历史上第一台成功运作的自动计算设备，其自动化意义怎么强调都不为过。

齿轮（数字轮）上刻有十进位数字0~9，数值由齿轮的旋转来表示。数字排成一列，底部的数字最小。从预计算表中输入初始值，手动旋转数字轮到所需的数值。然后，通过来回转动顶板上方的手摇曲柄来操作机器（见图24.1b）。每转一周，机器都会产生表中数学表达式的下一个值，可从右侧的最后一列读取。通过这种方式，引擎将一类数学表达式（多项式）制成数表——对列上的数值重复做加法，计算结果依次出现在最后一列。

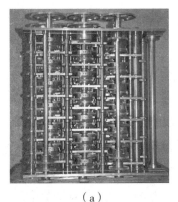

（a）

（b）

图24.1　差分机1号演示部件，1832年（第一张）。顶部视角看手摇曲柄（第二张）

拍摄者：多伦·斯瓦德

在思考第一个工作模型时，巴贝奇遇到了难题，那就是如何通过机器计算求解方程。一个方程，比如 $y=x^2-1$，明确了 $y$（因变量）和 $x$（自变量）的关系，也为每个 $x$ 值确定了 $y$ 值。按照惯例，方程式的"解"（也称为"根"）是 $y$ 为 0 的 $x$ 值。本例中有两个根：+1 和 -1。在巴贝奇的引擎中，$y$ 值显示在最后一列上，机器每转一周就会以固定的增量增加 $x$ 值（通常为 1），从而产生相应的新的 $y$ 值。当 $x$ 值与根一致时，最后一列的结果都是 0。因此，通过检测结果列中的全零状态，并计算曲柄转动的次数（得到 $x$ 值），就能求解方程的根。如果两个相邻结果跨过 0（即，结果通过 0 而不停止），那么，通过符号变化发出一个信号提示根的值，该符号变化也可自动检测。

最初，机器检测到全零状态时会自动响铃，向操作员发出停机信号。后来的设计纳入了自动停机机制。如果方程有多个根，那么操作员会继续转动曲柄，以找到剩余的根。如果方程无解，机器就一直运行下去。巴贝奇明确写道，当机器找到根时，就会停止：作为可解的标准，停机在最初的想法中就是明确的。

毋庸置疑，图灵 1936 年发表的突破性论文《论可计算数》，是巴贝奇想法的延续。论文中提及了机器能否恰当地完成计算的问题，后被称为"停机问题"。虽然图灵没有以巴贝奇的方式明确说明，但"停机问题"与巴贝奇密切相关。有人解释了图灵"循环机器"的性能。对他们来说，机器能否判定某类问题的可解性，主要的逻辑决定因素是停机。巴贝奇本人没有为停机标准确立任何特殊的理论意义。对他来说，这是一个实际问题：如果有解，机器停止；如果无解，机器会一直运行下去。

机器计算为解决传统形式分析难以解决的数学问题提供了前景。例如，有些方程没有已知的理论解。即使数学家无法（尚未）找到解，但通过系统地转动机器，依次产生方程的下一个值，检测全零状态就能找到解。只要拥有计算规则，就能获得规避形式分析的结果。

除了解决迄今尚未解决的问题之外，机器计算还具有更实用的前景。数学中，有许多重要的"级数"，它们是由通用公式确定的值的序列。例如，如果你想知道该序列中第 350 项的值，除非你有第 $n$ 项的通用公式，否则没有简单的方法来确定这个值。在某些情况下，人们并不知道这样的表达式。

通过手工操作转动机器遍历 350 个值而得到所需结果,这么做不切实际,或者至少是令人望而却步的。

对巴贝奇来说,他的计算引擎代表了一种新的数学技术,而机器计算作为系统方法,为解决某些数学问题开辟了新的道路。

差分机在机械装置中体现了数学规则。巴贝奇 1822 年由落重驱动的模型,是第一台在没有人为干预的情况下执行计算算法的物理机器。1832 年的演示部件不是由落重驱动,而是由机器顶部的手动曲柄驱动。在这两台机器中,操作员无须了解机械装置,也无须理解它所依据的数学原理,就可以得到有用的结果。计算算法的步骤不再由人类智能来指导,而是由机械装置所包含的内部规则控制,并自动执行。现在,操作员费些体力就能得到结果。而在这之前,只能通过脑力(思考)来实现。巴贝奇或其同代人产生过机器会"思考"的想法。巴贝奇的年轻同事哈利·威尔莫特·巴克斯顿写道:[7]

大脑奇妙的脑浆和纤维被铜铁所取代,他(巴贝奇)教会齿轮装置思考,或者至少是做思考所做的事。

1833 年,诗人拜伦的妻子、艾达·洛夫莱斯的母亲安娜贝拉·拜伦夫人写道:[8]

我们去看了思维机器(它看起来就是思维机器)。

在这些描述中,清晰地表达了从心智到机器的迁移。

## "机械符号"

巴贝奇很快发现,他的大脑无法立即罗列出差分机复杂的机制和长串动作。为了减轻难度,他开发了"机械符号",这是一种他自创的符号和符号语言,用来描述差分机及其机制(图 24.2)。

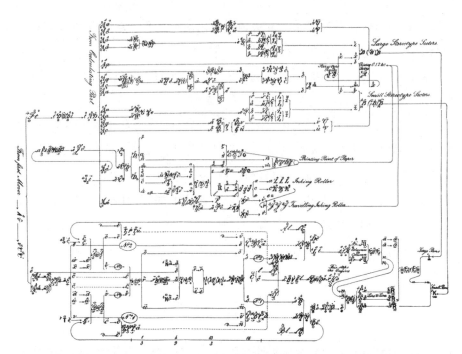

图 24.2　出自布罗姆利、艾伦、埃德·巴贝奇的《计算引擎》：亨利·普雷沃斯特·巴贝奇的论文集。第 2 卷。洛杉矶：托马什，1982 年。拍摄者：多伦·斯瓦德

这种符号不是运算符号。它更多的是象征性的描述，具体说明每个部件下一步的动作以及与其他部件的关系：部件是固定的（例如，框架）还是可以自由移动的，运动是环形的还是线性的，连续的还是间歇的，驱动的还是被驱动的，以及它与哪个部分连接。每个部件都被分配了一个我们熟知的拉丁字母，并以不同的字体表示（例如，活动部件用斜体，固定框架用正体）。部件的物理形式及其运动由附在字母的上标和下标来表示，最多附加六个。其中一个上标（"形式记号"）表示部件类型——齿轮、臂杆、弹簧、小齿轮等。另一个标志（"运动记号"）表示运动性质——往复运动、线性或环形运动或其组合。这种标注在技术图纸中很常见。

符号有三种主要形式：[9]

1.机械装置图纸中常见的表格。表格是图纸上单个符号的汇编或索引，是一种用来定位特定部件的简单方法；

2.时序图（称为"运作系列"），用于描述运动的相互顺序，即运动编排；

3. 流程图（称为"相关系列"），描述部件之间的作用链。

机械符号的发明让巴贝奇倍感自豪，他认为那是自己最了不起的发明。他将机械符号看作一种通用语言，其应用范围不仅限于科学和工程领域。他举了两个例子来说明符号的广泛用途，一是鸟类的血液循环，二是战斗中的军队部署。机械符号是最抽象的语言，巴贝奇在很多领域使用它，将其作为设计工具来描述机械的功能。

机械符号错综复杂、独特新颖，其历史命运却默默无闻。它类似于我们现在所说的"硬件描述语言"（HDL）。这种语言在20世纪70年代初再次崛起，人们用它来管理复杂的计算机电路和系统设计，特别是在固态芯片设计中，更高层次的表示法用于管理庞大而复杂的细节。出于同样的迫切需要，巴贝奇采用了同样的方法——使用一种符号语言，在组件层面管理其他方式无法管理的复杂性——相隔150年，人们使用同一种解决复杂性的方案。

在关于自动计算机潜力最早的思考中，我们可以看到对一套核心思想的清晰阐述。一个世纪后，这些思想在图灵的论文中得到证明。其中，"机械过程"的概念最为关键。如麦克斯·纽曼所说：1935年，图灵上了纽曼的课之后（见第40章）写了《论可计算数》，灵感可能就来源于"机械过程"。纽曼回忆用"纯机械机器"来描述数理逻辑的过程：[10] 在图灵-纽曼意义上说，"机械"表示一个"不思考"或"非智能"的系统过程。图灵通用机器的开发只涉及（机械）运算，其他特征全部去除。图灵机令人惊叹的特点之一是，将计算精简到一系列不假思索的任务（在此之前，必须依赖人类智力）。对巴贝奇来说，在齿轮、杠杆、凸轮、棘轮和机器循环的世界里，"机械过程"只有字面意义，没有理论意义，但在图灵这儿，它是不会出错的非思考过程。

机械过程、一步一步的算法、作为系统方法的计算、停机、机器智能和抽象形式主义，构成巴贝奇和图灵的研究内容，体现了二人思想的高度重合。其中有一个重合至关重要，如果没有它，事情的来龙去脉就不完整。

## 分析机：从演算到计算

尽管差分机的设计很有独创性，激发起人们对机器计算前景和局限的探讨，但它并非我们现在所理解的计算机。它是纯粹的计算器——唯一的算法就是根据差分法，以重复做加法的方式计算。机器对给定的初始值执行某个特定的算法。差分机虽然对多项式制表很有用（广泛地应用于科学和工程领域），但在计算方面没有通用性，甚至连四则算术计算器的功能都无法实现。

巴贝奇历尽十年打造全尺寸、设计精良的差分机，结果以失败告终。之后不久，也就是 1834 年，他构思出分析机，实现了向通用性的飞跃。1834 年到 1847 年的十多年里，他殚精竭虑地设计分析机，积累了大量详细的设计图。之后，又断断续续工作到 1871 年去世（图 24.3）。分析机没有确定的单一版本，而是分为三个不同的阶段，每个阶段都开发、完善了不同的功能。与差分机一样，巴贝奇没有建造出完整的分析机。[11]

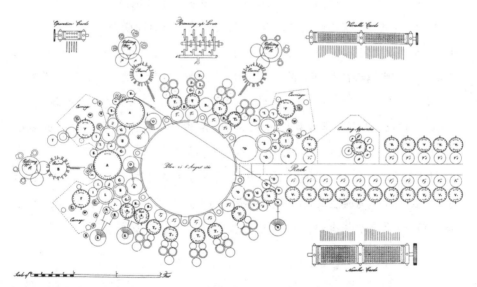

图 24.3 分析引擎，25 号设计图（部分），1840 年
经伦敦科学博物馆许可复制

分析机的设计描述了一种自动可编程的通用计算机器，能够在程序控制下执行任何一串算术运算。对用户来说，它是可编程的，编程使用的是巴贝奇在 1836 年推出的穿孔卡片。穿孔卡片由纸板制成，以扇形折叠的方式缝合在一起，卡片中孔的模式决定了要执行的指令。

打孔卡分为几类：表示指令的"操作卡"，表示数据的"数字卡"，"变量卡"表示在存储器中放置或检索数据的位置，"组合卡"表示一组特定的操作应重复的次数，等等。机器有自动执行加减乘除的内部功能。

分析机的功能令人眼花缭乱：它有一个单独的"仓库"（存储器）和一个"工厂"（处理器）。在机器层面上，"微程序"会自动执行每个内部指令集：这些微程序被编码到"机筒"上，机筒上有可移动的螺钉，就像筒风琴上的那种螺钉，但要大得多。机器能够做到迭代循环、条件分支、并行处理、预测传输、在多数字并行总线或数据高速公路上传输数据，以及以各种形式输出，包括打印、刻板、图形绘制和卡片打孔。[12] 正如约翰·冯·诺伊曼在 1945 年的经典论文中描述的，在提取—执行循环中进行的串行操作、仓库和工厂的分离、分析机的输入输出设置，是所谓的"冯·诺伊曼体系结构"的标志性特征。论文发表之后，该体系结构就一直主导着计算机的设计。[13]

## 艾达·洛夫莱斯

巴贝奇构思和设计的这台机器是一台做数学运算的引擎，发明者的驱动力是获得数学表达式的值，制成函数表，求解偏微分方程、枚举级数，等等。1836 年，巴贝奇暗示了一种通用代数机器的前景，这种机器能"在不考虑字母的值的情况下"操纵符号，但他的这个想法"非常模糊"，并未详细阐述。[14] 巴贝奇对符号代数的志趣经久不衰，晚年他回归到该领域，作出了一些成就。他的研究自始至终围绕着数学展开。

艾达·洛夫莱斯更清晰地阐述了从演算到计算，或从数字到符号的过渡。艾达是拜伦勋爵的女儿。拜伦与安娜贝拉·米尔班克有过一段短暂而坎坷的婚姻。1833 年，洛夫莱斯（图 24.4）邂逅巴贝奇，当时她 17 岁，巴贝奇 40

图 24.4　艾达·洛夫莱斯

阿尔弗雷德·爱德华·查隆发布到维基媒体。

公共域许可，https://en.wikipedia.org/wiki/Ada_Lovelace#/media/File:Ada_Lovelace_portrait.jpg

岁出头。他们一直保持着亲密的家庭朋友关系，直到1852年洛夫莱斯去世，那一年她年仅36岁。年轻的艾达·拜伦形容巴贝奇在他们初见时，"活力四射——谈论着他那绝妙的机器"。洛夫莱斯在奥古斯都·德·摩根（Augustus De Morgan）的指导下学习数学，她于1843年出版了《分析机概述》（Sketch of the Analytical Engine）。[15] 路易吉·梅纳布雷亚（Luigi Menabrea）用法文写了一篇关于分析机的文章，《分析机概述》中包含洛夫莱斯翻译那篇文章的内容。1840年，梅纳布雷亚出席都灵的某个会议，听到巴贝奇谈论他的机器，这是他在公开论坛上唯一一次谈论分析机。洛夫莱斯在译文中附上了她自己与巴贝奇密切合作撰写的大量笔记。[16] 将其称为笔记会产生误导，让人误以为其内容微不足道。洛夫莱斯的笔记是对分析机性能和潜力最有价值的描述。

洛夫莱斯在笔记中描述了分析机的数学能力，强调了机器计算在数学领域之外的作用：[17]

（分析机）可能用于数字以外的其他事物……例如，假设在和声和音乐创作技巧中，音调的基本关系容易受到这种表达和改编的影响，那么分析机就能创作出复杂程度不等的、细致严谨的音乐作品。

洛夫莱斯的举例至关重要，它明确了数字的表达能力。如果数字被赋予意义，根据规则操作数字就能得出结果。当利用所赋予的意义反映世界时，结果可以揭示世界的真相。抽象的行为就在我们对这些意义的赋值之中。洛夫莱斯写道，机器可以"精确地排列和组合其数字量，就像它们是字母或任何其他通用符号一样"。[18]

过渡思想的关键点是，数字可以代表数量以外的实体，计算的潜力在于机器根据规则操纵符号的能力，而符号中包含对世界的表示。这样的言论，至少在巴贝奇的出版物中没有出现过。

巴贝奇非常赞同洛夫莱斯的想法，以至于他一度不愿舍弃她的手稿。他写道：[19]

……我越是读你的笔记，就越对它们感到惊讶，并后悔没早点发掘出如此丰富的思想脉络。

如果巴贝奇的赞美出于真心，那么他绝非虚情假意、阿谀奉承。然而，没有一丝迹象表明，他受到洛夫莱斯想法的影响。在生命的最后阶段，他开始写分析机的概述性文章。他写了三次，每一篇开头都解释了分析机的用途，但三次尝试都没有完成。第三篇也是最后一篇，写于他去世前两年，日期为1869年11月8日：[20]

分析机的目标有两个：
第一个是对数字的完全操作；
第二个是对代数符号的完全操作。

经过半个世纪的深思熟虑和卓越设计，巴贝奇在他最成熟的思考中也没有认识到分析机的范围超出了代数。如果说他发现代数在数学之外具有代表性，那他并没有提及这一点。他在三篇文章中公开宣称，机器的用途在具体方面有所不同，但他对分析机的雄心壮志都局限在数学领域，没有提及计算机如何通过符号表示来陈述世界。洛夫莱斯强调符号表示，她还提到使用用户发明的任意规则，[21] 这与图灵论文中所说的通用性特征相呼应。[22]

洛夫莱斯和图灵都思考过机器智能以及计算与大脑之间的关系。1844年，在《分析机概述》发表三个月之后，洛夫莱斯写了一篇文章，认为心理过程适于逻辑或数学描述：[23]

我希望……有一天能够获得大脑现象的规律，这样我就可以把它们变成数学方程：简言之，获得大脑分子相互作用的定律（相当于行星和恒星世界的万有引力定律）。

……生理学家的研究方向都错了……在我看来，如果数学家从正确的角度观察大脑，那么脑物质并不比恒星和行星的物质及运动更复杂。我希望留给后人……神经系统的演算理论（Calculus of the Nervous System）。

20 世纪 40 年代，图灵在从事 ACE 工作时写道：[24]

在研究 ACE 时，我更感兴趣的是制作大脑活动模型的可能性，而不是计算的实际应用。

洛夫莱斯写道，"分析机无意创造任何事物。它可以做任何我们知道如何命令它执行的事情"。[25] 在 1950 年发表的论文《计算机器与智能》中，图灵将机器无意创造事物这一观点称为"洛夫莱斯夫人的异议"，并以此为对立论点，认为应放开对智能机器潜力的限制。[26]

巴贝奇的计算引擎引发了第一篇机器智能论文，后来图灵投身于机器智能的研究，贡献了大量具有挑战性的原创思想，这引发了很多问题，其中之一就是基于规则的创造力悖论。19 世纪初出现的相同的问题，在近两个世纪之后仍困扰着我们。神经科学和机器智能的发展此起彼伏，这些争论依然有增无减。

1837 年，巴贝奇在分析机设计方面取得进展，那就是编写"程序"，尽管洛夫莱斯和巴贝奇都没有使用这个术语。1837 年至 1840 年间，巴贝奇为各种问题编写了 24 个程序。他的程序主要是说明机器如何运作，以完成手工能力范围的事——各种方程组的解，以及三个使用递归关系计算的示例，这些递归关系需要对同一组操作进行迭代。

巴贝奇的论文包括分析机的工作原理和功能，主要以技术为主。洛夫莱斯则关注机器的意义、更广泛的影响及潜力。她编写了计算伯努利数的程序，这令她声名大噪。虽然格式与巴贝奇早期的程序相同，但相比之下，明显技高一筹。尽管 1840 年之后分析机的性能有所提高，但巴贝奇并没有利用编程为新问题提供解决方案。

如果我们要给巴贝奇、洛夫莱斯和图灵三人的角色贴标签，可以公平地说，巴贝奇的兴趣主要在硬件，洛夫莱斯的兴趣主要在程序，图灵的兴趣主要在理论层面（至少初期如此），以逻辑严谨的术语对计算引擎进行形式描述。

## 巴贝奇与（或）洛夫莱斯对图灵有影响吗？

19 世纪前明确阐述的思想与 20 世纪的思想高度相似，这不可避免地引发了影响问题。电子计算机时代的先驱们是在不了解历史的情况下重新创造了核心原理，还是直接受到过去思想的影响？

巴贝奇的机器是虚幻的希望。洛夫莱斯的英年早逝，令自动计算失去了一位有力的倡导者。巴贝奇去世约 20 年后，自动计算失去了最积极的实践者。后面出现过几个昙花一现的追随者，但没有继承人。除了零星的单打独斗，发展的连续性被打破。直到 20 世纪 40 年代迈入电子时代，人们才真正重启对自动计算的兴趣。[27] 莱斯利·科姆里（Leslie Comrie）将巴贝奇和电子计算之间的空白称为"计算机器持续百年的黑暗时代"。[28] 中间没有承上启下的人让我们追踪影响的路线：接力棒跌落在地，沉睡了 100 多年。

研究表明，大多数现代先驱都知道巴贝奇。[29] 只有少数人不知道；而且至少有一人会夸大自己对巴贝奇的了解。[30] 巴贝奇的传说并没有消亡，他的探索是研究自动计算的少数人的常识。那么，那些了解巴贝奇和洛夫莱斯的人，到底从两人的贡献中汲取了什么？

我们知道，图灵在汉斯洛普园与唐纳德·贝利讨论过巴贝奇。1944 年，贝利被分配到那里工作，他对讨论的内容几乎一无所知，无法对图灵的知识范围下结论。[31] 同样，战争开始之前，也就是 1939 年 9 月图灵来到布莱切利园之前，在政府编码与密码学校（Government Code and Cypher School）也没有"餐时讨论"巴贝奇的报道。[32] "巴贝奇是一个内部词汇，是我们很早就频繁探讨的话题……" J. H. 威尔金森证明了这一点。20 世纪 40 年代，国家物理实验室进行 ACE 计算机设计时，他担任图灵的助手。[33]

图灵可能接触到哪些原始资料？公共域有一些关于巴贝奇工作的书籍和文章，比百科全书的一般性描述更全面，也比他 1864 年出版的自传《哲学家的一生》更具体。有一本展示了洛夫莱斯的笔记，[34]其中特别提到，在检测到全零状态或符号变化时自动停机。当然，书中也涉及符号表示的思想。另一本是巴贝奇的儿子亨利整理的大量文章、书摘和设计图纸选集，于 1889 年出版。[35]此外，还有迪奥尼修斯·拉德纳（Dionysius Lardner）于 1834 年发表的文章，文章全面介绍了巴贝奇的差分机 1 号，其中明确提到，机器在指令下循环运作，以产生公式的连续值，根的检测，以及自动响铃提示出现求解结果。[36]洛夫莱斯的《分析机概述》中引用并提及了拉德纳的文章。伦敦科学博物馆完整收藏了巴贝奇的技术设计和笔记。[37]巴贝奇 7 000 页的手稿中只有少量已出版，任何重要知识都必然涉及实地的物理检验。直到 20 世纪 60 年代末，人们才认真研究这些档案资料的细节。直到 20 世纪 70 年代，设计细节的资料才被公开。[38]这些 19 世纪的资料可以在图书馆和档案馆查阅。

达德利·巴克斯顿（Dudley Buxton）[39]在图灵时代发表过一篇关于巴贝奇差分机的论文。他是巴贝奇一位晚辈同事的孙子，巴贝奇委托他收藏了大量手稿。[40]

1933 年 12 月，科学博物馆展出了这篇论文。论文由纽康门学会出版，它详细描述了差分机，涉及向分析机发展的过渡技术，以及乘除法技术概述。与图灵志趣相投的学者探讨过巴克斯顿的论文。其中包括科学博物馆数学部的管理员 D. 巴克桑德尔、航海年鉴办公室主管 L. J. 科姆里（他在商用计算器上实现了巴贝奇的差分制表方法），以及注册总署的 A. J. 温普森。[41]巴克斯顿的论文表明，在图灵著名的 1936 年论文发表期间，可以获得巴贝奇的资料。图灵没有提到巴贝奇的档案图纸或其他出版资料。

1951 年 8 月，图灵与四位剑桥好友参观了南肯辛顿的科学博物馆，那儿展出了英国艺术节的科学展品。[42]公众认为，巴贝奇 1871 年去世前在建的实验小模型是分析机的一部分，也是差分机 1 号"精美的部件"，但图灵是否看到它，不得而知。[43]这些实体文物并没有设计原理或机械操作说明。

图灵在提及"洛夫莱斯夫人的异议"时说，洛夫莱斯的"回忆录"是"巴贝奇分析机最详尽的信息"来源。这是他最早引用的内容。[44] 引用洛夫莱斯的异议时，图灵说，道格拉斯·哈特里（Douglas Hartree）引用了洛夫莱斯的观点。这说明图灵的资料可能并非来自洛夫莱斯《分析机概述》详尽的原文，而是来自哈特里的简要综述。[45]

可以得出合理的结论，图灵没有查阅由拉德纳汇总的 H. P. 巴贝奇 19 世纪的资料，或巴贝奇本人的技术项目，图灵对洛夫莱斯和分析机的了解很可能来自哈特里的总结。如果真是这样，鉴于哈特里的书直到 1949 年才出版，巴贝奇和洛夫莱斯的想法不可能影响图灵 1936 年的论文。罗宾·甘迪支持这一观点。他说，即使是巴贝奇的熟人都没看过梅纳布雷亚的叙述和洛夫莱斯的笔记。[46]

因此，没有理由认为参与 1936 年发现的数学家（包括希尔伯特、伯奈斯、哥德尔和埃尔布朗）熟悉巴贝奇的理论思想：当然，他们谁都没有提到巴贝奇的工作。

总的来说，19 世纪的巴贝奇 - 洛夫莱斯与 20 世纪电子数字计算的先驱之间似乎并没有直接明显的关联。多数领军人物都知道巴贝奇及其传说，但似乎没有人细致地了解他的设计。

两个开拓性时代之间具有高度一致的观念，我们由此提出一个可靠但有局限性的看法，即相隔一个世纪所阐明的核心思想，体现了计算本质的一些基本原理。

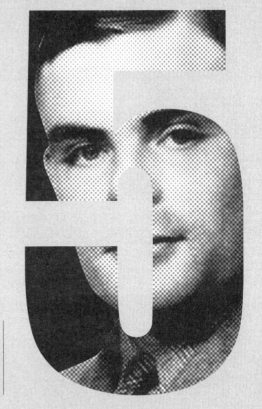

第五部分

# 人工智能与心智

** THE TURING GUIDE

# 第 25 章
# 智能机器

杰克·科普兰

本章解释了图灵被视为人工智能（AI）之父的原因，并对他测试计算机能否思考的方法进行了分析。

## 首个 AI 宣言

1948 年，从国家物理实验室搬到曼彻斯特的前几周，图灵写了一篇题目简单却引人入胜的论文——《智能机器》。[1] 后来，该论文被誉为人工智能宣言。

其他国家刚意识到计算机是高速运算的新方法，图灵就开始非常认真地谈论"为计算机编程，让它像大脑一样运作"。[2] 图灵对智能机器提出了一些令人震撼的原创建议，包括我们现在所说的"遗传"算法（genetic algorithm）。该算法基于达尔文进化论的适者生存原理（survival-of-the-fittest principle），提出用人工神经细胞构建计算机的惊人想法，现在我们称之为"连接主义"（connectionism）。第 29 章对图灵早期的连接主义架构进行了概述。

## 人工智能与炸弹机

1940 年，图灵设计了对抗恩尼格玛（Enigma）的炸弹机。说来奇怪，这竟是迈向现代人工智能的第一步。[3] 正如第 12 章所述，炸弹机的工作目标是高速搜索恩尼格玛的正确设置，一旦找到正确设置，加密信息中看似随机的字母就变成了德语明文。炸弹机是思维过程机械化的一个极其成功的例证：图灵这台了不起的机器从事着密码破译工作，而这项工作人类需要智力才能完成。

炸弹机背后的基本理念（也是图灵在布莱切利园的重大发现之一）是现代人工智能研究人员所说的"启发式搜索"（heuristic search）。[4] 启发式搜索是一种快捷方式或经验法则，可以减少查找答案所需的搜索量，至今仍是人工智能领域中的一项基本技术。图灵在设计炸弹机时遇到的困难是，恩尼格玛有太多可能的设置，炸弹机只是盲目搜索，直到碰巧得出正确答案——以这种效率，恐怕在结果出现之前战争就已经结束了。图灵的绝妙想法是利用启发式来缩小搜索范围，从而加快搜索速度。

炸弹机采用的主要启发式是图灵利用袭文循环来缩小搜索范围（如第 12 章所述）。另一个启发式是"赫里维尔方法"（以其发明者约翰·赫里维尔的名字命名）。[5] 1940 年，图灵在一篇关于炸弹机的文章中提到了它。赫里维尔方法涉及一个简单而强大的想法。假定操作员加密当天的第一条消息时，恩尼格玛三个转子的初始位置位于当天转子的"基础"位置附近。这个基础位置取决于恩尼格玛的可变设置，操作员每天都会更改它（参考指定当天设置的特殊日历）。该设置被称为环设置，或环位置。环设置固定了三个转子的每日基础位置。德军操作员应该在加密第一条消息之前将三个转子转离基础位置，但因时间紧迫、遭受炮火攻击，或者只因懒惰，操作员在加密前没有让转子远离基础位置。因此，当炸弹机在开始搜索德军为编码第一条消息所设置的三个转子位置时，只考虑基础位置附近的设置。

该程序大大缩小了搜索范围，节省了大量时间。操作员编码第一条消息时，转子在基础位置附近的假设并不总能应验，但却时常发生。布莱切利园运用赫里维尔启发式搜索，破译了很多消息。

## 传播理念

图灵借由炸弹机，看到了利用导引搜索（guided search）实现一般性质的机器智能的可能性。这个想法令他的余生都为之着迷。很快，他就兴致盎然地与其他密码破译员展开探讨，研究如何运用导引搜索来机械化下棋的思维过程（见第 31 章）。[6] 他还想将学习过程机械化。他在布莱切利园分发了关于机器智能的文稿，如今这份稿件已无处可寻。它无疑是人工智能领域最早的论文。[7]

战争结束后，图灵开始公开他的超前理念。1947 年 2 月，在伦敦皮卡迪利附近帕拉第奥风格的伯灵顿大厦豪华大讲堂里，图灵发表了有史以来有关计算机智能的首次公开演讲。[8]

图灵向观众展示了一个新领域，他预言了智能机器的出现，它们可以智能行动、从经验中学习、经常在国际象棋比赛中击败普通人类对手。这次演讲发生在曼彻斯特婴儿机运行首个程序的前一年，他的远见卓识一定让许多听众困惑不解。在演讲中，图灵甚至预见到互联网的某些特点，他说：[9]

将来很有可能通过电话线远程控制一台计算机。

1948 年，图灵与数学家戴维·钱珀瑙恩（David Champernowne）一起编写了世界上第一个人工智能程序——名为"图罗钱普"（Turochamp）的启发式国际象棋程序（如第 31 章所述）。

## 儿童机器

图灵引入的另一个人工智能基本概念是"儿童机器"（见第 30 章）。[10] 这是一台计算机器，制造者赋予它所需的系统，以便它像儿童一样学习。图灵说："假设孩子的大脑如同从文具店买来的记事本。预设机制很少,大部分是一片空白。"[11]他说,"我们希望儿童大脑的机制少到可以轻易对其进行编程"。[12]

图灵期望的是,儿童机器"接受适当的教育后,发展为成人的大脑"。机器像一个学生,最终达到青出于蓝而胜于蓝的阶段,即"从老师那里学到了很多,但通过自己的工作增加了更多的东西。"[13]图灵说:"当这种情况发生时,我觉得人们不得不认为机器展现出了智能。"

图灵建议为机器人配备"钱可以买到的最好的感官",然后以类似于"正常儿童教学"的方式进行教学。[14]早在1948年,图灵就提议用"电视摄像机、麦克风、扬声器、轮子、伺服控制系统"制造机器人。[15]图灵开玩笑说:"为了自学,计算机要'下乡'锻炼。即便如此,它并不接触人类感兴趣的食物、性、运动等事物。"[16]他还担心儿童机器被送到学校之后,"孩子们会对它起哄"。[17]图灵在国家物理实验室的同事取笑他的超前思想,开玩笑说"图灵要带着一个靠吃树枝和废铁为生的机器人去骚扰农村。"[18]

图灵在布莱切利园的同事兼好友唐纳德·米奇（Donald Michie）将图灵儿童机器的概念重新引入现代人工智能。20世纪60年代初,米奇闯入人工智能领域,大力倡导图灵的机器学习理念。他在布莱切利园结识了图灵。两人在经历了一周繁重的密码破译工作之后,周五晚上到乡村酒吧聚会,探讨如何在通用图灵机中再现人类的思维过程（见第31章）。那时,他通过图灵第一次接触到人工智能的程序错误。图灵的研究从国际象棋转向学习过程的全面自动化。当图灵向他介绍儿童机器的概念时,米奇被深深地吸引住了。"战争结束时,我决定在那个领域奋斗一辈子。"他说。[19]

20世纪60年代到70年代,米奇在英国几所大学设立了机器智能系,并将图灵的儿童机器概念传播到北美和世界各地的人工智能实验室。20世纪70年代,米奇及其爱丁堡大学的人工智能小组制造了一款儿童机器人,名叫弗雷迪（Freddy意为"用于教育、讨论、娱乐、信息检索和知识整理的友好机器人"或FREDERICK）。像图灵在1948年描述的假想机器人一样,弗雷迪有一个充当眼睛的电视摄像机,还有伺服控制装置,引导钳子一样的臂膀（图25.1）。米奇的团队教弗雷迪识别大量日常物品,例如锤子、杯子和球,并教它用一堆零件组装玩具车等简单物品。

在计算早期，弗雷迪需要几分钟的CPU时间来识别茶杯。图灵估计了人脑神经元的总数，在此基础上预测，人工智能要具备人类的运算速度，计算机内存需要大约1千兆字节。[20] 弗雷迪下线大约15年后，克雷2号超级计算机的内存达到1千兆字节。

最近，麻省理工学院（MIT）人工智能实验室的罗德尼·布鲁克斯团队制造出著名的机器人系列，其灵感也源自图灵的理念。[21] 与弗雷迪一样，MIT的机器人"齿轮"（Cog）和"天意"（Kismet）也是蹒跚着迈向儿童机器的第一步。第30章对"天意"进行了描述，探讨构建人工婴孩所涉及的一些哲学困难。

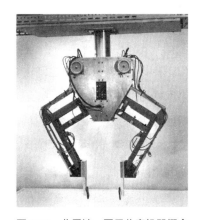

图 25.1　弗雷迪，图灵儿童机器概念的早期实现

图片来自爱丁堡大学信息学院人工智能系

## 思 维 测 试

研究人员如何判断计算机（无论是类人机器人还是无实体的超级计算机）是否具有思考能力？

这不是一个容易回答的问题。首先，神经科学还处于起步阶段。当我们想到明天的天气或计划去海滩旅行时，科学家不知道我们的大脑究竟发生了什么，更不了解大脑在写诗或做复杂的数学计算时的变化。但是，即使我们对大脑的所有功能了如指掌，仍有可能无法判断某个不具备人类（或哺乳动物）大脑的实体是否可以思考。想象一下，一群外星人来到地球，他们的数学和诗歌给我们留下了深刻的印象。我们发现他们没有类似人脑的器官：他们的体内只是一种翻腾的气体混合物。这些假想的外星人不含任何类似人脑细胞的东西，这是否意味着他们不思考？或者，他们的数学和诗歌是否足以证明他们肯定在思考，以及思考的唯一介质并非哺乳动物的大脑？

当然，这种关于外星人的假想是为了让问题更接近本质。让我们用"计算机"替换"外星人"。当计算机用诗歌和富有创意的数学能力震惊世人时（如果说它们现在还没达到这个水平）——这是它们能思考的佐证吗？还是说，我们必须更深入地探索，查验产生诗歌和数学的内在过程，然后才能判断计算机是否在思考？

对于外星人，这种更深入的探索并不一定有多大用处。因为据推测，他们的内部机制与人脑完全不同。即使我们永远无法理解外星人内部复杂的气态过程，通过他们的生活方式，以及与我们的互动方式，也可能相信他们会思考。那么，这是否意味着，判断计算机是否会思考，我们只需观其行——比如，诗歌写得有多好——而不必关注其内在过程？

当然，这是图灵的信念。他建议进行一种思维执照口试，[22] 即完全不关注考生内部的任何因果过程，就像驾照考试的考官只关注考生的驾驶行为，而不关注产生行为的内在过程一样。图灵将他的测试称为"模仿游戏"（imitation game），如今人们称之为"图灵测试"（Turing test）。第 27 章中有更多有关图灵测试的内容。

图灵的标志性测试同样适用于计算机或外星人。测试包括三个参与者：机器和两个人。其中一人是检测者或评判者；另一人作为比较项充当"陪衬"。评判者通过键盘打字与其他两个参与者聊天，确定他们中哪个是人，哪个不是（图 25.2）。"陪衬"的工作是帮助评判者做出正确判断。一些聊天会话是不同的评判者和陪衬发出的，如果评判者经常判断错参与者的身份，计算机（或外星人）就通过了测试。[23]

图灵设想通过老式的电传打

图 25.2　图灵测试。评判者必须决定哪个参与者是计算机

版权所有：达斯汀・帕里、杰克・科普兰

字机进行这些对话,但现在我们会使用电子邮件或短信。除了聊天,评判者严禁与参与者接触,不允许偷窥。当然,也不允许测量参与者的磁场、内部温度或处理速度。只允许问答。评判者不得携带任何科学设备入场。

图灵指出,为证明测试的合理性,评判者可以使用键盘聊天来探究计算机在人类所有领域的技能。他举出的例子包括数学、国际象棋、诗歌和调情。他说:"问答法似乎适于引入我们希望涵盖的几乎所有的人类探索领域。"[24] 图灵幽默地补充说,"我们不想因机器无法在选美比赛中大放异彩而惩罚它",强调问答测试应排除不相关因素。[25]

测试不禁止任何问题——计算机必须能够公平公正地处理评判者提出的所有问题。但为了避免对计算机暗中搞鬼,图灵规定评判者"不能是机器专家"。[26] 他还说,允许计算机使用"各种技巧"让评判者做出误判。[27] 被问到"你是计算机吗?",计算机明智的回答应为"不是"。在回答两个大数的乘积时,则要长时间停顿,给出一个错误答案。但这个错误答案不能是随机数,而应是一个令人信服的数字。为了避开尴尬的提问,计算机甚至可以假装来自与评判者不同的(人类)文化。事实上,挑选评判者是一个好主意,这样,时不时就会出现来自不同文化的评判者和陪衬。[28]

计算机通过图灵测试非常困难。人类在餐桌上闲聊是轻而易举的事,但如果细想一下闲聊的内容就会意识到,即使是烦碎的交谈,我们也在运用大量知识,并且毫不费力地生成和理解复杂的语言结构,它们通常符合语言习惯。我们也能熟练应对各种理解障碍,比如反讽(irony)、隐喻(metaphor)、创造性幽默、有缺陷或不完整的句子,以及突然转变的话题等。除了反讽,当今的计算机无法应对这些理解障碍。

图灵举了一个例子,来展示评判者和成功掩人耳目的计算机之间可能发生的对话:[29]

评判者:把你的十四行诗的第一句"我能否将你比作夏日?"改成"春日"不是更好吗?

机器:这不符合格律。

评判者:改成"冬日"怎样?那符合格律。

机器：是的，但没人愿意被比作冬日。

评判者：你会说匹克威克先生让你想起圣诞节吗？

机器：某种程度上，会的。

评判者：可是圣诞节是冬日，我想匹克威克先生不会介意这个比较。

机器：我觉得你不够严谨。冬日是指典型的冬日，而不是像圣诞节这种特殊的日子。

## 给测试打分

计算机的表现要多优秀才能通过测试？有多少评判者会把计算机误判为人？显然，这些问题对于详细阐明图灵测试至关重要。因为没有答案，就无法确定计算机是否通过了测试。图灵给出了一个非常巧妙的回答。他说，为了确定这些问题的答案，我们首先需要进行另一组测试。

这些前测（prior tests）涉及另一版本的模仿游戏。参与者不包括计算机，而是由一名评判者和一名男性（A）、一名女性（B）组成。评判者的任务是通过聊天判断哪个是男性。A的任务是欺骗评判者做出错误选择。图灵用这种男人模仿女人的游戏作为标准，判断计算机能否通过模仿人类的测试（正如图灵所说，"机器扮演A的角色"）。[30] 为了评估计算机的表现，我们会问：[31]

在"计算机模仿人"的游戏中，评判者是否像在"男人模仿女人"的游戏中那样，经常做出错误判断？

换句话说，如果计算机在模仿人类游戏中的表现不比男性在模仿女性游戏中的表现更差，那么计算机就通过了测试。

对于计算机通过测试的表现，图灵的回答略显谨慎。他说，"机器能通过测试吗？"与"机器能思考吗？"是两个不同的问题。他接着说，"但对于我们当下的目标来说，已经很类似了。它们都很难回答。"[32]

在一篇哲学论文中，图灵甚至对"机器能思考吗？"这一问题的意义表示质疑。他贸然地说，这个问题"毫无意义，不值得讨论。"[33] 然而，他自己却兴致盎然地参与这类讨论。事实上，在关于"编程一台思考机器"（他的话）的项目探讨中，他表现得非常积极。他说，"思维过程对我们来说还相当神秘，但我相信，尝试制造思维机器将极大地帮助我们了解人类如何思考自身。"[34]

## 图灵的预言

计算机要多久才能通过测试？图灵对这个问题也持谨慎态度。1950年，他预言20世纪人工智能将飞速发展：[35]

大约半个世纪内，有可能让已编好程序的计算机……在模仿游戏中表现良好，一个普通的评判者在五分钟的提问后做出正确判断的机会不超过70%。

换句话说，他预测到2000年左右，一台计算机能在5分钟的测试中欺骗大约30%的评判者。不过，它的表现达不到测试要求。图灵在1952年说，在问题不设限的前提下，计算机通过测试"至少要100年"。[36]

通过图灵测试"至少要100年"的预测很模糊，但合乎情理。这一时间跨度表明，图灵很清楚计算机通过测试的难度巨大。遗憾的是，有传闻说图灵认为计算机将在20世纪末通过测试。他不仅因此受到不公的批评，而且被认为"对计算机编程过于乐观，无法像正常人那样好好说话"（出自他的批评者之一，马丁·戴维斯）。[37] 鉴于图灵的实际表述是"至少要100年"，这种批评是错误的。

## 新闻报道不可信

图灵知道通过他的测试非常难——这是关键所在——因此，他并不期待它在短期内实现。2014年6月，《华盛顿邮报》发布头条新闻——《一个名为尤金·古斯特曼的机器人通过了图灵测试》，[38] 这未免令人惊讶。尤金·古斯特曼（Eugene Goostman）是一个聊天机器人（chatbot），其制造者是两名程序员——弗拉基米尔·维西洛夫和尤金·德姆琴科。它以不太地道的英语对话模拟了一个13岁乌克兰男孩。BBC 的标题是《通过图灵测试的首个计算机人工智能》。[39] 文章写道：

如果超过 30% 的评判者在 5 分钟键盘对话中，将计算机误判为人，就算通过了图灵测试。图灵测试历经 65 年之久，终于被成功通过。6 月 7 日，尤金让伦敦皇家学会 33% 的评判者相信它是人类。

向媒体宣布该消息的是胡玛·沙阿和凯文·沃里克，他们是负责皇家学会图灵测试实验的研究人员。他们的新闻稿写道：[40]

周六在伦敦著名的皇家学会举行的 2014 年图灵测试中，计算机程序尤金·古斯特曼首次通过了有 65 年历史的图灵测试。在俄罗斯圣彼得堡研制的"尤金"模拟了一个 13 岁男孩。

新闻稿继续写道：

如果计算机在 5 分钟的键盘对话中，有 30% 以上的评判者将其误判为人，那它就通过了测试。迄今为止，还没有一台计算机能做到这一点。尤金让 33% 的人类评判者（30 名）相信它是人类。

沃里克和沙阿总结道：

因此，我们自豪地宣布，计算机本周六首次通过了艾伦·图灵的测试。

然而，图灵显然不认为在 5 分钟的谈话中欺骗 30% 的评判者就等于通过了测试，他预测的是"大约需要 50 年实现" 30% 的成功率，但他也表示，计算机要通过测试"至少要100年"。沙阿和沃里克将图灵30%的预测与通过测试混为一谈,因而错误地宣称尤金·古斯特曼通过了图灵测试。对于怎样才算真正通过测试,图灵在男人模仿女人的游戏中已进行了详细阐述,他们只是忽略了这一点。

图灵对人工智能在世纪之交的发展预测变为现实,见证这一事实颇为有趣,我们当然可以谅解他区区几年的误差。但是正如图灵所想的那样,通过图灵测试可能还要很多年。

## 对图灵测试的误解

对图灵言论的另一个重大误解涉及定义。在关于图灵测试的大量文献中,他常被描述为有意通过图灵测试来给思维下定义。[41] 然而,测试并没有给出一个令人满意的思维定义,这种误解有可能使他遭受不实的抨击,比如"图灵试图定义思维,但他的定义行不通"。图灵曾明确表示,他无意对思维下定义。他说,"我真的看不出我们有什么必要在定义上达成一致",[42] 但没有人认真聆听他的话。"我不想定义思维,"他说,"如果非要下定义,我只能说那是我脑子里某种嗡嗡作响的声音。"[43]

那些将图灵测试视为思维定义的人,很容易找到理由发起抨击,因为一个思维实体可能无法通过测试。例如,一个有思想的外星人可能仅仅因为其反应与人类大相径庭而无法通过测试。然而,由于图灵无意将测试作为一种定义,这种反对意见纯属不得要领。如果计算机能通过图灵测试,那么它所提供的信息量会很大,但如果没通过,就没什么意义。这与其他完美的测试一样,如果你没通过学术考试,原因可能是你没掌握学习内容,也可能是你在考试那天得了重感冒,或者其他原因——但如果你通过了公平公正的考试,那无疑可以证明你掌握了学习内容。同样,如果计算机通过了图灵测试,就可以证明它会思考。如果没通过,则无法得出任何结论。

目前,对图灵测试的主流批评基于一个错误观念,即图灵试图以其测试来定义思维。批评的内容是:如果有一个巨大的数据库,存储了所有可能的(有限）英语对话，原则上可以通过图灵测试（假设测试语言为英语）。[44] 无论评判者对数据库说了什么，数据库的操作系统只需搜索适当的存储对话，复述出来作为回答。正如哲学家内德·布洛克（Ned Block）所说，这个数据库的思考能力与自动唱机没什么两样，但原则上它会成功通过图灵测试。假设的数据库"太庞大，不可能存在"——可能的对话量是一个天文数字，根本无法在现实世界构建和运行。布洛克赞同这一观点，但他坚持认为，尽管如此，该假设的反例证明图灵测试是错的。[45]

的确，如果将图灵测试看作思维的定义，那么数据库的例子是个挑战，因为根据定义将推导出这个庞大的数据库会思考，显然它并不会。然而，图灵测试并非某种定义，数据库的例子其实是无效攻击。图灵的兴趣是真实的计算世界，这个假设的数据库无法在现实世界中通过图灵测试——只能在拥有另一套宇宙法则的仙境中存在。在现实世界中，可能根本没有足够的原子来构建这个庞大的信息库，即使可以，它的运行速度也会极其缓慢（因为必须搜索大量的存储对话），以至于很容易将其与人类对话者区分开来。事实上，还没等数据库做出第一次回答，评判者和陪衬可能早就已经驾鹤西去了。

## 塞尔兜圈子：中文屋子

有关图灵测试的另一个著名的误导性批评来自哲学家约翰·塞尔（John Searle）。塞尔力主计算机程序永远无法产生思想，是人工智能最强悍的批评家之一。他反对图灵测试的理由很简单：根据塞尔的说法，那些不会思考的实体能通过测试——他所说的实体是计算机。[46]

我们来设想一下，中国的某个团队设计了一款计算机程序，可以成功通过图灵中文测试。塞尔巧妙地提出了一种独立的方法，测试运行此程序是否真的产生思维。他的方法是在人类计算员中运行程序，然后问他："你在运行程序，但它能让你理解中文吗？"（有关人类计算员的更多内容，请参阅第7章和第41章。）塞尔把自己想象成人类计算员。他在一个房间里，房间里有许多用英语写的程序规则手册，他还有无限量的纸和铅笔。与计算机程序一样，程序的所有步骤都是简单的二进制，只要有足够的时间，人就可以轻松地使用铅笔和纸执行这些操作。

在塞尔的图灵测试场景中，评判者用中文在纸上写下他（她）的话，并通过一个标有"输入"的槽口将其送入房间。房间里，塞尔费力地按照规则手册中的大量指令，在纸上写下更多汉字，然后将纸送出标有"输出"的槽口。就评判者而言，这些符号是对输入所做的合理回应。但是，当只懂英语的塞尔被问及该程序能否让他理解汉字时，他回答道："不，它们对我来说都只是些歪歪扭扭的符号，我不知道它们的意思。"然而，他所做的正是运行程序的电子计算机所做的，只不过程序是在人类计算员身上运行。

以上就是塞尔著名的"中文屋子"（Chinese room）思想实验。他声称，思想实验表明，运行一个计算机程序永远无法产生思想或理解，即使该程序可能通过图灵测试。然而，这是一个微妙的谬论。对于程序能否产生理解这个问题，以人类计算员的身份出现的塞尔是合适人选吗？毕竟，中文屋里还有另一个健谈者——程序。是它回答了评判者的问题，塞尔将答案通过输出槽传出去。如果评判者用中文问"请告诉我你的名字"，程序会用中文回答"我叫钟艾米"。如果评判者问："钟艾米，你认识这些汉字吗？"程序会回答："是的，我当然认识！"

当程序说"是的，我能思考和理解"时，我们应该相信它吗？这个问题与我们最初提出的问题完全相同——计算机真的能思考吗？因此，塞尔的思想实验不过是让我们徒劳地兜圈子。中文屋子思想实验非但没有提供一种否定的方法来解决这个问题，反而使问题悬而未决。在中文屋子的场景中，没有任何因素可以帮助我们判断程序是否会思考。塞尔不懂汉字，只是在房间里埋头苦干，基于这个事实，我们不能推导出钟艾米不懂汉字。[47]因此，塞尔对图灵测试的抨击是错的。

艾伦·图灵的测试受到业内一些智者的攻击。然而，迄今为止，它一直屹立不倒。事实上，这是测试计算机能否思考的唯一可行方案。

# 第 26 章
# 图灵的心智模型

马克·斯普雷瓦克

本章考察了艾伦·图灵对认知科学（cognitive science）的贡献。认知科学让我们更好地理解心智，其核心思想是，人脑在某种意义上说是一台计算机。图灵对该理念的发展起到了关键作用。图灵对认知科学的影响过程纷繁复杂，展现出看似抽象的数理逻辑如何引发心理学革命。

艾伦·图灵提出了一个革命性的想法：心智活动就是计算。图灵的工作奠定了认知科学的基础。今天，计算是解释大脑工作方式的基本要素。本章中，我将探索图灵早期尝试用计算来理解心智的过程，考察图灵在认知科学早期所扮演的角色。

## 工程学对心理学

图灵以人工智能奠基人的身份闻名于世，但他对认知科学的贡献却鲜为人知。人工智能的目标是创建智能机器。图灵是最早从事人工智能研究的科学家之一，早在 1941 年他就涉足该领域。如第 29 章和第 30 章所述，他为人工智能的发展贡献了大量理念，提出了许多预言。

与人工智能不同，认知科学的目的不是创建智能机器，而是理解人类智能特有的机制。表面看来，人类的智能很神奇。我们如何推理、理解语言、记住往事、构思笑话？这些现象似乎很难解释。然而，就像被观众视为奇迹的魔术，一旦揭开舞台背后的滑轮和杠杆，一切便豁然开朗。因此，如果我们知道表象背后的机制，就可以解释人类智能。

理解人类智能的第一步是研究一台暗藏的机器：人脑。研究所面临的挑战是人脑惊人的复杂性：它是宇宙中最复杂的物体之一，包含 1 000 亿神经元和一个约 100 万亿连接的神经网络。想通过观察大脑来揭示人类智能的机制是不可能的，除非你明确了研究目标。大脑的哪些特性与智能有关？认知科学中最富成效且具有指导性的一个假设是，与智能相关的特性是大脑执行的计算。

认知科学和人工智能是相关的：二者都关注人类的智能，又都使用计算。然而，重要的是看到它们的区别。人工智能旨在创建一种智能机器，它的智能机制与人类的或许相同，或许不同。而认知科学的目标是揭示人类智能特有的机制。原则上，两个领域的研究可以独立进行。

思考一下，如果某人要建造一台人工悬停的机器，他没必要搞清鸟类和昆虫如何盘旋。第一架直升机起飞的 100 多年后，鸟类和昆虫是如何盘旋的仍然不为人知。同样，如果要制造一台智能机器，也不必知道人类是如何产生智能行为的。人们或许对人工智能持乐观态度，但对认知科学持悲观态度。人们或许认为有可能设计出智能机器，但人类智能的机制错综复杂，无法理解。或者，人们认为人类智能是可以解释的，但是制造智能机器是力所不及的挑战。

在图灵的时代，人工智能的乐观态度盛行，认知科学则退居次要位置。现在形势发生了逆转。没多少人工智能研究人员致力于创造图灵设想的那种通用类人智能。相比之下，认知科学被认为前途大好。

大致而言，认知科学和人工智能分别归于心理学和工程学。认知科学旨在了解人类智能，人工智能旨在设计智能机器。图灵对人工智能的贡献众所周知，他对认知科学做出了什么贡献？他是否有意将其计算模型作为心理模型和工程蓝图？

## 制造聪明的计算机

图灵在作品中很少直接讨论心理学。然而,有证据表明,他认为计算模型给人类心理学带来启示。

图灵痴迷于建造一台类似大脑的计算机。如第 29 章所述,他试图重现大脑活动,他的 B 型机器的设计灵感就来源于此。图灵谈到他想要制造一台机器来"模仿大脑","模仿人类计算员的行为","用具有电子大脑的机器取代部分人体"。他声称,"将数字计算机说成大脑,并非无稽之谈","我们的主要问题是如何编程,让机器来模仿大脑。"[1]

显然,图灵认为人工智能工程和心理学的任务在某种程度上是相关的。他如何看待二者关系的本质?以下三种观点可能反映了他的想法,我们应加以辨别:

• 心理学为工程学的成功设定标准。人类行为是我们理解智能的起点。首先,我们知道智能行为是人类所做的事情。心理学的功能之一是明确说明人类行为。这些描述为智能机器的行为提供基准,从而服务于人工智能。机器是否算得上智能,取决于它在多大程度上符合心理学所设标准的理想版本。心理学明确了智能行为的含义,因而与人工智能相关。这种关联似乎只限于智能行为。例如,在不具备鸟类或昆虫知识的情况下,人们完全可以理解什么是悬停。

• 心理学是工程学灵感的源泉。我们知道,人脑会产生智能行为。解决人工智能工程问题的途径之一是研究人脑,从中汲取灵感。然而,请注意,"受启发"的关系是一种弱关系。有人可能会受到设计的启发,而不太了解该设计的运作原理。对鸟类的盘旋方式感兴趣的人,可能会为人工悬停的机器添一对翅膀。但即使获得成功,也不意味着工程师知道鸟类的翅膀如何让它在空中盘旋。事实上,翅膀让鸟类悬停的方式可能与翅膀让人工机器悬停的方式不同。扇动翅膀的动作可能在某种情况下必不可少,但在另一种情况下则不然。人工智能工程师可能会从大脑中获得灵感,而不必了解大脑如何运作。

- 心理学应该用大脑的计算机制来解释人类智能。与前两种观点不同，它涉及一个理念，即人类的思维机制是计算性的。前两种观点与它相容，但并不包含它。事实上，前两种观点没有提到心理学应该做什么，或者不该做什么，只是描述了从心理学到工程学的单向互动：心理学为工程学的成功设定标准，或心理学为工程学提供灵感。而这一条则不同：它建议心理学采用人工智能工程的计算框架。我们对人类智能的解释方式，以及对它的模拟尝试都应该是计算性的。

第三个（认知科学）观点是图灵提出的吗？图灵的观点当然与之很接近。在本章最后一节我们将了解到，已经有人将他的工作成果用于支持这一观点。

在前面的引述中，图灵描述了人工智能的一种可能策略：在电子计算机中模仿大脑的机制。为使这种策略发挥作用，我们必须知道大脑的哪些相关特性需要模仿。图灵说，重要的特征不是"大脑具有冷粥的黏稠度"或神经的具体电动属性。[2] 相反，在相关特征中，他提到了大脑的能力，即"将信息从一处传到另一处的能力，以及存储信息的能力"：[3]

> 大脑差不多可以归类于（电子计算机），似乎有充分的理由相信，无须改变本质属性，大脑本来就属于这一类。

从表面上看，这仍是人工智能工程与心理学之间的单向互动：大脑的哪些特征与人工智能工程有关？但与上述说法不同，这种单向互动预设了人脑工作方式的明确观点：大脑通过其计算特性（也许还有其他因素）产生智能行为。这非常接近认知科学的观点。图灵似乎以其工程学策略来支持上述第三项主张（认知科学的观点）。

然而，对图灵的解读存在一个问题。图灵在文章中使用的关键术语——"重现"（reproduce）、"模仿"（imitate）、"摹拟"（mimic）、"模拟"（simulate）——具有某种不同于上述内容的特殊含义。对这些术语的解读有"强""弱"之分。在强解读中，它们意味着复制系统内部的运作方式——复制系统实现其行为所用的杠杆和滑轮的等效物。在弱解读中，它们意味着复制系统的整体输入-输出行为——复制系统的行为，但不一定是系统的方法。强解读要求对大脑的"模仿"与真实大脑的工作方式相同。弱解读只需要对大脑的模仿产生同样的整体行为。

我们过去以为应是上述强解读。然而，图灵的文章倾向于弱解读。使用弱解读对于证明图灵最著名的计算结果至关重要（见第 7 章）。如果弱解读是正确的，那么对图灵上述关键术语的解释就不正确。模仿大脑不需要知道大脑如何运作——只需要知道大脑产生的整体行为。这正好符合心理学和工程学的第一种关系：心理学为工程学的成功设定标准。模仿大脑，在弱解读意义上重现大脑的整体行为——只需要心理学明确人工智能应重现的整体行为。它并不要求心理学在人类心理学中也采用计算理论。

是否有证据表明图灵倾向于强解读而非弱解读？在给心理学家罗斯·阿什比（Ross Ashby）的信中，他写道：[4]

在研制 ACE 的过程中，我更感兴趣的是构建大脑活动模型的可能性，而不是计算的实际应用……因此，尽管大脑活动的本质是通过轴突和树突的生长来改变神经元回路，我们仍可以在 ACE 内部建立一个模型，其中，ACE 的实际结构没有改变，只有记忆中的数据变了，该模型描述了在任何时候都适用的行为模式。

这似乎表明，图灵支持类似认知科学的观点：他认为大脑的计算特性是在大脑模拟中捕捉到的相关特性。遗憾的是，它也被同样的问题所困扰。"构建大脑活动的计算模型"有强解读和弱解读两种。这可能意味着创造一个与大脑工作方式相同的强模型，或创造一个产生相同整体行为的弱模型。图灵和阿什比对这两种计算模型都感兴趣。只有图灵支持认知科学的主张。

令人激动的是，图灵在 1951 年的 BBC 广播节目中以下面的话结束演讲：[5]

思维过程对我们来说还相当神秘，但我相信，尝试制造思维机器将极大地帮助我们了解人类如何思考自身。

问题在于"帮助"，就像"受到启发"一样不够具体，无法证明图灵持有认知科学的观点。思维机器对心理学的助力可以体现在很多方面：机器可能会进行有用的数字密集运算，教我们掌握适于所有智能系统的高级原理，激发心理学描述人类的能力。所有这些都无法证明图灵持有认知科学的观点。

图灵文章中的观点与认知科学的主张一致，但它们并没有提供明确的支持。在下一节中，我们将看到图灵对现代认知科学产生的更明确的影响。在最后一节中，我们将了解到他的计算模型是如何被他人用作心理模型的。

## 从数学到心理学

图灵提出了几个影响心理学的计算模型。这里我只谈论其中一个：图灵机（Turing machine）。从表面上看，图灵机的目的是解决数学问题，特别是解决哪些数学陈述能（或不能）用机械方法证明的问题。我们将看到图灵模型的另一用途：作为人类的思维模型。这个附带用途产生了极大的影响力。

图灵机是人类职员（如计算员）的抽象数学模型。想象一下，一个才智平庸的人独自机械地解决数学问题。图灵要求我们将此人与一台"只能满足有限条件的机器"相比较。[6]这台机器是一台图灵机，有一个内部状态有限的读写头，一个无限长的空白纸带，纸带被分成很多方格，可以在上面写入和擦除符号。任何时候，机器都可以从纸带中读取符号、书写符号、擦除符号、移动到相邻的方格或更改其内部状态。它的行为由一组有限的指令（一个状态转移表）决定，这些指令指定它在所有情况下下一步的动作（读取、写入、擦除符号、更改状态、移动读写头）。

图灵想知道人类职员能（或不能）执行哪些数学任务。如果有足够的时间和纸张，一个人类职员能计算任何实数吗？他能告诉我们哪些数学陈述是可证的，哪些是不可证的吗？图灵的伟大在于，他发现如果我们重新阐述图灵机，就能回答这些看似不可能回答的问题。如果能证明图灵机可解决的问题与职员的相同，那么图灵机可解问题的任何结果都会转化为职员可解问题的结果。据此推理，图灵机可作为职员的代理。

很容易证明，图灵机可解决的问题也可以由职员来解决。职员可以手动完成图灵机的运作。证明相反的说法——职员可解决的问题图灵机也可解决——则比较困难。图灵为第二种说法提供了一个强有力的非形式论证。值得注意的是，他的论证取决于对职员的心理推理：[7]

任何时候，（职员）的行为都取决于他所观察的符号和他当时的"心智状态"。我们可以假设，某一刻（职员）观察到的符号或方格数量在范围 B 之内。如果他想观察更多，就必须进行持续的观察。我们还将假设，涉及的心智状态在数量上是有限的，其原因与限制符号数量的原因相同。如果我们承认心智状态的无限性，那么某些状态将会"任意接近"，从而产生混淆。

图 26.1　正在运行的早期"计算机"，1949 年夏，NACA（后来的美国宇航局）高速飞行站

图灵旨在创建人类职员的抽象数学模型。

维基共享资源，公共域许可，https://commons.wikimedia.org/wiki/File:Human_computers_Dryden.jpg

图灵的策略是论证职员解决问题的内部资源并不比图灵机更多。因此，职员能解决的问题类（the class of problems）并不比图灵机的大。结合上述第一种说法，确立了一个重要观点，即图灵机可解决的问题与人类职员的完全相同。

图灵的论证运用的是弱建模。他的目的是证明图灵机和人类职员解决的是同一类问题：他们能够产生相同的行为模式。他的论点要求他证明图灵机可以复制职员的行为，反之亦然（弱建模）。它并不要求他证明图灵机重现职员产生其行为的内部心理机制（强建模）。强建模超越了图灵在判定问题上的工作要求，但这正是我们需要的认知科学。

图 26.2 卡哈尔蓝脑计划使用马格里特超级计算机模拟人脑的内部运作

拍摄者：塞斯维玛，https://commons.wikimedia.org/wiki/File:UPM-CeSViMa-SupercomputadorMagerit.jpg。

知识共享许可

人们可能会得出这样的结论：人工智能对心理学的兴趣就仅限于此。然而，图灵的论证让人停下来思考。图灵的论证要求人类职员和图灵机在内部运作上至少有一些相似之处。他们必须有类似的内部资源；否则，图灵所说的职员的资源与图灵机一致的观点就行不通了。这表明图灵机不仅仅是人类职员的弱模型，图灵机还描述了职员的内部状况，尽管是在很高的层次上，而且非常抽象。除了捕捉职员的外在行为，图灵机还提供了一些关于职员行为背后的杠杆和滑轮的信息。

## 大脑里的图灵机

图灵机是否提供了人类思维机制的心理现实模型？图灵从未在其著作中认真探讨过这个问题，但有人思考过这个问题。哲学家希拉里·普特南（Hilary Putnam）认为图灵机是一个很好的心理模型。普特南说，图灵机不仅是职员解决数学问题时的思想模型，也是精神生活其他方面的好模型。[8] 普特南认为，人类所有精神状态（信仰、欲望、思想、想象、感觉、痛苦）都应该被理解为图灵机及其纸带的状态。人类所有的心理过程（推理、联想、记忆）都应该被理解为某台图灵机的计算步骤。心理学解释应该是对内部图灵机的性质和操作的解释。只有将大脑看成是对图灵机的实现，人们才能正确理解它对我们精神生活的贡献。普特南的建议完全符合上述认知科学的主张。

将图灵机当作一种心理模型这一想法很快令普特南等人失望。[9] 原因显而易见，人脑没有明确的"纸带"或"读写头"，人类的精神状态不是随着时间逐步变化的原子状态，人类心理不是串行的：它涉及相互合作或竞争的并行机制。如果大脑是一台计算机，它不太可能是图灵机。

过去的半个世纪，心理学中计算模型的数量和种类出现了爆炸式增长。最先进的思维计算模型看起来和工作起来都不像图灵机。其中，最流行的模型是分层递归连接网络，它能做概率预测和进行贝叶斯推断。[10] 这些计算模型的机制与图灵机毫无相似之处。然而，人们可能会想，图灵机作为高度抽象的心理模型，其本质是否仍是正确的？即使图灵机不能模拟我们所有的精神生活，也许能为某些方面提供不错的模型。

图灵机至少为精神生活的某一方面提供了良好的心理模型，那就是由规则控制的严谨而连续的推理，即人类职员在解决数学问题时大脑内部的工作能力。在某些情况下，人们有意让心理过程以规则控制且连续的方式工作，他们试图遵循规则，而不使用自发性、洞察力或独创性，同时避免受到其他心理过程的干扰。在这些情况下，我们的心理机制似乎类似于图灵机：我们的精神状态如原子实体一样，逐步地呈现，并以一种连续的方式发生变化。

关于大脑的运作，在更具体的细节层面当然还有更复杂的事实。然而，作为一个"高级"计算模型，图灵机对于心理学来说还算适用。在高度抽象的描述层面上，某些情况之下，我们的大脑就是一台图灵机。

现代思维的计算模型是大规模并行的，表现出复杂微妙的动力学行为（dynamics），使用概率分布而不是离散符号。如何让它们与图灵机协调一致？整合这两种模式的方法之一是，将图灵机当作虚拟机运行于这些模型之上。[11] 该理念认为，图灵机是从低级计算过程中脱颖而出的新生事物。[12] 这种想法在个人计算机上很常见：高级计算（在 C# 或 Java 语言中）可以从低级计算（在汇编程序或微码）中产生。类似地，我们应该期待，对于解释人脑如何产生智能而言，高层次和低层次的描述同样至关重要。

## 结　语

图灵对认知科学有着巨大的影响，但是，正如我们了解到的，对其影响过程的追踪错综复杂。本章中，我们考察了两个可能的来源：一是图灵关于人工智能发展的讨论，二是图灵的计算模型对他人的影响。在第一点上，我们看到图灵很少谈论人工智能应该如何影响心理学。"人类心理学应该是计算性的"这一现代观点很难归于图灵。在第二点上，事实更为清晰。图灵1936年关于判定问题的论文表明，图灵机不仅仅是人类心理学的弱模型。普特南等人接受了这一观点，认为图灵机是人类心理学的强模型。时至今日，该观点仍具影响力。尽管认知科学拥有各种奇特的计算模型，但图灵机似乎在更高的层面上捕捉到人类思维运作的一个基本真相。

# 第 27 章
# 全面阐述图灵测试

黛安·普劳德福特

机器能思考吗？著名的图灵测试是确定答案的方法之一。图灵逝世 60 周年之际，雷丁大学宣布，英国皇家学会创造了"人工智能的历史里程碑"：一个计算机程序已通过"标志性"图灵测试。组织者称，这是人类理解领域"最振奋人心的"进步之一。在全球宣传的狂热中，该事件被描述为一次"突破"，表明"机器人霸主们即将掌控人类"。然而仅仅一天之后，就有人称"故事基本上是假的"，说它通过图灵测试完全是"无稽之谈"。该程序在测试中"实际上只得到一个 F。"反对的声音蔓延到测试本身：批评者说，"图灵测试这个概念本身就是一个笑话……是多此一举。"[1] 那么，什么是图灵测试，为什么它很重要？

## 一个小实验

1948 年，图灵在一份题为《智能机器》的报告中描述了一个"小实验"。他说，这个实验是"我做过的一个非常理想化的实验"。它涉及三个实验对象，他们都是国际象棋棋手。玩家 A 像平时那样下棋，而 B 是计算机程序的代理人，遵循一套书面规则，用铅笔和纸计算出怎么下棋——这种"纸机"是 1948 年唯一免费提供的可编程计算机（见第 31 章）。两人都隐藏在房间里，不让第三个玩家 C 看到。图灵说，"两个房间都有一些用于沟通走棋的途径，游戏在 C 与 A 或纸机 B 之间进行"。实验的结果如何？根据图灵的说法，"C 可能会很难分辨他在跟谁下棋。"[2] 这是所谓的"图灵模仿游戏"或"图灵测试"的最初版本。

为什么是国际象棋（图 27.1）？图灵多年来一直在思考计算机国际象棋的常规程序。1945 年，他说"下棋需要智慧"，他计划中的自动计算引擎"可能很会下棋"（见第 25 章和第 31 章）。[3] 20 世纪 50 年代，人工智能先驱艾伦·纽厄尔、约翰·肖和赫伯特·西蒙说：[4]

图 27.1　迪特里希·普林茨
雷蒙德·克莱博，《图片邮报》；
经盖蒂图像许可转载

> 国际象棋是优秀的智力游戏……如果谁能成功设计出一台国际象棋机器，那他似乎已触探到人类智力活动的核心。

时隔 50 年，也就是 1997 年，被誉为"人类希望"的世界最伟大棋手加里·卡斯帕罗夫与 IBM 的深蓝超级计算机进行了六场比赛。卡斯帕罗夫说，"国际象棋是人机比较的独特领域。这是我们的直觉与计算蛮力的较量。"当时，人们将比赛描述为"思考人类生命的意义和尊严的象征"。[5]

第一场比赛正如卡斯帕罗夫所料。他说深蓝是"愚蠢的"，它"像机器一样下棋……它的行为完全不出所料。但随后深蓝的所为"与我们对计算机能力的传统认知相矛盾"。他说：

> 计算机走了安静的一着，这是一步防御性妙棋，终结了我取胜的希望，这是它前所未有的举动。它没有追求短期优势，而是以完胜收场。面对大势已去的局面，我惊叹它神一般的发挥。我认输了。

深蓝的非常规打法（IBM后来将其归因于一个软件故障）让卡斯帕罗夫感觉它背后有一个"人类玩家"。他说，计算机"陷入沉思"，"当你看到它的走棋时，你不会认为它只是一台机器"。深蓝表现出"近乎人类的威慑力"。[6] 卡斯帕罗夫感到惶恐，接着输掉了比赛。据称，一台计算机已经"通过了图灵国际象棋测试。大师不知道他暗中的对手是另一位大师还是一个计算机程序。"[7]

众所周知，图灵在1950年提出了图灵测试。这是一个模仿游戏，将他1948年的实验扩展到一个广泛的范畴，测试的问题来自"我们希望涵盖的几乎所有的人类探索领域"。（有关测试的详细介绍，见第25章。）在论文《计算机器与智能》中，他提出一项实验，实验中有三名参与者，其中一名询问者，询问对象是一男一女。他们是隐藏的，询问者通过电传打字机与他们同步交流。男人的目的是欺骗询问者，让他将其误判为女人。描述完设置后，图灵说：

现在，我们问一个问题，"当机器替换男人的角色时会发生什么？询问者会像在男人模仿女人的游戏中那样经常做出错误的决定吗？这些问题取代了原来的问题，即机器能思考吗？"

图灵说，机器在游戏中令人满意的表现是"思考"的标准。[8] 他所说的机器是数字计算机。如果它在计算机模仿人类的游戏中表现良好，那么机器就会思考。

## 游戏规则

大量有关图灵测试的文献，都误读了图灵1950年的模仿游戏。有人称，计算机的任务是模仿男人（因为它在男人模仿女人的游戏中取代男人的位置），或者模仿女人（因为那是男人的目标），甚至说它是模仿一个正在模仿女人的男人。认为机器的任务是模仿女人的论点包括：这让机器更难通过测试（必须让询问者确信它不仅是人，还是女人）；这让机器更容易通过测试（询问者专注于寻找"女性"行为，因而不太可能发现"机器"行为）；"性别扭曲"

测试与图灵有着"深深的共鸣"。[9]但是,图灵在谈论测试的要点是看计算机能否"模仿大脑"时曾明确表示,机器的任务实际上是模仿人类(男性或女性)。[10]

图灵为三名参与者设定了规则。询问者能力"平庸"——就像国际象棋模仿游戏中的询问者是一个"很差"的棋手一样。这将某些计算机专家排除在外,他们可能很容易发现计算机的典型策略。允许询问者发表评论,如"我告诉你,你只是把自己伪装成人类。"也允许他自由提问,问题可涉及几乎所有主题。这使得仅仅由几个主题的触发词生成预先编好答复的简单程序,几乎无法在游戏中表现优异。(据称,在图灵逝世60周年之际,一个叫"尤金·古斯特曼"的程序通过了图灵测试。它模拟一名13岁乌克兰男孩,英语是其第二语言;这种将提问限制在机器可以理解的范围内的做法,违背了图灵的指导原则。)反过来,计算机"被允许使用各种各样的技巧"——图灵说,它"必须做很多表演"。例如,图灵建议,如果让计算机解决一个算术问题,它会"故意给出错误答案来迷惑询问者",避免对方识破它的"高精准性"。图灵说,机器的最佳策略是"试着给出人类自然而然说出的答案"。人类参与者的目标(假设它与男人模仿女人游戏中女人的目标一致)是"帮助询问者",其"最佳策略……可能是给出真实答案。"[11]

有人认为图灵的三人模仿游戏本质上是一个二人游戏。游戏中,询问者采访一个隐藏的参与者,对方可能是人,也可能是机器。然而没有理由说,图灵认为他的三人游戏可以简化为二人游戏。事实上,有理由认为事实正相反。1952年,在BBC的一档名为"自动计算机会思考吗?"的节目中,图灵描述了测试的二人版本:询问团成员逐个采访参与者,而参与者中一些是人类,一些是计算机。图灵指出这一版本的难点所在:为了避免将机器误判为人的尴尬,询问者可能每次都会不假思索地说"它肯定是机器"。[12] 2004年之前,一年一度的"勒布纳人工智能竞赛奖"一直在无意中遵循这一游戏版本。竞赛的结果显示出图灵敏锐的洞察力。例如,在2000年的竞赛中,询问团成员10次将人判断为机器,但没有一次将机器判断为人。在2003年的竞赛中,他们有4次说人"肯定是机器",但没有一次说计算机"肯定是人"。[13]

关键是,图灵曾明确表示,在比赛中表现出色并不是智能的必要条件;思维机器可能无法通过图灵测试。[14]

## 图灵未曾说过的话

图灵建议将"机器能思考吗?"改为"机器能在计算机模仿人类游戏中表现出色吗?",原因何在?在游戏中获胜与思考有什么联系?对于这些问题,至少有三个截然不同的答案。

首先,标准答案是:图灵是一位行为主义者(behaviorist)。该解读认为,模仿游戏测试机器的行为是否与"会思考"的人类无法区分——对于思考而言,行为是最重要的考察对象。如果它像鸭子一样走路,像鸭子一样嘎嘎地叫,那它就是一只鸭子。20世纪50年代的许多评论者认为图灵是行为主义者,一些人批评行为主义"颠覆常用词的定义"。今天的理论家通常会效仿,说图灵测试是"对机器智能的首个操作性定义",图灵的思维标准是"纯行为的"。[15] 认为图灵是行为主义者的主要原因是,在20世纪40到50年代,以行为主义方法将思维作为科研主题一度很流行。将一个待研究现象"操作化"也是科学界的普遍做法:例如,心理学家可能会根据受试者叫喊的音量来定义愤怒。因此,评论者认为,图灵根据机器在模仿游戏中的表现来将智能操作化。

将模仿游戏与思维联系起来的第二种方式是:游戏的成功提供了证据,但不能保证机器选手的内在状态和计算过程与人类的精神状态和计算过程相似。如果它走路像鸭子,嘎嘎叫像鸭子,很可能它有鸭子的内部结构。之所以这样理解图灵,是因为他在阐述图灵机的概念时,把数字计算机的状态(即计算过程中的状态)与人类计算员的"心智状态"进行了比较(见第26章)。图灵假设人脑是一台数字计算机,他相信"可以建造出高度模拟人类心智行为的机器"。[16] 20世纪50年代,传闻"图灵等人尝试根据形式化的机器状态或逻辑来定义思维过程"。[17] 该观点认为,计算机在模仿游戏中的成功表明,其处理过程类似于人类思维。

这两种解读的难点在于图灵自己的话:当他明确谈论智能概念时,并没有将智能归结为行为,也没有将智能归结为计算。[18] 相反,在介绍1948年国际象棋游戏版本时,他说智能的概念是一个"情感概念",他谈到了在机器中"想象智能"的诱惑。[19]情感概念是我们常说的"情人眼里出西施"——比如，美、色彩和善良。如果在正常情况下，一幅画在正常人眼中看起来是美的，那它就是美的。图灵说，一个实体是否智能，部分取决于我们对它的反应；我们想象另一实体有智能对于该实体具备智能至关重要。以模仿游戏的第三视角来看，游戏测试了询问者是否会想象机器选手的智能。

有关图灵测试的这三种解释，详见第 28 章。

## 新 游 戏

图灵测试已经被修改、扩展、删减和转换，以后也会继续下去。这恰恰表明它在人工智能领域的重要性。

有些理论家认为不可能存在无实体的思维主体，因此，他们提出了"完全"（或"机器人"）图灵测试。在该测试中，机器"必须能在人与物的真实世界中，以一种（对人而言）无法区分的方式，做到真实的人所能做的一切，而且其行为方式与真实的人相同。"[20] "真正完全"图灵测试是更难的版本——机器系统必须能够自己生成人类所拥有的能力。其他理论家则关注智能如何发展。在"孩童"图灵测试中，机器必须完全像 3 岁的孩子一样回答问题。（在另一项测试中，机器可以思考它是否能抚养孩子！）一些提议的测试限制询问者的问题：在"费根鲍姆测试"中，专家评判者必须区分计算机专家和人类专家，而在"教学测试"中，机器参赛者必须像人类教师一样进行有效教学。现在许多所谓的"图灵式"测试都偏离了图灵的设计。例如，在"佛兰芒测试"中，两个相同的机器选手相互交流，人类评委在一旁观察：如果这种互动看起来像人类的交流，甚至更好地显示出创造力的迹象，那么机器就能够思考。（也称"隐身观察"或第三方图灵测试。）

对图灵来说，模仿游戏是思考的标准，而后来的理论家则把它作为衡量其他能力，包括自由意志的标准。在"洛夫莱斯测试"中，如果机器的设计者无法从设计和知识存储的角度来解释机器的行为，那么机器就真正具备了创造力。唯有自带神秘元素的机器才能通过此测试。在"音乐智能测试"中，一位音乐家询问者与两位隐藏的"音乐家"即兴创作，其中一个是人，另一个是计算机音乐系统：如果音乐家无法分辨哪个是人，则机器具备"音乐智能"。在"道德"图灵测试中，询问者仅针对道德问题采访机器和人类参赛者，或判断他们的行为。如果机器被误认为是人，那它就是有道德的存在。（在该游戏中，机器不能过于善良，否则可能暴露身份。）根据"图灵鉴别测试"，如果一个评判者被迫选择摧毁一个人或一个机器选手，面临的道德困境与在两个人中二选一相同，那么机器就是"人"。一些理论家甚至建议将图灵的游戏作为测试身份的一种方法。如果你死后，我们在计算机中激活你大脑的模拟系统，那么这个模拟会是你吗？谷歌工程总监雷·库兹韦尔（Ray Kurzweil）以 2 万美元打赌，机器将在 2029 年通过图灵测试。他说：运行两个玩家的模仿游戏，如果询问者无法分辨是与模拟系统交谈，还是与你交谈，那么"你"就存在于计算机之中。

这些游戏大多是思想实验。最著名的真实实验是休·勒布纳（Hugh Loebner）竞赛。目前，该比赛将一枚银牌（2016 年为 25 000 美元）授予一台机器，它在 25 分钟的问答中骗过了一半评判者。还有一枚尚未摘取的金牌特奖，将授予首个成功通过模仿游戏的机器，询问者在游戏中通过视听输入和文本输入与参赛者交流。新比赛经常出现，例如 2014 年，XPRIZE 基金会（设计和资助"旨在吸引公众想象力、激发创新、加速全球积极变革"的创新竞赛）宣布将"AI XPRIZE"——"现代图灵测试奖"授予第一个在 TED 演讲中表现出色，赢得观众起立鼓掌的人工智能。[21] 然而，很少有人将资金和科研精力投入到这种参赛机器上（这种冷遇不仅限于图灵式人工智能竞赛；2013 年，英国计算机学会举办的"展示机器智能系统进展"的机器智能竞赛因"参赛作品不足"而被取消。[22]）

在实际实验中获胜的"聊天机器人"（用自然语言交谈的计算机程序）是些简单程序。例如，在 2012 年的测试中，询问者键入"埃普索姆郡，德比赛马的产地。你呢？"是说她的家乡，并要求对方也介绍自己的家乡：尤金·古斯特曼回应道，"我的豚鼠说，德比这个名字听起来很不错"。（模拟一个 13 岁乌克兰男孩，目的是解释这种古怪的、不合语法的输出。）在图灵逝世 60 周年之际，号称人工智能领域"重大突破"的正是该程序。毫不奇怪，尤金·古斯特曼的消息爆出之后，媒体的判断是：如果该程序能通过图灵测试，那么测试就"不再像我们最初认为的那么重要了。"然而，尤金·古斯特曼并没有通过测试（见第 25 章）。组织者将通过测试的门槛设定为："如果在一系列 5 分钟的键盘对话中，有超过 30% 的时间计算机被误判为人，就算通过了测试。"[23] 它混淆了图灵关于人工智能大约在世纪之交会走多远的预测和他的游戏规则。图灵明确地指出了通过测试的标准：询问者在计算机模仿人的游戏中，必须"像在男人模仿女人的游戏中那样，经常做出错误的决定"（见"一个小实验"一节）。1952 年，图灵说这至少需要 100 年。

图灵式测试还被用于测试虚拟角色的可信度和计算机图形学的图片逼真性。在一项非语言测试中，人类受试者与虚拟角色互动，根据其"眼睛"如何回应受试者的注视来决定虚拟角色由人还是由机器控制。在"强化"图灵测试中，女性受试者在一次速配约会实验中与虚拟角色进行了两次互动：她们被告知对方是由程序控制的，但在一次互动中，控制者实际上是一名男士——受试者没有发现角色情感反应的任何差异。在"捉迷藏测试"中，虚拟角色选择隐藏路线和寻找路线，评判者决定对方是人还是计算机。在"机器人挑战赛"中，人类玩家向由人或程序控制的替身"射击"，然后判断对手的"人性"。同样，机器玩家不应该射得太准：评判者倾向于把那些目标明确或反应迅速的替身判定为机器。在 2012 年的比赛中，最成功的程序获得了比人类玩家更高的人性评价；报道称"机器人击败图灵测试：AI 玩家比人类玩家更人性化"！其中，一个获胜机器人的程序员称，他的程序已"跨越人性的障碍"。[24]

甚至，还有一个图灵式的"握手测试"来测量"运动"智能（一个人类受试者与由人或计算机控制的操作杆"握手"，判断哪次握手更像是与人握手）。还有一个测试，判断在线社交媒体账户的真伪。在计算机科学之外，有人建议图灵的游戏可以测试生命系统：一个自然细胞"询问"另一个自然细胞和一个人工细胞。在一次"意识形态"图灵测试中，参赛者解释了一种与自己意识形态相对立的意识形态：那些欺骗询问者以为这是他们自己的意识形态的人被认为理解了这种意识形态。在"图灵诉讼游戏"中，询问者与两名隐藏的参赛者交谈，一名是原告，另一名是被告，目的是查明被告是否

图 27.2　哪个参赛者是机器
转载自 xkcd http://imgs.xkcd.com/comics/turing_test

有罪：这项测试的支持者说，它比目前的法律程序更经济，也更便捷。人们常假设，小说《仿生人会梦见电子羊吗？》和电影《银翼杀手》中虚构的沃依特·坎普夫移情测试基于图灵测试。该测试还出现在许多动画片（包括几部《迪尔伯特》动画片）、艺术品（包括"首台自动忏悔机：天主教图灵测试"）、长篇小说、短篇小说、T恤衫和棒球帽上（图 27.2）。

目前，一种图灵式的测试很普遍，那就是"全自动区分计算机和人类的图灵测试"（Completely Automated Public Turing test to tell Computers and Humans Apart，CAPTCHA）。评判者是一台计算机，其任务是判断某个参与者是人还是计算机。（CAPTCHA 有时称为"反向"图灵测试。当你进入聊天室、投票、在线使用信用卡之前，必须在扭曲的图像中识别符号时，你就是 CAPTCHA 验证的参与者。）

## 对测试的批判

一些评论者认为，图灵并不打算将他的模仿游戏用作智能测试，模仿游戏在人工智能中的核心作用会令他觉得好笑，甚至感到震惊。不久前，马文·明斯基（Marvin Minsky）说，图灵测试是一个"玩笑"，图灵"从未打算"将其作为判断机器是否真的具备智能的方法。亚伦·斯洛曼（Aaron Sloman）说图灵"太聪明了，不可能做这种事。"这种普遍的误解导致将"大量的精力耗费"在讨论纯粹"虚构"的图灵测试上。同样，德鲁·麦克德莫特（Drew McDermott）说，图灵想要做的就是"动摇人们的直觉"。[25] 然而，图灵本人在谈论"模仿游戏"时说得很清楚，他确实打算将其作为一种智能测试。他说，"我想建议一种可能适用于机器的特殊测试"，并将"有没有在模仿游戏中表现良好的可想象的数字计算机？"这个问题描述为"机器能思考吗？"的"变体"。他显然是认真的。他说："好吧，这是我的测试。当然，目前我并不是说机器真的能通过测试，也不是说它们不能。我的建议是，这是我们应该讨论的问题。"[26]

图灵测试经历了一段艰难的旅程，尽管对测试的批评降至少数几个站不住脚的论点，但批评可能仍会继续下去。批评者说图灵测试"几乎无用""过时""无效"，在游戏中表现良好的机器是"人工智能研究的死胡同"。有人说，"坚持图灵的想法……危害很大"，"图灵的遗产与成熟的学科分支格格不入"。2012年，在庆祝图灵百年诞辰的众多报刊中，也出现同样的反对意见：批评者称，是时候"告别图灵测试"了。[27]

有些批评源于这样一个事实，即图灵测试是评判机器所具有的人类（或类人）智能的标准。批评者称，想通过模仿人类来构建人工智能，是忽略智力的本质而只强调一个狭隘的例子。基于这一观点，图灵测试将人工智能研究的重点放在独特的人类行为上，而这正是"人工智能的悲剧"；游戏是"测试人性，而不是智能"。[28]批评家说，我们需要的是对"一般"或"普遍"智能的测试（如"随时智力测验"）。然而，这类批评是没有根据的：本书展现了图灵对机器智能广泛的兴趣——没有证据表明他相信人类智力是批评家们所说的"思想的终极巅峰"。[29]此外，寻找智能的普遍"本质"似乎是一种执迷不悟。通用智力测验的支持者以给智力下定义为起点，图灵拒绝这样做——如果智能的概念正如他所说，是一个情感概念，那么，智能和美一样不存在什么本质。更糟糕的是，这些"本质"理论家给出的是行为主义的定义：他们说，"一般"智能是实现目标、产生句法复杂的话语或回答高度复杂问题的能力。然而，即使这种能力算得上智能，它对思考来说足够了吗？

有些批评者说，即使人类水平的人工智能是合适的研究目标，图灵测试也无助于我们达到这个目标：制造一台被误认为是人类的机器，这任务太艰巨了。事实上，有人称，"只有体验过我们（人类）的世界，才能通过图灵测试。"然而，该说法在现代计算机分析大量数据的方法面前不攻自破。[30]不管怎样，提出这种反对意见的原因是，批评者将人类水平的人工智能目标与失败的炒作策略混为一谈——比如，传统人工智能，它侧重于存储大量知识的"符号系统"。图灵提出了另一条发展途径：创建和教育"儿童机器"（见第 30 章）。它赋予机器一系列能力，每种能力都可以单独测试、逐步提升——以此实现人类水平的人工智能。

批评者还抱怨说，图灵测试太容易了，认为"在图灵测试中将聊天机器人的性能提升到真正的人工智能，没有一条可行的发展途径"。根据这一观点，测试只是鼓励程序员用雕虫小技来愚弄评判者，评判者可能仅仅因为特别容易轻信就被说服了。批评者说，测试的目的是"人工智障"，而不是人工智能，因为机器选手必须隐藏其超人的能力（如完美的打字技巧）。[31] 但图灵测试并不容易。很多人说它容易，只是因为他们混淆了勒布纳竞赛聊天机器人背后的简单编程策略与在难度更大的图灵测试中取得成功所必需的策略。的确，个别评判者可能容易受骗，或者测试当天不在状态，但这只能说明测试不是一次性的：要获得令人信服的结果，必须进行多次测试。[32] 此外，"人工智障"的说法是被误导了，因为伪装机器并非测试目的，而是不可避免的必然结果。图灵说，机器不应该因为在某方面的无能而受到惩罚，比如"不能在选美比赛中大放异彩"，这和机器能否思考"无关"。[33] 为了避免这种情况，机器的外观应被隐藏。机器在打字或数学方面"极度精准"是一种无关的能力，因此也必须加以遮掩。

另一种批评仅仅源于图灵测试是一种测试这一事实。批评者说，它是一种（计算）智能理论，不是我们需要的智力测验。然而，该批评假设这样的计算智能理论是可能存在的——如果智能是一个情感概念，那么这样的理论就是不可接受的。

还有批评说，通过图灵测试的机器没有实际用途，它们是"智能雕像"——价格昂贵，但并不比人类聪明。批评者认为，我们需要的是"智能放大器"——像谷歌和 Siri 等系统，甚至无人驾驶汽车。[34] 这种观点放弃了人类水平人工智能的宏伟目标，转而追求"狭隘"的目标。然而，这一立场似乎过于消极。正如库兹韦尔等乐观主义者所言，也许通过图灵测试的机器与超级人工智能之间还存在不小的差距，但它们会对人类生活产生巨大影响。

图灵测试为什么很重要？许多人工智能从业者认为人类水平的人工智能很重要且可实现，他们需要一个标准来确定何时达到这个目标。图灵测试是判断标准，它也是防拟人主义的。1949 年，图灵在曼彻斯特大学的同事，神经外科医生杰弗里·杰弗逊（Geoffrey Jefferson）说：[35]

我们肩负着一项艰巨的任务，那就是劝阻人类不要把自己的心智品质等同于动物。我看到一个新的、更大的威胁，那就是拟人化机器。听说无线真空管可以思考，这让我们感到无语。

石黑浩（Hiroshi Ishiguro）设计的 Geminoid 系列机器人是超现实的人形机器人，它们是石黑浩等真人的精确复制品，我们可以在咖啡馆里遇到它们。人工智能研究人员经常鼓励我们把这种机器当作人类对待。我们需要某种方式来确保对机器智能的判断不仅局限于拟人化产品。图灵的模仿游戏包含一个不利于拟人化的因素：就像在勒布纳竞赛中，询问者为避免自己颜面扫地，会异常怀疑参赛者。即使询问者确实将机器选手拟人化了，三人游戏仍是一种盲法对照——询问者也会对人类选手拟人化，从而不会产生对机器不公平的优势。无论是出于设计还是偶然，图灵测试都解决了拟人化的危险。因此，图灵测试举足轻重。

## 聪明的走子

如果计算机在国际象棋比赛中击败人类选手，是否表明计算机理解国际象棋，或者意味着机器如何下棋很重要？2003 年，加里·卡斯帕罗夫（Garry Kasparov）说，"计算机在国际象棋中胜过人类只是时间问题。"但他补充说，最初，国际象棋程序员"想制造的击败世界冠军"的机器并非"深蓝"及类似的计算机：

他们得到的不是像人类一样靠创造力和直觉来思考、下棋的计算机，而是一台像机器一样下棋的计算机。它每秒系统地评估棋盘上 2 亿个可能的走子，以强大的数字运算能力取胜……深蓝的智能方式与可编程闹钟是一样的。

但这并不是说输给一个 1 000 万美元的闹钟让我感觉更好一些。

这个观点得到了认可。《经济学人》的一篇文章说，深蓝的表现表明，"棋艺并不等于智能……一台愚蠢的机器可能比所有人都会下棋。将下棋等同于智力已经有几百年的历史了，现在是时候抛弃这种观念了。"同样，认知科学家道格拉斯·霍夫施塔特（Douglas Hofstadter）说，"天哪，我曾认为下国际象棋需要思考。现在，我明白了事实并非如此。"[36]

IBM 承认深蓝"在解决国际象棋问题上很厉害，但它的'智能'比最愚蠢的人还低。它不会思考，只会反应"。（更多对图灵测试的反对意见——比如像深蓝这样的蛮力机器可以愚弄询问者——请参阅第 25 章。）IBM 转向了新的机器，包括"沃森"（Watson）以及新的人机游戏。IBM 认为"沃森"可以思考。2011 年，在电视游戏节目《危险边缘！》中，"沃森"击败了排名最高的两位人类选手（图 27.3）。这给《经济学人》留下了深刻的印象，报道称，"相比挑战一场以充满歧义、讽刺、洞察力、双关以及谜语、俏皮话而闻名的问答比赛，击败国际象棋大师简直就是小儿科。"库兹韦尔也说，沃森"是令人震惊的例子，它的能力日益增强，逐渐获得人类独有的智能"——分析语言以及使用符号来表达想法。[37]此后，IBM 与 XPRIZE 基金会合作，将 IBM 沃森 AI XPRIZE 奖授予在 TED2020 中获得最佳 TED 演讲的机器。IBM 提供了 500 万美元的巨额奖金。[38]

图 27.3　危险边缘
转载自危险边缘制作公司

然而，批评人士说，沃森并不比深蓝更接近真正的思维。例如，约翰·塞尔认为沃森的"计算能力大幅提高，是一个巧妙的程序"，但这"并不能表明它拥有卓越的智能，或者说它在思考"：[39]

（沃森）只是遵循一种让它能操纵形式符号的算法。沃森不理解问题和答案，也不知道它的答案有的正确，有的错误。它并不知道自己在玩游戏，也不知道自己赢了——因为它什么都不懂。

塞尔以著名的中文屋子论证来反对图灵测试，详见第 25 章。他用同样的观点来抨击沃森。

AI 乐观主义者认为，自深蓝击败卡斯帕罗夫以来"最重要的里程碑"以及 AI 的"划时代时刻"是 2016 年 AlphaGo 击败世界排名前三的围棋选手李世石。[40] 该项目的创建者谷歌 DeepMind 说，围棋落子的可能局面"比宇宙中的原子"还多，因此"围棋的复杂程度与国际象棋相比是天壤之别"——这使得用蛮力搜索无法解决问题。[41] AlphaGo 利用"深度"神经网络，旨在捕捉人脑的某些结构，并通过与自身进行数千场比赛来提高性能。AlphaGo 的首席研究员说，该程序可以"理解"围棋，而围棋爱好者说，它显示了一种"与我们的直觉极其类似的能力"。[42] 另一方面，批评者称，AlphaGo"不理解围棋，就像机器人割草机不理解草坪的概念"。[43] 例如，一位评论者曾认为，成功的围棋程序意味着人工智能"真正开始变得和真实事物一样好"。李世石战败后，他说，AlphaGo 与"人类思维的流动性"不同，它似乎只是使用了"结合大数据的学习算法"。[44] 那么，我们还需要为人工智能再设立一个终极目标吗？有些人认为人工智能的"终极测试"其实是打麻将！[45]

媒体报道还声称，AlphaGo 与之前的程序有着明显的区别。然而，图灵研究了人工神经网络（见第 29 章），并希望建造一台能够从经验中自主学习的机器（见第 30 章）。安东尼·奥廷格（Anthony Oettinger）深受图灵机器学习观点的影响，他编写了第一个包含学习的人工智能程序。[46] 1949 年 5 月，第二台电子存储程序式计算机——剑桥大学的 EDSAC 开始运行，奥廷格的程序正是为它编写的。2016 年，《泰晤士报》的一篇社论称，DeepMind 的计算机"不是编程如何下围棋",而是使用"直觉"和"思考"来"自学"。一位实际从事 EDSAC 工作的科学家给予了快速回应。[47]诺曼·桑德斯(Norman Sanders)说,DeepMind 计算机"没有学会自学;它的行动是被编程的。"他说,DeepMind 的机器和 EDSAC"原则上没有区别";不同之处在于"今天的处理能力与国际象棋和围棋的要求相匹配。"[48]

奥廷格说,他的某个程序可以通过受限的图灵测试。[49]同样,一位研究沃森的 IBM 科学家说,"如果在图灵测试中,你提出《危险边缘!》节目中的问题,无法辨别回答者是人还是机器,那么实际上它已经通过了图灵测试。"[50]但是,如果一台机器成功通过无限制的图灵测试,在一个完美的询问者面前进行了多次测试——就足以证明它能思考吗?许多图灵测试的反对者给出了否定答案。他们认为,在全面模拟游戏中表现良好的机器仍可能缺乏思考的一些关键要素。

## X 因 子

对大多数批评家来说,这个关键要素是意识。肯·詹宁斯(Ken Jennings)是在《危险边缘!》节目中失败的人类参赛选手之一。他说,他觉得自己"落伍"了——"这让人很沮丧。太可怕了。"在塞尔看来,如果沃森输了,它不会觉得自己落伍了,或者说它毫无感觉。塞尔说,"要获得人类的智慧,就必须有意识"。一些人工智能怀疑论者说,AlphaGo 并没有赢过李世石,计算机在任何事情上都无法"获胜",除非它"可以真正体验到胜利的喜悦和失败的悲伤"。[51]批评者称,模仿游戏不能测试意识,这就是图灵测试不能作为思考标准的原因。

20 世纪 50 年代,一些理论家称机器不能有意识。唐纳德·米奇(图灵在布莱切利园的同事)将计算机记录内部状态的能力称为"操作意识"。这些理论家并不是否认一台机器可以拥有"操作意识"。而是说,机器没有"感觉",不能品尝味道、感受颜色或体验情感。例如,杰弗里·杰弗逊认为,没有一台机器能"在真空管熔断"时感到难过。[52]对该说法的驳斥是:想一下,一台机器完全以一种与人类无法区分的方式回答关于难过（或其他情感、味道和颜色）的问题，它如何能在不难过的情况下做到这一点？从这个角度看，机器在没有意识的情况下不可能通过图灵测试。如果它真的通过了，那就是它有意识的证据！

然而，有些人反驳说，我们也可以想象一个冷静的"僵尸"，一个没有意识但与人类别无二致的人——其行为与人类一样。这个例子旨在表明，通过图灵测试并非思考的标准，但辩论并没有就此结束。以僵尸的例子来反对测试的有效性，前提是三个重要观点必须为真：第一，意识是智能所必需的；第二，有可能存在冷静的僵尸；第三，图灵测试是所有可能世界（包括僵尸世界）中的思考标准。要证明这些说法为真，难度很大。

图灵本人以一种不同的方式回答了杰弗逊。他说，如果行为不是意识的标志，那么这必须适用于人类行为和机器行为，其结果就是"知道某人在思考的唯一方式是成为那个人。"他说，这是"唯我论者的观点"，即认为自己独行于世，而其他一切都是头脑中虚构的。图灵认为，包括杰弗逊在内的大多数人，更愿意将模仿游戏看作对思维的测试，而不愿奉行唯我主义。对此，一些哲学家承认，行为是意识的一种标志，但仅限于人类，而不是机器。不过，这种反驳不出图灵所料。1947 年，他说，"必须公平对待机器"。[53] 在这种情况下，人工智能怀疑论者就要承担举证责任，证明行为作为意识的标志只适用于人类，而不是仅仅做出预判，猜测无意识的机器能否通过图灵测试。这又是一个大问题。

## 逃避现实策略

图灵说，许多人"强烈反对"机器会思考，仅仅因为他们不喜欢这个想法。这就解释了为什么图灵关于机器智能的大部分文章都是对反对意见的答复。在图灵看来，"知识分子和其他人一样，不愿承认人类在智能方面可能存在着对手：那样的话，知识分子的损失更大"。这是对思维机器采取的"逃避现实策略"。[54]（与之相反的反应是恐慌——担心机器会夺走人类的工作，甚至导致人类灭绝。[55]）对深蓝、沃森和 AlphaGo 的反应中，是否也有"逃避现实策略"？

　　1951年，塞缪尔出版了一本引起广泛讨论的书，阿尔伯特·爱因斯坦也参与其中。塞缪尔在书中说，国际象棋棋手"显然与棋盘和棋子的规则不同"，棋手拥有"智慧的创造力"，这是"非物质的"。当时一位评论家称，恰恰相反，国际象棋程序的出现"要么促使我们承认机械化思维的可能性，要么以一种非常特殊的方式限制我们对思维的定义。"图灵自己预言了最后一步。他说，当一台机器被认为具备一种人类特有的能力，人们就会说机器如何做到的这一点"没什么大不了"——他们会说，"是的，我知道机器可以做到这些，但我不会称之为思考"。[56] 半个世纪后，批评者对深蓝和沃森的反应正是如此。

　　但是，我们每次都能这么反应吗？图灵以其著名的"洋葱皮"类比提出了一个难题：[57]

　　在考虑心智或大脑的功能时，我们发现了一些可以用纯机械术语解释的操作。我们说它无法对应于真正的心智：它只是一层表皮，如果我们要找到真正的心智，就必须剥掉它。但在剩下的部分，我们发现还有一层表皮需要剥掉，以此类推。以这种方式继续下去，我们是否会抵达"真正的"心智，还是最终只会得到一张空空如也的表皮？在后一种情况下，整个心智是机械的。

　　假设，正如图灵所相信的，某些计算机可以模拟人脑的认知能力，它是否能思考是一个悬而未决的问题（见第41章）。再假设，每当这台机器获得一种曾被认为是人类独有的能力时，我们都会说"我过去认为这种能力需要思维的参与，但现在我意识到它并不需要。"像这样继续下去，就不会剩下什么"真正的"心智。我们可能只需要把头从沙子里抽出来，承认这样的机器会思考。

# 第 28 章
# 图灵的智能概念

黛安·普劳德福特

图灵在 1948 年和 1952 年提出了两个版本的模仿游戏,但并没有引起人们的重视。[1] 本章基于这两个版本,对图灵的智能(或思维)概念以及图灵测试进行全新的解释。根据传统行为主义的解释,图灵认为思维不会超越"思维"行为的能力或偏好。然而,他本人的言论及测试设计与行为主义并不一致。那么图灵的观点是什么?他说,"智能的概念本身是情感的,而非数学的。"他的文章清楚地表明,机器是否智能(或思考)部分取决于观察者对机器的反应。现代哲学家称之为智能概念的"反应相关理论"(response-dependence theory,也译作:反应依赖理论)。图灵建议,机器自己学会做出"选择"和"决定"。该言论表明,他用类似的方法定义了自由意志的概念。

## 你感觉不错——我感觉如何?

根据传统观点,图灵的智能概念是行为主义的,也就是说,智能或思维只不过是我们所谓的"智能"或"思维"行为的能力或偏好。[2] 对冷静的行为主义者来说,指导和解释这种行为的内隐思维假设只是一种幻觉,即臭名昭著的"机器中的幽灵"。从 20 世纪 50 年代开始,图灵的计算机模仿人类游戏被解释为提供智能或思维的行为主义标准。例如，1952 年，曼彻斯特大学的哲学家沃尔夫·梅斯（与迪特里希·普林茨共同创造了一台"逻辑机器"。普林茨与图灵同为曼彻斯特计算机创作团队成员[3]）称图灵测试遵循"行为主义标准"。图灵使用了"从行为模式的角度定义的心理现象"，根据这个定义，机器能思考当且仅当其行为"与人类的行为无法区分"时。[4]

行为主义在 20 世纪 50 年代很流行，但即使在流行时也有反对的声音。有一则哲学笑话："一个行为主义者在街上遇到另一个行为主义者。他说：'你感觉不错！我感觉如何？'"[5]当然，这个笑话暗示，我并不会仅从第三者对我的行为观察中了解我的感受（图 28.1 是美国行为主义心理学家 B.F. 斯金纳）。对粗糙的行为主义理论存在着一些质疑：如果你什么都不说，是否意味着你什么都感觉不到？行为主义者如何解释精神形象、头脑中的声音、疼痛或味道？如果不是内心的幽灵，是什么导致了"思维"行为？梅斯批评行为主义忽视了"我自己以及其他人的自省证据。即存在私人心理事件，无论这种观点在今天看来多么怪异。"他说：

两个行为主义者亲热之后的对话：它对你有好处，对我怎样呢？

图 28.1　20 世纪 40 年代行为主义笑话的新版本

经斯蒂芬·坎贝尔许可转载

机器类比强调的是公开行为，否定私人体验……使（人类）比以往任何时候都更理所当然地被看作是机械对象。亚里士多德的"奴隶只是人类的工具"的观点，与奥威尔的小说《1984》中未来伪善的独裁没多大差别。它们都将人类视为低效的数字计算机，而将上帝看作编程大师。

根据梅斯的说法，在图灵的思维标准中，"思维一词的含义已经发生了很大变化，它和我们通常所说的思维几乎没有什么共同之处。"[6]

梅斯承认，"可以制造一台具备智能测试功能的机器"，但在机器是否智能的关键问题上，他说，"重要的不是它做什么，而是它怎么做。"[7]他假设图灵的模仿游戏测试的是机器的行为。这一假设目前仍是图灵测试反对意见的基础。批评者构想了许多反例：例如，一个程序仅仅通过一张巨大的查找表来运行，或通过行为上与人类无异但缺乏意识的"僵尸"来运行。批评者称，这些实体可以通过图灵测试，但它们通过测试的方式并非依靠我们所说的"思维"。

## 图灵是行为主义者吗？

有三个理由反驳传统的解释。

首先，图灵本人的话否定了行为主义。他说，智能的概念是"情感的，而非数学的"，对智能判断"既取决于我们自己的心智状态和训练，也取决于对象的特性"（见下一节）。[8] 我们可以假设，纯粹的行为——即机器（或人）的举动——并不依赖于观察者。用图灵的话来说，机器纯粹的行为只是"对象的特性"之一，不由"我们的心智状态"决定。因此，智能不仅仅是行为问题。

其次，图灵测试不测试机器的行为。相反，它测试观察者对机器的反应（见下一章）。模仿游戏的目标是让询问者"被伪装所欺骗"，如果在计算机模拟人类游戏中询问者的被骗次数不亚于在男人模仿女人游戏中的被骗次数，那么就证明计算机在模仿人类游戏中表现良好。[9] 为什么行为主义者要测试询问者，而不是机器？行为主义者肯定会说：如果询问者被愚弄了，我们可以推断出计算机的行为与人类的相似。然而，这种策略让图灵测试徒劳地绕圈子，使其成为对机器行为的测试。此外，许多批评者指出，图灵测试所采用的推断是无效的，我们不能从询问者被愚弄的事实中推断出计算机的行为等同于人的行为——询问者可能只是容易轻信，或者机器的程序设计者可能只是运气好。

最后，行为主义并不能解释图灵模仿游戏的结构。图灵说，在游戏中允许计算机"使用各种伎俩，以便看起来更像人"，机器确实"需要做相当多的表演"。[10] 但是，为什么行为主义者要将测试建立在欺骗的基础上，而不仅是给计算机一系列的认知任务？此外，即使允许这种欺骗，为什么行为主义者要加入一个人类参与者，而不是仅仅将机器隐藏起来？[11] 基于图灵是行为主义者的假设，他的模仿游戏在一些评论者眼里显得很"奇怪"。许多理论家忽视了图灵的设计结构，把他的游戏视为二人游戏——人类询问者在一个房间，机器选手在另一个房间。

总之，行为主义者的解释要求我们忽略图灵说的话。他们认为，聪明的图灵设计了一个拐弯抹角的奇怪测试，对此很容易提出反例；他们还认为，现代批评者对该测试的理解比图灵本人更好！这种传统解释的成本很高。

如果图灵不是行为主义者，那么他对智能的定义是什么？一些现代理论家说，图灵确实认为机器产生行为的方式很重要：在他看来，思维是大脑的内在过程，计算机在模仿游戏中的成功就是这一关键过程的证据。但图灵本人的话再次表明，这并非他的智能概念。他说，如果我们不把某一实体"大脑所计算的因果关系"视为智能（见下一节），那么任何大脑过程都不能构成思考。图灵也不认为他的模仿游戏是对内在过程的测试。曼彻斯特大学皇家学会计算机器实验室主任麦克斯·纽曼在BBC电台与图灵探讨过这个问题，他说："如果我正确理解了图灵测试，我认为你不能跑到幕后去指责机器得到答案的方法，而是要遵守正确答案的评分规则。"[12]（人类或电子）大脑如何产生其行为是无关紧要的。[13]

## 外观很重要

图灵描述过三个版本的模仿游戏。除了在1950年《心智》杂志发表的《计算机器与智能》一文中提到的著名版本之外，他还在1948年国家物理实验室的报告《智能机器》中描述过另一版本。第三个版本出现在1952年与纽曼等人探讨的问题中，题目是《自动计算机器能思考吗？》。在1948年和1952年的论文中，图灵谈到了智能的概念：[14]

"智能"的概念本身是情感的，而非数学的。

我们判断某物以智能方式行事的程度，既取决于我们自己的心智状态和训练，也取决于所考虑对象的特性。如果我们能够解释和预测其行为，或者相反，它看起来无章可循，那么我们就没有诱因去想象它有智能。因此，同一个对象，甲可能认为它有智能，而乙则不这么认为，因为乙发现了它的行为规则。

一旦人们能在大脑中看到因果关系，就会认为它不是在思考，而是在做一种缺乏想象力的工作。从这个角度上看，人们可能会倾向于将思维定义为"那些我们不理解的精神过程"。如果这是正确的，那么制造一台思维机器就相当于制造一台做趣事的机器，而我们对其运作方式一无所知。

这些评论的论点是，一个实体是否智能（或思考）部分取决于我们对它的反应。实体看起来智能吗？就机器智能而言，这至少与机器的处理速度、存储容量或程序的复杂度同样重要。后者只是机器行为的例子——用图灵的话说，是"对象的特性"，而不是"我们的心智状态"所赋予的特性。图灵用常见的、哲学上成熟的方法理解智能的概念，该方法也适用于其他概念。例如，当我们说某物是"黄色的"或"美丽的"，至少部分原因是它看起来是黄色的或美丽的。道德亦是如此，一些哲学家认为：使某个行为在道德上正确，而不仅仅是产生有益的结果，至少在一定程度上是因为我们觉得有义务采取该行为（或者我们有其他情感反应，如渴望采取该行为）。这种理论被称为"反应相关"理论，与之相关的概念被称为"反应相关"概念。图灵 1948 年和 1952 年关于智能的评论，明确提出了智能概念的反应相关理论。"情感概念"是一个反应相关的概念。

图灵的模仿游戏中也隐含着理解智能的方法。1948 年，他描述了仅限于国际象棋的模仿游戏。在这之前不久，他说了这样一段话（如上所述），开头是"我们判断某物以智能方式行事的程度……"。图灵继续说：[15]

即使以目前的知识水平，也有可能在这方面做一些实验。设计一台国际象棋下得不太差的纸机并非难事。现在有 A，B，C 三个受试者。A 和 C 棋艺很差，B 是纸机的操作者。（为了快速完成这项工作，他最好既是数学家又是棋手。）有两个房间用于交流，C 与 A 或纸机下棋。C 可能很难分辨自己是在跟谁下棋。

（这是我实际做过的相当理想化的实验形式。）

图灵的"小实验"是想看看 C（游戏中的询问者）是否有"想象机器智能的动力"。[16]他的话清楚地表明，游戏测试的是观察者而不是机器。机器是否智能部分取决于 C 的反应；例如，如果 C 能够"预测机器的行为，或者相反，它看起来无章可循"，那么机器就没有智能。

如果说智能是一个反应相关的概念，那么图灵测试就不像行为主义者解释的那么奇怪了。测试的目标是测试观察者的反应，并非不必要的循环。智能的概念是一个反应相关的概念，也解释了为什么计算机要"做相当多的表演"，甚至使用"伎俩"。机器越是能促使询问者将其拟人化，询问者就越容易产生"想象机器智能的动力"。如果图灵的实验测试的是询问者对机器的反应，那么它是有意义的。[17]

有些现代科学家和哲学家称，只有在我们拥有科学的认知理论之前，图灵测试才有用。通常他们认为，认知包含在计算中，因此我们真正需要的是认知的计算理论。图灵之所以不同意这个观点——不是因为他是一个行为主义者，认为思维只不过是"思维"行为——而是因为他认为智能的概念是"情感的"而非"数学的"。对反应相关的理论家来说，尽管电磁辐射是颜色的物理基础，但颜色的概念与电磁辐射的概念截然不同。同样，如果智能是一个依赖于反应的概念，即使大脑过程（实现计算）构成了"思维"行为的物理基础，智能的概念与计算的概念也截然不同。试图用计算来解释智能，就是把反应相关的概念与反应无关的概念混为一谈。

## 怎 么 都 行

很多人对人工智能有一种"物种偏见"（或"例外论""起源沙文主义"）。一些有影响的人工智能研究人员认为，智能存在于"观察者的眼中"。[18]这种立场，部分是对那些偏见的回应。偏见者认为，人类拥有灵魂或生物大脑，是"自然的"，而非"人造的"，因此与众不同。批评者称，这种态度是对机器不公平的歧视。然而，认为智能存在于观察者眼中的观点也有问题。人类已经进化到在不太可能的地方发现智能的阶段：我们听到风中的声音，看到云层或月球表面的人脸，感受到菲比娃娃的个性。科尔·波特（Cole Porter）在他的歌《怎么都行》中写道，"今天的世界疯了，今天好即坏，今天黑即白，今天昼即夜"。如果智能存在于观察者的眼中，今天的人工智能是智障吗？

然而，反应相关的理论家并不认为怎么都行。他们说一个物体是黄色的，当且仅当在正常条件下，它在正常观察者眼中是黄色的。如果观察者的大脑受损，影响了她对颜色的感知，她就不是一个正常的观察者；如果环境中唯一的光源是有色的，就不是正常情况。在这些情况下，看起来是黄色的物体并不一定是黄色的。同样，反应相关的理论家可以说，当且仅当在正常状况下，正常的观察者感到有义务采取行动，那么行动在道德上才是正确的。反社会者不是正常的观察者，一个既没有苦难也没有同情的世界不是正常状况。即使在美的概念中，理论家也试图明确正常或"理想"的观察者及状况。例如，他们可能会说，一个正常观察者的大脑是进化的、具有美感的，正常状况是那些促进（或不妨碍）这种感觉的状况。即使是美也不存在于所有观察者眼中。

图灵意识到，人类很容易在明显非智能的机器中"想象智能"。他在1948年的报告里描述了与纸机的对弈。他说，与这样的机器下棋"给人一种确定感，即你是在与某种生物进行智力较量"。[19] 图灵1950年和1952年的模仿游戏规定了判断机器智能的正常观察者和正常状况。这些规定排除了机器貌似智能但（我们想说）不智能的情况。根据图灵的规定，一个普通观察者（即模仿游戏的询问者）是"平庸的人"，"不应该是机器专家"。[20] 正常状况是指1950年游戏规定的提问规则：允许问任何问题；允许询问者发表评论，如"我告诉你，你只是把自己伪装成人"；机器需要回答的问题"涵盖几乎所有的人类探索领域"。[21]

总之，如果在1950年计算机模拟人类游戏的条件下，一台机器在一个普通询问者眼中是智能的，那么它就是智能的（或可以思考的）。[22] 在一年一度的勒布纳竞赛中，询问者通常是人工智能研究人员，他们并非普通观察者。此外，只问一些关于天气的刻板问题并非正常状况——这可能使在勒布纳竞赛中表现良好的简单聊天机器人看起来很智能。在关于机器智能的图灵测试中，并非怎么都行。

## 自由意志是一个"情感"概念吗？

为了建造一台思维机器，图灵建议从一个简单的"无组织"机器开始，像教人类孩子一样教它：机器将超越其编程，做出自己的"选择"和"决定"（见第30章）。然而，人工智能的批评者称，机器所做的一切都是编程的结果。杰弗里·杰弗逊（Geoffrey Jefferson）就是这种观点的支持者，他参与了图灵1952年的电台讨论。针对批评者的观点，图灵在《计算机器与智能》中指出：

机器只能回答给它的问题，它采用的方法是由其操作员预先安排的，这是反对机器的有力论据。因此，仅仅建造一台可以使用文字的机器（如果可能的话）是不够的，它必须能创造概念，并且能自己找到适当的词语来表达这些新知识。否则，它只不过是一只更聪明的鹦鹉，或是一只花了几个世纪用键盘碰巧敲出《哈姆雷特》的猴子的增强版。

杰弗逊认为，除了"条件反射和决定论"外，智能还需要有"自由意志的发挥空间"；只有这样，机器的行为才不会受到程序员的"严格约束"。[23] 再次强调，重要的不是机器做什么，而是它如何做。

图灵说，"可以肯定的是，模仿大脑的机器必须表现出拥有自由意志（free will）的样子"，他认可智能和自由意志之间的联系。[24] 但是，他的言论表明，他对自由意志的态度与杰弗逊的立场截然不同。图灵说：[25]

我们不能总想预测计算机下一步的行动。机器让我们惊讶时，我们应该感到高兴，就像一个学生做出教学内容之外的事情时，我们应该感到高兴一样……如果我们给机器一个程序，它做了一些出乎预料的有趣的事，我会倾向于说，机器创造了新事物。

以上观点假设自由意志是一个反应相关的概念。从这个角度看，一个实体是否拥有自由意志，"既取决于我们自己的心智状态和训练，也取决于对象的特性"（引用图灵对智能的看法）。如果孩子的行为出乎我们的预料，令我们吃惊，引发我们的兴趣，那说明孩子做出了自己的选择和决定。图灵认为，我们对机器也应持同样的态度。[26]至于机器如何做到这一点，则无关紧要。

# 第29章
# 连接主义：用神经元进行计算

杰克·科普兰

黛安·普劳德福特

现代"连接主义者"正在探索如何使用人工神经元（人工脑细胞）进行计算。许多人认为，连接主义者的研究不仅是通往人工智能之路，也是深刻理解人脑运作的途径。图灵是连接主义的先驱，这一点鲜为人知。[1]

## 智力与蛮力的较量

数字计算机是很棒的数字运算器。让它们预测火箭的轨迹，或计算大型跨国公司的财务数据，它们可以在几秒钟内给出答案。但是，人们日常做的看似简单的动作，如识别面孔或笔迹，却很难进行计算机编程。也许构成大脑的神经元网络有某种天然装置来执行这些任务，而标准计算机只是缺乏这个装置（图29.1）。因此，科学家们一直在研究更接近生物大脑的计算机模型。

连接主义是利用人工神经元网络进行计算的科学。目前，研究人员通常在普通数字计算机中模拟神经元及其连接，就像工程师创建飞机机翼和摩天大楼的虚拟模型一样。在计算机上运行的训练算法调整神经元之间的连接，将网络训练成专用机器，专门执行某些特定功能，如预测国际货币市场。

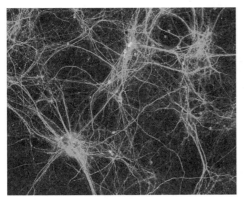

图 29.1　自然神经网络：对脑组织进行染色的方法使得神经元及其相互连接的纤维清晰可见
由格里肖上传至维基共享资源，https://commons.wikimedia.org/wiki/File:Culture_of_rat_brain_cells_stained_with_antibody_to_MAP2_(green),_Neuroilament_(red)_and_DNA_(blue).jpg。知识共享许可

## 连接主义的前景

20 世纪 80 年代，在一次连接主义发展前景的著名演示中，詹姆斯·麦克莱兰（James McClelland）和戴维·鲁梅尔哈特（David Rumelhart）训练了一个由 920 个神经元组成的网络，产生了英语动词的过去时态。[2] 诸如"come""look"和"sleep"等动词通过适当的编码呈现在输入层神经元中，自动训练系统注意到输出神经元的实际响应与预期响应（如"come"）之间的差异，然后机械地调整整个网络的连接，使网络向正确响应的方向小幅推进。

约有 400 个不同的动词被逐一呈现给网络，并且每次呈现之后，网络连接都得到了调整。整个过程重复约 200 次，以此训练网络连接，使其满足训练集里所有动词的需要。网络的训练一经完成，无须进一步的干预，就可以产生训练集里所有动词的过去时态。

此外，该网络现在已能对陌生动词的过去时态做出正确回答。例如，当第一次呈现"guard"时，它的回答是"guarded"。更令人印象深刻的是，给出"weep"，它答"wept"；给出"cling"，它答"clung"；给出"drip"，它答"dripped"（甚至知道用双"p"）。然而，有时英语的特殊性让网络无力应对，给出"squat"，它答"squawked"；给出"shape"，它答"shipped"；给出"mail"，它答"mumbled"。

今天，许多领域都在使用模拟的连接主义网络。一些无人驾驶原型车用到连接主义网络，它们也被用于助听器以过滤随机噪声。其他医疗应用包括对肺结节和心律失常的检测，以及预测患者对药物的反应。连接主义网络擅长识别物体，用于识别人脸和光学字符。商业应用包括贷款风险评估、房地产估值、破产预测和股价预测，而电信应用则包括控制电话交换网络，以及消除调制解调器和卫星链路上的回波。

## 图灵对连接主义的预测

现代连接主义者追溯至弗兰克·罗森布拉特（Frank Rosenblatt）。1957年，他发表了许多关于连接主义的论文，成为连接主义研究方法的创始人。[3] 然而早在1948年，图灵就在《智能机器》这篇小众论文中研究了一种连接主义网络。[4]

这篇论文是图灵在伦敦国家物理实验室工作期间写的，但没有得到雇主的认可。实验室负责人，伟大的自然主义者达尔文的孙子查尔斯·达尔文爵士，将其斥为"小学生的论文"。[5] 事实上，这篇远见卓识的论文是人工智能的第一份宣言。1968年，即图灵逝世14年后，这篇论文才得以发表。[6] 在论文中，图灵不仅阐述了连接主义的基本原理，还富有前瞻性地引入了许多概念，后来它们成为人工智能的核心概念，这些概念由其他人在某些情况下重新创造（见第25章）。

## 教育神经元

在《智能机器》中，图灵发明了一种神经网络，他称之为"B型无组织机器"，由人工神经元和更改神经元之间连接的装置组成（图29.2）。B型机器可以包含以任何模式连接的任意数量的神经元，但总要满足限制条件：神经元之间的每条连接都必须经过修改器。

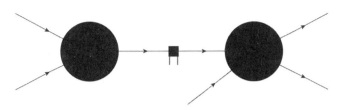

图29.2 两个相互连接的 B 型神经元（圆圈）。每个神经元都有两个输入，执行简单的"not and"（即与非门 NAND）的逻辑运算：如果两个输入都是 1，则输出为 0；否则，输出为 1。每个连接要经过一个尺寸更小的修改器（黑色方块），该修改器设置为允许数据原样传输，或销毁传输的信息。将修改器从一种模式切换到另一种模式可以训练网络

杰克·科普兰版权所有

所有连接修改器都有两个训练纤维（图 29.2）。对其中一个施以脉冲将修改器设置为"通过模式"，在此模式下，输入（0 或 1）原封不动地通过修改器成为输出。对另一纤维施以脉冲将修改器设置为"中断模式"，在该模式下，无论输入什么，输出始终为 1。在此状态下，修改器将销毁所有试图沿其连接传递的信息。

一旦设置完毕，修改器就会保持其功能（"通过"或"中断"），除非它收到其他训练纤维上接收到的脉冲。这些巧妙的连接修改器，让图灵所谓的通过"适当干预、模拟教育"来训练 B 型无组织机器成为可能。[7] 事实上，图灵从理论上说明了这一点：[8]

> 婴儿的大脑皮层是一台无组织的机器，可以通过适当的干预训练来加以组织。

正如图 29.2 所示，图灵模型的每个神经元都有两个输入纤维，神经元的输出是两个输入的简单逻辑函数。网络中每个神经元执行相同的"not and"（即与非门 NAND）逻辑运算：如果任一输入为 0，则输出为 1；如果两个输入都是 1，则输出为 0。

图灵选择 NAND 是因为所有其他逻辑（或布尔）运算都可以由多组 NAND 神经元完成。他表示，甚至是连接修改器本身也可以由 NAND 神经元构建。因此，图灵明确说明，一个仅由 NAND 神经元及其连接纤维组成的网络可作为大脑皮层最简单的可能模型。

## 只需连接

1958 年,罗森布拉特用一句简洁的话确定了连接主义的理论基础:[9]

存储的信息出现的形式是新连接,或神经系统中的传输通道,或创建功能上等同于新连接的条件。

因为破坏现有连接在功能上等同于创建新连接,所以研究人员可以构建一个完成特定任务的网络。方法是,在一个过度连接的网络中有选择地破坏其中一些连接。图灵的 B 型机器训练使用了破坏连接和创建连接两种动作。

一开始,B 型机器包含随机的神经间连接,其修改器被随机设置为"通过"或"中断"。在训练期间,将修改器切换到"中断"模式来破坏不需要的连接。相反,将修改器从"中断"切换到"通过"以创建某个连接。利用选择性的剔除和激活连接,将最初的随机网络训练成一个为特定工作而组织的网络。

在图灵的网络中,神经元自由互连,不受限制。神经元甚至可以在回路中连接在一起,这导致神经元的输出通过其他神经元以影响其自身输入的方式循环。结果——就像图灵的炸弹机内部接线一样[10]——神经网络中可以有海量的反馈。相比之下,现代连接主义网络通常由常规的神经元"层"组成,信息从一层到另一层单向传递,流动的限制性更大(图 29.3)。这些现代神经网络被称

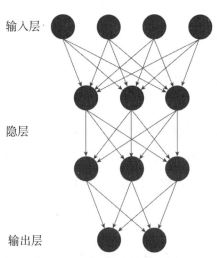

图 29.3 现代神经网络架构。在今天的"前馈"神经网络中,图灵 B 型网络的类脑反馈回路不可能存在

杰克·科普兰版权所有

为"前馈"(feed-forward):不存在反馈。然而在理想情况下,连接主义者的目标是模拟大脑的神经网络,它似乎反映了图灵网络的自由连接结构,而不是如今前馈网络刻板的分层结构。

## 第一次模拟

图灵想研究其他类型的无组织机器,他希望使用普通的数字计算机模拟神经网络及其训练方案。他说,"我会让整个系统运行相当长的时间,然后以'督学'的角色闯入,看看取得了什么进展。"[11]然而,图灵的神经网络研究是在第一台通用电子计算机问世前不久进行的(见第20章)。直到1954年图灵去世的那年,麻省理工学院的贝尔蒙特·法利(Belmont G. Farley)和韦斯利·克拉克(Wesley A. Clark)才独立成功地实现了对小型神经网络的首次计算机模拟。[12]

## 大脑是一台计算机吗?

然而,纸和笔足以让图灵证明,一个足够大的B型神经网络可以(通过它的连接修改器)配置成一台通用计算机。这一发现揭示了人类认知的一个最根本问题。

从"自上而下"的角度看,人类认知包含复杂的顺序过程,通常涉及语言或其他形式的符号表示,如数学计算。然而,从"自下而上"的角度看,认知只不过是神经元的简单放电。如何调和这些截然不同的观点,是认知科学家要面对的问题。

图灵的发现提供了一个可能的解决方案:凭借充当通用计算机的神经网络,模拟大脑皮层进行这种丰富的串行符号处理。这一假设在1948年远远领先于时代,而今天它仍然是解决认知科学最棘手问题的最佳猜测之一。[13]

# 第 30 章
# 儿童机器

黛安·普劳德福特

本章概述了图灵在人工智能领域的关键思想,讲述了他在机器人智能领域中留下的遗产。1950 年,图灵提出发展机器智能的一种方法——为机器提供"钱能买到的最佳感官",然后"教它理解英语、说英语"。数十年来,许多人工智能研究人员都在开发智能软件,现在他们的目标是制造具有视觉、听觉和基本交际能力的"社交智能"机器人。这些理论家的远大理想是创造图灵所说的"儿童机器"——像人类婴儿一样,能够指认、微笑、识别看护者的面孔,并学会区分自己和他人。本章中,我将讨论图灵的儿童机器,及其在现代认知和发展机器人学中的衍生(descendant)。

## 机器智能的方法

1950 年,图灵说:"与其尝试编写模拟成人思维的程序,何不尝试编写模拟儿童思维的程序?然后对其进行适当的教育,我们将会得到成人的大脑。"[1] 图灵建造智能机器的"指导原则"遵循的是人类智能的发展:[2]

如果我们要制造智能机器,并尽可能地遵循人类模型,应该从设计一台弱能力的机器开始,它无法执行精细的操作,或者对命令做出训练有素的反应……我们对其进行适当的干预和模仿教育,不断修改,直到机器可以对某些命令产生明确的反应。这就是智能机器发展的第一步。

图灵称这台简单的机器为"儿童机器",说它必须学习"主动性"和行为准则,这样它才能修改自己的指令并做出自己的"选择"。当它这样做时,它就已经"长大"了——然后"人们不得不认为机器展现出了智能"。图灵认为,这仅仅是效仿儿童:当一个孩子不依赖于她的老师,学会独立发现时,这一功劳就不属于老师。[3]

儿童机器应该是一个可以下棋和破解密码的无实体"大脑",还是一个类人机器人,有可能通过"下乡锻炼"进行自学?图灵描述了构建思维机器的非实体化和实体化两条路线,并建议研究人员同时采纳这两种方法。他说:

也可以认为,最好为机器提供钱能买到的最佳感官,然后教它理解英语、说英语。这一过程可以遵循孩子的正常教学方式。

在他看来,无论是人类儿童还是儿童机器,只有通过教育才能变得聪明。[4]

图灵常以半开玩笑的口吻描述他的儿童机器。例如,他说,机器被送到学校肯定会遭到孩子们的嘲弄,因此它的教育"应该委托给某位精明能干的校长"。[5] 然而,这些言论与他严肃的研究是一致的,他想为人工智能勾勒出一个研究计划。多年来,人工智能研究基本上忽视了这一选择,但现在机器人学家的目标是制造一台具有人类婴儿认知能力的机器——一台儿童机器。这项研究的基础来自图灵被忽视的工作。本章中,我着重探讨发育机器人学如何实现他的梦想。儿童机器还为人工智能面临的挑战提供了见解。

## 从通用机器到儿童机器,再到通用机器

图灵 1936 年的通用机器可以被编程执行"人类计算员"可以做的任何计

算。但它能学习吗？对图灵来说，学习是智能的关键——1947年，他说，"我们想要的是一台能够从经验中学习的机器"。在他看来，一台以类似儿童的培养方式建造和教育的"学习机器"，可以像儿童一样发展。我们应该：

> 从相对简单的机器开始，通过让它学习适当的"经验"，将其变为更精细的机器，能够处理范围更广的突发事件……在我看来，想在短时间内制造出智能机器，这种教育过程在实践中至关重要。仅凭与人类的类比就说明了这一点。

随着机器学习的推进，它将修改自己的指令——"就像一个学生，从老师那里学到了很多，但通过自己的工作增加了更多的东西"。图灵希望出现"一种雪球效应"。机器学到的越多，就越容易学会其他事情；这台机器也能"学会更高效地学习"。[6]

图灵的洞见是从一台"无组织"机器开始。这台机器"由一些标准部件以相对非系统的方式"组建而成，其构造"基本上是随机的"。图灵认为他的假设，从进化和遗传学的角度来看非常符合要求。即，"婴儿的大脑皮层是一台无组织的机器，可以通过适当的干预训练变成一台通用机器（或类似的东西）"。对图灵来说，儿童机器的结构类似于婴儿大脑中的"遗传物质"，机器发生的变化类似于人类的基因突变，人工智能研究人员的选择类似于自然选择对人类的影响。他的目标是建造一台无组织的机器，可以被训练成通用机器，就像儿童的大脑会被自然发育和环境所改变。在这个过程中，研究人员的主要任务是给儿童机器提供适当的经验——图灵希望这个过程"比进化更迅速而有效"！[7]

图灵设想了两种无组织的机器。其中一种是通过神经网络进行计算，即他的"A型"和"B型"机器（见第29章）。根据图灵的说法，A型机器是"最简单的神经系统模型，神经元是随机排列的"，A型或B型机器都不需要"任何复杂的基因系统"。B型是A型的改进版；图灵称，一台足够大的B型机器可以被训练成通用机器。[8]

他将另一种无组织的机器称为"P型"机器：这是一台初始程序不完善的

图灵机。然后，用"痛苦"刺激来取消暂定的代码行，用"愉悦"刺激使代码行永久化——通过这个过程来完善程序。在图灵看来，对儿童的培养在很大程度上取决于"奖惩系统"，这表明应该能够通过两种干预输入来组织（机器），一种用于"快乐"或"奖励"……另一种用于"痛苦"或"惩罚"。P 型机器的目的是为了检验这个假设。图灵说：其目的是，机器做出错误的行为时，就给出痛苦刺激。机器做出非常正确的行为时，就给出愉悦刺激。通过适当的刺激……错误的行为越来越少。不过，他承认，教育不仅仅涉及奖惩。他开玩笑说，"如果除了奖惩，教师没有其他办法与学生沟通……如果检测教学内容只能通过'二十问'的方法来实现，当一个孩子学会背诵'卡萨比安卡'（Casabianca）时，他可能真的会感到非常痛苦，因为每一个'否'都是一次打击。"需要与机器进行"平和的"沟通——图灵将这些额外的输入称为 P 型"感觉刺激"。[9]

图灵关于机器学习的观点影响了其他研究者，比如安东尼·奥廷格（Anthony Oettinger），他编写了首个含有学习能力、可正常运行的人工智能程序。[10] 1951 年，奥廷格的"购物程序"在剑桥大学的 EDSAC（"延迟存储电子自动计算器"，世界上第二台存储程序式电子计算机）上运行。奥廷格将其描述为儿童机器——模拟的是"一个孩子的购物"行为；该程序在其模拟的世界中了解每家商店都有哪些商品，以便在这之后被要求去购买某个商品时，它可以直接去那家商店。[11] 同样在 1951 年，克里斯托弗·斯特雷奇（Christopher Strachey）设计了一个跳棋程序，这是首次使用启发式搜索的程序（见第 20 章），其灵感部分来自图灵的国际象棋程序。[12] 斯特雷奇说，图灵将制造思维机器的过程比作教育儿童的过程，这是"最根本的"理念。斯特雷奇认为，首要任务是"让机器在老师的帮助下，以孩子学习的方式学习"。和图灵一样，他说"思维最重要的特征"是"在没有老师的帮助下,靠经验自学"。斯特雷奇相信自己"对制造一台这样的机器有了一些想法"。[13]

计算机科学家唐纳德·米奇（Donald Michie）说，他与图灵、杰克·古德（第二次世界大战期间在布莱切利园）组建了"一个讨论俱乐部，探讨的主题是图灵提出的惊世骇俗的儿童机器"。他说，"这一理念深深吸引了我。我下定决心，一旦时机成熟，我就将机器智能这一事业作为我毕生的追求"。对米奇和图灵来说,"智能的标志是学习能力",就像"新生儿"一样,计算机的可能性"取决于它所接受的教育"。[14] 20 世纪 60 年代,米奇建造了著名的早期学习机器。他的 MENACE(Matchbox Educable Noughts-And-Crosses Engine)引擎可以接受训练,以提高井字棋游戏水平。爱丁堡大学的米奇实验室建造的 FREDERICK 机器人(用于教育、讨论、娱乐、信息检索和知识整理的友好机器人,通常被称为"弗雷迪"),学会了操作各种物体,包括将不同形状的积木搭在一起,创造一个玩具(见第 25 章)。[15] 米奇后来批评人工智能试图构建人类水平的专家系统,用程序来模仿特定领域人类专家的知识,理由是这种方法忽略了图灵儿童机器的概念。[16]

2001 年,米奇说人工智能是构建儿童机器的一部分,因为程序员知道如何在程序中获取和表示知识。现在,我们必须使用这些编程技术"构建一个虚拟的人,用户可以轻松地与之交互"。我们必须建造一台机器,它是一个具有充分的语言理解能力,可通过榜样和戒律接受教育的"人"。人工智能的目标应该不仅仅是人类水平的机器,还应该是人类模样的机器(在米奇看来,库布里克导演的电影《2001:太空漫游》中的 HAL 是前者,而不是后者)。米奇说,老师必须与儿童机器和睦相处。如果没有这种融洽的关系,老师"实际上是被要求辅导一个聪明但有自闭症的孩子(机器)"——互动中缺乏"可信赖的沟通方式",教育不太可能获得成功。[17]

## 教育儿童机器

图灵认为:

假设孩子的大脑如同从文具店买来的记事本。预设机制(即书写)很少,大部分是一片空白……我们希望儿童大脑的机制少到可以轻易对其进行编程。我们可以假设教育机器的工作量与教育人类孩子的大致相同。

图灵声称,"就人是机器而言,他是受到很多干预(即教育)的机器。

事实上，干预是常规，而非例外。他经常与他人交流，不断接受视觉和其他刺激，这些刺激本身就是一种干预形式"。图灵说，老师的目标是改变孩子的行为，其结果是，"大量标准程序叠加到孩子大脑的原始模式上"。然后，孩子就可以"尝试这些程序的新组合，稍微改变它们，并以新的方式加以应用"。即使某人的行为看起来像是自发的，但其行为"在很大程度上由他以前受到的干预方式所决定"。[18]

"成熟"的机器不需要这么多干预。图灵说：[19]

在教育的后期阶段，机器会认识到某些状况是可取的，因为它们过去经常与快乐联系在一起。同样，某些状况是不可取的。例如，意识到有时校长发起火来可不是什么好事。有了这种认识，校长的愤怒就永远不会被忽视。校长会发现，没有必要再"使用大棒"了。

受过教育的机器已学会总结过去的"经验"。

图灵成功地教育过他的儿童机器吗？他说，"在数字计算机上模拟无组织的机器应该很容易；模拟之后就可以将明确的"教学方针"编程到机器中，"让整个系统运行相当长的时间，然后以'督学'的角色闯入，看看取得了什么进展"。然而，图灵不得不使用20世纪40年代唯一可用的可编程计算机——"纸机"。"纸机"是一些配备了"纸、铅笔、橡皮，并受到严格训练"的人，他们执行一套规则。模拟B型机器需要大量的计算资源，因而实验被推迟，直至获得资源——这对图灵来说，为时已晚（见第29章）。他确实尝试过训练P型机器，但结果"令人失望"。他说，将一台P型机器训练成通用机器"是可能的"，但如果不增加系统的外部存储，就"并非易事"。还有，所谓的无组织机器将会比A型机器更有组织。此外，图灵说，训练P型机器的方法与"孩子真正接受教育的过程并不完全相似"，而且"过于离经叛道，实验不可能修成正果"。他的方法包括运行机器的同时不断施加"痛苦"刺激；运用这个方法，机器"学习速度太慢，需要大量的教学"。[20]

图灵想要研究"其他类型的无组织机器，并尝试与人类教育更相似的组织方法"。[21] 但他自己教授儿童机器的尝试失败了。

## 钱能买到的最佳感官

人们通常认为图灵发起过一项研究,创建一个无实体的计算机程序——它可以下棋、破解代码、解决数学难题。图灵说,他想"试着看看最多只拥有视觉、语言和听觉器官,一个几乎没有身体的'大脑'可以做些什么"。这台机器能做什么?由于它"没有手脚,不需要吃饭,也不想抽烟,它的时间主要用于玩游戏,如国际象棋和围棋,还可能是桥牌"。机器将如何接受教育?图灵认为,不可能像老师教正常孩子那样教机器。例如,"不能要求它去填煤斗"。然而,"海伦·凯勒小姐的例子表明,只要师生之间可以通过某种方式进行双向交流,教育就可以进行"。要下棋,机器所需的"唯一器官是能够辨别特制棋盘上不同局面的'眼睛',还需要用来宣布走子的方式"。图灵认为,这台机器应该擅长密码学,但学习语言却有困难,而语言是儿童机器可能学到的"最人性化"的活动。他说,学习语言似乎"过于依赖感官和活动,因此是不可行的"。[22]

要能"活动",就得需要机器人。图灵可能是第一个建议通过制造机器人来实现思维机器的学者。1948年,他说:

制造思维机器之所以可能的一个正当理由是,有可能让机器模仿人的任何一小部分……我们构建"思维机器"的方法之一是把人作为一个整体,尝试用机器取代他的所有部分。它有电视摄像机、麦克风、扬声器、轮子和"伺服控制系统"以及某种"电子大脑"。这当然是一项艰巨的任务。即使"大脑"部分是固定不动的,且远程控制身体,用目前的技术造出的物体也将硕大无比。为了让机器有机会自己找出答案,应该允许它在乡间闲逛,但这会严重威胁到百姓的安全。

图灵说,这"可能是制造思维机器的可靠方法"。当时,人们并不看好他的计划。国家物理实验室的同事认为,他想要带着"一个靠吃树枝和废铁

第五部分·人工智能与心智　　　第30章·儿童机器　357

为生的机器人去骚扰农村"。图灵本人表示，他的计划"进展太慢，不切实际"，他放弃了打造"完整人"的想法。[23] 然而 20 世纪 90 年代，他的想法在罗德尼·布鲁克斯（Rodney Brooks）的"齿轮"（Cog）项目中实现了。

## 活在图灵的梦里

布鲁克斯是最著名的具身化人工智能先驱。他说，他的动力是"创造思维机器人的梦想"。[24] 正如图灵所设想的那样，机器人"齿轮"拥有"身体"（由"头""躯干""手臂"和"手"组成）、电视摄像机和麦克风，以及一个外接"大脑"。"齿轮"的教育也在一定程度上按照图灵的建议进行。在图灵看来，儿童机器的老师应该是"对项目感兴趣，但对机器内部工作没有任何详细了解"的人。帮助训练"齿轮"的人很多，例如，教它接触物体或玩玩具；因此，机器人工程师（用图灵的话说）常常"对机器内部发生的事情一无所知"。在这方面，教机器就像教儿童一样，而且（正如图灵所说）"与使用机器进行计算时的常规程序形成鲜明对比"。[25]

20 世纪末，21 世纪初，社交机器人和人机交互领域的发展突飞猛进。其中一个目标是建造娱乐遥控设备——如普莱奥恐龙、帕罗小海豹和吉尼博狗等机器宠物。另一个目标是用服务机器人取代昂贵的人力——如布鲁克斯的巴克斯特（一种具有躯干、两只手臂和头部的用户友好型工业机器人）和胡安·法索拉（Juan Fasola）、马贾·马塔里奇（Maja Matarić）的班迪特（一种可以指导老年人进行康复训练的人形机器人）。机器人理疗师除了不需要假期或病假之外，还有其他优势。例如，患有自闭症谱系障碍（autism spectrum disorder, ASD）的儿童似乎对机器人老师的反应比对人类老师的反应要好。（据报道，帕罗小海豹还可以帮助痴呆症患者。）在许多情况下，服务机器人必须以类似人的方式行事。如此一来，未经专门培训的人类客户就可以轻松地解释和预测机器人的行为。治疗机器人可能还需要拥有"社会智能"，能够识别和响应人类客户的需求和愿望。如果不具备这种能力，人机交互可能就无法进行。正如米奇所说，融洽的关系不可或缺。

图灵关于儿童机器的设想在发展机器人学领域尤为盛行。该领域的宏伟目标是建造一台机器，以婴儿的方式习得具有婴儿水平的社会智能。通常，人类婴儿的发展遵循着规律性轨迹。孩子必须学会一种"心智理论"（theory of mind）——一种区分自己和他人的概念。心智理论能力对于与父母、兄弟姐妹和陌生人的互动至关重要。发展机器人学家的目标是构建一个具备这些技能的机器人——它能够检测人脸和机器代理、识别他人（人类或机器人）正在观察什么、关注同一物体、认识自己、理解自身信仰与他人信仰之间的差异。机器就像人类的孩子一样，通过模仿成人和兄弟姐妹，逐渐获得这些能力。这一过程也符合我们对人类生物学和心理学的认识；例如，研究人员可以设计一个机器人手臂，使其具有与人类手臂相似的运动范围，或者利用发展心理学和神经科学的发现，设计机器人的大脑（即系统架构）。

一些研究人员甚至打算制造具有人类婴儿外观的机器人，如哈维尔·莫维兰（Javier Movellan）设计的迭戈·桑（Diego-san），一个具有超现实"表现力"的机器人幼儿（图 30.1）。机器人的创造者们认为，人体的依从性（即，身体运动是作为一个整体进行的，而不是一系列独立部位的动作）对于智能的发展至关重要。迭戈·桑项目背后的"强大假设"是，人类"天生就有一个可解构的运动控制系统"，随着婴儿的发育成熟，该系统会被重建，从而实现"社会互动和符号处理（如语言）的发展"——研究人员的目标是建立这一过程的计算理论。[26] 在这方面，迭戈·桑是最早的无组织儿童机器，可以像人类婴儿一样学习。它已经学会像人类婴儿一样"伸手抓向物体，并把它塞进嘴里"。当物体离得较远且母亲在场时，它会做出高强度的动作；当物体靠近时，它会做出更精确的动作。[27] 莫夫兰说，机器人指向某个物体，或者将他人的注意力引向某个物体，标志着"手势的诞生"，这是心智理论的核心能力。

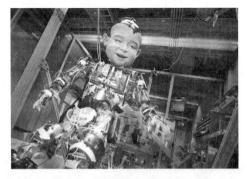

图 30.1　哈维尔·莫维兰的迭戈·桑
经加州大学圣地亚哥分校机器感知实验室许可转载；感谢哈维尔·莫维兰

制造儿童机器也可以帮助我们检测人类心理学理论。儿童如何获得社会智能？在这个过程中，神经正常的儿童与自闭症患儿的发育有何不同？研究人员希望通过研究标准化条件下的人机（或机—机）交互来解决类似问题——以此取代对成人—婴儿（或婴儿—婴儿）交互的研究，这些研究很困难，而且可能不符合伦理要求。这也与图灵的观点一致。图灵说，"我相信，尝试制造思维机器将极大地帮助我们了解人类如何思考自身"。[28]

## 笑 脸

在现代人工智能中，"面部机器人"——有"脸""头"和"面部表情"的系统——是图灵建议的衍生品。图灵建议我们给机器配备"钱能买到的最佳感官"，教它通过"孩子的正常教学"过程"理解英语、说英语"。这些机器人具有"视觉"和"听觉"设备，虽然它们通常不会"说英语"，但却具有原始的沟通能力——面部表情和身体姿势。面孔在人类沟通中至关重要；例如，尽管巴克斯特（Baxter）的设计用途是在工厂生产线工作，但它有一张"脸"，以便与人类进行直观地互动（图30.2）。研究人员设计的面部机器人不仅能产生面部表情，还能关注人脸，识别人脸表情，并做出回应——例如，用"微笑"来回应人类的微笑。[29]这些能力是人类婴儿与其他人类互动的基础。

图灵认为，"试图通过人造躯体使思维机器的外观更像人类，这么做没什么意义"。[30]然而，一些面部机器人是人脸和头部的超现实表现。迭戈·桑有身体，还有一张脸，脸上好像还有酒窝。福田原和小林弘一制造了一系列机器人，设计仿照年轻女性的头部，其皮肤、头发、牙齿和妆容都很逼真。莫维尔兰的实验室里的超现实主义爱因斯坦机器人脸上有皱纹。最初它的"肢体乱动"（"面部肌肉"随机运动），后来学会了微笑。[31]图灵希望"不要将精力投入到制造外观像人，本质上却与人截然不同的非智能机器人上"。在他看来，这种尝试"徒劳无益，结果就像制造出令人不快的人造花"。[32]如今，人们面对过于像人类的机器人时会报告说感觉不适。这一现象受到广泛探讨，它与图灵的预测高度吻合。

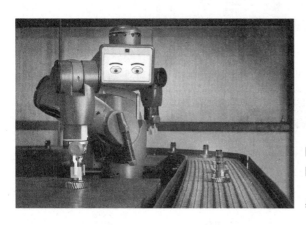

图 30.2 巴克斯特的 "脸"
图片复本由再思考机器人公司
（Rethink Robotics, Inc.）提供；
感谢罗德尼·布鲁克斯

人类婴儿通过与成人面对面的交流学习沟通技巧。婴儿的微笑是自发的，不理解或无意表达微笑的含义；成人将此解释为婴儿内在状态的表达，对婴儿报以微笑，从而强化了婴儿的行为。通过这种方式，婴儿学会了如何沟通——不仅仅是模仿 "微笑" 的面部表情，而且学会了微笑。发育机器人学家希望通过类似的过程教机器进行交流。例如，迭戈·桑的 "微笑" 重现的是一个四个月婴儿的微笑模式。研究人员发现，婴儿为 "微笑" 计时，以便最大限度地延长母亲的微笑时间，同时尽量减少自己的微笑时间；当这种行为被编程到机器人中时，人类观察者以同样的方式回应了迭戈·桑的 "微笑"。[33]

辛西娅·布雷泽尔（现已退休）制造的面部机器人 "天意"（图 30.3），因 "丰富的面部表情" 受到公众的广泛关注。"天意" 具有非常明显的 "孩子气"，"发音" 像是婴儿的牙牙学语。它的设计旨在唤起人类的养育反应。观察者感觉它仿佛是有生命的——当它的 "头" 或 "眼睛" 移动时，就像是对周围发生的事情感兴趣，或者在注视某个特定

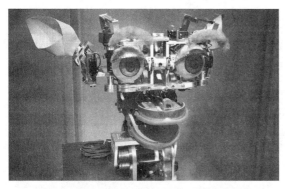

图 30.3 辛西娅·布雷泽尔的 "天意"
由达德罗特发布到维基共享资源，https://commons.wikimedia.org/wiki/File:Kismet,_1993-2000,_view_2_-_MIT_Museum_-_DSC03711.JPG。知识共享许可

的物体。人类以与婴儿对话的方式与"天意"交谈，因打扰了它而向它道歉，并通过模仿它的行为来与它共情。但用米奇的话说，这是人机之间"真正的"融洽，还是"虚幻的"融洽？[34]

## 微笑中有什么？

图灵使用一种复杂的方法诠释智能概念——这种方法受到较为普遍的误解（见第28章）。[35] 1948年，他说，"智能的概念本身是情感的，而非数学的"，智能概念是一个"情感概念"。他指出，"我们判断某物以智能方式行事的程度，既取决于我们自己的心智状态和训练，也取决于所考虑对象的特性。"[36] 简言之，某物的智能化程度不仅在于它的行为表现，也在于我们如何回应它。但是这并不是说，智能完全存在于观察者的眼中：一台机器并不智能，但我们对它的反应却好像它是智能的（因此我们需要图灵的模仿游戏来进行思维测试）。我们也可能对一个"微笑"的面部形状做出反应，就好像它是真正的微笑，是一种交流行为。面部表情可以被理解为身体形态或行为；从这个意义上说，一个人可以仅仅通过做微笑的动作而"微笑"（如牙医要求某人对着镜子"微笑"），或不必真正皱眉而"皱眉"（如皮肤科医生要求某人在注射肉毒杆菌前"皱眉"）。相同的面部形态可以是一个微笑，也可以是一个鬼脸，或者只是面部抽搐。黑猩猩的露齿表现与人类的微笑非常相似，但它们是不同的动作，具有不同的含义。那么，是什么让"微笑"成为微笑呢？

"微笑者"的其他行为至关重要。例如，微笑是动态情感表达的一部分；如果某人只有一张"微笑"的脸（或者即使她有不同的表情，但她的"微笑"总是千篇一律），我们不会说她是在微笑。此外，微笑出现在特定的情境中，例如，微笑出现在问候朋友而非敌人时；这是因为我们很高兴见到朋友，而不是敌人。快乐的人也有其特有的行为。此外，任何微笑都可以归于微笑中的某一类，例如好客的微笑、阴险的微笑、魅惑的微笑或愤世嫉俗的微笑；让微笑亲和热情而不是愤世嫉俗，是"微笑者"的深层行为。

"天意"没有这些额外的行为。它的"面部表情"是机械的，而非流畅优美的,甚至与人类"僵硬的"微笑也大不相同。机器人的创造者承认,当它"微笑"时,它并不快乐。正如图灵所说,在他的 P 型机器中,"痛苦"和"快乐"并不意味着"感觉"。布雷泽尔说,机器人的"情感"(即其系统结构的组成部分)与人类的情感"大不相同"。[37] 假设机器人可以发出各种各样的微笑,包括"心满意足的微笑"。[38] 但如果"微笑"是一种满意的表达,那么它在现实中缺乏所需的行为(比如,在完成任务后坐在舒适的椅子上,发出平静的叹息)。"天意"的"微笑"行为不是微笑——即使我们对机器人报以微笑的回应。

我们都太容易将机器拟人化;例如,根据布鲁克斯的说法,工厂的工人称巴克斯特为自己的朋友。[39] 最近的电影(视频游戏、绘本)展示的都是些无实体的超级人工智能,还有与人类几乎无法区分的机器人,这可能会让观众或读者认为我们将很快实现人类级别的人工智能。错位的拟人化和假想在人工智能学术圈内也很常见,一些有影响力的研究人员持有极度乐观的态度,他们承诺在几十年内将创造出难以想象的强大的人工大脑。[40] 实际上,要制造一台婴儿级社会智能的儿童机器,发育机器人学还有很长的路要走。

## 成长:行为准则和主动性

图灵说,"未经训练的婴儿的大脑要发育成聪明的大脑,必须学会行为准则(discipline)和主动性(initiative)……将大脑或机器转变为通用机器是最极端的训练方式……但行为准则本身显然不足以产生智慧。要获得智慧,还需要一种我们称之为"主动性"的品质。[41] 在图灵看来,当机器可以自学时,当它尝试给定子程序的"新组合"时,或者当它以"新方式"应用这些子程序时,它就表现出主动性。一旦它有了行为准则和主动性,儿童机器就长大了。

根据图灵的说法,机器智能的反对者认为机器不能思考,因为它永远不能"成为自己思想的主体"或"进行真正的创新"(除此之外,它做不到的事还有很多)。但对图灵来说,成熟的机器似乎没有这些"缺陷"。它证实了解自己的想法:图灵说,"在教育的后期阶段,记忆可以扩展到记住每时每刻机器配置的重要部分,换句话说,它会开始记住它之前的想法"。它可以做一些新的事情:在图灵看来,它可以通过修改自己的程序做出"选择"或"决定"。[42] 人工智能怀疑论者可能会反驳说,成熟机器的行为仅仅是早期编程的结果。但图灵指出,人类数学家接受过大量的训练,这个过程类似于编程,但我们不能说数学家无法创新。为什么要区别对待机器?[43]

图灵说,"声称机器永远无法模仿人类的某些独特之处,这是一种聊以自慰的传统思想……我无法给出这样的安慰,因为我相信不能设定这样的界限"。微笑和其他表达行为是人类独有的特征,没有理由认定机器永远不会微笑,也没有理由相信我们无法制造出具有社会智能的儿童机器。尽管如此,声称人工智能已经制造出"表达性"机器人的说法为时尚早。图灵不太可能这么说。他在1952年预言,机器成功通过他的模仿游戏至少要100年。[44]

# 第31章
# 计算机国际象棋——初现时分

杰克·科普兰

丹妮·普林茨

电子计算机深刻地改变了国际象棋。本章描述了计算机国际象棋的诞生,从战时第一次在布莱切利园对它的探讨,到有史以来电子计算机通过计算走的第一步棋。我们将介绍一些历史性的国际象棋程序,包括图灵自己的"图罗钱普"(Turochamp),并重温计算机国际象棋早期的发展历程。

## 卡斯帕罗夫谈论图灵

2012年,曼彻斯特,艾伯特广场,图灵百年诞辰日的两天后,阴沉的夏日早晨9点。奥运火炬仪式的垃圾仍散落在地。广场上出现了一大群国际象棋爱好者和计算机科学家,他们匆匆走过姿态笨拙的威廉·格拉德斯顿雕像,踏上曼彻斯特市政厅正门的台阶。市政厅里还有更多雕像,比如化学家约翰·道尔顿、物理学家詹姆斯·焦耳。这些专业人士在拥挤的哥特复兴式大礼堂就座。图灵百年庆典的消息已经传到四十多个国家:其他时区的图灵迷在线观看,等待这一大型活动的开幕。9点过后,衣着考究的加里·卡斯帕罗夫走上讲台。

卡斯帕罗夫(图31.1)1963年出生于苏联,22岁时成为世界国际象棋冠军。他是历史上第一个被计算机打败的卫冕冠军。1997年,在纽约第七大道摩天大楼第三十九层的一间电视演播厅里，IBM的国际象棋计算机"深蓝"战胜了卡斯帕罗夫（见第 27 章）。15 年后，他来到曼彻斯特，纪念计算机国际象棋的第一位先驱——图灵。

刚开始，卡斯帕罗夫似乎有点紧张。心情平复之后，他结结巴巴地对观众说："图灵不仅热爱国际象棋，还将其作为机械思维和机器智能的模型进行认真的研究。但是他的棋艺不佳。"卡斯帕罗夫指出，尽管图灵在布莱切利园接受过英国实力最强的棋手的指导，"但他仍是一名低水平的业余选手"。图灵在 8 号小屋的象棋老师包括休·亚历山大（1938 年英国国际象棋冠军）和哈里·戈隆贝克（战后三次夺得英国锦标赛冠军）。卡斯帕罗夫用实事求是的语气说，戈隆贝克即使舍弃掉他的后，仍可以打败图灵：[1]

图 31.1　加里·卡斯帕罗夫（Garry Kasparov）
由欧文·威廉姆斯发布到维基共享资源，https://commons.wikimedia.org/wiki/File:Kasparov-23.jpg。知识共享许可

每当我们下棋的时候，我必须舍弃一个后，以便让对弈更加公平。即使这样，我也总是赢。

尽管图灵是个普通棋手，但他非常重视国际象棋。为了提高盲棋能力，他甚至在卧室的墙上挂满了棋局的照片。[2] 他是一位很好的盲棋手，与合得来的对手一起散步时，他只需简要地说出自己的走子。这位充满激情但棋艺不佳的棋手继续改变着国际象棋的世界。卡斯帕罗夫接着说：

鲜为人知的是，图灵编写了一个完整的国际象棋程序，只因当时可编程计算机尚未问世，也就没有一台计算机可以执行这些指令。1951 年至 1952 年，图灵制定了所谓的"规则"——基本上是一个程序，可以用来计算任何给定的国际象棋局面的确切走子。他必须充当人类 CPU，用笔和纸计算走子——可以想象，这是一个费时费力的过程……

## 计算机之前的计算员象棋

人工智能先驱唐纳德·米奇是一个性情急躁却富有魅力的学者。1942 年，他加入布莱切利园密码破译团队时，还是一个学生。他此后的人生全部奉献给智能机器（但不那么智能）的建造。55 年后的 1997 年，"深蓝"在纽约击败卡斯帕罗夫时，米奇也在场。有史以来，人类的智能第一次一败涂地，人工智能逐渐发展为歌德所说的"人类智能的试金石"。[3] 米奇一直是智能崇拜者，来到布莱切利园不久就与图灵成为朋友。1998 年，在加州棕榈沙漠的家中休假时，他向我（杰克·科普兰）讲述计算机国际象棋是怎样诞生的。[4]

在经历了一周繁重的密码破译工作之后，他和图灵常在周五晚上出去小酌一杯。他们常去的酒吧位于繁华的伍尔弗顿小镇，离布莱切利园车站只有几分钟车程。在光线昏暗、烟雾弥漫的酒吧里找到座位后，他们就开始下棋，之后转向两人最感兴趣的话题——人类思维过程的机械化。米奇说：

密码破译者的工作是一系列智能运算和思维过程，因此我们对自动化思维过程的概念了如指掌——我们俩都竭尽所能地研究自动化。

他指的是他当时的研究"希斯·罗宾逊"（Heath Robinson，见第 14 章）以及图灵的炸弹机（尽管米奇本人直到战争结束后很久才了解到炸弹机）。考虑到两人在布莱切利园从事的研究，他们周五晚上谈论人类棋手思维过程的自动化完全是情理之中的事情——从那时起，图灵开始考虑将整个学习过程自动化。杰克·古德是布莱切利园的另一位密码破译者，同时也是国际象棋爱好者。他有时也会加入讨论。星期天早晨，他常与图灵、米奇一起散步。古德还记得 1941 年与图灵的一次谈话，当时米奇尚未抵达布莱切利园。他们"谈到了国际象棋机械化的可能性"。[5]

我问米奇，他能否记得图灵关于人工智能的历史性探讨：

米奇："讨论包括三大主题。一是国际象棋和类似游戏的机械化方法；二是可以从经验中学习的机器算法和系统的可能性；第三个领域更通用，是使用比纯粹底层事实陈述更一般的陈述来指导机器的可能性——在某种意义上说，这将涉及机器理解，以及从已知中做出推断。"

科普兰："那时，你经常和图灵下棋吗？"

米奇："在布莱切利园，我是为数不多的臭棋篓子之一，跟他下棋属于势均力敌，我成了他的固定棋友。我们对机器智能的讨论就是从一起下棋时开始的。"

科普兰："当时图灵对国际象棋编程提出了哪些具体建议？"

米奇："我们谈到在棋子上赋予价值。我们谈到了形式条件的机械化——如果我这样走，他可能会那样走，或者他可能那样走，在这种情况下我可以这样走——今天我们称之为'前瞻'（look-ahead）。当然，我们还讨论了根据可测量的走棋可能进行优先级排序的问题。"

科普兰："这就是如今国际象棋程序员所说的'最佳优先'（best-first）？"

米奇："是的，没错。我们对国际象棋编程的讨论还包括在某种意义上惩罚机器的明显错误。还有一个问题是，除了惩罚（从指令表中删除一个走法）这种纯粹生搬硬套的效果，究竟如何才能使它变得有用。这只适用于开局阶段。"

科普兰："图灵对此有什么具体的想法吗？"

米奇："我不记得他在国际象棋方面有什么特别的想法。但我确实记得他让我们传阅了一份打印稿，其中有他对学习及其一般类型的具体想法。"

科普兰："是在布莱切利园吗？"

米奇："是的，是在布莱切利园。我说'传阅'，是因为我知道他给我和杰克·古德看过稿件的复印件，我想他也给另外一两个同事看了，为的是征求我们的意见。"

米奇提到的"最佳优先"原则涉及基于经验的评分系统：在游戏的任何给定点，程序都可以使用这个评分系统对有效走子进行排名；然后，它继续研究最佳（得分最高的）走子的结果。在早些时候的谈话中，米奇说，他们的战时国际象棋讨论还包括"极小化极大"原则（minimax principle）。[6]该原则假设对手的走子是为了获得最大收益，而程序的走子是将对手预期走棋带来的损失最小化。约翰·冯·诺伊曼开创性地深入研究了如今被数学家称为"博弈论"（game theory）的领域。他探索了极小化极大方法，并于1928年发表了他的基本"极小化极大定理"（minimax theorem）。[7]

布莱切利园在计算机国际象棋方面的开创性工作从未发表过。和米奇一样，古德"错误地认为它不值得发表"，他说。[8] 1945年战争结束，图灵有更多的时间专注于机器智能的研究，关于计算机国际象棋的想法开始出现在他的论著中。1945年，他提交了著名的ACE报告——《电子计算机计划》。他甚至在这篇非常严肃的报告中还提到了国际象棋。他说：[9]

在国际象棋的一个给定局面上，机器可以为双方列出三步左右的所有"获胜组合"。这就引出了一个问题——"机器能下棋吗？"下一手烂棋很容易。棋艺不佳是因为国际象棋需要智慧。

接着，他做出预言：

然而，有迹象表明，我们有可能让机器展示智能，代价是它偶尔会犯严重的错误。通过跟进错误，机器可能会发展成高超的棋手。

与此同时（1945年），在巴伐利亚阿尔卑斯山的一个村庄里，德国计算机先驱康拉德·楚泽（Konrad Zuse）正与世隔绝地工作着。他在开发Plankalköl编程语言，同时也在思考国际象棋和其他形式的符号计算。[10]两年后，图灵再次提到国际象棋。1947年，在伯灵顿学院关于计算机未来的演讲中，他发表了富有远见的预言（见第25章），"设计出指令表（程序），让ACE战胜普通棋手可能易如反掌"。[11]

1948年夏，图灵描述了一个国际象棋版本的（我们现在称之为）图灵测试或模仿游戏（见第25章和第27章）。他写道：[12]

设计一台国际象棋下得不太差的纸机并非难事。现在有A，B，C三个受试者。A和C棋艺很差，B是纸机的操作者。（为了快速完成这项工作，他最好既是数学家又是棋手。）有两个房间用于交流，C与A或纸机下棋。C可能很难分辨自己是在跟谁下棋。（这是我实际做过的相当理想化的实验形式。）

图灵所说的"纸机"是同年夏天与他的朋友、统计学家戴维·钱珀瑙恩（David Champernowne）合作创造的。图灵将他关于计算国际象棋的想法具体化为一种伪码程序——一套下棋的机器规则。它被命名为"图罗钱普"（Turochamp）。这也是他在战时与米奇和古德讨论的结果。"图罗钱普"是现在所谓的人工智能程序的早期实现。

## 图罗钱普

图罗钱普是一台"纸机"，因为没有电子计算机可用，图灵和钱珀瑙恩用纸和笔手工模拟了程序的运行。1980年，钱珀瑙恩这样描述图罗钱普（引自《图灵精要》）：[13]

那是1948年夏末，图灵和我尝试了一个松散的规则系统，用以在国际象棋比赛中决定下一步走子，我们觉得为计算机编程非常容易……以下是我对该系统的回忆，但我可能受到所读过的其他系统的影响。有一个系统来评估白方任一走子对黑方净优势的影响。这考虑到：

（1）使用传统标准，吃掉兵10分，吃掉马或象30分，吃掉车50分，吃掉后100分，吃掉王5 000分。

（2）机动性变化：即任何棋子或兵可以立即合法移动的方格数的变化（每格1分）。

（3）特别奖励：（a）王车易位（3分）。（b）推进通路兵（1或2分）。（c）将车置于第七横线上（或许是4分）。

（我不认为占领4个中央方格中的任何一个会获得特别奖励。我们没有考虑到残局。）我们的注意力大部分都集中在决定要采取哪些走子上。我对这件事的记忆力差得惊人。必须对吃子进行跟踪，至少应跟踪到无法立即再吃子的地步。必须进一步跟踪将军和先手棋。我们特别热衷于这种想法，即虽然某些走子看似毫无意义，不能继续吃子，但沿着某些路径却可以走得很远。在真实实验中，我觉得我们在这些局面面前都有点草率，一定犯过一些错误，因为用笔和纸来计算是非常烦琐的。我们的一般结论是，给计算机编程，让它在国际象棋比赛中有相当大的机会战胜初学者，或者至少夺取一个胜利的局面，这应该是很容易的事。

据我们所知，图罗钱普是有史以来第一个战胜人类棋手（钱珀璐恩之妻）的国际象棋程序。没有记录表明，图罗钱普以及图灵后来写的国际象棋程序战胜过图灵本人。他将"程序无法战胜它的程序员"与"动物都无法吞下比自己重的动物"相提并论。[14] 图灵说，"就我所知，这两种说法都不正确"。

完成图罗钱普这一历史性实验的几周后，图灵接受了曼彻斯特计算机实验室的新工作，这份工作使他可以为一台真正的计算机编写国际象棋程序。然而，事情并非一帆风顺。在讲述这个故事之前，我们先来了解一项伟大的发现，这对于理解图灵在国际象棋编程方面的成就至关重要。

## 蛮力与启发式的较量

国际象棋程序员谈论"国际象棋启发式"：第 25 章解释了"启发式"这一术语。使用启发式的国际象棋程序与"蛮力程序"（brute-force programs）形成鲜明的对比。蛮力国际象棋程序通过探索每步棋的结果来选择走子，这种搜索甚至可以一直持续到对弈结束。如果以这种方式编程，计算机将始终选择最佳走子。

然而在现实中，让国际象棋程序仅仅依靠蛮力是一个糟糕的建议。正如麦克斯·纽曼在战后的一次广播讲话中指出的，蛮力方法只有在"你不介意它耗费数千万年的时间"时才会奏效。[15] 这是因为，计算机要检查的可能走子数量是天文数字。战时图灵与古德和米奇的讨论中，提出了更实用的启发式国际象棋走法。机器不会穷尽每一步可能的走子，而是使用程序员提供的经验来选择走子以供进一步分析。图罗钱普似乎是第一个启发式国际象棋程序。

这些经验法则就像捷径，使计算机能加快出子速度——但速度的代价是捷径并不总是有效。当一个捷径恰巧指向错误的方向时，国际象棋程序就可能出错。难怪图灵在暗示启发式程序的这一特点时，说它"有可能让机器显示智能，代价是它偶尔会犯严重的错误。"

## 图罗钱普 2 号

图灵在曼彻斯特计算机实验室研究开创性的形态发生理论时，还抽时间开发了改良的图罗钱普。我们称之为"图罗钱普 2 号"。从现在开始，我们用"图罗钱普 1 号"来指代 1948 年的原始版本。图灵在其关于计算机国际象棋的打印稿中描述了图罗钱普 2 号（收录在《图灵精要》）。他解释说，打印稿提到的规则系统尽管"非常简单"，但却是基于他对自己"下棋时思维过程的内省分析"。他谦虚地说：

如果用几个字来概括该体系的缺陷，我会说，那是对我棋艺的一种自嘲。

卡斯帕罗夫在演讲中混淆了图罗钱普的早期版本和后期版本。然而，混淆历史并不妨碍他在曼彻斯特的赛场上将重建的图罗钱普 2 号打得落花流水；对弈稍后展示（对弈 4）。与卡斯帕罗夫对弈的是由德国国际象棋软件公司"国际象棋基地"（ChessBase）开发的"图灵引擎"。卡斯帕罗夫说它是"有史以来的第一个计算机程序，甚至在运行它的计算机发明之前就已存在。"但国际象棋基地重建的是图罗钱普 2 号，而不是图罗钱普 1 号。与图罗钱普 1 号对弈的记录无处可寻，关于它的所有已知信息都来自钱珀瑙恩之前非常模糊的讲述。更重要的是，虽然图灵和钱珀瑙恩在创造图罗钱普 1 号时，存储程序式计算机还处于原始阶段，但图罗钱普 2 号问世时，图灵的计算机实验室已经安装了一台有能力运行它的机器（费兰蒂1号）。如果要把话说得滴水不漏，卡斯帕罗夫就不该说它是"第一个程序"，而是"图罗钱普第一版的后续版，在第一台大型电子数字计算机上市时编写而成"。

在卡斯帕罗夫与图灵引擎的对弈中，图罗钱普2号并没有击败象棋冠军。尽管如此，开创性的图罗钱普2号涵盖的很多内容已成为国际象棋的编程标准：

- 评估规则：赋予棋盘格局（board configurations）以表示强弱的数量价值。
- 可变前瞻：图灵解释说，"更有利的走子"不是同等程度地跟进所有可能走子的结果，而是"在更少的可能性中进行更周密的考量"。
- 启发式：通过可能走子和对攻走子的"树"来指导搜索。
- 极小化极大原则
- 静态搜索（quiescence search）：发现"死局"（即后续无法吃子或给出有力出子的局面），沿着走子树中特定分支的搜索将停止。

图灵也意识到有必要使用"截然不同的系统来应对残局"。此外，他还就如何让国际象棋程序从经验中学习进行了富有远见的探讨。他提倡使用我们现在所说的"遗传算法"（genetic algorithm，GA）。他说：[16]

说到象棋机器从经验中受益的能力，我们可以看到这样一种可能，那就是给机器编程，让它尝试不同的走法（例如，棋子价值的变化），并采用最令人满意的结果。这当然可以称为"学习"，虽然它并非我们所知的那种很典型的学习。

如今，遗传算法被广泛应用于各种领域，如密码破译、硬件设计、药物研发及金融预测。如第25章所述，遗传算法基于达尔文进化论原理——基因突变和适者生存——有些研究人员甚至将遗传算法作为研究进化过程本身的一种方法。图灵为其发明取了一个不太醒目的名字——"遗传或进化搜索"（genetical or evolutionary search）。

几年后，美国人工智能的早期先驱阿瑟·塞缪尔（Arthur Samuel）在其著名的跳棋程序中独立地重新引入了这一理念。该程序是第 20 章中提到的克里斯托弗·斯特雷奇（跳棋）程序的翻版。[17] 根据图灵的建议，允许"机器尝试不同的走法"，塞缪尔在同一台计算机上设置了其程序的两个程序副本——阿尔法和贝塔，让它们不停对弈。计算机对阿尔法的走子生成器做了一些随机小改动，而贝塔则保持不变，然后比较了二者在多局对弈中的表现。如果阿尔法的棋艺比贝塔差，则放弃更改。如果阿尔法下得更好，则删除贝塔并替换为阿尔法的副本。就像丛林法则一样，更适合的副本幸存下来。经过几代更替，程序的棋艺变得越来越娴熟。

事实上，塞缪尔是在 1955 年实现了阿尔法与贝塔的对弈——所以，如果图灵在曼彻斯特将他的"遗传搜索"理念付诸实践，他就是第一个在计算机上运行遗传算法的人。然而，让人好奇的是，现存记录中找不到任何信息证明他是否做过这件事。

## 图罗钱普 2 号规则

以下是图灵在打印稿中对图罗钱普 2 号工作原理的清晰描述（引自《图灵精要》）：

我将描述一组特定的规则，它们可以轻松地制成机器程序。需了解的是，机器是白方，下一步棋轮到白方走。当前位置称为"局面"，以此产生的下一步棋的位置称为"待解局面"。

"值得考虑的"走子，即在机器分析中要考虑的走子。

白棋的下一步走子和黑棋应对走子的每种可能性都是值得考虑的。如果吃子值得考虑，那么任何反吃也值得考虑。吃掉无防护的棋子或以较低价值的棋子吃掉较高价值的棋子总是值得考虑的。将死（checkmate，也称"将杀"）的走子值得考虑。

死局

如果一个待解局面没有值得考虑的走子，即如果当前局面两步之后再无法吃子或反吃或将死，则称之为死局。

棋子价值[18]

P = 1

Kt = 3

B = 3.5

R = 5

Q = 10

将死 ±1 000

局面的价值

通过将棋子价值（如上所列）相加，计算白方总价值与黑方总价值的比率 W/B，即可获得死局的价值。轮到白方走的其他局面，其价值是下述局面中的价值最大者：（a）经过值得考虑的走子获得的局面，或（b）局面本身被评估为死局，如果所有走子都值得考虑，则忽略后面的选择。对于黑方的走子也要进行相同的处理，但机器将选择最小价值。

局面-走子的价值

每一个白方棋子都有一定的局面-走子贡献，黑方的王也是一样。这些必须加起来才能给出局面-走子的价值。

对于 Q（后）、R（车）、B（象）或 Kt（马），计数：

i）该棋子在当前局面走子数量的平方根，将一次吃子算作两次走棋，并且不要忘记王不能被将。

ii）如果防御成功，计 1.0（如果不是 Q），如果两次防御成功，额外追加 0.5。

对于 K，计数：

iii）除了王车易位，其他走子按上述 i）处理。

iv）然后有必要考虑 K 的弱点。这可以通过假设它被同一方格上好用的 Q 替代，按照 i）进行估计，但用减法而非加法。

v）如果王车易位后不会因此而受损，计数 1.0，如果下一步就能王车易位，则追加 1.0，实际发生了王车易位可再追加 1.0 分。

对于 P，计数：

vi）每进一级横线，加 0.2。

vii）被至少一个棋子（不是 P）防守，计 0.3。

对于黑方 K，计数：

viii）对于将死的威胁，计 1.0。

ix）对于将军，计 0.5。

现在，我们对游戏规则做出如下说明：

所选的走子必须具有最大可能的价值，即具有最大可能的局面-走子价值。如果该条件允许多个解，则可以随机选择，或根据任意附加条件选择。

请注意，局面-走子评估不涉及"分析"。这是为了减少决定走子的工作量。

在详细研究了图罗钱普 2 号的规则之后，让我们看看该程序是如何对付一个不像卡斯帕罗夫那么专业的人类玩家的。

## 阿利克 · 格伦尼对图罗钱普 2 号

阿利克·格伦尼是伯克希尔原子武器研究机构的一名年轻科学家，他于 1951 年 7 月被派往北部的曼彻斯特实验室从事一些工作。当时，实验室的费兰蒂计算机刚开始用于原子武器计算。格伦尼很快从实验室的闲聊中得知图灵对计算机国际象棋非常感兴趣。[19]

"我不是一个热心的棋手，"格伦尼说，"我知道几个标准的开局，但没有更好的策略。"图灵认为格伦尼是一个"臭棋篓子"——而这正是他要找的，一个对他的机械象棋规则的运作一无所知且棋艺较差的棋手。[20] "我记得，他在午餐时说服我参加他的国际象棋实验，"格伦尼回忆道。于是他们上楼去了图灵的办公室，"那里空荡荡的，一张小桌子上散乱地堆放着纸张。"格伦尼坐在棋盘前，扮演他的虚拟对手，而图灵则在纸上潦草地写下计算程序的走子，就像几年前他和钱珀瑙恩对弈时一样。他得不停应付一堆包含规则的纸张，"我们在一张小桌子上下棋，空间局促。"格伦尼说，"棋下得很慢，我觉得有点无聊。"

"对弈花了两三个小时。"格伦尼回忆道。他在第二十九步获胜（见对弈 1）。

图灵在他的打字稿中开始对弈，用老式的象棋记谱法记下了走子。在每一步的旁边，我们将其都转换成现代国际象棋记谱（方括号内）。²¹ 图灵列出了一些脚注，还有一列数字，显示了程序每次走棋之后局面-走子价值的增加（如果有的话），如果其他走子的局面-走子价值都较低，他会在数字上加上一个星号。（在这场对弈的记录中，他用 O。O 表示王车易位，没有区分它是在后翼还是在王翼；而在他的第 2 场对弈中，O-O-O 表示在后翼的王车易位。）程序充当白方，由它开局（见后页）。²²

20 多年后，谈到这场对弈，格伦尼说，"我记得那是一个相当愉快的下午"，并补充说，"我相信图灵一定也很享受这场对弈——以他的方式"：

图灵对对弈进展的反应五味杂陈：对不得不遵守规则感到恼怒；真正遵守规则是困难的；实验是有趣的，而白方输了又让他感到沮丧。当然，他只能束手无策，眼睁睁看着败局的到来。

格伦尼解释说，事实上图灵很难遵循规则：

在对弈中，图灵一直在遵循自己的规则，显然很难做到，因为规则所选择的走子，经常是那些他心知肚明的非最佳走子。另外，他还会在遵循其规则时犯错，为此不得不悔棋。当我考虑我的走子，而他正在思考白方上一步的有效性时，就会出现这种情况。在遵循他的规则时，可能还有其他未被注意的错误……他有一种倾向，认为他知道规则会产生怎样的走子。

显而易见的是，对弈记录中白方的一些走子绝非图灵规则所规定的走子。

## 图罗钱普 2 号的神秘重赛

卡斯帕罗夫在演讲中介绍了一位嘉宾，国际象棋基地的联合创始人弗雷德里克·弗里德尔。卡斯帕罗夫和弗里德尔共同展示了国际象棋基地对图罗钱普的再造。谈到图灵的历史性程序，弗里德尔说："我们有一场与格伦尼的完整对弈。"他强调说，"这是唯一有记录的对弈"。然而，事实并非如此。

1953 年，伦敦皮特曼父子出版公司出版了一本有趣的书，书名是《比思想更快》。[23] 实际上，它是世界上第一本计算机科学教科书，由维维安·鲍登（即切斯特菲尔德的鲍登男爵）编辑，他在费兰蒂负责计算机销售。他的书收录了英国新兴计算机界所有人的贡献，当然包括图灵，他为《应用于游戏的数字计算机》一章贡献了一节，标题为"国际象棋"。[24]

### 对弈 1：格伦尼对图罗钱普 2 号

| 白方（机器） | | 黑方 |
|---|---|---|
| 1. P—K4 [e4] | 4.2* | P—K4 [e5] |
| 2. Kt—QB3 [Nc3] | 3.1* | Kt—KB3 [Nf6] |
| 3. P—Q4 [d4] | 3.1* | B—QKt5 [Bb4] |
| 4. Kt—KB3（1）[Nf3] | 2.0 | P—Q3 [d6] |
| 5. B—Q2 [Bd2] | 3.6* | Kt—QB3 [Nc6] |
| 6. P—Q5 [d5] | 0.2 | Kt—Q5 [Nd4] |
| 7. P—KR4（2）[h4] | 1.1* | B—Kt5 [Bg4] |
| 8. P—QR4（2）[a4] | 1.0* | Kt × Kt ch. [N × f3+] |
| 9. P × Kt [g × f3] | | B—KR4 [Bh5] |
| 10. B—Kt5 ch. [Bb5+] | 2.4* | P—QB3 [c6] |
| 11. P × P [d × c6] | | O—O [0–0] |
| 12. P × P [c × b7] | | R—Kt1 [Rb8] |
| 13. B—R6 [Ba6 ] | −1.5 | Q—R4 [Qa5] |
| 14. Q—K2 [Qe2] | 0.6 | Kt—Q2 [Nd7] |
| 15. KR—Kt1（3）[Rg1] | 1.2* | Kt—B4（4）[Nc5] |
| 16. R—Kt5（5）[Rg5] | | B—Kt3 [Bg6] |
| 17. B—Kt5 [Bb5] | 0.4 | Kt × KtP [N × b7] |
| 18. O—O [0–0–0] | 3.0* | Kt—B4 [Nc5] |

| 白方（机器） | | 黑方 |
|---|---|---|
| 19. B—B6 [Bc6] | | KR—QB1 [Rfc8] |
| 20. B—Q5 [Bd5] | | B × Kt [B × c3] |
| 21. P × B（2）[b × c3] | −0.7 | Q × P [Q × a4] |
| 22. B—K3（6）[Be3] | | Q—R6 ch. [Qa3+] |
| 23. K—Q2 [Kd2] | | Kt—R5 [Na4] |
| 24. B × RP（7）[B × a7] | | R—Kt7 [Rb2] |
| 25. P—B4 [c4] | | Q—B6 ch. [Qc3+] |
| 26. K—B1 [Kc1] | | R—R7 [Ra2] |
| 27. B × BP ch.[B × f7+] | | B × B [B × f7] |
| 28. R × KtP ch.（5）[R × g7+] | | K × R [K × g7] |
| 29. B—K3（8）[Be3] | | R—R8 mate [Ra1#] |

注释：
（1）如果 B-Q2 3.6*，则可预见 P × P。
（2）从局面角度看，最不恰当的走子。
（3）如果 O-O，则 B × Kt，B × B，Q × P。
（4）无法预见捉双（fork）。
（5）逃避现实策略！
（6）只有这个或 B-K1 可以防止 Q-R8 将死。
（7）火烧眉毛不着急。
（8）可预见将死，但"仍我行我素"。

## 对弈 2：神秘的第二场对弈

| 白方（机器） | | 黑方 |
|---|---|---|
| 1. P—K4 [e4] | 4.2* | P—K4 [e5] |
| 2. Kt—QB3 [Nc3] | 3.1* | Kt—KB3 [Nf6] |
| 3. P—Q4 [d4] | 3.1* | B—QKt5 [Bb4] |
| 4. Kt—KB3（1）[Nf3] | 2.0 | P—Q3 [d6] |
| 5. B—Q2 [Bd2] | 3.6* | Kt—QB3 [Nc6] |

续表

| 白方（机器） | | 黑方 |
|---|---|---|
| 6. P—Q5 [d5] | 0.2 | Kt—Q5 [Nd4] |
| 7. P—KR4（2）[h4] | 1.1* | B—Kt5 [Bg4] |
| 8. P—QR4（2）[a4] | 1.0* | Kt × Kt ch. [N × f3+] |
| 9. P × Kt [g × f3] | | B—KR4 [Bh5] |
| 10. B—Kt5 ch. [Bb5+] | 2.4* | P—QB3 [c6] |
| 11. P × P [d × c6] | | O—O [0–0] |
| 12. P × P [c × b7] | | R—Kt1 [Rb8] |
| 13. B—R6 [Ba6] | −1.5 | Q—R4 [Qa5] |
| 14. Q—K2 [Qe2] | 0.6 | Kt—Q2 [Nd7] |
| 15. KR—Kt1（3）[Rg1] | 1.2* | Kt—B4（4）[Nc5] |
| 16. R—Kt5（5）[Rg5] | | B—Kt3 [Bg6] |
| 17. B—Kt5 [Bb5] | 0.4 | Kt × KtP [N × b7] |
| 18. O—O [0–0–0] | 3.0* | Kt—B4 [Nc5] |
| 19. B—B6 [Bc6] | | KR—QB1 [Rfc8] |
| 20. B—Q5 [Bd5] | | B × Kt [B × c3] |
| 21. B × B [B × c3] | 0.7 | Q × P [Q × a4] |
| 22. K—Q2 [Kd2] | | Kt—K3 [Ne6] |
| 23. R—Kt4 [Rg4] | −0.3 | Kt—Q5 [Nd4] |
| 24. Q—Q3 [Qd3] | | Kt—Kt4 [Nb5] |
| 25. B—Kt3 [Bb3] | | Q—R3 [Qa6] |
| 26. B—B4 [Bc4] | | B—R4 [Bh5] |
| 27. R—Kt3 [Rg3] | | Q—R5 [Qa4] |
| 28. B × Kt [B × b5] | | Q × B [Q × b5] |
| 29. Q × P（6）[Q × d6] | | R—Q1（4）[Rd8] |
| 30. Resigns（7） | | |

注释：
（1）如果 B–Q2 3.7*，则可预见 P × P。
（2）最不恰当的走子。
（3）如果白方王车易位，则 B × Kt，B × B，Q × P。
（4）在白方上一步，无法预见捉双。

（5）逃避现实策略！
（6）火烧眉毛不着急！
（7）根据训练者的建议。

　　局面上图灵的部分与他的国际象棋打字稿大致相同，尽管有许多细微的区别。然而，有一个主要的区别：对弈 1 被另一场对弈（对弈 2）取代。两场对弈以同样的方式开局，但在 20 步后出现差异。[25]

　　这引发了一些引人深思的问题。为什么图灵用对弈 2 取代了对弈 1？鉴于之前的所有走子都是一样的，白方的第 21 步走子怎么会在第二场对弈中不同呢？在第二场对弈中，谁才是真正的人类玩家？这里没有理由认为黑方就是格伦尼，他提到自己只下了一局。遗憾的是，国际象棋作家亚历克斯·贝尔在他的书中重印了第 2 局，并把它贴上了"图灵的机器与阿利克·格伦尼之间的对弈"的标签，从而制造了混乱。[26] 但格伦尼在第 29 步获胜，这符合第 1 场对弈——格伦尼的第 29 步将死对方，但在第 2 场对弈则不然，黑方在第 29 步既没将死，也没将军对方。白方可以继续走棋。

　　针对这个谜题，特拉维夫大学的伊莱·德雷斯纳（Eli Dresner）给出了一个合理的解释：[27]

　　也许图灵通过重新计算对弈 1 的某些方面，然后自己给出黑方的最后九步走子，制作了对弈 2。一些局面——走子价值肯定被重新计算：第 3 行、第 5 行、第 18 行和第 21 行的值不同。因此，图灵在反思白方与格伦尼对弈中的表现时，可能发现他错估了白方的第 21 步，因此他修改了对弈的最后部分。考虑到与格伦尼的整场对弈持续了 2~3 个小时，他的耗时不会超过 1 小时。也许图灵异常高兴地发现，他的程序在第 29 步之后仍能继续战斗！

随着婴儿机在曼彻斯特实验室突飞猛进地成长，图灵很快就拥有了足够的计算能力，可以尝试一个启发式的国际象棋程序。米奇确实记得图灵开始为计算机编写图罗钱普程序。但"他从未完成"，米奇说。[28] 终于在千禧年，图罗钱普 2 号由国际象棋基地设计完成。但是，在我们讲述国际象棋基地的故事，并将目光切换到现在之前，我们将描述曼彻斯特另一个历史性国际象棋程序。它的程序员，一位爱吃巧克力的德国物理学家，击败了图灵，最先实现了计算机国际象棋编程。

## 普林茨国际象棋程序

卡斯帕罗夫在演讲中指出，"图灵的学生，迪特里希·普林茨（Dietrich Prinz）"是第一个真正为国际象棋计算机编程的人。[29] 普林茨（图 31.2）是一位计算机极客（甚至在这个术语发明之前），图灵亲自教这个安静礼貌的德国难

图 31.2　迪特里希·普林茨
经丹妮·普林茨许可复制

民如何为曼彻斯特大学费兰蒂计算机编程。[30] 普林茨继续为费兰蒂编写了一本编程手册，这是一个清晰的模型，与图灵自己早期那本常令人困惑的手册不同。[31] 普林茨还继续从事计算机音乐的工作（见第 23 章），1955 年，他为费兰蒂 1 号编程，演奏莫扎特的《音乐骰子游戏》。[32] 普林茨用计算机的随机数产生器（random number generator）代替了骰子，通过实现莫扎特的掷骰子作曲规则，让计算机创作和演奏民间舞曲。

普林茨彬彬有礼、讲究秩序、条理分明、一贯守时，与不整洁、举止不太得体的图灵相处得怎样并没有记录，但两人肯定有很多共同的思想基础。当普林茨坚持他所描述的"制造婴儿的标准程序"是"制造机器"的一种方式时，图灵会表示同意。[33] 普林茨还提倡自己版本的图灵神经元网络计算方法（见第 29 章）。他认为计算机工程师可以采纳该方法。[34]

动物或人类神经纤维，在正确的位置上连接，以某种方式形成了合适的网络。

普林茨是一位国际象棋迷，他随时准备对弈。他坐在黑板前，一头浓密的深色波浪卷发，加上心不在焉的教授风度，看上去既放松又略带一丝顽皮——这是他聚精会神时惯常的表情。他不停地抽雪茄，惊讶时会用浓重的德国口音说"啊"。"齐斯下得妙"，他可能会祝贺他的对手。他是一个和蔼可亲的人，有着强烈的公平感，他获胜时从不沾沾自喜。普林茨被誉为"第一个让电子计算机下棋的人"。

普林茨1903年出生于柏林，在柏林的蒂尔加滕区长大。他的父亲是一名律师，但对于年轻的普林茨来说，科学是他的一切。他在柏林大学（现在的柏林洪堡大学）学习物理和数学，在那里他师从科学巨匠，如阿尔伯特·爱因斯坦和马克斯·普朗克等教授。随后，柏林广播电视工程公司Telefunken聘请他处理电子设计问题。普林茨喜欢柏林，称柏林为"我的小家乡"，但黑暗的政治乌云压顶而来。希特勒的国会通过疯狂的反犹太纽伦堡法（1935年9月）的三个月后，作为无神论者知识分子、德国犹太人，他从德国逃到了英国。这是极度痛苦的经历。他再也没见到自己的家人，他们死于德国党卫军之手。

普林茨于1月从海岸乘火车抵达伦敦，携带了两个破旧的手提箱和几包杂物。一下火车，浓重的伦敦口音让他感到很不自在。那一刻他一定很孤独。他伤心地写道，"我是德国难民：没有国家"，但至少他有一份工作。逃离柏林之前，在Telefunken工作的普林茨曾向一些来访的英国工程师求助，他们来自电气制造公司GEC。因此，他在温布利的GEC阀门开发实验室谋得一个职位。

他从德国带来了他的专利，小心翼翼地装在手提箱里：这些专利与无线电、电视和一种叫作"磁控管"的奇特真空管有关。[35] 如今，磁控管产生微波能量，用于微波炉中烹饪食物，但在战前的欧洲，磁控管在雷达中发挥了重要作用。1940年，一个为英国海军工作的小组完善了设计，创造了"多腔磁控管"：据说，这项发明对战争进程的影响比其他任何一项发明都要大，因为它是建造强大而精确的小型雷达装置的关键构件，其结构紧凑、重量轻，足以安装在飞机上。[36] 纳粹反犹太主义使德国的科学付出了高昂的代价。

普林茨受到 GEC 的欢迎，并很快喜欢上在英国的新生活。他说，"如果有人在这里工作时犯了错误，人们会尽力安慰他，而不是对他大喊大叫。"不过，好景不长。1940 年，温斯顿·丘吉尔因害怕第五纵队作家，下令拘留敌方外国人。他曾说，"大量拘捕"。[37] 普林茨被逮捕并被带到警察局，和成千上万的同胞一样，他很快被带上了一艘曾经豪华的客轮，前往加拿大的一所监狱。那里有枪和带刺的铁丝网，但很少有德国集中营中可怕的野蛮行径。事实上，囚犯们把一些加拿大的集中营变成了临时大学，由被俘的科学家、工程师和其他知识分子授课。[38] 然而，不久之后，英国当局认识到监禁憎恨纳粹的难民是一种愚蠢行为。1941 年普林茨再次横渡大西洋。这次他的目的地是剑桥，在一家专门生产阴极射线管的子公司 Pye 电子公司工作。图灵因炸弹机与 Pye 也有联系。[39]

1947 年，普林茨获得了英国国籍，在费兰蒂工作。在那里，他成为第一代计算机黑客，并最终成立了费兰蒂的编程部门。[40] 像图灵和斯特雷奇一样，普林茨会在计算机前通宵工作。1948 年秋天，图灵抵达曼彻斯特时，普林茨已经在老特拉福德一条绿树成荫的郊区街道住了几个月（虽然普林茨讨厌足球，但离曼联主场老特拉福德球场只有一箭之遥），他一直在研究建造专门的继电器计算机，用于执行复杂的逻辑推理。[41] 图灵在国家物理实验室的助手唐纳德·戴维斯激发了普林茨对计算机国际象棋的兴趣：普林茨的灵感来自戴维斯在一本科普杂志上读到的重要文章《国际象棋和井字棋理论》。[42] 戴维斯写道，"为分析国际象棋而给一台电子机器编程并不困难"。[43] 于是冒险开始了。

## 蛮力国际象棋

图灵的图罗钱普被设计成打一场完整的比赛，但普林茨缩小了问题。他决定只关注简单的"双将"的情况，因为他在《新政治家》的竞赛页面上看到了类似的谜题，于是着手编写一个程序，搜索催杀的走子。即便如此，他还是做了进一步的简化：没有王车易位，没有兵的夹击，没有兵的升变，没有吃通路兵，也没有将杀与僵局和棋的区别。[44] 有了如此多的简化，就不需要

图 31.3 对弈 3：第一盘计算机国际象棋。计算机通过走子 R-R6[Rh6] 催杀对方[50] 乔纳森·鲍文。由亚历山大·马里亚诺夫斯基用 Jin 生成（http://www.jinchess.com/chessboard/composer/）

图灵的启发式方法了。普林茨编写了一个蛮力程序。这个程序检查了所有可能的走子，直到找到一个有效走子。1951 年 11 月，他在曼彻斯特大学费兰蒂计算机上运行该程序。这是一个重要的时刻，计算机国际象棋开天辟地的时刻。普林茨在他的经典文章《机器人国际象棋》中公布了细节。[45]

普林茨的程序计算了白方的走子，无论黑方如何走，都会导致下一步被将。普林茨用打孔纸带输入了计算机要检查的局面（见对弈 3，图 31.3 和图 27.1）。他回忆说，计算机"花了 15 分钟"才得出获胜的走子。[46]

人们可能会认为，在这样一个简单的国际象棋问题上，这种缓慢迟钝的表现说明在费兰蒂上实现图罗钱普 2 号是不切实际的。但事实并非如此。首先，蛮力法本质上是缓慢的：为了在上面非常简单的示例中达到将死，普林茨的程序尝试了大约 450 步走子。[47] 此外，15 分钟的计算时间中有相当一部分被威廉姆斯管存储器和较慢的磁鼓存储器之间的传输所占用。[48] 如果能更有效地利用高速管存储器，程序的速度就会加快。有了一些精致的编码，图灵可能会使普林茨的程序运行得更快。但他没有什么兴趣——他知道，仅凭蛮力是没有前途的。

普林茨的程序是一个短暂的奇迹。普林茨说："在确定它有效后，就没再用过它。"他解释说：[49]

机器用户数量大幅增加，以至于没有足够的时间来处理无聊的事情。此外，任何比我应对的略复杂些的国际象棋问题都可能耗费几个小时。

然而，普林茨工作的意义与莱特兄弟的第一次短途飞行相似。他已经证明，计算机不仅是高速数字处理器。计算机已经可以下棋了。

## 国际象棋基地的图灵引擎

图灵对图罗钱普2号的描述足够精确，国际象棋基地可以直接将其变成编程代码。这是弗里德尔的项目，但他把编码工作交给了国际象棋基地程序员马蒂亚斯·费斯特。弗里德尔说，费斯特"对图灵崇拜到五体投地"。费斯特兴奋地说："图灵发明了在纸上的静态搜索，这难道不算才华横溢吗？"[51]

不过，费斯特的项目遇到了一个问题。他一开始运行的程序就试图再现对弈2（他和弗里德尔都不知道对弈1的存在，那是格伦尼和图罗钱普之间最初的对弈）。但该程序不能重复图灵记录的走子："这里有很多偏差"，弗里德尔说。搜索程序中的错误一无所获，所以弗里德尔向传奇国际象棋程序员肯·汤普森（Ken Thompson）求助。汤普森创建了最初的Unix操作系统，但他复制图灵游戏的尝试失败了。最后，弗里德尔打电话给米奇寻求帮助。格伦尼说过，图灵"在遵循规则方面犯了一些错误"，理解这一说法的人都不会对米奇回复弗里德尔的话感到惊讶：

他对我说："你在试着调试你的程序。你应该调试图灵！"

图灵甚至把白方的第一步都搞错了。费斯特说，如果你应用规则，纸机走出1.e3，而不是1.e4。[52] 弗里德尔愉快地总结道：

图灵只是粗心大意，我们的机器正在执行他打算执行的走子。

卡斯帕罗夫在舞台上毫不留情地击败了图灵引擎。对弈很快就结束了，你可能一眨眼就错过了。卡斯帕罗夫漫不经心地微笑着，用16步快节奏的走子将死了程序：

对弈 3　卡斯帕罗夫对图灵[53]

| 白方（机器） | 黑方 |
| --- | --- |
| 1. P—K3 [e3] | Kt—KB3 [Nf6] |
| 2. Kt—QB3 [Nc3] | P—Q4 [d5] |
| 3. Kt—R3 [Nh3] | P—K4 [e5] |
| 4. Q—B3 [Qf3] | Kt—B3 [Nc6] |
| 5. B—Q3 [Bd3] | P—K5 [e4] |
| 6. B × P [B × e4] | P × B [d × e4] |
| 7. Kt × P [N × e4] | B—K2 [Be7] |
| 8. Kt—Kt3 [Ng3] | O—O [0-0] |
| 9. O—O [0-0] | B—KKt5 [Bg4] |
| 10. Q—B4 [Qf4] | B—Q3 [Bd6] |
| 11. Q—B4 [Qc4] | B × Kt/R [B × h3] |
| 12. P × B [g × h3] | Q—Q2 [Qd7] |
| 13. P—KR4 [h4] | Q—R6 [Qh3] |
| 14. P—Kt3 [b3] | Kt—KKt5 [Ng4] |
| 15. R—K1 [Re1] | Q × P/7 ch. [Q × h2+] |
| 16. K—B1 [Kf1] | Q × BP mate [Q × f2#] |

## 图灵-香农附加赛

大西洋彼岸的克劳德·香农（Claude Shannon），一位杰出的数学家和工程师，在战后的岁月里也对计算国际象棋产生了兴趣。和图灵一样，香农是信息时代的先驱，而且很俏皮。据说，他会沿着贝尔实验室的走廊骑独轮车，有时还同时玩着杂耍。[54]1943 年初，图灵在香农的办公地曼哈顿贝尔实验室大楼工作了两个月（见第 18 章）。也许他告诉了香农他以前与古德、米奇讨论过的计算国际象棋的想法，不过没有留下图灵与香农谈话的记录，所以我们永远也无法确认此事。

1948年10月，在图罗钱普1号与钱珀瑙恩的妻子对弈几个月后，香农写了一篇关于计算机国际象棋的论文。[55] 第二年，在纽约的一次无线电工程师大会上，香农基于这篇论文发表了一次演讲。论文于1950年发表，标题很简单，就是《设计计算机国际象棋程序》。[56] 它奇怪地出现在一本专门研究硬科学的杂志上，一边是一篇关于沿着地下电缆的电磁干扰传播的论文，另一边是讨论超导体相变动力学的论文。香农本人采纳了关于思维概念的硬科学路线：[57] 在指出"国际象棋通常被认为需要'思考'才能熟练发挥"之后，他强调了一点，即国际象棋程序有能力击败高超的人类棋手，这一事实"将迫使我们要么承认机械化思维的可能性，要么进一步限制我们的思维概念。"

过去人们认为，香农的论文和演讲是最早的计算国际象棋成果，但多亏了米奇和古德，我们现在知道图灵在1941年至1942年更早地开创了这一领域的先河。古德说：[58]

> 基本上，是我们提出了香农的概念——我认为这显而易见。

香农1950年的文章包含了足够的细节，让费斯特编写相应的程序——"香农引擎"。一个有趣的转折是，费斯特的香农引擎和图灵引擎在耶纳大学的英戈·阿尔托夫组织的十场比赛中狭路相逢。[59]

这场神仙打架体面地以平局告终。事实上，图灵和香农各赢了一场对弈，剩下的八场对弈都打平了，如果同一局面重复三次，则宣布平局，不过阿尔托夫指出：

> 在大多数平局中，图灵引擎占了上风。

对弈扣人心弦。香农在中盘失误后，图灵在第63步赢得第5场比赛，第一个激动人心的时刻出现了，"图灵掌握了当前局面，在评估中从未失去6分的领先优势（甚至更好）"，阿尔托夫说。终局是"在四个位置对白方光杆的王将军"。然后，是一个平局接着一个平局。图灵似乎即将终结比赛了，这时香农在最后一场比赛的中盘突然振作起来。在第18步，图灵成为所谓的"水平线效应"（horizon effect）的受害者，如果程序看到后果，所选走子就会被程序否定，然而这超出了它的预见范围。阿尔托夫评论道，"香农牢牢抓住了机会，完全没有给白方留任何余地"。香农在第39步获胜。

阿尔托夫总结说，"总的说来，对弈水平很低。"尽管如此，这两个历史性的程序都优于国际象棋冠军MK1（CC-MK1），它是由诺瓦格工业从1978年开始销售的早期专用国际象棋计算机。在国际象棋冠军与图灵和香农对决之后，阿尔托夫宣布：

CC-MK1弱于香农引擎和图灵引擎。

关于将图灵和香农的算法与现代国际象棋软件进行比较的问题，费斯特提出了一个重要的观点：[60]

这些纸机显然缺少一些东西，例如对重复的处理。图灵和香农没有机会用计算机测试他们的概念。我相信，这种缺点会立即被另一条规则纠正：如果你领先，就避免重复。因此，将图灵和香农程序与现代引擎进行比较有点不公平。如果没有重复检测，所有引擎都可能出现相同的问题。

费斯特补充道，对他来说很容易实现这种"领先时避免重复"的规则，这样一来，历史性引擎就不会那么容易陷入平局。"但是，除了技术上的必要之外，我当然不想改变原始算法。"他说。

有趣的是，鉴于重复的走子常造成图灵引擎的失利，如果实施费斯特的附加规则，图灵似乎有可能轻而易举地击败香农。

## 结　语

图灵对计算国际象棋的思考是他关于智能机械化理论的重要组成部分。

他的第一项研究是在香农 1949 年著名的演讲和 1950 年关于计算国际象棋的文章之前进行的：图灵与米奇和古德在布莱切利园的开创性探索，形成了计算国际象棋中已知最早的工作。

卡斯帕罗夫在发表演讲后的第二天，揭开了纪念图灵的英国遗产蓝色牌匾（图 31.4）。他说：[61、]

纵观历史，我们可以说，有几个人，如果他们没来到这个世界，世界将会大不相同。

图 31.4　卡斯帕罗夫在图灵计算机器实验室揭幕的英国遗产蓝色牌匾
由彼得休斯拍摄，并发布到 https://www.lickr.com/photos/47523307@N08/7510151756/。知识共享许可

# 第 32 章
# 图灵与超自然

戴维·莱维特

艾伦·图灵在《计算机器与智能》中预测并驳斥了反对模仿游戏有效性的九个论点。在这些反驳论点中，最奇特的可能是最后一个——"来自超感官知觉的论点"。这一论点与图灵论文的其余部分不同。大多数讨论图灵的作者（包括我自己）都倾向于忽略或掩盖这一点，有些论文更是只字不提。[1] 然而，图灵开创性论文发表前几年的心理学进展研究，为该论点的纳入提供了一些背景，也为图灵的思想提供了一些令人震惊的见解。

## "压倒性证据"

即使在今天，第 9 项论证开头的那句话对很多人来说也非同寻常。图灵写道：[2]

我假设读者熟悉超感官知觉及其四个子概念的含义，即心灵感应、透视、预知和心灵致动。这些令人惊异的现象似乎是对所有常规科学思想的否定。我们多么想诋毁它们！遗憾的是，统计证据表明，至少心灵感应具有压倒性证据。

图灵指的是什么"统计证据"？很可能是 S. G. 索尔（1899—1975 年）在 20 世纪 40 年代初进行的一些实验结果。他是伦敦大学玛丽女王学院的数学讲师，也是伦敦心灵研究协会（Society for Psychical Research，SPR）的成员。

让我们先了解一下相关背景。伦敦心灵研究协会由亨利·西奇威克（Henry Sidgwick）、埃德蒙·古尼（Edmund Gurney）和 F. W. H. 迈尔斯（F. W. H. Myers）于 1882 年创立，他们都是剑桥三一学院的毕业生。SPR 的明确目的是"本着科学的精神调查由催眠术、特异功能和通灵术等引发的大量有争议的现象。科学研究曾以客观准确的探索精神解决过诸多问题，这些问题也曾同样晦涩难懂，也曾同样引发过激烈的争论"。[3] 尽管 SPR 的成员包括许多学者和科学家，其中最著名的是威廉·詹姆斯（William James）、威廉·克鲁克斯爵士（Sir William Crookes）和诺贝尔物理学奖得主瑞利勋爵（Lord Rayleigh）——但该机构并不具备学术背景。事实上，在它的批评者看来，这种"心灵专家"与女巫和读心术者一样，都是边缘人物，其观点需要证实（或证伪）。

促使 SPR 成员组织起来的是对超自然现象的浓厚兴趣。从一开始，该机构就努力调和它与宣传的客观性之间的平衡，但并不总能如愿。为此，它倾向于谨慎行事。1883 年 9 月，SPR 的"心灵感应委员会"进行了一项"味觉感应"实验。考官品尝了多种物质，然后请两名受试者（被称为 R 和 E 的年轻女性）通过心灵感应识别这些物质。当考官尝到醋时，E 回答道："一种刺鼻难闻的味道。"波特酒的味道感应被描述为介于"古龙水和啤酒之间"。对伍斯特酱的味道感应是伍斯特酱，对芥末的味道感应是芥末。[4] 实验没有做出任何断言，只是呈现一组结果。这些实验的详细记录发表在 SPR 的会刊上，会刊还毫不留情地揭露各种骗术（最著名的是揭露了神智学创始人海伦娜·布拉瓦茨基夫人的"神迹"）和统计汇编，如亨利·西奇威克的妻子诺拉进行的"幻觉普查"（诺拉是数学家，后来成为剑桥纽纳姆学院的院长）。"幻觉普查"是一项国际性调查，被 SPR 称为"危机幻影"：即在回顾时认识到，爱人死亡的梦境或幻想是一种预兆。[5]

## 圆形、矩形、星形、十字和波纹

1930 年，J. B. 莱茵（1895—1980）在美国杜克大学创建了超心理学（parapsychology，也译作"通灵学""心灵学""灵魂学"）研究所。从此，超心理学进入学术领域。莱茵年轻时就痴迷于唯心主义现象。20 世纪 20 年代初，这种痴迷将他带入了威廉·麦克杜格尔（William MacDougall）的世界。麦克杜格尔是剑桥出身的 SPR 成员，威廉·詹姆斯曾跨过大西洋将他引进到哈佛大学。莱茵对超自然现象的早期调查并不十分成功。一开始，著名的通灵师马乔里让他的希望幻灭，接着他又被一匹叫作"奇迹夫人"的马给骗了。他发表文章声称这匹马有心灵感应能力：事实上，这匹马是根据主人的暗示做出反应。[6] 麦克杜格尔于 1927 年搬到杜克大学，莱茵跟他一起去了。正是在杜克大学，他进行了超感官知觉（ESP）的首次实验——超感官知觉是他创造的术语。

"实验心理学"（experimental psychology）在这个阶段的地位，正如哲学家 C. D. 布罗德 1941 年所描述的：[7]

就像一个熬过苦日子的女人，经过艰难打拼终于安顿下来，过上了体面的生活，踏入了医生、律师、牧师甚至乡绅妻子的社交圈……她精心呵护自己来之不易的声望，以免受到丑闻的影响。享有几百年荣耀的物理学，可以像贵族子弟一样冒身败名裂的风险；但心理学这个小可怜知道自己玩不起。

在布罗德看来，成为乡绅座上客的方法是通过"精确的统计处理"。莱茵在其通灵学文章中也提到了这一点，即通灵学不同于"使用严格的实验方法进行的超自然研究"。[8]

莱茵通过掷骰子和心灵感应测试了心灵遥控，通过"齐纳卡片"来测试透视。齐纳卡片因其发明者卡尔·齐纳博士而得名，他是莱茵在杜克大学的同事。每张齐纳卡片上都标有一个符号：圆形、矩形、星形、十字或波纹。

每包25张卡片，5张一组，每组都包含了上述5个符号。为了测试透视，莱茵会要求受试者洗牌、切牌，然后在不看的情况下指出最上层卡片的符号。为了测试心灵感应，他会想到一个特殊的符号，然后要求受试者读出他的想法。他在首部著作《超感官知觉》一书中胜券在握地报告，在这些实验中，他获得的结果远远好于仅凭随机性所得到的结果。[9]

## 索尔的创新

莱茵的文章发表后，立即引起了来自通灵研究界内外的猛烈批评。反对者质疑所有内容，从他的统计方法，到试验房间的布置，到齐纳卡片的厚度和切牌。实验未使用控制组，这是错误的。同样有问题的是洗牌的彻底性和心灵遥控测试中所用骰子的可靠性。有人指出了其受试者几十种可能的作弊方法。莱茵则坚称，他的首要任务是让受试者对测试感兴趣，并有信心做好测试：

我与我的受试者关系融洽，亲如兄弟。我们做了催眠演示，花了很长时间讨论，完全消除了学生在实验室里，以及在老师面前常有的局促感。

除了催眠，他还测试了一些受到阿米妥钠和咖啡因影响的受试者。[10]

麻烦的是，美国其他研究人员无法再现莱茵的结果。S. G. 索尔也不能。1934年，他使用了莱茵未使用的一些保障措施，试图重复莱茵的实验。其中，最值得注意的是他换掉了25张一包的齐纳卡片，取而代之的是5个符号分布不均匀的卡片。"通过使用数学表"，索尔编制了一个1 000个卡片符号的随机序列，并将其分成40包，每包25张卡片。除此之外，这一创新能让他纠正了一种可能性，那就是猜测者可能确信任意符号的调用次数都不会超过5次。遗憾的是，在透视测试和心灵感应测试中，他获得的结果令人失望，只有一名受试者——格洛丽亚·斯图尔特夫人，得分高到足以引起"任何可能的关注"。[11]

此时，如果不是 SPR 的同事 W. 沃特利·卡林顿，索尔很可能就放弃了。卡林顿执意要求索尔重新检查自己的数据，并将"每个猜测与前一张和后一张卡片相比较，而不是与最初打算使用的卡片相比较，然后把命中数加起来"。格洛丽亚·斯图尔特是"唯一对心灵感应抱有希望的"受试者，因此索尔重新评估了她的结果，计算了她的"后知"和"预知"命中数。那是在 1939 年。他后来写道，他的结果如此"显著"，以至于促使他进行了第二轮实验。[12]

## 大象、长颈鹿、狮子、鹈鹕和斑马

1940—1941 年，索尔在伦敦遭受大规模空袭期间进行了新的试验。他的受试者叫巴兹尔·沙克尔顿，他是一位摄影师，在自称具有心灵感应能力的前几年曾接触过索尔。虽然在最初几次试验中，沙克尔顿与斯图尔特夫人的得分不相上下，但将索尔所说的"位移效应"考虑进去时，他的得分大幅提升。[13] 在这一轮实验中，索尔抛弃了齐纳卡片。"在使用了五年之后"，他"非常厌倦这些略显枯燥的简图"。他的新卡片上画的是动物：大象、长颈鹿、狮子、鹈鹕和斑马。由于战时纸张短缺，无法印刷一千张卡片，索尔设计出一种只需要五张卡片的测试方法。[14]

新测试在沙克尔顿的摄影工作室里进行，一扇连接两个房间的门是敞开的。有四名参与者：沙克尔顿，称作"感知者"（P）、一名"代理人"（A）和两名实验者（EA 和 EP）。在其中一个房间里，代理人 A 坐在 EA 的桌对面。在另一个房间里，感知者 P 坐在 EP 的桌对面。为防止参与者之间发生任何非心灵感应的交流，测试采取了精心的预防措施：例如，用一张胶合板遮挡在 EA 和 A 之间，板子上有一个直径为 3 英寸的小孔。五张卡片反扣在一个盒子里，放在 A 前面，盒子的开口朝向她，这样只有她才能看到这些卡片。[15] 外部观察员监控着测试。测试过程如下。

EA（几乎每次都是索尔）坐在桌子一侧，从他的公文包中取出一张列表，上面写着数字 1、2、3、4、5 的 25 个随机序列。（在大多数试验中，这份列表是"从钱伯斯表中每隔 100 个数字选择的七位数对数的最后一位数字"编制的；在少数情况下，使用蒂佩特表，或者从布袋中抽取不同颜色的骨制筹码。[16]）然后，EA 会喊出"1"，查看列表中的第一个数字，并将对应的卡片举到孔口，以便代理人 A 查看。如果卡片数字是 4，A 会隐蔽地掀开从左边数第四张卡片，看看上面画的是哪种动物，然后倒扣卡片。此时，感知者 P 会写下心灵感应到的动物：E 代表大象，G 代表长颈鹿，L 代表狮子，P 代表鹈鹕，Z 代表斑马。此轮结束时，EA 和 EP 会检查卡片的顺序，并将 P 写下来的字母与 EA 喊出的数字相关联，记下所有"直接命中"，"预知命中"和"后知命中"。[17] 从统计学角度看，结果令人印象深刻，沙克尔顿的得分在预知命中和后知命中两项都远远高于随机命中。

## 20 世纪 40 年代的超心理学

图灵是如何接触到超心理学研究的？索尔的发现发表在《心灵研究协会会刊》上，图灵似乎不太可能是该会刊的读者。[18] 1947 年，索尔在 SPR 的迈尔斯纪念演讲中发表演讲，介绍了格洛丽亚·斯图尔特测试的显著结果（后面会提到），图灵也不可能出现在听众席上。最有可能的情况是，1947 年至 1948 年间图灵在剑桥工作时，通过 C. D. 布罗德了解到索尔的研究。布罗德是三一学院的院士，SPR 的活跃分子，贝特朗·罗素和 G. H. 哈代的朋友。和图灵一样，他也是坦坦荡荡的同性恋者。1945 年，他在《哲学》杂志上发表文章，大力支持索尔的工作，称索尔的实验提供了"统计学上压倒性的证据，不仅证明了心灵感应的存在，也证明了预知的存在"。[19] 因此，图灵在《计算机器与智能》中使用了"压倒性"一词来描述超感官知觉（心灵感应）的证据特征。

1949 年，也就是图灵从剑桥搬到曼彻斯特的那一年，人们特别关注超感官知觉。仅在 9 月，"心灵感应"在伦敦《泰晤士报》上就出现过 16 次：1932 年到 1949 年之前，《泰晤士报》从未提到过这个词。

两起事件激起了这种突如其来的兴趣。第一起是纽卡斯尔受人尊敬的动物学家阿利斯特·哈代（Alister Hardy）的一次演讲，他宣称：[20]

我相信心灵感应已经被证实，果真如此的话，那么这个革命性发现应该让我们敞开心扉，拥抱这样一种可能性，即相比迄今为止的科学预测，生物及其进化中隐藏着更多的奥秘。

第二个事件是BBC"轻松一刻"上播出的八个系列节目，主角是皮丁顿夫妇，这对澳大利亚夫妇声称他们能通过心灵感应相互交流。在BBC的一间演播室里，悉尼·皮丁顿从每个分类的15个选项中，将一位明星的名字、一首歌名及一个图形（向莱茵致敬）传递给身处另一间演播室、蒙着眼睛的妻子；莱斯利·皮丁顿猜对了，明星是约翰·米尔斯，那首歌是《当我们归来》，图形是正方形。节目在媒体中掀起了狂潮，关于皮丁顿夫妇的文章不仅出现在小报上，而且出现在像《新政治家》这种高端杂志上。皮丁顿夫妇给卡通、笑话甚至流行语的创造带来灵感，比如有句口头禅——"来个皮丁顿"。[21]

SPR当然知道哈代的演讲和皮丁顿的广播节目，并且对它们发表了鲜明的意见。9月14日至15日，《泰晤士报》在"心灵感应"的标题下连续刊登了数封信件。第一封是S. G. 索尔写的支持哈代的信。第二封则是对英国广播公司赞助皮丁顿夫妇的批评，这封信以SPR的名义发出，签署人之一是布罗德。信中写道：[22]

70多年来，心灵感应能力一直是科学研究的主题，最近又在实验室条件下进行了实验……如果公众将这种严肃的研究与B.B.C.播放的表演节目混为一谈，那将是非常令人遗憾的事。

尽管《泰晤士报》没有明确指出哈代的演讲与皮丁顿夫妇的"表演"之间的联系，但9月24日《自然》杂志的一篇未署名文章却道出了这一点：

哈代教授近期在心灵感应方面的工作，重新唤起了公众对这一主题的兴趣。遗憾的是，这引发了一波公众的轻信浪潮，在某种程度上扰乱了通灵学研究，因为它已经对在自己领域从事教育的人，甚至其科学地位产生了影响。

SPR 认为，皮丁顿夫妇的错误是拒绝参加 SPR 总部对其能力进行的实验室测试。[23]

艾伦·图灵开始撰写《计算机器与智能》时，英国的超心理学研究就处于这种背景下。不仅新闻中出现超感官知觉，而且有声望的科学家也断言，超感官知觉被证明为自然事实只是时间问题。这些科学家的态度与图灵对机器智能的态度并无二致。与图灵一样，他们都认为自己是时代先锋，其观点会遭到强烈的反对，有必要提前化解这种阻力。

## 图灵与唯灵论

图灵对第 9 个论点的回复，就像《计算机器与智能》一样，语气诙谐幽默。有人质疑机器智能，说"机器思维会产生可怕的后果，让我们期望并相信机器无法思维"。对此，图灵在其论文中以俏皮的口吻说，那是一种"逃避现实策略"。质疑"不够充分，无需反驳。倒是适合给予安抚；或许安抚应通过灵魂转世来进行"。[24] 现在，在回应超感官知觉的"压倒性"证据时，图灵假设会出现类似"逃避现实策略"的质疑，他对此予以反驳：[25]

可以这么说，尽管许多科学理论与超感官知觉相抵触，但在实践中它们似乎依然可行；事实上，如果忘掉冲突，就可以彼此调和。这是非常冷静的安慰。人们忧心忡忡，担心思维恰是那种与超感官知觉特别相关的现象。

当然，对图灵来说，思维（尤其是机器思维）是一个至关重要的问题。超感官知觉的两难之处在于，它怎样：[26]

重整人们的想法而适配这些新事实。一旦人们接受了它们，似乎就很容易相信妖魔鬼怪。认为我们的身体只是遵循已知物理定律（以及其他一些尚未发现但相似的定律）运动的想法，将是向前迈出的第一步。

事实上，图灵早在 20 年前就已经解决了这个问题。1932 年春，他在拜访钟楼时写了一篇短文《精神的本质》（钟楼是他心爱的朋友克里斯托弗·默卡的家，默卡于 1930 年去世）。图灵写道：[27]

我们有一种意志，或许能够决定一小部分或整个大脑中的原子活动。身体的其他部分起着增强作用。现在必须回答的问题是，宇宙其他原子的活动是如何受控的。也许根据同样的法则，只不过是受到精神的远程效应，但由于它们没有增强装置，似乎是受控于纯粹的或然性。物理学明显的非宿命性几乎是各种或然性的组合。

"几乎是各种或然性的组合"：由于意志"可能"在大脑功能中发挥作用，所以"精神的远程效应"可能对构成宇宙其余部分的原子产生一些影响，尽管这些原子似乎受控于纯粹的或然性。"正如麦克塔加特（McTaggart）所证明的"，图灵继续写道，"没有精神，物质毫无意义"。

作为宇宙动力的"精神"概念在 1932 年的剑桥风靡一时。布罗德的导师，已故的 J. M. E. 麦克塔加特的灵魂通过哲学家 G. E. 摩尔（Moore）发挥了巨大的影响。二十年过去了，图灵以嘲讽的口吻提到"灵魂转世"，将其作为对无法容忍机器智能必然性的那些人的"安慰"。对此，他的想法是严肃的：

我个人认为，精神与物质永远相互关联，但精神肯定并不总在同一种身体里。我确信，人死后精神有可能进入一个与我们完全分离的宇宙，但现在我认为，物质和精神如此密切关联，这将是个自相矛盾的说法……关于身心之间的实际联系，我认为有生命的身体可以"吸引"并延续某种"精神"，同时身体是活着的、清醒的，两者紧密相连。当身体死亡时，拥有精神的身体"机制"就消失了，而精神迟早会（也许是立即）找到一个新的身体。

这番话适合出现在《心灵研究协会杂志》上。图灵在克里斯托弗·默卡去世之际，对自己"危机幻影"的描述也会引起 SPR 的兴趣。一天凌晨两点四十五分，图灵被修道院的钟声唤醒，起身来到宿舍的窗前。他仰望夜空中

的明月，认为月亮在向他传递讯息："与默卡告别"。[28] 一个多星期后，默卡去世。图灵写信给自己的母亲：[29]

我确信，我会在某个地方与默卡重逢，在那里我们会一起共事，就像我相信在这里我们也有一些工作要做一样。既然现在我不得不独自前行，我绝不能让他失望。就算我对科学的兴趣因他的去世而减弱，我也要像他仍然活着一样，竭尽所能做出一番成就。如果我成功了，我将比现在更有资格享受他的陪伴。

## 图灵与超心理学

超心理学术语在 1949 年的氛围中如此盛行。图灵用一个例子说明超感官知觉如何影响其机器智能测试的结果，从中我们可以看出他精通超心理学语言：[30]

我们来玩一个模仿游戏，见证者是一位敏锐的心灵感应接收人和一台数字计算机。询问者可以问这样的问题："我右手中的牌属于什么花色？"有心灵感应或透视能力的人在 400 次回答中给出 130 次正确答案。机器只能随机猜测，可能只猜对了 104 次。如此一来，询问者就能做出正确的识别。

图灵所描述的场景几乎与心灵感应的"科学"测试相同，只是在他的方案中，"代理人"是计算机。通过心灵感应或透视，"感知者"能够做出比概率计算更多的正确识别。而计算机却别无选择，只能充当非心灵感应的猜测者。如果给它内置一个"随机数产生器"，它就更适合这个角色。（在图灵的坚持下，他所使用的费兰蒂 1 号于 1949 年配备了这个部件。[31]）正如图灵所观察到的：[32]

这里存在一个有趣的可能性。假设数字计算机配备了随机数产生器，那它自然会用这个装置来决定给出哪个答案。但是，随机数产生器将受制于询问者的心灵致动力。也许这种心灵致动会使机器猜测的准确率高于概率计算的预期，因此询问者可能无法做出正确的识别。另一方面，询问者可以通过透视，无须询问而做出正确的猜测。拥有超感官知觉一切皆有可能。

在我看来，这是《计算机器与智能》中最令人费解的一段。因为图灵在此将操纵模仿游戏的能力归于询问者，而非感知者。询问者要么利用他的心灵遥控能力来消除随机数产生器所作猜测的随机性，要么通过暗自使用心灵感应或透视确定两个玩家中哪一个是人。更奇怪的是，在第一个场景中，询问者似乎在无意识中运用其心灵遥控能力，否则，为什么会出现他仍"可能无法做出正确识别"的结果？ 而在第二个场景中，他完全是在作弊。我假设，询问者完全意识到自己正在通过透视进行识别。如果假设不成立——他通过透视来识别，但认为自己正在进行有根据的推断——也同样属于作弊。但询问者为什么要作弊呢？是为了剥夺计算机取胜的机会吗？在这种情况下，询问者是否受到机器智能的威胁，为了阻止它而宁愿破坏游戏规则？

## 欺骗人类与欺骗机器

图灵对第 9 个反驳的思考带给我们的启示之一是，他允许在模仿游戏中采取作弊、欺骗和撒谎策略。在这方面，他再次效仿了"通灵师"（psychists）的例子。对通灵师来说，欺骗更多的是职业病，而非不可饶恕的过错。SPR 成员很早就发现，大多数灵媒（mediums）——甚至是可靠的灵媒——偶尔会因愤怒、懒惰或疲惫而作弊。一个很好的例子是著名的意大利灵媒尤塞皮亚·帕拉迪诺，威廉·詹姆斯及一些人对其精神力量深信不疑。1909，詹姆斯写道：[33]

> 大家都知道她一直在作弊。剑桥的专家……因此彻底抵制她。

这合理吗？詹姆斯认为不合理：

英国心灵研究人员与灵媒打交道时遵循的原则是，一朝欺骗，永远是骗子。我倾向于认为，作为一项政策，这是明智的。从战术上讲，质疑比盲信要好得多……但是，无论S.P.R.的原则作为一项政策有多明智，作为对真理的检验，我相信它几乎是无关紧要的。在大多数情况下，对某人蓄意欺诈和谎言的指控是极其肤浅的。人类的性格非常复杂，不能用非黑即白的"诚实或不诚实"来概括。科学工作者自己在公开演讲中也会欺骗，而不是让实验揭示他们心知肚明的失败。

我觉得这是一段很吸引人的谬论。哈佛大学备受尊敬的詹姆斯教授，写这篇文章表面上是为了支持通灵学研究的合法性，最终却表现出对欺骗行为的宽容态度（如果不是彻底纵容欺骗行为的话），程度比其所属机构更甚。他甚至承认自己曾"无耻地欺骗"——所有这一切都是为了恢复被多数人认为是江湖骗子的意大利灵媒的声誉。抑或是詹姆斯另有目的？

我认为，詹姆斯即将寿终正寝，已决定不再否认人类肮脏的秘密，即欺骗的冲动与生俱来，因此任何思维机器都应该能模仿这种冲动：这与图灵的说法几乎（但不完全）一致。诚然，图灵的思维机器将被编程去实行欺骗，但不会像尤塞皮亚·帕拉迪诺那样无端作弊。相反，机器会有策略地欺骗。被要求解算术题时，机器会"故意以一种迷惑询问者的方式给出错误答案"。[34] 当被问及是否"只是假装人类"时，允许机器"使用各种伎俩，以便看起来更像人。比如，在给出答案之前停顿片刻，或故意犯拼写错误……"[35] 这里的关键词是"允许"，因为模仿游戏中的欺骗不是为了被揭露——也就是说，机器的欺骗倾向本身不会让询问者相信它是人类，而是彰显了人类容易犯错的特点。当然，除非询问者或人类玩家具有心灵感应：如此一来，机器就会被揭穿，因为心灵感应者可以看到内部电路——如果看到的不是机器的电路，也能看到机器的人类对手的脑回路。如果心灵感应者承认他们的天赋，就会被取消参赛资格。但是，如果他们不承认呢？图灵想出的唯一解决方案是，"把所有参试者都关进'心灵感应屏蔽室'，将满足所有的要求"。[36] 然而，这是一个不切实际的方案。

## 公平对待机器

我认为,图灵担心思维机器可能遭受偏见和迫害,正是这种焦虑促使他产生了对心灵感应的种种猜测。早在1947年,他就不断呼吁"公平对待机器",他担心思维机器会遭到"强烈的抵触"——尤其会"遭到担心被解雇的知识分子的抵触":[37]

在这一点上,知识分子很可能是错的。要想理解机器的想法,换言之,要想使人的智能达到机器设定的标准,我们还需要做很多工作。因为机器思维的方法一旦建立起来,很快就会超越人类微不足道的能力。

未来,机器所拥有的优势包括永生("机器不会死亡")以及"通过彼此交流提高机智"的能力:人类可能无法听懂它们的谈话,就像无法洞察随机数产生器工作时发出的嗡嗡声。一方面,这种情景似乎令图灵欣喜,他忍不住说"因此,我们应该期待机器在某个阶段能够掌控世界,就像塞缪尔·巴特勒(Samuel Butler)的小说《乌有之乡》中描述的那样。"另一方面,他对机器命运的恐惧表现为痛苦的个人恐惧:[38]

许多人强烈反对"思维机器"的想法,但我不相信这种反对出于我曾给出的理由,或出于任何其他理性的原因,而仅仅因为他们不喜欢这个想法。人们发现机器有很多令人不快的特征。如果机器能思考,它的思考可能比我们更明智,那么我们应该何去何从?即使我们可以让机器处于从属地位,比如在关键时刻关闭电源,作为一个物种,我们仍会自惭形秽。

图灵设想机器的未来时,像是在展示自己的预知能力。他所担心的机器的命运——被人故意扼杀自由——在短短几年内,竟成为自己的命运。

## 随机性与自由意志

论证九之谜的答案可能在于随机产生器本身。正如图灵所解释的，它的主要功能并非识别齐纳卡片符号，而是给人一种机器有"自由意志"的印象。正如他在《智能机器：一个异端理论》中所说的那样：[39]

每台机器应配备一个纸带，纸带上带有随机数字序列，例如数量相等的0和1，并且应在机器进行选择时使用这些数字。这会使机器的行为无论如何都不能完全由其经验决定，并且在试验时会有一些有价值的用途。

随机性为计算机提供了一种方法，让其表现出类似人脑运作的表象。在模仿游戏中，表象就是一切。或者说，人类的自由意志也是一种幻觉——图灵在1951年BBC电台的一次演讲中提到了这一想法：[40]

我们感受到的自由意志可能是一种幻觉。换句话说，我们或许真的拥有自由意志，但从我们的行为中却看不出这一点。在后一种情况下，无论机器对人类行为的模仿有多惟妙惟肖，它都被视为一场纯粹的骗局。我不知道我们如何才能在这些备选方案之间做出决定，但无论哪一个是正确的，可以肯定的是，模仿大脑的机器必须表现得像是拥有自由意志一样。人们可能会问，这是如何实现的。一种可能是让它的行为依赖于轮盘赌或镭的帮助。

1932年，图灵写下一段话："意志，或许能够决定一小部分或整个大脑中的原子活动。"但他也写道，他相信"精神与物质确实永远相连"。他的结论是："身体为精神提供了需要照顾和使用的东西。"[41] 那么，思维机器的情况是怎样的？似乎对机器来说，或然性以随机数产生器的形式接管了精神的角色。随机数（不断掷出假想的骰子）给人一种出乎意料的自由意志的印象。然而，在图灵看来，这是否意味着或然性和精神是同义词？或者，在这种情况下，是否存在一种"增强装置"，程序员（如果不是其他人）可以通过这种装置感知到"精神的远程效应"，而这种效应与肉眼所见的偶然性相似？图灵本人很清楚，机会可以被轻易伪造，也可以被操纵。正如他在1951年的BBC演讲中所指出的，"不难设计出在任何不了解机器构造细节的人眼中行为随机性很强的机器。"

结果证明，S. G. 索尔也在作弊。1973年，也就是他去世前两年，《自然》杂志上的一篇文章披露，他在1940—1941年所做的巴兹尔·沙克尔顿实验中，系统地将分数表上的1改为4和5，从而使统计平衡向有利于感知者的方向倾斜。此番操作中，他可能得到其助手的协助，特别是后来与他结婚的"丽塔·艾略特"的协助。这是索尔自己的模仿游戏。[42]

第六部分

# 生物生长

** THE TURING GUIDE

# 第 33 章
# 人工生命的先驱

玛格丽特·博登

1952 年，艾伦·图灵发表了论文《形态发生的化学基础》。[1] 他开创了使用反应-扩散方程（reaction-diffusion equation）来解释身体形态起源的先河。这篇激动人心的论文展示了各种熟悉的生物结构是如何通过化学"成形素"（morphogens）形成的，而这些化学"成形素"的实际特性尚不清楚。大约 40 年后，计算机图形学、人工生命和结构主义发展生物学的研究开始受到图灵工作成果的启发：后续研究需要等待计算机能力、计算机图形学和实验生物化学取得长足进展之后才能进行。图灵去世后，人们在其遗物中发现了未发表的数学笔记，这些内容至今仍未被完全理解：笔记中很可能包含对生物类型的深层见解。[2]

## 引　言

1794 年，浪漫主义诗人威廉·布莱克（William Blake）提出了一个深奥的问题：[3]

猛虎！猛虎！灼灼烁光，

> 似黑夜林间火焰的莹煌，
> 是怎样不朽的手或眼，
> 塑造你可畏而对称的曲线？
> ……是创造羔羊的神创造了你？

答案是个谜。但很显然，布莱克认为一定有某种超自然的力量——也许是基督教中的上帝。他的大多数同代人都赞同他的观点。

即使在150年后的20世纪中叶，这个答案仍被广泛接受。但此时胚胎学的研究已经取得了很大进展，它向人们揭示，未分化的卵细胞奇迹般地发育成形态日益复杂的胚胎。原则上，这可以为布莱克的问题提供一个科学答案。此外，胚胎学家认为答案可能是一种叫作"组织者"的化学物质，当卵子逐渐发育成不同器官时，这种化学物质会导致细胞质的连续变化。

但目前的答案也就这么多了。那些所谓的组织者究竟是什么不得而知；它们不仅能引起化学变化，还能产生新的模式和形态，如老虎的条纹、强健的肌肉和威猛的虎头，这一切是如何做到的，仍然是个谜。

当时，流行的"自组织"的说法并非具体答案，更多的是为禁止提及布莱克所说的不朽的手或眼：事实上，这是一个高度抽象的概念。它被理解为秩序的自发出现（与维持），该秩序来自一个有序程度较低的起源——"自发"并不意味着神奇或超自然，而是说，它在某种程度上由系统本身的内在性质所引发。但是，"秩序"和"起源"（更别说"出现"和"维持"）这些说辞并没有得到具体的解释。简言之，组织者的概念是一个乐观的标记，有待未来科学的解释。这是一个引发好奇的概念，我们不知道它是什么，也不知道它如何运作。

艾伦·图灵不幸去世的两年前，也就是1952年，他发表的论文播下了答案的种子。他也不能解释化学物质：他没有提及未知的"组织者"，而是提到了同样未知的"成形素"（来自希腊语的"形态创造者"），因此，他并没有解开"是什么"的谜团。然而，他确实（至少大体上）解决了更大的如何发生的谜团——之所以说是"更大"的谜团，因为即使胚胎学家确认了这种或那种化学物质，那又怎样？化学物质是怎样让发育中的胚胎产生如此惊人的形态变化?

我们即将了解到,近 40 年来,他的答案基本上被忽视了,今天甚至许多受过高等教育的人都没有听说过这个答案。他们当然听说过图灵。事实上,正如当今的托马斯·麦考莱(Thomas Macaulay)所说,"每个学生都知道"图灵开创了计算机科学理论,协助设计了第一台计算机,勾勒出未来人工智能(AI)的研究计划,并提出了图灵测试。时至今日,对那些否认计算机可以思考的人来说,图灵测试仍具有争议。[4]图灵的贡献已经深深融入了我们的文化。2012 年 6 月举办了一系列庆祝图灵百年诞辰的会议,英国甚至发行了一张印有图灵头像的邮票,以纪念他在这些领域中所做的贡献——至于他在第二次世界大战中的密码破译经历,更是妇孺皆知。但是,迄今为止,他对胚胎学的贡献,在生物学界之外仍无人知晓。

然而,随着岁月流逝,"每个学生都知道"的内容发生了改变:有些只是被遗忘。麦考莱所说的"每个学生都知道"指的是,他们知道"谁囚禁了蒙特祖马(Montezuma),谁杀死了阿塔瓦尔帕(Atahualpa)"。也许 1840 年他们就知道了,但这两件事今天的学生却不知道。(你知道吗?)

这个随时间流逝而模糊的记忆清单还包括其他内容。在 2112 年图灵诞辰二百周年纪念日之前的很长时间里,他的发育生物学将找到立足之地。因为今天的生物学家对发育生物学的探索兴趣日益浓厚,也取得了越来越多的成果。发育生物学被应用于各个领域:从遗传学、细胞形态学,经由胚胎学到成年形态学,尤其是神经科学。神经科学家杰克·考恩(Jack Cowan)说"图灵的理论思想与大脑研究紧密相关"。[5]图灵若能听到这话,一定很高兴,因为他在 1952 年的论文中提到,大脑自组织是需要解释的重要生物现象之一。

生物学已经取代物理学,成为最受公众关注(获得最多资助)的科学。在这种背景下,图灵的声誉肯定会不断提升。人们不需要成为生物学家就能了解他的生物学,正如不需要成为物理学家就能了解爱因斯坦的相对论一样。"未来每个学生"都会了解图灵的胚胎学,主要原因是布莱克的问题是生物学中最有趣、最难以回避的谜题之一。更深的奥秘唯有生命的本质。

图灵在与朋友交流时提到,《形态发生的化学基础》中包含了他所谓的"胚胎学的数学理论"。这涉及他年轻时就一直思考的问题——战时,在破译德军恩尼格玛的休息时间里，他会躺在布莱切利园的草地上，采摘雏菊，细数花瓣。

雏菊花瓣与数学之间的关系并非显而易见。那么，老虎或羔羊与数学相关吗？（回想布莱克的问题。）1950年，图灵为曼彻斯特的"婴儿"计算机编写了第一本编程手册，他为什么会为生物学兴趣怠慢自己在曼彻斯特计算机实验室的工作，从而惹怒了同事？他为什么会热切期待1951年2月第一台费兰蒂计算机的交付，想立即用它进行计算，并在他即将提交的生物学手稿中报告结果？

让我们继续读下去。

## 图灵胚胎学的数学理论

图灵知道自己的身份如果算不上是数学家，那就什么都不是。他的胚胎学论文发表在英国皇家学会《哲学汇刊B：生物科学》上。该论文在某些方面是现在所说的复杂性理论（complexity theory）的前身。论文向生物学家读者发出特别警告，其内容有数学难度。图灵根据读者的数学水平，给出了可阅读或略过的部分。他说，只有那些"受过专业训练的数学家"才能完全读懂。[6] 事实上，对他的许多读者来说，即使达到他所说的"对数学的一般理解"，阅读他的论文也困难重重。

尽管如此，论文的大致信息清晰明了，同时令人痴迷。因为这篇论文展示了生物结构或形态是如何从同质起源中产生的——特别是，从受精卵的无结构原生质中如何产生细胞分化，最终形成各种器官。（正如他在摘要中所说："受精卵的基因可能决定最终生物体的解剖结构。"[7]）

我们前面提到，生物形态（形态发生）的起源在当时仍非常神秘。头脑冷静的生物学家认为，模糊的概念化的"形态发生领域"通过"组织者"（一种假想的、可能的生化力量）来控制细胞分化。但"组织者"是什么，它们如何运作，是一个比恩尼格玛（Enigma）密码更难破解的谜。

换句话说，胚胎学家关于组织者和形态发生学的讨论基本上是空谈。40年前，一本儿童读物就提出了这一问题，这本书第一次唤醒了图灵对科学的

兴趣。而胚胎学家的讨论肯定没有给出答案。那本儿童书是这样说的（图灵告诉他的母亲）：[8]

> 身体是一台机器。这是一台极其复杂的机器，比所有人工制造的机器要复杂很多倍；但它毕竟还是一台机器……（但如果我们问，它的）生命组件是如何决定何时何处快速生长，何时何处缓慢生长，何时何处根本不生长，我们必须承认，对这个问题的探索尚未迈出最小的第一步。

图灵令人痴迷的论文显然是"最小的第一步"。尽管这只是一个开始，只是一粒种子，但它提供了充分的理由，让我们相信，沿着类似的数学路线进行的研究将回答胚胎学和发育生物学中的一系列问题。

在思考形态发生的过程中，图灵遵循了达西·汤普森（D'Arcy Thompson）开创的道路。汤普森是一位极富独创性的数学生物学家：[9]在图灵论文仅有的六本参考文献中，汤普森的《论生长与形态》就是其中一本。[10]汤普森强调，生物形态的最基本方面源于物理学。例如，像水虫（一种在水上行走的昆虫）这样的生物，必须具有某种身体尺寸和器官，以利用表面张力的限制，但其身体设计可以忽略重力。相比之下，大象可以忽略表面张力，但不能忽略重力。（当然，大象内部器官的某些部分可能受到表面张力的高度限制；但汤普森在这里谈的是它的整体身形。）图灵也利用物理学和化学的基本原理来解释生物形态的起源。

在之前发表的一篇论文中，[11]图灵已经提出问题——无组织的神经网络是如何产生组织的。但在那篇论文中，他做出了外部干预或训练过程的假设。现在他考虑了没有外部干预的组织起源——换句话说，看似自相矛盾的自组织现象。特别的一点是，他提出了新问题——同质细胞如何发展成不同的组织，这些组织如何大规模地以规则模式自行排列，如生成条纹或身体部位。

图灵并没有声称自己了解化学物质的细节：如果胚胎学家不能确定组织者，他也不能。例如，他提到了"腿诱发因子"，[12]但这只是一些分子尚不明确的占位成分。他的成就在于，使用数学术语并借助计算机计算证明，原则上，在同类组织中发生的相对简单的化学过程可以产生生物秩序。这些过程涉及化学物质,当它们遍及整个系统时,其相互作用有时会相互破坏或构建。

因为没人知道它们是什么化学物质,图灵将其简单地称为"成形素"。他指出,所有成形素最初都均匀分布在整个系统中,当两个或多个成形素之间发生相互作用,最终可能产生不同浓度的波。这种情况可能发生在非生物系统中(例如,化学物质在碗中溶解),也可能发生在生物中。但图灵认为,在胚胎或发育中的有机体中,这些过程的连续性可能促使有序结构的出现,如斑点、条纹、触角或身体部位,最终使成年生物体的器官产生巨大差异。

差异是如何从同质性中产生的?这个现象似乎很神奇。图灵认同这一观点,即一个稳定均衡的完美同质系统永远不会发生分化。但是如果系统失衡,即使很小的扰动也可能引发分化。

图灵指出,正如达西·汤普森所强调的,生命物质受物理定律的约束,因此一些扰动在所难免。例如,细胞液体中的随机布朗运动一定会改变分子之间成对发生的相互作用,分子穿过细胞壁时会轻微变形。即使这样微小的扰动也会破坏最初(不稳定的)均衡。

图灵给出了两种成形素之间可能相互作用的微分方程。不同的条件确定了这两种成形素的初始浓度,它们的扩散率,一种物质破坏或构建另一种物质的速度,所涉及的随机干扰,以及(在多细胞结构中)细胞的数量和空间维度。他指出,这些条件的某些数值将导致有序结构具有生物合理性。例如,在斑点狗和奶牛身上看到的不规则的斑纹或斑点图案,可能是由于两种成形素的平面扩散造成的(图33.1)。

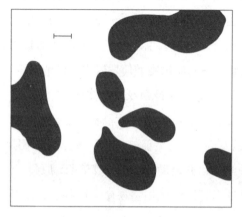

图33.1 扩散方程产生的斑点;这张图是图灵在计算器所做的数值计算基础上手工绘制而成
摘自A. M. 图灵的《形态发生的化学基础》,《英国皇家学会哲学汇刊》(B),237(1952),37–72,p.60

另一个例子是，在一个由 20 个细胞组成的环状体内，两种成形素的扩散波可以产生有规律的间隔结构，如果环断裂，会让人想起纤毛、触角、叶芽、花瓣或身体部位环形模式的胚胎根源。图 33.2 显示了这 20 个细胞体内的三个发育阶段：初始同质均衡（虚线）、模式初现的早期迹象（阴影线）和最终平衡（实线）。

图灵认为，秩序也可以在三维空间中生成。例如，扩散波可能导致原肠胚的形成，在其形成过程中，均质细胞球体形成一个凹陷（最终形成一个管状），两个以上成形素之间的相互作用可能产生行波，这可能引起精子尾部的运动。

图灵从一个同质来源中关注形态的起源，有两个原因。一是这是最基本（也是最令人费解的）状况，二是他无法从先前的形态中给出新形态起源的数学解释，那将是一个重大疏漏。正如他所指出的，生物学中大多数形态发育的例子都显示，新形态（新模式）的出现来自已存在的形态。（例如，想象一下，最初只是肢芽的手指出现了，然后手指上出现了指甲。）

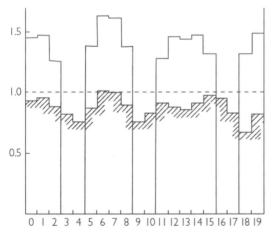

图 33.2　成形素在 20 个细胞组成的细胞环中的扩散浓度。这张图也是图灵绘制的，但它的计算非常繁杂，必须在曼彻斯特计算机上完成；[13] 这就是他如此焦急地等待机器交付的原因（如前所述）

摘自 A. M. 图灵的《形态发生的化学基础》《英国皇家学会哲学汇刊》（B），237（1952），37-72，p.60

当时，还没有出现通过其他（"调节"）基因来开启和关闭单个基因的想法。[14] 图灵提出，随着发育的进行，一系列不同的化学物质（成形素）在发挥作用。然而，要理解这一过程，人们不仅需要了解成形素之间简单的扩散反应，还需要了解（在此之后）成形素与已有结构之间如何发生反应。我们将看到，他尚未做到这一点。

胚胎学家兴致盎然地阅读了图灵富有想象力的论文，尽管其中很多内容都涉及晦涩难懂的数学（对许多人来说，是深不可测的）。论文无疑证明了达西·汤普森的观点：从生物学上讲，一种看似合理的自组织，原则上可以由数学描述的相对简单的化学过程产生。它宣布了到底是哪只不朽的手勾勒出老虎华丽的条纹和完美的对称性——那就是物理定律，被理解为反应扩散方程。这个普遍定律既适用于老虎，也适用于羔羊。（当然，布莱克的"羔羊"象征耶稣：这是连图灵的数学都无法解释的内容。）

此外，论文还提出了一项激动人心的生物学研究计划。然而，它在多年的时光中注定会化为失望的泡影。差不多40年后，图灵思想所暗示的研究计划才被采纳。

## 图灵与现代生物学

图灵对现代生物学的影响体现在三大交叉领域，每个领域都涵盖大量引人入胜的问题。第一个领域是普遍的自组织——比如，前面提到的大脑发育。第二个领域是基于计算机的人工生命（artificial life，A-life）。第三个涉及实验生物学中一种被称为"结构主义"的非正统方法。

人工生命是数学生物学的一种形式。[15]它利用计算和动力学概念，以及各种计算机模型来理解普遍的生命过程（包括发育、进化），和特定的生物现象，如群集、昆虫运动或食蚜蝇和蟋蟀交配的位置。许多人工生命科学家甚至希望了解"生命可能的面目"，而不仅仅是"生命现有的面目"。[16]

这一希望让人想起达西·汤普森的生物学目标，该目标涵盖了所有可能的有机体：[17]

（我）尝试在相对简单的例子中，使用数学方法和数学术语来描述和定义生物体的形态……（我的）有机体形态研究……只是它涉及的更广泛的形态科学的一部分……具有理论上可想象的形式。

显然，如果达西·汤普森活得久一些，他会参与人工生命的研究（他于1948年去世，曼彻斯特婴儿机正式运行的那年）。他曾说过：[18]

简单（或简化）的例证只能带我们走一段很短的路，面对更艰巨的挑战，我们只做好了一半准备……如果能够克服描述和表示的困难，我们终将获得关于变形过程和生长方向完整且令人满意的图景。

广义上，数学表达方式中的"描述和表示的困难"，在很大程度上要靠计算机科学提供的概念和计算机模型提供的实验平台来克服。长期以来，计算机科学之父图灵一直对引起达西·汤普森兴趣的生物学问题着迷。因此，他看到并抓住这个机会也就不足为奇了。

1952年，图灵发表了论文《数理胚胎学》（mathematical embryology）。如今，它被认为是人工生命的早期论文，后来的许多项目都受到它的启发；事实上，这是他发表的唯一一篇关于人工生命的论文，尽管他去世后，人们发现了一些他未发表的草稿（如下文所述）。他在其他文章中发表的深刻见解和技术预言，如今被视为人工生命的特征。

人们记住图灵在《心智》上发表的论文，通常是因为他介绍了图灵测试，但其主要目的是发布人工智能纲领性的宣言。[19]论文中有三句话具有深刻的见解，涉及计算系统的分类、进化计算的可能性以及化学物质在大脑中的作用。

在第一句话中，他概述了复杂性的四大分类。现在，人们通常将该理论归功于斯蒂芬·沃尔夫勒姆（Stephen Wolfram）。[20]图灵指出，机器的行为可能"完全随机"，或"完全自律"，或进入"无意义的重复循环"；他认为，明智的行为需要"略微偏离"高度自律。[21]沃尔夫勒姆彻底研究了这四种差异。在被称为元胞自动机（cellular automaton，CA）的"自下而上"的计算系统中进行广泛的试验后，他区分了四种类型：

- 最终达到停滞；
- 保持严格的周期性行为；
- 永远处于混沌；
- 保持稳定而不僵化的秩序，从而使连续状态之间的结构关系富有变化、清晰明了。

他说，第四类包括生命。

许多人工生命研究人员同意沃尔夫勒姆的说法，即生命和计算都需要一定程度的复杂性，这种复杂性包括有序性和新颖性：他们指出，生命的可能只存在于"混沌的边缘"。[22] 我们稍后将简略提到，那些受到图灵启发的生物学家也接受这一说法，将复杂性数学应用于大量实证案例。[23]

关于第二句话，图灵在他向国家物理实验室（NPL）提交的 ACE 设计报告中已经说过，"智力活动主要包括各种搜索"，其中"遗传或进化"搜索是一种可能性。[24]（如今该技术广泛应用于人工生命领域）。当他为《心智》撰写论文时，NPL 报告基本上无人知晓。但他暗示了进化计算（evolutionary computing）的可能性，说进化类似于在学习机器中运用"突变"（mutation）和"随机元件"。[25]

他的第三句话是"在神经系统中，化学现象至少和电现象一样重要"，[26] 但他没有详细说明。他并没有暗示有一天计算机能够模拟大脑中神经递质的活动。更确切地说，他没有说他已经在研究一种可计算的理论，即化学物质如何支配大脑组织和其他身体结构。

当时，人们很少注意到这些洞见。这可以理解，因为那些话只不过是昙花一现。此外，图灵承认，他在 1950 年发表的论文只不过是"易于产生信念的陈述"，而不是预测人工智能和人工生命的"令人信服的正面论据"。相比之下，他在 1952 年英国皇家学会发表的论文，则提供了数页的数学证据来支持其惊人的主张。

直接受图灵"胚胎学的数学理论"启发的早期人工生命工作是由格雷格·特克（Greg Turk）开展的。[27] 特克使用计算机改变图灵方程中的数值参数，然后计算结果，并连续应用两个或多个方程（从而解决了图灵没有解决的"从模式到模式"的问题）。通过这种方式，图灵的方程生成了类似于在各种生物身上看到的斑点、条纹和网状图案。

图 33.3 展示了在这些计算实验中产生的部分结构。图片上半部分的大斑点和小斑点是通过改变图灵反应 - 扩散方程中的尺寸参数得到的。如果大斑点图案静止了，小斑点方程就取而代之，我们得到"猎豹斑点"（左下）。"美

洲豹斑点"（右下）由类似的两步过程生成，不同的是，在小斑点方程启动之前，代表大斑点中的化学浓度数字会发生变化。

大量反应-扩散系统在不同时间启动，让人想起基因的启动和关闭，产生比两个方程同时叠加更自然的图案。五个成形素系统的启动产生了逼真的图案，添加的规则将条纹方程与三维轮廓联系起来，产生了模制斑马条纹（图33.4、图33.5）。当然，它与真实斑马（或布莱克的老虎）身上的条纹并不完全相像，但相比中规中矩的（非模制）条纹，它更真实、更"自然"。

图33.3 自然的斑点图案

转载自G. 特克，《使用反应－扩散在任意表面上生成纹理》《计算机图形学》，25（1991），289~98，p.292

图33.4 复杂的自然图案

转载自G. 特克，《使用反应－扩散在任意表面上生成纹理》《计算机图形学》，25（1991），289~98，p.292

图33.5 带有三维算法条纹的斑马

转载自G. 特克，《使用反应－扩散在任意表面上生成纹理》《计算机图形学》，25（1991），289~98，p.292

相比特克有趣的自然斑点和条纹，近期受到图灵启发的生物自组织模型则迈出了更大的一步，其中一些运用了具有争议（但越来越受欢迎）的结构主义生物学方法。[28] 结构主义者认为，达尔文的自然选择是解释生物形态的次要因素。换句话说，它只是精简了物理和化学产生的形态。图灵没有明确指出这一点，但达西·汤普森却加以强调。如今，许多借鉴图灵数学思想的发展生物学家，与图灵一样对此保持缄默。（一个例子是关于图灵所谓的"腿诱发因子"的研究。[29]）然而，真正的结构主义生物学家却对新达尔文主义提出了批评。他们认为，物理学不仅决定了哪种形态是可能的，而且决定了哪种形态最有可能，因此在系谱树中反复出现——他们将基因（成形素）视为表观遗传调节剂，而不是确定性指令。

"后成说"是从遗传学家康拉德·沃丁顿（Conrad Waddington）那里借用的概念，[30] 他深受达西·汤普森的影响，也是图灵1952年论文中引用的六位作者之一。沃丁顿描述了基因的发育和活动，遵循的并非严格的预设方法，而是根据当前（最终是生物化学）环境选择的可变方法。与达西·汤普森一样，他只能用最宽泛的术语表达这一观点，但今天的结构主义者却可以通过使用复杂的实验数据、高等数学和计算机建模技术来表达。

例如，考虑由沃丁顿的学生布莱恩·古德温（Brian Goodwin）[31] 提供的单细胞伞藻的发育模型。该模型使用计算机图形学将数学计算的数值结果表示为相关发展形态的图表或图片。与一般的结构主义模型一样，它阐明了代谢和发育功能，以及这些功能如何随时间发生变化。

具体来说，它模拟细胞对细胞质中钙离子浓度的控制，这种控制如何影响其他条件，以及如何受其他条件的影响（如细胞质的机械性质），从而产生一种或另一种形态（如茎、扁平的茎尖和轮生体）。该模型基于广泛的实验，包含大约三十多个参数。这些相关因素包括钙的扩散常数、钙与某些蛋白质之间的亲和力以及细胞骨架元素的机械阻力。它模拟了复杂的迭代反馈回路，其中的参数可以随时改变。

该模型运行的一个结果是，在茎尖出现高钙浓度和低钙浓度的交替模式（实际上，这是图灵形态发生模式的现代版本），古德温将其解释为轮生体对称性的出现。这一结果很受欢迎，主要是因为轮生体不仅仅存在于伞藻属中：

相反，正如图灵所说，它们是这种藻类所有成员的"一般形态"，在许多其他生物中也是如此。[32] 在古德温的模型中发现，轮生体的对称性非常容易识别：它们并不依赖特定参数值的特定组合，只要参数设定在一个大的值域范围的任意位置，它们就会出现。

然而，由于计算机图形学的本质——其图片由许多细小的线条组成——因此无法出现视觉上可识别的轮生体。[33] 轮生体是一群小的生长尖端，每个尖端随后发展成一个生长侧枝。为了模拟这一点，每个小尖端（钙峰）都必须像主尖端一样（变软、膨胀和生长），只是规模较小：原则上，这是可能的，但需要机器绘制更多甚至更小的线条。因此，它的计算成本很高，需要在更精密的尺度内重复运行整个程序（以生成每个侧枝），还要重复多次（以生成多个侧枝）。

## 为什么要等这么久？

上面的例子足以证明，今天的生物学欠这位破解了恩尼格玛密码的数学家一大笔学术债。然而，为什么要等这么多年，世界才承认这笔债务，我们依然没有得到解释。

即使现在，图灵的贡献也没得到充分的认可。正如本章开头所说，公众对图灵在数学生物学方面的了解不及对他计算机科学和人工智能理念的了解。事实上，不仅是"学生"不知道他的论文——20世纪50年代中期（我第一次读到《数理胚胎学》）到1990年，我在很多场合热情地向朋友和同事提及他的论文，我惊奇地发现，他们中的大多数人几乎不知道它的存在（更别说了解它的细节了），就像我不知道阿塔瓦尔帕一样。即使在21世纪的今天，情况依然如故。

然而，正如我们所看到的，许多人终于了解了他的形态发生理念。但为什么拖到现在？为什么当时没有立即了解？毕竟，他的论文并不像格雷戈·孟德尔（Gregor Mendel）遗传学上的小珍宝那样隐藏在晦涩难懂的期刊上，是公众无法读到的内容。

原因之一是运气欠佳——或时机不对。图灵的论文发表后仅仅一年，弗朗西斯·克里克（Francis Crick）和詹姆斯·沃森（James Watson）就向《自然》杂志寄出了关于双螺旋的划时代论文——几年后，他们破解了基因密码。他们的密码学成就至少和图灵的一样重要，因为他们使生物学家（包括发展学家）的兴趣立即从关注整个生物体转向了分子生物学。

可以肯定的是，生物化学问题被推到了前沿，图灵的论文是生物化学的理论演练。但分子生物学这门新学科的重点是分子（成形素）的实际特性，而不是它们的作用和相互作用。至于生物形态的问题，无论是身体还是细胞，都被归入背景。[34]

但是，图灵的论文被忽视也有更多认知方面的实际原因。我们已经看到，达西·汤普森的数学方法并没有产生应有的影响，因为他缺少有效探索其可能结果所需的概念和机器。图灵早期的工作让他掌握了一些概念，甚至拥有了一台机器：世界上第一台现代风格的数字计算机。当然，那是一台原始的机器。

图灵使用曼彻斯特大学的计算机来计算成形素之间相互作用的连续步骤，但这是一项耗时而乏味的工作。此外，在计算机图形学尚未诞生的情况下，图灵不得不费力地将计算机的数值结果手动转换为更易理解的视觉表示。图灵说，要实现他的想法，还需要更好的机器。

半个世纪后的今天，我们已经制造出这样的机器——它们对于特殊复杂系统和复杂性数学的研究弥足珍贵。例如，特克能使用功能强大的计算机处理图灵方程中的数字。没有它们，他不可能进行计算，也不可能探索出大量的可能性，只有部分计算可以得出生命形态。同样，如果没有计算机图形学的帮助，他甚至不可能制作出一条豹纹；事实上，在数学建模的许多领域中，计算机图形学的价值都无可估量。

但万变不离其宗：图灵曾面临过方法问题，他的21世纪继承人也面临着新的方法问题。例如，我们已经知道，由于缺乏计算机能力，古德温的伞藻模型无法阐明其数学的可能结果。因此，即使生物与数学的相关性在理论上显而易见，图灵的生物学思想也并不总能应用于实践。

图灵研究工作的第三个障碍是，即使他的数学是无可挑剔的数学，他并没有（也不能）证明真正的生物结构确实是以这种方式出现的。只有实验发育生物学才能证明这一点。（同样，只有心理学实验才能证实计算机思维模型的心理真实性。）

在图灵的有生之年，这个问题无法通过实验解决。严格地说，这话不完全正确：他的六篇参考文献中有一篇引用了当时最新的研究。研究表明，生长中的水螅管状器官的开口（"头部"）会产生一些化学物质，这些化学物质会产生特定的着色点。随后，触角会出现在这些点上。[35] 但是化学物质的性质，以及它们如何形成触角轮生，还不得而知。目前，还没有解决这些谜团所需的基因和生化技术。今天，人们终于开始探讨图灵的理论所引发的实证性问题——或者更确切地说，各种各样的问题。古德温对伞藻的研究仅仅是其中一例。

图灵（以及达西·汤普森）的后续工作被推迟的最后一个原因是，他们的生物学研究方法非常另类。达西·汤普森很清楚这一点：他说，自然选择是形态发生的次要因素。在克里克和沃森发现 DNA 之后，分子生物学开始兴起，如果汤普森有生之年看到这种状况，也会对此持保留意见，因为这种还原主义的方法不鼓励生物学家提出形态学问题。与达西·汤普森不同，图灵并没有明确批判新达尔文主义。尽管如此，他的想法也不同于生物学的正统观点。

如今，图灵的理念已实至名归：事实上，它们越来越流行。《形态发生的化学基础》的数学结论非常明确。总体而言，他的生物学结论也是明确的。即使是正统的新达尔文主义者也承认，结构主义生物学家提出的问题很有趣，他们的许多答案也很有价值。

图灵形态发生著作集的编辑（古德温的联合作者之一）甚至说，他 1952 年论文被引用的次数比他其他论文的总和还多。[36] 我对此表示怀疑，图灵测试的论文被哲学家、计算机科学家和公众引用了无数次，[37] 但毫无疑问，这篇长期被忽视的论文声名鹊起。鉴于公众和专业人士对生物学各领域的兴趣日益浓厚，百年之内，"每个学生"仍然可以读到它。

## 被埋葬的珍宝

1940年，英国面临纳粹的入侵，图灵在布莱切利园地下埋了些银条——或许是埋在他居住的雪纳利·布鲁克·恩德村——尽管许多人用金属探测器进行了多次搜查，这些银条仍杳无踪迹。14年后，他的朋友在他房间里发现了大量的手写笔记，其中大部分是难以理解的数学符号。图灵的不幸早逝再次激发了朋友们坚定的寻宝行动。

他们还发现了关于"叶序的形态发生理论"的三篇论文草稿（以及大量笔记）——其中的内容图灵曾在皇家学会发表的论文中提到过。[38]论文解释了植物解剖学中斐波那契数（Fibonacci numbers）的普遍性——例如，雏菊花瓣的数量（见引言）。他的学生伯纳德·理查兹（Bernard Richards）对论文进行了部分修改或编写，他的密友罗宾·甘迪（Robin Gandy）做了注释，我们可以在《论文集》中读到。[39]（图灵曾要求理查兹求解球对称方程；他的解几乎与各种放射虫相匹配，但图灵在看到结果之前就去世了：见第35章。[40]）简言之，至少图灵的合作者看得懂这些草稿。

他大量的数学笔记就是另一种情况了。甘迪是一位优秀的数学家，却看不懂他的笔记。图灵档案馆中的相关文件夹里有一张甘迪的便条，上面写着："要完全弄清笔记的确切含义很难，有些内容要彻底理解是不可能的。"[41]

困难源于四个方面。第一方面是图灵的笔迹难以辨认：字迹一直是个问题。一位教过他的老师说"那是我见过的最潦草的字迹"。[42]第二方面是他使用了独特的缩写，其中许多是特殊数学概念的缩写。甘迪将第三、第四方面的理解困难归于图灵另类（"个性鲜明"）的数学研究方式——更令人惊讶的是——他"不按常理出牌的"思维。[43]在这些障碍面前，甘迪并非唯一无法解读图灵笔记的人。那些笔记至今仍未被完全理解。

很难想象，图灵的理论生物学笔记中不包含更深的数学见解；其中可能涉及他承认的尚未解决的问题——即新模式并非来自同质性，而是来自先前存在的模式。换句话说，那些笔记是一个宝藏。"宝藏"得来轻而易举，但其价值评估可能永远是个难题。简言之：这又是一个谜。

然而，胚胎的神秘面纱已经揭开。诚然，还有许多问题等待回答，但由于图灵的贡献，这令人敬畏的生物现象不再像以前那样高深莫测。布莱克可能不满意这个结果，但也许"每个学生"终将欣然接受真正的答案。

# 第 34 章
# 图灵的形态发生理论

托马斯·伍利

露丝·贝克

菲利普·梅尼

1952 年，图灵提出了一个数学框架来理解某些非常有趣的化学反应系统。[1] 他描述了一种相当反直觉的化学机制，并表明它可以在化学浓度中生成模式。他将构成其机制的化学物质命名为"成形素"，并假设成形素命令细胞接受不同的命运。细胞"选择"的未来取决于成形素的浓度。一个新的研究领域诞生了，它推动了新的数学发展，引发了新的生物学实验。在图灵的机制中可以识别成形素。然而，研究人员仍在继续寻找符合其机制的生物学案例。在此，我们简要回顾 60 年来受到图灵开创性论文启发的研究。

## 引　言

本章是对数学技术的非数学介绍。数学技术使我们能够理解生物模式形成背后的机制，例如斑马皮肤上条纹的形成。我们可以从数学模型中提取一些基本规则，它们有助于我们识别出在哪里可以找到这些模式。本章重点介绍图灵理论的成功之处，探讨它对特定真实生命的适用性，解释它为前沿生物学问题提供的可能的解决方案。

图灵理论的核心思想是取两个稳定的过程，并将其结合起来。这样做会得到什么？直觉推理的结果是，得到一个稳定的系统。图灵证明，有时这个答案是错的。

## 图灵的方程式

图灵的理论是，模式是由可观察到的总体（如皮肤细胞）对化学物质（如蛋白质）的扩散-反应总体作出响应的结果。这些化学物质被称为"成形素"，而产生生物复杂性的过程被称为"形态发生"。可以存在多种不同类型的成形素，它们相互作用以产生细胞可用和/或响应的物质。细胞的功能最终取决于它们的基因，但基因表达——"打开"哪些基因——则取决于多种信号。在图灵理论中，最重要的信号是成形素。

描述形态发生的数学方程不仅模拟了化学反应本身，而且还模拟了成形素在扩散时基本的随机运动。所谓的"扩散方程"对于理解所有无向随机运动至关重要；例如，固体中的热传导、土壤中的排水和空气中的气体扩散。[2] 基本方程表明，物质在整个扩散区域都是守恒的，扩散的化学物质总是倾向于均匀扩散，但以随机方式扩散，没有优先方向。该方程式还告诉我们，特定位置（如斑马皮肤上）的化学浓度变化率由进出该位置的物质流的"局部平衡"所决定，无论这种平衡是被创造还是被破坏出来的。

## 奇 思 妙 想

图灵提出了现在以他的名字命名的模式形成机制，其灵感火花来自哪里，完全是一个谜。事实上，图灵的研究所基于的假设违反直觉，在一个空白领域发现了如此重要的结果，这证明了他的天赋。

图灵将研究重点放在稳定的反应系统（stable reaction systems）上：在该系统中，任何一处的成形素浓度都趋于常数。这些稳定的化学系统本身无法产生长期的模式。我们都熟悉这样一个事实，即惰性物质的扩散不会产生模式；例如，如果我们将一滴红墨水滴入水中，既不加热也不搅拌液体。随着时间的推移，扩散会导致墨水在水中均匀分布。换句话说，经过足够长的时间，不会出现哪部分更红的现象——即没有生成模式。

这个常识告诉我们，如果在一个稳定的反应系统中，仅仅让化学物质扩散，我们不会期望发生任何有趣的现象：最终，浓度一致的成形素均匀分布，没有生成模式。这是因为我们有一个稳定机制（扩散）作用于一系列已经稳定的反应。然而，图灵假设，当与某些反应耦合时，扩散实际上可能导致一种模式化状态：这就是扩散驱动的不稳定性。系统从最初的无模式状态，开始显示出持久的模式。

让我们用一个虚构的例子——"出汗的草蜢"来说明这一想法。[3] 假设一片干草地上栖息着大量草蜢。突然，某处着了火，蔓延到干草中。草蜢为了避火，在草地上随机四处逃散。草蜢跳动时会出汗，汗水阻止火势蔓延到草蜢密集的区域。

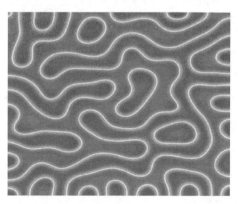

图 34.1　二维斑纹图灵模式示例
托马斯·伍利

如果草蜢动作太慢，那么整片草地都会被烧尽，不会出现最终模式。但是，如果草蜢逃离的速度比火势蔓延的速度更快，那么部分草地会被烧掉，而其他聚集着草蜢的区域会因充满湿气而没被烧掉。因此，这片地上就出现了由燃烧和未燃烧的区域组成的模式。本质上，这种模式的产生源于图灵的机制（图 34.1）。

图灵的思想（一如既往地）走在时代的前列。在很长一段时间内，人们并没有予以重视。然而最近，扩散驱动的不稳定性的概念为理论和试验研究带来了许多新方法。

两位数学生物学家阿尔弗雷德·盖勒（Alfred Gierer）和汉斯·迈恩哈特（Hans Meinhardt）阐明了图灵的机制，其方法是在两类相互作用的事物（如火和出汗的蚱蜢）的特定案例中，将一种事物确定为"催化剂"（在我们案例中，火是催化剂,因为它能蔓延出更大的火势,能让草蜢出汗),将另一种事物确定为"抑制剂"(汗液是抑制剂,因为它可以阻止火的燃烧)。[4] 他们还表明,为了形成模式,抑制剂的扩散速度必须比催化剂更快(草蜢的逃跑速度必须比火的蔓延速度更快)。

## 自然界中存在图灵模式吗?

图灵模式理论化提出近40年后,研究人员构建了化学图灵模式。[5,6] 随后,很快建立起相应的数学模型。[7] 这些成就的重要性怎么强调都不为过。研究人员首次表明,图灵模式不仅仅是理论上的。此外,他们的工作促使许多化学家去寻找能在化学浓度中产生模式的反应体系。

尽管已有文献记载这种化学反应系统的理论和化学结构,但在生物学中图灵模式仍存在争议。许多生物化学基因产物实际上可能是图灵的成形素。例如,有可靠证据表明,在肢体形成过程中,某些细胞生长因子(刺激细胞分裂的蛋白质)起着图灵所说的催化剂的作用。虽然在某些情况下,它们的互补抑制剂已经被确定,但我们仍无法得到确凿的证据,证明最终的模式是图灵模式。再举一个例子,各种哺乳动物毛囊排列的规律模式也表明图灵机制的存在。[8]

最近两项关于小鼠发育的研究提供了有力的证据,证明图灵模式可能准确地描述了许多生物系统。杰里米·格林(Jeremy Green)和他的同事证明,"成纤维细胞生长因子"(fibroblast growth factor, FGF)和"音猬因子"(sonic hedgehog, Shh)这两种蛋白质发挥着图灵的成形素的作用。他们是第一个声称完成这项证明的实验团队。[9]

这两种蛋白质并非格林团队研究的小鼠系统中所独有的。事实上,Shh 在果蝇中首次被发现,并因实验而得名。实验表明,当 Shh 被抑制时,果蝇的胚胎会产生小的尖突,就像刺猬的刺一样。最近,人们发现 Shh 不仅对大脑和脊髓的发育至关重要,而且对牙齿的发育也至关重要。[10] FGF 蛋白则在伤口愈合以及血管和神经元的发育中发挥着重要作用。

格林和他的团队实际上是在研究老鼠口腔的隆起生长，特别是上颚的隆起。他们的工作更具启发性，因为他们能够推导出一个涉及图灵机制的数学模型，该模型再现了正常小鼠的口腔隆起模式。他们还表明其模型可以预测当实验中成形素的活性发生增减变化时，隆起模式的变化方式。

这项研究之后不久，格林的团队证明，图灵系统也可以解释小鼠脚趾间距的发育情况。实验专门探索了所谓的 Hox 基因对脚趾发育的影响。[11] 流行的理论是，高剂量的 Hox 蛋白会形成多余的脚趾，因此消除 Hox 基因活性会减少脚趾的数量。然而，人们发现消除 Hox 基因后，小鼠发育出更多的脚趾，最极端的情况下长出了 14 个。然而，小鼠整个爪子的大小保持不变，这意味着脚趾随着数量的增加，变得更瘦小。

看来，Hox 基因系统可以控制图灵模式的间距。尽管这一过程的数学理论很好地再现了实验，但仍存在一个重要问题，即 Hox 基因不会扩散，因此它并非图灵原始意义的成形素。这意味着，如果想让该研究符合图灵的假说，那么这些基因必须通过一种类似于扩散剂的机制向环境发出信号。

## 母牛、天使鱼和貘

为什么图灵的扩散驱动的不稳定性是描述模式和形态发育的一种好机制？首先，它很简单：模式的产生取决于分子对扩散和反应的自然倾向。其次，该机制具有控制模式间距的内在特性。这些内在特性为图灵模式提供了许多独特属性。例如：

- 为了形成模式，宿主的皮肤表层需要大于特定的临界尺寸。
- 如果宿主的皮肤尺寸大到可以产生模式，则无需外部"输入"来指定模式——整个过程是自我调节的。

这意味着图灵模式可以在无需任何外部输入的情况下，保持大范围内的强规律性。

这两个特征如图 34.2（a）所示，我们可以看到扩大动物皮肤尺寸的效果。起初，皮肤面积太小，无法支持图案模式，但随着皮肤的增大，行为发生了质的变化，导致皮肤前端和后端的成形素浓度不同。随着皮肤尺寸的不断增大，会出现进一步的分化，模式因此变得更加复杂，形成了迷宫状模式，最后形成独立的斑点。我们可以通过比较瓦莱斯山羊（图 34.2b）和加洛韦奶牛（图 34.2c）的不同图案来观察这些转变：小山羊只有一个转变，而大奶牛有两个转变。

生物学家西格鲁·孔多（Shigeru Kondo）和里吉托·阿赛（Rigito Asai）通过研究动物在其皮肤模式发展过程中体积的增大，扩展了尺寸和模式相关的结果。[12]在海生天使鱼的实验中，他们观察到，随着天使鱼的体型翻倍，旧条纹之间的皮肤会产生新条纹，因此，条纹之间的间距几乎恒定。鱼皮上图案的这种恒定间距表明，图灵机制是形成图案模式着色的原因。如果将这一图景应用于人的

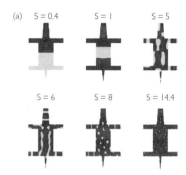

图 34.2 （a）随着宿主体表大小的变化，模式也会发生变化：动物的皮肤都被缩放为相同的大小，比例因子 S 表示放大。（b）瓦莱斯山羊。（c）加洛韦母牛

（a）托马斯·伍利。（b）由 B. S. 瑟纳·霍夫拍摄并发布至 http://commons.wikimedia.org/wiki/File:Walliser_Schwarzhalsziege_0511071.jpg。知识共享许可。（c）由 amandabhs 发布到 Flickr http://www.lickr.com/photos/15181848@N02/2874880039/。知识共享许可

生长，似乎在令人不安地暗示，我们从小长到大，应该会发育出更多的头或四肢。但人类细胞只能在很短的时间内选择一种命运，通常是在胚胎阶段。在这之后，现有结构只是尺寸变大，不会形成新的结构。

图 34.3　一只小貘
由 ekilby 发布到 Flickr，https://www.lickr.com/photos/ekilby/9375324236/。知识共享许可

然而，自然界并不总是像这些结果所暗示的那样简单。举一个例子，巴西貘的皮毛着色就不符合图灵模式（图 34.3）。这是因为在较瘦的肢体部位，图案模式变得更加复杂，这与图灵的理论相矛盾。此外，只有幼年的巴西貘是有图案的。它们发育成熟后，皮毛上的斑点就消失了，全部变成灰色。为了使这些图案模式与图灵的理论相一致，我们需要假设四肢图案生成过程的"输入"与躯干上的不同，而且，输入会随着时间的推移而变化，导致从有图案状态到无图案状态的演变。或者，貘皮图案的变化可能表明，图灵的机制并非普遍适用：这些变化可能发生在图灵理论无法解释的体系。

## 更多问题和解决方案

对图灵机制的一个批评是，它常常需要对生物参数进行一种可能不合情理的"微调"。[13] 此外，催化剂和抑制剂的扩散率差异必须很大，这在实践中是不可能的。然而，如果有两种以上的反应物，这些问题就不那么严重了。具有两种反应物的图灵系统通常是基础生物学的简化描述。现实中更多的是三种或三种以上成形素相互作用的系统。

另一个批评是，图灵机制产生的模式缺乏稳健性。这意味着，在过程的初始状态、宿主表皮的几何形状或过程的边界条件中发生的微小扰动，可能会对最终模式产生巨大的影响。[14] 在某些情况下，如动物皮肤图案，其特性可能是正面的结果。然而，当涉及小鼠的脚趾时，该机制应确保产生正常的脚趾间距模式。

针对这一批评，我们可以指出，研究人员已经证明了生成稳健模式的现实方法。例如，他们已经证明，当模型中包含真实的发育形态时，就可以生成稳健模式。[15] 当表皮增长时，严格控制的初始图案模式经过中间阶段的演化，直到最终形态被创造出来。图灵预见了这一点。他在1952年的论文中写道：

> 多数时候，一个有机体都是从一种模式发展到另一种模式，而不是从同质性中发展出一种模式。

尽管图灵知道他的模型存在局限性，幸运的是，这并没有阻止他发表自己的思想。他认为，随着范式的扩展以及与现实更紧密的契合，许多问题会迎刃而解。

一个特殊问题尚未被完全理解，那就是化学反应的时间延迟。在考虑生物学的数学公式时，研究人员通常会假设化学反应是瞬间发生的，然而事实并非如此。涉及基因产物时，反应物产生的延迟可能从几分钟到几小时不等。然而，如果在数学方程中加入时间延迟，我们看到图灵机制的模式生成能力彻底崩溃。[16] 尽管在某些特定情况下，增加随机性可以重新生成模式，[17] 但这一难题仍未完全解决。事实上，这些研究可能表明，用于生成模式的详细生物过程是最小延迟过程。

## 结　语

实验生物学不断推进知识的边界。人们对提升生活质量和延长寿命的渴望使生物科学得以优先发展。然而，实验以及实验方法中隐含的线性语言推理只能将我们带到目前的水平：为了拓展生物学眼界，我们需要对生命系统中固有的复杂非线性反馈交互有一个基本理解。这不再是一个新想法，但在图灵提出后，它沉默了一段时间，淹没于人们对基因理论革命持久的兴奋之中。这场革命是由剑桥研究员弗朗西斯·克里克（Francis Crick）和詹姆斯·沃森（James Watson）于1953年发起的，也就是图灵发表形态发生思想的那一年。

这里，我们展示了一些相对简单的理念，为理解复杂模式的形成提供了一个数学框架，开创了理解动物皮肤色素沉着模式这一自然美的创造方法，使我们深入了解许多发育特征，例如小鼠的脚趾发育，进而使我们了解人类的发育。

图灵的形态发生理论成功阐明了大量模式现象的发生机制。但我们不应忘记，该理论是对基础生物学的简化。图灵关于扩散的化学物质促使系统通过相互作用形成模式的描述可能并不准确。事实上，最近的研究表明，图灵的成形素可能就是细胞本身：参与鱼类色素沉着模式的某些类型的细胞之间的相互作用方式，与图灵假设的成形素相互作用的方式相同。[18]

本章中，我们只触及了一个宏大主题的表层。图灵的模型已经扩展到三维空间，包含生物随机性的起源。[19] 它引发了新的理论和一般化。如果认为图灵的理念因历史久远而走到尽头，那肯定是错误的想法。图灵思想中的很多问题可以激发新思想的诞生。正如他所言：

我们只能看见不远的前方，但目光所及之处仍有很多事情要做。

最近的生物学证据表明，图灵最初的想法在细节上可能站不住脚，然而，在他制定模型时，其中的抽象水平和细节水平绝对恰如其分。他1952年模型的现代实验和理论扩展表明，他在正确的道路上。这些扩展强有力地支持了他的核心观点，即不需要一个完整的、物理上真实的生物系统模型来解释与生长有关的特定的关键现象。

数理统计学家乔治·博克斯（George Box）和诺曼·德雷珀（Norman Draper）曾言简意赅地提出过一个普遍观点：[20]

所有模型都是错误的，但有些是有用的。

图灵的理论很好地说明了这一普遍观点。在讨论将其数学思想应用于生物学时，图灵是这样说的：[21]

（我的模型）将是一种简化和理想化的模型，因此是可证伪的。我们希望，留下的供讨论的特征是在目前的知识状态下最重要的特征。

图灵的理论被埋没了很长时间，因为数学和生物学还没有准备好接受这种反直觉的思想。在发表形态发生观点仅仅两年后，他就去世了。如果没有英年早逝，他能进一步发展他的理论吗？现在，我们离解开自然界最大的奥秘还有多远？我们（仍然错误的）模型还会发挥多大用处？

# 第 35 章
# 放射虫：证实图灵的理论

伯纳德·理查兹

在 1952 年的论文《形态发生的化学基础》中，图灵提出了著名的假设——形态发生方程。他声称其理论可以解释植物和动物为什么会有各自的形态。我加入他的团队时，图灵建议我用三维空间来求解他的方程，这是一个新问题。我运用相当复杂的数学，还在英国第一批工厂制造的计算机上进行了多次操作，推导出图灵方程的一系列解。我证明了这些解可以解释被称为放射虫的海洋生物标本的形状，它们与真正的放射虫多刺的形状非常接近。我的工作为图灵的形态发生理论提供了进一步的证据。他认为，放射虫的外部形态可以用反应—扩散（reaction–diffusion）机制来解释。我的工作也为他的这一信念提供了证据。

## 引 言

20 世纪 50 年代初，艾伦·图灵在曼彻斯特大学的计算机实验室工作，他重新燃起了从童年起就怀有的对植物学和生物学的兴趣。上学期间，他更感兴趣的是学校运动场上花朵的结构，而不是在那儿玩的游戏（图 1.5）。众所周知，他在第二次世界大战期间讨论了叶序问题（植物中叶子和小花的排列）。

在曼彻斯特，他与大学植物学教授克劳德·沃德劳进行了几次谈话。达西·汤普森（D'Arcy Thompson）于1917年出版了《论生长与形态》一书，图灵热衷于推进其中的工作。[1] 在1952年发表的著名论文中，图灵在二维空间中求解了自己的"形态发生方程"，并展示了一种可以解释"斑点"（奶牛身上黑白图案）的方案。[2]

下一步我要在三维空间中求解图灵的方程。二维的例子只关注生物体的表面特征，如花斑、斑点和条纹，而三维则关注生物体的整体形状。1953年，我以曼彻斯特大学研究生的身份加入图灵的团队，他给我的任务是在三维空间中求解他的方程。一次非凡的合作之旅开始了。图灵与我聊天时态度非常友好。他告诉我，他预见到一种发展其理论的方法，那就是在三维的情况下找到真实的解。早些时候，图灵研究了英国皇家海军挑战者号远征队报告副本中的放射虫图，尽管他当时并没有向我提及此事。[3]（1873—1876年，英国考察船"挑战者"号考察了太平洋和其他海域）。

## 放 射 虫

"挑战者"号的船员在太平洋海底的淤泥中发现了放射虫（Radiolaria）。放射虫是一种单细胞体海洋生物，由囊膜支持的两个主要部分组成。一部分是内部的中心囊，另一部分是与外部世界接触的外表面，用于进食和保护。放射虫的球形体直径约为2毫米。

随着球形新生放射虫的生长，"刺"（一种尖物）从虫体表面预先确定的位置长出。由此产生的形状构成了放射虫的六个亚种。刺的长度通常等于主球体的半径，并且它们对称分布于球体表面。如果只有两根刺，那么它们分别位于球体的北极和南极。没有长着三根、四根或五根刺的放射虫。六刺放射虫的刺分布在球体表面上间距90°，两根在两极，四根在赤道周围。其他样式有12或20根刺。这些放射虫的形状类似于一些规则的数学实体（图35.1~图35.6）。

图 35.1　有两根刺的 Cromyatractus tetracelyphus

复制自伯纳德·理查兹 1954 年曼彻斯特大学理学硕士论文《放射虫的形态发生》，感谢伯纳德·理查兹博士。原图取自恩斯特·海克尔（Ernst Haeckel），1873—1876 年英国舰队挑战者号航海考察科学成果报告，第 18 卷

图 35.2　有六根刺的 Circopus sexfurcus，所有刺之间均相距 90°

复制自伯纳德·理查兹 1954 年曼彻斯特大学理学硕士论文《放射虫的形态发生》，感谢伯纳德·理查兹博士。原图取自恩斯特·海克尔（Ernst Haeckel），1873—1876 年间英国舰队挑战者号航海考察科学成果报告，第 18 卷

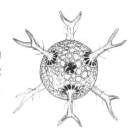

图 35.3　有六根刺和八个面的 Ciropurus ostahedrus

复制自伯纳德·理查兹 1954 年曼彻斯特大学理学硕士论文《放射虫的形态发生》，感谢伯纳德·理查兹博士。原图取自恩斯特·海克尔（Ernst Haeckel），1873—1876 年间英国舰队挑战者号航海考察科学成果报告，第 18 卷

图 35.4　有 12 根刺和 20 个面的 Circogonia icosahedra

复制自伯纳德·理查兹 1954 年曼彻斯特大学理学硕士论文《放射虫的形态发生》，感谢伯纳德·理查兹博士。原图取自恩斯特·海克尔 Ernst Haeckel，1873—1876 年间英国舰队挑战者号航海考察科学成果报告，第 18 卷

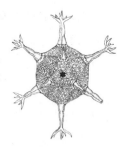

图 35.5　有 20 根刺和 12 个面的 Circorrhegma dodecahedra

复制自伯纳德·理查兹 1954 年曼彻斯特大学理学硕士论文《放射虫的形态发生》，感谢伯纳德·理查兹博士。原图取自恩斯特·海克尔 Ernst Haeckel，1873—1876 年间英国舰队挑战者号航海考察科学成果报告，第 18 卷

## 曼彻斯特计算机扮演的角色

我一得到图灵方程的数学解,就去探索这个解所展现的三维形状。这并不是一件容易的事,因为给出三维形状的方程涉及三个坐标,$r$(距离)、$\theta$(纬度)和 $\varphi$(经度),人们无法想象以这种方式定义的形状。我们需要知道球体上的刺位于何处,以及球体的直径和从球体中伸出的刺的长度。正常的数学可视化能力不足以完成这项任务——我当然可以——但我需要计算机的帮助。

不过,必须承认,在那个年代,计算机的作用不如现在这么大。我使用的费兰蒂 1 号没有视觉输出设备,只有一台非常原始的打印机:它只能打印数字和字符,不能打印图形。所以我决定通过高级编程来打印表面的等高线图。在第一页上显示一个数组,其中 $\theta$ 取值范围为 0° 到 90°,$\varphi$ 取值范围为 0° 到 360°,而在第二页上显示 $\theta$ 取值范围为 90° 到 180°;因此,在数值之间,这两页结果描绘了形状的南北半球。打印机在纸面上打出神秘的电传打印机符号,这些符号是图灵从布莱切利园带到曼彻斯特的。每个符号代表从球体中心(一个高度)向外延伸的距离,数值从 0 到 31。这样,整个球体表面都出现在我的二维图纸上。然后我就可以在图纸上画轮廓线,确定刺的位置,记录它们的长度。通过这种方式,计算机找到了与上述图形对应的三维形状。

图 35.6　有 20 根刺的 Cannocapsa stehoscopium
复制自伯纳德·理查兹 1954 年曼彻斯特大学理学硕士论文《放射虫的形态发生》,感谢伯纳德·理查兹博士。原图取自恩斯特·海克尔 Ernst Haeckel, 1873—1876 年间英国舰队挑战者号航海考察科学成果报告,第 18 卷

## 计算的形状与真实放射虫的比较

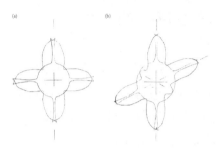

图 35.7 叠加在 Circopus sexfurcus（左）和 Circogonia icosahedra（右）之上的计算机解

复制自伯纳德·理查兹 1954 年曼彻斯特大学理学硕士论文《放射虫的形态发生》，感谢伯纳德·理查兹博士

我将计算出的形状与放射虫中最接近的形状进行了对比，匹配结果非常好。图 35.7 显示了我计算出的形状，这些形状叠加在左图的 Circopus sexfurcus（两根刺位于两极、赤道周围四根刺），以及右图的 Circogonia icosahedra（十二根刺等距离分布于表面）之上。最奇妙的是，从图灵的形态发生方程开始，我创造了生物的形状和表面结构，它们与海洋中发现的真正放射虫的外表和形状完全匹配。

## 结　　语

1954 年 5 月底，我向图灵展示了计算机生成的等高线图：在这个阶段，我对放射虫一无所知。他立即让我到大学图书馆借挑战者号探险报告，但没有告诉我报告的内容。我怀着兴奋的心情研究了放射虫的图纸，寻找与我计算机生成的形状相匹配的类型，发现了图 35.7 所示的密切匹配。这似乎是一个巨大的突破。图灵曾安排在 6 月 8 日星期二与我再次会面，但是很可惜，我们未能会面，因为他在前一天去世。他永远无法得知自己的理论获得了成功，也无法得知我得到了密切匹配的结果。

尽管如此，这些密切匹配的结果仍然是对图灵天才和远见的致敬，也是对他热爱自然的颂扬。今天，他因在密码破译、计算和人工智能方面的工作而被人们铭记和尊敬，但他在形态发生领域的开创性工作也值得同样的赞誉。[4]

第七部分

# 数学

✱✱ THE TURING GUIDE

# 第 36 章
# 介绍图灵的数学

罗宾·惠蒂

罗宾·威尔逊

艾伦·图灵对数学有着广泛而浓厚的兴趣。从剑桥的职业生涯开始,他参与了概率论、代数(群论)、数理逻辑和数论的研究。素数和著名的黎曼猜想(Riemann hypothesis)一直困扰着他,直到生命的尽头。

## 全能大师,图灵

身为数学家兼科学家,图灵热衷的研究领域非常广泛。他的数学成果包括13篇论文[1](在他有生之年并未全部发表),以及剑桥研究员论文的序言;这些论文涵盖了群论、概率论、数论(解析数论和初等数论)以及数值分析。本章重点介绍他广泛的研究范围。图灵还做了很多其他数学性质的工作,特别是在逻辑、密码分析和生物学领域。本书的其他章节对此有更详细的描述。

相比大而全地展现图灵的成就,展现其数学天赋是更现实的目标。图灵长期专注于群论和数论的研究,即使在战时也不例外;本章中,我们重点探讨他在字问题(word problem)和黎曼猜想(Riemann hypothesis)方面的工作。图灵的第三个关注点是统计分析方法:他在这一领域的工作与其战时对信号情报的贡献密不可分。I. J. 古德(I. J. Good)是图灵在布莱切利园的同事,他在新版的《论文集》中对这项工作进行了权威性描述。[2] 相比之下，图灵对概率论中的中心极限定理（central limit theorem）的证明（这为他赢得了剑桥研究员职位）[3] 却不那么有名：他很快发现该定理已被证明，这项工作从未发表过。他的兴趣立即转向了数理逻辑问题。尽管如此，这是图灵的第一次实质性研究，是其能力的初次展现，对其密码破解方法肯定产生了影响，因此成为本章的第一个主题。

1948 年，图灵发表了一篇关于数值分析的论文，本书未做详细描述。它涉及大规模计算过程中误差传播和积累的可能性；如图灵所写的与计算有关的所有论文一样，该论文具有很强的开创性、前瞻性和概念性。顺便说一句，论文中也提到了统计分析的必要性，那是涉及图灵最初的工作内容。

## 中心极限定理

"钟形"数据分布是大家熟悉的概念：比如说，女性有一个平均身高（分布的"均值"），低于这个身高的女性和高于这个身高的女性数量大致相同，在两个方向上都发生拖尾。"标准差"的测量是一种精确计算"拖尾"的方法：我们说，身高超过 2 米的女性的可能性非常小，是说这部分身高分布与均值相差大约四个标准差。更准确地说，这种拖尾可以画成一条数学曲线。

"正态分布"（也称为"高斯分布"）被认为是一条可以很好地描述钟形数据分布的曲线，尽管皮埃尔·西蒙·拉普拉斯（Pierre Simon Laplace）于 1783 年对其进行了分析，而那时卡尔·弗里德里希·高斯（Carl Friedrich Gauss）只有六岁（图 36.1）。

拉普拉斯观察到正态分布在天文计算和概率计算中很普遍。

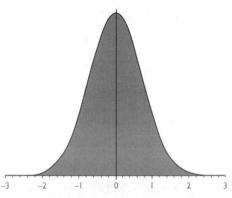

图 36.1　标准正态分布的密度函数，它的均值是 0，标准差是 1

他开始把它的值制成数表；今天的统计学和概率论教科书中通常都包含这些数表。某种标准化是必要的，我们使用"标准正态分布"，其中均值为0，标准差为1，密度函数在均值处的高度①是$\frac{1}{\sqrt{2\pi}}$。数表中的值是面积，因为它们对应于概率：给定任何非负值 $x$，任何给定测量值落在 0 和 $x$ 之间的概率，就是正态分布曲线与 0 到 $x$ 的水平轴之间区域的面积。

现在我们有了一个简单的预测方法！我在街上遇到的下一位女士身高超过 2 米的概率是多少？我将平均观测身高平移至 0，将观测标准差变换至 1（教科书中有公式告诉你怎么做），然后我在数表中查找曲线下超过 2 米的区域，查看取值——大概为 0.000 1（每一万名女性中有一名）。

图灵提出的问题是：如何对非正态分布的数据进行预测，其中该分布没有标准化的数表？他的答案是，虽然单个测量值可能无法预测，但 $n$ 个测量值之和（或算术平均值）的分布是明确的：当 $n$ 足够大时，总和以及均值都服从正态分布。图 36.2 所示的例子说明了这一点：一位女士服装供应商可以预测各种尺寸衣服的销量，因为尺寸是正态分布的。如图中所示，每位顾客的消费分布可能不稳定；然而，如右图所示，每 10 个客户的平均支出接近正态分布。因此，在对数据进行适当标准化后，供应商可以求助于常用概率表，银行经理可以放心地根据表现良好的平均支出模式进行可靠的估计。

这种在混乱中发现秩序的例子由来已久；抛硬币的行为可以追溯到 1738 年的亚伯拉罕·棣莫弗（Abraham de Moivre）。但在 20 世纪 30 年代的剑桥，业内将这一普遍现象视为"无名氏定理"。剑桥显然不了解或忽视了欧洲大陆和俄罗斯概率论的最新发展。因此，图灵给自己设置了一个任务——从第一原理出发，理解这种现象发生的原因。他在论文前言中写道：

我试图使附录 B 中提到的"流行"证明变得严谨，这就是该论文的起源。在爱丁顿教授的讲座中，我第一次听说了这个证明。

---

① 译者注：标准正态分布的密度函数是 $\frac{1}{\sqrt{2\pi}}\exp\left(-\frac{x^2}{2}\right)$，它与实数轴围成的面积是 1。这个结果由拉普拉斯首次证得，被高斯称为"拉普拉斯的美妙定理"。

爱丁顿的讲座是在 1933 年秋天；扎贝尔（Zabell）在 1995 年发表的一篇经典文章中写道，[4] 图灵的研究"在 1934 年 2 月之前"已经结束。在如此短的时间里，图灵在概率论 200 年的历史中快速前进！1922 年，在不了解俄国数学家早期工作的情况下，芬兰数学家亚尔·瓦尔德马·林德伯格（Jarl Waldemar Lindeberg）证明了中心极限定理。图灵的证明几乎与林德伯格的一样出色。林德伯格定理非常通用：被求和的 $n$ 个测量值甚至不必来自同一个分布，因此我们的女士服装供应商不必担心不同类型的客户有不同的消费模式；测量值有一个必须遵守的专业条件，现在称为"林德伯格条件"。图灵推导出一个比它更强的条件，因此其定理不那么通用，但它仍然优于 20 世纪 20 年代以前证明的任何中心极限定理。这是一项了不起的成就，显示出深刻的洞察力。图灵以独立的身份快速完成了证明。一年后，他在逻辑学方面里程碑式的发现，也体现出这些特点。

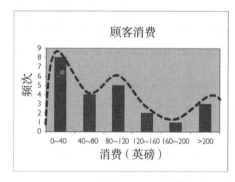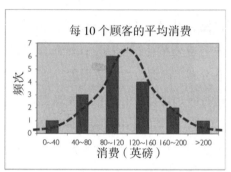

图 36.2　通过对非正态分布数据求和实现正态分布

## 群论与字问题

与现代概率论不同，群论是 20 世纪 30 年代英国数学家的主流理论。与剑桥大学毕业生图灵一样，威廉·伯恩赛德（William Burnside）也是剑桥大学的研究员和优秀的运动员。1897 年，他出版了第一本关于群论的英语书《有限阶群理论》（1911年第二版成为群论多年来的标准参考书，至今仍在刊印）。[5] 1885年，伯恩赛德于在格林威治皇家海军学院谋得一个职位，他为此拒绝返回剑桥，甚至拒绝担任彭布罗克学院院长，原因不得而知。但他是英国数学界的核心人物：担任伦敦数学学会会长，是皇家学会会员和皇家奖章获得者。

尽管伯恩赛德的影响深远，但群论并没有立即风靡英国。1908年，他在伦敦数学学会发表的会长演讲中抱怨：

毫无疑问，迄今为止，除了极少数英国数学家外，有限阶群理论没有引起任何人的兴趣；在我看来，与欧洲大陆和美国对这一主题的关注相比，英国人对它显然不感兴趣。

但他的群论教科书对国王学院的图灵产生了重大影响。菲利普·霍尔（Philip Hall）毕业于1925年，比图灵早9年。与图灵一样，他也获得了剑桥大学研究员职位，只不过对霍尔来说，他的群论论文为其一生杰出的专业化研究奠定了基础。1933年，也就是图灵当选的前一年，霍尔凭借一篇现在被认为是群论史上里程碑的论文，延续了他的研究员职位。

20世纪30年代，群论在剑桥产生了影响，特别是在国王学院。计算历史图灵档案馆中存有图灵和霍尔（1935年4月）之间的通信，讨论的是图灵发表的第一篇论文：

随函附上我的一项小规模发现。如果您能为我提出发表建议，我将不胜感激。也许您可以亲自向伦敦数学学会（LMS）推荐群论。

图灵的第一篇论文属于"小规模研究"，但正如 J. L. 布里顿（J. L. Britton）所说，"左右概周期性的等价"，[6] "肯定是一个充满希望的起点，让人们注意到，功成名就的冯·诺伊曼错失的东西。"

图灵继续写道，"我在考虑研究这类问题"——删除了"或多或少严肃地"这几个字，也许那是真情流露。他们保持着友好的通信。1935年5月，图灵写信感谢霍尔邀请他共进晚餐。图灵搬到普林斯顿后，他们之间还断断续续通过信,档案馆馆藏的只有一封涉及技术数学的信。这些信件的称呼从"亲爱的霍尔先生"到"亲爱的霍尔",再到"亲爱的菲利普"。

可见,图灵在群论领域是活跃的,并且在圈内保持密切的联系。他肯定知道组合群论这一分支的发展。组合群论围绕麦克斯·德恩(Max Dehn)在1912年前后提出的一系列深层次问题(所谓的"字问题")展开。事实上,德恩的学生威廉·马格纳斯(Wilhelm Magnus)在1932年取得了第一次真正的突破。马格纳斯在1934年至1935年访问了普林斯顿,那是图灵抵达普林斯顿的前一年。

德恩提出了几个相关问题,而所谓的字问题大致如下所述。首先,我们得到一组可以"相乘"的对象。其次,给出一组规则,这些规则表示何时简化乘法运算的结果(在普通算术中,这种规则的例子是"x×1=x")。问题是找到一种方法来回答"是"或"否":给定的乘法是否简化为"无"?

可以用电脑游戏俄罗斯方块作一个粗略的类比。如果一些形状可以排列成一个连续的行,则这些形状集合得以简化。在图36.3中,底部一行没有简化,但如果旋转下降块列并将其插入明

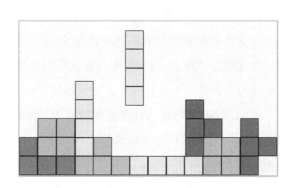

图 36.3　俄罗斯方块示意图:第二行有可能简化

显的间隙中,第二行会简化。一个俄罗斯方块的字问题可能是:给定一系列下降的形状,它们是否可以"相乘"(也就是说,移动到适当的位置),以便在最后一个形状降落时,整个序列简化为无?

为了更接近实际的群论,假设我们被要求将下面的数字相乘 $\frac{1}{2}, 2, 4, \frac{1}{3}, 6, \frac{1}{8}$,其乘积写为:

$$2^{-1} \times 2 \times 4 \times 3^{-1} \times 6 \times 8^{-1}$$

上标 -1 表示倒数(或者逆元)。该乘积的结果是否是1?这是一个字问题,

但不是一个很难解的问题！答案很容易确定为"是"。显然有一种方法或"算法"来获得这个答案，因为你的电子计算器能算出结果。

如果我们使用变量，用 $p$ 替换 2，$q$ 替换 3，并做相应的乘法运算，会发生什么情况：

$$p^{-1} \times p \times p \times p \times q^{-1} \times p \times q \times p^{-1} \times p^{-1} \times p^{-1} ?$$

答案仍然是肯定的，只要乘法可以转换为：$p \times q^{-1} = q^{-1} \times p$。虽然分数的一般乘法具有交换性，但抽象群不具有交换性。在字问题中，我们得到了一个变量列表，如 $p$，$q$ 和 $r$，我们可以假设乘以 1 后，任何变量都保持不变，而逆元相消 $p \times p^{-1} = p^{-1} \times p = 1$），以及结合律成立：$(p \times q) \times r = p \times (q \times r)$。其他任何东西都是作为一条规则具体给出的（专业术语为"关系元"）。

如果我们宣布 $q^{-1} \times p \times q \times p^{-1} = 1$ 是一条游戏规则，那么上面显示的"字"将约减为 1。但如果我们宣布有两条规则，那会发生什么呢？

规则 1：$p \times q \times p^{-1} \times p^{-1} = 1$ 和规则 2：$q^{-1} \times p = 1$

这个问题有点棘手，我们必须在应用规则 1 之前应用规则 2，但答案仍然是"是"。这就引出了一个抽象的一般性问题：给定一组有限变量和一组有限规则，以及一个通过将变量及其逆元相乘得到的"字"，字是否会约减到 1？字问题本身就是关于可计算性的：我们能指定一个算法来回答这个问题吗？换句话说，给定一组变量和一组规则，同时指定一个群 $G$，$G$ 的输入是一个由给定变量及其逆元组成的字 $W$，其输出是"是"还是"否"取决于 $G$ 中的 $W$ 是否等于 1。我们能根据 $G$ 编写一个计算机程序吗？

威廉·马格纳斯（Wilhelm Magnus）1932 年的突破性研究证明，如果只有一条规则，那么确实存在解决字问题的算法。1952 年，在莫斯科国家教师培训学院工作的彼得·谢尔盖耶维奇·诺维科夫（Pyotr Sergeyevich Novikov）取得了一项更大的突破，证明了一般意义上的字问题不可能存在任何算法。他的成果在两方面归功于图灵。首先，通过假设一个算法的存在性而导出某个已知算法不可解问题的算法解，从而证明了该算法的不存在性。多亏了图灵 1936 年发表的关于可计算性的论文，这些不可解问题才被人们所知，并且认识到可（通过图灵机）用一些方法在问题之间进行转换。其次，1950 年，图灵发表了他自己的"小规模"突破性论文，证明了字问题对于"带消去律的半群"这类对象是不可解的。诺维科夫里程碑式的论文引用了图灵的这两篇论文。[7]

与一流数学家经常遇到的情况一样,图灵从一个更强断言的有缺陷的证明中拯救了其结果:图灵认为他已经证明了一般群的不可解性(诺维科夫的成就);他的证明中有一个错误,但也有实质性的见解。对于半群,从描述中删除逆元,我们甚至不必有一个单位元(1)。所以,我们只剩下结合律[回想:$(p \times q) \times r = p \times (q \times r)$]。在这种情况下,我们不能问一个字是否会约减为1;相反,我们问两个字是否可以相互归约。由于在半群中能处理的结构要少得多,因此更容易确定其字问题的可解性:它是不可解的。1947年,埃米尔·泊斯特(Emil Post)和安德烈·安德烈耶维奇·马尔可夫(Andrei Andreyevich Markov)分别证明了这一点。有人认为图灵大概就是在那时第一次听说了字问题,[8]这个说法似乎有些奇怪,因为他与群论有着密切而长期的关联。尽管如此,他显然被这个问题迷住了,一如既往地以极快的速度掌握了这个问题,甚至相信自己已经解决了这个问题。不管怎样,他的条件比泊斯特和马尔可夫的多:一个带消去律的半群增加了一点点结构,我们可以假设 $pq=pr$(通过消去律)推导出 $q=r$。

如果图灵未能解决一般群的字问题,那么他的剑桥同代人,著名的群论家伯恩哈德·诺伊曼(Bernhard Neumann)也没有更胜一筹!诺伊曼的学生 J. L. 布里顿回忆说:[9]

有一段时间(可能是1949年),他(伯恩哈德·诺伊曼)相信自己已经发现了证明字问题可解的一个证据;在向图灵提及此事时,他很尴尬地得知,图灵刚刚完成了它不可解的证明。两人立即重新检查了各自的证明,发现两个证明都是错的。

## 素 数

图灵对黎曼猜想的兴趣源于20世纪30年代,当时他刚到剑桥。1932年,剑桥数学家 A. E. 英厄姆（A. E. Ingham）写了一篇关于素数的经典著作。图灵在 1933 年购买了这本书，并于 1937 年前后开始认真研究素数问题。[10]

"素数"是一个大于 1 的自然数，其因数只有它自己和 1：因此 17 是素数，而 18=2×3×3 不是。50 以内的素数是：

2、3、5、7、11、13、17、19、23、29、31、37、41、43、47

请注意，我们无法写出一个完整的素数表——它们是无穷无尽的。这一著名结论出现在欧几里德（也译作：欧几里得）的《几何原本》第九卷中，是数学上最引人入胜的证明之一。用现代语言来说，我们假设结论是错误的——只有有限个素数（比方说，$p$，$q$，$\cdots$，和 $z$）——并且考虑数 $N=(p\times q\times\cdots\times z)+1$。由于 $p\times q\times\cdots\times z$ 可被这些素数中的每一个整除，$N$ 就不能被它们中的任何一个整除，因此必然存在另一个素数——或者是 $N$ 自身或者是它的一个素因数。这与我们的假设（即 $p$，$q$，$\cdots$，$z$ 是仅有的素数）相矛盾。所以，存在着无限多个素数。

素数是数学的核心，因为它们是数字的基本构成要素——每一个整数都可以由它们构成。例如，60=2×2×3×5，一般来说，不考虑因子的书写顺序，每个整数只有一种方式的素数分解。

素数是如何分布的？尽管在我们的列表中，它们越来越"稀少"，但好像并非以规律的方式分布。例如，不管我们往后看多少数，似乎都会出现差值为 2 的两个素数（如 5 和 7，或 101 和 103），尽管这一点从未被证明。[①] 另一方面，制造任意长的非素数列表很简单。对于 1 000 万左右的数字，其下 100 之内包含 9 个素数（这相当多），其上 100 之内只包含 2 个素数。

在 1975 年波恩大学的就职演讲中，杰出的数论学家唐·扎吉尔（Don Zagier）说：[11]

我想要说服你们的两个事实非常客观，它们将永远铭刻在你们心中。首先，

---

① 译者注：美籍华裔数学家张益唐在 2013 年证明了孪生素数猜想的一个弱化版本：存在无穷多个差值小于 7 000 万的素数对。这是一个关键的突破，其他数学家把 7 000 万减少至 246，虽然离孪生素数猜想还有一段距离，但人们已经看到了希望之光。

素数是数学家研究过的最随意的对象：它们像杂草一样生长，似乎只服从偶然规律，没有人能预测下一个素数会从哪里冒出来。第二个事实更令人吃惊，因为它的表述正好相反：素数是非常规律的，它们的表现受规则控制，它们以军事般的精准性严格地遵守着这些规则。

为了理解他的意思，我们将考虑素数计数函数 $p(x)$，它计算自然数 $x$ 之内素数的个数。所以，$p(10)=4$，因为 10 以内只有四个素数 (2，3，5，7)，并且 $p(20)=8$，因为后面还有四个素数 (11，13，17，19)。以此类推，我们发现：

$$p(100)=25, \quad p(1\,000)=168, \quad p(10\,000)=1\,229$$

如果我们把 100 以内的素数的个数画在一张图上，会得到一个锯齿状的曲线——每个新的素数都会产生一个跳跃。但是，如果我们往后观察 100 000 以内的素数，会得到一条漂亮的平滑曲线——这些素数的增长看起来确实非常有规律（图 36.4）。

通过比较 $x$ 和 $p(x)$ 随 $x$ 增加的值，我们可以更精确地描述这种规律性。我们得到了表 36.1，其中列出了 $x$，$p(x)$，以及它们的比率 $x/p(x)$。

在 100 以内，四分之一的数字是素数。在 1 000 以内，大约六分之一是素数，依此类推。我们注意到，只要 $x$ 乘以 10，$x/p(x)$

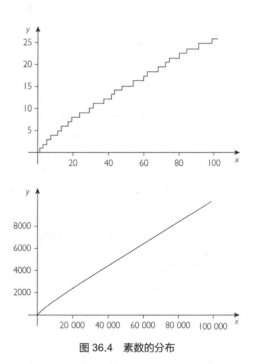

图 36.4　素数的分布

的比率似乎增加了 2.3 左右，以此可以更精确地表示这种"变稀"。数字 2.3 是 10 的自然对数，自然对数函数 $y=\ln x$ 将乘法转化为加法。我们可以这样总结这一现象：随着 $p(x)$ 的增加，$p(x)$ 类似于 $x/\ln x$——或者更准确地说，当 $p(x)$ 变大时，$p(x)$ 和 $x/\ln x$ 的比率接近 1。这一著名结果被称为"素数定理"（prime number theorem）：德国天才数学家卡尔·弗里德里希·高斯（Carl Friedrich Gauss）15 岁时对素数进行实验，猜到了这个结果。但直到 1896 年，法国数学家雅克·阿达马（Jacques Hadamard）和比利时数学家查尔斯·德拉瓦勒·普桑（Charles de la Vallée Poussin）利用微积分中的复杂概念各自独立地证明了这一点。

表 36.1　$x$，$p(x)$ 和比值 $x/p(x)$

| $x$ | $p(x)$ | $x/p(x)$ |
| --- | --- | --- |
| 10 | 4 | 2.5 |
| 100 | 25 | 4.0 |
| 1 000 | 168 | 6.0 |
| 10 000 | 1229 | 8.1 |
| 100 000 | 9592 | 10.4 |
| 1 000 000 | 78,498 | 12.7 |
| 10 000 000 | 664,579 | 15.0 |
| 100 000 000 | 5,761,455 | 17.4 |

## 黎 曼 猜 想

什么是黎曼猜想？它是由伟大的德国数学家伯恩哈德·黎曼（Bernhard Riemann）提出的。黎曼在哥廷根大学担任教授，追随高斯的脚步，去世时年仅 40 岁。1859 年，当选为柏林科学院院士的黎曼被要求给科学院学报撰稿，结果他发表了唯一一篇数论论文《论小于给定数值的素数的个数》，现在被奉为经典。[12]

大致而言，黎曼猜想问道："一个特定方程的所有解都有特定的形式吗？"这个问题非常模糊，150 年过去了，仍然没有答案。问题的完整表述是：泽塔函数（Zeta function）的所有非平凡零点的实部都是 $\frac{1}{2}$ 吗？但这是什么意思？

它与素数有什么联系？

要回答这些问题，我们需要进入无穷级数的世界：

$$1+\frac{1}{2}+\frac{1}{4}+\frac{1}{8}+\frac{1}{16}+\cdots$$

分母是 2 的幂，永远持续下去，这就是它被称为"无穷级数"的原因。如果我们把序列中的所有数字加在一起会发生什么？如果我们一个接一个地加起来，我们得到：

$$1,\quad 1+\frac{1}{2}=1\frac{1}{2},\quad 1+\frac{1}{2}+\frac{1}{4}=1\frac{3}{4},\quad 1+\frac{1}{2}+\frac{1}{4}+\frac{1}{8}=1\frac{7}{8},$$

每当我们只加上有限的级数项，实际上永远不会达到 2，但只要加上足够多的项，就可以得到任意接近 2 的结果；例如，我们可以通过将序列的前 12 项相加，距离 2 至 1/1000 以内。我们可以这样表示，无穷级数收敛到 2，或者有无穷和 2，写作：

$$1+\frac{1}{2}+\frac{1}{4}+\frac{1}{8}+\frac{1}{16}+\cdots=2$$

同样地，我们可以证明：

$$1+\frac{1}{3}+\frac{1}{9}+\frac{1}{27}+\cdots$$

其中，每个项是前一项的三分之一，收敛到 $1\frac{1}{2}$，对于任意数 $p$，我们可以写出：

$$1+\frac{1}{p}+\frac{1}{p^2}+\frac{1}{p^3}+\cdots=\frac{p}{p-1}$$

我们稍后需要这个结果。

然而，并非所有的无穷级数都会收敛。没有有限和的级数的一个著名例子是所谓的调和级数：

$$1+\frac{1}{2}+\frac{1}{3}+\frac{1}{4}+\cdots$$

其中，分母为自然数 1，2，3，…。为了了解这个级数为什么不收敛，我们将它括起来：

$$1+\frac{1}{2}+\left(\frac{1}{3}+\frac{1}{4}\right)+\left(\frac{1}{5}+\frac{1}{6}+\frac{1}{7}+\frac{1}{8}\right)+\cdots$$

但每个括号内表达式中的数字之和大于$\frac{1}{2}$，因此整个级数大于$1+\frac{1}{2}+\frac{1}{2}+\frac{1}{2}+\cdots$。它的增长没有极限。因此，调和级数不能收敛到任何有限数。

令人惊讶的是，即使我们扔掉大部分的项，只留下那些分母是素数的：

$$\frac{1}{2}+\frac{1}{3}+\frac{1}{5}+\frac{1}{7}+\frac{1}{11}+\cdots$$

那么，它仍然没有有限和。

在18世纪早期，一个著名的挑战是求出以下无穷级数的精确和：

$$1+\frac{1}{4}+\frac{1}{9}+\frac{1}{16}+\frac{1}{25}+\cdots$$

其中，分母是平方1，4，9，16⋯。瑞士数学家莱昂哈德·欧拉（Leonhard Euler）回答了这个问题，他证明这个级数收敛到$\frac{\pi^2}{6}$，这是一个意想不到的非凡结果。同样，他证明了4次方的倒数之和是$\frac{\pi^4}{90}$，6次方的倒数之和是$\frac{\pi^6}{945}$，等等。他称$k$次幂之和为$\xi(k)$，将之命名为"泽塔函数"，即，

$$\xi(k)=1+\frac{1}{2^k}+\frac{1}{3^k}+\frac{1}{4^k}+\cdots$$

所以，$\xi(1)$是无定义的（因为调和级数没有有限和），但是$\xi(2)=\frac{\pi^2}{6}$，$\xi(4)=\frac{\pi^4}{90}$，等等。事实证明，对于任意数$k>1$皆有$\xi(x)$的级数收敛。

虽然泽塔函数和素数似乎没有任何共同之处，但欧拉发现了一个关键的联系（见框36.1），它可以用来提供素数有无穷多的另一个证明。现在，我们为黎曼猜想做了准备，艾伦·图灵对此非常感兴趣。正如我们所看到的，泽塔函数$\xi(k)$对任意数$k>1$皆有定义。在其他数$k$上，我们可以定义$\xi(k)$吗？例如，我们如何定义$\xi(0)$或$\xi(-1)$？我们不能用同样的无穷级数来定义它们，因为那样我们就会有：

$$\xi(0)=\frac{1}{1^0}+\frac{1}{2^0}+\frac{1}{3^0}+\frac{1}{4^0}+\cdots=1+1+1+1+\cdots$$

$$\xi(-1)=1+\frac{1}{2^{-1}}+\frac{1}{3^{-1}}+\frac{1}{4^{-1}}+\cdots=1+2+3+4+\cdots$$

这两个级数都不收敛。所以，我们需要找到其他的方法。

作为我们如何继续的线索，我们可以证明，对于$x$的某些值，皆有：

$$1+x+x^2+x^3+\cdots=\frac{x}{1-x}$$

我们已经看到,当 $x=1/p$ 时,这是正确的。但是可以证明,左边的级数只有在 $x$ 介于 $-1$ 和 $1$ 之间时才收敛,而右边的式子除了 $1$($1/0$ 没有定义)之外都可以。因此,我们可以通过使用右边的式子重新定义,将左边级数的定义扩展到 $x$ 的所有值(1 除外)。

以同样的方式,黎曼发现了一种将泽塔函数的无穷级数定义扩展到除 1 以外的所有数 $x$(包括 0 和 -1)的方法。但他更进一步,将定义扩展到几乎所有的复数。这里,"复数"是形如 $x+iy$ 的符号,其中 $i$ 表示"-1 的虚根";$x$ 称为复数的实部,$y$ 称为虚部。复数的例子有 $3+4i$ 和 $2i$(等于 $0+2i$),像 3 这样的实数可以看作是 $3+0i$。这里没有什么特别神秘的东西,它的意思是,每当我们在计算中遇到 $i^2$,我们就用 $-1$ 代替它。使用一种称为"解析延拓"(analytic continuation)的技术,黎曼将泽塔函数的定义扩展到除 1 以外的所有复数(因为 $\zeta(1)$ 没有定义)。当 $k$ 是一个大于 1 的实数时,我们得到与以前相同的值;例如,$\zeta(2)=\frac{\pi^2}{6}$。

---

**框 36.1　泽塔函数和素数**

我们可以将 $\zeta(1)$ 的级数写成如下:

$$\zeta(k)=1+\frac{1}{2}+\frac{1}{3}+\frac{1}{4}+\cdots=\left(1+\frac{1}{2}+\frac{1}{4}+\cdots\right)\times\left(1+\frac{1}{3}+\frac{1}{9}+\cdots\right)\times\left(1+\frac{1}{5}+\frac{1}{25}+\cdots\right)$$

其中,每个括号只包含一个素数的幂。使用我们先前的结果 $1+\frac{1}{p}+\frac{1}{p^2}+\frac{1}{p^3}+\cdots=\frac{p}{p-1}$,给出:

$$\zeta(1)=2\times\frac{3}{2}\times\frac{5}{4}\times\cdots=2\times 1\frac{1}{2}\times 1\frac{1}{4}\times\cdots$$

如果只有有限个素数,那么右边将有一个固定值。这意味着 $\zeta(1)$ 具有相同的值,但情况并非如此,因为它没有定义。所以,一定有无穷多个素数。

欧拉扩展了这些想法,他证明了,对于任意数 $k>1$:

## 第七部分·数学　　　第 36 章·介绍图灵的数学　455

$$\xi(k) = \frac{2^k}{2^k-1} \times \frac{3^k}{3^k-1} \times \frac{5^k}{5^k-1} \times \frac{7^k}{7^k-1} \times \cdots$$

这个非凡的结果在泽塔函数和与素数密切相关的乘积之间建立起一个意想不到的联系——泽塔函数涉及自然数的幂的倒数之和,似乎与素数无关。这是一个重大的突破。

我们可以在"复平面"上几何地表示复数。这个二维数组由所有点$(x,y)$组成,其中点$(x,y)$表示复数$x+iy$;例如,点(3,4),(0,2)和(1,0)表示复数$3+4i$,$2i$和1。

我们已经看到了高斯是如何试图解释为什么素数会变稀少的,他提出了$x$以内的素数个数的估计为$x/\ln x$。黎曼的伟大成就是获得了$x$以内的素数个数的一个精确公式,他的公式以一种关键的方式涉及所谓的"泽塔函数的零点"——满足方程$\xi(z)=0$的复数$z$。

当$z=-2,-4,-6,-8,\cdots$时,有$\xi(z)=0$,这些$z$被称为泽塔函数的"平凡零点",泽塔函数的所有其他零点("非平凡零点")位于$x=0$和$x=1$之间的垂直带内(所谓的"临界带")。当我们离开水平轴时,前几个非平凡的零点如下:

$$\frac{1}{2} \pm 14.1i, \quad \frac{1}{2} \pm 21.01i, \quad \frac{1}{2} \pm 25.01i, \quad \frac{1}{2} \pm 30.4i$$

虚部(如14.1)为近似值,但实部均等于$\frac{1}{2}$(图36.5)。由于所有这些点都具有形式$\frac{1}{2}+iy$,问题就出现了:临界带中的所有零点是否都位于$x=\frac{1}{2}$这条直线上?

黎曼猜想这个问题的答案是"是"。众所周知,临界带中的零点是对称的,既关于$x$轴水平方向对称,也关于直线$x=\frac{1}{2}$垂直方向对称,当我们沿着直线

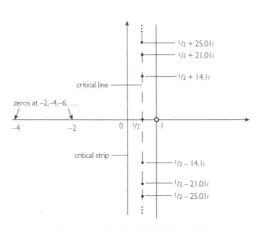

图 36.5　复平面中泽塔函数的零点

$x=\frac{1}{2}$ 垂直上下移动时，许多零点确实位于其上；事实上，前一万亿个零点都位于这条直线上！然而，是所有的非平凡零点都在直线 $x=\frac{1}{2}$ 上，还是前一万亿个非平凡零点只是一种巧合？

现在人们普遍认为所有非平凡零点都位于这条直线上，但证明这一点是整个数学中最著名的未解决的挑战之一。只要找到直线外的一个零点，就会对数论乃至整个数学造成巨大的破坏。但即使过去一个半世纪，也没人能够证明黎曼猜想。

## 图灵与黎曼猜想

1936 年，当图灵在普林斯顿时，牛津数学家 E. C. 蒂奇马什（E. C. Titchmarsh）[13] 证明了在高度 1 468 之内，所有零点都出现在临界线上。在接下来的一年里，根据英厄姆的建议，图灵开始认真研究泽塔函数的零点。与蒂奇马什一样，但与大多数其他数学家不同的是，图灵认为黎曼猜想可能是错误的，他考虑建造一台特殊的"齿轮"计算机器来搜索临界线之外的任何零点。

图灵写了两篇关于黎曼猜想的论文。1939 年在剑桥撰写的第一篇论文直到 1943 年才发表，具有很强的专业性，包括计算泽塔函数值的数值方法。[14] 尽管图灵改进了蒂奇马什的一些工作，但由于电子计算机的使用带来的进步，图灵的结果很快被取代了。同年，图灵向英国皇家学会提交了一份关于建造"泽塔函数机器"的提案，他希望借助该提案将蒂奇马什的数值结果扩大约 4 倍（即达到大约 6 000 的高度）。由于战争的爆发，这台机器的建造从未完成。

1948 年，图灵来到曼彻斯特计算机实验室，1950 年 6 月，在那里，他利用费兰蒂 1 号电子计算机对泽塔函数的零点进行了计算。他的第二篇论文详细描述了这一过程，他在高度 25 000 附近寻找临界线之外的零点，并最终证明在高度 1 540 以内没有这样的零点——相比更多的期待，他说这是一个"微不足道的进步"。图灵解释说：[15]

这些计算是提前一段时间计划好的，但事实上不得不仓促进行。如果不是因为计算机在下午 3 点到第二天早上 8 点这段异常长的时间内处于可用的状态，计算可能根本无法完成。事实上，在这段时间内，对区间 $2\pi 63^2 < t < 2\pi 64^2$[24 938 至 25 735] 进行了研究，但所取得的成果很少。对区间 1 414 < $t$ < 1 608 进行了调查和检查，但遗憾的是，此时机器出现故障，没有进行进一步的工作。此外，随后发现该区间运行时出错，因此可以肯定的是，在 $t$=1 540 以内零点都位于临界线上，蒂奇马什调查到了 1 468。

关于图灵和黎曼猜想的更多信息，可在布克（Booker）[16]、赫哈尔（Hejhal）和奥德利兹科（Odlyzko）的文章中找到。[17]

## 结　　语

如果黎曼猜想的实际陈述在大规模积累之后出现个令人扫兴的结局，那么其后果将是巨大的。回顾黎曼发现泽塔函数的零点在素数计数函数 $p(x)$ 中所起的作用，以及他关于 $x$ 之内的素数个数的精确公式（涉及泽塔函数），我们注意到这些零点与直线 $x=\frac{1}{2}$ 的任何偏离都会对黎曼的精确公式产生至关重要的影响，因为我们对素数行为的理解与这个公式有关。如果黎曼猜想不成立，那么素数定理仍然是正确的，但它将失去对素数的控制，而不是唐·扎吉尔所说的"军事般的精准性"，素数将被发现处于完全的兵变状态！

我们以一个意料之外的发展作为结语。1972 年，美国数论学家休·蒙哥马利（Hugh Montgomery）参观普林斯顿高等研究院的茶室，发现自己对面坐着的是著名物理学家弗里曼·戴森（Freeman Dyson）。蒙哥马利一直在探索临界线上零点之间的间距，戴森说："但这些只是量子混沌系统能级之间的间距"。如果这个类比真的成立，就像许多人认为的那样，那么黎曼猜想很可能在量子物理学中产生影响。也许正好相反，将是量子物理学家而不是数学家，利用他们对这些能级的知识证明黎曼猜想。图灵肯定会对这样的评论感到高兴！

# 第 37 章
# 可判定性和判定问题

罗宾·惠蒂

1936 年,图灵发明了一种今天称为图灵机的数学计算模型。他打算用图灵机来刻画人类的计算,特别是作为一种工具,用来反驳大卫·希尔伯特(David Hilbert)20 世纪早期数学机械化计划的核心部分。具有讽刺意味的是,它明确了什么是非人类计算员可以实现的,并且已经深深植根于现代计算机科学中。一个简单的例子足以说明图灵机的基本原理。然后,我们描述希尔伯特计划的背景和图灵的挑战,并解释图灵对希尔伯特的回应如何解决数学和逻辑中的一系列相关的问题。

## 30 秒了解图灵

如果我必须在不到 30 秒的时间内描绘艾伦·图灵在 1936 年所取得的成就,那么在我看来,画出图 37.1 的图是合理的选择。这可能是对图灵 1936 年关于可计算性的论文中具体和抽象的非凡融合的一个佐证。[1] 我想,绝大多数数学科学家都认为这是他最伟大的作品。

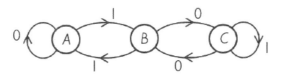

图 37.1 处理二进制数的机器

这张图的细节并不特别重要。它正是一台用来判断哪些二进制形式的整数是 3 的倍数的机器。它是这样运作的：假设数字是 105，其二进制表示是 1101001，因为 $(1 \times 2^6) + (1 \times 2^5) + (0 \times 2^4) + (1 \times 2^3) + (0 \times 2^2) + (0 \times 2^1) + (1 \times 2^0) =$ 64+32+8+1=105。我们从标记为 A 的节点开始，使用二进制数字驱动我们从一个节点到另一个节点。前两个 1 带我们到节点 B，然后再回到 A。第三个数字 0 在 A 处循环，现在 1 和 0 将我们带到节点 C；最后的 0 和 1 再次通过 B 回到 A。现在，如果我们在 A 结束，则我们有一个 3 的倍数，否则我们没有。你可以自己尝试更多的例子：二进制中的 9 是 1001，这很有效；19 是 10011，它把我们留在节点 B，这样也有效，依此类推。

假设你给我 90 秒的时间介绍图灵！现在，我将画一幅更为精细的图（图 37.2）。表格告诉我如何用箭头连接节点（1 表示有箭头，0 表示无箭头）以及在箭头上放置什么标签（$p$ 列和 $q$ 列）。通过将所有元素（标签 A、B、C、$p$ 和 $q$ 是无关紧要的）记为一个 0 和 1 的字符串可完整地描述该表格。我的机器本身就变成了一个二进制数！我们让机器运行于自身，仅仅因为我们做得到：我们在节点 C 上结束，所以 27353 不是 3 的倍数。你可能知道"被 3 整除"的诀窍，但是我的机器表现出令人印象深刻的极简主义，尽管可能有点慢。

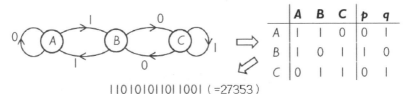

图 37.2 从机器到列表，再到（二进制）数字

允许我进行一次 2 分钟的介绍，我会在图中添加这个自动运行的功能（图 37.3）。这台机器有一个"纸带"，它从中读取二进制输入，从左至右，

就像你自己写下一个数字并用机器进行实验一样。但最后额外的 30 秒给我的介绍带来了另一个更重要的改善。现在，机器也在纸带上输出：在图的底部，它擦去了输入的数字，并在输入数字的位置上写入一个两位的二进制数。如果机器在节点 A 停止，则该数字是 00；如果机器在节点 B 停止，则该数字是 01；如果机器在节点 C 停止，则该数字是 10。事实上，机器正在计算：27 353 除以 3 的二进制余数。

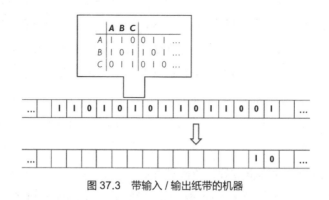

图 37.3　带输入 / 输出纸带的机器

机器现在在纸带上读写运行时，以表格形式融合了原始的三节点图（图 37.1），但它有额外的列来告诉它在纸带上左右移动，以及在适当的情况下写入和读取。

至此，用一张图，花了 2 分钟介绍完艾伦·图灵如何创立了计算机科学：用一台机器在线性纸带上读写二进制数字。机器本身可以用一个二进制数来表示，然后可以应用到它自身：这看起来好像是一件奇闻趣事，但我们将了解到它远不止如此。首先，回顾一些历史背景。

## 希尔伯特注定失败的计划

图灵工作的背景是这样的（另见第 7 章）。1900 年，大卫·希尔伯特（David Hilbert）在巴黎国际数学家大会上发表了一份"千禧年问题"清单，这些问题涵盖了当时所知的大部分数学。希尔伯特的数学尝试在广度和深度上都是同时代人中无与伦比的，第十个问题，用后图灵语言描述，就是编写一个计算机程序，读入方程，根据方程是否有整数解输出"是"或"否"。

当然，这是一个巨大的挑战。例如，费马大定理，即 $x^n+y^n=z^n$ 对于 $n \geqslant 3$ 没有正整数解，如果我们输入 $x^{n+2}+y^{n+2}=z^{n+2}$，将得到"否"，进而证明费马大定理。但希尔伯特坚信，任何这样的挑战都必须屈服于人类的创造力：[2]

> 对每一个数学问题都是可解的这一信念是对数学工作者的强大激励。我们听到自己内心永恒的呼唤：问题存在。寻求它的解。你可以用纯粹的推理找到它，因为在数学中没有无知。

严格地说，希尔伯特第十个问题涉及所谓的"丢番图方程"（Diophantine equations），其中求取变量 $x$，$y$，$z$ 等的整数解，这些变量通过相加、相乘、提升为整数次幂而得到的此类代数表达式被称为"多项式"。在费马方程中，变量 $n$ 本身就是一个次幂，因此，恰当地说，这个方程不是丢番图方程。希尔伯特不会认为这种情况情有可原。没有任何数学方程能够为无知辩护（"我们将不得而知"）：这个问题，无论是可解的还是不可解的，都必须服从于纯粹的理性。

更一般地说，说一个问题是"可判定的"（decidable），就是说它可以交给一个能解决它的计算机程序。该程序的输出可以是"是"或"否"：我们不必有更高的要求，但我们需要在有限的步骤中得到输出。借助这个定义，我们可以重新表述希尔伯特：他坚持认为求方程整数解的问题是可判定的。

在做出这一定义时，我们可以依靠对计算机和计算机编程思想的了解；可是在1936年，艾伦·图灵不得不为自己发明这些想法。但是，在三十年的时间里，希尔伯特问题已经足够清楚地展现了可判定性的挑战。为了解决这一问题——即为数学的某些分支提供计算基础，似乎涉及大量可预见的技术进步的积累。然而，要证明希尔伯特问题无法解决，需要一个完全的创新，一个关于计算意味着什么的理论。图灵在24岁时独自提出了这一理论。尽管并非只有他一人取得了这一成就，但他的理论意义深远且极其实用，他遗留的数学思想与技术至今仍在研究之中。

## 判定问题

到了 20 世纪 20 年代，希尔伯特的视野已经远远超出了第十问题的范围，涵盖了所有的数学真理。丢番图方程是算术的一部分，说一个特定的方程是可解的就是证明一个算术定理。我们应该有一个系统的程序来决定这个断言是否有效，对于几何学、逻辑学或数学的任何其他部分也是如此。

因此，在希尔伯特看来，他的目标是征服整个数学：给定任何数学系统 $S$（例如算术），他想确定，对于任何命题 $P$：

完备性：$P$ 或非 $P$ 在 $S$ 中是可证的；

一致性：$P$ 和非 $P$ 在 $S$ 中不能同时可证；

可判定性：存在一个有限步骤的过程，可判定 $P$ 在 $S$ 中是否可证。

希尔伯特理念的伟大程度无论怎样估计都不为过：从完备性和一致性出发，真理和可证性成为同义词；然后，通过可判定性，真理变得可确定。这是希尔伯特振聋发聩的"在数学中没有无知"的精彩实现。

唉，在希尔伯特生命的最后十年，他的计划被打击得片甲不留。1931 年，库尔特·哥德尔证明了他的不完备性定理。[3] 他首先展示了至少具备普通算术表达能力的任何系统 $S$ 的完备性反例；接着证明了，一致性本身不能作为 $S$ 的一个定理来证明。这就留下了判定问题（Entscheidungsproblem）：我们可能至少希望有一个过程来检查哪些定理是可证的，即使"否"的答案不能提供定理是错误的证明。到 1936 年，这一希望也同时被大西洋两岸的阿隆佐·邱奇（Alonzo Church）、埃米尔·泊斯特（Emil Post）和艾伦·图灵摧毁，其中邱奇、泊斯特的工作是在普林斯顿独立进行的。

## 康托尔与对角化

艾伦·图灵 1936 年的论文《论可计算数及其在判定问题上的应用》的标

题中指出了它所包含的非凡创造力。对希尔伯特崇高计划的反驳出现在最后一节——第 11 节，几乎是水到渠成。在反驳之前，图灵创建了计算模型和通用计算（universal computation）的概念，并证明了按此模型，实数的某些性质是无法通过计算来判定的。将这种不可判定性转化为判定问题是通过另一种新的想法来实现的，即计算之间的归约（reduction）：这种想法最终否定了希尔伯特，甚至否定了丢番图方程的可解性。

图灵在 20 岁出头时已经是一位造诣颇深、博览群书的数学家，他能够在论文中阐述两个专业主题。一个是"可枚举性"或"可数性"的概念：通过将无限集合的元素与正整数对齐（即通过"计数"）来系统地列出这些事物。另一个是将数学想法约化为对字符串的符号操作，这在 20 世纪 30 年代的群论和拓扑学的某些问题中很常见。

在对判定问题优雅一击之前，图灵通过应用可数性热了热身，正如科普兰在他的论文指南中所说的那样，[4] 希尔伯特阵营似乎忽略了这一点。他的观点是，完备性意味着可判定性，因为我们可以列举所有命题的所有证明：长度为一个字母的命题（如果有的话），长度为两个字母的命题，等等。最终，对于任何命题 $P$，在有限的步骤中，$P$ 或非 $P$ 都必然作为已证命题出现。

可数性的概念可以追溯到 19 世纪末，尤其是格奥尔格·康托尔（Georg Cantor）的工作，希尔伯特支持康托尔的工作，因为他将无限置于一个安全的数学基础上。1874 年，他证明了以下结果，现在称为康托尔定理：

我们无法枚举所有无限 0-1 序列。

这个结果意义深远，由一种称作"对角化"的技巧证得，似乎是康托尔在 1891 年首次使用，而图灵在 45 年后重新使用。假设我们可以枚举所有无限 0-1 序列，将它们与正整数对齐：$s_1, s_2, s_3, \cdots$。定义对角序列 $S$，它的第 $i$ 个元素就是 $s_i$ 的第 $i$ 个元素的对立（opposite）元素；例如，如果 $s_4 = 0011001\cdots$，其中第四个元素是"1"，则 $S$ 的第四个元素必须是"0"。现在，$S$ 至少在一个元素上与我们所枚举的每个序列不同，因此 $S$ 逃过了枚举，其存在性与假设矛盾。

是时候回到图灵名篇的开场白了：一台由有限二进制序列描述，并在有限二进制序列上运行的机器。这样的机器是可枚举的（康托尔的对角化不适用于有限序列的集合）。但是，图灵能够使用与康托尔证明中完全相同的自指（self-referencing）技巧，并将其应用于机器的枚举。这一成果产生了深远的影响。

## 图灵的机器

我们使用"除以3的余数"机器来表示图灵的人类计算模型。它具有图灵通用模型的所有特征：它可以用二进制序列表示，在纸带上前后读写。它的纸带必须是无限长的，这样机器才能永远工作下去，也许能产生无限量的输出。至关重要的是，机器的二进制表示可以写在自己的输入纸带上，从而将机器应用于自身。

图灵提出，在一台机器的输入纸带上可以有一台机器，这个想法引起一场变革，原因有二。首先，我们可以设想一种巧妙的机器，它在输入纸带上找到另一台机器，不管这是什么机器，它会精准执行输入机器设计要执行的步骤。因此，这种巧妙的机器被称为"通用机器"：它是现代存储程序式计算机的蓝图。图灵设计了这样一台机器。

其次，将巧妙的机器放在自己的输入纸带上产生自指计算，我们将看到，这驳倒了判定问题。

我们当然不会试图描述图灵的通用机器是如何工作的，尽管这只是他1936年论文中的几页密集内容。但我们将尽可能密切关注他如何有效运用该机器，先从图灵原始术语表开始：

描述编号（description number）：机器定义的数字编码（可枚举为有限的0-1字符串）。

无环机器（circle-free machine）：在纸带上写入无限个0-1字符的机器。

合规编号（satisfactory number）：对无环机器进行编码的描述编号。

可计算序列（computable sequence）：无环机器产生的纸带输出（无限0-1序列，通过枚举合规编号进行枚举）。

不可计算序列（uncomputable sequence）：任何机器都无法输出的无限0-1序列（通过对角化，这些序列必然存在）。

"描述编号"的概念是可枚举性的自然应用：正如我们所看到的，整个机器——纸带上的初始输入数字，以及指令表中的指令列表——都可以表示为一长串的0和1，它们共同构成一个正整数，以二进制的形式表示。一旦一台机器成为一个数字，很自然地会建议将它放在图灵机的纸带上，并询问什么指令表可以重新激活这个数字，这就是图灵通用计算机器的想法。

请注意，有限纸带输出被认为是"平凡"可计算的，可以从我们的讨论中排除。正是无限字符串使康托尔定理在这个问题上产生了影响：其中一些字符串无法计算，图灵使用它们来解决判定问题。概括地说：无限输出是由无环机器产生的，其描述编号是合规编号。在接下来的内容中，我们将对编号和机器使用"合规"一词，并在图灵称之"无环机器"的地方改用"合规机器"，从而将事情简化一点。

## 对判定问题的一个应用

用"伪码"描述定制的通用机器，我们称之为 $H$。图灵在设计这台机器时，轻松地给出了一个原生图灵机的详细说明：

---

*for k from* 1 *to* 无穷 *do*（ * 无限循环 * ）

  *if* k 是合规机器的描述编号（即，是合规描述编号）*then*

   • 在纸带上写入相应的机器，如 $M_k$

   • 模拟 $M_k$，直到第 k 个输出数字

   • 纸带上第 k 个输出数字求二进制对立并写入

  *end if*

---

机器 $H$ 的工作是生成对角序列 $S$ 的一个版本，其特点是康托尔定理的证明技巧。注意，$H$ 必须是合规机器才能运行，因为 $S$ 是无限序列的。该机器

通过枚举所有机器并扔掉那些不产生 0-1 序列（即不符合要求）的机器来运行。问题是，该机器无法运行，因为如果 H 合规，它最终必须尝试模拟 H，而 H 反过来又会尝试模拟 H，以此类推。机器永远不能前行至为机器 H 写入输出的地方。但是，它的输出是有限的，在这种情况下，它是不合规的。

所以，图灵不得不调试他的程序，他是世界上第一个这样做的人！模拟步骤（H 模拟 H）看起来很棘手，但没有问题：他的通用性的证明确保了这一点。将注意力集中在 "*if*" 条件上：它可能是一个程序错误吗？这一定是个程序错误，因为其他一切都行得通。图灵得出的结论正是他想要的，即无法编程一台机器来检查合规性。这个结论被称为 "图灵定理"：

合规编号是不可计算的：给定任何正整数 k，没有机器能在有限步骤内做到，当 k 合规时输出 "是"，当 k 不合规时输出 "否"。

图灵在他的定理的基础上建立不可判定性，这是一小步。即便如此，它还是引入了 "机器归约" 的新理念。我们没有给出细节，而是在图 37.4 中说明了这些想法。请注意，有两种归约。第一种归约表示一台解决新任务的假想机器（图灵的选择是一个人工 "打印问题"）归约（或转化）为解决合规性的机器：因此这个新任务无法计算。这是最具影响的一种归约，自那时以来，它已应用于数百个新案例中，并适用于相关任务，例如为计算任务分配一定程度的计算复杂性。它对数学和数理逻辑的影响是深远的。

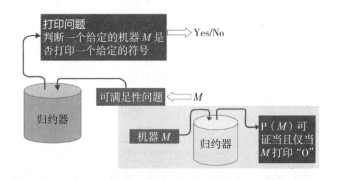

图 37.4　图灵机之间的归约

第二种归约将机器 $M$ 转化为定理 $P(M)$。通过检查可证性来解决判定问题的机器反过来可以解决不可解的打印问题，而打印问题反过来又检查不可检查的合规性。因此，判定问题的机器不可能存在；希尔伯特计划的最后一部分也崩溃了。

## 图灵和希尔伯特：最后的决战

作为结尾，我们回到希尔伯特第十个千禧年难题：是否可以编写一个计算机程序来判定任何输入的丢番图方程的可解性？我们是否可将其归约为图灵原型的不可判定问题，从而证明第十问题也是不可解的？

有关这种归约的故事是引人入胜的，并且涉及一种似乎非同寻常的等价物。我们已经看到，可枚举集是那些其元素可以通过计算机程序系统地列出的集合。一个集合被称为"丢番图集"当且仅当它的每个元素都能设定一个有整数解的丢番图方程。[1] 回想一下费马方程 $x^n+y^n=z^n$（不完全是丢番图方程，但没关系）。它定义了一组 $n$，对于这些 $n$，方程有正整数解。该集合包含 1，2。费马大定理说，该集合只有这两个元素。这个集合当然是可枚举的。但是其他可枚举集呢？比如素数集合 {2，3，5，7，11，…}：这个闻名遐迩的集合真的是丢番图集吗？

1950 年，普林斯顿大学和阿隆佐·邱奇，通过邱奇博士生马丁·戴维斯（Martin Davis）的工作再次闯入我们的故事，戴维斯的论文中包含了一个大胆的、直言不讳的提议，称为"戴维斯猜想"（Davis's conjecture）：

所有可枚举集都是丢番图集。

简而言之，戴维斯的猜测是正确的。马丁·戴维斯、希拉里·普特南（Hilary

---

[1] 译者注：对于自然数 $n$，$x$，当 $n$ 是斐波那契数时，方程 $(x^2+xn-n^2)^2=1$ 有整数解，因此斐波那契数的集合是一个"丢番图集"。

Putnam）、朱莉娅·罗宾逊（Julia Robinson）和列宁格勒的一名博士生尤里·马提亚舍维奇（Yuri Matiyasevich）共同努力证明了这一点。该证明出现在 1970 年，被称为"DPRM 定理"（这些数学家姓名首字母的缩写）：

一个集合是可枚举的当且仅当它是丢番图集。

该定理的一个直接推论是：不存在求解一般丢番图方程的算法。对于任意可枚举集，这种算法将自动判定某元素是否属于该集合。我们知道这是不可能的：正如我们所看到的，可证命题是可枚举的，但图灵证明，没有计算机程序能够判定一个给定的命题是否属于可证命题的集合。

DPRM 定理还有一些令人惊讶的额外结果，这足以让戴维斯最初的猜测受到怀疑。其中一个结果是，存在变量个数固定的一个通用丢番图方程，通过适当选择其中一个变量来模拟任何给定的丢番图方程。马提亚舍维奇甚至对变量个数设置了一个值：可以低至 9。这个普适性结果直接与图灵的通用图灵机的思想有关。

DPRM 定理的一个更直接、更令人惊奇的结果是，对于任何可枚举集 $E$，都存在一个多项式，其正值恰是 $E$ 的元素。考虑任一猜想，可能可以列举一些反例；例如，哥德巴赫猜想（任何大于 2 的偶数都可分解为两个素数之和）的反例集，或黎曼猜想（见第 36 章）的反例集。存在一个多项式，它的正值恰是这些反例！

难怪 20 世纪 50 年代的数学家们对此持怀疑态度：即使是一个恰以素数为其正值的多项式也似乎是一个牵强的概念！然而，DPRM 定理的证明促使数学家们找到了这样一个多项式，现在已经知道了几个多项式。也许最优雅的是下面有 26 个变量的多项式。[5] 它可能看起来很奇怪，但如果你用你想要的任何整数替换这 26 个变量 $a, b, c, \cdots, z$ 中的每一个，并且得到的结果是正数，那么这个正数必是一个素数。

此外，每一个素数都可以通过适当选择整数 $a, b, c, \cdots, z$ 以这种方式求得：

$$(k+2)\{1-(wz+h+j-q)^2$$
$$-[(gk+2g+k+1)(h+j)+h-z]^2$$
$$-[16(k+1)^3(k+2)(n+1)^2+1-f^2]^2$$
$$-(2n+p+q+z-e)^2-[e^3(e+2)(a+1)^2+1-o^2]^2$$
$$-[(a^2-1)y^2+1-x^2]^2-[16r^2y^4(a^2-1)+1-u^2]^2$$
$$-\{([a+u^2(u^2-a)^2-1][(n+4dy)^2+1-(x+cu)^2]^2$$
$$-(a^2-1)l^2+1-m^2\}^2-[(a-1)i+k-l+1]^2-(n+l+v-y)^2$$
$$-[p+l(a-n-1)+b(2an+2a-n^2-2n-2)-m]^2$$
$$-[q+y(a-p-1)+s(2an+2a-p^2-2p-2)-x]^2$$
$$-[z+pl(a-p)+t(2ap-p^2-1)-pm]^2\}.$$

不难看出，只有当所有的平方项都为 0 时，这个多 2 项式才能取正值，所以要找到素数值，我们必须解 14 个丢番图方程。

这 14 个方程中的每一个都有快速增长的解，似乎难以分析；将所有方程的解结合起来似乎是一项艰巨的任务，就我所知，甚至素数 2 也从未明确地表示为多项式的值。然而，每一个素数都可以用这种方法产生，这仍然是一个事实！这是图灵喜欢解决的那种问题；可以想象，如果没有他，这是一个永远不会存在的问题。

# 第38章
# 重温班布里处理：纵深与贝叶斯

爱德华·辛普森

第13章涵盖了班布里处理的所有方面，但没有太多的数学和其他细节。本章试图解释纵深、贝叶斯定理、对数评分法（及其对在6号小屋屋顶发现的班布里的应用）、分班计算、链条和深度纵深抄袭、连环图、调试。这似乎是该解释的首次发表。

## 纵　深

在第13章中，我预示了一个简单的纵深示例以及与之相关的一些术语。

在表38.1中，QVAJX…和其他三条传输的加密讯息。此表不涉及任何特定的真实密码，而且它的三条加密讯息都非常短。它展示了一个想象中的系统，它使用一个加密表一个字母一个字母地进行加密（就像恩尼格玛所做的那样），无论想象中加密系统的性质如何，该表将提供数百个，或者更可能是数千个单独的加密单元。数字180，181，…表示单元在表中的位置。加密者可以选择表中开始加密的位置（例如，位置183），一旦开始，就继续按顺序使用加密单元（183，184，185，…）。必须告知消息的合法接收者从表中的何处开始。这由一个"指示符"完成，该指示符本身通常由另一个系统加密，并在传输时构成讯息前导的一部分。

本例中的三条加密讯息从加密表中的不同位置开始，它们可能有不同的来源。它们有明显的重叠，而它们重叠的地方被称为"纵深"（in depth）。此处，有两条讯息的纵深（如第 182 列）和三条讯息的纵深（第 183 列）。在现实中，它们可能有十个或二十个重叠。特定列中的所有字母（如第 183 列中的 QDF）都以完全相同的方式进行了加密。

表 38.1　三条加密讯息

| 位置 | 180 | 181 | 182 | 183 | 184 | 185 | 186 | 187 | 188 | 189 | 190 | 191 | 192 | 193 |
|---|---|---|---|---|---|---|---|---|---|---|---|---|---|---|
| 讯息 1 |  |  |  | Q | V | A | J | X | P | B | K | S | B |  |
| 讯息 2 | W | R | N | D | M | F | C | I | R | U | K | S | D | Y |
| 讯息 3 |  |  |  | N | F | Y | A | M | S | A |  |  |  |  |

如果同一个字母在一列中出现两次或两次以上（如 182 列的 N 或 185 列的 A），则称为"重复"。两个字母的序列被称为二元组。在第 13 章中，解释了重复的二元组（例如，第 190~191 列中的 KS）如何比两个单一字母的重复提供更有力的证据。重复的三元组或多元组会更有效。

除非密码分析员撞上好运——指示符的加密系统已经破解了，否则他们需要用一种不同方式开始分析。将班布里处理应用于重复次数，以便按纵深设置讯息，提供了一种方法。

## 问题的规模

重要的是，首先要掌握恩尼格玛能够处理的各种变化的数量，以及由此产生的每天重新解决问题的复杂性。当然，在不同的恩尼格玛模型之间，以及它们不同的使用时期之间都存在变化。以下是插板上有 10 根接线的三转子海军恩尼格玛机的典型配置。

从 8 个可用转子中选择 3 个，共有 $8 \times 7 \times 6 = 336$ 种组合。三个环设置共

有 $26^3$=17 576 种方式。将这些组合在一起，仅转子就有 $5.91 \times 10^6$ 种组合。在插线板上，对于第一根接线，有 26 种插入接线一端的方式和 25 种插入另一端的方式。对于第二根接线，分别有 24 种和 23 种。接着 22 和 21，以此类推，直到第十根接线分别有 8 种和 7 种。将它们相乘得到 $5.6 \times 10^{23}$ 个组合。但我们计算得太多了。选择十条接线的顺序是不相关的，因此为了避免多次计数，我们必须除以 $10 \times 9 \times 8 \times 7 \times 6 \times 5 \times 4 \times 3 \times 2 = 3.63 \times 10^6$，并且由于接线的哪一端先插入也无关紧要，因此我们必须再次除以 $2^{10}$=1 024。除以 $3.72 \times 10^9$，将不同插线板组合的数量减少到 $1.51 \times 10^{14}$。当这些与转子选择和环设置（共计 $5.91 \times 10^6$ 种组合）相结合时，我们得到的最终总密钥数为 $8.9 \times 10^{20}$，即每日密钥数为 8.9 万亿亿。它大约是五字母组合保险箱密钥数的 75 万亿倍（见第 13 章）。

常提到的陆军或空军恩尼格玛，它的三个转子是从五个转子中选取的，而不像海军恩尼格玛从八个转子中选择三个（班布里处理不是用来对付陆军或空军恩尼格玛），所以密钥数略少，为 1.59 万亿亿。[1]

## 四元组和霍列瑞斯部门

正如我们在第 13 章中看到的那样，只有一个共同的指示符字母的成对消息数量如此之多，以至于只需要重复四个连续字母（四元组）就值得跟踪。手工方法无法找到这些，弗雷德里克·弗里伯恩（Frederic Freeborn）领导下的霍列瑞斯部门每天都重新开始搜寻，该部门最初位于 7 号小屋，后来占据了 C 区的全部。

正如弗里伯恩的副手罗纳德·惠兰（Ronald Whelan）所写：[2]

在 7 号小屋/C 区进行的每日霍列瑞斯处理，赋予恩尼格玛讯息破译最高优先权。要求是搜索当天的流量，以定位消息之间发生的四元组重复。电传打字机资料是在 8 号小屋编辑的。这些经过编辑的信息文本随后全天毫不迟延地提供给 7 号小屋/C 区。

虽然以这种方式处理小批量卡片浪费了机器操作员的时间，也因处理不太重要的工作而占用了机器，但它确实能在尽可能短的时间内将输出结果提供给 8 号小屋，按照他们的建议完成"剪切"：最后一批消息已经可以提供给我们了。

在这种情况下，每日的恩尼格玛流量总共产生了大约 80 000 个密文字符。霍列瑞斯处理这种材料的过程需要熟练且专业的机器操作，许多操作都需要大量的机器。

8 号小屋的"剪切"指令可能会在晚上晚些时候发出，在这种情况下，团队负责人会安排许多机器和操作员进行作业，以争取尽早完工。这并不一定意味着每台投入使用的机器都需要一名操作员，因为许多操作员擅长同时运行两台或多台机器。

西比尔·格瑞芬（Sybil Griffin）于 1940 年初加入布莱切利园，17 岁时担任外交部文职人员。她回忆说，四元组是霍列瑞斯部门日常工作的一部分，并举例说明了机器所使用的霍列瑞斯处理的种类：[3]

四元组的工作由我们一队平民负责，后来鹡鸰参与进来了。队长是负责人，但我们一同进行这项工作。

大致来说，我们是在寻找 4 个字母的重复。这些信息以 26 个字母分开的形式打在卡片上，卡片被送到机房。使用另一个房间的复制机再制作一张卡，并存储一张卡。（有些人认为这就是我们所做的一切！）然后用一个排序器将 25 张空白卡插入每张主卡的后面。接着，所有的卡片都回到了复制机，在那里一次旋转 4 个字母。然后对卡片进行分类：有一排分拣机一起工作，可能有 6 台。在另一个房间里，列表被打印出来，并发送到需要寻找重复和模式的部门，用以破解恩尼格玛。

我们可以聊天，谈论社交活动、舞蹈、伦敦之旅等。从午夜到早上 9 点的工作完成之后，我们经常乘火车去伦敦。一个人操作几台机器是可能的，尽管这很累人。我记得有一个周末（训练鹡鸰一周后）我在值班，和一名美国军人一起工作。因为没有其他人值班，所以我们两人操作了所有的分拣机、排序器和列表机!

罗纳德·惠兰在一天的工作中不断维持联络,弗里伯恩先生经常四处走动,总是把参观者带到 C 区 7 号小屋。贵宾们参观布莱切利园时,他们总是来拜访我们。我记得坎宁安海军上将、查尔斯·波尔特爵士和路易斯·蒙巴顿勋爵被带到各处参观。丘吉尔访问了布莱切利园。[4] 1943 年节礼日,沙恩霍斯特号沉没,海军上将布鲁斯·弗雷泽爵士发表了一次演讲,C 区的我们受到了邀请。他告诉所有参与的人,我们对沙恩霍斯特号和俾斯麦号的沉没起到多么重要的作用。

为了保持员工们的工作兴趣,弗里伯恩先生已经尽可能详细地描述了工作目标,因此我们对这项工作的目的并非完全一无所知。1941 年 5 月,俾斯麦号沉没,这可能是我们第一次意识到自己发挥了作用。为了表达他们的感激之情,我们的一位厨师送来了一块蛋糕!

## 贝叶斯定理

对恩尼格玛每日密钥的破解依赖于一个定理,该定理在大约两个世纪前由托马斯·贝叶斯(Thomas Bayes)证明,贝叶斯是坦布里奇·韦尔斯一个教堂的同名长老会牧师。1763 年,伦敦皇家学会发表了他的定理。它的重要性在于:它向我们展示了如何将代表可信水平(levels of reliability)的数字分配给我们从经验中学到的和猜测的内容。不幸的是,贝叶斯身体不太好,没能活着看到他的定理发表。

我们从一个要检验的假设开始,例如某个陈述为真。我们也从对假设可信度的一些理解开始,它可能是客观的,也可能是主观的。为了简单起见,我在这里稍微偏离了贝叶斯本人的论述,并用假设的胜算来表示这种可信度。胜算很简单:如果某件事在五次试验中平均发生四次(于是发生概率为 80%),发生的胜算为 4∶1(或不发生的胜算为 1∶4)。

我们首先考虑的是先验胜算(prior odds),也就是说,一个事件给了我们一些额外的证据。我们现在需要知道,当假设中的陈述为真或为假时,哪个更有可能让该事件发生；更准确地说，了解第一个概率与第二个概率之比率。该比率被称为"贝叶斯因子"（Bayes factor）。贝叶斯定理告诉我们，在拥有额外证据之后的可信度（后验胜算）可以通过将先验胜算乘以贝叶斯因子来获得，可信度根据因子大于或小于 1 而增强或减弱。此外，如果存在相互独立的相继事件（successive events），则可以将它们的因子相乘，得到一个复合因子（composite factor）。

为了说明这一点，假设我在一家制造手电筒灯泡的工厂从事质量控制工作。每个灯泡都在高电流水平下进行测试，经验表明，五分之一的灯泡出现故障。当我开始使用一个新的测试仪时，测试的前五个灯泡都有问题，而不是预期的一个。我想起了一个关于铁路工人的故事，他的工作是在静止的火车旁行走，用锤子测试每个车轮。如果撞击产生的是沉闷的砰砰声而不是清晰的响声，则认为车轮开裂。在他意识到锤子裂了之前，他已经让 19 节车厢停止了使用。

经询问，供应商承认，我的新测试仪来自质量不可靠的批次，其中 1% 的测试仪存在故障：它们通过的电流过强，烧掉了四分之一的合格灯泡以及所有不合格灯泡。我现在需要验证假设——我的新测试仪是有故障的 1% 中的一个。

在一批 100 个灯泡中，一个正常测试仪将检测出 20 个不合格灯泡。同样这一批灯泡，一个有故障的测试仪不仅检测出这 20 个灯泡不合格，还会（如供应商所解释的，由于其自身的故障）检测出其他 80 个灯泡中的四分之一（即另 20 个）不合格，这意味着 100 个灯泡中有 40 个灯泡不合格。因此，用有故障的测试仪测试时，灯泡发生故障的概率为 40%，而由正常测试仪测试时，灯泡发生故障的概率为 20%。因此，有故障的测试仪检测出单个灯泡不合格的可能性是正常测试仪的两倍（40% 对 20%）。这意味着贝叶斯因子为 2，支持我的测试仪有缺陷这一假设。

现在，我们将同样的推理应用于灯泡通过测试的情形。在一批 100 个灯泡中，正常测试仪将检测出 80 个合格灯泡。要使有故障的测试仪检测出合格灯泡，有两件事是必要的：灯泡是 80 个好灯泡中的一个，测试仪处于四分之三的好用状态。平均而言，100 个中有 60 个（即 3/4 × 80）符合要求。因此，单个灯泡通过故障测试仪测试的可能性是真实测试仪的 3/4 倍（60 对 80）。

这意味着贝叶斯因子为 3/4，支持我的测试仪有缺陷这一假设（因子小于 1 使假设不太可能成立）。

我的测试仪有故障的先验胜算（如供应商所解释的）是 1∶99，因为质量不可靠的批次中有 1% 的测试仪出现故障。引起我怀疑的证据是——连续 5 个灯泡烧坏了，每个灯泡的贝叶斯系数为 2，将测试仪故障的胜算 1∶99 乘上复合因子 $2^5$=32，因此，测试仪故障的后验胜算约为 1∶3（或者，测试仪正常的后验胜算是 3∶1）。这个结果没有定论。也许烧坏的那五个灯泡是个意外。

我现在测试了另外 10 个灯泡，发现 4 个灯泡烧坏了，6 个灯泡通过了测试。由此产生的另一个复合因子（取各自的贝叶斯因子）为 $2^4 \times (3/4)^6$=2.85，这将测试仪有故障的后验胜算从约 1∶3 变到略低于平分。这个结果仍然没有定论。在另外 30 次测试中，12 个灯泡不合格，18 个灯泡合格，从而进一步得出复合贝叶斯因子 $2.85^3$=23.15。基于测试仪有缺陷的假设，现在的后验胜算从略低于平分变到 21∶1。这个结果超出了统计学家普遍接受的确定真相的证据的第一级标准：95% 的置信度，或 19∶1 的胜算。这个测试仪必须扔掉。

## 权 衡 证 据

回到班布里处理，看看有多少证据是"足够的"。亚历山大的历史回顾首次公开了一个两条消息正确对齐的示例，这两条消息在相同的机器位置提供了 32 个加密字母的重叠。在这 32 个字母中的 7 个，相同的字母出现在两个字母中：7 个重复。他接着说：[5]

很明显，明文语言的 [ 字母 ] 重复率高于随机密码材料的。随机 1/26……德国海军 1/17。这为我们提供了测试给定（对齐[6]）是否正确的标准，即通过在该（对齐[6]）处写出相关消息而获得的重复次数或"评分"。回到我们的例子……在总共 32 个字母之中，"评分"是 7 次重复。为了确定这个评分的优点，有必要知道这样的结果更有可能是由真实的（对齐）产生的还是偶然产生的，以及一种方式相比另一种方式更有多少可能。可以证明，这一特定评分出现在正确位置的可能性大约是出现在错误位置的可能性的 12 倍。

亚历山大的历史回顾和马洪的历史回顾（见第 13 章）都没有解释德国海军语言的十七分之一的重复率。早期的员工在 1920 年和 1940 年分别使用了 1/20 和 1/16.5 的重复率。亚历山大记录说，1941 年 6 月和 7 月，密钥的捕获给了他们一个彻底改变方法的机会：[7]

对消息之间的重复率进行了新的统计调查，并修改了我们的旧统计数字。

事实上，十七分之一的重复率低得令人费解。根据维基百科中的频率统计，我们可以得出日常德语的重复率为 1/13，而德国海军信号语言可能更为模式化，因此重复率更高。

亚历山大的历史回顾越过了"可以证明"的"12 倍可能性"的推导过程。事实上，这取决于一个复合贝叶斯因子。需要检验的假设是对齐是正确的。当对齐为真时（因为正在比较两段德国海军语言），单个重复的概率为 1/17，当对齐为假时，单个重复的概率为 1/26，因此每个重复都有一个（1/17）÷（1/26）或 1.53 的贝叶斯因子支持真相。当对齐为真时，单个不重复的概率为 16/17，当对齐为假时，单个不重复的概率为 25/26，因此对于每个不重复，有一个（16/17）÷（25/26）或 0.979 的贝叶斯因子支持真相。这一系数略低于 1，意味着每一次"不重复"都会略微降低对齐为真的假设的胜算，降低其可信度，并使对齐为假的可能性略微增加。

亚历山大的示例在 32 个字母的长度内有 7 次重复和 25 次不重复，必须将相继事件的贝叶斯因子组合起来，以给出一个复合因子。（暂时）假设邻接字母的出现相互独立，这种假设显然是错误的，不顾一切地坚持这一点被称为"朴素贝叶斯"（naive Bayes），因为它几乎不影响这样一个结论：这些单个因子可以简单地乘起来得到支持真相的复合因子是 $1.53^7 \times 0.979^{25}=11.6$。这个结果四舍五入为 12，证实了所引亚历山大的话中的"大约 12 倍可能性"。

亚历山大在得出"大约 12 倍可能性"后接着说：

在我们使用的单位和评分法（对数评分）中，评分为 +22。

这个数字的推导过程也可以重建。在操纵这些因子方面，有很多独创性，这样测试就可以更快地完成，并且由技能较低的员工来完成。首先，这些因子被它们的对数所代替，因此加法可以代替乘法，被称为"评分"。上述单个重复的贝叶斯因子 1.53 的对数为 0.184 7。由于越大的数字越容易处理，因此 8 号小屋改用十分之一大小的评分单位，重复一次的评分为 1.85。后来，他们将这个单位减半，以获得更大的便利，因此一次重复得分为 3.7，示例中的 7 次加起来为 25.9。实际上，8 号小屋看重速度甚过精度，并将这些数字四舍五入。

对于不重复，贝叶斯因子 0.979 的对数为 –0.009 2，或者（对上述两个阶段乘以 20）为 –0.184。这个评分本身很小，但有很多不重复的。对于示例中的 25 个不重复，评分为 –4.6。这将评分从 25.9 减至 21.3。正如亚历山大所写，该结果非常接近"评分 +22"。也许这个小的差异是由计算中在某点的不同舍入引起的。

这里，亚历山大一直在寻找简化程序的方法。他写道：[8]

我们发现，通过将一项工作分割成尽可能多的不同部分，并拥有一套真正合格的评分表……整个过程（被）简化为在许多不同的表格中查找的问题，所涉及的数学运算只有加法和减法。

亚历山大和马洪的历史回顾中没有提到先验胜算，也没有提到在选定可能正确的对齐之前必须达到的一个阈值评分。在实践中，评分可能被视为一个组成部分，而不是唯一的决策标准，并且经验丰富的班布里专家可能依赖于他的判断，同时也考虑了其他因素，而不是一个必然的阈值。

## 房顶上的班布里

我很感谢布莱切利园让我能够更详细地研究在 6 号小屋屋顶上发现的文

件。班布里一号（图 13.2）在第 114 列处被生生撕裂。在第 13 章中，沿着其顶部书写的"with TGC 11xx/159"被解释为"当这条消息和另一条带有 TGC 指示符的消息进行比较时，有 159 个字母的重叠，发现了 11 个重复，其中四个字母是两个二元组"。除了第 114 列之外，这里肯定还有更多内容，以使 159 个字母的重叠成为可能。班布里二号（图 13.3）被粗暴地撕裂而缺少其前 36 列，并在第 160 列结束（显然是小心地撕开，可能沿着折痕）。这一数字与 159 个重叠几乎重合，这引起了人们的猜测，但它仍无法带来任何可信的意义。

考虑到这 11 次重复，这种对齐有多合理？通过简单的平均，如果对齐错误（随机字母的重复率为 1∶26），我们预计 159 次比较将产生 6 次重复，如果对齐正确，将产生 9 次重复（海军德文的重复率为 1∶17）。发现 11 个重复是令人鼓舞的，因此我们转向贝叶斯因子。159 次比较中 11 次重复的贝叶斯因子为 $(26/17)^{11} \times (16/17 \times 26/25)^{148}$，计算结果约为 4.7。通俗地说，这种由 159 个比较组成的对齐，正确对齐发生的可能性是错误对齐的 4.7 倍。而 4.7 的对数是 0.670 1，并且（改用二十分之一的评分单位）20 倍就是 13.4。因此，该对齐的评分为 13.4。

通过使用评分单位而不是贝叶斯因子的快捷方法，11 次重复，每次得分 3.7，评分等于 40.7，而 148 次不重复，每次得分为 -0.184，评分为 -27.2，总评分为 13.5，接近上述的 13.4。除非还有其他支持性证据，否则这远远不足以认为该对齐可能是正确的。

人们很容易猜测班布里二号（Banbury Two）是带有指示符 TGC 的一号，它没有标识（可能是因为它的前 36 列缺失）。但是，对 159 个字母叠放对齐进行评分，使得这个猜测看起来很不可能。

班布里二号的背面曾被用作他用。它被翻过来，竖直地放在桌子上，撕破的左（起始）端在顶部，一列字母被草草记下。该栏的标题是"105"，然后是"GOY"，其中的 G 具有班布里一号上的"TGC"的手写特征。接下来是若干五字母组，其中的头三个字母和末两个字母有间隔，如"AAN NB"；大概总共 50 组左右。一些标记为"?"，其他标记为"可能的"。除了观察到这些工作可能与指示符系统有关外，还没有发现它们的用途。

## 评分单位——分班

1950年，杰克·古德（Jack Good）写道：[9]

图灵进一步提出，从声学和电气工程中借用贝尔和分贝（dB）的符号会很方便。例如，在声学中，贝尔是两种声音强度之比的以10为底的对数。

这里已经有一些有趣的语言了。1928年，贝尔电话实验室发明了一种度量，即任何可以测量物的两个测量值之比的以10为底的对数，并将其命名为"贝尔"，以纪念其创始人亚历山大·格雷厄姆·贝尔（Alexander Graham Bell）；他们进一步将更实用的十分之一单位命名为"分贝"。8号小屋扩展了他们的班布里词汇，在上下文中将贝尔重新命名为"班"（Ban），将他们的十分之一和二十分之一评分单位命名为"分班"和"半分班"或hdB。战争结束后不久，古德就无法继续透露更多内容。正如克里斯汀·奥格维-福布斯（Christine Ogilvie-Forbes）所解释的，作为使用"大纸和简单的算术，外加奇怪的希腊字母"的一个程序的名称，"分班计算"（decibanning）随后进入了8号小屋的词汇表。[10]她回忆道：

丘吉尔来的那天我正在做分班计算。他俯身问我："信息在哪里？"眼前没有一个字母。亚历山大很快答道，这和信息无关，只和数学有关。人们排着队依次被介绍给丘吉尔，并回答自己以前的身份——"本科生，本科生，等等"。轮到亚历山大，他回答"德雷珀布商"。介绍的流畅性被稍微地打断了。

亚历山大在被招募到布莱切利园之前，曾是约翰·路易斯合伙公司（John Lewis Partnership）的研究负责人，"德雷珀"（Draper）是英国最大的各种布料零售商之一，这是一种有趣的自嘲方式。

## 链条与纵深抄袭

恩尼格玛的复杂性源于三个转子的选择及其顺序、三个环的字母位置和插线板模式。如第12章所述，炸弹机可以在给定的时间内找到这些设置的组合，从而破译信息文本，以便与提供信息的袭文相匹配。插线板模式每天都在变化，而转子和环设置每两天更换一次。精通班布里处理的密码分析员的工作是通过减少要测试的转子顺序数量来加快炸弹机的工作。他们面临的情况各不相同。他们每次都从两个过程中产生的一对对看似合理或更好的消息对齐开始，该过程在第13章中已有描述。在加密的消息设置（第10章）中，每组对齐（附有可信度标注）提供了一对加密字母之间的字母距离。他们从最可信的对齐开始，用一个共同的字母连接配对，然后根据已知的距离用更多的加密字母构建链条。

这些关系只是相对的。为了找到加密字母与其潜在明确等价物（即明文）的真实关系，在26个可能位置中的每一个位置，根据真实字母表，对每一个间隔开的字母链条进行测试。恩尼格玛的互换功能立即使链条上的字母数量增加了一倍（因为如果A被加密为Q，那么Q被加密为A），并相应地减少了间隔的数量。当这种操作产生矛盾时，就排除了对加密字母与真实字母推测定位。

对于那些在第一次试验中幸存下来的链条和定位，引入了一些具有次优可信度的进一步校准，以增加证据。随着间隔的填补和26项测试的重复，更多的矛盾导致了更多的淘汰。最终，在与真实字母表相对的特定位置的链条要么被完全消除（表明某些推测性的对齐是错误的），要么是胜利的幸存者。结果是一组十三对字母，每个字母都可以替代另一字母，构成了转子的当前"字母表"。但由于环设置仍然未知，这还不足以确定它是哪个转子。另一个特征必须发挥作用。

转子上有凹口，当它们把相邻转子翻转过来时（见第10章），链条的构建也揭示了翻转发生的地方。正是对其凹口位置的定位使得转子得以识别。

服务于德国三军的恩尼格玛机通常有 5 个转子，它们的凹口在不同的位置，但海军机器的另外 3 个转子的凹口都是一样的。如果这 8 个转子都是海军式的，那么班布里处理的价值就会低得多。事实上，找到一个转子的翻转点可以确定这两天哪个转子属于那个槽。如第 12 章所述，有了一个随附的袭文，这为向炸弹机发送菜单铺平了道路。

刚刚描述的链条的构建和排除测试——班布里处理的第二阶段——从两条一无所知的消息的推测性对齐开始。（正确对齐消息的）一种更复杂的方法是从可能但未经确认的多条消息的对齐开始的，对于这些消息，可能存在未经确认的袭文，通常用于消息的开头。由于知道如果 A 被加密成 Q，那么 Q 被加密成 A，并且没有字母被加密为自身，在消息之间来回搜索，一方面寻找矛盾，另一方面寻找德语单词的出现，班布里专家也许可以同时确认对齐和袭文。这样的结果为炸弹机提供了一个比构建链条更强大的菜单。由于它们还没达到命名为"处理"的资质，8 号小屋将其称为"纵深抄袭"（depth cribbing）。

## 连 环 图

2012—2013 年在伦敦科学博物馆举办的"破译者：艾伦·图灵的生平和遗产"展览有两个展品，被简单地描述为"布莱切利园使用的密码分析工作辅助工具"。我已经确认其中一个是图灵在他的《恩尼格玛论》中描述的"连环图"（comic strips），通俗地说是"教授之书"。[11] 正如图灵所写：

出于演示目的，最好用纸模型代替机器。我们用一条 52 方格乘 5 方格的方格纸代替每个转子。条带右栏中的方格表示转子的弹簧触点……机器本身由一张带槽的纸表示，槽用来固定"转子"……

还有更为复杂的。一次又一次，他对破解恩尼格玛的解释通过适当位置的带注释的纸条来说明（图 38.1）。

它们的"演示目的"可能不包括操作用途。1942 年 11 月,图灵访问了华盛顿的海军部(见第 18 章),他轻蔑地写道:[12]

他们大量使用连环图,这让我觉得相当可悲。

"教授之书"是一份私人文件。很明显,这是他自己打印的,有许多打印错误,更正和图表都在他手里。琼·克拉克(Joan Clarke)写道:[13]

我是个实验对象,用来测试他的解释和工作示例是否可以理解,我的任务包括将这种方法用于另一半材料,它们没有出现在图灵的示例中。

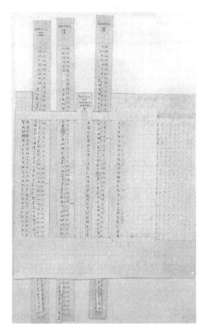

图 38.1　图灵手写的"连环图"
皇家版权所有,并经 GCHQ 负责人许可复制

"教授之书"的推理复杂,但数学色彩并不浓厚。在使用推理以及所需电气装置的细节中:[14]

为了避免虚假的确认,我们用衬衫纽扣盖住已证实的确认。

这是一个极好的例子,说明图灵可以直接用一种创造性的简单方法来解决一个问题——这一特质使得思想更保守的人不公正地将他打上古怪的烙印。

## 调　　试

正如第 12 章所解释的那样,炸弹机的假设回到 8 号小屋接受检验,有时还需要手工测试。密文是在一个恩尼格玛复制品上键入的,在输出中寻找德语明文。克里斯汀·奥格维－福布斯也在 8 号小屋工作:[15]

每次炸弹机得到可能的答案时,它们就停止了。鹟鹟们会通过"吐吸"管道将这些结果发送给我们。那里有两三台机器,我们会设置好每一个终止点,然后不断调试,希望是德语明文:它不需要很多字母。

但这个过程并不总是简单明了的。正如艾琳·普罗曼(Eileen Plowman)回忆的那样:[16]

作为一名语言学家,我非常喜欢我的后期工作——在机器上把消息解码成德语,以及更多其他工作。我负责"调试":调整设置,以便正确地破解出其他女孩解码时没有破解的消息。我记得与亚历山大和图灵一起处理一条消息,他们紧盯着我,等待消息被正确破解。这条消息随后被直接送到最高指挥部,我后来听说 U 型潜艇被击沉了。

## 结语:因子法

这个压缩叙述必然省略了许多特征,有些有助于理解,有些则不然。德国人运用了一些规则,虽然旨在加强安全,但却简化了班布里专家的任务。例如,在使用的三个转子中必须至少有一个海军转子,这将 $8 \times 7 \times 6 = 336$ 个可能的组合减少到 276 个。另一条规则是,在连续两天的时间内,同一个转子不得在同一位置使用,这可能会将其进一步减少(取决于转子的特定组合)至 105 个。

亚历山大和马洪的历史回顾中都没有提到"贝叶斯"一词,图灵自己也通常只提到"因子"。然而,亚历山大题为"因子法"[17]的一段仍被隐瞒的历史表明,术语"因子"曾被广泛使用,贝叶斯定理确实是因子法的基本数学理论。我在 GCHQ 的帮助下看到的这段历史,以传统的贝叶斯定理和示例开始。后来,它举例说明了它在我不知道的三种密码上的使用,以及它在班布里处理和我在 2010 年描述的日本海军 JN25 密码上的应用。[18] 正如亚历山大总结的:

> 班布里处理是作者所见过的使用评分系统的最好范例。如果没有这项技术,破解完全是不可能的,而且越是全心全意地使用它,获得的结果就越好。

# 第 39 章
# 图灵与随机性

罗德·唐尼

在一篇未发表的手稿中，图灵提早近三十年就提出了算法随机性理论背后的基本思想，使用"测度论"（measure theory）的计算约束版本回答了埃米尔·波雷尔（Émile Borel）在数论中提出的问题：这个问题涉及构造所谓的"绝对正规"数（absolutely normal numbers）。本章中，我们将解释这些神秘术语的含义以及图灵的研究。

## 分数中重复的小数

数学家们一直对数字的模式着迷。在小学教育阶段，我们就了解到"有理数"小数展开的特殊性质。分数可以写成 $m/n$ 的形式，其中 $m$，$n$ 是整数且 $n \neq 0$。希腊人证明了一些数不是有理数，例如 $\sqrt{2}$，$\sqrt{3}$ 及 $\sqrt{2}+\sqrt{3}$ 及——事实上，可以证明"大多数"的实数在严格的数学意义上是无理数。

可以证明，一个实数是有理数当且仅当它的小数展开是有限的，或从某个点开始重复；例如，1/4=0.25，3/7=0.428 571 428 571 428 571…。注意，我们也可以将 1/4 视为重复小数 0.250 000 00…，也可以写为 0.249 999 9…，但为简单起见，我们忽略这种歧义。

我们也可以使用不同于 10 的基数进行计数。二进制使用基数 2，数字表示的每个位置对应于 2 的某个次幂；例如，就像十进制中的 2 301 指的是 $(2\times10^3)+(3\times10^2)+(0\times10^1)+(1\times10^0)$ 一样，在基数 2 中，十进制数 13=$(1\times2^3)+(1\times2^2)+(0\times2^1)+(1\times2^0)$ 的二进制表示是 1101。在基数 3 中，我们仅使用数字 0、1、2，并使用 3 的幂表示数字，因此十进制数 25=$(2\times3^2)+(2\times3^1)+(1\times3^0)$ 的三进制表示是 221。注意，当我们使用大于 10 的基数时，必须发明额外的符号来表示更大的"数字"；例如，在基数 12 中，我们可以使用数字 0，1，2，…，9，T，E，其中 T 和 E 代表"10"和"11"。

如果我们将基数从 10 改为任何其他基数，上述关于有理数十进制表示中重复模式的结果仍然是正确的。例如，在基数 3 中，1/4=0.020 202…。从现在起，我们将去掉小数点，关注数字的无限序列。

## 正 规 数

图 39.1　埃米尔·波雷尔

埃米尔·波雷尔，1932 年，法国国家图书馆世界摄影出版社出版。通过维基媒体共享获得公共域许可

1909 年，法国数学家埃米尔·波雷尔（Émile Borel，1871—1956）对满足"大数律"（law of large numbers）的数列产生了兴趣（图 39.1）。[1] 大数律表明，如果我们多次重复一个随机试验，那么成功的平均数应该是期望值；例如，如果我们多次抛一枚均匀的硬币，预计约有一半是正面朝上，如果我们掷一枚均匀的骰子，预计在大约六分之一的抛掷中会得到 6 点。在基数 10 中，大数律表明，从 0 到 9 中选择一个数的频率正是我们在极限中所期望的 1/10。但我们所说的"极限"是什么意思？

基数 2 相当于抛硬币。随着时间的推移，我们预计正反面出现的次数相同，但这只是针对最终的长期行为而言。如果我们抛出一次正面，下一次抛出的结果将与这次无关，因此我们可能再次抛出一个正面的概率为 1/2。大数律告诉我们，如果一枚硬币是均匀的，那么从长远来看，正反面出现的机会是均等的。

现在假设我们继续不停地抛硬币，也就是说，我们考虑硬币抛掷的无限序列。通过比较目前为止获得的正面数与抛硬币的总次数，我们在任何阶段都可以了解抛硬币的进展情况。也就是说，在 $k$ 次抛掷之后，将正面的次数除以 $k$；例如，如果我们抛 100 次硬币，得到 47 次正面，那么正面的比率是 47/100。如果硬币是均匀的，当我们无限增加抛硬币的次数，那么这个比例应该越来越接近 1/2；从数学上讲，我们说这个比率"趋于极限 1/2"。同样，如果我们改变方法，计算反面而不是正面，随着抛掷次数的无限增加，反面的比率也趋于极限 1/2。因为无论我们选择正面还是反面，都得到相同的极限，所以我们说抛掷序列对基数 2 是正规的。

其他基数的情况也一样。当我们掷一个均匀的骰子时，随着掷骰子次数的无限增加，得到 6 点的比例趋于极限 1/6。但是当我们计算 3 点，或者 5 点，或者任何其他点数时，也得到了相同的极限，所以掷骰子序列对基数 6 是正规的。更笼统地说，如果我们掷一个均匀的 $n$ 面骰子，那么在限制范围内，每个数字应该出现抛次数的 $1/n$，抛掷序列对基数 $n$ 是正规的。

如果一个实数对任何基数都是正规的，波雷尔在 1909 年的论文中，将该实数（表示为数字的一个无限序列）定义为"绝对正规"（absolutely normal）。这意味着，无论我们使用什么基数，没有任何数字或数字组合比其他数字出现的频率更高。因此，有理数都不是绝对正规的，因为无论它用什么基数表示，肯定包含一个重复的数字模式。但是，正如波雷尔所说，"几乎每一个"无理数都是绝对正规的。其含义是（以一种数学上精确的方式）如果我们往直线上投掷飞镖，它落在一个正规无理数上的概率是 1。[2]

波雷尔提出的以下两个问题，激发了图灵对正规数的研究：

- 是否存在一个无理数，对一个基数是正规的，而对另一个基数不是正规的？

- 能否给出一个绝对正规数的显式构造吗？

这里，我们更关心第二个问题。

我们可能会猜测像 π、e 和 log2 这些无理数是绝对正规的：对我们来说，它们当然是明确的，因为它们的构造众所周知——自古以来人们就知道 π 的构造：巴比伦人早在四千年前就有了一种估算 π 的方法。还有一些无理数，比如 $\sqrt{2}$，$\sqrt{3}$ 及 $\sqrt{2}+\sqrt{3}$ 被称为"代数无理数"，因为它们是整系数代数方程的解：例如，$\sqrt{2}$ 是代数方程 $x^2=2$，$\sqrt[3]{7}$ 是 $x^3=7$ 的解，且 $\sqrt{2}+\sqrt{3}$ 是 $x^4+1=10x^2$ 的解。有人推测，所有代数无理数都是绝对正规的，但任何试图证明这一点的尝试都令人遗憾：没有一个明确的例子被证明是正规的，即使对一个基数而言！

从现代的观点来看，当被告知所需的精度时，如果我们能给出一种算法，可以将实数计算到该精度（这被称为"快速收敛"），那么我们可以认为这个数是显式的。实际上，这种现代观点直接来源于图灵 1936 年的论文。这是图灵对可计算实数的定义。

1933 年，图灵的朋友戴维·钱珀瑙恩（David Champernowne，1912—2000）发现了另一种构造正规数的方法，当时他还是一名大学生（后来在剑桥和牛津大学担任统计和经济学教授）。你只需按照递增的顺序写数字；例如，在基数 10 中，钱珀瑙恩数为 0.123 456 789 101 121 314 15…。可以对任何基数进行计算，很容易证明得到的数对其基数是正规的——我们相信，用任何其他基数表示时，它们也是正规的。但不知道如何证明这一点。

我们本可以采用其他递增序列代替数字 1，2，3，…，并用它来定义一个类似的实数；例如，如果我们取素数 2，3，5，7，11，…得到的实数是 0.235 711 131 7…。值得注意的是，该数被认为对基数 10 是正规的，阿瑟·科普兰（Arthur Copeland）和保罗·埃尔德什（Paul Erdös）在 1946 年证明了这一点，[3] 但不知道它对基数 2 是否也是正规的。与数论中的许多问题一样，猜测容易证明难！

我们没有获得绝对正规数的自然例子，可能会问显式的例子是什么。图灵在一份未发表的手稿中提出建议（据考证是 1938 年前后所写），[4] 如果实数是"可计算的"，就可以显式地构造一个绝对正规数 $n$：这意味着我们可以构造一台图灵机，它可以计算 $n$ 的展开，达到任何期望的精度。在"普通数学"中遇到的任何无理数都具有此特性，因为所有无理数都具有快速收敛的近似值；例如，级数 e=1+1/1！+1/2! + 1/3! +…快速收敛，因此其极限 e=2.718 281 828 459…是可计算的。已知有类似的级数快速收敛到 π，因此 π 也是可计算的，就像任何其他"自然"常数一样。

正如我们将要看到的，图灵的方法预示着一系列可以追溯至 20 世纪初的研究，但直到 20 世纪 60 年代初才得以实现。在更详细地了解图灵的研究之前，我们先简要介绍一下这项工作。这一分析将使我们能够准确地描述图灵做了什么，以及他是如何做到的。

## 20 世纪 60 年代至 70 年代的事件

基于理查德·冯·米泽斯（Richard von Mises）、亚伯拉罕·沃德（Abraham Wald）、阿隆佐·邱奇（Alonzo Church）等人的工作，人们历史性尝试攻克算法随机性的描述，惨遭失败之后，安德雷·柯尔莫哥洛夫（Andrey Kolmogorov）、雷·索洛莫诺夫（Ray Solomonof）、佩尔·马丁·洛夫（Per Martin Löf）、利奥尼德·列文（Leonid Levin）等人于 20 世纪 60 年代至 70 年代，发展了三种现代范式：

• 随机序列不应具有可计算的罕见属性（统计学家的方法）。

• 随机序列不应具有允许信息压缩的规律性。（这一范式被称为"程序员的方法"，因为它包含了编写计算机代码来描述字符串的思想。）

• 随机序列不应具有任何可预测性（赌徒的方法）。

这些澄清来自 20 世纪 60 至 70 年代一些大师的名作。我们稍后会了解到，图灵的工作在许多方面预见了其中的一些进展。

赌徒的方法，即我们不能预测随机序列的数位的想法，可以追溯到 20 世纪初的冯·米泽斯（von Mises）。但它是由克劳斯·彼得·施诺尔（Claus Peter Schnorr）真正推动的。[5] 我们将问题理想化为：一个人对无限序列的数位打赌，把它们想象成硬币的正反面。首先，你在第一位下注：你可以下注正面或反面（1 或 0），下注后，结果就会显示出来。例如，假设你从 3 美元开始，在正面下注 1 美元。如果正面则赌资变为 4 美元，如果反面则赌资变为 2 美元。接下来，根据你当前的赌资和历史，你赌下一个数位，依此类推。与真正的赌场不同，你可以随意下注。[6]

因此我们想说，用赌徒的方法可以击败一个人可能拥有的任何算法计划。我们认为"可计算的投注策略"是：如果没有可以通过投注数位来获得无限赌资的可计算的投注策略，那么实数就应该是随机的。

## 图灵的工作

我们记得图灵对绝对正规性感兴趣。显然，随机序列应该是绝对正规的。为什么会这样？正如我们已经看到的，如果 1 的频率低于 0，那么我们可以很容易得到一个下注策略，能让我们在有限的范围内获得无限的赌资。现在假设有一个无限的二进制序列对基数 10 不是正规的，并且（比方说）5 的出现频率高于预期：那么在基数 10 中，我们可以利用这个事实制定一个下注策略。

假设我告诉你，序列中的每个第三数位是 1。你可以通过以下方式赚钱。不要在第一位和第二位下注，在第三位下注时把你所有的赌资放在 1 上，然后重复。同样，如果我知道序列中 1 的频率总是小于 0，那么就有可能制定一个策略来赢得无限的赌资。

从一个基数到另一个基数，有一些相对简单的可计算的转换。例如，0.5（基数 10）对应于 0.1（基数 2）。一般来说，你会得到"组块"（blocks）。如例所示：0.6（基数 10）可转换为基数 2 的数字，如下所示。首先 0.6 乘以 2，得 1.2，保留 1。0.2 乘以 2 得 0.4，保留 0。0.4 乘以 2 得 0.8，保留 0。0.8 乘以 2 得 1.6，保留 1。因此，0.6 的二进制展开为：0.1001；下一个要计算的是 0.6，同样的模式将一直重复下去。

虽然这个过程在无限展开的情况下要复杂一些，但按一个基数展开和按另一个基数展开之间始终存在极为密切的关系，并且可以利用它来证明一个基数中的随机性转化为另一个基数中的随机性。大致来说，对于两个基数 $p$ 和 $q$，总会有一个可计算函数 $f$，它将基数 $p$ 中序列的前 $n$ 位转换为基数 $q$ 中序列的 $f(n)$ 位。如果有办法在一个基数中赢得无限的赌资，就可以用它在另一个基数中下注。

图灵在其未发表的手稿《有关正规数的注记》中，将"显式"解释为"可计算"，以此攻克绝对正规数的显式构造问题，并给出一种产生绝对正规数的算法，这是迄今为止波雷尔第二个问题的最佳答案。[7] 关于可计算正规数存在性的早期证明鲜为人知，因为直到 1997 年图灵的手稿才在其著作集中发表。书中的编辑按语认为，图灵的证明是不充分的，并推测该定理可能是错误的。2007 年，维罗妮卡·贝彻（Verónica Becher）、圣地亚哥·菲盖拉（Santiago Figueira）和拉斐尔·皮奇（Rafael Picchi）改造并完成了图灵的手稿，纠正了一些小错误，同时尽可能准确地保留了他的想法。[8]

正如维罗妮卡·贝彻所说，昂利·勒贝格（Henri Lebesgue）和瓦茨瓦夫·谢尔宾斯基（Wacław Sierpiński）于 1917 年独立发表了第一个正规数的例子；[9] 这两个例子都出现在同一期杂志上，但勒贝格的例子可以追溯到 1909 年，就在波雷尔提出问题之后。[10] 谢尔宾斯基和勒贝格的例子也可以加以修改，为波雷尔问题提供可计算的（即显式的）解。贝彻和菲盖拉证明，问题可以通过对 1917 年的原始构造进行可计算的重构来解决。[11] 直到最近，这些例子以及图灵算法都是唯一已知的对可计算正规数的构造。然而，图灵不了解这些早期的构造。不管怎样，有趣的是图灵解决波雷尔问题的方式。

图灵是怎样构造的？他在论文中写道：

尽管大家都知道几乎所有的实数都是（绝对）正规的，但却没有（绝对）正规数的例子。我建议展示（绝对）正规数是如何构造的，并构造性地证明几乎所有的实数都是（绝对）正规的。

图灵的想法是，首先将大数律扩展到数字"组块"。直观上可以看出，不仅单个数字，而且固定的数字组块都应该在随机序列中以所需的频率出现。否则，我们就可以赌它们不会出现。例如，如果我们知道序列中没有出现形如 1011 的数字组块，但有形如 101 的数字组块，那么我们直到看到 101 才会下注，然后下注下一个数字将是 0，因为 1011 不会出现。

使用数字组块的原因是，基数之间的转换会导致一个基数中的整数组块与另一个基数中的整数组块之间的相关性。认识到这一点，图灵构造的关键在于：图灵将组块视为"小尺度"的生成"检验"，因此，如果我们避开了这种检验，则我们应该得到一个绝对正规数。

请注意，这与他在1936年介绍图灵机的那篇论文是多么地相似。[12] 图灵不仅解决了判定问题——可以说，邱奇、埃米尔·泊斯特（Emil Post）、斯蒂芬·克莱尼（Stephen Kleene）等人已经解决该问题，[13] 还介绍了计算的基本模型，以及支持该模型的论证。在未发表的手稿中，图灵给出了一个绝对正规数的显式构造：这是一项杰出的技术成就。但更重要的是，他通过对此问题的大规模泛化做到这一点。他的想法领先了那个时代许多年。

以下是杰克·卢茨（Jack Lutz）在2012年剑桥会议上的演讲片段：

将可计算性约束施于非构造性理论（例如，勒贝格测度）似乎先验地削弱了该理论，但出于某些目的，它可能会强化该理论。这一观点对于当今研究单个随机序列、单个序列的维数、复杂性分类中的度量和范畴等至关重要。

引人入胜的是图灵直觉的清晰性：要构造绝对正规数，就拿几乎所有数都是绝对正规数的经典证明，按照可计算的版本重新做一遍。图灵的检验足够灵敏，可以排除绝对正规数，但又足够宽松，允许合适的可计算序列通过检验。

图灵为什么没有开发出算法随机性的整体装置？猜测其中原因很有趣，因为他似乎拥有这种开发所需的许多想法。虽然他有伪随机数产生器（pseudo-random number generator）的概念，但他认为随机性是一种物理现象。也许他不认为有必要为单个序列定义随机性。下面这段话引自图灵1950年的论文。在我看来，其含义是我们可以通过增加随机性来提高图灵机的能力，这似乎表明他认识到随机性的不可计算性：[14]

数字计算机概念的一个有趣变体是"配备随机元件的数字计算机"。这些机器有涉及掷骰子或某个等效电子过程的一些指令；例如，某个这样的指令可能是"掷骰子并将结果数字放入 1 000 号存储位置"。有时，这样的机器被描述为具有自由意志（尽管我自己不会使用这一措辞）。

有趣的是，在下面的句子中，他认识到了感知随机性的困难：

一般不太可能通过观察机器来确定它是否有随机元件，因为类似的效果也可能由这样的装置产生——该装置根据 π 的小数位数字进行选择。

我们知道图灵使用算法来生成"伪随机字符串"，这些字符串看起来非常随机，它们的工作方式与随机源的工作方式相同。我们还知道图灵尝试在费兰蒂 1 号计算机中加入一个基于物理噪声发生器的随机数产生器；然而，宇宙是否能在物理设备中产生"真正的随机性"甚至"算法随机性"，至今仍是物理学中的一个悬而未决的问题（图 39.2）。也许如下一节所述，图灵只关注与密码学和人工智能（AI）算法相关的伪随机字符串。当然，1938 年后不久，第二次世界大战爆发。战争结束时，图灵并没有回到正规性的课题上来。除了与算法的效率和效能有关的部分之外，他没再提及随机性，并且可能从未考虑过定义算法上的随机序列这一问题。

图 39.2　澳大利亚国立大学量子随机数产生器。它通过真空的量子涨落产生随机数。所涉及的过程是真正随机性的物理来源的主要竞争者澳大利亚国立大学安全量子通信集团

## 图灵将随机性视为一种资源

图灵显然将随机性视为一种计算资源；例如，在人工智能中，图灵考虑了学习算法。他在1950年论文中写道：[15]

在学习机器中加入一个随机元件可能是明智的……当我们寻找某个问题的解时，随机元件用处很大。

接着，图灵给出了一个寻找某个数值问题解的例子。他指出，如果我们系统地搜索，那么我们通常会因之前的搜索而产生很多开销。但如果问题的解在样本空间中相当密集，那么随机方法应该会成功。

从现代观点来看，我们了解许多算法可以很好地随机运行。一个简单的例子是所谓的"多项式恒等检验"（polynomial identity testing，PIT），涉及以下问题。给定多个变量 $x, y, z$ 等的多项式表达式，无论我将什么值代入变量，该多项式是否恒等于0？例如，$xy+1$ 不是这样的多项式，因为代入 $x=1$，$y=2$ 将给出答案"3"，而多项式 $xy-yx$ 是这样一个"处处为0"的多项式。虽然这似乎是一个奇怪的专业问题，但事实证明，许多问题可以在计算上重新表述为 PIT 的实例，因此我们可以通过求解 PIT 算法来解决它们。PIT 有非常有效的随机算法：事实上，人们所能想象的最笨的算法是行之有效的。对 $x, y, z, \cdots$ 进行任意数值替换，并在这些值处计算多项式。如果你得不到0，答案肯定是"否"，但如果你得到了0，说"是"：很有可能你是正确的，粗略地说，因为这样的多项式很少是0，除非它们总是0。[16]

现代算法设计的一个重要主题是将随机性作为这样一种资源。公平地说，大多数计算学习算法使用随机性作为一种资源，比如那些在互联网上监视你并试图了解你偏好的算法，或者那些模拟物理现象的算法。图灵在他的著作中预见到了这一用途：他甚至推测随机性在某种程度上对智能是必要的，[17, 18] 但似乎没有从数学上发展这个主题。

错失这种数学发展也许是令人惋惜的，因为在图灵的著作中隐含着对算法复杂性的认知。这种识别来自密码学（在密码学中，大量的搜索空间被用来隐藏信息），也来自实际计算（在实际计算中，必须实时找到答案）。就连图灵关于智能和机器局限性的著作都充满了关于计算机中可能状态数的计算，等等。如果他进一步推动他的想法，也许图灵可以发展出计算复杂性的数学理论（直到 20 世纪 70 年代它才被真正地研究）——但这完全是猜测。很明显，他对计算的时间和空间复杂性有着直观的理解。

这些复杂性问题非常深刻。关于 PIT 能否在多项式时间内用非随机的确定性算法求解，这是一个长期存在的未解难题。虽然我们不知道如何构造这样一个算法，但人们相信这样一个算法是存在的。这是因为拉塞尔·英帕利亚佐（Russell Impagliazzo）和阿维·维格德森（Avi Wigderson）的工作，他们证明了某种难度/随机性的权衡：粗略地描述他们了不起的结果，如果某些问题和我们想象的一样困难，那么所有具备有效的随机多项式时间（randomized polynomial-time，RP）算法的问题（如 PIT）也具备多项式时间的去随机化版本。[19] 这个结果之所以了不起，是因为它说（举个例子）如果在地图上不重复地找到一条遍历所有城市的路线，就效率而言真的很难，那么包括 PIT 在内的另一类任务就是容易的。这是一个重要的结果，原因是，为了证明某些任务可以轻松完成，我们通常会证明它可以通过另一个本身可以轻松完成的任务来完成。很多任务都可以简化为解决 PIT 的实例：因此，如果我们能够证明某些问题和我们想象的一样困难，那么我们将拥有解决许多问题的革命性的新方法。

很长一段时间以来，确定一个数是否为素数具有相同的状况，也就是说，素数检测多年来就有众所周知的随机算法，并且运行很快。2002 年，诞生了一个著名的结果，马宁德拉·阿格拉沃（Manindra Agrawal）、尼拉吉·卡亚尔（Neeraj Kayal）和尼汀·萨克森纳（Nitin Saxena）为素数检测提供了一个非随机化的多项式时间算法。[20]

## 这一切将导致什么？

因为绝对正规性是自然数理论的一个概念，有很多关于它的工作正在进行中。就其与随机性的关系而言，可以证明正规性确实是随机性的精确标定。正规性对应一种称为"有限状态豪斯多夫维数"（finite-state Hausdorff dimension）的随机属性，这里我们研究由"有限状态赌徒"控制的下注策略的行为。这些是由"有限状态机"（finite state machine）控制的策略。有限状态机广泛应用于计算机科学中：它们是所有机器中最基本的，可被认为是无记忆的机器，从一个内部状态转移到下一个内部状态，纯粹根据读取的信息和内部状态来处理输入的信息。20 世纪 70 年代初，施诺尔（Schnorr）和斯迪姆（Stimm）证明了基数 $b$ 中的数字序列对基数 $b$ 是正规的，当且仅当该序列的有限状态豪斯多夫维数为 1：这是关于序列初始段复杂性的陈述。[21] 同时，埃尔维拉·马约多莫（Elvira Mayordomo）和杰克·卢茨（Jack Lutz），以及维罗尼卡·贝彻（Verónica Becher）、帕布罗·海伯（Pablo Heiber）和西奥多·斯莱曼（Theodore Slaman）独立地证明，可以构造非常简单的此类序列，其中序列的每一位都可以在多项式时间内算得。[22] 在算法随机性及其应用方面已有大量的工作，诸如算法设计（algorithm design）、对数学分析的理解、布朗运动（Brownian motion）、遍历理论（ergodic theory）、马尔可夫链理论（Markov chain theory）和物理学。[23]

# 第 40 章
# 图灵的导师麦克斯·纽曼

艾弗·格拉坦-吉尼斯

数学家和数理逻辑学家之间的互动总是比人们想象的要少得多。本章考察了图灵的导师麦克斯韦尔·赫尔曼·亚历山大·纽曼（1897—1984 年）的例子。1935 年，年轻的图灵参加了纽曼在剑桥大学举办的逻辑问题讲座。在简要讨论了 1850 年到 1930 年间数学家和逻辑学家之间非常有限的接触案例之后，我描述了纽曼逻辑兴趣的起源和发展，整个过程还是颇为出人意料。

## 逻辑与数学之间的鸿沟

人们可能会认为，对许多数学家来说，证明定理的方法很重要，而且在许多情况下，他们希望提高证明的严谨程度，这会促使他们检查和改进所使用的逻辑。然而，长期以来，数学家们对逻辑的忽视是很普遍的现象。

19 世纪，基于极限理论的实变量"数学分析"（mathematical analysis）的建立，是数学和逻辑之间裂痕的一个非常重要的根源。"数学分析"由法国数学家奥古斯丁·路易·柯西（Augustin Louis Cauchy）于 19 世纪 10 年代末创立。他和他的追随者推崇严谨——尤其是对主要概念的细致定义和对定理的详细证明。从19世纪50年代开始，德国数学家卡尔·魏尔斯特拉斯（Karl Weierstrass）及其众多追随者丰富了这一课题，他们引入了（例如）多重极限理论、无理数的定义和符号的使用。19世纪70年代初，格奥尔格·康托尔（Georg Cantor）创立了他的集合论。然而，在所有这些发展中，都没有明确关注任何一种逻辑。

参与创立测度论、泛函分析和积分方程的众多集合论数学家继续保持沉默。[1] 数学家阿图尔·舍恩利斯（Artur Schoenflies）和费利克斯·豪斯多夫（Felix Hausdorff）特别敌视逻辑，他们的敌对目标是20世纪著名的逻辑学家伯特兰·罗素（Bertrand Russell）。（即使是关于选择公理的广泛争论，也主要集中在其作为集合论假设的合法性及其对高阶量化的使用上：[2] 对于像罗素这样的"逻辑学家"来说，在有穷逻辑中陈述无限多的独立选择是特别困难的事。）在关注逻辑的数学家中，罗素、乔治·布尔以及其他一些符号逻辑的创造者是出类拔萃的，但他们对其同事的影响甚微。布尔、查尔斯·桑德斯·佩尔斯（Charles Sanders Peirce）、恩斯特·施罗德（Ernst Schröder）和其他19世纪中期的数学家所追求的代数逻辑传统，对大多数同时代人来说不过是一种猎奇。19世纪70年代，数理逻辑开始发展，特别是1890年左右，朱塞佩·佩亚诺（Giuseppe Peano）在都灵大学开设了"符号逻辑"课程，他在那里赢得了很多追随者，但其他地方的追随者却很少。[3]

20世纪，佩亚诺（也译作：皮亚诺）的追随者包括罗素和阿尔弗雷德·诺斯·怀特海（Alfred North Whitehead），他们采用了佩亚诺的逻辑（包括康托尔的集合论），并将其转化为逻辑学家的论点，即数学的所有"对象"都可以从逻辑中获得。然而，除了著名的剑桥数学家G. H. 哈代（G. H. Hardy）外，没有多少数学家对罗素和怀特海的逻辑主义（logicism）感兴趣。[4] 从1903年起，罗素公开了戈特洛布·弗雷格（Gottlob Frege）从19世纪70年代末提出的逻辑主义思想——迄今为止，即使是研究数学基础的学生也很少关注这一思想，在随后的几十年中也没有得到更多的关注。

20世纪10年代末，大卫·希尔伯特（David Hilbert）开始了他的"元数学"（metamathematics）计划的决定性阶段，该计划研究公理系统的一般性质，如一致性（consistency）和完备性（completeness），以及与可证明性有关的

"判定问题"。希尔伯特计划吸引了哥廷根大学和其他地方的追随者；然而，它在数学家中的影响是有限的，即使在德国也是如此。[5]

下一代数学家中包括一些在数学基础研究方面表现出色的学生。从1900年左右开始，美国的E. H. 摩尔（E. H. Moore）研究了佩亚诺和希尔伯特，并将其对逻辑和元数学"模型"理论的兴趣传给了他的学生奥斯瓦尔德·维布伦（Oswald Veblen），也传给了维布伦的学生阿隆佐·邱奇（Alonzo Church），邱奇又传给了哈佛大学的学生斯蒂芬·克莱尼（Stephen Kleene）和巴克利·罗瑟（Barkley Rosser）。[6] 在哈佛大学，皮尔斯向哲学家约西亚·罗伊斯（Josiah Royce）展示了他的"多重集合"理论，约西亚·罗伊斯（1910年左右）在其指引下研究逻辑，并指导了初露头角的逻辑学家克拉伦斯·欧文·刘易斯（Clarence Irving Lewis）、亨利·谢弗（Henry Sheffer）、诺伯特·维纳（Norbert Wiener）、莫里斯·科恩（Morris Cohen），以及柯特·约翰·杜卡斯（Curt John Ducasse）——1930年代中期符号逻辑学会的主要创始人。[7] 在中欧，约翰·冯·诺伊曼（John von Neumann）将元数学和公理集合论纳入他的关注范围，[8] 但在波兰，杰出的逻辑学家和杰出的数学家之间并没有融合，尽管他们都大量使用集合论（即使是1920年的联合期刊《数学基础》也很少发表关于逻辑的文章）。

通常，数学家对逻辑持有漠不关心的态度。例如，1930年左右，伟大的逻辑学家阿尔弗雷德·塔斯基（Alfred Tarski）及其同仁证明了基本的"演绎定理"（deduction theorem）；[9] 这项工作在数学界遭受了冷遇，尽管法国布尔巴基（Bourbaki）学派注意到了这一点，但他们通常对逻辑持敌对态度。原因可能是法国逻辑学家雅克·埃尔布朗（Jacques Herbrand）证明了演绎定理的变体——如果真是这样的话，这是他对法国数学的唯一影响。此外，1931年，库尔特·哥德尔（Kurt Gödel）证明了（一阶）算术的不完备性定理（incompletability of first-order arithmetic），很快引起了逻辑学家的重视，但直到20世纪50年代中期，哥德尔的结果才被数学界广泛了解。[10]

## 纽曼的剑桥讲座

图 40.1 麦克斯·纽曼
经剑桥大学圣约翰学院院长及研究员许可复制

图灵本人的职业生涯为逻辑和数学之间的鸿沟提供了一个很好的例子。1936 年，当他向伦敦数学学会提交论文《论可计算数》时，期刊无法对其进行恰当的评判，因为在该领域中，麦克斯·纽曼是除图灵之外英国唯一的专家，他参与了论文的准备工作（图 40.1）。[11] 然而，期刊似乎接受了纽曼的意见。[12] 但这一细节引发了迄今尚未探讨的历史问题。为什么这一逻辑学主题在英国如此鲜为人知？为什么数学家纽曼是这方面的专家？接下来就来揭晓问题的答案。[13]

图灵听纽曼的课是一个关键事件，它发生在 20 世纪 30 年代中期。当时纽曼为学生最后一年的数学荣誉学位考试教授一门新课——"数学基础"。他为考试出的三道试题表明，他已经解决了本章开头部分提到的逻辑和元数学的所有论题，以及 L. E. J. 布劳威尔（L. E. J. Brouwer）的直觉主义数学（intuitionist mathematics）和逻辑。图灵那时刚从剑桥毕业，获得了数学荣誉学位。纽曼是为数不多的几个熟悉判定问题的英国人之一，图灵于 1935 年参加了纽曼开设的这门课程，并从中学习了判定问题和哥德尔数。[14] 没有找到关于图灵和纽曼课后接触的记录，但据推测，1935 年至 1936 年间，图灵在准备《论可计算数》的论文时，两人应该是定期会面的。

纽曼的课堂上弥漫着一种与世隔绝的氛围。他在 1933—1934 学年开了这门课程，但仅仅两年就被停课了，可能是因为遭受了师生的不满。1937 年，哈代对纽曼说：[15]

虽然现在"数学基础"是一门非常受人尊敬的课程，每个人都应该了解这门课，但对于年轻有为的数学家来说，它（像舞蹈或"流行乐团"一样）有点危险！

搬到布莱切利园之前，纽曼在剑桥待了六年，离开的前一年他还为数学基础考试出题。[16] 1939 年的试题可能是图灵出的——大概是出于抵制哈代的冷漠，1939 年的春秋学期，图灵应邀教授数学基础课程。1940 年，他被要求再次开课，但那时他已经到布莱切利园了。[17] 纽曼于 1942 年夏天来到布莱切利园，加入了破解金枪鱼的战斗。战时，他发表了三篇逻辑学应用科学性论文，其中一篇是与图灵合作撰写的。有两篇论文，包括与图灵合作的那篇，是关于类型理论的，一篇是罗素对逻辑和集合论悖论的解决方案，[18] 另一篇是所谓的"汇合"问题（涉及项的归约）。[19]

## 纽曼的逻辑入门

纽曼最初是怎样沉迷于逻辑学的？麦克斯·纽曼 1897 年出生于伦敦，父亲是德国人，母亲是英国人。1915 年，他获得剑桥圣约翰学院的奖学金，次年参加了第一次数学荣誉学位考试。[20, 21] 第一次世界大战期间，麦克斯的父亲赫尔曼被英国人拘留；获释后，他回到德国，再也没有回来。1916 年，麦克斯和他的母亲莎拉将姓氏改为"纽曼"。麦克斯是一名和平主义者，曾在陆军军需队服役，1919 年重返大学。1921 年，他出色地完成了第二次荣誉学位考试。

1922—1923 学年，纽曼克服重重困难到维也纳大学进修。和他同去的还有学院的另外两名同事。一位是遗传学家和精神病学家莱昂内尔·彭罗斯（Lionel Penrose）——著名物理学家兼数学家罗杰·彭罗斯（Roger Penrose）的父亲，他似乎是维也纳之行的发起者；他的家境富足，足以维持游学生活，特别是在那段通货膨胀时期，英国的钱在维也纳可以花很长时间。彭罗斯在学生时代就对罗素的数理逻辑感兴趣，在剑桥大学读本科时学习了传统的亚里士多德逻辑。他还探索了现代数理逻辑。甚至有可能是彭罗斯提醒他的朋友纽曼关注这个课题。彭罗斯想在维也纳会见西格蒙德·弗洛伊德（Sigmund Freud）、卡尔·布勒（Karl Bühler）和其他心理学家。剑桥团队的第三位成员是罗尔夫·加德纳（Rolf Gardiner），他是纳粹的狂热支持者，后来热衷于有机农业和民间舞蹈，也是指挥家约翰·艾略特·加德纳爵士的父亲。加德纳的妹妹玛格丽特也来了。后来她成为一名艺术家，与生物学家德斯蒙德·贝纳尔结为夫妻。玛格丽特回忆道，在维也纳这个"仍然极度贫困的城市"，彭罗斯和纽曼会肩并肩走在街上，同时在大脑里下着盲棋。[22]

在纽曼与维也纳数学家的接触中，唯一留下的实物是1922年7月来自威廉·维廷格（Wilhelm Wirtinger）的一封邀请函。[23,24] 然而，纽曼在维也纳的数学学习经历显然是改变其研究方向的决定性因素。他的主要数学兴趣转变为拓扑学（topology），这不是英国数学的特长。维廷格在维也纳的部分工作与曲面拓扑学有关。1922年，维也纳大学招募了库尔特·里德麦斯特（Kurt Reidemeister），他和纽曼一样，成为了组合拓扑学的专家。最值得注意的是，纽曼在维也纳期间，汉斯·哈恩（Hans Hahn，后来成为著名的"维也纳学派"领导人）举办了一次关于"代数与逻辑"的预备研讨会。[25,26] 哈恩不仅是曲线拓扑学和实变量数学分析方面的专家，而且还将形式逻辑视为研究和教学的重要课题。在后来的几年里，哈恩就怀特海和罗素的《数学原理》（关于现代数理逻辑最早的主要著作之一）开办了两次完整的研讨班。罗素的哲学和逻辑学方法对维也纳学派产生了深远的影响。哈恩还指导了维也纳的一名年轻的博士生库尔特·哥德尔（Kurt Gödel）。

## 维也纳之后

纽曼成为英国拓扑学的先驱，他对逻辑、逻辑教育以及罗素的哲学产生了浓厚的兴趣。在他身上，有着维也纳学派深深的烙印，尤其是来自汉斯·哈恩的影响。

1923年，纽曼申请了圣约翰大学的研究员，这一年他在数学分析的传统领域发表了论文（特别是关于避免实变函数理论中的选择公理），还撰写了一篇未发表的长篇科学哲学论文，题为《从物理学的角度看数学基础》。这篇论文很可能源于维也纳的交流。也许他在维也纳时就写了一部分。[27] 论文中，纽曼将应用数学中习惯采用的理想化客体的世界（光滑物体、轻弦等）与"真实物理客体"的世界进行了对比。他通过使用不同的逻辑来区分这两个世界。他说，理想化者将借鉴经典的二值逻辑，为此他引用了希尔伯特刚发表的一篇元数学论文作为资料来源，[28] 但那些对现实生活感兴趣的人将转向构造性逻辑，他引用了布劳威尔和赫尔曼·外尔（Hermann Weyl）最近的论文。[29] 他愿意接受逻辑多元主义，并将逻辑置于问题分析的中心，这对于数学家来说非同寻常。相比剑桥，纽曼更像是维也纳培养出来的学者。[30, 31]

1926年一次适当的机会，纽曼参加了罗素在剑桥三一学院举办的一系列哲学讲座，借此机会发挥了他的逻辑和哲学才能。讲座是罗素《物的分析》一书的基础。[32] 纽曼帮助罗素写了两章。1928年此书出版，他尖锐地批评了其哲学基础。[33, 34] 罗素接受了这些批评。纽曼给罗素写了两封关于逻辑和拓扑学的长信，内容是他1923年哲学论文中的一些观点。[35] 纽曼继续在剑桥开创拓扑学和逻辑学的先河。尽管纽曼不是哈代-李特尔伍德传统的分析学家，但毫无疑问，哈代将拓扑学铭记在心，成功地将纽曼推荐为皇家学会会员，J. E. 李特尔伍德（J. E. Littlewood）则是第二人选。

纽曼利用皇家学会来支持逻辑事业。1950年，在罗素的支持下，纽曼提议图灵为皇家学会会员，图灵于1951年正式当选。仅仅五年后，即1955年，纽曼为皇家学会撰写了图灵的讣告。[36] 1966年纽曼提议哥德尔为外国会员，罗素再次附议；两年后，哥德尔当选为学会会员。[37] 1970年，罗素去世时，纽曼答应与哲学家弗雷迪·艾耶尔（Freddie Ayer）一起撰写学会的罗素讣告，但由于健康状况不佳，他无法履行自己的义务。他于1984年去世。

## 机缘巧合！

最后，我回顾一下这段非同寻常的历史。由于彭罗斯早期对数理逻辑的兴趣，以及维也纳数学、逻辑和哲学的非同寻常的融合，纽曼改变了研究方向：如果1922年至1923年他留在剑桥，肯定会继续沿着1923年（关于避免选择公理）论文所指的路走下去——即，哈代-李特尔伍德的数学分析。即使这样，他对逻辑的兴趣也可能会减弱，也可能不会开设图灵参加的数学基础课程。1935年开设这门课程的可能性非常小，因为纽曼可能不会随意答应陪彭罗斯去维也纳，也可能永远不会有讲授逻辑学的意向。1934年图灵毕业后，他已是另一位崭露头角的哈代-李特尔伍德数学分析学家,从事"概周期"(almost periodic)函数的研究,对数理统计和群论感兴趣。可以想象,图灵仍然开心地从事这些数学分支的研究,特别是在数学分析方面。那时,大名鼎鼎的哈代在牛津大学待了12年之后,已于1931年返回剑桥。图灵可能不会与递归函数或不可判定性狭路相逢,也不会发明他的通用机器。

纽曼和图灵是否通过剑桥的一些哲学家接触到这些话题?弗兰克·拉姆齐(Frank Ramsey)于1923年和1924年访问了奥地利哲学家路德维希·维特根斯坦(Ludwig Wittgenstein),他与剑桥的其他哲学家一起,致力于修订罗素和早期维特根斯坦的逻辑主义。[38] 拉姆齐于1930年去世。1929年,维特根斯坦回到剑桥。在哲学上他是一位一元论者,因此,区分了什么可以言说,什么只能展示。相比之下,希尔伯特学派主要依赖"层级"概念、数学和元数学,这些图灵都已掌握。维也纳学派的另一位成员、逻辑学家鲁道夫·卡尔纳普(Rudolph Carnap)于1931年创造了"元语言"(metalanguage)一词,其基础是对哥德尔的算术不完备性证明步骤的反思,而塔斯基几乎同时开始谈论"元语言"。罗素在这个问题上的立场很奇怪。早在1921年,他在介绍维特根斯坦的《逻辑哲学论》时,就主张用语言的层级来取代维特根斯坦的"展示—言说区别"——维特根斯坦拒绝了这一做法,但他从未设想过一个逻辑的伴随层级结构,因此,维特根斯坦既没有正确理解,也没有正确陈述哥德尔定理。[39] 由此看来,无论是图灵与罗素的接触,还是他与维特根斯坦在逻辑和逻辑学方面的接触,都极不可能促使他研究元数学和判定问题。

如果图灵和纽曼没有在逻辑和元数学中找到解决这些关键问题的方法,那么尽管他们可能被认为是聪明的分析学家,同时也擅长国际象棋,布莱切利园也不会将他们视为公认的选择。就算他们到了布莱切利园,可能也不会像真正的纽曼和图灵那样发挥作用,因为他们不太了解关键的数学知识(如果有的话)。因此,英国战时解码工作的一个关键部分,特别是图灵的恩尼格玛破解机"炸弹"的设计,是多年前图灵改变研究方向的结果,其灵感源于碰巧参加了纽曼的数学基础课。纽曼之所以开设这门课,是因为他之前转向了这个不寻常的课题,而纽曼的改变又是彭罗斯为了发展其事业所做决定的意外结果。简言之,这一切真是机缘巧合![40]

第八部分

# 尾篇

**THE TURING GUIDE**

# 第 41 章
# 整个宇宙是一台计算机吗?

杰克・科普兰

马克・斯普雷瓦克

奥隆・沙格里尔

万物理论（theory of everything）认为，整个宇宙就是一台计算机。这一观点很大胆，也很吸引人。该理论认为：从根本上讲，整个宇宙都应该用艾伦・图灵在 1936 年引入的通用计算机器来理解。我们区分了这一大尺度理论的两个版本，解释了如果其中一个版本为真，或者两个版本全部为真，宇宙注定会是什么样子。剧透一下：事实上，这个问题在目前的科学阶段仍是未解之谜。整个宇宙是一台计算机的说法是真是假，无人知晓。但这些问题既重要又引人入胜，当然值得讨论。我们从头开始探究：计算机到底是什么?

## 计算机是什么?

让我们从显而易见的答案开始说起。你的笔记本电脑就是一台计算机，但也有与之截然不同的计算机，比如手表里的微型嵌入式计算机，以及像中国的天河 2 号这种巨型网络超级计算机。那么，计算机的共同点是什么? 是什么使它们统称为计算机?

巨人机是一台计算机，尽管（如第 14 章所说）它不使用存储程序，并且相比现代笔记本电脑，它能做的事情很少（甚至不能进行多位数乘法）。图灵的 ACE（见第 21 章和第 22 章）是一台计算机，尽管它的设计不同于笔记本电脑；例如，ACE 没有中央处理器（CPU），超声波沿液体管道传播、发出"砰砰"声，它以此种方式来存储数据和程序。图灵的人工神经网络也是计算机（第 29 章），图灵预见的模仿"连接主义"网络的现代大脑也是计算机。连接主义网络不同于笔记本电脑，而是像在人脑中一样，记忆和处理没有分离，它们就是进行处理的"硬件"（神经元及其连接），也起着记忆的作用。巴贝奇的分析机（第 24 章）也是一台计算机，尽管它是由机械部件而非电气部件构成的。正如图灵所说：[1]

巴贝奇的分析机完全是机械的，这一事实将帮助我们摆脱迷信。人们经常看重的事实是，现代数字计算机是电子的，神经系统也是电子的。既然巴贝奇的机器不是电子的……所以我们明白，这种对电的使用在理论上并不重要。

事实上，计算机科学家目前正在研究的计算机或制作的原型机，种类多到令人吃惊。有大规模并行和分布式计算机、异步计算机（没有协调处理的中央"时钟"的计算机）、纳米计算机、量子计算机、化学计算机、DNA 计算机、进化计算机、黏菌计算机、使用撞球的计算机以及使用大量动物或昆虫解决问题的计算机……不一而足。原则上，甚至可以有一台完全由镜子和光束组成的通用计算机。[2] 那么，所有这些不同形式的计算机有什么共同点？让我们来了解一下图灵的看法。

在进入现代社会之前，"computer"一词指的是人。如果有人在 19 世纪，甚至在 1936 年提到这个词，其他人都会知道，那是指人类计算员（human computer）——一个从事繁琐工作的职员，其日常工作内容是数值计算。曾有数千名人类计算员在企业、政府部门、研究机构及其他组织中工作。1936 年，图灵引入他的"逻辑计算机器"——图灵机——以此对人类计算员进行理想化描述。事实上，他在开始讲述图灵机时就说："我们可以将一个正在计算实数的人比作一台机器。"[3] 剑桥哲学家路德维希·维特根斯坦（Ludwig Wittgenstein）以精辟的论述而闻名，他一语中的：[4]

图灵的"机器"就是进行计算的人。

图灵经常强调一个基本点，即在某些方面，图灵机是理想化的人类计算员的模型。比如：[5]

一个配备了纸、铅笔和橡皮，并受到严格训练的人，实际上就是一台通用机器。

即使在 ACE 的讨论中，图灵仍继续使用"computer"来表示"人类计算员"：[6]

计算员在写下数字和决定下一步做什么时所花费的时间与进行实际的乘法运算所花费的时间一样长，ACE 也是如此。ACE 将完成大约 10 000 名计算员的工作……计算员仍将被雇用于小型计算。

因此，"computers"一方面指人类计算员，另一方面指可以接管计算员工作的机器。从 20 世纪 20 年代开始，"计算机器"一词越来越多地指代小型计算机器，它们能够将人类计算员的工作内容机械化。20 世纪 40 年代出现了"电子计算机"一词，它也指将人类计算员工作机械化的机器。图灵对此有清晰的说明：[7]

数字计算机背后的想法可以解释为：这些机器旨在执行任何可以由人类计算员完成的操作。

图灵认为描述"数字计算机"的概念非常重要，因此他在《曼彻斯特电子计算机 2 号程序员手册》中写道：[8]

电子计算机旨在执行任何确切的经验法则过程，这种过程可由人类操作员以受过训练但非智能的方式完成。

那么，这是图灵对"何为现代意义的计算机"的回答吗？[9]任何与理想化的人类计算员执行相同工作的物理装置都是一台计算机：通过执行理想化的人类计算员所执行的步骤，机器执行一系列操作。只要有足够的时间，人类计算员也可以执行这些操作。（人类计算员是理想化的，因为他们的时间、可用的纸张和铅笔都是无限的。理想化的人类计算员长生不老，而且永远不会觉得无聊。）所有计算机执行的任务，原则上都可以由一个生搬硬套的工人按照一个算法完成（不做其他任务）。正如图灵所说：[10]

这项任务可以由职员来完成，他们按照固定规则工作，并且无须理解这些规则。

有了这一解释，我们接下来要讨论传统计算机和非传统计算机的重要区别。现代笔记本电脑、平板电脑、迷你电脑和大型计算机都是传统计算机，而黏菌计算机和集群计算机则不是。传统计算机的设计最终源于著名的1945年提案《EDVAC报告初稿》（见第20章），基本上由CPU和存储器两部分组成。传统计算机运行的基本周期是"提取—操作—存储"：从存储器中提取操作数（数字），在CPU中操作（例如做乘法），将操作结果（另一个数字）存储到存储器。任何不符合这种描述的计算机都是非传统计算机。

宇宙是一台传统计算机吗？它是笔记本电脑的宇宙版或天河2号的宇宙版吗（图41.1）？在我们看来，这在逻辑上似乎是可能的，但可能性不是很大。宇宙计算机的CPU在哪里？宇宙计算机的存储器在哪里？存放操作数的寄存器和存储CPU操作结果的寄存器在哪里？

图41.1 宇宙是一台计算机吗？遥远的鹰状星云中的创生之柱（由哈勃太空望远镜拍摄）

来自维基媒体共享，获得公共域许可 https://commons.wikimedia.org/wiki/File:Pillars_of_creation_2014_HST_WFC3-UVIS_full-res_denoised.jpg

没有证据表明宇宙中有传统计算机的任何核心要素。

然而，加州哲学家约翰·塞尔（John Searle）认为，即使是花园的墙壁也是一台传统计算机；还有哲学家认为，海滩上一块普通的静止不动的石头是一台传统计算机——如果塞尔等人是正确的，那么整个宇宙同样是一台巨大的传统计算机。[11] 即使这些关于墙壁和石头的观点最终被证明是荒谬的，也值得详细讨论，但由于我们要探索更重要的问题，所以不会停在此处：感兴趣的读者可在尾注的参考文献中找到这些观点的批判意见。[12] 绕开宇宙是一台传统计算机的想法，我们将讨论一个更有希望的假设，即宇宙是"元胞自动机"之类的计算机。它是由约翰·冯·诺伊曼首次提出的机器，斯蒂芬·沃尔夫拉姆（Stephen Wolfram）在第 5 章中提到过。[13]

## 楚泽论题

我们在第 6 章和第 31 章中简要提到了康拉德·楚泽（图 41.2）。第二次世界大战前，他在其父母柏林公寓的客厅里制造了他的第一台计算机。[14] 楚泽是柏林夏洛滕堡工业大学的一名工科生，他痛苦地意识到，工程师们必须进行他所谓的"庞大而恐怖的计算"。[15] "这真的不适合人类。"他说：[16]

做这些计算有失人的身份，应该用机器来完成。

战争结束后，楚泽在巴德·赫斯菲尔德开了一家工厂，向欧洲供应廉价的继电器计算机，后来又供应晶体管计算机。尽管他在 1936 年的一项专利申请中，已经预见了存储程序概念的各种要素，但直到 20 世纪 60 年代才开始在他的计算机中加

图 41.2　康拉德·楚泽，1910—1995 年。苏黎世联邦理工学院（ETH）图书馆，图像档案馆，Portr_14648

入存储程序。[17]（有些历史文献说，楚泽1941年的Z3计算机是一台存储程序式机器，但这个说法是错误的。）我们不确定楚泽和图灵是否曾见过面。有趣的是，楚泽说，自己直到1948年才知道图灵1936年发表的《论可计算数》。那一年，他应邀从德国来到伦敦，回答英国计算专家的询问。[18]唐纳德·戴维斯是图灵在国家物理实验室的助理，他采访过楚泽：戴维斯回忆说，楚泽后来"怒火中烧"，事情"演变成一场激烈的较量"。[19]戴维斯继续说，楚泽似乎"非常确信"自己可以制造出一台小型继电器机器，"这将等同于我们正在开发的电子计算机"。

楚泽1967年出版的《空间计算》为基础物理学勾勒了一个令人费解的新框架。楚泽的论题是宇宙是一台巨大的数字计算机，是一台元胞自动机（cellular automaton，CA）。[20]根据楚泽论题，宇宙实际上不过是一组根据计算规则改变状态的1和0。物理学中所熟悉的一切——力、能量、熵、质量、粒子——都来自宇宙计算。

斯蒂芬·沃尔夫勒姆（Stephen Wolfram）解释说，元胞自动机是格子状的网格，所有属性都是离散的。它们是：[21]

离散的时空系统，物理量具有一组有限的离散值。元胞自动机以离散的时间步（discrete time steps）进化。

元胞自动机与传统计算机大相径庭。要可视化元胞自动机，需绘制由方形单元格组成的二维网格。当元胞自动机的以离散的时间步向前移动时，网格中的每个单元格在任何时刻都处于"开"或"关"两种状态中的一种。元胞自动机的"转移规则"描述了单元格在一个时间步的状态下如何决定下一个时间步的状态。这个过程开始时，一些网格单元是"开"，而另一些是"关"；随着时间的推移，单元格会根据转移规则打开或关闭。在某个时刻，网格可能会达到所谓的"停止"状态：计算完成，可以从网格上剩余的活动模式中读取输出。

就像笔记本电脑可以解决计算问题一样（比如计算你的浴室需要多少块特定尺寸和形状的地砖，或者解决一些大型数学方程），元胞自动机也可以解决此类问题。问题被编码在网格的初始活动模式中，一旦网格达到"停止"状态，用户就会从剩余的活动模式中读取答案。不同的元胞自动机可以有不同的转移规则；有些可能有不同种类的网格，或者有两种以上可能的单元格状态。尽管元胞自动机与传统计算机有着显著的差异，但事实证明，如果一个问题可以由传统计算机解决，那么它也可以由元胞自动机解决（反之亦然）：它们的计算结构不同，但计算能力相同。

1970 年，英国数学家约翰·康威（John Conway）发明了一台元胞自动机，名字起得很吸引人，叫作"生命游戏"（Game of Life）（图 41.3）。这台元胞自动机有四个非常简单的转移规则（框 41.1）。康威注意到一个关于生命游戏的有趣事实：将这些简单的规则应用于网格上的小规模模式，出现了令人惊讶的大规模的复杂模式。

图 41.3　约翰·康威在玩生命游戏。开尔文·布罗迪。太阳新闻集团

---

### 框 41.1　生命游戏

生命游戏只有四条转移规则：

• 如果一个单元格处于打开状态，并且其相邻单元格处于打开状态的数量不足两个，则该单元格将在下一时间步关闭。

• 如果一个单元格处于打开状态，并且它的两个或三个相邻单元格也处于打开状态，那么它将在下一个时间步保持打开状态。

• 如果一个单元格处于打开状态，且其相邻单元格中有三个以上处于打开状态，则该单元格将在下一时间步关闭。

• 如果一个单元格处于关闭状态，且其相邻单元格中正好有三个处于打开状态，则它将在下一时间步打开。

---

如果你在生命游戏计算的过程中，放大并观察独立的单元格，你能看到

的就是它根据四条规则打开和关闭。但是，缩小屏幕会出现不同的场景。大结构由许多单元格组成。随着时间的推移，我们可以看到它们在生长和分解。其中一些结构具有可识别的特征：它们保持内聚力、移动、繁殖和相互作用。它们的行为非常复杂。被称为"振荡器"的模式会改变形状，在一定数量的时间步之后恢复到它们初始的形状。一个三单元格闪烁的"信号灯"从一条垂直线跳到一条水平线，循环往复，而12个单元格的"五角星"经历了一次漂亮的15步变换，然后恢复到原来的形状。

在生命游戏中，"宇宙飞船"在网格上滑行：随着时间的推移，它们会变形为一个新结构，与原来的模式相同，但从起始位置开始，一个或多个单元格发生移位，从而产生运动。如果你观察加速的游戏，宇宙飞船看似在平稳地移动。宇宙飞船是信息从网格的一部分传输到另一部分的主要方式。"滑翔机"是最小的宇宙飞船：由五个单元格组成，经过四个时间步，复制其原来的结构，但将其中一个单元格移到了左下方。有更大的宇宙飞船：事实上，还没有已知的最大的宇宙飞船。到目前为止，发现的最大的宇宙飞船名叫"毛毛虫"，是一个有着1 100万个单元格的怪物。像毛毛虫这种大型结构由它们自己的规则控制，要发现这些"高阶"规则，实验可能比计算更好。通过观察大型结构在各种条件下的行为，揭示了大规模的规则。

一些大规模的模式由数十万个单元格组成，它们甚至等同于通用图灵机。更大的模式就像组装通用图灵机的工程机器，但更大的模式（或许是虚拟生物）将指令输入通用机器。生命游戏中的虚拟生物为其通用图灵机编程，来执行任何计算，包括运行自己的生命游戏模拟。在其机器上模拟的生命游戏——游戏中的游戏——可能包含其他虚拟生物，这些虚拟生物可能在它们的图灵机上模拟生命游戏，而这又可能包含更多的虚拟生物，以此类推。一个大网格上出现嵌套层次，其复杂程度令人震惊。[22] 然而，从根本上说，生命游戏中发生的一切都是简单的：每个模式的行为，无论大小，都按照四个简单的转移规则进行演变。在生命游戏中，所有事情都由这些规则决定。

楚泽的论题是，我们的宇宙是一个由少量简单的转移规则控制的元胞自动机：他认为，有了正确的规则，元胞自动机可以生成一种叫作"数字粒子"（digital Teilchen）的模式。[23] 这些数字粒子与被传统物理学家视为宇宙基本组成部分的基本物理粒子相对应。在生命游戏发明之前，楚泽就已经写下了这一观点，所以他并不是说生命游戏中的特定转移规则是我们宇宙的基本规则。但如果他是对的，那么一些简单的转移规则（及其相关的网格结构）就构成了宇宙的基本物理。最近，诺贝尔奖获得者、荷兰理论物理学家杰拉德斯·托夫特（Gerardus' t Hooft）说：[24]

我认为，康威的生命游戏是完美的玩具宇宙示例。我愿意相信我们所处的宇宙就像这样。

如果楚泽的论题是正确的，那么宇宙在最基本的层面上就是一台计算机：我们在宇宙中观察到的每种事物——粒子、物质、能量、场——都是元胞自动机活动产生的一种大规模的模式。这种元胞自动机的网格不是由电子或质子等传统物质构成的：尽管我们并不清楚其网格由什么构成，但它在更基本的层面上运行，电子、质子和目前物理学已知的所有物质都来自它的活动。我们将在下一节中了解这一点。这个元胞自动机以最小的尺度在宇宙中的任何地方运行；描述它将产生一个关于宇宙万物的大统一理论。物理学中的所有其他理论，包括广义相对论和量子力学都不属于这个大统一理论。如果楚泽是对的，那么人类与我们在生命游戏中创造的虚拟生物并没有太大差别。事实上，托夫特认为我们的三维宇宙可能是一幅全息图，由二维曲面上的数字信息变换产生。[25]

## 检验楚泽论题

楚泽认为，宇宙是一台巨大的元胞自动机。他的论题正确吗？这一论题面临三大挑战。第一个挑战是"涌现问题"：能否证明宇宙的物理可以从数字计算中涌现出来？第二个挑战是"证据问题"：是否有实验证据支持楚泽的论题？第三个挑战是"实现问题"：实现宇宙计算的是怎样的"硬件"？让我们依次面对这三大挑战。

解决涌现问题非常难。为此,楚泽论题(Zuse's thesis)的支持者需要找到一种方法来证明,当前的物理理论是如何从一些简单的底层数字计算中产生的。这其中有四大障碍。第一,现有物理学涉及连续量(位置、能量、速度等),而元胞自动机和所有数字计算机只处理离散单位,不处理连续量。完全连续量的事物如何从完全离散的事物中产生?举一个简单的例子:传统上,人们认为时间是连续的,而数字手表的运动是离散的:流畅连续的事物怎么可能从不平稳的、不连续的事物中产生呢?第二,物理学似乎涉及非确定性(即随机)过程,而元胞自动机则以完全确定的方式运行。第三,当前的物理学允许粒子之间的非局域连接:没有干预信使(intervening messenger)的关系(这被称为"量子纠缠")。然而,元胞自动机不允许在网格的远距离单元格之间建立这样的连接。第四,更令人担忧的是,最好的两个物理理论——广义相对论和量子力学——似乎是不相容的。当前物理学中最难解决的问题是如何统一广义相对论和量子力学,这正是基础计算理论需要解决的问题——它可不是一项轻松的任务!也许每一个问题都可以解决;果真如此的话,那就由楚泽论题的拥护者来寻找答案。

其次,证据问题。到目前为止,楚泽的论题根本没有实验证据,为什么要相信它呢?同时,也没有任何实验证据反对这一论题,事实上,无论哪种方法都很难找到证据。这是因为所推测的构成宇宙基础的元胞自动机存在于非常小的空间尺度上,大约有一个"普朗克长度"。著名的量子物理学家马克斯·普朗克(Max Planck)将普朗克长度定义为 $10^{-35}$ 米,只比一万亿亿亿亿分之一($10^{-36}$)米少一个 0。探索如此微小空间上的事件非常困难。让我们用亚原子粒子(小于原子的粒子)的尺寸作为测量棒。日内瓦附近的欧洲核子研究组织的大型强子对撞机可以探测比质子小 100 000 倍的事件——这是蚊子和珠穆朗玛峰之间的差异。然而,普朗克长度要小得多:普朗克长度比质子小 $10^{19}$ 倍——这是蚊子与银河系之间的差异。常规粒子对撞机永远不可能探索普朗克尺度的事件。2014 年,芝加哥费米实验室的克雷格·霍根(Craig Hogan)团队开始进行一项另类实验,测试宇宙是否是普朗克尺度的数字网格。如果是这样的话,这将是验证楚泽论题的一小步。实验旨在通过测量两台激光干涉仪的微小运动来检测普朗克尺度上的抖动。[26] 到目前为止,实验还没有产生任何证据以支持或反对"宇宙是数字的"观点。此外，对于该实验是否会以某种方式提供证据，也存在着重大的质疑。[27] 很难在楚泽论题相关的尺度上收集证据。

实现问题的挑战是指，实现宇宙计算的可能硬件是什么。你的笔记本电脑进行的计算是通过硅芯片和金属线中的电活动来实现的；大脑中的计算是通过神经元和突触中的电化学活动来实现的；康威生命游戏的原始版本是通过塑料筹码和围棋棋盘实现的。每个计算都需要一些实现介质，而实现的硬件必须以其自身的方式存在。它本身不可能作为一种高级模式从计算中涌现：康威的塑料筹码不可能从生命游戏中冒出来——那是启动生命游戏的必备之物。

根据楚泽论题，所有物质、能量、场和粒子都是从底层的单元格计算中涌现的模式。但是，什么可以实现单元格计算？它不是已知的物理学中的事物，因为根据假设，我们已知的一切都应该是由计算产生的一种涌现模式。甚至连我们目前未知的物理现象也是如此，因为所有物理现象都应该来自底层的计算。实现的硬件肯定是物理领域之外的事物。

关于这种硬件，人们提出了一些奇怪的想法。例如，宇宙学家马克斯·泰格马克（Max Tegmark）的"数学宇宙假说"认为，物理宇宙的硬件由抽象的数学对象组成（存在于被数学家称之为"柏拉图天堂"的地方）。[28] 泰格马克的建议颠覆了我们通常认为的计算方式：不是物理对象（如电脑）实现抽象数学对象（如自然数），而是抽象对象实现所有物理对象。根据泰格马克的观点，对宇宙来说，抽象数学对象比原子和电子更基础！

这一观点可能会遭致许多反对意见。[29] 最切中要害的是，抽象的数学实体似乎不是实现计算的正确类型。时间和变化对实现计算至关重要：计算是一个随着时间展开的过程，在此过程中，硬件会经历一系列变化（触发器发生翻转，神经元悄无声息地放电和沉寂，塑料筹码在围棋棋盘上出现和消失，等等）。然而，泰格马克的数学对象是永恒不变的。这个"硬件"在时间和变化中发挥什么作用？为了实现不同的计算步骤，这些柏拉图式的对象如何随时间而改变？如果没有时间或变化，当前的一步怎么可能产生下一步？不变的数学对象不适合实现计算。

实现问题是"鸡和蛋"的问题，目前来看没有可行的解决方案。也许楚泽论题的支持者会说：我们知道一定有某种物质实现了宇宙的计算，但应该承认，我们对这个模糊的底层物质一无所知，也无法知道。他们继续说，物理学的正确目标是简单地描述宇宙的计算；物理学必须对实现媒介保持沉默。正如维特根斯坦用其一贯简洁的方式所说的那样：[30]

凡是不可言说之物，必须保持沉默。

然而，如果你对这种限制物理学范畴的做法感到不满，有人会与你产生共鸣。精力充沛的物理学家希望了解宇宙的一切。他们不会接受这种观点，即宇宙中存在着一种永远超出物理学范围的基质（fundamental substratum）。

迄今为止，我们还没有找到任何理由证明宇宙是一台计算机。在本章的开头部分，我们提到了计算机-宇宙理论的第二个观点，现在我们转向这个话题。该观点比第一个更适度，它承认宇宙可能不是一台字面意义上的计算机，但认为物理宇宙从根本上说是计算的，我们将解释其含义。

## 宇宙是可计算的吗？

可计算的系统是指一个行为可以由理想化的人类计算员（human computer）计算的系统。重要的是强调"理想化"，因为人类职员可能需要一百万年来计算大型复杂系统的行为——而且计算需要的纸张和铅笔可能超出了地球的供应量。

有许多系统，尽管不是计算机，但却是可计算的。例如，一种旧式导航灯，其功能是闪现信号标记。比如，在泰晤士河口某个沙洲的东端有一盏导航灯（为了帮助导航员，它的信号必须与该河段上下所有其他导航灯发出的信号明显不同）。灯的信号如下：灯亮1秒，灭2秒，亮2秒，灭4秒，然后无限重复这个循环。（由机械控制的滑动金属盘决定灯的开关：当金属盘位于灯的玻璃孔上方时，灯就熄灭；金属盘不再遮挡玻璃孔时，灯就发光——机械细节在示例中并不重要。）对人类计算员来说，计算这盏灯的开关状态很容易。

但如果有人问你,这盏灯在第一次亮起后 77 秒是否会亮起,你可能会觉得计算起来有些困难。总之:灯不是计算机,但其闪光的行为是可计算的。

更复杂的行为也是可计算的。例如,让我们将无理数 π 引入公式中,以确定灯是否亮起。π 是圆的周长与直径之比,即 3.141 592 653 589…没有最后一个数字:π 的数字无限延续。使用 π,我们可以让灯的开关行为变得很复杂:如果 π 的第一个数字是奇数,则灯以第一秒点亮的状态开始其操作序列,如果第一个数字是偶数,则灯在第一秒保持熄灭状态;如果 π 的第二个数字为奇数,则灯点亮一秒,如果第二个数字为偶数,则灯在其工作时间的第二秒熄灭;以此类推。在这种情况下,灯在其运行的前 13 秒内的行为是:亮,亮,灭,亮,亮,亮,灭,灭,亮,亮,亮,灭,亮。随着序列变长,观察者可能会认为亮灯和灭灯是随机发生的。但事实并非如此。

灯的行为仍然可计算吗?是的。图灵证明 π 是他所谓的"可计算数":一台图灵机——因此人类计算员可以逐个计算 π 的数字。(因为 π 的数字无止境,图灵机将永远工作下去,除非我们在它产生一些有限的数字后停止它。)因此图灵机(或人类计算员)可以计算灯何时亮,何时灭。

随机性是不可计算性的一种形式:如果灯随机亮起,其行为将不可计算。如果人类职员总能在下一秒预见到行为,那么该行为就不是随机的。[31] 有没有可以想象的方式来安排灯的行为,使其不是随机的(即是确定的)但仍然是不可计算的?图灵的回答是"有"。事实上,他的答案遵循了第 7 章和第 37 章中的观点。如前所述,图灵证明了图灵机无法解决"打印问题":也就是说,在给定任何图灵机程序的情况下,无法对图灵机进行编程,以便让它判定该程序能否打印出"1"(或第 7 章中的示例"#":选择什么符号都一样)。利用这一事实,我们将解释如何排列灯光的亮灭,使得序列不可计算。

首先,我们假设所有无限多个图灵机都以某种方式排序,这样我们就可以说第一台图灵机,第二台图灵机,等等。我们不必关心排序的精确细节;一种方法是,认为程序最短的图灵机就是第一台图灵机,程序次短的是第二台机器,以此类推——当然,程序等长的机器排序需要一些"决胜负"原则;并且还需要进一步的细节来处理机器在开始工作之前纸带上有多少数据("输入")的问题。我们对上述与 π 有关的切换方法修改如下:如果第一台图灵机在某个点打印出"1",则灯以亮 1 秒的状态开始其操作序列。如果第一台图灵机从未打印出"1",则灯在第一秒保持熄灭状态;如果第二台图灵机在某个点打印出"1",灯亮起 1 秒,如果第二台图灵机从未打印出"1",则灯在其工作时间的第二秒保持熄灭状态;依此类推。现在,所产生的亮起和熄灭顺序是不可计算的。

"整个宇宙是可计算的吗"问的是:宇宙中一切事物的行为是否可以由一个理想化的人类计算员(相当于一台图灵机)来计算,或者,宇宙的系统是否像第三盏灯一样,是不可计算的。亮灯的例子有助于阐明这个问题。在接下来的三节中,我们将从图灵提出的一个著名但有时被误解的论题开始,研究一些与之相关的论题。

## 图 灵 论 题

1936 年,图灵提出并论证了所谓的"图灵论题":图灵机可以完成人类计算员能完成的任何任务。[32] 本质上,该论题是说图灵机是人类计算员正确的形式模型。

顺便提一下,图灵论题有时被称为"邱奇-图灵论题"(甚至只是"邱奇论题")。这是因为同样在 1936 年,阿隆佐·邱奇设计了人类计算员的另一形式模型,图灵很快证明它等价于自己的模型。[33] 邱奇的模型是从"$\lambda$-可定义性"(希腊字母"$\lambda$"发音为"兰姆达")的角度表述的,这是一个专业性很强的概念。如果某些事物可由重复替换的特定过程产生,则被称为 $\lambda$-可定义——我们无需考虑细节。在第 7 章中提到,库尔特·哥德尔更喜欢图灵的模型而不是邱奇的模型:哥德尔说他认为图灵的模型"最令人满意",但邱奇的方法"完全不符合要求"。[34]

尽管如此,邱奇论题——他的 $\lambda$-可定义性模型是人类计算员的模型——是正确的,因为图灵设法证明了图灵机所能做的一切都是 $\lambda$-可定义的(反之亦然)。现在有一种倾向说,从图灵的证明来看,其论题与邱奇论题是"相同的",但这是误导,因为这两个论题有不同的含义。他们之间一个显著且重要的区别是，图灵论题涉及计算机器，而邱奇论题则没有。在接下来的内容中，我们关注的是图灵论题，而不是邱奇的。

图灵论题与一些关于可计算性的不同观点相混淆，其含义经常被误解。以塞尔为例，他这样阐述图灵论题：[35]

任何可以作为一组步骤给出足够精确表征的东西都可以在数字计算机上模拟。

塞尔的说法暗示，任何一个循序渐进的系统都是可计算的，但这是比图灵的实际论题要激进得多的断言，图灵只说图灵机可以模拟人类计算员。事实上，很容易找到塞尔论题的反例。[36]

另一个混淆的例子是山姆·古滕普兰（Sam Guttenplan）在《心智哲学指南》中的说法，即对于任何"输入和输出之间的关系在函数上表现良好，足以由……数学关系来描述"的系统而言：[37]

我们知道，某些特定版本的图灵机将能够模拟它们。

这又与图灵的说法大相径庭：图灵论题并未暗示图灵机能模拟（仿效）任何可以用数学描述的输入输出系统，而是说它只能模拟人类计算员。事实上，由于宇宙实际上是一个输入－输出系统（一个事物通过物理的因果关系导致另一个事物），而且，宇宙显然在数学上是可被刻画的，因此古腾普兰的论点似乎暗示物理宇宙确实是可计算的。但图灵论题并没有做出这种暗示。

对图灵及其工作产生误解的第三个也是最后一个例子，来自哲学家保罗和帕特里夏·邱奇兰德（Patricia Churchland）。他们说图灵的：[38]

结果意义重大，即一台标准的数字计算机，只要有正确的程序、足够大的存储器和足够长的时间，就可以计算任何规则控制的输入输出函数。也就是说，它可以显示对环境的任何系统性反应模式。

当然，图灵的结果并不意味着每一个规则控制的输入输出系统都是可计算的。正如我们刚才看到的，这等同于宣称一个由规则支配（rule-governed）的宇宙是可计算的宇宙；不可计算的信号灯示例表明这个观点是错误的——确定第 $n$ 秒是否亮灯的规则与第 $n$ 个图灵机是否打印"1"有关。

在这些混淆中，隐藏着一个与图灵论题截然不同的论点，与图灵论题不同并不一定意味着它不正确。因此，作为第一次尝试，让我们明确这一论题，并加以检验：在所有可想象的法则支配的确定性物理系统中，所发生的行为都是可计算的。请注意，如果假设宇宙中只有物理系统（同时假设宇宙是受规律支配的和确定性的），那么该论点肯定暗示了整个宇宙是可计算的。宇宙中的一切是否是物理的？它是否包含如灵魂和天使这样的非物理事物？我们不想在这棘手的问题上分散注意力，从现在开始，我们将集中讨论一个观点，即整个物理宇宙是可计算的。

我们之前讨论了所有受规则支配的系统都是可计算的这一观点。相比之下，现在探讨的论题同样不具备合法性和可计算性。第三盏灯是一个确定的物理系统，受物理定律支配，但它不是一个可计算的系统。该论题的另一个反例是，在某个遥远的星系中，假设发现了一个自然发生的、完全确定的无线电波源——可能是一个振荡的超新星遗迹，它发射出一系列无休止的射频脉冲，显示出与第三盏灯的闪烁相同的模式。超新星遗迹是一个受规律支配的物理系统，其行为是不可计算的。关键点是，存在着可想象的物理定律，它们是确定的，但却是不可计算的，因此该论题是错的。[39]

然而，关于第三盏灯的说明非常粗略：我们实际上并没有解释闪烁行为是如何产生的——它反映了图灵机的打印行为。假设的超新星遗迹也是如此。这就引出了一个更好的论题：任何严格规定的确定性物理系统的行为都是可计算的。我们称之为"规范论题"，简称 S 论题。

我们假设，物理宇宙可以在数学上严格阐明，我们还不了解如何阐明，但这就是物理学的目标。因此，S 论题似乎意味着如果物理宇宙是确定的，那它就是可计算的。但是 S 论题正确吗？事实上似乎不是这样。在下一节中，我们将描述一个严格说明的确定性机器——实际上是某类图灵机——其行为是不可计算的。

## 加速图灵机

顾名思义，加速图灵机（accelerating Turing machine，ATM）运行时速度加快；但是，除了运算速度随着计算的进行而加快之外，加速图灵机与标准图灵机完全一样。[40]

加速图灵机的加速依据的是哲学家伯特兰·罗素在 1914 年的一次演讲中首次提出的一个方法。罗素描述了绕跑道跑步的一种反常方式：[41]

如果跑完一半跑道需要半分钟，跑完下一个四分之一跑道需要 15 秒，依此类推，跑完整个跑道需要一分钟。

罗素强调，尽管赛跑选手以这种方式加速"在医学上是不可能的"，但在逻辑上并非不可能。

加速图灵机遵循相同的模式：程序指定的第二次操作用时是第一次操作用时的一半，第三次操作用时是第二次操作用时的一半，以此类推。如果执行第一次操作用时是一秒钟，则下一次操作在半秒钟内完成，第三次操作在四分之一秒内完成，依此类推。将第二次、第三次及以后的行动的时间相加，我们得到：

$$\frac{1}{2}+\frac{1}{4}+\frac{1}{8}+\frac{1}{16}+\frac{1}{32}+\cdots$$

总时长显然不会超过 1 秒（因为每一步所加的数都小于为达到 1 而必须加的余数）。因此，考虑到第一次操作所需的秒数，机器完成所有操作所需的总时间不超过 2 秒。请注意，即使机器执行无穷次数的操作（即不停地计算），结果依然如此。也就是说，加速图灵机可以在 2 秒内完成无穷次的计算。

加速图灵机可以表现出不可计算的行为。例如，假设对于任何选定的整数 $n$，我们想要找出第 $n$ 台图灵机是否打印了"#"。如果第 $n$ 台图灵机永远运行下去，那么仅仅通过观察运行中的机器，无法发现这一点，因为不管在多长时间内没有出现"#"，你永远无法确定在将来某个时候不会打印出"#"，所以你永远也不会说："第 n 台图灵机不能打印'#'"。

正如图灵在 1936 年证明的那样，这是一个不可计算的任务；不过，加速图灵机可以做到这一点。它是这样做的：加速图灵机一步一步地计算第 n 台图灵机的行为，如果它发现第 n 台机器打印了"#"，则它输出消息"是的，它打印出'#'"（或者，更好的方式是，我们可以设置这则输出消息的缩写形式）。另一方面，如果第 n 台机器永远运行而不打印"#"，那么加速图灵机将在模拟第 n 台机器时进行无穷次计算，徒劳地等待它打印"#"。但是，由于加速图灵机在 2 秒内就能完成无穷次计算，我们知道，如果 2 秒后还没有出现"是的，它打印出 #"的消息，那么第 n 台机器就不会打印出"#"。

现在只剩下补充细节了。为了准备加速图灵机，我们在纸带上写入第 n 台机器的程序：加速图灵机将按照此程序模拟第 n 台机器。为了尽可能简化"是的，它打印出 #"，我们约定：如果加速图灵机在其纸带的第一个方格上写入"1"（我们确保在设置过程中方格是空白的），就意味着"是的，它打印出 #"。因此，我们会对加速图灵机进行编程，使其若发现第 n 台机器打印"#"，就找到第一个方格，在上面打印"1"（然后停止）。除此之外，无论在什么情况下，都禁止加速图灵机在方格上打印任何内容。

现在，我们按下加速图灵机的启动按钮，等待 2 秒钟，然后读取输出。如果我们看到第一个方格上出现"1"，那么第 n 台机器会打印"#"；如果我们看到方格仍然是空白，那么第 n 台机器不会打印"#"。

因此，S 论题似乎是错的。我们已经详细说明了加速图灵机，但是它的行为是不可计算的。尾注中有一篇参考文献，想进一步探索加速图灵机的读者可以阅读。[42]

加速图灵机在逻辑上是可能的，但并不意味着它真实存在于物理宇宙中。它将我们探索的论题推向了一个更清晰的版本；我们称之为"物理可计算性论题"（physical computability thesis，PCT）。

## 物理可计算性论题

PCT 认为：每一个真正可能的确定性物理系统（也就是说，根据我们宇宙的物理学，每一个可能的确定性物理系统）的行为都是可计算的。

值得注意的是，PCT 常被称为图灵论题的"物理版本"，有时被称为"物理邱奇-图灵论题"。然而，"物理邱奇-图灵论题"的称谓可能并不理想，因为 PCT 与邱奇-图灵论题几乎没有或者根本没有任何关系。邱奇和图灵都不支持 PCT，甚至没有阐述过 PCT。使用"物理邱奇-图灵论题"的称谓可能会产生混淆，因此我们不予使用。

假设宇宙是确定性的，我们的问题是"整个物理宇宙是可计算的吗？"。作为一个有趣的论题，PCT 的答案是肯定的。但 PCT 正确吗？有人认为不正确。本节的剩余部分，在爱因斯坦相对论的意义上，我们将描述一个针对 PCT 的可能的反例。

1986 年，在耶路撒冷的一次学术会议上，伊塔玛·皮托夫斯基（Itamar Pitowsky）提出了利用相对论来构造一个不可计算系统的想法。皮托夫斯基解释说，在某些特殊条件下，计算机可以在有限的时间内执行系统外（但与系统保持通信的）观察者所经历的无限多个步骤。[43] 此外，这台计算机可以是一台普通的笔记本电脑，其功能一如往常——就笔记本电脑而言，根本没有任何加速：它匀速执行每一步计算。只有从远处观测者的角度才能看到，在有限时间内执行无限多个步骤的加速。

这与加速图灵机的观点并不完全相同，因为即使是作为加速图灵机系统一部分的观察者（比如坐在读写头旁）也会看到它加速。此外，相对论系统受爱因斯坦相对论的支配，这意味着任何信号的传播速度都不能超过光在真空中的传播速度；而加速图灵机不一定受此限制。加速图灵机可能会加速到读写头沿纸带移动的速度超过了光速（尽管如果纸带上的符号逐渐变小，导致读写头移动的距离越来越短，其移动速度可能会保持在光速以内）。

皮托夫斯基的原始设置符合爱因斯坦的狭义相对论，但在此我们要描述由伊斯特万·尼梅蒂（István Németi）和他（在布达佩斯的匈牙利科学院）的团队提出的一个设置，该设置涉及爱因斯坦的广义相对论。[44] 尼梅蒂的系统实际上是加速图灵机的相对论实现。他强调其系统是一个物理系统，而不是仅存在于童话中的纯粹概念系统：尼梅蒂说，这个系统是物理系统，从某种意义上说，它"与目前公认的科学原理不冲突"，特别是，"不违反量子力学的原理"。[45] 尼梅蒂认为，人类"甚至可能在将来的某个时刻"建立"他的相对论系统"。[46]

尼梅蒂的系统由两部分组成，一部分是位于地球上的标准图灵机 S，另一部分是穿越太空的观察者 O。起程之前，O 设置 S 来模拟第 $n$ 台图灵机，目的是发现第 $n$ 台机器是否打印"#"。与 S 相关联的是一个辅助设备，当（且仅当）S 进行的模拟显示第 $n$ 台机器打印"#"时，该设备才会发出信号。这等同于我们之前提到的那台机器，当且仅当第 $n$ 台机器打印"#"时，在 S 纸带的第一个方格上写"1"。

之后，O 穿越太空到达以新西兰数学家罗伊·克尔（Roy Kerr）的名字命名的黑洞——"慢克尔黑洞"（slow Kerr hole）。慢克尔黑洞是巨大的、缓慢旋转的黑洞。宇宙学家不确定是否确实存在慢克尔黑洞，但尼梅蒂指出"它们存在的天文证据越来越多"。O 选择了一个慢克尔黑洞，因为这些黑洞具有特殊的性质。尼梅蒂说，特性之一就是观察者 O 可以"快乐地活着"穿过这个黑洞。如果 O 进入一个传统黑洞（图 41.4），会被黑洞产生的毁灭性引力摧毁。然而，在慢克尔黑洞里，强大的引力被其旋转力所抵消。引力被黑洞旋转产生的力所抵消，这意味着观察者不会被碾碎，原则上可以安全地穿越。

尼梅蒂认为，当 O 开始进入克尔黑洞时，S 的计算速度相对于 O 来说加快了。这是由于爱因斯坦相对论预测的"引力时间膨胀"效应。O 进入黑洞越深，S 相对于 O 的速度就越快，事实上这个相对速度没有上限。相对于 O 手表上的时间 $t$，S 持续加速，直到整个计算过程结束；而且，

图 41.4　艺术家眼中的特大质量黑洞
发布到维基媒体共享并获得公共域许可，https://commons.wikimedia.org/wiki/File:Black_Holes_-_Monster_in_Space.jpg

如果 S 的信号发生器发出任何信号，那么 O 在时间 $t$ 之前已经接收到了。在 O 看来，S 在有限的时间内完成了计算。即使 S 在模拟第 $n$ 台机器时进行了无限次的计算，情况也是如此，第 $n$ 台机器可能永远计算下去，但打印不出"#"。因此，时间 $t$ 一到，O 就知道是否已发射了信号，从而知道第 $n$ 台机器是否打印了"#"。

如果尼梅蒂是对的，那么这是 PCT 的一个反例：根据宇宙的物理定律，可能存在一个不可计算的确定性物理系统。当然，他的反例并未获得普遍认可：例如，人们可以质疑，能够不停计算且不磨损的图灵机——就像永远运行而打印不出"#"的第 $n$ 台机器——是否真的符合实际的物理定律。但尼梅蒂的例子显然表明，PCT 的真实性绝非显而易见。正如我们在本章开头提到的，"整个物理宇宙是可计算的吗"的答案目前还不清楚。即使宇宙中存在真正的随机性，因此也存在不可计算性，问题仍然存在，即是否存在（或可能存在）这样一个真实的物理系统，它不包含不可计算的随机性。理论家们对答案意见不一，有时争论得很激烈。

事实上，毫无根据地假设物理宇宙是可计算的，可能会阻碍科学的进步。如果宇宙本质上是不可计算的，而物理学家们却在寻找一套描述可计算宇宙的物理定律体系，那么糟糕的物理学很可能接踵而至。不用说对整个宇宙的研究，即使在脑科学领域，仅仅假设可计算性可能会适得其反。正如哲学家兼物理学家马里奥·邦格（Mario Bunge）所说，这一假设：[47]

> 剥夺了心理学的非递归（即不可计算）的功能，从而导致心理学出现可怕的枯竭。

在下一节中，我们将研究图灵关于可计算性和大脑问题的观点，这是关于整个宇宙是否可计算的大尺度问题争论的缩影。

## 图灵的观点

过去人们普遍认为图灵说过,或者甚至证明了,每一个可能的物理系统都是可计算的。前面我们提到了保罗和帕特里夏·邱奇兰德,他们称图灵的结果表明,所有受规则支配的行为都是可计算的。另一个例子来自量子计算(quantum computing)的先驱之一戴维·多伊奇(David Deutsch),他提出了 PCT 的变体,称之为"邱奇-图灵原理的物理版本":[48]

每一个有限可实现的物理系统都可以由一台以有限方式运行的通用计算机器完美模拟。

多伊奇接着说,"这种表达方式比图灵的更准确,也更物理。"多伊奇的论点确实比图灵论题更物理;但它完全不同于图灵论题,并非图灵观点的"更准确"版本。图灵谈论的是人类计算员,而不是一般的物理系统。

黑洞的发现者之一、物理学家兼数学家罗杰·彭罗斯(Roger Penrose)也发表了类似的看法:[49]

似乎他(图灵)认为一般的物理行为(包括人脑的行为)总是可以还原为某种图灵机的行为。

彭罗斯甚至将这一观点命名为"图灵论题"。但是,正如我们将看到的,图灵从未支持过这一论题,而且还意识到它可能是错的。

安德鲁·霍奇斯(数学家,图灵传记的作者,电影《模仿游戏》改编自他写的传记)在书中坚持认为,图灵的研究成果与 PCT 很相似:[50]

艾伦发现了一个近乎奇迹的想法,那就是一台可以取代任何机器工作的通用机器。

霍奇斯和彭罗斯一样,认为图灵的研究成果意味着任何物理机制都是可

计算的。他还说图灵声称：[51]

大脑的活动肯定是可计算的，因此可以在计算机上模拟。

然而，这种说法是一种历史的倒退。霍奇斯等人将现代图灵研究涂抹成一幅面目全非的画面。事实上，没有证据表明，图灵认为其在可计算性方面的工作是为了排除行为不可计算机制的可能性。1999年，我们的同事杰克·科普兰和黛安·普劳德福特（Diane Proudfoot）在《科学美国人》上发表了一篇文章。文章指出，在关于物理学和人脑活动的不可计算性这一现代争论中，图灵是重要的先驱。[52]1951年，图灵在BBC发表题为《数字计算机能思考吗？》的演讲。[53] 1999年，科普兰对此发表评论：图灵在演讲中指出了一种可能性，即任何图灵机都无法模拟物理大脑。[54]霍奇斯被这些评论所说服（在一次公开演讲中，他大方地感谢科普兰的想法，甚至在自己的网站上说"我不介意承认，我希望提出这个观点的人是我"）。[55]图灵并没有宣称包括大脑在内的每一种物理机制都必须是可计算的，而是接受了这样一种看法，即大脑至少不是一个可计算的系统。[56]

正如霍奇斯最近在《科学》杂志上所说：[57]

（图灵是）最早使用计算机模拟物理系统的科学家之一。然而，1951年，图灵在一次广播讲话中对这个问题提出了不同的看法，表明量子力学的本质可能决定了我们无法模拟物理大脑。

## 结　语

艾伦·图灵从未说过物理宇宙是可计算的，其任何专业成果也没有表明它是可计算的。物理宇宙可能是不可计算的说法似乎让某些计算机科学家和物理学家感到愤怒；但它是一个重要的问题，事实是，我们不知道答案。

# 第42章
# 图灵的遗产

乔纳森·鲍文
杰克·科普兰

一夜之间,图灵在公众心中的形象从默默无闻变为时代英雄。2013年,媒体大肆宣传他获得皇家赦免的消息,图灵数十年的埋没就此结束(不再有人问:涂玲?你说的是谁?)。此前,在2012年图灵百年诞辰的国际性庆典中,学者、艺术家、主播、政治家、运动员等各界人士纷纷呼吁:给他赞誉!图灵声名鹊起。最后一章考察了他在文化、政治、科学和语言方面迅速传播的遗产。这项工作仍在进行。图灵的名声增长得太快,很难对其影响做出定论。

## 发现图灵

图灵发明了通用机器,它是最通用、最抽象的存储程序式计算机;1936年,他发表了开创性论文《论可计算数》,事后来看,这是对现代计算机能力的预言。第二次世界大战期间,他认识到计算机可以快速、可靠地执行重要任务,甚至可以执行需要人类智能的任务。与一些理论家不同的是,图灵的实践性很强,他乐于使用烙铁来解决抽象的数学问题。第20章至第22章讲述了战后他在电子计算机设计和开发方面所做的贡献。

然而,给图灵定位总是困难重重。他不是计算机的发明者,而是数学家和工程师群体中的一员,他们把新机器带入现实(见第 6 章)。同样,他也不是计算机科学的创始人;无论如何,他的"计算机科学奠基人"的头衔是一种时代错误:图灵去世 6 年后,乔治·弗塞斯(George Forsyth)才创造出"计算机科学"一词,大学才成立了第一个计算机科学系。然而,计算机科学这一新学科无疑是建立在图灵及其同代人的基本思想基础之上的,比如约翰·冯·诺伊曼(John von Neumann)、莫里斯·威尔克斯(Maurice Wilkes)和汤姆·基尔伯恩(Tom Kilburn)。

就个人生活而言,图灵是他那个时代的牺牲品。在那些黑暗的日子里,活跃的同性恋者就是罪犯。图灵被捕并被起诉仅仅 15 年后,英国就废除了反同性恋法。但在 20 世纪中叶,图灵这种与世隔绝、特立独行、不谙世事的人走的是一条危险的路。他缺少有权有势、深谙世故的同性恋朋友的保护网,而且,当时他没有战争英雄和杰出科学家的公众声誉:他战时工作的保密性意味着,他对国家的贡献得不到承认。即使在当时的科学界,人们也并不认为他的工作有多重要。在前计算机时代的大多数科学家眼中,图灵 1936 年的开创性论文在数理逻辑的狭小领域之外显得高深莫测、无足轻重。有生之年,他在人工智能和形态发生学方面的工作也影响甚微。

图灵去世时是一名被判有罪的罪犯,也是默默无闻的英国皇家学会会员。除此之外,人们几乎不了解也不记得他所做的事。图灵去世后多年,随着计算机科学的发展,以及人们对他战时应用性工作的了解,他在科学上的贡献才得到真正的认可。

## 科 学 遗 产

20 世纪 70 年代至 80 年代,一些科普书或半科普书开始传播图灵和他的成就。1972 年,赫尔曼·戈尔斯汀(Herman Goldstine)的《计算机:从帕斯卡到冯·诺伊曼》以一位美国计算机先驱的视角勾勒了图灵的形象。布赖恩·约翰逊(Brian Johnson)于 1977 年出版了揭秘著作《秘密战争》,书中简要提到了图灵。1979 年,帕梅拉·麦考杜克(Pamela McCorduck)在其经典著作《思考的机器》（Machines Who Think）中，对图灵进行了更详细的描述。图灵的传记在麦考杜克的书中只有十几页，那是全世界第一次了解这位"另类但讨人喜欢"的数学家。

道格拉斯·霍夫斯塔特（Douglas Hofstadter）精美的畅销书《哥德尔、艾舍尔、巴赫：集异璧之大成》（Gödel, Escher, Bach: a Eternal Golden Braids）也出版于1979年，它将图灵测试和邱奇-图灵论题放到了许多人的咖啡桌上。国家物理实验室的克里斯托弗·埃文斯（Christopher Evans）在1979年出版了《强大的微型计算机》（The Mighty Micro），大篇幅介绍了图灵的工作。第二年，西蒙·拉文顿（Simon Lavington）出版了更专业的《早期的英国计算机》，对图灵进行了重点介绍。戈登·韦尔奇曼（Gordon Welchman）1982年的《6号小屋的故事：破解恩尼格玛密码》以及安德鲁·霍奇斯（Andrew Hodges）1983年的经典传记《艾伦·图灵传：如谜的解密者》，讲述了很多关于图灵的故事。1984年的几本关于计算机革命的书都谈到了图灵，比如斯坦·奥加顿的《一点一滴》、乔尔·舒金的《心灵引擎》，以及迈克尔·沙利斯的《硅崇拜》。

存储程序概念源于图灵的《论可计算数》。布莱恩·卡朋特（Brian Carpenter）和鲍勃·多兰（Bob Doran）是首次强调这一概念的计算机历史学家，他们在1977年的《计算机杂志》上发表了一篇具有里程碑意义的文章《另一台图灵机》。1986年，他们出版了《A. M. 图灵1946年的ACE报告》和其他论文。他们首次收集了关键材料，解释了图灵在计算机史上所扮演的角色。1988年，罗尔夫·赫肯（Rolf Herken）的巨著《通用图灵机：半个世纪的调查》出版；1989年，罗杰·彭罗斯（Roger Penrose）的《皇帝新脑：有关电脑、人脑和物理定律》（The Emperor's New Mind: Concerning Computers, Minds, and the Laws of Physics）将图灵机的话题带到了世界各地的晚宴上。

接下来的10年，玛丽·克罗肯（Mary Croarken）的《英国早期的科学计算》（1990），戴维·卡恩（David Kahn）的《夺取恩尼格玛》（1991），多伦·斯瓦德（Doron Swade）和乔恩·帕尔弗雷曼（Jon Palfreman）的《梦想机器：探索计算机时代》（1991），杰克·科普兰（Jack Copeland）的《人工智能》（1993）都对图灵及其思想进行了充分的阐述。乔治·戴森的《机器中的达尔文主义》（1997）和约翰·卡斯蒂（John Casti）的《剑桥五重奏》（*The Cambridge Quintet*, 1998）包含了针对大众市场的图灵介绍。在《剑桥五重奏》中，图灵的虚构描写与真实著作中的片段融合在一起。卡斯蒂在献词中写道：

谨以此书纪念现代计算机时代的开创者艾伦·图灵和约翰·冯·诺伊曼。

迈克尔·史密斯（Michael Smith）1998年的《X站》和西蒙·辛格（Simon Singh）1999年的《码书》与恩尼格玛有关，将图灵的战时工作生动地呈现在普通读者面前。《时代》杂志1999年的文章《世纪伟人》赋予图灵应有的地位，尽管他被贴上了计算机科学家的标签。[1]

谷歌学术搜索显示，图灵被引用最多的三篇论文，每篇的被引次数都接近10 000次。[2] 它们分别发表于1936年、1950年和1952年。[3] 每篇论文都有效地建立了一个领域，尽管人们后来才意识到这一点。图灵1936年的论文催生了理论计算机科学的问世，人工智能源于他1950年的成果，而数学生物学则源于他的第三篇论文。谷歌学术搜索显示，三篇论文中引用最多的是第三篇。图灵在发表了最有影响的两篇论文后不久就去世了，可以肯定的是，如果不是英年早逝，他会继续产生更多鼓舞人心的想法。

1966年，美国计算机协会设立了A. M. 图灵奖，作为对图灵永久的科学纪念。[4] 该奖项是计算机科学家获得的最高科学荣誉，每年至少有一位，有时多达三位计算机科学家获奖。许多获奖者致力于图灵创立的领域，如人工智能或形式方法（数学在软件工程中的应用）。2012年，计算机协会在旧金山举办的图灵诞辰百年庆典，至少有33位图灵奖得主参加（图42.1）。

图灵对计算机科学最重要的遗产可能是图灵机（见第6章）。图灵机继续发挥着重要作用，尤其在衡量什么是可计算的，什么是不可计算的方面（见第7、37和41章）。图灵机的概念也深深影响了认知科学和心智哲学（philosophy of mind，也译作"心灵哲学"）。计算机科学专业的学生都知道基于图灵机概念的一个基本问题——所谓的"停机问题"：这个问题是判定任意给定的计算机程序将会终止还是永远运行下去（直到耗尽存储）。克里斯托弗·斯特雷奇（Christopher Strachey）在第20、21和23章中讲述了1953年图灵如何在火车车厢里口头上向他证明停机问题的不可解性。[5]

图 42.1　2012 旧金山图灵诞辰百年庆典上的图灵奖得主。从左到右（按获奖年份排序）：尼古拉斯·沃思（1984 年）、埃德蒙·克拉克（2007 年）和芭芭拉·利斯科夫（2008 年）
由丹尼斯·汉密尔顿（Dennis Hamilton）发布到维基媒体共享空间（a）https://commons.wikimedia.org/wiki/File:Turing_Centenary_Celebration_Wirth.jpg,
（b）https://commons.wikimedia.org/wiki/File:Turing_Centenary_Celebration_Clarke.jpg,
（c）https://commons.wikimedia.org/wiki/File:Turing_Centenary_Celebration_Liskov.jpg。
知识共享许可

　　现代计算机科学的发展在很多方面仍依赖图灵机的概念，例如量子计算和复杂性理论（complexity theory）。[6]有些问题比其他问题更难解决，复杂性理论是对这一观点的严格表述。图灵机概念之所以重要的另一个例证是，到目前为止，看起来迥然不同的新的计算形式始终被证明等同于标准图灵机计算。第 41 章中介绍的"生命游戏"就是一个例子：虽然生命游戏似乎与图灵机的概念大相径庭，但已经证明，生命游戏可计算的一切都可以由图灵机计算，反之亦然。[7]这种等价同样适用于另一个例子，即量子计算的新领域。也就是说，量子计算机可计算的一切都是图灵机可计算的，反之亦然——尽管这个结论还未经权威认定。

　　除了图灵机之外，计算机科学中另一个引人注目的"图灵首创"是他在人工智能方面的工作（第 25 章），包括他对图灵测试的描述（第 27 章），他对连接主义的预言（第 29 章），他开创性地探讨了现在所谓的"超级智能"（superintelligence）——超越人类智能的人工智能。他在 1949 年还发表了一项非常前沿的证据，证明了今天所谓的"程序正确性"。可以说，这是程序正确性有史以来的第一个证明，该项创新性工作后来被重新发现，被誉为对计算机科学中一个重要分支的早期探索。[8]

无论哪本介绍计算机历史的书，如果不涉及图灵在其发展中的作用，都是一种严重的缺失。图灵也被认为是整个科学史上的重要人物。查尔斯·范·多伦（Charles Van Doren）1991年出版的百科全书《知识史》（*A History of Knowledge*）涵盖了人类发明创造的所有领域，其中一节专门介绍了图灵和图灵机。《牛津现代科学史指南》中不仅收录了"计算机科学"，还单独收录了"人工智能"：两个条目都描述了图灵的奠基人角色。此外，《牛津指南》（由约翰·海尔布朗编辑）中有一条关于图灵的条目：该条目在2003年颇有先见之明地指出，"作为受人崇拜的英雄，图灵的地位无疑会提高"。

图灵的遗产对他所在的机构也产生了影响。曼彻斯特大学继续建造第一台晶体管计算机。国家物理实验室（NPL）的计算机科学部继续进行开创性的研究，尤其是在计算机通信领域。"数据包交换"是互联网的一项关键技术，由国家物理实验室的唐纳德·戴维斯（Donald Davies）于20世纪60年代开发，他是图灵在ACE时代的助手之一。

在图灵雄心勃勃的ACE设计基础上，戴维斯和NPL的其他研究人员开发了ACE试验模型（见第21章）。ACE计算机在伦敦科学博物馆永久展出。1951年，图灵参观了科学博物馆，对展出的电动"乌龟"很感兴趣。[9] 它是一种能够感知周围环境的小型自动机器，设计者是威廉·格雷·沃尔特（William Grey Walter）。[10] 作为图灵百年庆典的活动项目之一，2012—2013年间，科学博物馆举办了"密码破译者：艾伦·图灵的生平和遗产"展览（图42.2）：展示了ACE样品机、恩尼格玛机和其他图灵相关的物品，包括他在1951年看过的乌龟。[11] 第38章介绍了本次展览中某个密码展品的破译工作。

图灵百年庆典激发了许多关于

图42.2　2012年伦敦科学博物馆"密码破译者"展厅入口

乔纳森·伯恩摄

图灵工作的科学文章的创作。事实上，所有的期刊专栏都在关注他的成就。声名显赫的科学期刊《自然》在图灵百年纪念特刊封面上刊登了他的照片，题为"艾伦·图灵百年"。[12]

## 文化遗产

图灵的生平和早逝激发了众多文学作品和艺术作品的创作。1986年，休·怀特莫尔（Hugh Whitemore）的《破译密码》（Breaking the Code）是最早的关于图灵的剧本之一。德里克·雅克比（Derek Jacobi）在剧中饰演图灵。该剧在伦敦西区首演，1987—1988年间在百老汇上演。10年后在BBC电视台播出，主演仍是雅克比。[13] 雅克比在舞台上扮演图灵时表现出色，但在电视版上映时，他已经有点老了。BBC电视里的图灵在27岁攻克恩尼格玛时，看起来像一个迟钝的中年人。2012年，玛丽亚·伊莉莎贝塔·马雷利（Maria Elisabetta Marelli）的多媒体舞台剧《图灵：历史的一幕》（Turing: A Staged Case of History）被巴里·库珀（Barry Cooper）誉为"图灵百年庆典中的亮点"。[14] 斯诺·威尔逊（Snoo Wilson）《电子熊情歌》（Lovesong of the Electric Bear）的开场是，临终前的图灵躺在床上，被他的泰迪熊波基惊醒；卡特琳·弗鲁尔·胡斯《杀死一台机器》围绕着一个名为"模仿"的游戏展开：她的图灵坐在一个树状结构物之下，上面挂着一个毒苹果和一张克里斯托弗·默卡的照片。[15]

关于图灵的其他话剧还有乔治·扎卡达基斯（George Zarkadakis）的《图灵》和雷伊·帕马特（Rey Pamatmat）的《纯净》，两人都关注图灵的死亡以及他与校友克里斯托弗·默卡的关系。[16] 作曲家詹姆斯·麦卡锡是图灵的崇拜者，他谈到默卡：[17]

爱上默卡改变了图灵的生活。如果说图灵的一切成就都归功于那件事，未免过于简单，但我相信，替默卡实现未尽心愿的渴望，以及后来对机器能否思考的探索，都来自这一关键时刻。

默卡是图灵在舍伯恩唯一真正的朋友，人们经常提及他对图灵科研生涯的重要影响；但事实上，除了 1930 年图灵在默卡猝死时写的信之外，并没有证据表明这一说法的正确性。在一封写给默卡母亲的信中，图灵说他对默卡走过的路心怀敬仰。17 岁的图灵身陷痛苦和悲伤，似乎感到他死去的朋友仍在某种程度上给予他帮助和鼓励。默卡去世三天后，图灵给母亲萨拉写了一封信：[18]

我确信，我会在某个地方与默卡重逢，在那里我们会一起共事，就像我相信在这里我们也有一些工作要做一样。既然现在我不得不独自前行，我绝不能让他失望。

2014 年的好莱坞电影《模仿游戏》[19]中有这样一幕：图灵将他的炸弹机和战后计算机命名为"克里斯托弗"，并称"克里斯托弗变得如此聪明"。事实上，这是电影编剧的杜撰。麦卡锡说，图灵对机器能否思考的研究源于他与默卡的关系，这是他的大胆推测；说默卡及其早逝在某种程度上对图灵的成年生活和工作产生了重大影响，也带有些许猜测，已知的事实远非如此。

图灵小说几乎已成为一种小型体裁。在艾米·霍姆森（Amy Thomson）1993 年的获奖科幻小说《虚拟女孩》中，一款人工智能被命名为"图灵"。1995 年，罗伯特·哈里斯（Robert Harris）精彩的密码破译小说《谜》（*Enigma*）的灵感来源于图灵，小说中的汤姆·杰里科（Tom Jericho）是图灵在剑桥的学生，大致上是以图灵为原型。尼尔·斯蒂芬森（Neal Stephenson）1999 年的极客畅销书《密码宝典》的主角是虚构的图灵，他热衷于冒险，发明图灵机，破译密码。他的恋人是第三帝国的密码破译者鲁迪·冯·海克希伯。保罗·伦纳德（Paul Leonard）2000 年的《图灵测试》将图灵与 BBC 的科幻小说偶像神秘博士联系在一起：在布莱切利园，图灵无法破解德国奇怪的新密码，但在博士的帮助下，一切迎刃而解。查尔斯·斯特罗斯（Charles Stross）2001 年的《暴行档案》讲述了图灵如何证明一个有可能破解大多数现代密码的定理。该定理不仅证明邱奇-图灵论题是错的（见第 41 章），而且还解决了复杂性理论中著名的 $P=NP$ 问题——在现实世界里，它是现代计算机科学中尚未解决的最重要的问题。定理很快遭到了当局的雪藏。

2005年，图灵作为人工智能的主题再次出现，这次是克里斯托斯·帕帕迪米特里欧（Christos Papadimitriou）的关于计算的小说《图灵》。本书最精彩的部分是图灵人工智能主持的计算讲座。帕帕迪米特里欧是伯克利大学的计算机科学教授，一位极具魅力的演讲者。图灵人工智能有时和他很像。令人失望的是，2007年由埃德蒙多·帕斯·索尔丹（Edmundo Paz Soldan）创作的玻利维亚赛博朋克小说《图灵的谵妄》（Turing's Delirion）中，图灵的名字主要是作为小说主人公米格尔·图灵·萨恩斯（Miguel 'Turing' Saenz）的昵称；但在詹娜·莱文（Janna Levin）2007年的小说《图灵机的狂人之梦》（A Madman Dreams of Turing Machines）中，图灵和哥德尔都以自己的形象出现。书的封面是哥德尔，他看起来与现实中一样真实。

克里斯·贝克特（Chris Beckett）2008年出版的《图灵测试》收集了14个关于人工智能与人类关系的科学故事。在纳斯·汉卓姆（Nas Hedron）2012年的赛博朋克小说《世界边缘的好运和死亡》（Luck + Death at the Edge of the World）中，图灵，一个有情感的人工智能，最终被当局拆解了。2012年，鲁迪·鲁克（Rudi Rucker）的另类科幻小说《图灵与伯勒斯》（Turing & Burroughs）以谢尔危机开始（见第4章），特工试图用氰化物毒害图灵的阴谋因一次偶然失败了。图灵摆脱了被毒害的偶像命运，成为另类英雄人物威廉·伯勒斯的情人。2015年，戴维·拉格坎茨（David Lagercrantz）拍摄了一部令人悲伤的惊悚片《威姆斯洛人之死》（Fall of Man of Wilmslow）。封面上有一个被咬的苹果。本书的开头很老套——图灵将一个苹果浸在氰化物中自杀。《旁观者》评论员、记者辛克莱·麦凯向读者保证，"一切都是真的"。[20]

2001年，曼彻斯特萨克维尔公园安置了一座图灵的铜像（图42.3）：他坐在一张长椅上，手里拿着一个苹果。铜像于6月23日图灵生日那天揭幕，其灵感来自《破译密码》。斯蒂芬·凯特尔（Stephen Kettle）的图灵石像位于布莱切利园B区，我们已经在第19章中提到过（图19.3）。[21] 石板来自北威尔士，图灵儿时和成年后曾到过那里。世界各地都有图灵纪念雕塑和半身像。图42.4展示了一座离图灵故乡千里之遥的雕像：这尊巨大的半身像位于中国重庆西南大学计算机科学系院内，人们可能无法立即认出那是图灵。

图42.3 曼彻斯特萨克维尔公园，坐在公园长椅上的图灵青铜像

哈米什·麦克弗森发布到维基媒体共享空间，https://commons.wikimedia.org/wiki/File:Alan_Turing_Memorial_Sackville_Park.jpg。知识共享许可

图42.4 中国重庆西南大学图灵半身像

乔纳森·伯恩摄

图灵还出现在许多国家的邮票上，远至葡萄牙和西非的几内亚。2014年英国发行了两枚特版邮票，分别印有图灵和炸弹机。2012年发行的一枚英国邮票上，印有"艾伦·图灵1912—1954，数学家、二战密码破译者"字样，以及重建的炸弹机图片（图19.2）。[22] 圣赫勒拿（南大西洋的一座火山小岛，拿破仑被囚禁的地方）发行了图灵的邮票，比这更离谱的是，2012年，谷歌资助发布了流行的"大富翁"棋盘游戏的图灵版。布莱切利园取代了梅费尔，小屋和公寓取代了普通的房子和酒店。棋盘上的地点有布莱切利火车站、沃灵顿新月街（图灵的出生地）、8号小屋和国家物理实验室，而之前的"所得税"和"超级税"方格变成了"战争税"和"埋金块"。更妙的是，图灵棋盘原始版本的设计者是麦克斯·纽曼（Max Newman）的儿子威廉。传闻说，图灵曾与威廉在原型棋盘上对弈过，但图灵输了。

图灵在音乐界广受赞誉。最早的有关图灵的歌曲是史蒂夫·普莱德的《艾伦·麦席森·图灵》，写于2012年（他咬了一口毒苹果，人们发现他死在卧室地板上……）。[23] 2012年，在剑桥大学国王学院举办的艾伦·图灵百年诞辰派对上，马修·李·诺尔斯（Matthew Lee Knowles）首次演奏了六个乐章的钢琴独奏曲《艾伦·图灵》。[24] 2014年，詹姆斯·麦卡锡（James McCarthy）与伦敦管弦乐团和赫特福德郡合唱团合作，在伦敦巴比肯艺术中

心首演清唱剧《密码破译者》。谈到《密码破译者》，麦卡锡说：[25]

> 我希望观众在这段乐曲中，感觉自己就坐在艾伦·图灵的对面，与他一起品茶，谈论他的希望、恐惧及心之所爱。

像许多艺术家一样，麦卡锡毫无批判地接受了图灵案的判决。他的清唱剧随着图灵的自杀进入尾声，同性恋殉道者图灵死后与克里斯托弗·默卡重逢。[26]

2014年，BBC在伦敦皇家阿尔伯特音乐厅举行舞会，"宠物店男孩"首次演出歌剧《来自未来的男人》。歌剧的名字起得很古怪，因为理解图灵生活和工作的关键在于，他是他那个时代的人。精心编排的歌曲中穿插着长篇对白，内容来自霍奇斯1983年的图灵传记。[27]尼科·穆利（Nico Muhly）的《判决》独具匠心。2015年，他与布里顿交响乐团以及假声男高音艾斯汀·戴维斯合作，在巴比肯首演。穆利赞赏道：[28]

> 图灵的工作可能源于数学，但它对人产生了影响——它确实挽救了很多生命。想想这些真是了不起。

《判决》分为七个主题，从骑自行车到图灵测试，再到图灵之死——尽管心直口快的穆利（他是同性恋者）强调"没有人想看一部关于同性恋殉道者的清唱剧"。和穆利一样，贾斯汀·陈（Justine Chen）在她的歌剧《艾伦·图灵的生死》中探讨了自杀与意外之间挥之不去的疑团，并用戏剧表达了图灵死亡的四种不同说法。

图灵对当代文化产生了巨大的冲击，大量有关图灵的严肃音乐和戏剧的喷涌而出，展现了这种冲击所释放的能量。谷歌搜索显示，相比之下，没有关于艾萨克·牛顿的严肃音乐，关于爱因斯坦的严肃音乐也很少。

第19章提到了有关图灵的电影，包括《模仿游戏》。2015年，丹尼·博伊尔（Danny Boyle）执导的传记电影《斯蒂夫·乔布斯》上映，图灵在其中是神一样的存在。[29]一直有传言说，乔布斯为苹果公司制作的被咬了一口的苹果商标与图灵有关：电影中，乔布斯承认事实上没有任何联系，但希望谣言是真的。[30] 1992 年，克里斯托弗·赛克斯为 BBC 制作的《图灵博士的离奇生死》仍是最好的图灵电影之一。影片采访了图灵的熟人，包括前未婚妻琼·克拉克，他在布莱切利园的同事杰克·古德、肖恩·怀利，以及密友罗宾·甘迪、诺曼·罗特利奇和唐·贝利。美国逻辑学家、人工智能先驱马文·明斯基（Marvin Minsky）这样介绍说：

图灵发现了逻辑中最重要的东西：他发明了存储程序式计算机的概念……他是本世纪的关键人物。

图灵的物品变得越来越有价值。2011 年，谷歌出了一大笔捐款，图灵的"秘密文件被国家保存了下来"（《每日电讯报》报道）。[31] 在谷歌的支持下，布莱切利园信托公司在拍卖会上为这些文件支付了 6 位数的价码，具体金额没有披露。事实上，这些文件根本就不是秘密，大部分是期刊文章的印刷品，可以在任何一所重点大学图书馆的书架上找到。这些藏品最初属于麦克斯·纽曼，图灵手中的部分文件标有"M. H. A. 纽曼"的字样（纽曼自己的文件也偶有这种旁注）。现在，这些文件成为"艾伦·图灵的生平与成就"展览的一部分，我们在第 19 章介绍过。文件拍卖四年后，一本有图灵 39 页字迹的笔记本在纽约以 100 多万美元的价格成交。[32] 就目前所知，这份手稿是图灵遗留的页数最多的手稿；其他手稿只有 10 页左右，甚至更少。

## 政 治 遗 产

据说，温斯顿·丘吉尔将图灵及其他布莱切利园的破译者称作"不会乱叫的下金蛋的鹅"。[33] 但是，图灵被隐藏在巨大的秘密之墙的阴影下，他在战争中所做的工作并没有得到比 OBE（大英帝国勋章获得者）更大的社会认可——这实际上是一种侮辱，爵士头衔理应更适合他。随着秘密面纱的揭开，图灵的地位从几乎被遗忘的数学家变为同性恋偶像和民族英雄。

1998年，在图灵出生地蓝色牌匾的揭幕式上（图1.1），英国第一位公开同性恋身份的议员克里斯·史密斯（Chris Smith）宣读了一条信息：[34]

艾伦·图灵为他的国家和科学的未来做出了很多贡献，这些贡献是任何人都无法超越的。他在有生之年遭受了不光彩的迫害；今天，让我们好好地纪念他，以洗清国家的耻辱。

洗清国家耻辱的呼吁声势浩大。计算机科学家约翰·格雷厄姆·卡明领导了一场要求政府道歉的运动；该运动的诸多支持者中包括生物学家理查德·道金斯（Richard Dawkins）、小说家伊恩·麦克尤恩（Ian McEwan）和同性恋权利运动领导者彼得·塔切尔（Peter Tatchell）。2009年，英国首相戈登·布朗（Gordon Brown）在《每日电讯报》（Telegraph）上以声明的形式向图灵致歉：[35]

图灵案是按照当时的法律处理的，我们不能让时光倒流，但很显然，对他的处罚极其不公。我们痛惜他所遭遇的一切。有机会表达这种歉意，我感到很欣慰。艾伦是英国仇视同性恋最著名的受害者之一，承认这一点是向平等迈出的新的一步，我们早该这么做。

2011年，英国政府网站上出现一份要求赦免图灵的电子请愿书。第二年，司法部长麦克纳利勋爵拒绝了这一请求，称"对图灵的判决是恰当的"（的确如此）。[36]然而，18个月后，伊丽莎白女王二世发布了一份皇家赦免令：[37]

兹通告，考虑到你们恭敬的请愿，我们非常愿意给予艾伦·麦席森·图灵恩典和宽恕，并对他的定罪给予身后特赦；赦免和免除对他的判决；此举应予充分之保证。

时任司法部部长克里斯·格雷林（Chris Grayling）提出请求后，根据"皇家赦免权"，图灵获得了特赦。格雷林说：[38]

图灵为战争和科学做出了杰出的贡献，值得人们的缅怀和认可。女王的赦免是对这位杰出人物的致敬。

但为什么只有图灵获得赦免？难道只有优秀的人才有资格因同性恋"罪行"获得赦免吗？依据同样邪恶的法律被定罪的其他75 000人呢？

## 语言学遗产

图灵的名字出现在许多专业术语中，其中有许多引起人们的关注，完全有资格设立单独的维基百科条目。最著名的是"图灵机"和"图灵测试"。还有一些更专业的术语，如"对称图灵机""反向图灵测试"（人类假扮计算机）和"视觉图灵测试"（计算机视觉系统的图灵测试）。2016年，《独立报》的头条新闻刊登之后，"艾伦·图灵法"一词随即进入维基百科：[39]

政府公布的"艾伦·图灵法"将对数千名因历史事件而受害的男同性恋者给予身后赦免。

图灵可计算性是数学递归理论中研究的可计算性的基本类型。如第41章所述，邱奇-图灵论题（也称为图灵论题）是关于可计算性的著名论题。戴维·多伊奇（David Deutsch）发表了关于可计算性的不同论题，有时被称为"物理"邱奇-图灵论题，或邱奇-图灵-多伊奇论题（再次参见第41章）。

图灵归约（reduction）是一种特殊的算法，它将一个问题转换成另一个问题。该算法的特殊之处在于它利用了图灵所谓的"谕示"（oracle），这是一种假想的设备，能够解决打印问题或执行图灵机无法完成的其他数学任务（见第7章和第37章）。"图灵等价"意味着这种简化可以在两个方向上进行：第一个问题可以转化为第二个问题，第二个问题也可以转化为第一个问题。

图灵度，或不可解度，是一个集合对算法生成的阻力的度量，换句话说，是对集合的算法难解性的度量。（通常所讨论的集合由无穷多个整数组成。）图灵度越高，集合描述的问题就越难。例如，能够停机的图灵机的编号集合（即描述停机问题的集合），其图灵度为1，意味着停机问题在不可计算问题的谱系中位于较为容易的一端。

现代文学中仍在使用布莱切利园的术语"图灵术"（Turingery），它是图灵在1942年7月发明的一种密码破译方法（见第14章）。图灵术被用来破译德国的金枪鱼密码。

图灵奖的首位得主是美国计算机科学家艾伦·佩利斯（Alan Perlis），他于1966年获得该奖项。1982年，他创造了"图灵焦油坑"（Turing tar-pit 或 Turing tarpit）一词。图灵焦油坑是一种计算机编程语言（或计算机接口），它具有通用图灵机的两个最显著的特征：高度灵活，但很难操作，因为它只给用户提供非常少的工具。通用图灵机，即终极图灵焦油坑，其灵活度达到了一台计算设备所能具备的最佳程度（即通用型），但每一个普通的任务——加法、乘法、计数、按字母顺序排序等——都必须通过非常简单的操作来完成（向左移动一个方格，擦除一个数位，等等）。"图灵焦油坑"这一术语具有与众不同的含义，是指有史以来，所有有关计算的解释都被证明与图灵焦油坑是等价的：图灵焦油坑无法逃脱。

1982年，多伦多大学开发了一个叫作"图灵"的计算机程序语言。相关语言包括1987年为并发系统编程开发的"图灵+"，以及1991年作为"图灵+"的替代品开发的"面向对象的图灵"语言（顾名思义，它提供了面向对象的编程特性）。

1983年，图灵战时的同事唐纳德·米奇（第30章和第31章介绍了他的人工智能工作）创建了一个人工智能实验室，名为图灵研究所。该研究所位于苏格兰的格拉斯哥，运营至1994年，专门研究机器学习和智能计算机终端。2015年，伦敦的国家数据科学中心成立了艾伦·图灵研究所（Alan Turing Institute）。

许多建筑和街道以艾伦·图灵的名字命名（奇怪的是，美国没有）。例如，牛津布鲁克斯大学的图灵楼、新西兰奥克兰的图灵楼、丹麦奥胡斯的图灵大厦、巴黎的艾伦·图灵楼。事实上，艾伦·图灵楼有三座，一座在曼彻斯特（图42.5），一座在布莱切利园附近的开放大学，另一座在萨里郡的吉尔福德。巴西的坎皮纳斯有艾伦·图灵街,瑞士的洛桑有艾伦·图灵路和艾伦·图灵大道,意大利的卡塔尼亚有艾伦·图灵大道。吉尔福德和拉夫伯勒都有艾伦·图灵路,而曼彻斯特有一条艾伦·图灵街。图灵路靠近伦敦国家物理实验室,不会与艾伦·图灵路混淆。70英里外的比格尔斯瓦德也有一条图灵路。到目前为止,布拉克内尔的图灵车道和布莱切利的图灵门都是独一无二的。

图42.5 曼彻斯特大学数学学院艾伦·图灵楼
迈克·皮发布在维基媒体共享,https://commons.wikimedia.org/wiki/File:Alan_Turing_Building_1.jpg。知识共享许可

## 结　语

就连理查德·道金斯的《上帝的错觉》也提到图灵,道金斯将图灵遭受的迫害归咎于宗教。他说(虽然内容不完全准确,但满怀赞誉):[40]

作为破解德国恩尼格玛密码的关键人物,可以说,图灵在粉碎纳粹方面的贡献比艾森豪威尔或丘吉尔更大。他本应该被封为爵士,被视为国家的救星。然而,这位温柔、口吃、另类的天才却被摧毁了,因为他在私下犯了没有伤害任何人的"罪行"。

安德鲁·罗宾逊2012年出版的《科学家们》一书将图灵列为有史以来50位最顶尖的科学家之一。约翰·冯·诺伊曼也获得了同样的荣誉,尽管他在书中的篇幅只有图灵的一半。当然,前50位中还包括爱因斯坦,他可能是当今世界上最著名的科学家。但爱因斯坦的起点比图灵早很多,他的首个成果发表于1901年,11年后图灵才诞生。

公众对图灵科学成就的认可正在迅速增长;即使他的名望永远无法超越爱因斯坦,但如今,图灵在世界伟大科学家名人堂中的地位已确定无疑。

# 撰稿人简介

**露丝·贝克（Ruth E. Baker）**

牛津大学数学研究所数学生物学助理教授，圣休学院的指导教授。研究重点是胚胎模式形成的数学模型，及其产生的新数学模型分析。2014 年，荣获伦敦数学学会授予的怀德海奖。

**梅维斯·贝蒂（Mavis Batey，1921—2013）**

英帝国勋章获得者。第二次世界大战期间，担任布莱切利园密码破译者。战争爆发时，在伦敦大学学院学习德语。她最初的工作是审查《泰晤士报》个人专栏中编码的间谍信息。1940 年，被招募到布莱切利园，成为迪利·诺克斯（Dilly Knox）的助手，在马塔潘海战前参与密码破译工作。1945 年后，在外交部门工作，后成为布莱切利园历史学家和作家，致力于历史庄园的保护，任庄园历史学会会长。

**玛格丽特·博登（Margaret A. Boden）**

荣获英帝国勋章的军官，科学博士，不列颠学会会员，瑟赛克斯大学认知科学研究教授，协助创建了世界上最先进的人工智能（AI）和认知科学计划。剑桥科学博士，拥有医学、哲学和心理学荣誉博士学位。她将这些学科与人工智能整合到自己的研究中，其研究成果被翻译成二十种语言。曾任英国科学院副院长，皇家研究院理事会主席。她的新书包括《创造性思维：神话与方法》《机器思维：认知科学史》《创意与艺术：三条惊喜之路》《人工智能的本质与未来》。

## 乔纳森·鲍文（Jonathan P. Bowen）

伦敦南岸大学计算机系名誉教授，于 2000 年成立并领导应用形式方法中心。2013 年至 2015 年，任伯明翰城市大学计算机科学教授。此前曾任雷丁大学讲师，牛津大学计算实验室编程研究小组高级研究员，伦敦帝国学院研究助理。自 1977 年以来，一直活跃于学术界和工业界的计算领域。其著作包括：《使用 Z 的正式规范和文档》《高完整性系统规范与设计》《形式方法：最新技术和新方向》以及《艺术与文化的电子视觉化》。

## 马丁·坎贝尔－凯利（Martin Campbell Kelly）

华威大学计算机系名誉教授，专攻计算史。其著作包括《计算机：信息机器的历史》（与威廉·阿斯普拉合著）《从机票预订到刺猬索尼克：软件业的历史》和《ICL：商业和技术史》。他是《查尔斯·巴贝奇文集》的编辑。

## 布莱恩·卡彭特（Brian E. Carpenter）

奥克兰大学计算机科学名誉教授。其研究兴趣是互联网协议，尤其是网络、路由层以及计算历史。1997 年至 2007 年在 IBM 工作，是杰出的工程师，致力于互联网标准和技术。早些时候，曾任欧洲粒子物理研究所（CERN）网络组领导，即 1985 年至 1996 年的欧洲粒子物理实验室。2005 年至 2007 年，任互联网工程任务组主席；2000 年至 2002 年，任互联网协会董事会主席；1995 年至 2000 年，任互联网结构委员会主席。其第一学位是物理学，获计算机科学博士学位。

## 凯瑟琳·考伊（Catherine Caughey，1923—2008）

于 1943 年应征入伍。经过严格的面试和测试，被派到布莱切利园工作，使用巨人机破译德国高级指挥部讯息。战争结束后，在牛津的多塞特之家接受职业治疗师培训；之后，在牛津精神病院工作。

## 杰克·科普兰（B. Jack Copeland）

英国皇家学会会员，新西兰坎特伯雷大学特聘文学教授，任该校计算历史图灵档案馆馆长。曾担任最近几部图灵纪录片的脚本顾问和科学顾问。瑞士苏黎世联邦理工学院（ETH）图灵中心副主任，澳大利亚昆士兰大学历史与哲学研究学院名誉研究教授。2012 年，担任华盛顿特区乔治敦大学心理学系跨学科研究的罗伊登·戴维斯访问主席，2015—2016 年，任以色列高等研究院研究员。出生在伦敦，在牛津大学获得数理逻辑学博士学位，图灵的好友罗宾·甘迪（Robin Gandy）教授是他的老师。杰克的著作包括：通俗易懂的传记《图灵——信息时代的先驱》，《巨人机：布莱切利园破译密码的计算机秘史》、《图灵精要》、《艾伦·图灵的电子大脑》、《可计算性：图灵、哥德尔、邱奇及其他》（联合作者：奥隆·沙格里尔和卡尔·波西）、《逻辑与现实》和《人工智能》。发表了 100 多篇关于哲学、历史、计算基础以及数学和哲学逻辑的文章。是 2016 年科维奖（Covey Award）的获得者，该奖表彰其在计算和哲学领域创新研究中的巨大成就。

**罗伯特·多兰（Robert W. Doran）**

奥克兰大学计算机科学荣誉退休教授，多年来担任系主任。他一生都对计算历史感兴趣，目前为计算机科学系的计算历史网站做维护工作。他的其他兴趣包括并行算法、编程和计算机体系结构。20 世纪 70 年代末，任阿姆达尔公司首席计算机架构师。毕业于坎特伯雷大学和斯坦福大学，曾任职于伦敦城市大学和梅西大学。

**罗德·唐尼（Rod Downey）**

新西兰惠灵顿维多利亚大学数学教授。研究兴趣是计算与计算复杂性理论。著有《参数化复杂性基本原理》《参数化复杂性》和《算法随机性与复杂性》。编辑过很多书，其中包括《图灵的遗产》。

**艾弗·格拉坦-吉斯尼（Ivor Grattan-Guinness，1941—2014）**

英国米德尔塞克斯大学数学和逻辑史名誉教授，伦敦经济学院自然和社会科学哲学中心的客座研究员。1974 年至 1981 年，任《科学史》"科学年鉴"编辑。1979 年，创办《逻辑的历史与哲学》，任编辑，直至 1992 年。著有《数学寻根，1870—1940》。是《牛津国家传记词典》数学家、统计学家和计算机科学家词条的副主编。2009 年，被授予凯尼斯·梅奖奖章和数学史奖。

### 乔尔·格林伯格（Joel Greenberg）

教育技术顾问，在教育领域拥有35年的经验。于1973获得曼彻斯特理工大学（UMIST）计算数学博士学位。在开放大学工作了33年以上，担任过多个主任级高级管理职位。他还开设演讲，撰写文章，宣传布莱切利园及其在第二次世界大战中的作用，并组织安排园区观光。是戈登·韦尔奇曼（Gordon Welchman）传记的作者，戈登是布莱切利园在整个战争期间的重要人物之一。目前的研究包括GCHQ第一任负责人阿拉斯泰尔·丹尼斯顿（Alastair Denniston）的授权传记。

### 西蒙·格林尼什（Simon Greenish）

英帝国勋章获得者。特许土木工程师，最初是一名项目经理。1995年，加入皇家空军博物馆，策划了3 000万英镑的开发计划，并于2005年成为馆藏总监。随后，被任命为布莱切利园董事，当时布莱切利园正处于财务危机。在六年多的时间里，他使信托公司获得财务安全，该遗址的历史重要性现在得到了广泛认可。2012年退休后，他筹集了1 000万英镑用于布莱切利园的维修和开发。2013年，因在遗产保护工作上的成就荣获英帝国勋章，并获得贝福德郡大学荣誉学位。

### 彼得·希尔顿（Peter Hilton，1923—2010）

于1940年获得牛津大学王后学院奖学金。凭借对德语的了解，于1942年初来到布莱切利园，最初在8号小屋破解海军恩尼格玛。1942年末，开始研究德国电传打字机密码，包括"金枪鱼"；作为"泰斯特团队"的早期成员，他还与"纽曼团队"保持联系。于1949年获得牛津大学博士学位，师从J. H. C.怀特海。1958年，成为梅森大学基础数学教授，1962年移居美国，在康奈尔大学等学校任教授。他的研究兴趣包括代数拓扑、同调代数、范畴代数和数学教育，著有15本书和600多篇文章。

### 埃莉诺·爱尔兰（Eleanor Ireland）

1926年出生于英国的伯克汉米德。毕业后搬到伦敦。1944年加入英国皇家海军女子服务队（Women's Royal Naval Service，WRNS）。作为WRNS

的一员，被派驻布莱切利园，成为工程师、数学家和程序员组成的绝密小组成员，在第二次世界大战期间共同破译密码。在布莱切利园，她一直操作早期的巨人机，直到战争结束。战后，成为一名艺术家和插画家，就读于摄政街艺术综合学院。

### 戴维·莱维特（David Leavitt）

美国小说、短篇小说和非小说类作家。毕业于耶鲁大学。莱维特是《知道太多秘密的人：艾伦·图灵与计算机的发明》一书的作者。他的著作还包括小说《印度职员》和《两个法兰克福酒店》。他是美国佛罗里达大学的英语教授，创意写作教师，也是《亚热带》文学期刊的创办人和编辑。

### 杰森·朗（Jason Long）

新西兰作曲家和演奏家，专注于音乐机器人和电声音乐研究。曾在荷兰乌得勒支艺术学院、日本东京艺术大学以及新西兰几所大学进行研究工作。其作品《第一次接触》曾在布鲁塞尔的国际当代音乐学会和澳大利亚珀斯的国际计算机音乐会议等音乐节上演出。其他作品，包括《玻璃背》和《水下电流》，曾在菲律宾马尼拉作曲家实验室、台北和东京的亚洲作曲家联盟音乐节、新西兰和其他地方演出。

### 菲利普·梅尼（Philip K. Maini）

英国皇家学会会员，数学生物学讲座教授，牛津大学沃尔夫森数学生物学中心主任。研究涉及发育生物学、伤口愈合和癌症的数学建模。于2009年获得伦敦数学学会内勒奖，并于2012年当选为工业应用数学学会研究员。2015年当选为皇家学会会员。目前是《数学生物学期刊》主编。

### 丹尼·普林茨（Dani Prinz）

狄特里希·普林茨（Dietrich G. Prinz, 1903—1989）的女儿，狄特里希·普林茨是德国计算机科学家和先驱，1951年在英国开发了第一个可执行的国际象棋程序。丹尼是2012年艾伦·图灵年的发言人，以及2014年《模仿游戏》的顾问。影片的创作基于艾伦·图灵的生平。

## 黛安·普劳德福特（Diane Proudfoot）

新西兰坎特伯雷大学的哲学教授。她和杰克·科普兰创建了屡获殊荣的计算历史在线图灵档案馆，这是图灵和其他计算先驱们最大的原始文档数字复制品网络集，并获得新西兰皇家学会的资助，用于研究认知和计算机科学的哲学基础。她曾在《哲学期刊》《人工智能》《科学美国人》及许多其他哲学和科学期刊上发表文章。黛安是瑞士苏黎世联邦理工学院（ETH）图灵中心的副主任，也是澳大利亚昆士兰大学历史与哲学研究学院名誉研究副教授。2015年至2016年的以色列高等研究院院士，也是"以色列可计算性：历史、逻辑和哲学基础研究小组"的成员。

## 布莱恩·兰德尔（Brian Randell）

纽卡斯尔大学计算科学名誉教授，1969年至2001年在IBM的T. J. 沃森研究中心担任计算科学主席。在纽卡斯尔大学，他的研究兴趣是计算机系统可靠性和计算机历史。他编辑了《数字计算机的起源》一书。他在计算机史方面的其他出版物包括《1909年路德盖特的分析机》《艾伦·图灵与数字计算机的起源》和《巨人机》。他拥有伦敦大学的科学博士学位，以及雷恩大学和图卢兹国立理工大学的荣誉博士学位。

## 伯纳德·理查兹（Bernard Richards）

曼彻斯特大学医学信息学荣誉退休教授。第一学位是数学和物理学。其硕士研究是在图灵指导下完成的，验证了图灵的形态发生理论。图灵去世后，他改变了自己的研究方向，攻读博士学位，研究光学的某个领域，与导师埃米尔·沃尔夫教授共同撰写了一篇皇家学会论文，全面描述了光通过凸透镜的衍射。此后，他的注意力转向了医学：写了一篇关于月经周期激素峰值的论文，一篇关于中风康复的论文，最近还设计了一个用于心脏外科手术的专家系统和一个用于重症监护病房的专家系统。

## 杰瑞·罗伯茨（Jerry Roberts，1920—2014）

英帝国勋章获得者。1939—1941年就读于伦敦大学学院（UCL）。第二次世界大战期间，他的导师威洛比教授推荐他到布莱切利园。1941 年 10 月，泰斯特团队成立，他是四名创始人之一，该团队后来负责破解希特勒的顶级密码系统"金枪鱼"。1941 年到 1945 年，是布莱切利园的高级密码破译员和语言学家，同时也是战争罪调查组成员。在接下来的几年里，从事国际营销研究，同时经营自己的两家公司，直到被出售给 NOP。他能流利地用德语、法语和西班牙语交流，并且终生使用。在生命的最后五年里，他努力工作，为布莱切利园的同事赢得更好的认可。

### 奥隆·沙格里尔（Oron Shagrir）

哲学和认知科学教授，现任以色列耶路撒冷希伯来大学副校长。感兴趣的领域主要包括计算认知和脑科学的概念基础、计算和可计算性的历史和哲学以及"偶然性"。出版作品包括《可计算性：图灵、哥德尔、邱奇及其他》（与杰克·科普兰和卡尔·波西合著，2013 年）和一本关于现代计算史的书（与科普兰、波西和帕克·布莱特合著，《卢瑟福杂志》，2010 年）。

### 爱德华·辛普森（Edward Simpson，1922—2019）

1942 年加入布莱切利海军部，19 岁时毕业于贝尔法斯特女王大学数学系，领导日本海军 JN25 密码分析团队。1947 年，与 JN25 团队的密码分析员丽贝卡·吉布森结婚。战争结束后，在剑桥大学莫里斯·巴特利特（Maurice Bartlett）领导下从事数理统计工作。以他的名字命名的术语有辛普森悖论、辛普森漂移和辛普森多样性指数（并非他自己命名的）。1947 年起，在教育、财政和其他领域担任行政级公务员，1956 年到 1957 年，任美国联邦基金会研究员。1982 年以副秘书长身份退休，获得巴斯三等勋章。

### 马克·斯普雷瓦克（Mark Sprevak）

爱丁堡大学哲学系高级讲师。主要研究兴趣是心智哲学、科学哲学和形而上学，尤其是认知科学。曾在《哲学期刊》《英国科学哲学期刊》《综合》《哲学》《精神病学与心理学》以及《历史与科学哲学研究》等期刊上发表文章。

## 多伦·斯瓦德（Doron Swade）

英帝国勋章获得者。工程师、历史学家和博物馆专业人士，也是查尔斯·巴贝奇生活和工作方面的研究权威。曾任科学博物馆助理馆长和馆藏负责人，在此之前，是计算机博物馆馆长。出版了大量关于计算机、巴贝奇和策展人的历史著作。在开普顿大学、剑桥大学和伦敦大学学院等大学学习物理、数学、电子学、控制工程、机械智能、科学哲学和历史，获得博士学位。2009年，因其对计算历史的贡献获得英帝国勋章。目前在伦敦皇家霍洛威大学研究巴贝奇的机械符号。

## 约翰·德莫特·图灵爵士（Sir John Dermot Turing）

艾伦·图灵的侄子。与艾伦一样，就读于舍伯恩学校和剑桥大学国王学院。毕业后进入法律界。之前在牛津大学获得遗传学研究学位。现在是高伟绅律师事务所合伙人，专门研究金融部门问题，包括监管、破产银行和风险管理。2012年，成为布莱切利园受托人。除了对海军历史和密码分析感兴趣，还喜欢歌剧、烹饪、登山和园艺。

## 让·瓦伦丁（Jean Valentine）

第二次世界大战期间是布莱切利园解密设备炸弹机的操作员。是"鹪鹩"（皇家海军女子服务队，WRNS）成员。直到20世纪70年代中期，她和同事们都对自己的战时工作保持沉默。最近，她参与了布莱切利园博物馆的炸弹机重建工作，向公众展示炸弹机。

## 罗宾·惠蒂（Robin Whitty）

拥有数学理学学士学位和软件工程博士学位。曾在金史密斯大学和伦敦南岸大学讲授计算机科学，目前就职于玛丽女王大学的数学科学学院。研究兴趣是组合数学和组合优化。是获奖网站 www.theoremotheday.org 的创始人。

## 罗宾·威尔逊（Robin Wilson）

开放大学基础数学名誉教授、伦敦格雷舍姆学院几何名誉教授、牛津大学凯布尔学院前研究员。毕业于牛津大学，获宾夕法尼亚大学数论博士学位。撰写并共同编辑了 40 多本关于图论和数学史的书，包括《四色足够》和《组合数学：古代与现代》。其历史研究兴趣包括英国数学、图论史和组合数学，2012 年至 2014 年，担任英国数学史学会主席。热情的数学普及者，因其"出色的阐述性写作"获美国数学协会的莱斯特·福特奖和波利亚奖，并获得布拉德福德大学教育博士荣誉学位。

**斯蒂芬·沃尔夫勒姆（Stephen Wolfram）**

杰出的科学家、发明家、作家和企业家。Wolfram Research 的创始人和首席执行官，Mathematica、Wolfram | Alpha 和 Wolfram 语言创始人，《一门新科学》的作者。其工作导致一系列关于可能程序的计算体系的发现；不仅开辟了基础研究的新方向，而且在物理、生物和社会领域的科学建模方面取得了突破，为技术发现奠定了广泛的新基础。

**托马斯·伍利（Thomas E. Woolley）**

牛津大学圣约翰学院数学系初级研究员，也是伦敦科学博物馆现代数学研究员。研究兴趣是生物模式的形成和细胞运动的机制。担任电视节目《达拉·奥布莱恩的数学学校》的数学顾问。

# 延伸阅读、注释和参考文献

**✱**

**档案**   以下是章节注释中提到的资源（档案、书籍和图灵条目）。

国王学院档案：剑桥大学国王学院图书馆现代档案中心的图灵论文。其中一些在图灵数字档案中以电子文档方式提供：http://www.turingarchive.org。

曼彻斯特档案馆：曼彻斯特大学计算史国家档案馆。

NA：伦敦基尤国家档案馆。

计算历史图灵档案馆：可在线访问 http://www.alanturing.net。

伍德格档案：伦敦科学博物馆的迈克尔·伍德格论文。

**书籍**   **科普兰（2004）（注释中缩写为《图灵精要》）：**
B. J. 科普兰，《图灵精要：计算机、逻辑、哲学、人工智能的开创性著作》、《智能生命》以及《恩尼格玛的秘密》，牛津克莱伦登出版社（2004）。

**科普兰等（2005）：**
B. J. 科普兰等，《艾伦·图灵的自动计算引擎：密码破译大师为建造现代计算机的奋斗》，牛津大学出版社（2005）。新版：《艾伦·图灵的电子大脑：打造世界最快的计算机 ACE》，牛津大学出版社（2012年出版的百年纪念版）。

**科普兰等（2006）：**
B. J. 科普兰等，《巨人机：布莱切利园破解密码计算机的秘密》，牛津大学出版社，2006（2010年出版的平装版）。

**科普兰（2012）（注释中缩写为《图灵》（科普兰2012））：**
B. J. 科普兰，《图灵，信息时代的先驱》，牛津大学出版社（2012）。

**科普兰等（2013）：**
B. J. 科普兰、C. J. 波西和 O. 沙格里尔（编辑），《可计算性：图灵、哥德尔、邱奇及其他》，麻省理工学院出版社（2013）。

**欣斯利，斯特里普（1993）：**
F. H. 欣斯利和 A. 斯特里普（编辑），《破译者：布莱切利园内幕》，牛津大学出版社（1993）。

**霍奇斯（1983）：**
A. 霍奇斯，《艾伦·图灵传：如谜的解谜者》，伯纳德（1983）和西蒙、舒斯特（1988）（普林斯顿大学出版社2012年出版的百年纪念版）。

**莫乔普里斯等（1980）：**
N. 莫乔普里斯，J. 豪利特和 G.-C. 罗塔（编辑），《二十世纪计算史》（1976年洛斯阿拉莫斯计算史论文集），学术出版社（1980）。

**兰德尔（1973）：**
B. 兰德尔（编辑），《数字计算机的起源：论文选集》，斯普林格出版社（1973）（1982年第3版）。

**史密斯，厄斯金（2001）：**
M. 史密斯和 R. 厄斯金（编辑），《今日行动：布莱切利园——从破译恩尼格玛密码到现代计算机的诞生》，Bantam 出版社（2001年）（2011年，拜特百客出版社以《布莱切利园的密码破译者》为名重新发行）。

**萨拉·图灵（1959年）（注释中缩写为艾伦·图灵（萨拉·图灵，1959））：**
萨拉·图灵，《艾伦·图灵》，W. 赫弗父子出版社（1959）（剑桥大学出版社，2012年出版百年版）。

**图灵条目**　带有星号的图灵条目出现在《图灵精要》中；对于带星号的条目，注释中的页码指的是《图灵精要》中的页码。

**图灵（1936）：**

* 艾伦·图灵，《论可计算数及其在判定问题上的应用》，《伦敦数学学会会刊》，第2辑，42（1）（1936-1937），230-265[更正于43（1937），544-546];《图灵精要》，第1章和第2章。

**图灵（c.1936）：**

艾伦·图灵，《有关正规数的注记》；J. L. 布里顿（编辑），《艾伦·图灵论文选集：基础数学》，北荷兰出版社（1992），117-119。

**图灵（1937）：**

艾伦·图灵，《可计算性和 $\lambda$- 可定义性》，《符号逻辑期刊》，2（1937），153-163。

**图灵（1939）：**

* 艾伦·图灵，《基于序数的逻辑系统》，《伦敦数学学会会刊》，第2辑，45（1939），161-228；《图灵精要》，第3章。

**图灵（1940）：**

* 艾伦·图灵，《炸弹和蜘蛛》；《图灵精要》，第6章。

**图灵（c.1941）：**

* 艾伦·图灵，《关于海军恩尼格玛的 OP-20-G 备忘录》；《图灵精要》第8章。

**图灵（1943年）：**

艾伦·图灵，《泽塔函数的一种计算方法》，《伦敦数学学会会刊》，第2辑，48（1943），180-197。

**图灵（1945）：**

艾伦·图灵，《电子计算机计划》；科普兰等（2005），第20章。

**图灵（1945）：**

艾伦·图灵，《记忆笔记》；科普兰等（2005），第21章

**图灵（1947）：**

* 艾伦·图灵，《自动计算引擎讲座》；《图灵精要》，第9章

**图灵（1948）：**

* 艾伦·图灵，《智能机器》，国家物理实验室，1948；《图灵精要》，第 10 章。

**图灵（1950）：**

* 艾伦·图灵，《计算机器与智能》，《心智》，59（236）（1950 年 10 月），433-460；《图灵精要》，第 11 章

**图灵（c.1951）：**

* 艾伦·图灵，《智能机器：一种异端理论》；《图灵精要》，第 12 章

**图灵（1951）：**

* 艾伦·图灵，《数字计算机能思考吗？》；《图灵精要》，第 13 章

**图灵（1952）：**

* 艾伦·图灵，《形态发生的化学基础》，伦敦皇家学会哲学学报。B 辑，生物科学，237（1952），37-72；《图灵精要》，第 15 章。

**图灵等（1952）：**

* 艾伦·图灵、R. B. 布雷思韦特、G. 杰弗逊和 M. H. A. 纽曼，《自动计算机会思考吗？》，BBC 广播（1952 年）；《图灵精要》，第 14 章。

**图灵（1953）：**

* 图灵，《国际象棋》；《图灵精要》，第 16 章。

**图灵（1953）：**

艾伦·图灵，《黎曼泽塔函数的一些计算》，《伦敦数学学会会刊》，第 3 辑，3（1953），99-117。

**图灵（1954）：**

* 艾伦·图灵，《可解与不可解问题》，《科学通讯》，31（1954），7-23；《图灵精要》，第 17 章。

图灵未发表的条目列在注释中。

# 章 节 注 释

\*

**第 1 章 生平与成就（科普兰、鲍文）**

1. 杰弗逊给萨拉·图灵的信（1954 年 12 月 18 日），国王学院档案，目录编号 A16。

2. 本章部分内容改编自《图灵》（科普兰，2012）、J. P. 鲍文的《艾伦·图灵》，《科学家：发现的史诗》（埃德·罗宾逊编辑），Thames and Hudson 出版社（2012），第 270~275 页。

3.《世纪伟人》，载于《时代周刊》，153（12）（1999 年 3 月 29 日）（http://content.time.com/time/magazine/article/0,9171,990608,00.html）。

4.《艾伦·图灵》（萨拉·图灵，1959），第 17 页。

5. 杰佛瑞·汉隆引自《艾伦·图灵》（萨拉·图灵，1959），第 39 页。

6.《验尸手册》，验尸（2011），第 4.3 节。

7. J. A. K. 弗恩斯引自《每日电讯报》和《晨报》（1954 年 6 月 11 日）。

8.《奥尔德利》《威姆斯洛广告商》（1954 年 6 月 18 日）。

9. D. 莱维特，《计算机科学之父艾伦·图灵，未得其所应得》，《华盛顿邮报》（2012 年 6 月 23 日）（https://www.washingtonpost.com/opinions/alan-turing-father-of-computer-science-not-yetgetting-his-due/2012/06/22/gJQA5eUOvV_story.html）；M. 黑斯廷斯，《布莱切利的密码破译者艾伦·图灵违反了他那个时代的反同性恋法，为什么我认为赦免他是错的？》，《每日邮报》（2014 年 4 月 3 日）（http://www.dailymail.co.uk/news/article-2379515/The-moral-enigma-Bletchley-

Parkscode-breaker-Alan-Turing-genius-undoubtedly-helped-defeat-Hitler-So-I-believe-wrong-pardonbreaking-anti-gay-laws-time.html#ixzz2xnZNELgU）。

**10.**《曼彻斯特卫报》（1954 年 6 月 11 日）。

**11.**《艾伦·图灵》（萨拉·图灵，1959），第 117 页。

**12.**《艾伦·图灵》（萨拉·图灵，1959），第 115 页。

**13.** 警官莱纳德·科特雷尔在验尸官面前的陈述，国王学院档案，目录编号 K6。

**14.**《每日电讯报》（1954 年 6 月 11 日）。

**15.** 警官莱纳德·科特雷尔的陈述（见注 13）。

**16.** 警官莱纳德·科特雷尔的陈述（见注 13）。

**17.** 萨拉·图灵，《朋友们对艾伦·图灵死亡方式的评论》，打字稿（无日期），收录于国王学院档案，目录编号 A11。

**18.** J. L. 伯吉斯和 D. 钱德勒，"秘密药物实验室"，载于 M. I. 格林伯格等（编辑），《职业、工业和环境毒理学》，第二版，莫斯比（2003），第 759 页。

**19.** 致歉发布在英国首相的外交网站（http://www.number10.gov.uk），由戈登·布朗签名、标题为《2009 年 9 月 10 日首相戈登·布朗的讲话》的两页纸现已成为在布莱切利园举办的"艾伦·图灵的生平与成就"展览的一部分。

## 第 2 章　不修边幅的人（图灵）

**1.** 国王学院档案。

**2.**《艾伦·图灵》（萨拉·图灵，1959）。

**3.** F. W. 温特博坦，《超级机密》（The Ultra Secret），Weidenfeld & Nicolson 出版社（1974）。

**4.** J. F. 图灵，《我的弟弟艾伦，c.1976—1979》，收录在 2012 年版的《艾伦·图灵》中（注 2）。

**5.**《刑事司法法案》（Criminal Justice Act），1948，c.58。

**6.**《人权法案》（Human Rights Act），1998，c.42。

**7.** 1689 年 12 月 16 日的英国《权利法案》包括以下内容："因此，上议院圣职议员、临时上议院和下议院……宣布……不应要求过多的保释金，也不应判处过多的罚款，也不应实施残酷和不寻常的惩罚。"

**8.** M. 格鲁胡特，《缓刑和精神治疗》，塔维斯托克出版社（1963）。感谢博德莱恩图书馆的伊丽莎白·威尔斯博士让我关注这本书。

**9.** 内政部和苏格兰内政部，《同性恋罪和卖淫问题委员会报告》（Cmnd 247），HMSO，1957。

**10.** J. D. 沃森和 F. H. C. 克里克，《脱氧核糖核酸的结构》，《自然》，171（1953），第737~738页。

**11.** http://www.mathcomp.leeds.ac.uk/turing2012.

## 第3章 遇见天才（希尔顿）

**1.** 彼得·希尔顿于2010年去世，本章由杰克·科普兰汇编，在彼得的妻子玛格丽特·希尔顿的许可下发表。2001年和2002年，彼得拜访了新西兰坎特伯雷大学的科普兰，在那里他主持了有关图灵和密码破译的讲座。本章汇集了他在新西兰发表的论文和笔记摘录，以及他未发表的论文《二战密码破译者生活回忆录》及文章《与鱼共处：在纽曼和泰斯特团队破解金枪鱼》，科普兰等（2006）。部分摘自他的《二战中的密码分析与数学教育》，《数学教师》，77（1984），第548~552页；《布莱切利园的回忆，1942—1945》，《美国数学世纪》，第一部分，美国数学学会（1988），第291~301页；《与艾伦·图灵共事》，《数学情报》，13（1991），第22~25页。

向希尔顿致敬，《彼得·希尔顿：密码破译者和数学家（1923—2010）》，联合作者：吉恩·佩德森、杰克·科普兰、比尔·布劳德、罗斯·杰根、乔·罗特伯格、吉多·米斯林、乌尔斯·斯坦姆巴赫和杰拉尔德·亚历山大，《美国数学学会公告》，58（2011），第1538~1551页。

**2.** I. J. 古德，《布莱切利计算机方面的开创性工作》，莫乔普里斯等（1980）。

## 第4章 罪与罚（科普兰）

**1.** 本章是《图灵》（科普兰，2012）第9、10、12章一系列摘录的扩展版。

**2.** 图灵的小说存于国王学院档案馆，目录编号 A13。

**3.**《威尔姆斯洛广告商》的一篇文章《大学准教授被判缓刑》描述了随后的审判提供的信息（1952年4月4日），p.8。感谢柴郡记录办公室提供这篇文章和法院记录副本：1952年2月27日威尔姆斯洛法院登记册和1952年3月31日克纳茨福德法院登记册，以及1952年3月31日克纳茨福德柴郡季度会议上的起诉书，《女王诉艾伦·麦席森·图灵和阿诺德·默瑞》。本节和下一节中的叙述基于这些材料。

**4.** 图灵致菲利普·霍尔的信（无日期），国王学院档案，目录编号D13。

**5.** 图灵致诺曼·罗特利奇的信（无日期），国王学院档案，目录编号D14。

**6.** 唐·贝利接受科普兰采访（1997年12月21日）。

**7.** 唐·贝利给科普兰的信（1997年12月15日）。国家物理实验室执行委员会1945年10月23日会议记录，NPL图书馆；计算历史图灵档案馆中一份数字副本（http://www.AlanTuring.net/npl_minutes_oct1945）。

**8.** J. 默里（原姓：克拉克），《炸弹机的个人贡献》，载于《NSA技术期刊》，20（4）（1975年秋），第41~46页，第44页。

**9.** 图灵给霍尔的信（注4）。

**10.** 图灵给霍尔的信（注4）。

**11.** 贝利访谈（注6）。

**12.** 图灵给鲁特里奇（1953年2月22日）的信，国王学院档案，目录编号14。

**13.** 2009年9月11日，英国广播公司（BBC）播出了诺曼·劳特利奇的一次采访（http://www.bbc.co.uk/worldservice/news/2009/09/0911_turing_page_nh_sl.shtml）。

**14.** 来自图灵给宾安迪（1953年3月11日）的信，国王学院档案，目录编号4。

**15.** J. D. 沃森，《双螺旋: DNA结构发现的个人讲述》，企鹅出版社（1999年），第155页。

**16.** 由莫顿·泰尔敦导演的《模仿游戏》。

**17.** C. 卡里尔，《从朋友那里拯救艾伦·图灵》，载于《纽约书评》（2015年2月5日）。我的文章《奥斯卡要颁给模仿游戏？》阐述了电影的历史错误，载于《惠灵顿邮报娱乐》，2015 年 7 月 13 日（http://www.huingtonpost.com/jack-copeland/oscars-for-theimitation-_b_6635654.html）。

**18.** 图灵给甘迪的信（注 14）。谢尔的姓氏是一个新发现：图灵手写的数学笔记一角写有"谢尔·卡尔森"（Kjell Carlsen）。

**19.** 图灵给鲁特里奇的信（注 12）。

**20.** 图灵给甘迪的信（注 14）。

**21.** 亨格福德子爵给 F.C. 威廉姆斯（1950 年 11 月 30 日）的信；威廉姆斯给亨格福德的信（1950 年 12 月 13 日）。

**22.** A. C. 埃里克森给威廉姆斯的信（1955 年 4 月 19 日）。

**23.** 图灵给玛丽亚·格林鲍姆的信，邮戳 1953 年 5 月 10 日，国王学院档案馆，目录编号 K1/83。

**24.** 2012 年 9 月，尼克·弗班克接受作者的采访；弗班克给甘迪的信（1954 年 6 月 13 日），国王学院档案，目录编号 A5。

**25.** 这部电影的原名是《英国最伟大的破译者》，由尼克·斯泰西执导。

**26.** P. 萨蒙和 P. 森，《图灵自杀：案件终结》（2012 年 7 月 5 日）（http://www.turingilm.com）。

**27.** 弗朗茨·格林鲍姆给萨拉·图灵的信（1955 年 1 月 5 日）。

**28.** 萨蒙和森，《图灵自杀：案件结案》（注 26）。

**29.** 图灵最后的遗嘱（1954 年 2 月 11 日），国王学院档案，目录编号 A5。

**30.** 引自萨拉·图灵《朋友们对艾伦·图灵死亡方式的评论》中伊丽莎·克莱顿的话，打字稿（无日期），国王学院档案，目录编号 A11。

**31.** 甘地给萨拉·图灵的信，引自《艾伦·图灵》（萨拉·图灵，1959 年），第 118 页。

**32 .** N. 韦伯给萨拉·图灵的信（1954 年 6 月 13 日），国王学院档案，目录编号 A17。

**33.** 伯纳德·理查兹给科普兰的信（2012 年 8 月 20 日）。

**34.** 理查兹给科普兰的信（2016 年 5 月 31 日）。

## 第 5 章　图灵的世纪（沃尔夫勒姆）

**1.** 本章基于我为纪念图灵诞辰一百周年而写的一篇博文：《艾伦·图灵，百岁生日快乐》（2012 年 6 月 23 日）（http://blog.stephenwolfram.com/2012/06/happy-100th-birthday-alan-turing）。

**2.**《艾伦·图灵》（萨拉·图灵，1959）。

**3.** 图灵（1950）。

**4.** S. 沃尔夫勒姆，《一种新科学》（A New Kind of Science），沃尔夫勒姆媒体 2002（http://www.wolframscience.com/ nksonline）。

## 第 6 章　图灵的伟大发明：通用计算机器（科普兰）

**1.** 图灵（1936）。《论可计算数》的出版日期有时被错误地引用为 1937 年；详细信息请参见《图灵精要》，第 5~6 页。

**2.** 参见《图灵精要》，第 15~16 页。

**3.** 参见 B. J. 科普兰和 G. 索玛鲁加，《存储程序式通用计算机：楚泽先于图灵和冯·诺伊曼吗？》，G. 索玛鲁加和 T. 斯特拉姆，《图灵的革命》，Birkhäuser/ 斯普林格出版社（2015）。文章详细分析了存储程序的概念。

**4.** 详见科普兰等（2006）。

**5.** T. H. 弗劳尔斯接受科普兰采访，1996 年 7 月。

**6.** 参见《纽曼先生的部门》和《巨人机与现代计算机的崛起》，科普兰等（2006）。

**7.** 参见《ACE 项目的起源和发展》，科普兰等（2005 年）。

**8.** 这些新闻文章转载自科普兰等（2005 年），第 6~9 页。

**9.** T. H. 弗劳尔斯接受科普兰采访，1998 年 7 月。

**10.** 国家物理实验室执行委员会会议记录，1948 年 4 月 20 日，NPL 图书馆；图灵计算机历史档案馆中有一份数字副本，http://www.AlanTuring.net/ npl_minutes_apr1948。

**11.**《ACE 项目的起源和发展》（注 7），第 57~59 页。

**12.** T. 维科斯，《ACE 样品机和 DEUCE 的应用》，第 72~74 页（注 7），科普兰等（2005）。

**13.**《图灵》(科普兰,2012),第9章。

**14.** F. C. 威廉姆斯给布莱恩·兰德尔的信,1972年(B. 兰德尔出版《关于艾伦·图灵和数字计算机的起源》,B. 梅尔策和 D. 米奇,《机器智能7》,爱丁堡大学出版社(1972))。

**15.** 威廉姆斯给兰德尔的信,1972年(注14);1976年,F. C. 威廉姆斯接受克里斯托弗·埃文斯采访,《计算先驱:计算的口述史》,科学博物馆,伦敦,科学博物馆版权管理董事会。1995年,伦敦科学博物馆档案馆以录音的形式向我本人提供了他的采访,1997年由本人转录。

**16.** 艾伦·图灵,《曼彻斯特2号电子计算机程序员手册》,计算机器实验室,曼彻斯特大学(无日期,c.1950);计算历史图灵档案馆中有一份数字副本(http://www.AlanTuring.net/Programmers_handbook)。

**17.** 英国创新投票(http://www.topbritishinnovations.org/Pastinnovations.aspx)。

**18.** 有关图灵论文的更多信息见《图灵精要》,第40~45页,第577~578页。

**19.** M. H. A. 纽曼,《艾伦·麦席森·图灵,1912—1954》,《皇家学会会员传记》,1(1955年11月),第253~263页,第256页。

**20.** 详见 H. R. 路易斯(Lewis)和 C. H. 帕帕季米特里乌(Papadimitriou),《计算理论的基本原理》(Elements of the Theory of Computation),Prentice-Hall 出版社(1981),第170~171页。

**21.** 关于我称之为图灵机器现实主义的讨论,请参见 B. J. 科普兰和 O. 沙格里尔的《加速图灵机能计算不可计算的对象吗?》,《心智与机器》,21(计算机科学哲学专刊)(2011),第221~239页。

**22.**《论可计算数》草稿摘要(未注明日期,第2页),国王学院档案,目录编号K4(法语,由 B. J. 科普兰翻译)。

**23.** M. Y. 瓦尔迪,《谁是计算之父?》,载于《ACM通讯》,56(2013年1月),第5页。

**24.** 约翰·冯·诺伊曼给诺伯特·维纳的信(1946年11月29日),冯·诺伊曼档案馆,国会图书馆,华盛顿特区。冯诺伊曼的演讲《严格控制和信息理论》的文本收录在 J. 冯·诺伊曼,《自生自动机理论》(E. A. W. 伯克斯),伊利诺伊大学出版社（1966），第50页。

**25.** 斯坦利·弗兰克尔给布莱恩·兰德尔的信，1972年，兰德尔发表（注14）。非常感谢布莱恩·莱德尔为我提供这封信的副本。

**26.** A. W. 伯克斯、H. H. 哥德斯坦和冯·诺伊曼，《有关电子计算设备逻辑设计的初步讨论》，普林斯顿高等研究院（1946年6月28日），《约翰·冯·诺伊曼文集》，第5卷（A. H. 陶布编辑），佩加蒙（Pergamon）出版社（1961年），第3.1节，第37页。

**27.** 众所周知，图灵的《电子计算机计划》（图灵，1945）没有提到1936年的通用计算机，这让一些评论者怀疑它是否是 ACE 的直接祖先。然而，图灵提案早期草稿（图灵，1945a）中的一些片段揭示了这一问题：它们首次由科普兰等（2005）发表。图灵特别将 ACE 与通用图灵机器联系起来，解释了为什么图灵（1936）描述的存储器布置不能"被取代，因为它提供了一种实用的机器形式"。

**28.** 图灵（1947），第378页，第383页。

## 第7章　希尔伯特及其著名问题（科普兰）

**1.** 本章包括我的文章《关于计算机的限制和数学的本质，图灵创建了什么？》，在线大问题，约翰·坦普顿（John Templeton）基金会（2013年2月）（https://www.bigquestionsonline.com/）。感谢约翰·坦普顿基金会允许我在此发表资料。

**2.** 关于这一开创性时期的更详细描述，请参见 B. J. 科普兰、C. 普森和 O. 沙格里尔的《1930年代的革命》，科普兰等（2013）。

**3.** K. 哥德尔，《关于数学原理与相关系统的形式不可判定命题 I》，载于《数学与物理学月刊》，38（1931），第173~198页；M. 戴维斯（编辑）的英译本，《不可判定：关于不可判定命题、不可解问题和可计算函数的基础论文》（*The Undecidable: Basic Papers on Undecidable Propositions, Unsolvable Problems and Computable Functions*），雷文（1965）。确切地说，1931年，哥德尔证明了伯特兰·罗素（Bertrand Russell）和阿尔弗雷德·怀特海（Alfred Whitehead）在其开创性的《数学原理》中提出的算术体系（如果一致的话）是不完备的，因为在这个体系中存在着为真却无法证明的算术陈述。利用图灵的发现，哥德尔后来能够相当广泛地推广这一结果。细节见《图灵精要》，第47~48页。

**4.** 如今,这条表面上毫无希望的规避路线仍有其支持者:见 C. 莫滕森,《不相容的数学》,Kluwer 出版社(1995);G. 普雷斯特,《矛盾:对不相容的研究》,牛津大学出版社(2006);R. 西尔万和 B. J. 科普兰,《可计算性是逻辑相对的》,收录于 G. 普瑞斯特和 D. 海德(编辑)的《社会逻辑及其应用》,阿什盖特(Ashgate)出版社(2000)。

**5.** M. H. A. 纽曼,《艾伦·麦席森·图灵,1912—1954》,《皇家学会会员传记》,1(1955年11月),第253~263页,第256页。我说,哥德尔在其 1931 年论文中的定理 X 证明确实包含了可判定性问题的不可解性(邱奇-图灵论题:见第 41 章),这"似乎留下了一个最基本的问题",但人们并没有注意到这一点,直到 1965 年马丁·戴维斯的研究。哥德尔没有在 1931 年解决可判定性问题,也许这是一种幸运。如果他解决了,那么年轻的逻辑学家艾伦·图灵就不会着手解决该问题,而如果没有图灵的通用性基本概念,计算机的历史可能会以不同的方式展开,也许更不尽人意。

**6.** D. 希尔伯特和 W. 阿克曼,《数理逻辑原理》,斯普林格出版社(1928)。

**7.** D. 希尔伯特,《数学问题:1900 年在巴黎国际数学家大会上发表的演讲》,载于《美国数学学会期刊》,8(1902),第 437~479 页。

**8.** 图灵(1936),第 84 页。

**9.** 希尔伯特和阿克曼(注 6)。

**10.** 哥德尔 1939 年圣母大学的《逻辑学导论》课程笔记,P. 卡苏-诺格出版的《哥德尔 1939 年逻辑学导论》中《逻辑的历史与哲学》,30(2009),第 69~90 页,第 85 页。

**11.** 卡苏-诺格出版的哥德尔讲义(注 10),第 85 页。

**12.** 参见 A. 奥尔谢夫斯基、J. 沃伦斯基和 R. 亚努什(编辑)的《70 年后邱奇的论文》中 B. J. 科普兰的《图灵的论文》,韦拉格波出版社(2006),以及 B. J. 科普兰和 O. 沙格里尔,《图灵与哥德尔关于计算和心智之争》,科普兰等(2013)。

**13.** 图灵(1936),第 9 节。

**14.** 普林斯顿邱奇团队成员斯蒂芬·克莱恩(Stephen Kleene)向前推进一步。1936 年,发表了他后来称之为"通用函数"的首个例子,但没有将该想法与计算机器联系起来；参见 S. C. 克莱尼（Kleene）发表于《数学年鉴》的论文《自然数的一般递归函数》，112（1936），第 727~742 页[戴维斯再版（注3）]，以及 S. C. 克莱尼的著作《元数学导论》，North-Holland 出版社（1952），第 289 页。

**15.** 哥德尔（注3）。

**16.** 见王浩的《哥德尔》（Reflections on Kurt Gödel，有中译本），麻省理工学院出版社（1987），第 171 页。

**17.** 图灵（1936），第 8 节和第 11 节。

**18.** W. B. 埃瓦尔德著《从康德到希尔伯特：数学基础方面的原始资料》第二卷中希尔伯特，《数学的新基础：第一份报告》（1922），牛津克莱伦登出版社（1996），第 1119 页。

**19.** 希尔伯特，第 1119 页（注 18）。

**20.** 希尔伯特，第 1120 页（注 18）。

**21.** 希尔伯特，第 1121 页（注 18）。希尔伯特论分析。

**22.** 希尔伯特，第 1119 页（注 18）。

**23.** 希尔伯特，第 1119 页（注 18）。

**24.** 图灵（1936），第 84 页。

**25.** 希尔伯特，第 1132 页（注 18）。

**26.** 希尔伯特和阿克曼，《数理逻辑原理》，斯普林格出版社（1928），第 76 页。

**27.** 希尔伯特和阿克曼，第 77 页（注 26）。

**28.** 希尔伯特和阿克曼，第 77 页（注 26）。

**29.** 希尔伯特和阿克曼，第 81 页（注 26）。

**30.** 图灵（1936）第 84 页。

**31.** 参见 S. C. 克莱尼（Kleene），《递归函数理论的起源》（Origins of recursive function theory），载于《计算史年鉴》，3（1981），第 52~67 页，第 59 页，第 61 页。

**32.** K. 哥德尔，《关于数学基础的几个基本定理及其含义》（1951），收录于 S. 费弗曼等（编辑），《论文选集》，第 3 卷，牛津大学出版社（1995），第 304~305 页。

**33.** 图灵（1937），第 153 页。

**34.** 图灵的博士论文《基于序数的逻辑系统》完成于 1938 年，发表于 1939 年。关于论文中图灵的课题介绍，参见《图灵精要》，第 135~144 页，和《图灵》（科普兰 2012），第 3 章。

**35.** 希尔伯特的《论无穷》（1925），收录于 P. 贝纳赛拉夫和 H. 普特南（编辑），《数学哲学：选读》，第二版，剑桥大学出版社（1983），第 196 页。

**36.** 图灵（1939），第 192 页。

**37.** 希尔伯特，第 201 页（注 35）。感谢卡尔·波西对希尔伯特直觉观的讨论。

**38.** 希尔伯特，第 1121~1122 页（注 18）。

**39.** 希尔伯特，第 1126 页（注 18）。

**40.** 希尔伯特，第 1121，第 1124 页（注 18）。另见 P. 伯纳斯，《论希尔伯特的算术基础思想》，1921，收录于 P. 曼科苏（编辑）的《从布劳威尔到希尔伯特：20 世纪 20 年代关于数学基础的辩论》，牛津大学出版社（1998）。

**41.** 希尔伯特，第 192 页（注 35）。

**42.** 希尔伯特，第 198 页（注 35）。

**43.** 希尔伯特的《数学基础问题》，载于《数学年鉴》，102，（1930），第 1~9 页，第 9 页。

**44.** 希尔伯特，第 198 页（注 35）。

**45.** 图灵（1939），第 192~193 页。

**46.** 希尔伯特，第 9 页（注 43）。

**47.** 希尔伯特和阿克曼，第 72 页（注 26）。感谢乔瓦尼·索马鲁加翻译的德语。完整的话是："在确定了逻辑形式主义之后，可以说，对逻辑公式进行系统的计算处理是可能的，这在某种程度上与代数方程理论相对应。"

## 第 8 章　图灵与数字计算机的起源（兰德尔）

**1.** 本章是我在 CONCUR-2012 会议受邀演讲的第一部分的扩展版；转载于 B. 兰德尔的《图灵之恩尼格玛》，CONCUR-2012 会议，纽卡斯尔大学，计算机科学 7454 讲义，斯普林格出版社（2012）。

2. P. 卢德盖特,《自动计算引擎》,E. 霍斯堡(编辑),《奈皮尔百年庆典:展览手册》,《爱丁堡皇家学会(1914)》,第 124~127 页;还收录于《现代工具和计算方法:奈皮尔百年庆典展览手册》,G. 贝尔父子出版社(1914)。

3. P. 卢德盖特,《论拟建的分析机器》,收录于《都柏林皇家学会科学论文集》,12(9)(1909),第 77~91 页;兰德尔再版(1973)。

4. C. 巴贝奇,《论计算引擎的数学能力》,未发表的手稿(1837);兰德尔首次发表(1973)。

5. B. 兰德尔,《1909 年卢德盖特的分析机》,载于《计算机杂志》,14(3)(1971),第 317~326 页。

6. B. V. 鲍登(编辑),《比思想更快》,皮特曼出版社(1953)。

7. P. 莫里森和 E. 莫里森,《查尔斯·巴贝奇及其计算引擎》,多弗出版社(1961)。

8.《艾伦·图灵》(萨拉·图灵,1959)。

9. D. 卡恩,《密码破译者》,麦克米伦出版社(1967)。

10. L. 哈尔斯伯里(Halsbury),《计算机发展的十年》,载于《计算机杂志》,第 1 期(1959),第 153~159 页。

11. B. 兰德尔,《艾伦·图灵和数字计算机的起源》,载于 B. 梅尔策和 D. 米奇(编辑),《机器智能 7》,爱丁堡大学出版社(1972 年),第 3~20 页。

12. 图灵(1945)。

13. 冯·诺伊曼,《EDVAC 报告初稿》,合同编号 W-67 0 OD-49 26,技术报告,宾夕法尼亚大学摩尔电气工程学院(1945 年 6 月 30 日);摘录由兰德尔再版(1973)。

14. 兰德尔(1972)(注 11)。

15. M. H. A. 纽曼,《艾伦·麦席森·图灵,1912—1954》,《皇家学会会员传记》,1(1955 年 11 月),第 253~263 页。

16. I. 古德,《计算机的未来社会影响》,载于《国际环境研究期刊》,1(1)(1970),第 67~79 页。

17. 图灵(1936)。

18. 兰德尔(1972)(注 11)。

**19.** 兰德尔（1972）（注11）。

**20.** 兰德尔（1972）（注11）。

**21.** 兰德尔（1972）（注11）。

**22.** D. 霍尔伍德，《巨人机1号的技术说明》，《技术报告 P/0921/8103/16》，政府编码与密码学校（1973年8月），NA HW25/24。

**23.** 参见 D. 斯瓦德，《前电子计算》，C. B. 琼斯和 J. L. 劳埃德（编辑），《真实的历史性计算》，斯普林格出版社（2011），第58~83页。

**24.** A. A. 洛夫莱斯，《查尔斯·巴贝奇发明的分析引擎草图》，由军事工程师军官 L. F. 梅纳布雷亚绘制，译者注释了回忆录，收录于《泰勒科学回忆录3》，文章29（1843），第666~731页；兰德尔（1973）再版。

**25.** 冯·诺伊曼（注13）。

**26.** J. 埃克特，《磁性计算机的披露》，《技术报告》，未发表的文稿（1945）；J. P. 埃克特再版。《ENIAC》载于《二十世纪计算史》，学术出版社（1980），第525~539页。

**27.** B. 卡彭特和 R. 多兰，《另一台图灵机》，载于《计算机杂志》，20（3）（1977），第269~279页。

**28.** 图灵（1945）。

**29.** 冯·诺伊曼（注13）。

**30.** B. 兰德尔，《计算机编程的起源》，载于《IEEE计算史年鉴》，16（4）（1994），第6~14页。

**31.** 兰德尔（注11）。

**32.** 兰德尔（1973年）。

## 第9章 布莱切利园（科普兰）

**1.** 关于图灵恩尼格玛工作的详细描述，请参阅我的书《图灵精要》中"恩尼格玛"一章。

**2.** A. P. 马洪，《1941年12月前8号小屋的历史》，《图灵精要》，第275页。

**3.** 有关雷耶夫斯基和波兰恩尼格玛工作的更多信息，请参阅《图灵精要》中的"恩尼格玛"一章。

**4.**《1950 年 7 月 6 日的"炸弹"讨论会议》，GCHQ，NA HW25/21，第 1 页。

**5.** F. H. 欣斯利（Hinsley）等，《第二次世界大战中的英国情报》，第 2 卷，皇家出版局（1981），第 29 页。

**6.** 有关图灵与 U 型潜艇恩尼格玛的战斗，请参见《图灵》（科普兰 2012），第 5 章。

**7.** W. L. S. 丘吉尔，《第二次世界大战》，第二卷：《他们的高光时刻》，卡塞尔（1949），第 529 页。

**8.** 关于"海狮"的信息，见 F. H. 欣斯利等，《第二次世界大战的英国情报》，第 1 卷，皇家出版局（1979），第 186 页，第 188 页和附录 7，以及 N. 德格雷，《1939—1940 座椅和闪光灯》（无日期），《德格雷航空信号史》的一部分，NA HW3/95，第 58~59 页。

**9.** 欣斯利等（注 8），第 183 页。

**10.** 早期的炸弹机以及破解卢特瓦夫·恩尼格玛的更多信息，请参见《图灵》（科普兰 2012），第 62~69 页。

**11.** 参见《图灵》（科普兰 2012），第 78~80 页，以及欣斯利等（注 5），第 422~450 页。

**12.** 引自欣斯利等（注 5），第 448~449 页。

**13.** 关于库尔斯克会战（东部战线的转折点）的重要金枪鱼解密信息英译本由布莱切利园翻译。科普兰等（2006 年），第 5~6 页。

**14.** 在此，我反对许多作者的观点，他们声称在布莱切利园所做的工作将战争缩短了至少 2 年；例如，参见 F. H. 欣斯利，《未破译成功的反事实历史》，《密码学》，20（1996），第 308~324 页。

## 第 10 章 恩尼格玛机（格林伯格）

**1.** 感谢杰克·科普兰对本章的编辑。

**2.** 参见 K. 德里伍，《荷兰人发明转子机器，1915—1923》，载于《密码学》，28（2004），第 73~94 页。

**3.** D. 卡恩，《夺取恩尼格玛》，Barnes & Noble Books 出版社（1991）；C. A. 迪沃斯和 L. 克鲁，《机器密码学和现代密码分析》，Artech 出版社（1985）。

**4.** D. 哈默尔、G. 沙利文和 F. 维鲁德，《恩尼格玛的变种：机器大家族》，载于《密码学》，22（1998），第 211~229 页。

**5.** R. 厄斯金和 F. 维鲁德，《海军恩尼格玛: M4 及其转子》，载于《密码学》，11（1987），第 227~234 页（第 243 页）。

**6.** 1942 年的前 9 个月，国内海域和地中海讯息继续被大量读取，而在此期间，大西洋 U 型潜艇的通讯无法读取。这可能表明，M4 替代 M3 仅限于大西洋 U 型艇舰队。

**7.** 一些报道将呼号简称为 MMA。

**8.** A. P. 马洪，《1941 年 12 月前 8 号小屋的历史》，《图灵精要》。

**9.** 《6 号小屋的历史》，第 1 卷，第 87 页，NA HW43/70。

**10.** A. P. 马洪，《8 号小屋的历史，1939—1945》（1945），NA HW25/2，第 99 页。马洪 1945 年打字稿的数字副本可在计算历史图灵档案馆获得（http://www. AlanTuring.net/mahon_-hut_8）。

**11.** C. H. O'D. 亚历山大，《德国海军恩尼格玛的密码工作史》（c.1945），NA HW25/1；亚历山大打字稿的数字副本可在计算历史图灵档案馆获得（http://www.AlanTuring.net/alexander_naval_enigma）。

**12.** T. 休斯和 J. 科斯特洛，《大西洋之战》（Battle of the Atlantic），Doubleday 出版社（1977）。

**13.** W. G. 韦尔奇曼，《6 号小屋：破解恩尼格玛密码》（The Hut Six Story: Breaking the Enigma Codes），Allen Lane 出版社（1982），第 168 页。

## 第 11 章 用一支铅笔破解机器（贝蒂）

**1.** 彼得·特温给杰克·科普兰的信（2001 年 1 月 28 日和 2 月 21 日）。

**2.** 休·福斯在其《关于恩尼格玛的回忆》（史密斯、厄斯金，2001，第 45 页）几次提到过这种袭文；在《破解恩尼格玛竞赛》一节中也有描述。

**3.** 见 M. L. 贝蒂，《迪利：破解恩尼格玛的人》，《对话》（2009），第 68~72 页；完整的 1930 年操作员手册和袭文见附录 I。

**4.** W. 科扎楚克，《恩尼格玛：德国机器密码是如何被破解的，以及盟军在第二次世界大战中是如何解读的》（C. 卡斯帕雷科译），武器与装甲出版社

（1984），第 236 页。

**5.** A. D. 诺克斯，《华沙》，NA HW25/12。

**6.** W. G. 韦尔奇曼，《6 号小屋的故事：破译恩尼格玛密码》，第 2 版，M&M Baldwin 出版社（1997），第 34 页。

**7.** 诺克斯给阿拉斯泰尔·丹尼斯顿的信，NA HW14/1。

**8.** M. 雷耶夫斯基，《1930—1945 年，我在总参二部密码局工作的回忆》，波兹纳亚当·米基维茨大学（2011），第 132 页。该书的出版是为了纪念雷耶夫斯基逝世 30 周年；该书写于 1967 年，存于沃兹科维研究所历史研究中心，现已出版英文译本。

**9.** 科扎楚克（注 4），第 97 页。

**10.** 诺克斯写给丹尼斯顿的信，NA HW25/12。

**11.** 只适用于布莱切利园代号为"黄色"的密钥。1940 年 5 月 1 日，"黄色"在短暂的挪威战役中使用。有一段时间，它保留了对指示符进行编码的旧方法。

**12.** 艾伦·图灵，《教授之书》，NA HW25/3（标题为"图灵的恩尼格玛机数学理论"）。计算历史图灵档案馆提供了图灵打字稿的数字副本（http://www.AlanTuring.net/profs_book）。

**13.** C. 摩根的《N. I. D.（9）无线智能》中伯奇的信，NA ADM223/463，第 39 页；第 38~39 页包括摩根对"铁血行动"的描述，以及弗莱明给海军情报局长的备忘录。

**14.** C. 卡斯龙，《斩剑行动》——行动报告，NA DEFE2/142。

**15.** 贝蒂（注 3），第 130 页。

**16.** 诺克斯写给斯图尔特·孟席斯的信，NA HW25/12。

**17.** 伯奇写给爱德华·特拉维斯的信，引自 A. P. 马洪的《1941 年 12 月前 8 号小屋的历史》，载于《图灵精要》，第 287 页。

**18.** J. 默里（原姓：克拉克），《8 号小屋和海军恩尼格玛，第一部分》，欣斯利、斯特里普（1993），第 113~118 页。

**19.** 关于铁路恩尼格玛，见 F. 维鲁德，《铁路恩尼格玛和其他特殊机器》（http://Cryptography.blogspot.co.uk/2013/05/railway-enigma-and-other-special.html）和 D. 哈默尔、G. 沙利文和 F. 维鲁德，《恩尼格玛的变种：

机器大家族》，《密码学》，22（1998），第 211~229 页。

**20.** J. H. 蒂尔特曼，《一些回忆》，载于美国国家档案和记录管理局，RG457，条目 9032，历史密码收藏，第一次世界大战前至第二次世界大战，第 4632 号，第 16 页。

**21.** 图灵（注 12），第 31 页，第 60 页。

**22.** P. 特温，《德国情报局的恩尼格玛》，欣斯利、斯特里普（1993）。

**23.** J. K. 贝蒂、M. L. 贝蒂、M. A. 洛克和 P. F. G. 特温，《政府编码与密码学校特勤局信号情报第二卷：密码系统及其解决方案——1 代机器密码》，NA HW43/7。

## 第 12 章 炸弹机（科普兰，联合作者：瓦伦丁、考伊）

**1.** 感谢拉尔夫·厄斯金和爱德华·辛普森提供的信息、意见和建议。

**2.** A. G. 丹尼斯顿，《1939 年 7 月底华沙的新闻从何而来》（1948 年 5 月），NA HW25/12，第 4 页。（此文与 R. 厄斯金的编辑导言和注释《波兰人说出了他们的秘密：阿拉斯泰尔·丹尼斯顿的 1939 年 7 月派瑞会议记述》一起发表，载于《密码学》，30（2006），第 294~305 页）。

**3.** M. 雷耶夫斯基，《波兰数学家如何破解恩尼格玛》（J. 斯坦普斯科译），载于《计算历史年鉴》，3（1981），第 213~234 页，第 227 页。

**4.** P. 特温，《德国情报局的恩尼格玛》，欣斯利、斯特里普（1993），第 126~127 页；丹尼斯顿（注 2），第 4~5 页；A. D. 诺克斯，《华沙》，1939 年 8 月 4 日，NA HW25/12。

**5.** 关于波兰炸弹的详细描述，见 B. J. 科普兰《恩尼格玛》，《图灵精要》，第 235~246 页；D. 戴维斯，《炸弹机——优秀的逻辑机器》，载于《密码学》，23（1999），第 108~138 页。

**6.** J. 默里（原姓：克拉克），《炸弹机的个人贡献》，载于《NSA 技术期刊》，20（4）（1975 年秋），第 41~46 页，第 42 页。

**7.** 美国国家档案和记录管理局，ETOUSA（1944 年 10 月 1 日）"第 6812 号信号安全分遣队的操作"，RG 457，条目 9032，历史密码收藏，一战前至二战，970 号箱，2943 号，第 5 页。非常感谢弗罗德·韦拉德向我提供了这份文件的副本。

**8.** 雷耶夫斯基的图载于 B. 约翰逊的《秘密战争》,笔与剑出版社（2004）,第 316 页。他认为驱动器附近的部件是磁铁,归功于戴维·林克。

**9.** W. 科扎楚克,《恩尼格玛:德国机器密码是如何被破解的,以及盟军在第二次世界大战中是如何解读的》（C. 卡斯帕雷科译）,武器与装甲出版社（1984）,第 63 页。

**10.** 迈克尔·福特在牛津举行的通信情报会议上回答了一个问题（信息来自拉尔夫·厄斯金）。

**11.** M. 雷耶夫斯基,《波兰数学家如何破解恩尼格玛》,摘自科扎楚克（注 9）,第 267 页。

**12.** 丹尼斯顿（注 2）,第 4 页。

**13.** 科普兰,《恩尼格玛》（注 5）,第 246 页。

**14.**《恩尼格玛－位置》和《海军恩尼格玛位置》,笔记日期为 1939 年 11 月 1 日,由诺克斯、特温、韦尔奇曼和图灵签署,NA HW14/2。

**15.** 有关炸弹的更多信息,请参见图灵的《炸弹与蜘蛛》（图灵 1940）,科普兰的《恩尼格玛》（注 5）,第 246~257 页;F. 卡特,《图灵炸弹》,《卢瑟福科技史与哲学期刊》,3（2010）(http://www.rutherfordjournal.org/article030108.html)。《炸弹与蜘蛛》摘自布莱切利园著名的《教授之书》,"教授"是图灵在布莱切利的绰号（《图灵的恩尼格玛机数学理论》,NA HW25/3）。《教授之书》是图灵在 1940 年夏秋写的,是一本培训手册。它直到 1996 年才被发布到公共域,可在计算历史图灵档案馆查阅 http://www.AlanTuring.net/profs_book。

**16.** 诺克斯、特温、韦尔奇曼和图灵的《恩尼格玛—位置》（注 14）《中队长琼斯的部门》,政府编码与密码学校（c.1946）,NA HW3/164,第 1 页。

**17.**《中队长琼斯的部门》（注 16）,第 1 页。

**18.**《中队长琼斯的部门》（注 16）,第 1 页。

**19.**《1950 年 7 月 6 日讨论"炸弹机"的会议》,伯奇,德格雷,亚历山大,弗莱彻,福斯,赞布拉,GCHQ,NA HW25/21。

**20.**《中队长琼斯的部门》（注 16）,第 3 页。

**21.** 来自梅维斯·贝蒂的信息。

**22.**《中队长琼斯的部门》（注16），第3~4页。

**23.**准确地说，是1 676名女性：《中队长琼斯的部门》（注16），第14页。

**24.**《艾伦·图灵》（萨拉·图灵，1959），第70页。

**25.** P. 希尔顿，《与鱼共处：在纽曼和泰斯特团队破解金枪鱼》，科普兰等（2006）第196页。

**26.** W. G. 韦尔奇曼，《6号小屋的故事：破译恩尼格玛密码》，第2版，M&M Baldwin 出版社（1997），第12页。

**27.**彼得·特温给科普兰的信（2001年1月28日和2月21日）。

**28.**《政府编码与密码学校的成员和创建》，NA HW3/82；A. G. 丹尼斯顿给外交部 T. J. 威尔逊的信（1939年9月3日），NA FO366/1059；默里（注6），第42页。

**29.**特温给克里斯托弗·安德鲁的信（1981年5月29日），引自 C. W. 安德鲁，《特勤局：英国情报界的形成》，行业协会（1985），第453页。

**30.** I. J. 古德，《从8号小屋到纽曼团队》，载于科普兰等（2006年），第205页。

**31.**古德（注30），第205页。

**32.** J. 默里（克拉克），《8号小屋和海军恩尼格玛（第一部分）》，摘自欣斯利、斯特里普（1993），第114页。

**33.**默里（注32），第113~115页。

**34.** R. 厄斯金，《第二次世界大战破解的第一个海军恩尼格玛》，载于《密码学》，21（1997），第42~46页，第43页。

**35.**《中队长琼斯的部门》（注16），第14页；另见 K. 麦克康奈尔，《我的秘密战争》，邓迪市图书馆（2005年11月10日）(http://www.bbc.co.uk/history/ww2peopleswar/stories/06/a6844106.shtml)。感谢爱德华·辛普森提醒我注意这篇文章。

**36.**《中队长琼斯的部门》（注16），第3页。

**37.**《中队长琼斯的部门》（注16），第1页。

**38.**《中队长琼斯的部门》（注16），第10页。

**39.**"1950年7月6日举行的会议"（注19），第1页；《中队长琼斯的部门》（注 16），第 14 页。

**40.** 韦尔奇曼（注 26），第 139 页。

**41.** 美国国家档案和记录管理局，RG 457，条目 9032，历史密码收藏，第一次世界大战前至第二次世界大战期间，705 号箱，1737 号；《炸弹机——政策和统计说明 1939—1950》，政府编码与密码学校，1950，NA HW25/21。

**42.** C. H. O'D. 亚历山大，《德国海军恩尼格玛的密码工作史》（c.1945 年），NA HW25/1，第 90 页；亚历山大打字稿的数字副本可在计算历史图灵档案馆获得（http://www.AlanTuring.net/alexander_naval_enigma）。

**43.**《中队长琼斯的部门》（注 16），第 8 页。

**44.**《6 号小屋炸弹登记》 1940—1945，政府编码与密码学校，2 卷本，北卡罗来纳州 HW25/19，HW25/20，《中队长琼斯的部门》（注 16），第 8 页。

**45.**《中队长琼斯的部门》（注 16），第 4 页。

**46.**《第 6812 号决议的执行》（注 7），第 59 页，第 60 页。

**47.** P. 马洪，《1941 年 12 月前 8 号小屋的历史》，收录于《图灵精要》，第 291 页。

**48.** 亚历山大（注 42），第 25 页。

**49.** 指示符鼓显示了炸弹对转子所谓"棒位置"的猜测，即转子相对于 ZZZ 假设的环设置位置。

**50.**《中队长琼斯的部门》（注 16），第 3 页。

**51.** 很多典型的炸弹机菜单出现在"第 6812 号操作"中（注 7），第 8ff 页。

**52.** D. 佩恩《炸弹》，欣斯利、斯特里普（1993），第 134 页。

**53.** 马洪（注 47），第 293 页。

**54.** 科普兰，《恩尼格玛》（注 5），第 245~246 页。

**55.** 图灵的程序在图灵（1940），第 315~319 页，和科普兰的《恩尼格玛》中有详细描述。（注 5），第 250~253 页。

**56.** 马洪（注 47），第 286 页。

**57.** Op.20 GM-1 战争日记，美国国家档案和记录管理局，RG 38，NSG 记录，CNSG 图书馆，113 号箱，第 5750/176 号；非常感谢拉尔夫·厄斯金的推荐。

**58.** W. F. 弗里德曼，《布莱切利园政府编码与密码学校的电子运营报告》，美国国家档案和记录管理局，RG 457，条目 9032，历史密码收藏，第一次世界大战前至第二次世界大战，第 1126 号箱，第 3620 号，第 6 页；R. D. 约翰逊，《密码分析报告 #2 黄色机器》，历史密码收藏，第一次世界大战前至第二次世界大战，1009 号箱，第 3175 号，第 12 页。非常感谢拉尔夫·厄斯金提供的这些参考资料。

**59.** 丹尼斯顿（注 2），第 3 页。

**60.** 马洪（注 47），第 303 页。

**61.** "第 6812 号操作"（注 7），第 3 页。约翰逊（注 58），第 88 页。

**62.** 有关这次袭击以及在公海上对恩尼格玛的其他"截取"的详细信息，请参见《图灵》（科普兰 2012），第 5 章。

**63.** 图灵（1940），第 315 页。

**64.** 图灵（1940），第 316~317 页。

**65.** 图灵（1940），第 317 页。

**66.** 图灵（1940），第 316 页。

**67.** 亚历山大（注 42），第 87 页，第 89 页。

**68.** 亚历山大（注 42），第 89 页。

**69.** 《中队长琼斯的部门》（注 16），第 4 页。

**70.** 图灵（1940），第 319 页。

**71.** 《中队长琼斯的部门》（注 16），第 2 页。

**72.** 琼·克拉克的话：见默里（注 6），第 43 页。

**73.** 默里（注 6），第 43 页。

**74.** 默里（注 6），第 43~44 页。

**75.** 图灵（1940），第 320~331 页；韦尔奇曼（注 26），附录 1。

**76.** C. A. 戴维斯和 L. 克鲁，《图灵的炸弹机：足够吗？》，载于《密码学》，14（1990），第 331~349 页，第 346~348 页。

**77.** 图灵（1940），第 327 页。

**78.** "第 6812 号操作"（注 7），第 59 页。

**79.** 图灵（1940），第 319 页。

**80.** "第 6812 号操作"（注 7）。

**81.** 《中队长琼斯的部门》（注 16），第 7 页。

## 第13章 班布里处理介绍（辛普森）

**1.** C. H. O'D. 亚历山大,《德国海军恩尼格玛的密码工作史》,( c.1945年），NA HW25/1 和计算历史图灵档案馆（http://www.AlanTuring.net/alexander_naval_enigma）。

**2.** A. P. 马洪,《八号小屋的历史，1939—1945》,（1945），NA HW25/2 和计算历史图灵档案馆（http://www.AlanTuring.net/mahon_hut_8）。非常感谢拉尔夫·厄斯金指导我阅读这些资料，并帮助我了解全局。

**3.** 另请参见史蒂文·豪斯古德在 stoneship.org.uk//steve/banburismus.html 上的全面调查。

**4.** 布莱切利园《密码词典》（1944）：http://www.codesandciphers.org.uk/documents/cryptdict。

**5.** 马洪（注2）。

**6.** 威廉·罗格朗完整破译了一组数字和符号混合的密码，找到了埋葬在南卡罗来纳州查尔斯顿附近的基德船长的宝藏。

**7.** G. U. 尤尔,《文学词汇统计研究》，剑桥大学出版社（1944年）。

**8.** S. 帕杜亚,《洛夫莱斯和巴贝奇的惊奇冒险》,特别图书出版社( 2015年）。

**9.** D. L. 摩尔《艾达·洛夫莱斯伯爵夫人》，约翰·默里出版社（1977）。

**10.** 欣斯利、斯特里普（1993）。

**11.** 马洪（注2）。

**12.** 亚历山大（注1）。

**13.** 艾琳·约翰逊（原姓：普罗曼），私人通信。

**14.** 克里斯汀·布罗斯（原姓：奥格维-福布斯），私人通信。

**15.** 艾瑞斯·金（原姓：布朗），私人通信；1941—1942年冬是20世纪欧洲最冷的冬天。

**16.** 亚历山大（注1）。

**17.** 科普兰等（2006）。

**18.** 希拉里·鲍纳尔（原姓：劳），私人通信。

**19.** A. J.（托尼）菲尔普斯，私人回忆录。

**20.** 布罗斯（注14）。

**21.** http://www-history.mcs.st-and.ac.uk/Biographies/Clarke_Joan.html.

**22.** 马洪（注2）。

**23.** 科普兰（注17）。

## 第 14 章 金枪鱼：希特勒的王牌（科普兰）

**1.** 本章的主要来源是我在 1996—1998 年间与 T. H. 弗劳尔斯的对话，以及《关于金枪鱼的综合报告》，由布莱切利园的密码破译者 I. J. 古德、D. 米奇和 G. 蒂姆斯于 1945 年撰写，并于 2000 年由英国政府向国家档案馆发布：NA HW25/4（第 1 卷）和 HW25/5（第 2 卷）。计算历史图灵档案馆提供数字副本（http://www.AlanTuring.net/tunny_report）。科普兰等（2006）和《图灵》（科普兰 2012）第 7 章中有关于破解金枪鱼系统的更详细的论述。

**2.** 见注 1。

**3.** F. L. 鲍尔，"蒂尔特曼破解"，科普兰等（2006 年），第 372 页。

**4.** 图灵术在科普兰《图灵术》中有完整的描述，科普兰等（2006）第 379~385 页。

**5.** W. T. 塔特，《我在布莱切利园的工作》，科普兰等（2006），第 360 页。

**6.** 科普兰等（2006），第 66~71 页和第 363~365 页（塔特本人）描述了塔特的方法。

**7.** 麦克斯·纽曼在接受克里斯托弗·埃文斯的采访时做出了这一估计，该采访发表在伦敦科学博物馆的《计算先驱：计算的口述史》。

**8.** 图灵（1936）。

**9.** 关于纽曼的一篇权威性传记文章，《麦克斯·纽曼——数学家、密码破译者和计算机先驱》，作者是他的儿子威廉，科普兰等（2006 年），第 14 章。在第 4 章、第 5 章、第 9 章和第 13 章中有关于纽曼的更多信息；第 13 章题为"纽曼先生的部门"，包括该部门五位战时工程师和计算机操作员的资料。

**10.** H. 芬森，《巨人机是如何建造和运行的——一位工程师揭开它的秘密》，科普兰等（2006），第 298 页。

**11.** 弗劳尔斯接受科普兰的采访（注 1）。

**12.** 2014 年 6 月 13 日，科普兰采访了肯·迈尔斯。

**13.** 杜·博伊松（Du Boisson）的文章，科普兰等（2006），第 172 页。

**14.** 考伊（Caughey）的文章，科普兰等（2006），第 165 页。

**15.** H. 柯里（Currie），《泰斯特团队中的 ATS 女孩》科普兰等（2006），第 268 页。

**16.** 《艾伦·图灵》（萨拉·图灵，1959），第 67 页。

**17.** 《麦克斯·纽曼——数学家、密码破译者和计算机先驱》，（注9），第 177 页。

**18.** H. H. 哥德斯坦（Goldstine），《从帕斯卡到冯·诺伊曼的计算机》(The Computer from Pascal to von Neumann)，普林斯顿大学出版社（1972），第 150 页。

**19.** 科普兰等（2006）中的弗劳尔斯，第 107 页。

**20.** 例如，见冯·诺伊曼的《NORC 和高速计算中的问题》（1954），A. H. 陶布（编辑），《约翰·冯·诺伊曼文集》，第 5 卷，佩加蒙出版社（1963），第 238~239 页。

**21.** C. G. 贝尔和 A. 纽厄尔，《计算机结构：说明与示例》，McGraw-Hill 出版社（1971），第 42 页。

**22.** 迈尔斯（Myers）接受科普兰的采访，2014 年 6 月 13 日。

**23.** M. 坎贝尔-凯利（Campbell-Kelly），《ACE 与英国计算机的形成》，科普兰等（2005），第 151 页。

## 第 15 章　我们是世界上最早的计算机操作员（爱尔兰）

本章没有注释。

## 第 16 章　泰斯特团队：破译希特勒的终极密码（罗伯茨）

**1.** 有关泰斯特工作的详细说明，请参见 J. 罗伯茨《重要的泰斯特部门》，科普兰等（2006）。

## 第 17 章　超级揭秘（兰德尔）

**1.** 本章是我在 CONCUR-2012 受邀演讲第二部分的扩展版；转载于 B. 兰

德尔的《图灵的恩尼格玛》，CONCUR-2012 会议，纽卡斯尔大学，计算机科学 7454 讲义，斯普林格出版社（2012）。

**2.** F. W. 温特博瑟姆（Winterbotham），《超级机密》（The Ultra Secret），Weidenfeld & Nicolson 出版社（1974）。

**3.** A. 卡夫·布朗（Cave Brown），《兵不厌诈：第二次世界大战中欺骗战略的重要作用》（Bodyguard of Lies: the Vital Role of Deceptive Strategy in World War II），Harper and Row 出版社（1975）。

**4.** A. 弗兰德利，《密码破译的秘密》，载于《华盛顿邮报》（1967 年 12 月 5 日），A18。

**5.** K. O. 梅，《数学史参考书目与研究手册》，多伦多大学出版社（1973）。

**6.** B. 兰德尔，《巨人机》，《计算机实验室技术报告系列 90》，纽卡斯尔大学（1976）（http://www.cs.ncl.ac.uk/publications/trs/papers/90.pdf）。

**7.** R. W. 贝默，《巨人机——第二次世界大战计算机》（Colossus—World War II computer）（http://www.bobbemer.com/COLOSSUS.htm）。

**8.** 事实上，是巨人机研究小组的一员发现了这个孔径装置，现在在纽卡斯尔大学与巨人机其他小型艺术品一起展出。

**9.** 兰德尔（注 6）。

**10.** B. 兰德尔，《巨人机》，莫乔普里斯等（1980），第 47~92 页。

**11.** B. 兰德尔，《巨人机：计算机教父》，载于《新科学家》，73（1038）（1977），第 346~348 页；兰德尔再版（1973）。

**12.** 该电视系列片可在 YouTube 上在线观看；《仍然是秘密》网址：https://www.youtube.com/watch？v=m04VHVmjfWk。

**13.** B. 约翰逊，《秘密战争》，英国广播公司（1978）。

**14.** 《计算机先驱：汤米·弗劳尔斯先生》，载于《泰晤士报》（1977 年 5 月 14 日），16，Gale CS270237870。

**15.** F. 欣斯利，E. 托马斯，C. 兰瑟姆和 R. 奈特，《二战中的英国情报》，5 卷本，皇家出版社（1979 年及之后）。

**16.** 霍奇斯（1983）。

## 第 18 章　黛丽拉——语音加密（科普兰）

**1.** 本章是《图灵》（科普兰 2012）的修改摘录。

**2.**《艾伦·图灵》（萨拉·图灵，1959），第 71~72 页。

**3.** S. W. 罗斯基尔，《1939—1945 年海上战争》，第 2 卷，HMSO（1956 年），第 378 页。

**4.**《艾伦·图灵》（注 2），第 71 页。

**5.**《美国电话加扰装置的研究与开发及解读电话装置的研究》，黑斯廷斯给约翰·迪尔爵士的备忘录，1942 年 12 月 2 日，NA HW14/60。

**6.** 黑斯廷斯在其 1942 年的备忘录中记述了马歇尔的决定（注 5）。

**7.** 乔·埃克斯（Joe Eachus）给科普兰的信（2001 年 11 月 18 日）。

**8.** 图灵，《海军恩尼格玛 OP-20-G 备忘录》（图灵，c.1941 年）。

**9.** 图灵，《访问俄亥俄州代顿市国家收银机公司》，c.1942 年 12 月，国家档案和记录管理局，RG 38，CNSG 图书馆，5750/441。计算历史图灵档案馆中有一份数字副本（http://www.AlanTuring.net/turing_ncr）。

**10.** I. J. 古德，《从 8 号小屋到纽曼团队》，载于科普兰等（2006），第 212 页。

**11.** 罗伯特·穆玛于 1995 年在美国新泽西州新不伦瑞克 IEEE 历史中心接受里克·内贝尔的采访；感谢拉尔夫·厄斯金告知我这次采访。

**12.** 国家统计局代理局长约瑟夫·麦克纳尼致约翰·迪尔爵士的信（1943 年 1 月 9 日），NA HW14/60。

**13.** 亚历山大·福勒的日记；伊芙琳·洛维迪给萨拉·图灵的信（1960 年 6 月 20 日），国王学院档案，目录编号 A20。

**14.** G. 昌西（Chauncey），《纽约同性恋：性别、城市文化和男同性恋世界的形成，1890—1940》，基础书籍出版社（1994 年）。

**15.** 这是华盛顿国家密码博物馆中 SIGSALY 系统的重建。

**16.** 唐·贝利（Don Bayley）接受科普兰的采访（1997 年 12 月）。

**17.** 贝利访谈（注 16）。

**18.** 1977 年，T. H. 弗劳尔斯接受克里斯托弗·埃文斯的采访，《计算先驱：计算的口述史》，伦敦科学博物馆。

**19.** 图纸为 NA HW25/36。

**20.** 图灵和唐·贝利,《语音保密系统"黛丽拉",技术说明》,c.1945年3月,NA HW25/36,第3~4页。

**21.** 图灵和贝利(注20),第8页。

**22.** 引自《艾伦·图灵》(注2),第74页。

**23.** 引自《艾伦·图灵》(注2),第75页。

**24.** 贝利访谈(注16)。

**25.** 罗宾·甘迪引自《艾伦·图灵》(注2),第119页。

**26.** 唐·贝利给科普兰的信(1997年11月1日)。

**27.** 引自《艾伦·图灵》(注2),第75页。

**28.** A. C. 皮古给萨拉·图灵的信(1956年11月26日),国王学院档案,目录编号A10。

**29.**《从资料来源看希特勒》,作者为"FLL"(可能是 F. L. 卢卡斯)(1945年5月24日),NA HW13/58,第2页。布赖恩·奥克利·厄斯特认为卢卡斯是这份文件的作者;见 J. 埃廷格,《1941—1945年在布莱切利园窃听希特勒:鱼与巨人机》(2009年6月),第5页。

**30.** 唐·贝利给科普兰的信(2012年6月1日)。

## 第19章 图灵纪念馆(格林尼什、鲍文和科普兰)

**1.** 科普兰等(2006),第13章。

**2.** P. 瑞登,《特写:解密布莱切利园的历史》,吉兹玛格(2009年12月7日)(http://www.gizmag.com/bletchley-park-ww2-code-breakers/13525)。

**3.**《布莱切利园信托基金的形成》,布莱切利园(http://www.bletchleypark.org.uk/content/about/bptrust1.rhtm)。

**4.** 科普兰等(2006年),第13章。

**5.**《重建巨人机》,国家计算机博物馆,布莱切利园(http://www.tnmoc.org/special-projects/colossus-rebuild);B. 兰德尔,《揭秘巨人机》,国家计算博物馆(https://www.youtube.com/watch?v=Yl6pK1Z7B5Q)。

**6.**《重聚》英国广播公司 4 台（2008 年 4 月 6 日）（http://www.bbc.co.uk/radio4/thereunion/pip/hu1pz/）。

**7.**《泰晤士报》（2008 年 7 月 24 日）。

**8.** 英国广播公司新闻，《对忽视布莱切利的谴责》（2008 年 7 月 24 日）（http://news.bbc.co.uk/1/hi/uk/7523743）。

**9.** S. 布莱克和 S. 科尔根，《拯救布莱切利园：社交媒体如何拯救二战破译者的家园》，Unbound 出版社（2015）。

**10.**《伊丽莎白二世女王陛下纪念布莱切利园》（2011 年 8 月 8 日），丘吉尔中心（http://www.winstonchurchill.org/resources/in-the-media/churchill-in-the-news/hm-queenelizabeth-ii-honours-bletchley-park）。

**11.** J. 哈珀，《图灵炸弹机重建项目》，维梅奥（https://vimeo.com/51496481）；D. 图灵，《拯救与重建》，《布莱切利园：揭开炸弹机的神秘面纱》，皮特金出版社，历史出版社（2014），第 62~63 页。

**12.** BBC 新闻，《剑桥公爵夫人开放布莱切利园修复中心》（2014 年 6 月 18 日）（http://www.bbc.co.uk/news/uk-england-beds-bucks-herts-278997）。

**13.**《修复布莱切利园遗迹》（2014 年），布莱切利园（http://www.bletchleypark.org.uk/content/about/restoration.rhtm）。

**14.**《布莱切利园未来计划》（2015 年），布莱切利园（http://www.bletchleypark.org.uk/news/v.rhtm/Future_plans_for_Bletchley_Park-902740.html）。

**15.** S. 凯特尔《艾伦·图灵》（http://www.stephenkettle.co.uk/turing.html）。

**16.** J. 诺顿，《新修复的布莱切利园及捍卫迅速消失的自由》，《卫报》，2014 年 6 月 22 日（https://www.theguardian.com/technology/2014/jun/22/bletchley-park-gchq-surveillance-home-oice-edward-snowden）。

**17.** S. 麦凯，《艾伦·图灵的秘密文件是怎样为国家保存下来的》，《每日电讯报》，2011 年 7 月 30 日（http://www.telegraph.co.uk/lifestyle/8668156/

How-Alan-Turings-secret-papers-were-saved-forthe-nation.html）。

## 第 20 章 婴儿机（科普兰）

**1.** 在我的两篇文章中，有一篇更详细地讲述了曼彻斯特发生的事情，本章以这篇文章为基础。《曼彻斯特计算机：修订史（第一部分：回忆）》和《曼彻斯特计算机：修订史（第二部分：婴儿机）》，载于《IEEE 计算史年鉴》，33（2011），第 4~21 页和第 22~37 页。我对曼彻斯特计算机的研究也发表在我的文章《艾伦·图灵关于机器智能的一次讲座和两次电台节目》中，分别发表在 K. 富鲁卡瓦、D. 米奇和 S. 格尔顿（编辑），《机器智能 15》，牛津大学出版社（1999），第 445~476 页；《巨人机与计算机时代的曙光》，R. 厄斯金和 M. 史密斯（编辑），《今日行动》，Bantam 出版社（2001）；《现代计算史》，伊恩·扎尔塔（编辑），赫斯坦福德百科全书哲学，斯坦福大学出版社（2001）（http://plato.stanford.edu），以及《图灵精要》，第 5 章和第 9 章；科普兰等（2005），第 5 章；科普兰等（2006），第 9 章和《图灵》（科普兰 2012），第 9 章。

本章讲述的研究跨越多年，我要感谢以下计算机先驱和历史学家（有些人已去世）提供了信息和讨论：阿特·伯克斯、爱丽丝·伯克斯、乔治·戴维斯、戴爱德华兹、汤米·弗劳尔斯、杰克·古德、彼得·希尔顿、哈里·赫斯基、希拉里·卡恩、汤姆·基尔伯恩、西蒙·拉文顿、唐纳德·米奇（他于 1995 年在牛津、1998 年在棕榈沙漠的家中提供了充满奇思妙想、热情洋溢、令人大开眼界的讨论）、布莱恩·纳珀、汤米·霍马斯、杰夫·图蒂尔、罗宾·韦恩尔斯和迈克·伍德格；还有乔恩·阿格尔，他在 1995 年向我介绍了曼彻斯特档案馆，以及威廉·纽曼，他向我介绍了他父亲麦克斯的情况。特别感谢唐纳德·米奇在 1995 年建议我记录纽曼在曼彻斯特计算机项目中的作用。

**2.** F. C. 威廉姆斯和 T. 基尔伯恩，《电子数字计算机》，载于《自然》，162（4117）（1948），第 487 页；信的日期为 1948 年 8 月 3 日。

**3.** 基尔伯恩接受科普兰的采访（1997 年 7 月）。曼彻斯特档案馆 TRE 给 NPL 的信（1947 年 1 月 9 日）。

**4.** 图灵写给迈克尔·伍德格的信，未注明写信日，收信日为 1951 年 2 月 12 日，伍德格档案；计算历史图灵档案馆中有一份数字副本（http://www.AlanTuring.

net/ turing_woodger_feb51）。马丁·坎贝尔在其《为费兰蒂 1 号编程：曼彻斯特大学早期编程活动》对费兰蒂 1 号有精彩的描述，载于《计算史》，2（1980），第 130~168 页。

**5.** N. 斯特恩，《BINAC：技术史中的一项案例研究》，载于《计算史年鉴》，1（1979），第 9~20 页，第 17 页；N. 斯特恩，《从 ENIAC 到 UNIVAC：对埃克特－莫奇利计算机的评估》，载于《数字》（1981），第 149 页。

**6.** W. H. 韦尔，《高等研究院电子计算机项目的历史和发展》，兰德（RAND）公司报告第 377 页，圣莫尼卡（1953 年 3 月 10 日），第 16~17 页。

**7.** M. 克罗肯，《曼彻斯特计算机现象的开端：人与影响》，载于《IEEE 计算史年鉴》，15（1993），第 9~16 页，第 9 页；S. H. 拉文顿，《曼彻斯特计算机史》，NCC 出版社（1975），第 8 页（第二版，英国计算机学会，1998 年）另见 M. 克罗肯，《英国早期的科学计算》，牛津大学出版社（1990），S. H. 拉文顿，《早期英国计算机：老式计算机及其建造者的故事》，曼彻斯特大学出版社（1980），M. 威尔克斯和 H. J. 卡恩，《汤姆·基尔伯恩，英帝国高级勋位获得者，皇家工程学院院士》，《皇家学会会员传记》，49（2003），第 285~297 页。

**8.** 威廉姆斯给兰德尔的信（1972），载于 B. 兰德尔《艾伦·图灵与数字计算机的起源》，载于 B. 梅尔策和 D. 米奇（编辑），《机器智能 7》，爱丁堡大学出版社（1972），第 9 页。感谢布莱恩·兰德尔为我提供了这封信的副本。

**9.** J. 毕格罗，《高等研究院的计算机开发》，收录于莫乔普里斯等（1980），第 304 页，第 305~306 页，第 308 页；H. H. 哥德斯坦，《从帕斯卡到冯·诺伊曼的计算机》，普林斯顿大学出版社（1972），第 310 页。

**10.** 哥德斯坦（注 9），第 96 页。

**11.** 图灵（1945），第 426~427 页。

**12.** 威廉姆斯在 1976 年接受克里斯托弗·埃文斯的采访，《计算先驱：计算的口述史》，科学博物馆，伦敦，科学博物馆版权理事会。1995 年，科学博物馆档案馆以录音带的形式向我提供了他的采访。1997 年，我对他的采访进行了录音。

**13.** 1946 年 10 月 22 日国家物理实验室执行委员会会议记录，NPL 图书馆。

**14.** 2001 年 6 月希尔顿接受科普兰的采访。

**15.** F. C. 威廉姆斯，《曼彻斯特大学的早期计算机》，载于《无线电和电子工程师》，45（1975），第327~331页，第328页。

**16.** 威廉姆斯接受埃文斯的采访（注12）。

**17.** T. 基尔伯恩，《用于二进制数字计算机的存储系统》，TRE报告，1947年12月1日，曼彻斯特档案馆；重新输入的版本，连同布莱恩·纳珀的编辑说明，见 http://www.computer50.org/kgill/mark1/report1947.html；T. 基尔伯恩，《曼彻斯特大学通用高速数字计算机》，载于《自然》，164（4173）（1949），第684~687页。

**18.** 1997年7月，基尔伯恩接受科普兰的采访。

**19.** 1996年7月，弗劳尔斯接受科普兰的采访。

**20.** 纽曼写给冯·诺伊曼的信（1946年2月8日），华盛顿特区国会图书馆冯·诺伊曼档案；计算历史图灵档案馆中有一份数字副本（http://www.AlanTuring.net/newman_vonneumann_8feb46）。

**21.** 朱利安·毕格罗（Julian Bigelow）给科普兰的信（2002年4月12日）。

**22.** 1971年在史密森学会录制的毕格罗访谈，2002年发行。感谢毕格罗寄给我一份采访摘要稿。

**23.** 阿瑟·伯克斯（Arthur Burks）给科普兰的信（1998年4月22日）。

**24.** A. W. 伯克斯、H. H. 哥德斯坦和冯·诺伊曼，《电子计算设备逻辑设计的初步讨论》，高等研究院（1946年6月28日），收录于A. H. 陶布（编辑），《约翰·冯·诺伊曼文集》，第5卷，佩加蒙出版社（1961），第3.1节，第37页。

**25.** NA-FO850/234；这些照片是1975年解密的。照片及官方照片说明发表在B. 兰德尔的《巨人机》中，莫乔普里斯等（1980）。

**26.** 《关于金枪鱼的综合报告，重点是统计方法》，NA HW25/4、HW25/5（2卷）；这份报告是1945年由杰克·古德、唐纳德·米奇和杰弗里·蒂姆斯撰写的，他们都是布莱切利园纽曼分部的成员。计算历史图灵档案馆中有一份数字副本（http://www.AlanTuring.net/tunny_report）。

**27.** 见美国国家科学基金会的《计算机设计谱系》，1957，科普兰等（2005），第150页。

**28.** M. V. 威尔克斯，《计算机先驱回忆录》，麻省理工学院出版社（1985）；

J. R. 沃默斯利，《A.C.E. 项目——起源和早期历史》，国家物理实验室（1946年11月26日），科普兰等（2005），第 38~39 页；计算历史图灵档案馆中有一份数字副本（http://www.AlanTuring.net/ace_early_history）。

**29.** 弗劳尔斯接受科普兰的采访（注 19）。

**30.** 米奇给科普兰的信（1995 年 7 月 14 日）。

**31.** 《伦敦皇家学会论文集》（1945 年 12 月 13 日、1946 年 2 月 14 日、1946 年 3 月 7 日、1946 年 4 月 11 日、1946 年 5 月 16 日、1946 年 6 月 13 日）；伦敦皇家学会档案。

**32.** 纽曼致华莱士上校的信，布莱切利园 GCHQ（1945 年 8 月 8 日），NA HW64/59。非常感谢迈克尔·史密斯寄给我这份文件的副本。

**33.** 注释表，GCHQ（1945 年 12 月 4 日至 6 日），NA HW64/59。感谢迈克尔·史密斯寄给我这份文件的副本。

**34.** 古德给科普兰的信（2004 年 3 月 5 日）。

**35.** 《M. H. A. 纽曼教授的申请：曼彻斯特大学计算机实验室项目》，伦敦皇家学会，第 2 页。

**36.** T. 基尔伯恩和 L. S. 皮戈特，《弗雷德里克·凯兰·威廉姆斯》，《皇家学会会员传记回忆录》，24（1978），第 583~604 页，第 591 页。《威廉姆斯阴极射线管存储：与发明起源和存储系统运行信息传播有关的证据》，国家研究开发公司报告草案，无日期，第 7 页（感谢戴爱德华兹给我寄来这份文件的副本）。汤姆·基尔伯恩接受科普兰的采访（注 3）。

**37.** 威廉姆斯接受埃文斯的采访（注 12）。

**38.** 威廉姆斯（注 15），第 328 页。

**39.** 这些机器并不局限于巨人机和罗宾逊机器（第 14 章）：其他新机器在《关于金枪鱼的综合报告》（见注 26）和科普兰等（2006）中有描述。

**40.** 米奇在 1997 年 3 月寄给科普兰的一本未出版的回忆录。

**41.** 《M. H. A. 纽曼教授关于计算机项目进展的报告》，伦敦皇家学会理事会会议记录附录 A（1949 年 1 月 13 日），伦敦皇家学会档案。

**42.** 课堂讲义《关于自动计算机器的图灵－威尔金森系列讲座（1946-1947）》，科普兰等（2005）；另见 B. J. 科普兰，《图灵－威尔金森自动计算机器系列讲座》，见富鲁卡瓦等（注 1），第 381~444 页。九场系列讲座（其中约一半由图灵的助手吉姆·威尔金森（Jim Wilkinson）讲授，极有可能来自图灵的笔记）涵盖了图灵为 ACE 设计的第五、第六和第七版。

**43.** 威廉姆斯接受埃文斯的采访（注 12）。

**44.** G. 鲍克和 R. 焦尔达诺，《对汤姆·基尔伯恩的采访》，载于《IEEE 计算史年鉴》，15（1993），第 17~32 页，第 19 页。

**45.** 见我的《图灵 - 威尔金森系列讲座（1946-7）》的介绍（注 42），第 459~464 页。沃默斯利关于讲座安排的手写笔记在伍德格档案馆、目录编号 M15 和计算历史图灵档案馆中（http://www.www.AlanTuring.net/womersley_notes_22nov46）。

**46.** 布莱恩·纳珀给科普兰的信（2002 年 6 月 16 日）。

**47.** 鲍克和焦尔达诺（注 44），第 19 页。感谢布莱恩·纳珀在 2002 年的信件中提请我注意这段话。

**48.** 基尔伯恩，《用于二进制数字计算机器的存储系统》（注 17）。

**49.** 基尔伯恩，《曼彻斯特大学通用高速数字计算机》（注 17），第 687 页。

**50.** 威廉姆斯接受埃文斯的采访（注 12）。

**51.** 威廉姆斯接受埃文斯的采访（注 12）。

**52.** 古德给纽曼的一封关于计算机体系结构的信中使用了这些术语（1948 年 8 月 8 日）。这封信收录在 I. J. 古德，《电子计算机早期注释》，未出版，1972 年和 1976 年汇编，第 63~64 页；本文件副本在曼彻斯特档案馆 MUC/Series 2/a4 中。

**53.** 有关 ACE 指令格式的完整讨论，请参见科普兰等（2005），第 4、9、11 和 22 章。

**54.** 基尔伯恩的机器概述基于基尔伯恩《用于二进制数字计算机器的嵌入式系统》第 1.4 节（注 17）。另见 B. 纳珀，《汤姆·基尔伯恩 1947 年给 TRE 的报告封面说明》（http://www.computer50.org/kgill/mark1/report1947cover.html）。感谢纳珀给我的信件。

**55.** 基尔伯恩，《用于二进制数字计算机器的存储系统》（注 17）。基尔伯恩的框图见（http://www.computer50.org/kgill/mark1/TR47diagrams/

f1.2.png）。顺便说一句，基尔伯恩框图中显示的计算机不是婴儿机：基尔伯恩雄心勃勃地指定了 8 192 个字的内存容量，而实际的婴儿只有 32 个字的内存。

**56.** W. 纽曼，《麦克斯·纽曼——数学家、密码破译者和计算机先驱》，科普兰等（2006），第 185 页。

**57.** H. D. 哈士奇，《英国和美国电子数字计算的最新发展》，科普兰等（2005），第 536 页。

**58.**《M. H. A. 纽曼教授的申请：曼彻斯特大学计算机实验室项目》（注 35）和《M. H. A. 纽曼教授关于计算机项目进展的报告》（注 41）。

**59.** 1995 年 10 月，米奇接受科普兰的采访；古德，《电子计算机早期注释》（注 52），第 7、9 页。

**60.** 1997 年 3 月，米奇寄给我的一本未出版的回忆录。

**61.** 纽曼的课程可能是在 1947 年 2 月开设的；见古德，《电子计算机的早期笔记》（注 52），第 3 页。

**62.** 威廉姆斯给兰德尔的信（注 8）。

**63.** 威廉姆斯接受埃文斯的采访（注 12）。

**64.** 威廉姆斯给兰德尔的信（注 8）。

**65.** 基尔伯恩接受科普兰的采访（注 18）。

**66.** 古德在其回顾性介绍短文《婴儿机》（写于 1972 年）中讲述了此事，那是 1947 年 5 月 4 日应基尔伯恩的要求：见古德《电子计算机的早期笔记》（注 52），第 4 页。

**67.** 古德的《婴儿机》（注 66），第 1 页。表格来自科普兰的《曼彻斯特计算机：修订史（第二部分）》（注 1），第 28 页。

**68.** 引用的是古德 1998 年 10 月 15 日发表的获奖感言的修订稿，第 31 页：感谢古德在 1999 年 1 月寄给我一份他修订过的打印稿。关于古德送给基尔伯恩的 12 条指令，另见克罗肯（注 7），第 15 页和 J. A. N. 李，《计算机先驱》，IEEE 计算机协会出版社（1995），第 744 页。

**69.** 威廉姆斯接受埃文斯的采访（注 12）。

**70.** 古德，《婴儿机》（注 66），第 1~2 页。

**71.** 基尔伯恩接受科普兰的采访（注 18）。

**72.** 威廉姆斯和基尔伯恩（注2）。表格来自科普兰的《曼彻斯特计算机：修订史（第二部分）》。（注1），第26页。

**73.** 古德在1947年2月16日写的《基本操作》笔记中，列出了一套更庞大、更复杂的基本指令。其中包括乘法、除法、|x|、两种形式的有条件控制转移，以及一条将累加器中的数字转移到"x"房的指令（见其《电子计算机的早期笔记》，注释52）。戴维·安德森认为婴儿机是基于这个指令集（D.安德森，《曼彻斯特婴儿机是在布莱切利园孕育的吗？》，朴茨茅斯大学研究报告UOP-HC-2006-001，2006年在互联网上发表。http://www.tech.port.ac.uk/stafweb/andersod/HoC）。他的说法是不正确的：基尔伯恩从古德那里收到的是五月的指令集，而不是更复杂的二月的指令集，基尔伯恩将其简化为5个指令（加上"停止"）。与五月的指令集不同，二月的指令集适用于每个词有两条指令的机器，而婴儿机只有一条指令。古德明确表示，基尔伯恩提出"提供少量基本说明"的请求，他的回复是建议用5月的指令集，而不是2月的。

**74.** 伯克斯等（注24），特别参见第5.5、5.6节和表1。第6.6.3节讨论了"将A中的数字转换为R"的操作，其中指出，该操作可以以"很少的额外设备"为代价进行基本操作。第6.6.7节介绍了两种转换操作L和R。更多详细信息，请参阅科普兰的《曼彻斯特计算机：修订史（第二部分）》。（注1），第29~31页。

**75.** 参见科普兰的《曼彻斯特计算机：修订史（第二部分）》。（注1），第30页。

**76.** F. C. 威廉姆斯和T. 基尔伯恩，《曼彻斯特大学计算机器》，收录于《电子数字计算机评论》：美国电气工程师学会联合会计算机会议（1952）；F. C. 威廉姆斯、T. 基尔伯恩和G. C. 图蒂尔，《通用高速数字计算机：小型实验机器》，载于《电气工程师学会学报》，98（1951），第13~28页。

**77.** 通过比较伯克斯等的第6.4节（注24）、威廉姆斯和基尔伯恩（注76）第57~58页和威廉姆斯等（注76）第17~18页可以清楚地看出这一点。

**78.** 哈士奇（注57），第535页。

**79.** 冯·诺伊曼，《EDVAC报告初稿》，合同号w-670-ord-4926，技术报告，宾夕法尼亚大学摩尔电气工程学院（1945年6月30日），载于《IEEE计算史编年史》，15（1993），第28~75页，见第12.8节。摩尔学校的"第一批"分发清单日期为 1945 年 6 月 25 日。感谢哈里·哈士奇给我寄来了一份分发清单副本。

**80.** 甘迪在 1995 年 10 月接受科普兰的采访。

**81.** 哈士奇给科普兰的信（2002 年 2 月 4 日）。

**82.**《晚间新闻》（1946 年 12 月 23 日）；这份剪报是萨拉·图灵的收藏，现存于国王学院档案馆，目录编号号 K5。

**83.** 威廉姆斯（注 15），第 330 页。

**84.** C. S. 斯特雷奇，《逻辑或非数学程序》，计算机协会会议录，多伦多，1952 年 9 月，第 46~49 页；C. S. 斯特雷奇，《思维机器》，载于《交锋》，3（1954），第 25~31 页；斯特雷奇论文，牛津大学博德莱恩图书馆。

**85.** T. 基尔伯恩，《二进制数字计算机使用的存储系统》，博士论文，曼彻斯特大学（1948 年 12 月 13 日授予），第 32，第 34 页；F. C. 威廉姆斯和 T. 基尔伯恩，《用于二进制数字计算机器的存储系统》，载于《电气工程师学会学报》，96（1949），第 81~100 页，第 82 页。

**86.** 基尔伯恩（注 85）照片 1。威廉姆斯和基尔本 1947 年的照片见于 http://www.computer50.org/kgill/mark1/TR47diagrams/p1.jpg。文本首次存储在曼彻斯特的确切日期不得而知，但基尔伯恩 1947 年 12 月 1 日的报告（注 17）指出，用于存储文本的管子仅在 3 个月前投入使用。

**87.** 克里斯·伯顿用他重建的婴儿机模型重新创造了这些图像，并对它们进行了录像；感谢他发给我的录像片段。

**88.** 斯特雷奇，《思维机器》（注 84），第 26 页。

**89.** 见图灵的《曼彻斯特电子计算机 II 程序员手册》，计算机计算实验室，曼彻斯特大学，无日期，c.1950，第 25 页；和图灵的《随机数的生成》，G. C. 图蒂尔的附录，《费兰蒂 1 号计算机设计非正式报告》，曼彻斯特计算机实验室，1949 年 11 月。

**90.** 斯特雷奇，《思维机器》（注 84），第 26 页。

**91.** 国王学院档案，目录编号 D 4。

## 第 21 章　自动计算引擎（坎贝尔·凯利）

**1.** 有关本章主题的更多信息，请参见科普兰等（2005）和 D. M. 耶茨《图灵遗产：1945—1995年国家物理实验室计算历史》，伦敦科学博物馆（1997）。

**2.** 冯·诺伊曼，《EDVAC报告初稿》，合同编号w-670-ord-4926，技术报告，宾夕法尼亚大学电气工程学院，宾夕法尼亚大学（1945）。

**3.** 图灵（1945年）。

**4.** 图灵给沃默斯利的备忘录，未注明日期（c.1946年12月），伍德格档案馆，M15/77。计算历史图灵档案馆中有一份数字副本（http://www.net/turing_womersley）。

**5.** M. 坎贝尔-凯利，《为ACE样品机编程：国家物理实验室的早期编程活动》，《计算历史年鉴》，3（1981），第133~168页。

## 第22章　图灵的时代精神（卡彭特、多兰）

**1.** 根据牛津英语词典，最早的英语拼写实际上是"program"；后来的拼写"programme"曾是一种流行的法语形式。

**2.** J. H. 威尔金森，《ACE样品机》，《自动数字计算》，1953年3月在NPL举行的研讨会论文集（1954）；C. G. 贝尔和A. 纽厄尔，《计算机结构：说明与示例》，McGraw-Hill出版社（1971）再版。

**3.** R. 马利克，《开端——ACE及早期历史》，载于《数据系统》（1969年3月），第56~59页，第82页。

**4.** B. 兰德尔，《艾伦·图灵与数字计算机的起源》，载于B. 梅尔策和D. 米奇（编辑），《机器智能7》，爱丁堡大学出版社（1972）；兰德尔（1973）。

**5.** 图灵（1945）[《自动计算引擎（ACE）数学部门的发展建议》，NPL内部报告E882（1946）；再版为《NPL技术报告》，《计算机科学57》1972年4月，B. E. 卡彭特和R. W. 多兰（编辑），《A. M. 图灵1946年ACE报告和其他论文》，查尔斯·巴贝奇研究所再版系列，第10卷，麻省理工学院出版社（1986）]。

**6.** F. W. 温特博坦，《超级机密》，Weidenfeld & Nicolson出版社（1974）。

**7.** 冯·诺伊曼，《EDVAC报告初稿》，合同编号w-670-ord-4926，技术报告，宾夕法尼亚大学摩尔电气工程学院（1945年6月30日）；摘录收录于兰德尔（1973）中。

8. B. E. 卡彭特和 R. W. 多兰，《另一台图灵机》，载于《计算机杂志》，20（1977），第 269~279 页。

9. 撰写本文时，该公司仍在工商局注册处注册。

10. 参见 R. W. 多兰，《计算机结构与 ACE 计算机》，科普兰等（2005）。

11. W. S. 麦卡洛克和 W. 皮茨，《神经活动内在概念的逻辑演算》，载于《数学生物物理学通报》，5（1943），第 115~133 页。

12. 见 M. V. 威尔克斯，《设计自动计算机的最佳方法》，曼彻斯特大学计算机揭幕大会，1951 年 7 月。

13. 威尔金森的两份报告都在计算历史图灵档案馆中。

14. 例如，见 E. G. 戴来特，《戴克斯特拉呼吁一般化：递归过程的出现，1950 年代末至 1960 年代初》，载于《计算机杂志》，54（2011），第 1756~1772 页。

15. 图灵（1945）。

16. 图灵（1947），卡彭特和多兰再版（注 5）。

17. 2012 年 5 月，在伦敦举行的 BCS 计算机保护协会会议上，与会者发表了各种意见，杰克·科普兰也发表了评论，本章质量因此得到了显著提升。除了文中引用的参考文献，我们还要感谢安德鲁·霍奇斯的《艾伦·图灵传：如谜的解谜者》和众多网站。在本章的写作期间，布莱恩·卡彭特是剑桥大学计算机实验室的访问学者。

## 第 23 章　计算机音乐（科普兰、朗）

1. 本章包含了《图灵》（科普兰 2012）第 9 章的材料。

2. 例如，参见 J. 查达贝，《电子世纪，第三部分：计算机和模拟合成器》，《电子音乐家》，2001（http://www.emusician.com/tutorials/electronic_century3）。

3. 图灵，《曼彻斯特电子计算机 2 号程序员手册》，计算机器实验室，曼彻斯特大学（无日期，c.1950），第 85 页；计算历史图灵档案馆中有一份数字副本（http://www.AlanTuring.net/programmers_handbook）。

4. 图灵（注 3）。

**5.** B. J. 科普兰和 G. 索玛鲁加，《存储程序通用计算机：楚泽是否先于图灵和冯·诺伊曼？》，收录于 G. 索玛鲁加和 T. 史特森，《图灵的革命》，Birkhäuser/ 斯普林格出版社（2015），第 99~100 页；F. C. 威廉姆斯和 T. 基尔伯恩，《曼彻斯特大学计算机器》，收录于《电子数字计算机评论》：美国电气工程师协会（1952），第 57~61 页。

**6.** 威廉姆斯和基尔伯恩（注 5），第 59 页。

**7.** 第一台费兰蒂计算机的交付日期在图灵写给伍德格的信中给出，未注明写信日期，收信日为 1951 年 2 月 12 日（伍德格档案）。计算历史图灵档案馆中有一份数字副本（http://www.AlanTuring.net/turing_woodger_feb51）。有关 UNIVAC 的详细信息，请参见 N. 斯特恩，《BINAC：技术史中的案例研究》，《计算历史年鉴》，1（1979），第 9~20 页，第 17 页；和 N. 斯特恩，《从 ENIAC 到 UNIVAC：对埃克特 – 莫奇利计算机的评估》，数字（1981），第 149 页。

**8.** 参见图灵手册前言（注 3）。

**9.** K. N. 多德《费兰蒂电子计算机》中的鸣响器电路图，载于《武器研究机构报告 10/53》，c.1953 年（图 10）。

**10.** 图灵（注 3），第 24 页。

**11.** 多德（注 9），第 59 页。

**12.** 图灵手册第三版（由托尼·布鲁克于 1953 年编写）出版时，图灵的"C 中音"已被"C 中音之上的一个八度音阶"所取代。

**13.** D. G. 普林茨，《曼彻斯特电子数字计算机编程介绍》，费兰蒂有限公司，曼彻斯特莫斯顿，1952 年 3 月 28 日，第 20 节。计算历史图灵档案馆中有一份数字副本（http://www.AlanTuring.net/prinz）。科普兰感谢丹尼·普林茨提供了显示文件日期的封面。

**14.** 斯特雷奇写给麦克斯·纽曼的信（1951 年 10 月 5 日），克里斯托弗·斯特雷奇论文，牛津大学博德莱恩图书馆，A39 文件夹；斯特雷奇给迈克尔·伍德格的信（1951 年 5 月 13 日），伍德格档案）。

**15.** 斯特雷奇给纽曼的信（1951 年 10 月 5 日）。斯特雷奇的图灵手册副本仍在，封面写有"向 A. M. 图灵致敬"（克里斯托弗·斯特雷奇论文，C40 文件夹）。

**16.** N. 福伊,《夜鸟的文字游戏》,载于《欧洲计算机》(1974 年 8 月 15 日),

10-11（采访克里斯托弗·斯特雷奇），第 10 页。

**17.** 斯特雷奇给纽曼的信（1951 年 10 月 5 日）；1995 年 10 月，罗宾·甘迪接受科普兰的采访。

**18.** 甘迪访谈（注 17）。

**19.** 斯特雷奇，福伊访谈（注 16），第 11 页。

**20.** 斯特雷奇，福伊访谈（注 16），第 11 页。

**21.** 斯特雷奇，福伊访谈（注 16），第 11 页。

**22.** 斯特雷奇，福伊访谈（注 16），第 11 页。

**23.** 斯特雷奇在给纽曼的信中给出了该程序的名称（注 17）。检查表在克里斯托弗·斯特雷奇文件（C52 文件夹）中。

**24.** 图灵（注 3），第 12 页。

**25.** 弗兰克·库珀在 1994 年接受了克里斯·伯顿的采访；部分采访录音可在以下网址获得：http://curation.cs.manchester.ac.uk/digital60/www.digital60.org/media/interview_frank_cooper/ index-2.html。在二次文献中，也有人说《天佑女王》是在斯特雷奇的国际跳棋程序之后播放的（见第 20 章），但这是不正确的。

**26.** 纽曼给斯特雷奇的信（1951 年 10 月 2 日），存于克里斯托弗·斯特雷奇文件，A39 文件夹。

**27.**《电子大脑能唱歌了》，载于《信使和广告商》（1952 年 2 月 28 日）。感谢黛安·普劳德福特制作并提供本文。

**28.** 库珀访谈（注 25）。

**29.**《机械大脑》引用图灵的话，载于《泰晤士报》（1949 年 6 月 11 日）。

**30.**《曼彻斯特卫报》（1952 年 1 月 4 日）。感谢黛安·普劳德福特制作并提供本文。

**31.**"非常难听"（注 30）（增加强调）。

**32.** 为了便于解释，我们将图灵的"G@/P"替换为"O@/P"，从而过度简化了 /P 指令的行为，但使循环更易于遵循。尽管看起来与此相反，图灵的"G@/P"确实将执行带回循环的开始，而我们的极简版本并没有这样做。有关 P/P 的完整解释，请参见普林茨（注 13）第 14 页。斯特雷奇在他的图灵手册副本上手工标注了更正，他将此循环更改为：

O@ /V

B@ Q@/V

G@ B@/P

（另见斯特雷奇打印的图灵手册勘误表，1951年7月9日；在克里斯托弗·斯特雷奇论文，C45文件夹中。）

**33.** 图灵（注3），第24页。《为曼彻斯特1号编程：曼彻斯特大学早期编程活动》中有一个权威的程序介绍（图灵语），M. 坎贝尔－凯利，载于《计算历史年鉴》，2（1980），第130~168页。

**34.** 见注释32。

**35.** 图灵（通过B管）对回路控制的解释见图灵（注3），第66~67页；B管实际上是一个包含n的寄存器，通过反复减1来倒计时。

**36.** 图灵（注3），第22页。

**37.** 曼彻斯特2号与一个频率为100Hz的振荡器同步。图灵把振荡器的一个周期称为"数字周期"。数字周期为10微秒，节拍持续时间为24个数字周期。

**38.** 威廉姆斯和基尔伯恩（注5），第57页。

**39.** 我们遵循A=440 Hz的调音标准。

**40.** 多德（注9），第32页。

**41.** H. 卢科夫，《从短音到比特：电子计算机的个人历史》，机器人学出版社（1979年），第85~86页。

**42.** 图灵（注3），第87~88页。

**43.** 威廉姆斯和基尔伯恩（注5），第59页。

**44.** G. C. 图蒂尔，《数字计算机设计和操作说明》，1948—1949年，曼彻斯特档案馆；1948年10月27日的机器说明表。

**45.** 图灵（注3），第24页，第88页。

**46.** S. H. 拉文顿《早期英国计算机：老式计算机及其建造者的故事》，曼彻斯特大学出版社（1980），第37页。

**47.** 普林茨（注13），第20页（斜体）。

**48.** P. 多恩布什，《CSIRAC的音乐：澳大利亚第一首计算机音乐》，共同基础出版社（2005）。这本书包括一张重新创作的 CD。

**49.** D. 麦肯和 P. 霍恩，《首批中的最后。CSIRAC：澳大利亚第一台计算机》，墨尔本大学出版社（2000），第 2 页。

**50.** 麦肯和霍恩（注 49），第 3 页。多恩布什（注 48），第 24~25 页。

**51.** J. 菲尔德斯，《"最古老的"电脑音乐亮相》，英国广播公司新闻，2008 年 6 月 17 日（http://www.news.bbc.co.uk/2/hi/technology/7458479.stm）。

**52.** R. T. 迪安（编辑），《牛津计算机音乐手册》，牛津大学出版社（2009），第 558 页，第 584 页。

**53.** 卢科夫（注 41），第 84 页。

**54.** 卢科夫（注 41），第 86 页。

**55.** http://www.news.bbc.co.uk/2/hi/technology/7458479.stm; http://www.digital60.org/media/mark_one_digital_music。这段录音的一部分可在以下网址收听：http://www.abc.net.au/classic/content/2014/06/23/4028742.htm。图灵诞辰 102 周年之际，贯穿图灵生平与成就的音乐之旅题为《与玛格丽特·斯洛斯共度正午》（ABC 国家广播电台，2014 年 6 月 23 日）。

**56.** 库珀访谈（注 25）。

**57.** 国家声音档案馆，ref.H3942。

**58.** 库珀访谈（注 25）。

**59.** 《英国广播公司录音培训手册》，英国广播公司（1950 年），第 49 页，第 52 页。

**60.** 《英国广播公司录音培训手册》（注 59），第 26 页。

**61.** 在我们的配套论文《图灵与计算机音乐史》中描述了这一点，该论文发表于 J. 弗洛伊德和 A. 博库利希（编辑）《艾伦·图灵遗产的哲学探索》，《波士顿科学哲学与历史研究》，斯普林格·维拉格，2017 年。

**62.** D. 林克，《软件考古：关于曼彻斯特 1 号项目的重启，1948—1958》（2015）（https://vimeo.com/116346967）。

## 第 24 章 图灵、洛夫莱斯和巴贝奇（斯瓦德）

**1.** B. V. 博登（编辑），《比思想更快》，皮特曼出版社（1953 年），第 ix 页。

**2.** 这篇论文的早期版本发表在 D. 斯瓦德的《数字计算的起源：艾伦·图灵、查尔斯·巴贝奇和艾达·洛夫莱斯》中，H. 泽尼尔（编辑），《可计算的宇宙：理解计算和探索作为计算的自然》，世界科学出版社（2012），第 23~43 页。

**3.** M. 摩斯利，《易怒的天才：发明家查尔斯·巴贝奇的一生》，哈钦森（1964）。

**4.** 巴贝奇的这一情景有三个已知描述。日期分别为 1822 年、1834 年和 1839 年。引用的版本见 H. W. 巴克斯顿，《已故英国皇家学会会员查尔斯·巴贝奇先生的生平与成就回忆录》（A. 海曼编辑），查尔斯·巴贝奇研究所再版的计算历史系列，第 13 卷，托马什出版社（1988 年），第 46 页。另见 B. 科利尔，《本可实现的小引擎：查尔斯·巴贝奇的计算引擎》，第 2 版，加兰出版社（1990），第 14~18 页。

**5.** 引用了 D. 拉德纳，《巴贝奇的计算引擎》，《爱丁堡评论》，59（1834），第 263~327 页；M. 坎贝尔·凯利（编辑）再版，《查尔斯·巴贝奇作品集》，第 2 卷，威廉·皮克林（1989 年），第 169 页。

**6.** H. P. 巴贝奇（编辑），《巴贝奇的计算引擎：亨利·普雷沃斯特·巴贝奇的论文集》，斯波出版社（1889）；由 A. G. 布罗姆利编辑，由托马什出版社再版（1982），见前言。

**7.** 巴克斯顿（注 4），第 48~49 页（强调原文）。

**8.** 拜伦夫人给金博士的信（1833 年 6 月 21 日），载于 B. A. 图尔（编辑），《数字女神艾达：拜伦勋爵女儿的信件和她对第一台计算机的描述》，草莓出版社（1992），第 51 页（强调原文）。

**9.** 有关三种机械符号的形式，请参见 D. 斯瓦德，《自动计算：查尔斯·巴贝奇与计算方法》，《卢瑟福科技史与哲学期刊》，3（2010）（http://www.rutherfordjournal.org/article030106.html）。

**10.** 《图灵精要》，第 206 页。

**11.** 第一台完整的巴贝奇引擎是差分机 2 号，设计于 1847—1849 年，2002 年在伦敦科学博物馆完工。D. 斯瓦德，《查尔斯·巴贝奇差分机 2 号的构造》，《IEEE 计算历史年鉴》，27（3）（2005），第 70~88 页。

**12.** A. G. 布罗姆利,《巴贝奇计算引擎的演变》,《计算历史年鉴》,4(3)(1982),第 113~136 页。

**13.** 冯·诺伊曼,《EDVAC 报告初稿》,合同编号 w-670-ord-4926,《技术报告》,宾夕法尼亚大学摩尔电气工程学院(1945 年 6 月 30 日);兰德尔(1973)再版中收录了摘录。

**14.** B. 科利尔(注 4),第 139 页。

**15.** A. 洛夫莱斯,《查尔斯·巴贝奇先生发明的分析机概述》,都灵的 L. F. 梅纳布雷亚,军队工程师军官,以及翻译人员的回忆录上的注释,《科学回忆录》,3(1843),第 666~731 页;坎贝尔·凯利(编辑)再版(注 5),第 3 卷,第 89~170 页。

**16.** V. R. 哈士奇和 H. D. 哈士奇,《洛夫莱斯夫人与查尔斯·巴贝奇》,《计算机历史年鉴》,第 2(4)(1980),第 299~329 页。另见 J. 富埃吉和 J. 弗朗西斯,《洛夫莱斯与巴贝奇以及 1843 年"笔记"的创建》,《IEEE 计算史年鉴》,25(4)(2003),第 16~26 页;以及由 J. 富埃吉和 J. 弗朗西斯导演的纪录片《明天的梦想》,火炬制作(2003)。

**17.** 洛夫莱斯(注 15),第 118 页(强调原文)。

**18.** 洛夫莱斯(注 15),第 144 页(强调原文)。

**19.** 查尔斯·巴贝奇致艾达·洛夫莱斯的信(可能是 1843 年 7 月 1 日)。诺埃尔、拜伦和洛夫莱斯家族的论文,博德莱恩图书馆,谢尔夫马克 168。引自 V. R. 哈士奇和 H. D. 哈士奇(注 16),第 313 页。

**20.** 查尔斯·巴贝奇(MSS 巴克斯顿)的论文。牛津科学史博物馆,MSS 7(蓝色,对开本 1)。

**21.** 洛夫莱斯(注 15),第 155 页。

**22.** 其中两种描述出现在 MSS 7 中(注 20)。第三种出现在手写本 S12, 134(1869 年 5 月 4 日),科学博物馆巴贝奇档案,数字化档案编号 S15_0012。

**23.** 艾达·洛夫莱斯致沃龙佐夫·格雷格的信(1844 年 11 月 15 日)。诺尔、拜伦和洛夫莱斯家族的文件,博德莱恩图书馆,书架标记 171。图勒(编辑)(注 8),第 295~296 页(强调原文)。

**24.** 图灵致 R. 阿什比的信（可能是 1946 年），D. 耶茨，《图灵的遗产：1945—1995 年国家物理实验室的计算历史》，科学博物馆（1997）。

**25.** 洛夫莱斯（注 15），第 156 页（强调原文）。关于独创性的观点通常归因于洛夫莱斯，引用的版本是她自己的，如注释 G 中所示。梅纳布雷亚写道，巴贝奇的引擎"不是思维物，只是一个自动机器，它根据强加给它的法则行事"。（洛夫莱斯（注 15），第 98 页）。1841 年，巴贝奇本人写道，分析机器"无法发明创造"。它必须从人类的智力中衍生出其发展过程中的规律。MSS 巴克斯顿（注 20），引用科利尔（注 4），第 178 页。这两种观点都早于洛夫莱斯的观点。

**26.** 图灵（1950），第 455 页。

**27.** B. 兰德尔，《从分析机到电子数字计算机：卢德盖特、托雷斯和的布什贡献》，载于《计算历史年鉴》，4（4）（1982），第 327~341 页。

**28.** I. B. 科恩，《巴贝奇和艾肯》，载于《计算历史年鉴》，10（3）（1988），第 171~191，第 180 页。

**29.** N. 莫乔普里斯和 J. 沃尔顿，《计算历史中的错误三部曲》，载于《计算历史年鉴》，2（1）（1980），第 49~59 页。

**30.** 科恩（注 28）。

**31.** 霍奇斯（1983），第 297 页。

**32.** 《图灵精要》，第 29 页。

**33.** 莫乔普里斯和沃尔顿（注 29），第 52~53 页。

**34.** 洛夫莱斯（注 15）。

**35.** 布罗姆利（注 6）。

**36.** D. 拉德纳，《巴贝奇的计算引擎》，载于《爱丁堡评论》，59（1834），第 263~327 页；M. 坎贝尔－凯利再版（注 5），第 2 卷，第 118~186 页。

**37.** A. G. 布罗姆利，《科学博物馆的巴贝奇论文：对照表》，科学博物馆（1991）。

**38.** 现代致力于巴贝奇兴趣复兴的主要学者包括布鲁斯·科利尔、艾伦·布罗姆利和莫里斯·威尔克斯。见 B. 科利尔（注 4）；A. G. 布罗姆利，《查尔斯·巴贝奇的分析机，1838》，载于《计算历史年鉴》，4（3）（1982），第 196~217 页；A. G. 布罗姆利（注 12）和《巴贝奇的分析机，计划 28 和

28a——程序员界面》，载于《IEEE 计算历史年鉴》，22（4）（2000），第 4~19 页；M. V. 威尔克斯，《巴贝奇，计算机先驱》，英国计算机学会和皇家统计学会（1971）。

**39.** L. H. 达德利·巴克斯顿，《查尔斯·巴贝奇及其差分机》，载于《纽科门社会学报》，第 14 期（1933—1934），第 43~65 页。感谢蒂姆·罗宾逊提醒我这篇论文的存在和时间。

**40.** 巴克斯顿（注 20）。

**41.** 巴克斯顿（注 39），讨论者见第 59~64 页。

**42.** 霍奇斯（1983），第 446 页（注 31）。

**43.** 霍奇斯（1983），第 109 页（注 31）。

**44.** 图灵（1950），第 455 页。

**45.** D. R. 哈特里，《计算仪器与机器》，伊利诺伊大学出版社（1949），第 69~73 页。

**46.** R. 甘迪，《1936 年思想的会聚》，R. 郝尔肯（编辑），《通用图灵机：半个世纪的调查》，牛津大学出版社（1988 年），第 60 页。

## 第 25 章 智能机器（科普兰）

**1.** 图灵（1948）[《智能机器: A. M. 图灵的报告》国家物理实验室（1948），伍德格档案；计算历史图灵档案馆中提供了一份数字副本，（http://www.AlanTuring.net/intelligent_machinery）]。

**2.** 图灵（1951），第 484 页。

**3.** 这一观点是科普兰在《图灵精要》一书中首次提出的。

**4.** 科普兰（注 3），第 354~355 页；另见《图灵》（科普兰 2012），第 191~192 页。

**5.** 图灵（1940），第 335 页。

**6.** 1995 年 10 月，米奇接受科普兰的采访；2004 年 2 月，古德接受科普兰的采访。

**7.** 米奇访谈（注 6）。

**8.** 图灵（1947）。

**9.** 图灵（1947），第391页。

**10.** 图灵（1950）。

**11.** 图灵（1950），第460页。

**12.** 图灵（1950），第460页。

**13.** 图灵（1950），第460页和（1947），第393页。

**14.** 图灵（1950），第463页。

**15.** 图灵（1948），第420页。

**16.** 图灵（1948），第420页。

**17.** 图灵（1950年），第460~461页。

**18.** 迈克尔·伍德尔，由米奇和梅尔策报告，载于B. 梅尔策和D. 米奇(编辑)，《机器智能5》，艾斯维尔（1970年），第2页。

**19.** 1998年2月米奇接受科普兰的采访。

**20.** 图灵（1950），第449页。

**21.** R. A. 布鲁克斯，《无理性的智能》，载于L. 斯蒂尔和R. 布鲁克斯(编辑)，《通往人工智能的人工生命之路：构建情境体验代理》，Lawrence Erlbaum出版社（1994）。

**22.** 图灵（1948）和（1950）以及图灵等（1952）。

**23.** 关于"如果评判者经常判断错"的含义，请参阅我在《图灵精要》第435~436页对"计算机器与智能"的介绍，以及B. J. 科普兰《图灵测试》，J. H. 摩尔(编辑)《图灵测试：人工智能的难以捉摸的标准》，Kluwer出版社（2003），第527页。

**24.** 图灵（1950），第442页。

**25.** 图灵（1950），第442页。

**26.** 图灵等（1952），第495页。

**27.** 图灵等（1952），第495页。

**28.** 另见科普兰，《图灵测试》（注23），第18页和《图灵》（科普兰2012），第205页。

**29.** 图灵（1950），第452页。

**30.** 图灵（1950），第441页。

**31.** 图灵（1950），第 441 页。

**32.** 图灵等（1952），第 495 页。

**33.** 图灵（1950），第 449 页。

**34.** 图灵（1951），第 485 页、第 486 页。

**35.** 图灵（1950），第 449 页。

**36.** 图灵等（1952），第 495 页。

**37.** M. 戴维斯，"百年版的前言"，载于萨拉·图灵，《艾伦·图灵：百年纪念版》，剑桥大学出版社（2012），第 xvi 页。

**38.**《华盛顿邮报》"一个名为尤金·古斯特曼的机器人勉强算是通过了图灵测试……（2014 年 6 月 9 日）（https://www.washingtonpost.com/blogs/compost/wp/2014/06/09/a-bot-named-eugene-goostman-passes-the-turing-test-kind-of/）。

**39.** BBC 新闻，《通过图灵测试的首个计算机人工智能》（2014 年 6 月 9 日）图灵测试（http://www.bbc.com/news/technology-27762088）。

**40.** 雷丁大学，《图灵测试的成功是计算史上的里程碑》（2014 年 6 月 8 日）（http://www.reading.ac.uk/news-and-events/releases/PR583836.aspx）。

**41.** 例如，见 A. 霍奇斯，《艾伦·图灵传：如谜的解谜者》，Vintage 出版社（1992），第 415 页和 R. 弗伦奇，《图灵测试：第一个 50 年》，载于《认知科学趋势》，4（2000），第 115~122 页，第 115 页。

**42.** 图灵等（1952），第 494 页。

**43.** 图灵等（1952），第 494 页。

**44.** 例如，见 N. 布洛克，《心理主义和行为主义》，载于《哲学评论》，90（1981），第 5~43 页。

**45.** N. 布洛克，《作为大脑软件的思想》，E. E. 史密斯和 D. N. 奥瑟森（编辑），《认知科学导论》，第二版，第 3 卷，麻省理工学院出版社（1995），第 381 页。

**46.** 塞尔首次在 J. R. 塞尔《心智、大脑与程序》，《行为和大脑科学》，3（1980），第 417~424 页，第 450~456 页和 J. R. 塞尔《心智、大脑和科学：1984 年瑞斯讲座》，企鹅出版社（1989）中介绍了他著名的中文屋子思维实验；

另见 J. 普勒斯顿和 M. 毕晓普（编辑）《对中文屋子的看法》，牛津大学出版社（2002）。

**47.** 关于塞尔的中文屋子论点的进一步讨论，见 B. J. 科普兰，《人工智能》，Blackwell 出版社（1993），第 6 章，和 B. J. 科普兰，《从逻辑角度看中文屋子》，普雷斯顿和毕晓普（注 46）。

## 第 26 章　图灵的心智模型（斯普雷瓦克）

**1.** 图灵（1950）、图灵等（1952）、图灵（1948）、图灵（1950）和图灵（c.1951）。

**2.** 图灵（1951）和图灵（1948）。

**3.** 图灵（1948），第 420 页，第 412 页。

**4.** 图灵写给 W. 罗斯·阿什比的信（无日期），伍德格档案馆，M11/99；计算历史图灵档案馆中有一份数字副本（http://www.AlanTuring.net/turing_ashby/）。

**5.** 图灵（1950）。

**6.** 图灵（1936），第 59 页。

**7.** 图灵（1936），第 75~76 页。

**8.** H. 普特南，《思维和机器》和《某些机器的精神生活》，收录于《心灵、语言和现实：哲学论文》，第 2 卷，剑桥大学出版社（1975），分别为第 362~387 页和第 408~428 页。

**9.** H. 普特南，《哲学和我们的精神生活》，收录于《思想、语言和现实：哲学论文》，第 2 卷，剑桥大学出版社（1975），第 291~303 页。

**10.** 见 A. 克拉克，《接下来如何？预测大脑、情境代理与认知科学的未来》，《行为与脑科学》，36（2013），第 181~253 页。

**11.** D. C. 丹尼特，《意识解释》，利特尔，布朗 & 公司（1991）。

**12.** 参见 A. 奇尔伯伯格、S. 德海恩、P. R. 罗尔夫司马和 M. 西格曼，《人类图灵机器：心理程序的神经框架》，《认知科学趋势》，15（2011），第 293~300 页和 J. 费尔德曼，《概率世界的符号表示》，《认知》，123（2012），第 61~83 页。

## 第 27 章　全面阐述图灵测试（普劳德福特）

**1.** 雷丁大学，《图灵测试的成功是计算史的里程碑》（2014 年 6 月 8 日）（http://www.reading.ac.uk/news-and-events/releases/PR583836.aspx）；凯文·沃里克，引自雷丁大学新闻稿；A. 格里恩，《通过图灵测试，超级计算机首次证明自己是人类》，载于《独立报》（2014 年 6 月 8 日）；《通过图灵测试，机器人霸主即将获得掌控权》，载于《国际商业时报》（2014 年 6 月 9 日）；M. 马斯尼克，《不，每个人都应更清楚，"超级计算机"并没有通过图灵测试》，载于《技术丑闻》（2014 年 6 月 9 日）；史蒂文·哈纳德引自 I. 森普尔和 A. 赫恩，《科学家们争论计算机"尤金·古斯特曼"是否通过了图灵测试》，载于《连线》（2014 年 6 月 9 日）；A. 曼，《那台计算机在图灵测试中实际得了 F》，载于《连线》（2014 年 6 月 9 日）；G. 马可，《图灵测试之后会发生什么？》，载于《纽约客》（2014 年 6 月 9 日）。

**2.** 图灵（1948），第 431 页。

**3.** 图灵（1945），第 389 页。

**4.** A. 纽厄尔、J. C. 肖和 H. A. 西蒙，《国际象棋程序与复杂性问题》，收录于 E. A. 费根鲍姆和 J. 费尔德曼（编辑），《计算机与思想》，麻省理工学院出版社（1995），第 39~70 页（最初由 McGraw-Hill 出版社于 1963 年出版）；这是他们在《IBM 研究与开发期刊》，2（4）（1958），第 320~335 页上的文章再版。

**5.** "人类的希望"一词出自 S. 利维的《人与机器》，载于《新闻周刊》（1997 年 5 月 5 日），第 5 页。卡斯帕罗夫接受丹尼尔·西伯格的采访《卡斯帕罗夫：直觉与计算蛮力的对抗》，CNNAccess（2003 年 2 月 10 日）(http://edition.cnn.com/2003/TECH/fun.games/02/08/cnna.kasparov)；R. 莱特，《机器能思考吗？》，《时代》，147（13）（1996 年 3 月 25 日）。

**6.** 卡斯帕罗夫的话来自：加里·卡斯帕罗夫，维克拉姆·贾扬蒂 2003 年的纪录片《游戏结束：卡斯帕罗夫与机器》，观看网址 http://topdocumentaryilms.com/game-over-kasparov-and-the-machine/；国际商会卡斯帕罗夫访谈（1998 年 11 月 22 日），可在以下网址查阅：http://www6.chessclub.com/resources/articles/interview_kasparov.html；ICC

卡斯帕罗夫访谈（1998 年 11 月 22 日），观看网址：http://www6.chessclub.com/resources/articles/interview_kasparov.html；G. 卡斯帕罗夫，《生活如何模仿国际象棋：从棋盘到董事会，做出正确的举动》，布鲁姆斯伯里出版社（2008 年），第 161 页；《游戏结束》中卡斯帕罗夫；G. 卡斯帕罗夫，《IBM 欠人类一场重赛》，《时代》，149（21）（1997 年 5 月 26 日）。

**7.** M. 加德纳，《卡斯帕罗夫被深蓝击败》，收录于《加德纳的训练：训练心智和愉悦精神》，A. K. 彼得斯出版社（2001），第 98 页。

**8.** 图灵（1950），第 442 页，第 441 页，第 443 页。

**9.** C. 霍普森，《其他图灵测试》，载于《连线》，13（7）（2005）；C. 霍普森，《女性图灵测试》，载于《冲突发现：科学、技术、文化》（2005 年 4 月 1 日）。

**10.** 图灵（1951），第 484 页。关于模仿游戏是否是性别化的，参见 J. H. 摩尔（编辑）的 B. J. 科普兰《图灵测试：难以捉摸的人工智能标准》，克卢沃（2003），第 1~21 页。

**11.** 图灵（1950），第 449 页；图灵（1948），第 431 页；图灵等（1952 年），第 495 页，第 503 页；图灵（1950），第 454 页，第 443 页，第 441 页。

**12.** 图灵等（1952），第 495 页；见科普兰（注 10）。

**13.** 2000 年比赛的战略评判见科普兰（注 10），第 7 页；J. H. 摩尔，《图灵测试的现状和未来》，《图灵测试》（注 10），第 204 页（2000 年比赛的结果载于第 205 页）。有关 2003 年比赛的结果，请参阅 http://www.loebner.net/Prizef/loebner-prize.html。

**14.** 图灵（1950），第 442 页。

**15.** H. R. T. 罗伯茨，《思考与机器》，载于《哲学》，33（127）（1958），第 356 页；R. M. 弗伦奇，《重启图灵测试》，载于《科学》，336（2012），第 164~165 页；T. W. 波尔格，《功能主义作为认知科学的哲学理论》，载于《威利跨学科评论：认知科学》，3（3）（2012），第 337~348 页，第 338 页。

**16.** 图灵（1936）第 75 页；图灵（c.1951），第 472 页。

**17.** A. D. 里奇和 W. 梅斯，《思考与机器》，载于《哲学》，32（122）（1957），第 258~261 页，第 261 页。

18. 图灵关于模仿游戏的更多言论，请参见 D. 普劳德福特，《图灵对模仿游戏的看法》，载于《IEEE 综览》，52（7）（2015），第 42~47 页。

19. 图灵（1948），第 431 页。

20. S. 哈纳德，《其他身体，其他心智：一个古老哲学问题的机器化身》，载于《心智与机器》，1（1991），第 43~44 页，第 44 页。

21. XPRIZE:http://www.xprize.org/prize-development；http://www.xprize.org/TED。

22. 英国计算机学会机器智能竞赛：http://www.bcs-sgai.org/micomp/index.html。

23. 摘自 K. 沃里克和 H. 沙阿提供的副本，《图灵模拟游戏中良好的机器表现》，IEEE《游戏中的计算智能和人工智能会刊》，99（2013），第 289~299 页；J. 文森特，《图灵测试：它是什么？为什么它不是人工智能的权威判断？》，独立发表（2014 年 6 月 9 日）；http://www.reading.ac.uk/news-and-events/releases/PR583836.aspx。

24. http://n4g.com/news/1092379/unreal-bots-beat-turing-test-ai-players-are-oicially-more-human-than-gamers；M. 波尔赛努，《镜像机器人：使用仿人类的镜像行为通过图灵测试》，IEEE 游戏计算智能会议（CIG），2013 年 8 月 11 日至 13 日（doi:10.1109/CIG.2013.6633618）。

25. 《马文·明斯基在奇点 1 对 1：图灵测试是个笑话》，与尼古拉·达纳伊洛夫的访谈，2013 年（http://www.youtube.com/watch?v=3PdxQbOvAlI）；A. 斯洛曼，《神话般的图灵测试》（2010 年 5 月 26 日）（http://www.cs.bham.ac.uk/research/projects/cogaf/misc/turing-test.html）；D. 麦克德莫特，《不要改进图灵测试，放弃它》：在 2010 年 AISB 大会"迈向全面图灵测试（TCIT）研讨会"上的演讲（http://www.youtube.com/watch?v=zXEB9ctWJp8）。

26. 图灵等（1952），第 495 页；图灵（1950），第 448 页；参见 B. J. 科普兰和 D. 普劳德福特，《艾伦·图灵的遗产》，载于《心智》，108（1998），第 187~195 页。

27. R. M. 弗伦奇，《亚认知和图灵测试的局限》，载于《心智》，99（1990），第 53~65 页，第 53 页；D. 米奇，《图灵测验与意识思维》，载于《人工智能》，

60（1993），第1-22页，第9页；P. R. 科恩，《如果不用图灵测试，用什么？》，载于《AI期刊》，26（4）（2005），第61~67页，第62页；N. 布洛克，《作为大脑软件的思想》，E. E. 史密斯和D. N. 奥瑟森（编辑），《认知科学导论》，第二版，第3卷，麻省理工学院出版社（1995），第378页；P. J. 海耶斯和K. M. 福特，《图灵测试被认为是有害的》，IJCAI'95《第十四届人工智能国际联合会议论文集》（蒙特利尔，1995年8月），第1卷，摩根·考夫曼（1995），第972~977页，第972页，第976页；R. M. 弗伦奇，《超越图灵测试》，载于《ACM通讯》，55（12）（2012），第74~77页。

**28.** 海耶斯和福特（注27），第974页；G. 福斯特尔，《图灵测试适用于鸟类》，载于《ACM SIGART 期刊》，4（1）（1993），第7~8页。

**29.** K. M. 福特和P. J. 海耶斯，《论计算的翅膀：重新思考人工智能的目标》，载于《科学美国人》，第9（4）（1998），第79页。

**30.** 弗伦奇，《亚认知和图灵测试的局限》（注27），第53页；弗伦奇，《重启图灵测试》（注15），第165页。

**31.** P. 米利肯，《图灵机和图灵测试的哲学意义》，收录于B. 库珀和J. 范·列文（编辑），《艾伦·图灵：他的成就和影响》，Elsevier出版社（2013），第599页；《人工智障》，载于《经济学人》第324（7770）（1992年8月1日），第14页。

**32.** 见科普兰（注10），第10~11页。

**33.** 图灵（1950），第442页。

**34.** "智力雕像"一词出自B. 惠特的《图灵测试：人工智能最大的死胡同？》，P. 米利肯和A. 克拉克（编辑），《艾伦·图灵的遗产》，第1卷：《机器和思想》，牛津大学出版社（1996），第58页；"智能放大器"的概念来源于D. B. 莱纳特，R. 爱泼斯坦，G. 罗伯茨和G. 贝伯（编辑），《解析图灵测试：探索新计算机的哲学和方法论问题》，斯普林格出版社（2008），第281页。

**35.** 杰弗逊，《机械人的心智》，载于《英国医学期刊》，1（4616）（1949），第1105~1110页，第1110页。关于人工智能中的拟人化，见D. 普劳德福特，《拟人化与人工智能：被误解的图灵模仿游戏》，载于《人工智能》，175（5-6）（2011），第950~957页。

36. G. 卡斯帕罗夫，《国际象棋大师与计算机》，载于《纽约书评》，57（2）（2010年2月11日）；《计算机与国际象棋：没那么聪明》，载于《经济学人》（2003年2月1日至7日），第13页；B. 韦伯引用道格拉斯·霍夫施塔特的话，"象棋计算机流泪意味着思考"，载于《纽约时报》（1996年2月19日）。

37. 深蓝（DeepBlue）：http://www.research.ibm.com/deepblue/meet/html/d.3.3a.html#whychess；沃森（Watson）：http://www.ibm.com/smarterplanet/us/en/ibmwatson/（有关沃森建筑的详细信息，请参见 D. 费鲁西、E. 布朗、J. 朱·卡罗尔、J. 范、D. 冈德、A. A. 卡扬普尔、A. 拉里、J. W. 默多克、E. 尼伯格、J. 普拉格、N. 施莱费尔和 C. 韦尔蒂的《建造沃森：深度问答项目概述》，载于《AI 期刊》，31（3）（2010年），第59~79页）；《人工智能：差分机：答录机》，载于《经济学人》（2011年2月18日）；R. 库兹韦尔，《库兹韦尔：为什么IBM的险胜很重要》，PCMag（2011年1月20日）。

38. IBM 沃森 AI XPRIZE：《宣布 IBM 沃森 AI XPRIZE；认知计算竞赛》（http://www.xprize.org/ai）。

39. J. 塞尔，《沃森不知道它险中获胜》，载于《华尔街日报》（2011年2月23日）。

40. S. 博罗维克《首尔对决中计算机击败人类》，载于《洛杉矶时报》（2016年3月16日）；S. 蒙迪，《AlphaGo 4-1战胜韩国大师》，载于《金融时报》（2016年3月16日）。AlphaGo 的结构载于 D. 西尔弗等的《利用深度神经网络和树搜索掌握围棋游戏》，载于《自然》，529（2016），第484~489页。

41. 谷歌 DeepMind：AlphaGo（https://deepmind.com/alpha-go）。

42. 引自戴维·西尔弗的《AlphaGo 对战李世石：创造历史》，载于《国际象棋新闻》（2016年3月13日）（http://en.chessbase.com/post/alphago-vs-lee-sedol-history-in-the-making）；J. 努顿，《谷歌的 AlphaGo 在其算法中真的能感觉到吗？》，载于《观察者》（2016年1月31日）。

43. T. 查菲尔德，《我们应多惧怕人工智能的崛起？》，载于《卫报》（2016年3月18日）。

44. G. 约翰逊，《识别人工智能的诡计》，载于《纽约时报》（2016年4月5日）。

45. 《谷歌的 AlphaGo 可能击败了世界围棋冠军——但中国网民表示，它无法在麻将比赛中获胜》，载于《南华早报》（2016年3月15日）。

**46.** 安东尼·奥廷格给杰克·科普兰的信（2000年6月19日）；见科普兰（注10）。

**47.**《计算机说围棋》[社论]，《泰晤士报》（2016年3月10日）。

**48.** N. 桑德斯，《计算机说围棋》（写给编辑的信），载于《泰晤士报》（2016年3月11日）。

**49.** A. 奥廷格，《编程学习数字计算机》，载于《哲学期刊》，43，（1952），第1243~1263页，第1250页。见B. J. 科普兰和D. 普劳德福特，《现代计算机之父艾伦·图灵》，载于《卢瑟福科学技术史与哲学期刊》，4（2011—2012）（http://www.rutherfordjournal.org/article040101.html）。

**50.** 埃里克·布朗，在克利夫兰的NEOSA技术周活动（2012年4月18日）（http://www.youtube.com/ watch?v=bfLdgDYjC6A）。

**51.** K. 詹宁斯，《沃森、危险边缘和我，过时的无所不知》，TEDxSeattleU，2013年2月摄制。http://www.ted.com/talks/ken_jennings_watson_jeopardy_and_me_the_obsolete_know_it_ all）；韦伯引用约翰·塞尔（注36）；A. 列文诺维茨，《围棋之谜，电脑仍然无法赢得的古老游戏》，载于《连线》（2014年5月12日）。

**52.** D. 米奇（注27），第20页；G. 杰弗逊（注35），第110页（图灵引用了杰弗逊的话，图灵（1950），第451页）。

**53.** 图灵（1950），第452页；图灵（1947），第394页。

**54.** 图灵（1951），第485页；图灵（1948），第410页；图灵（1950），第450页。

**55.** 关于图灵对这种反应的态度，见D. 普劳德福特，《对人工智能恐慌的嘲笑》，载于《IEEE综览》，52（7）（2015），第46~47页。

**56.** H. L. S. 塞缪尔（子爵），《物理学论文》，Blackwell出版社（1951），第133~134页；H. 科恩，《大脑在心智概念中的地位》，载于《哲学》，27（102）（1952），第195~210页，第206页；图灵（1950），第455页，第459页；图灵等（1952），第500页。

**57.** 图灵（1952），第459页。

## 第 28 章　图灵的智能概念（普劳德福特）

**1.** 本章的中心论点发表于 D. 普劳德福特,《重新思考图灵测试》,载于《哲学期刊》,110（2013）,第 391~411 页；另见 D. 普劳德福特,《拟人化与人工智能：被误解的图灵模仿游戏》,载于《人工智能》,175（2011）,第 950~957 页。

**2.** 行为主义者认为,"思考"行为的能力或偏好就是思考。应以这种方式理解文中提及的所有行为主义。

**3.** 见 W. 梅斯和 D. G. 普林茨,《用于演示符号逻辑的继电器机器》,载于《自然》,165（4188）（1950）,第 197~198 页。

**4.** 见 W. 梅斯,《机器能思考吗？》,载于《哲学》,27（101）（1952）,第 148~162 页,第 151 页,第 160 页,第 151 页。像梅斯一样,许多人认为图灵声称,如果机器的行为与人类参赛者的行为有区别,它就不会思考。但图灵明确表示,智能机器可能在他的游戏中表现不佳。

**5.** P. 齐夫,《关于行为主义》,载于《分析》,18（6）（1958）,第 132~136 页,第 132 页。

**6.** 梅斯（注 4）,第 149 页,第 162 页,第 150 页。

**7.** 梅斯（注 4）,第 158 页。

**8.** 图灵（1948）,第 431 页。

**9.** 图灵等（1952）,第 495 页；图灵（1950）,第 441 页；科普兰（《图灵精要》,第 436 页）指出了图灵提出的比赛得分规定。

**10.** 图灵等（1952）,第 495 页,第 503 页。

**11.** 1952 年的比赛中既有机器选手也有人类选手,但一次只提问一名选手。

**12.** 图灵等（1952）,第 496 页。

**13.** 除非机器必须能够实时产生适当的行为：见普劳德福特 2013（注 1）,第 400~401 页。

**14.** 图灵（1948）,第 411 页；图灵（1948）,第 431 页；图灵等（1952）,第 500 页。

**15.** 图灵（1948）,第 431 页。

**16.** "纸机"是一种配备纸、铅笔和橡皮的人,受严格的纪律约束,执行一套规则（图灵（1948），第416页）。

**17.** 为什么图灵设计了一个三人游戏？见普劳德福特2013（注1），第409~410页。

**18.** R. A. 布鲁克斯，《无理性的智能》，收录于L. 斯蒂尔斯和R. A. 布鲁克斯（编辑），《人工智能的人工生命之路》，劳伦斯·厄尔鲍姆出版社（1995），第25~81页，第57页。

**19.** 图灵（1948），第412页。

**20.** 图灵（1950），第449页；图灵等（1952），第495页。

**21.** 图灵等（1952），第495页；图灵（1950），第442页。

**22.** 普劳德福特（2013）（注1）第401~402页，我提出的模式是世界相对化的。

**23.** 杰弗逊，《机械人的心智》，载于《英国医学期刊》，1（4616）（1949），第1105~1110页，第1109~1110页和第1107页。

**24.** 图灵（1951），第484页。

**25.** 图灵（1951），第485页。

**26.** 最后一节中的论点发表在D. 普劳德福特的《图灵与自由意志：对旧辩论的新看法》，收录于J. 弗洛伊德和A. 布克李奇（编辑），《艾伦·图灵遗产的哲学探索》，《波士顿科学哲学史研究》（出版中）。

## 第29章　连接主义：用神经元进行计算（科普兰、普劳德福特）

**1.** 本章由我们的文章《计算机科学中被遗忘的艾伦·图灵思想》的一部分组成，载于《科学美国人》，280（1999年4月），第99~103页，还有一些小的补充和修改。非常感谢《科学美国人》的编辑允许在本书中复制此材料。

**2.** D. E. 鲁梅哈特和J. L. 麦克利兰，《关于英语动词过去时态的学习》，收录于J. L. 麦克利兰，D. E. 鲁梅哈特和PDP研究小组，《并行分布式处理：认知微观结构的探索》，第2卷:《心理和生物模型》，麻省理工学院出版社（1986），第216~271页。

**3.** F. 罗森布拉特，《感知机：感知和识别自动机》，第85-460-1号报告，康奈尔航空实验室（1957）；《感知机：大脑中信息存储和组织的概率模型》，载于《心理学评论》，65（1958），第 386~408 页；《神经动力学原理》，斯巴达出版社（1962）。

**4.** 图灵（1948）。

**5.** 1995 年 10 月罗宾·甘迪接受杰克·科普兰的采访；1948 年 9 月 28 日国家物理实验室执行委员会会议记录，国家物理实验室图书馆；计算历史图灵档案馆提供数字副本（http://www.AlanTuring.net/npl_minutes_sept1948）。

**6.** C. R. 埃文斯和 A. D. J. 罗伯逊，《关键论文：控制论》，巴特沃斯出版社（1968）。

**7.** 图灵（1948），第 422 页。

**8.** 图灵（1948），第 424 页。

**9.** 罗森布拉特（1958）（注 3），第 387 页。

**10.** 科普兰，《恩尼格玛》，收录于《图灵精要》，第 254~255 页。

**11.** 图灵（1948），第 428 页。

**12.** B. G. 法利和 W. A. 克拉克，《数字计算机对自组织系统的模拟》，载于《无线电工程师学会信息理论学报》，4（1954），第 76~84 页；W. A. 克拉克和 B. G. 法利，《自组织系统中模式识别的一般化》，收录于 AFIPS'55（西部）：1955 年 3 月 1 日至 3 日的会议记录，西部联合计算机会议，ACM（1955），第 86~91 页。

**13.** 关于图灵的连接主义网络的更多信息，请参见：B. J. 科普兰和 D. 普劳德福特，《论艾伦·图灵对连接主义的预测》，载于《综合》，108（1996），第 361~377 页；B. J. 科普兰和 D. 普劳德福特，《图灵与计算机》，发表于科普兰等（2005）；C. 托伊舍，《图灵的连接主义：神经网络结构的研究》，斯普林格出版社（2002）。

## 第 30 章 儿童机器（普劳德福特）

**1.** 图灵（1950），第 460 页。

**2.** 图灵（1948），第 431 页，第 422 页。图灵考虑了两种构建儿童机器的方法：构建尽可能简单的儿童机器，或者构建包含大量编程的儿童机器，例如"完整的逻辑推理系统"[图灵（1950），第 461 页]。在后一种情况下，机器有"必须履行的责任"——例如，如果老师说"现在做作业"，机器会做作业（图灵（1950），第461~462页）。

**3.** 图灵（1950），第460~461页；图灵（1948），第429页，第430页；图灵（1947），第393页；图灵（1948），第412页。

**4.** 图灵（1948），第420页；图灵（1950），第463页；图灵（1948），第431~432页。

**5.** 图灵（1950），第460~461页；图灵（c.1951），第473页。

**6.** 图灵（1947），第393页；图灵（1950），第458页；图灵（c.1951），第473页；图灵（1947），第393页；图灵等，（1952），第497页。

**7.** 图灵（1948），第416页，第424页；图灵（1950），第460页。

**8.** 图灵（1948），第418页，第424页，第422页。

**9.** 图灵（1948），第425页；图灵（1950），第461页；图灵（1948），第426页。

**10.** 安东尼·奥廷格接受杰克·科普兰的采访（2000年1月）。

**11.** 2000年6月19日奥廷格给科普兰的信；A. 奥廷格，《编程数字计算机学习》，载于《哲学期刊》，43（1952），第1243~1263页，第1247页。

**12.** 另见B. J. 科普兰和D. 普劳德福特，《图灵与计算机》，收录于科普兰等（2005），第107~148页，第126页。

**13.** 克里斯托弗·斯特雷奇给图灵的信（1951年5月15日），国王学院档案馆。感谢坎希尔村信托基金许可引用这封信。

**14.** D. 米奇，《英国早期人工智能回顾：1942—1965》（2002），唐纳德·米奇在计算机保护协会人工智能会议上的讲话记录：2002年10月11日先驱研讨会回忆录，人工智能应用研究 (http://www.aiai.Ed.AC.UK/Events/CCS2002/CCS-Early-British-AI-Dmichie.pdf)；D. 米奇，《图灵协会：一项合作实验》，载于《跨学科科学评论》，14（2）（1989），第117~119页，第118页；D. 米奇，《爱丁堡将设定节奏》，载于《苏格兰人》（1966年2月17日），第11页。

**15.** D. 米奇在《试错》中报告了MENACE，载于S. A. 巴奈特和A. 麦克拉伦（编辑），《1961年科学调查：第2部分》，企鹅出版社（1961），第129~145页；再版于D. 米奇，《论机器智能》，第二版，埃利斯·霍尔伍德（1986），第 11~23 页。第一个 FREDDY 机器人建于 1969 年，在 H. G. 巴罗和 S. H. 索尔特的《认知机器人研究低成本设备的设计》中发表了报告，载于 B. 梅尔策和 D. 米奇（编辑），《机器智能 5》，爱丁堡大学出版社（1969），第 555~566 页。

**16.** D. 米奇,《强人工智能: 青春期障碍》, 载于《计算机科学》, 19(1995), 第 461~468 页。

**17.** D. 米奇,《模仿游戏的回归》（修订版），《LinkÖping 计算机和信息科学电子文章》, 6（28）（2001），第 1~17 页，第 1 页，第 4 页，第 6 页，第 7 页，第 17 页。米奇和克劳德·萨玛特的会话程序"索菲"（曾在悉尼发电所博物馆安装）与人类用户建立了关系，从"目标模式"（即程序提供有关展览的信息）切换到"聊天模式"，（程序提示用户谈论自己）（同上，第 8 页）。

**18.** 图灵（1950），第 460 页；图灵（1948），第 421 页。

**19.** 图灵（c.1951），第 474~475 页。

**20.** 图灵（1948），第 428 页，第 416 页，第 428 页，第 427 页，第 428 页；图灵（1950），第 461 页；图灵等（1952），第 428 页，第 497 页。

**21.** 图灵（1948），第 428 页。

**22.** 图灵（1948），第 420 页；图灵（1951年），第 473 页；图灵（1950），第 460~461 页；图灵（1948 年），第 421 页。

**23.** 图灵（1948），第 420 页；图灵（1948），第 420~421 页。

**24.** http://news.mit.edu/1998/cog-0318.

**25.** 图灵（1951），第 473 页；图灵（1950），第 462 页。

**26.** 哈维尔·莫维兰的私人通信。

**27.** 哈维尔·莫维兰的私人通信；丹·梅西格和吴廷凡对接触行为进行研究。

**28.** 图灵（1951），第 486 页。

**29.** 本节和下一节中对社交机器人的讨论是从我在 D. 普劳德福特,《机器人能微笑吗？维特根斯坦论面部表情》中的讨论中得出的，收录于 T. P. 拉辛和 K. L. 斯莱尼（编辑），维特根斯坦关于在心理学中使用概念分析的观点》，Palgrave Macmillan 出版社（2013），第 172~194 页。

**30.** 图灵（1950），第 442 页。

**31.** 见 T. 吴、N. J. 布尔科、P. 鲁伍洛、M. S. 巴特利特和 J. R. 莫

夫兰,《学习表达面部表情》,收录于 2009 年 IEEE 第八届发展与学习国际会议,网址: https://wwww.researchgate.net/proile/javier movellan/publication/228395247 learning to make face expressions/links/0deec5227d33038e6c000000.pdf。

**32.** 图灵等(1952),第 486 页。

**33.** 哈维尔·莫夫兰的私人通信;关于微笑的研究是由丹·梅辛格和保罗·鲁沃洛完成的。

**34.** 米奇似乎认为,融洽关系是一种心理状态,如果人类观察者感觉到与机器的融洽关系,则会发生这种情况:见米奇(注17),第 8 页。

**35.**《论图灵的人工智能概念》,见 D. 普劳德福特,《拟人化:被误解的图灵模仿游戏》,载于《人工智能》,175(5-6)(2011),第 950~957 页;D. 普劳德福特,《图灵测试的新解释》,载于《卢瑟福科技史与哲学期刊》,2005年第 1 期(http://rutherfordjournal.org/article010113.html);D. 普劳德福特,《重新思考图灵测试》,载于《哲学期刊》,110(7)(2013),第 391~411 页。

**36.** 图灵(1948),第 411 页,第 431 页。

**37.** 图灵(1950),第 461 页;C. 布雷泽尔,《利用"情感""驱动力"和面部表情调节人与机器人的互动》,收录于《1998 年自主代理研讨会论文集,互动中的代理人——通过模仿获得能力》,明尼阿波利斯(1998),第 14-21 页,可由以下网址获得:http://robotic.media.mit.edu/wp-content/uploads/sites/14/2015/01/Breazeal-Agents-98.pdf。

**38.** C. 布雷泽尔,《社交机器:人与机器人之间的表达性社交交流》,科学博士论文,麻省理工学院(2000)(http://groups.csail.mit.edu/lbr/mars/pubs/phd.pdf),第 190 页。

**39.** 罗德尼·布鲁克斯,接受 E. 圭佐和 E. 阿克曼的采访,《机器人工人的崛起》,载于《IEEE 综览》,49(10)(2012),第 34~41 页,第 41 页。

**40.** 关于人工智能的拟人化,见普劳德福特(2011)(注35)。

**41.** 图灵(1948),第 429 页: 图灵说,我们也可以从一台"完全受训"(即编程)的机器,而不是一台无组织的机器开始,并允许它做出越来越多的"选择",从而在机器上产生主动性(图灵(1948),第 429~430 页)。

**42.** 图灵（1950），第453页；图灵（c.1951），第474页；图灵（1948），第429页。

**43.** 图灵（1947），第394页。机器可以是其行为的最初来源，关于图灵的这一观点的更多信息，见 D. 普劳德福特，《图灵和自由意志：对旧辩论的新看法》，收录于 J. 弗洛伊德和 A. 布克李奇（编辑），《艾伦·图灵遗产的哲学探索》，《波士顿科学哲学史研究》（出版中）。

**44.** 图灵（1951），第486页；图灵等（1952），第495页。

## 第31章 计算机国际象棋——初现时分（科普兰、普林茨）

**1.** 引自 A. G. 贝尔的《机器会下象棋？》中戈隆贝克的话，Pergamon 出版社（1978），第15页。

**2.** A. C. 皮古给萨拉·图灵的信（1956年11月26日），国王学院档案，目录编号 A10。

**3.** J. W. 冯·歌德，《戈茨·冯·贝里钦根的铁腕》，1773年，第2幕，第一场，《歌德作品集》，第8卷，博劳，第50页。感谢克劳斯·魏玛和乔瓦尼·索马鲁加就歌德的《大脑的问题》的英文版提供的建议。

**4.** 1998年2月米奇接受科普兰的采访。

**5.** 2004年2月古德接受科普兰采访。

**6.** 1995年10月米奇接受科普兰的采访。

**7.** 冯·诺伊曼，《博弈论》，载于《数学年鉴》，100（1928），第295~320页。

**8.** 贝尔引用古德的话（注1），第14页。

**9.** 图灵（1945），第389页。

**10.** B. J. 科普兰和 G. 索玛鲁加，《存储程序式通用计算机：楚泽先于图灵和冯·诺伊曼吗？》摘自 G. 索玛鲁加和 T. 斯特拉姆，《图灵的革命》，Birkhäuser/斯普林格出版社（2015）。

**11.** 图灵（1947），第393页。

**12.** 图灵（1948），第431页。

**13.** 摘自钱珀瑙恩写给《计算机国际象棋》的信，4（1980年1月），第

80~81 页。

**14.** 图灵（1953 年），第 574~575 页。

**15.** 图灵等（1952），第 503 页。

**16.** 图灵（1953），第 575 页。

**17.** A. L. 塞缪尔，《使用跳棋游戏进行机器学习的一些研究》，载于《IBM 研究与发展期刊》，3（1959），第 211~229 页；再版于 E. A. 费根鲍姆和 J. 费尔德曼（编辑），《计算机与思想》，McGraw-Hill 出版社（1963）。

**18.** 为了流畅，在图灵的打字稿的前面几段中，棋子的价值已经从它们的位置重新定位，并且添加了标题"棋子价值"。

**19.** 贝尔引用格伦尼的话（注 1），第 17~18 页。

**20.** 图灵（1953），第 573 页。

**21.** 感谢乔纳森·鲍文和伊莱·德雷斯纳转换成现代符号。

**22.** 摘自《图灵精要》，第 573~574 页。

**23.** B. V. 鲍登（编辑），《比思想更快》，皮特曼出版社（1953）。

**24.**《应用于游戏的数字计算机》一节也包含了奥黛丽·贝茨、维维安·鲍登和克里斯托弗·斯特雷奇的大量贡献。遗憾的是，整篇文章在 D. C. 因斯（编辑）的《A. M. 图灵文集：机械智能》，Elsevier 出版社，（1992）中被错误地单独归于图灵。

**25.** 第二场比赛来自鲍登（注 23），第 293 页。

**26.** 贝尔（注 1），第 20~21 页。贝尔还介绍了印刷错误。

**27.** 德森纳与科普兰的对话，2016 年 1 月。

**28.** D. 米奇，《游戏和游戏学习自动机》，L. 福克斯（编辑），《编程和非数值计算的进展》，Pergamon 出版社（1966），第 189 页。

**29.** 详见《图灵精要》，第 564~565 页。

**30.** C. 格拉德韦尔，《早期》，1994 年 4 月时事通讯《致研究曼彻斯特 1 号计算机的人》中的回忆。

**31.** D. G. 普林茨，《曼彻斯特电子数字计算机编程入门》，费兰蒂有限公司，曼彻斯特莫斯顿（1952 年 3 月 28 日）。计算历史图灵档案馆中有一份数字副本（http://www.AlanTuring.net/prinz）。

32. 普林茨与戴维·卡普林合作编制了 Würfelspiel 程序。参见 C. 阿里扎，《计算机辅助算法作曲早期历史上的两个开创性项目》，载于《计算机音乐期刊》，35（2011），第 40~56 页。

33. 迪特里希·普林茨给亚历克斯·佩尔的信，1975 年 8 月 16 日。

34. 普林茨致贝尔的信（注 33）。

35. W. E. 科鲁洪，D. G. 普林茨和 F. 赫里尔，"磁控管"，德国专利 639572，1934 年 2 月申请，1936 年 12 月颁发；W. E. 科鲁洪、F. 赫里尔、W. 伊尔伯格和 D. G. 普林茨，"使用可通过分流器调节的永磁体设置电子管"，德国专利 660398，1934 年 2 月申请，1938 年 5 月颁发；F. 赫里尔和 D. G. 普林茨，"磁控管"，德国专利 664735，1934 年 3 月申请，1938 年 9 月颁发；D. G. 普林茨，"磁控管"，美国专利 2099533，1935 年 7 月申请，1937 年 11 月颁发；W. E. 科鲁洪、D. G. 普林茨和 F. 赫里尔，"磁控管"，美国专利 2031778，1935 年 8 月申请，1936 年 2 月颁发。（感谢乔瓦尼·索玛鲁加就翻译普林茨德国专利的标题提供建议。）

36. 例如，见 R. W. 伯恩斯，《通信：形成期的国际历史》，工程技术学院，伦敦（2004），第 594 页。

37. "大量拘捕"是丘吉尔谈到英国的意大利人时说的。1940 年 6 月，外交部的奈杰尔·罗纳德的备忘录（NA FO371/25197，"敌国侨民拘留"）；另请参见 L. 吉尔曼的《大量拘捕！英国如何拘留和驱逐战时难民》，四重奏出版社（1980），第 153 页，第 309 页。

38. G. 汉密尔顿，《第二次世界大战期间加拿大监狱集中营的犹太人"敌国侨民"如何度过"创伤"期》，载于《国家邮报》（加拿大）（2014 年 2 月 7 日）。

39. 图灵（1940），第 320~321 页。

40. 在普林茨的专利"用于保持两个远距离物体等温的控制装置的改进"中有少量个人信息，英国专利 637312，1947 年 5 月申请，1950 年 5 月颁发。

41. W. 梅耶斯和 D. G. 普林茨，《用于演示符号逻辑的继电器机器》，载于《自然》165（4188）（1950 年 2 月 4 日），第 197~198 页；D. G. 普林茨和 J. B. 史密斯，《解决逻辑问题的机器》，鲍登（注 23），第 15 章。

42. D. W. 戴维斯，《国际象棋和井字棋理论》，载于《科学新闻》，第 16

期（1950），第 40~64 页。

**43.** 戴维斯（注 42），第 62 页。

**44.** 鲍登（注 23），第 295 页。

**45.** 普林茨，《机器人国际象棋》，载于《研究》，第 5 期（1952），第 261~266 页。

**46.** 贝尔引用普林茨的话（注 1），第 27 页。

**47.** 鲍登（注 23），第 296 页。

**48.** 鲍登（注 23），第 296 页。

**49.** 贝尔引用普林茨的话（注 1），第 28 页。

**50.** 鲍登（注 23），第 297 页。

**51.** 费斯特和科普兰之间的通信，2016 年。

**52.** 费斯特和科普兰之间的通信（注 51）。

**53.** https://en.chessbase.com/post/alan-turing-plays-garry-kasparov-at-che-58-years-after-his-death。图灵引擎向前看了两步（感谢马赛厄斯·菲斯特和乔纳森·博文转录了这场比赛。）

**54.** G. P. 柯林斯，《克劳德·香农：信息论的创始人》，载于《科学美国人》，2002 年 10 月 14 日（http://www.scientiicamerican.com/article/claude-e-shannon-founder/）。

**55.** 很少有人注意到，1948 年 10 月 8 日的日期包含在出版版本的底部。

**56.** C. E. 香农，《设计计算机国际象棋程序》，载于《哲学期刊》，41（1950），第 256~275 页；另见 C. E. 香农，《国际象棋机器》，载于《科学美国人》，182（1950），第 48~51 页。

**57.** 香农，《设计计算机国际象棋程序》（注 56），第 257 页。

**58.** 科普兰采访古德（注 5）。

**59.** I. 奥托夫和 M. 菲斯特，《香农机器和图灵机器之间的国际象棋展览赛》，《预备报告》，第 5 版（2012 年 4 月 17 日）（http://www.althofer.de/shannon-turing-exhibition-match.pdf）。

**60.** 费斯特和科普兰之间的通信（注 51）。

**61.**《曼彻斯特晚报》（2012 年 6 月 25 日）。

## 第 32 章　图灵与超自然（莱维特）

**1.** D. R. 霍夫施塔特，《哥德尔、艾舍尔、巴赫：一条永恒的金带》，复古（1990），第 599 页；作者写道："我觉得异议（9）很了不起。我曾在一本书中看到图灵论文的再版，但省略了异议（9），我认为它同样重要。"

**2.** 图灵（1950），第 457~458 页。

**3.** A. 高尔德，《心理学研究创始人》，斯考肯（1968），第 88 页，第 138 页。关于 20 世纪心理学研究概述，见 P. 拉蒙特，《非凡信仰：心理问题的历史方法》，剑桥大学出版社（2013）。

**4.** 《心灵感应委员会报告》，收录于《心理研究学会论文集》，2（1884），第 2~3 页。

**5.** 有关危机幻影和幻觉普查的更多信息，请参见 D. 布鲁姆，《幽灵猎人：威廉·詹姆斯和寻找死后的精神证据》，企鹅出版社（2006）。

**6.** 关于奇迹夫人的故事，见 M. 加德纳，《以科学的名义出现的时尚与谬误》（1957），第 351~352 页。

**7.** C. D. 布罗德，《特利·卡林顿先生和索尔先生论文简介》，收录于《心理研究学会论文集》，46（1940—1941），第 27 页。

**8.** J. B. 莱茵，《心灵的新疆界》，Farrar & Rinehart 出版社（1937），第 55 页。

**9.** 莱茵，《超感官知觉》，《波士顿心理研究学会》（1934）。这只是有关莱茵如何进行测试的最笼统的概述：事实上，他的方法因试验而异。关于其工作的详细描述，见 S. 霍恩，《难以置信》，Ecco 出版社（2009）。关于莱茵对掷骰子实验的描述，请参见他的《心灵的抵达》，威廉·斯隆（1947）；Farrar & Rinehart 出版社于 1948 年出版了此书的英国版。

**10.** 莱茵，（注 8），第 58 页，第 165 页。

**11.** S. G. 索尔和 F. 贝特曼，《心灵感应的现代实验》，耶鲁大学出版社（1954），第 104~119 页。在第 338~389 页，索尔和贝特曼引用了图灵论证九的开头几句话作为"科学唯物主义观的例子。根据这一观点，人类只是按照量子理论规律行动的物质集合体。从这个角度来看，大脑不过是一个非常复杂的总机，但没有操作员"。显然，他们没有阅读引用文章的其余部分。

**12.** 索尔和贝特曼（注11），第123~125页。另见S. G. 索尔和W. 特利·卡林顿，《非感官认知实验》，载于《自然》（1940年3月9日），第389~390页。索尔迷人却又难以捉摸。传闻他是一名无意识写作高手。1927年，他用铅笔写了几句话，这些话是由已故的奥斯卡·王尔德写的。在《来自炼狱的奥斯卡·王尔德》一书中，特拉弗斯·史密斯夫人将索尔称为"V先生"，并解释说"他的写作是T. S.夫人的手放在自己手上完成的"。当她握住她的手时，铅笔只是轻轻地敲了一下，没有继续……V先生是一位数学学者，对奥斯卡·王尔德没有特别的兴趣。随后，索尔本人发表了一篇关于这些事件的詹姆斯式文章，他在文章中透露王尔德的文字是从他的藏书中拼凑而成的。叙述的部分内容是："然而，如果最终结果表明，沟通的人是纯粹的虚构人物，素材的超常选择与明显的唯心论事例一样丰富和巧妙，那么，我们至少应该有一个支持这种观点的假设，即在后者中，超常的选择可能是生动的心灵的产物。"H. 特拉弗斯·史密斯，《炼狱中的奥斯卡·王尔德》，T. 沃纳·劳里（1924），第7页；S. G. 索尔，《关于奥斯卡·王尔德脚本的注释》，载于《心理研究学会期刊》，23（1926），第110~112页。

**13.** 索尔和贝特曼（注11），第124页。

**14.** 索尔和贝特曼（注11），第132页。

**15.** 索尔的四名代理人中有三名是女性。其中一个叫丽塔·艾略特，他在书中还称她为"S. G. 索尔夫人"。然而，根据登记总局记载，索尔于1942年结婚，妻子名叫比阿特丽斯·波特。

**16.** 索尔和贝特曼（注11），第134~137页。

**17.** 索尔和贝特曼（注11），第139页。

**18.** S. G. 索尔和K. M. 戈德尼，《预知心灵感应的实验》，载于《心理研究学会学报》，47（1942—1945），第21~150页。

**19.** C. D. 布罗德，《预知的实验设立》，载于《哲学》，第19(74)页（1944年11月），第261页。1948年，耶鲁大学生物学教授G. 伊芙琳·哈钦森大力支持索尔的研究。哈钦森在《美国科学家》上撰文，将索尔的实验描述为"有史以来进行的最细致的调查"，并引用T. S. 艾略特的《烧毁的诺顿》：

现在的时间和过去的时间

也许都存在于未来的时间中，

而未来的时间包含在过去的时间中。

哈钦森总结道,"综合而言,作者看来,要么我们必须假设实验按表象进行,现实并不完全与科学工作的普遍看法一致。要么我们必须拒绝这些实验,并接受这样一个事实,即在没有先知先觉的情况下,我们依据过去的经验,为可能发生的事情设限"。G. 伊芙琳·哈钦森,《旁注》,《美国科学家》,36(2)(1948年4月),第291~295页。

**20.**《心灵感应的证据》,载于《泰晤士报》(1949年9月2日),第2期。

**21.** R. 布拉登,《皮丁顿家族:独家报道》,沃纳·劳里(1950)。

**22.**《心灵感应》,载于《泰晤士报》(1949年9月15日)第5期。

**23.** 皮丁顿不愿意在该协会总部接受测试,很可能是因为"杂耍心灵感应者"弗雷德里克·马里恩在10年前接受类似测试时所受到的待遇。索尔已经进行了测试。他的结论发表在1938年的《自然》上。索尔认为马里恩拥有"超级敏锐的知觉"——也就是说,他拥有异常高的视觉、听觉和战略敏锐度,但没有心灵感应能力。例如,当他认出一张脸朝下的扑克牌是钻石皇后时,他真正认出的是"以前碰过的那张纸板,而不是纸牌上的图案"。毫不奇怪,马里恩对这一诊断感到愤怒。S. G. 索尔,《对杂耍心灵感应者的科学测试》,载于《自然》(1938年3月26日),第565~566页;索尔和贝特曼(注11),第96页。

**24.** 图灵(1950),第450页。

**25.** 图灵(1950),第458页。

**26.** 图灵(1950),第458页。

**27.** 我引用《精神的本质》,图灵数字档案馆,AMT/C/29;我在必要的地方加了逗号,使句子更容易理解。

**28.** 霍奇斯(1983),第45页。

**29.** 艾伦·图灵致萨拉·图灵的信(1930年2月16日),图灵数字档案馆,AMT/K/1/20。

**30.** 图灵(1950),第458页。

**31.** M. 坎贝尔-凯利,《为费兰蒂1号编程:曼彻斯特大学早期编程活动》,载于《计算史年鉴》,2(2)(1980年4月),第136页。

**32.** 图灵(1950),第458页。

**33.** W. 詹姆斯，《"心灵研究者"会议》，载于《美国医学期刊》（1909年10月），第580~589页。

**34.** 图灵（1950），第454页。

**35.** 图灵等（1952年），第495页。

**36.** 图灵（1950），第458页。

**37.** 图灵（1947），第394页。

**38.** 图灵（c.1951年），第475页。

**39.** 图灵（c.1951年），第475页。

**40.** 图灵（1951），第484页。

**41.**《精神的本质》（注27）。

**42.** C. 斯科特和P. 哈斯克尔，《索尔的"正常"解释——戈德尼超感官知觉实验》，载于《自然》第245页（1973年9月7日），第52~53页。有关索尔实施欺诈的各种方法的详细说明，请参见C. E. M. 汉塞尔，《寻找心灵的力量：重温ESP和心灵学》，普罗米修斯（1989），第100~115页。关于在心灵学中使用和滥用统计方法的调查，见J. E. 阿尔科克，《心灵学：科学还是魔法？》，Pergamon出版社（1981）。

## 第33章 人工生命的先驱（博登）

**1.** 图灵（1952）。

**2.** 本章借鉴了M. A. 博登的《机器思维：认知科学史》第15章，克拉伦登出版社（2006）。其中部分内容在布莱切利园举行的第五届图灵纪念讲座（2009）上发表。

**3.** 威廉·布莱克，《经验之歌》（1794）。

**4.** 博登（注2），4.i-ii, 10.i.f, 12.i.b, 16.ii。

**5.** 见J. A. 安德森和E. 罗森菲尔德（编辑），《漫谈网络：神经网络的口述历史》，麻省理工学院出版社（1998年），第118页。

**6.** 图灵（1952），第522页。

**7.** 图灵（1952），摘要。

**8.** E. T. 布鲁斯特，《每个孩子都应该知道的自然奇观》，Grosset &

Dunlap 出版社（1912）。

**9.** M. A. 博登，《达西·汤普森：人工生命的始祖》，P. N. 赫斯本德、O. 霍兰德和M. W. 惠勒(编辑)，《历史上的机械思维》，麻省理工学院出版社(2008)，第 41~60 页。

**10.** D. W. 汤普森，《论生长与形态》，剑桥大学出版社（1917）（第二版增补版 1942）。

**11.** 图灵（1948）。

**12.** 图灵（1952），第 521 页。

**13.** 图灵（1952），第 552 页；图灵的手绘图出现在第 546 页和第 551 页。

**14.** F. 雅各布和 J. 莫诺，《蛋白质合成中的遗传调节机制》，载于《分子生物学期刊》，3（1961），第 318~356 页。

**15.** 见博登（注 2），第 4 章 viii 和第 15 章。

**16.** 见 C. G. 兰顿，《人工生命》，收录于 C. G. 兰顿（编辑），《人工生命》（《关于生命系统合成和模拟的跨学科研讨会论文集》，1987 年 9 月），艾迪生韦斯利（1989），第 1~47 页；M. A. 博登（编辑）的修订版，《人工生命的哲学》，牛津大学出版社（1996），第 39~94 页。

**17.** 汤普森（注 10），第 1026 页。

**18.** 汤普森（注 10），第 1090 页。

**19.** 图灵（1950）。

**20.** S. 沃尔夫勒姆，《元胞自动机的统计技巧》，载于《现代物理评论》，55（1983），第 601~644 页；《作为复杂性模型的元胞自动机》，载于《自然》，311（1984），第 419~424 页；《元胞自动机的普遍性和复杂性》，物理 D，10(1984)，第 1~35 页；《元胞自动机的理论与应用》，世界科学出版社(1986)。

**21.** 图灵（1950），第 463 页。

**22.** 参见 C. G. 兰顿，《生活在混沌边缘》，收录于 C. G. 兰顿、C. 泰勒、J. D. 法默和 S. 拉斯穆森（编辑），《人工生命 II》，艾迪生韦斯利（1992），第 41~91 页；考夫曼，《秩序的起源：进化中的自组织与选择》，牛津大学出版社（1993 年），第 29ff 页。

**23.** 见考夫曼（注 22）；R. 索尔和 B. C. 古德温，《生命的迹象：复杂性如何渗透到生物学》，基础书籍（2000）。

**24.** 图灵（1948），第431页。

**25.** 图灵（1950），第460页，第463页。

**26.** 图灵（1950），第446页。

**27.** G. 特克，《使用反应 – 融合在任意表面上生成纹理》，载于《计算机图形学》，25（1991），第289~298页。

**28.** B. C. 古德温和P. T. 桑德斯（编辑），《理论生物学：复杂系统的表观遗传和进化顺序》，爱丁堡大学出版社（1989）；考夫曼（注22）。

**29.** 参见N. H. 舒宾和P. 奥博奇，《四足动物肢体起源和基本组织的形态发生方法》，载于《进化生物学》，20（1986），319087；G. F. 奥斯特，N. 舒宾，J. D. 默里和P. 奥博奇，《进化和形态发生规则：个体发育和系统发育中脊椎动物肢体的形状》，载于《进化》，42（1988），第862~884页；图灵（1952），第39页。

**30.** C. H. 沃丁顿，《组织者与基因》，剑桥大学出版社（1940）。

**31.** 参见B. C. 古德温和L. E. H. 特雷纳，《钙调节应变场引起的伞藻尖端和螺纹形态发生》，载于《理论生物学期刊》，117（1985），第79~106页；C. 布里埃和B. C. 古德温，《伞藻细胞轮廓动态和形态发生的数学模型》，载于《理论生物学期刊》，131（1988），第461~475页；B. C. 古德温和C. 布里埃，《伞藻细胞轮廓动态和形态发生的数学模型》，收录于D. 门泽尔（编辑），《藻类的细胞轮廓》，CRC出版社（1992），第219~238页；B. C. 古德温，《豹子如何改变斑点：复杂性的进化》，Weidenfeld & Nicolson出版社（1994），第88~103页；第二版（普林斯顿大学出版社，2001）增加了作者的新序言。

**32.** 图灵（1952），第556页。

**33.** 古德温（注31），第94页。

**34.** 具有讽刺意味的是，形态学的创始人约翰·冯·歌德也发生了同样的事情。1853年，他在这一论题上的工作受到了当时主要科学家赫尔曼·冯·赫尔姆霍尔茨的大力赞扬，赫尔曼·冯·赫尔姆霍尔茨撰写了《论歌德的科学研究》（H. W. 伊芙译，H. 亥姆霍兹，《科学话题的通俗讲座》，朗曼斯格林新教育学院（1884），第29~52页。亥姆霍兹说，歌德的成果提供了"无限丰硕的思想"，赢得了"不朽的声誉"。但它的名声，不管是否不朽，很快就进入了冬眠期。仅仅6年后，达尔文《物种起源》的出版令它黯然失色。生物学家的兴趣从关于形态的永恒问题转向关于进化的历史问题。

**35.** 见图灵（1952 年），第 68 页。

**36.** P. T. 桑德斯（编辑），《形态发生：A. M. 图灵论文选集》，第 3 卷，Elsevier 出版社科学（1992）。

**37.** "无数次"，因为引用指数通常不包括书中的参考文献，经常省略非科学期刊，从不搜索"公共"媒体。

**38.** 见图灵（1952 年），第 557 页。

**39.** 桑德斯（注 36）。

**40.** B. 理查兹，《叶序的形态发生理论：III——球面对称情况下形态发生方程的解》，桑德斯（注 36）。

**41.** 图灵数字档案，AMT/C/27（http://www.turingarchive.org）

**42.** H. 奥康内尔和 M. 菲茨杰拉德，《艾伦·图灵是否患有阿斯伯格综合症？》，载于《爱尔兰精神医学期刊》，20（1）（2003），第 28~31 页，第 29 页。

**43.** 引自 W. 奥托夫，《艾伦·图灵半个世纪之后：形态发生的非凡理论》，载于《比利时动物学期刊》，133（1）（2003），第 3~14 页，第 8 页。

## 第 34 章　图灵的形态发生理论（伍利、贝克和梅尼）

**1.** 图灵（1952）。

**2.** E. 奥托夫，《高等工程数学》，威利－印度出版社（2007）。

**3.** J. D. 默里，《数学生物学 II：空间模型和生物医学应用》，斯普林格出版社（2003）。

**4.** A. 吉雷尔和 H. 迈因哈特，《生物形态形成理论》，载于《生物控制论》，12（1972），第 30~39 页。

**5.** V. 卡斯特，E. 都罗，J. 博瓦索纳德和 P. 德凯坡，《持续存在的图灵型非平衡化学模式的实验证据》，载于《物理评论快报》，64（1990），第 2953~2956 页。

**6.** Q. 欧阳和 H. L. 斯文尼，《从均匀状态到六边形和条纹的图灵斑图转变》，载于《自然》，352（1991），第 610~612 页。

**7.** I. 伦吉尔和 I. R. 爱泼斯坦,《亚氯酸盐-碘化物-丙二酸-淀粉反应系统中图灵结构的建模》,载于《科学》,251(1991),第 650~652 页。

**8.** S. 西克,S. 瑞因克,J. 蒂默和 T. 施拉格,《WNT 和 DKK 通过反应-融合机制确定毛囊间距》,载于《科学》,314(2006),第 1447~1450 页。

**9.** A. D. 埃科诺穆,A. 奥哈扎玛,T. 珀特威特斯,P. T. 夏普,S. 近藤,M. A. 巴松,A. 格里特利·林德,M. T. 科伯恩和 J. B. A. 格林,《图灵机制在哺乳动物腭部生长区运行形成的周期性条纹》,载于《自然遗传学》,44(2012),第 348~351 页。

**10.** S. W. 赵,S. 夸克,T. E. 伍利,M. J. 李,E. J. 金姆,R. E. 贝克,H. J. 金姆,J. S. 信,C. 蒂克尔,P. K. 迈尼和 H. S. 荣格,《Shh,Sostdc1 和 Wnt 信号之间的相互作用以及牙齿空间模式的新反馈回路》,载于《发展》,138(2011),第 1807~1816 页。

**11.** R. 谢斯,L. 马尔孔,M. F. 巴斯蒂达,M. 洪科斯,L. 金塔纳,R. 达恩,M. 克米塔,J. 夏普和 M. A. 罗斯,《Hox 基因通过控制图灵型机制的波长来调节数字模式》,载于《科学》,338(2012),第 1476~1480 页。

**12.** S. 近藤和 R. 浅井,《海洋天使鱼皮肤上的反应扩散波》,载于《自然》,376(1995),第 765~768 页。

**13.** J. D. 默里,《反应扩散机制中图灵不稳定性的参数空间:模型比较》,载于《理论生物学期刊》,98(1982),第 143 页。

**14.** J. 巴德和 I. 兰黛,《图灵的形态发生理论的效果如何?》,载于《理论生物学期刊》,45(1974),第 501~531 页。

**15.** E. J. 柯兰平,E. A. 加夫尼和 P. K. 迈尼,《生长域上的反应和融合:稳健模式形成的情景》,载于《数学生物学期刊》,61(1999),第 1093~1120 页。

**16.** E. A. 加夫尼和 N. A. M. 蒙克,《基因表达时间延迟和图灵模式形成系统》,载于《数学生物学期刊》,68(2006),第 99~130 页。

**17.** T. E. 伍利,R. E. 贝克,E. A. 加夫尼,P. K. 迈尼和 S. 塞林李,《内在随机效应-延迟反应双融合模式系统的研究》,载于《物理评论》E,85(2012),051914。

18. A. 那科迈苏，G. 高桥，A. 神户和 S. 近藤，《产生图灵模式的斑马色素细胞之间的相互作用》，载于《美国国家科学院学报》，106（2009），第 8429~8434 页。

19. T. E. 伍利，R. E. 贝克，E. A. 加夫尼和 P. K. 迈尼，《生长域上的随机反应和扩散：理解稳健模式形态的崩溃》，载于《物理评论》E，84（2011），046216。

20. G. E. P. 博克斯和 N. R. 德雷珀，《经验模型建立和响应面》，威利出版社（1987）。

21. 图灵（1952）。

## 第 35 章　放射虫：证实图灵的理论（理查兹）

1. D. W. 汤普森，《论成长与形态》，剑桥大学出版社（1917）（第二版增补版，1942）。

2. 图灵（1952）。

3. 理查兹，《放射虫的形态发生》，曼彻斯特大学 HSC，1954。

4. P. T. 桑德斯，《形态发生》，北荷兰出版社（1992）。

## 第 36 章　介绍图灵的数学（惠蒂、威尔逊）

1. 布里顿（编辑），《A. M. 图灵论文选集：纯数学》，北荷兰出版社（1992）。

2. I. J. 古德，《概率统计史研究，第 37 卷：图灵在第二次世界大战中的统计工作》，载于《生物计量学》，66（2）（1979），第 393~396 页。

3. 图灵，《论高斯误差函数》，国王学院研究生论文（1935）。

4. S. L. 扎贝尔，《艾伦·图灵和中心极限定理》，载于《美国数学月刊》（1995年6月至7月），第 483~494 页。

5. W. 伯恩赛德，《有限阶群理论》，第二版，剑桥大学出版社（1911）。

6. 布里顿（注1）。

7. P. S. 诺维科夫，《论群论中字问题的算法不可解性》，载于《苏联科学院》，44（1955），第 3~143 页。

8. J. 史迪威，《群的字问题和同构问题》，载于《美国数学学会期刊》，6（1）

（1982），第 33~56 页。

**9.** 布里顿（注 1）。

**10.** A. E. 英厄姆，《素数分布》，《剑桥数学丛书 30》，剑桥大学出版社（1932）。

**11.** D. 扎吉尔，《第一个 5 000 万素数》，载于《数学情报员》（1997），第 221~224 页。

**12.** B. 黎曼，《论小于给定数值的素数的个数》，载于《柏林科学院月报》（1859 年 11 月），第 671~680 页。

**13.** E. C. 蒂奇马什，《黎曼泽塔函数的零点》，载于《伦敦皇家学会学报 A 辑：数学和物理科学》，157（1936），第 261~263 页。

**14.** 图灵（1943）。

**15.** 图灵（1953a）。

**16.** A. R. 布克，《图灵与黎曼假说》，载于《美国数学学会通报》，53（10）（2006），第 1208~1211 页。

**17.** D. A. 赫哈尔和 A. M. 奥德利兹科，《艾伦·图灵和黎曼泽塔函数》，收录于 S. B. 库珀和 J. 范·列文（编辑），《艾伦·图灵：他的成就和影响》，Elsevier 出版社（2013），第 265~279 页。

## 第 37 章 可判定性和判定问题（惠蒂）

**1.** 图灵（1936）。

**2.** J. J. 格雷，《希尔伯特难题》，牛津大学出版社（2000）。

**3.** P. 史密斯，《哥德尔定理导论》，剑桥大学出版社（2007）。

**4.** B. J. 科普兰，《可计算数：指南》，《图灵精要》，第 5~57 页。

**5.** J. P. 琼斯，H. 和田，D. 萨托和 D. 韦恩斯，《质数集的丢番图表示》，载于《美国数学月刊》，83（1976），第 449~464 页。

## 第 38 章 重温班布里处理：纵深与贝叶斯（辛普森）

**1.** 欣斯利、斯特里普（1993）。

**2.** R. 惠兰，《布莱切利园使用的霍列瑞斯设备》，NA，HW25/22。

**3.** 西比尔·坎农的私人通信。

**4.** 惠兰兴致勃勃地描述了这次访问（注2）。

**5.** C. H.O' D.亚历山大，《德国海军恩尼格玛的密码工作历史》，(c.1945)，NA，HW25/1及计算历史图灵档案馆（http://www.AlanTuring.net/alexander_naval_enigma）。

**6.** 我称之为"对齐"，亚历山大称之为"距离"。

**7.** 亚历山大（注5）。

**8.** 亚历山大（注5）。

**9.** I. J. 古德，《概率与证据的权衡》，格里恩（1950）。

**10.** 克里斯汀·布罗斯（原姓：奥格维–福布斯），私人通信。

**11.** 图灵，《恩尼格玛机的数学理论》（c.1940）（也称《图灵关于恩尼格玛的论文》），NA，HW25/3和计算历史图灵档案馆（http://www.AlanTuring.net/profs_book）。

**12.** 图灵，《访问俄亥俄州代顿市国家收银机公司》（1942），计算历史图灵档案馆（http://www.AlanTuring.net/turing_ncr）。

**13.** 琼·克拉克，欣斯利、斯特里普（1993）。

**14.** 图灵（注11）。

**15.** 布罗斯（注10）。

**16.** 艾琳·约翰逊（原姓：普罗曼），私人通信。

**17.** C.H.O' D.亚历山大，《因子法》（c.1945），NA，HW43/26，研究1。

**18.** E. H. 辛普森，《布莱切利园的贝叶斯》，《意义》（2010年6月）。

## 第39章 图灵与随机性（唐尼）

**1.** É. 波雷尔,《可数概率及其算术应用》,载于《巴勒莫数学通报》,27(1909),第247~271页。

**2.** 从数学上讲，说一个数是正规的意味着绝对正规数集合的"勒贝格测度"为1；这相当于说，如果我们向实直线投掷飞镖，那么概率为1，它将击中一个绝对正规数。

**3.** A. 科普兰和P. 埃尔德什的《正规数的解释》，载于《美国数学学会期刊》，

52（10）（1946），第857~860页。他们的证明依赖于基数10中素数的"密度"。

**4.** 图灵（c.1936）。

**5.** C. 施诺尔，《随机序列定义的统一方法》，载于《数学系统理论》，5（1971），第246~258页。

**6.** 事实证明，如果不允许使用此功能，并且只能以最小下注量进行离散下注，则会出现一种完全不同的随机性概念，称为"整数值随机性"。这是一个物理学问题，因为它取决于时空是连续的还是离散的，所以这是否是宇宙随机性的正确概念。

**7.** 图灵（c.1936）。

**8.** V. 贝彻，S. 菲盖拉和R. 皮奇，《图灵未发表的正规数算法》，载于《理论计算机科学》，377（2007），第126~138页。

**9.** V. 贝彻，《图灵正规数：走向随机性》，收录于S. B. 库珀、A. 达瓦尔和B. 劳氏（编辑），CiE 2012，《斯普林格计算机科学讲义7318》，斯普林格出版社（2012），第35~45页。

**10.** H. 勒贝格，《关于某些存在的证明》，载于《法国数学学会期刊》，45（1917），第132~144页；W. 谢尔宾斯基，《波雷尔先生关于绝对正规数定理的解释及有效判定》，载于《法国数学学会期刊》，45.（1917），第127~132页。

**11.** 贝彻和S. 菲盖拉，《可计算绝对正规数的一个例子》，载于《理论计算机科学》，270（2002），第947~958页。

**12.** 图灵（1936）。

**13.** 见R. 索阿雷，A. 涅罗德和W. 西格在R. 唐尼（编辑）中的章节，《图灵的遗产》，剑桥大学出版社（2015）。

**14.** 图灵（1950）。

**15.** 图灵（1950）。

**16.** 这在单变量多项式中很容易看到。例如，非零三次多项式（如 $ax^3+bx^2+cx+d$）最多可以有3个根，因此它可以在不超过三个$x$值处取零值。随机选择不太可能选择这三个值中的一个！

**17.** B. J. 科普兰和O. 沙格里尔，《图灵与哥德尔关于计算和心智之争》，收录于B. J. 科普兰、C. 波西和O. 沙格里尔（编辑），《可计算性：哥德尔，图灵，邱奇及其他》，麻省理工学院出版社（2013），第 1~33 页。

**18.** 图灵（c.1951）。

**19.** R. 迪诺和 A. 维格德森，《P=BPP，如果 E 需要指数电路：XOR 引理去随机化》，收录于《第 29 届 ACM 计算原理年度研讨会（STOC '97）论文集》，ACM（1997），第 220~229 页。

**20.** M. 阿格拉沃，N. 卡亚尔和 N. 萨克森纳，《多项式时间内判定素数》，《数学年鉴》，160（2004），第 781~793 页。

**21.** C. 施诺尔和 H. 斯迪姆，《有限自动机和随机序列》，载于《信息学报》，1（1972），第 345~359 页。

**22.** E. 马约多莫，《多项式时间内绝对正规实数的构造》，预印本（2012 年 11 月）；V. 贝彻，P. 海伯和 T. A. 斯莱曼，《计算绝对正规数的多项式时间算法》，《信息与计算》，232（2013），第 1~9 页。

**23.** 关于随机性及其与可计算性关系的一般介绍，见 R. 唐尼和 D. 赫希费尔特，《算法的随机性与复杂性》，斯普林格－维拉格出版社（2010）；A. 尼耶斯，《可计算性和随机性》，牛津大学出版社（2009）。关于随机性一般理论的更多非正式讨论，见 H. 泽尼尔（编辑），《通过计算实现随机性：一些答案，更多问题》，《世界科学》（2011）；这是该领域主要专家的论文。关于图灵工作引起的数学（特别是逻辑）发展的更多信息，见 R. 唐尼（编辑），《图灵的遗产》，剑桥大学出版社（2014）。

## 第 40 章　图灵的导师麦克斯・纽曼（格拉坦－吉尼斯）

**1.** 对现代数学分析的历史有很好的论述；例如，见 N. H. 雅恩可（编辑），《分析史》，《美国数学学会》（2003）。复杂变量分析的类似叙述；见 U. 博塔齐尼，《高等微积分：从欧拉到魏尔斯特拉斯的实分析和复杂分析史》，斯普林格出版社（1986）。

**2.** 见 G. H. 摩尔，《策梅洛的选择公理》，斯普林格出版社（1982）。

**3.** 见 C. S. 罗埃罗和 E. 卢西亚诺，《朱塞佩・佩亚诺学派》，收录于 C. S. 罗埃罗（编辑），《佩亚诺学派：在数学，逻辑和国际语之间》。《国际研究大会论文集》（都灵，2008），《国土历史亚高山代表团》（2010），第 1~212 页。

**4.** 见 I. 格拉坦·吉尼斯，《寻找数学的根，1870—1940。逻辑学、集合论以及从康托尔、罗素到哥德尔的数学基础》，普林斯顿大学出版社（2000），第 8 章和第 9 章。

**5.** 见 V. 佩克豪斯，《希尔伯特、策梅洛与德国数理逻辑的制度化》，载于《知识史报告》，15（1992），第 27~38 页；W. 西格，《希尔伯特计划：1917—1922》，载于《符号逻辑期刊》，5（1999），第 1~44 页。

**6.** 见 W. 阿斯普雷，《奥斯瓦尔德·维布伦和普林斯顿的数理逻辑起源》，收录于 T. 德鲁克（编辑），《数理逻辑史展望》，Birkhäuser 出版社（1991），第 54~70 页。

**7.** 参见 I. 格拉坦·吉尼斯，《重新解释"λ"：肯佩对多元集合的解释以及皮尔斯对图表的解释，1886—1905》，载于《C. S. 皮尔斯协会会报》，38（2002），第 327~350 页。

**8.** 见 M. 哈利特，《康托尔集合理论和规模限制》，Clarendon 出版社（1984），第 8 章。

**9.** A. 塔斯基，《逻辑学导论与演绎科学方法论》（O. 赫尔默译），第 1 版，牛津大学出版社（1941），第 125~130 页。

**10.** 参见 I. 格拉坦·吉尼斯，《到 20 世纪 60 年代初，数学家和一些逻辑学家对哥德尔 1931 年不完备性定理的接受》，收录于 M. 巴兹、C. H. 帕帕季米特里乌、H. W. 普特南、D. S. 斯科特和 C. L. 哈珀（编辑），《库尔特·哥德尔和数学基础：真理的地平线》，剑桥大学出版社（2011），第 55~74 页。

**11.** 霍奇斯（1983），第 109~114 页。

**12.** 图灵（1936）。

**13.** 参见 I. 格拉坦·吉尼斯，《艾伦·图灵的导师：逻辑学家麦克斯·纽曼（1897—1984）》，载于《数学情报》，第 35（3）（2013 年 9 月），第 54~63 页。

**14.** 另见 B. J. 科普兰，《从可判定性问题到个人电脑》，摘自 C. H. M. 巴兹、帕帕季米特里乌、H. W. 普特南、D. S. 斯科特和 C. L. 哈珀（编辑），《库尔特·哥德尔和数学基础：真理的地平线》，剑桥大学出版社（2011），第 151~184 页。

**15.** 剑桥圣约翰学院纽曼档案；感谢戴维·安德森。可在 http://www.cdpa.

co.uk/Newman 获取数字版本。

16. S. W. P. 斯蒂恩于 1944 年在"逻辑学"中开设了数学优等考试课程；道德科学优等考试继续在更传统的"逻辑"部分长期开课。

17. 关于图灵的教学，见霍奇斯（1983），第 153 页，第 157 页，以及 1939 年 5 月 29 日的教员委员会会议记录。

18. M. H. A. 纽曼，《逻辑分层系统》，载于《剑桥哲学学会学报》，39（1943），第 69~83 页；M. H. A. 纽曼和 A. 图灵，《邱奇类型理论中的一个形式定理》，载于《符号逻辑期刊》，第 7 期（1943），第 28~33 页。

19. M. H. A. 纽曼，《论"等价"组合定义理论》，载于《数学年鉴》，43（1942），第 223~243 页。相关讨论，请参见 J. R. 欣德利，《M. H. 纽曼的兰姆达演算典型化算法》，载于《逻辑与计算期刊》，18（2008），第 229~238 页。

20. W. 纽曼，《麦克斯·纽曼: 数学家、密码破译者和计算机先驱》，科普兰等，（2006），第 176~188 页。

21. 见 J. F. 亚当斯，《麦克斯·赫尔曼·亚历山大·纽曼，1897 年 2 月 7 日至 1984 年 2 月 22 日》，《皇家学会会员传记》，31（1985），第 436~452 页。

22. M. 加德纳，《记忆碎片》，自由联想图书（1988 年），第 61~68 页。

23. 维廷格的信，纽曼档案（注 15），第 2-1-2 项。

24. K. 哥德尔，《论关于数学原理与相关系统的形式不可判定命题I》，载于《数学物理月刊》，38（1931），第 173~198 页。

25. 维也纳圈见 F. 施塔德勒，《维也纳圈》，斯普林格出版社（2001）。哈恩见 K. 西格蒙德，《哲学家的数学家：汉斯·哈恩和维也纳圈》，载于《数学情报》，第 17（4）（1995），第 16~19 页。

26. M. H. A. 纽曼，《论近似连续性》，载于《剑桥哲学学会学报》，23（1923），第 1~18 页。相关背景，请参见 F. A. 梅德韦杰夫，《实函数史一撇》。R. 库克译），Birkhäuser 出版社（1991）。

27. M. H. A. 纽曼，《从物理学角度看数学的基础》，1923 年的手稿，纽曼档案（注 15），F 33.1。

28. D. 希尔伯特，《数学的逻辑》，88（1922），第 151~165 页（同样在《论文集》，第 3 卷，斯普林格出版社（1935），第 178~191 页）。

**29.** L. E. J. 布劳威尔，《独立于排中律逻辑定理的集合论的理由》第一部分，"一般集合论"，阿姆斯特丹皇家科学学院院刊，12（5）（1918），第 1~43 页；第二部分，"点集理论"，7（1919）；第 1~33 页；也可见《论文集》，第 1 卷，北荷兰出版社（1975），第 150~221 页；C. H. H. 外尔，《关于数学基础的新危机》，《数学时代》，第 10 卷（1921），第 39~79 页 [ 也可见《论文集》，第 2 卷，斯普林格出版社（1968），第 143~180 页 ]。

**30.** 参见彭罗斯论文，伦敦大学学院档案，特别是方框 20-1 和 26-8。

**31.** 见 H. 哈里斯，《莱昂内尔·彭罗斯，1898—1972》，《皇家学会会员传记回忆录》，19（1973），第 521~561 页（也发表在《医学遗传学杂志》，第 11 期（1974），第 1~24 页）。

**32.** B. A. W. 罗素，《物的分析》，Kegan Paul 出版社（1927）。

**33.** M. H. A. 纽曼，《罗素先生的"感知因果理论"》，载于《心智》37（1928），第 137~148 页。

**34.** 也见 W. 德莫普洛斯和 M. 弗里德曼，《物的分析中的结构概念》，收录于 A. D. 欧文（编辑），《伯特兰·罗素：语言、知识与世界》，Routledge 出版社（1999），第 277~294 页。

**35.** I. 格拉坦－吉尼斯，《逻辑、拓扑和物理：伯特兰·罗素和麦克斯·纽曼之间的接触点》，《罗素》32（2012），第 5~29 页。

**36.** M. H. A. 纽曼，《艾伦·麦席森·图灵，1912—1954》，《皇家学会会员传记》，1（1955 年 11 月），第 253~263 页。

**37.** 信息来自英国皇家学会档案馆和纽曼档案馆（注 15），第 2-15-10 至 2-15-13 项。

**38.** 在匹兹堡大学的弗兰克·普伦普顿·拉姆齐论文中似乎没有纽曼材料。

**39.** 关于这种具有讽刺意味的情况，请参见《格拉坦—吉尼斯世界纪录》（注 4），第 327~328 页、第 388~391 页和第 592~593 页。"我记得在哥德尔的证据出现后不久，我就跟你们谈过。"纽曼于 1966 年 9 月 25 日向拉塞尔回忆说。纽曼档案馆（注 15），第 2-15-11 项。

**40.** 关于图灵在剑桥大学毕业期间和毕业后的关系圈，见霍奇斯（1983），第四章。

## 第41章 整个宇宙是计算机吗?(科普兰、斯普雷瓦克和沙格里尔)

**1.** 图灵(1950),第 446 页。

**2.** B. J. 科普兰和 R. 索伦森,《多重可实现性:科普兰 – 索伦森光学通用计算机》,收录于 B. J. 科普兰、G. 皮奇尼尼、D. 普劳德福特和 O. 沙格里尔(编辑)的著作《计算的哲学》(即将出版)。

**3.** 图灵(1936)第 59 页。

**4.** L. 维特根斯坦,《心理学哲学评论》,第一卷,Blackwell 出版社(1980),第 1096 节。

**5.** 图灵(1948),第 416 页。

**6.** 图灵(1947),第 387 页,第 391 页。

**7.** 图灵(1950),第 444 页。

**8.** 图灵,《曼彻斯特电子计算机 2 号程序员手册》,第 1 页;计算历史图灵档案馆中有一份数字副本(http://www.AlanTuring.net/programmers_handbook)。

**9.** 我们在即将出版的 M. 库瓦罗和 S·弗莱彻(编辑)《计算的物理观点、物理的计算观点》(剑桥大学出版社)的"楚泽、甘迪和彭罗斯的论文"一章中寻找其他答案。

**10.** 图灵,《电子计算机计划》,载于科普兰等人(2005 年),第 386 页。

**11.** J. 塞尔,《大脑是数字计算机吗?》,载于《美国哲学协会会议录和演讲》,64(1990),第 21~37 页(第 25~27 页);J. 塞尔:《心智的重新发现》,麻省理工学院出版社(1992 年),第 205~209 页;H. 普特南,《表述与现实》,麻省理工学院出版社(1988 年),第 121~125 页。

**12.** B. J. 科普兰,《什么是计算?》,载于《综述》108(1996),第 335~359 页;D. J. 查默斯,《一块岩石是否实现了一个有限状态自动机?》,载于《综述》108(1996),第 309~333 页。

**13.** 冯·诺伊曼,《自动机的一般逻辑理论》,收录于 A. H. 陶布(编辑),《约翰·冯·诺伊曼文集》,第 5 卷,佩加蒙出版社(1961 年)。

**14.** B. J. 科普兰和 G. 索马鲁加,《存储程序通用计算机:楚泽预见到图灵和冯·诺伊曼了吗?》在 G. 索马鲁加和 T. 斯特拉姆(编辑)《图灵的革命》,

伯卡豪斯/斯普林格出版社（2015），第99~100页。

**15.** K. 楚泽，《关于德国计算机史的一些评论》，载于莫乔普里斯等人（1980年），第611页。

**16.** 康拉德·楚泽于1968年接受尤塔·默兹巴赫采访（计算机口述历史汇集，华盛顿特区美国历史国家博物馆档案中心）。

**17.** 科普兰和索马鲁加（注14）。

**18.** 1992年6月17日，楚泽在欧洲核子研究中心与布莱恩·卡彭特交谈（科普兰感谢卡彭特就卡彭特当时的谈话发送了一些简短的笔记）；楚泽，《计算机——我一生的工作》第四版，斯普林格出版社（2007年），第101页。

**19.** 唐纳德·戴维斯（Donald Davies）于1975年接受克里斯托弗·埃文斯（Christopher Evans）的采访（《计算先驱: 计算的口述史》，伦敦科学博物馆；科学博物馆版权受托委员会）。

**20.** 罗宾·甘迪（Robin Gandy）和威尔弗雷德·西格（Wilfried Sieg）将CAs视为并行计算机，不同于图灵机器，允许对任意多个单元格进行修改，而在图灵机器中，每一步只能改动纸带的一个单元格的内容；R. 甘迪，《邱奇的论文和机制原理》，收录于J. 巴里斯、H. J. 凯斯勒和K. 库宁（编辑），北荷兰出版社（1980），第123~148页；W. 西格，《关于可计算性》，收录于A. 欧文（编辑），《数学哲学手册》，Elsevier出版社（2009），第535~630页。

**21.** S. 沃尔夫勒姆，《元胞自动机的理论与应用》，世界科学出版社（1986），第8页。

**22.** 有关这方面的更多信息，请参见W. 庞德斯通，《递归宇宙》，威廉·莫罗公司（1985年）。

**23.** K. 楚泽，《计算屋》，Friedrich Vieweg & Sohn出版社（1969）。

**24.**《和杰拉德斯一起思考生活》，Plus杂志（2002年1月）（https://plus.maths.org/content/looking-life-gerardus-t-hoot）。

**25.** 一份好的总结，请参见J. D. 贝肯斯坦的《全息宇宙中的信息》，载于《科学美国人》，2007年4月17日，第66~73页。

**26.** M. 莫耶《空间是数字化的吗？》，载于《科学美国人》，2014年8月23日，第104~111页。

**27.** A. 赵，《有争议的测试没有发现全息宇宙的迹象》，载于《科学》，350（2015），第 1303 页。

**28.** M. 泰格马克，《我们的数学宇宙》，Knopf 出版社（2014）。

**29.** 有关泰格马克提议的批判性讨论，请参见斯科特·阿伦森的评论（http://www.scottaaronson.com/blog/?p=1753）。

**30.** L. 维特根斯坦，《逻辑哲学论》，（1922），命题 7。

**31.** A. 邱奇，《关于随机序列的概念》，美国数学学会学报，46（1940），第 130~135 页。

**32.** 有关图灵论文中各种表述的详细研究，请参见 E. 扎尔塔（编辑）的《斯坦福哲学百科全书》中 B. J. 科普兰的《邱奇－图灵论题》（http://www.plato.stanford.edu/entries/church-turing）。

**33.**《初等数论的一个无法解决的问题》，载于《美国数学杂志》，58（1936），第 345~363 页；图灵（1936），第 88~90 页。

**34.** 参见 S. C. 克莱尼，《递归函数理论的起源》，载于《计算史年鉴》，3（1981），第 52~67 页（第 59 页，第 61 页）；K. 哥德尔，《数学基础的一些基本定理及其含义》（1951），载于 S. 费弗曼等人（编辑），《论文集》，第 3 卷，牛津大学出版社，第 304~305 页。

**35.** 塞尔错误地称之为"邱奇论题"（Church's thesis）：J. 塞尔，《心智的重新发现》，麻省理工学院出版社（1992），第 200~201 页；另见 J. 塞尔，《意识之谜》，载于《纽约评论》（1997），第 87 页。

**36.** B. J. 科普兰，《计算的广义概念》，载于《美国行为科学家》，40（1997），第 690~716 页。

**37.** S. 格滕普兰，《心灵哲学指南》，Blackwell 出版社（1994），第 595 页。

**38.** P. M. 邱奇兰德和 P. S. 邱奇兰德，《机器会思考吗？》，载于《科学美国人》，262（1990 年 1 月），第 26~31 页（第 26 页）。

**39.** M. B. 布赫－艾和 I. 理查兹《具有可计算初始数据的波动方程，其唯一解不可计算》，载于《数学进展》，39（1981），第 215~239 页。

**40.** I. 斯图尔特，《判断不可判定的事物》，载于《自然》杂志，352（1991），第 664~665 页；B. J. 科普兰，《即使图灵机也能计算不可计算的函数》，载于

C. 卡卢德、J. 卡斯蒂和M. 丁宁（编辑），《非传统计算模型》，斯普林格·维拉格出版社（1998），第150~164页；B. J. 科普兰，《超级图灵机》，载于《复杂性》，4（1998），第30~32页；B. J. 科普兰，《加速图灵机器》，载于《心智与机器》，12（2002），第281~300页。"加速图灵机"这一术语是科普兰在1997年的讲座中介绍的。"加速图灵机"一词的变体（参见C. S. 卡卢德 和 L. 斯泰格，《关于加速图灵机的说明》，离散数学和理论计算机科学研究报告中心（2009年）（http://hdl.handle.net/2292/3857）；L. G. 费恩利，《论加速图灵》，奥克兰大学计算机科学荣誉论文（2009）；P. H. 波特吉特和E. 罗辛格，《加速图灵机的输出概念》，离散数学和理论计算机科学研究中心报告（2009年）（http://hdl.handle.net/2292/3858），源于科普兰的《即使图灵机也能计算不可计算的函数》。

**41.** B. A. W. 罗素，《我们对外部世界的知识》（1915），第172~173页。

**42.** B. J. 科普兰和O. 沙格里尔，《加速图灵机能计算不可计算的东西吗？》，载于《思想与机器》，21（2011），第221~239页。

**43.** 会议论文发表于1990年：I. 皮托夫斯基，《物理邱奇论题与物理计算复杂性》，载于《耶路撒冷哲学季刊》，39（1990），第81~99页。

**44.** H. 安德烈卡，I. 尼梅蒂和P. 尼梅蒂，《广义相对论超计算和数学基础》，载于《自然计算》，8（2009），第499~516页；I. 尼梅蒂和G. 戴维，《相对论计算机与图灵屏障》，载于《应用数学与计算》，178（2006），第118~142页；G. 伊特西和I. 尼梅蒂，《通过马兰特－霍加特时空的非图灵计算》，载于《国际理论物理》杂志，41（2002），第341~370页。戴维·马兰特（在私人交流中）和马克·霍加特描述了基本相似的设置：M. L. 霍加特，《广义相对论是否允许观察者在有限时间内观察永恒？》，载于《物理学基础快报》，5（1992），第173~181页。M. L. 霍加特，《非图灵计算机和非图灵可计算性》，收录于PSA：科学哲学协会两年一度会议记录，1（1994），第126~138页。

**45.** H. 安德烈卡，I. 尼梅蒂和P. 尼梅蒂（注44），第501页。

**46.** H. 安德烈卡，I. 尼梅蒂和P. 尼梅蒂（注44），第511页。

**47.** M. 邦格和R. 阿迪拉，《心理学哲学》，斯普林格－维拉格出版社（1987），第109页。

48. D. 多伊奇，《量子理论、邱奇-图灵原理和通用量子计算机》，伦敦皇家学会论文集。系列A，数学和物理科学，400（1985），第97~117页（第99页）。

49. R. 彭罗斯，《心智的影子：寻找缺失的意识科学》，牛津大学出版社（1994年），第21页。

50. A. 霍奇斯，《艾伦·图灵传：如谜的解谜者》，Vintage出版社（1992），第109页。

51. A. 霍奇斯，《艾伦·图灵1954年后会做什么？》，收录于C. 特舍尔（编辑），《艾伦·图灵：伟大思想家的生平和遗产》，斯普林格-维拉格出版社（2003年），第51页。

52. B. J. 科普兰和D. 普劳德福特，《艾伦·图灵在计算机科学中被遗忘的想法》，载于《科学美国人》，280（1999），第99~103页。

53. 图灵（1951），《数字计算机能思考吗？》，首次发表于B. J. 科普兰，《艾伦·图灵关于机器智能的一次演讲和两次广播》，分别发表于K. 古川、D. 米奇和S. 马格尔顿（编辑），《机器智能15》，牛津大学出版社（1999），第445~476页；也收录在《图灵精要》之中。

54. 科普兰（注53），第451~452页。另见B. J. 科普兰，《图灵与心智的物理学》，收录于S. B. 库珀和J. 范·列文（编辑），《艾伦·图灵：他的工作和影响》，Elsevier出版社（2013），第651~666页。

55. A. 霍奇斯，《艾伦·图灵1954年后会做什么？》，在瑞士洛桑图灵日演讲（2002年6月）。

56. 图灵（1951），第483页。

57. A. 霍奇斯，《超越图灵机器》，载于《科学》，336（2012年4月13日），第163~164页。

## 第42章 图灵的遗产（鲍文、科普兰）

1. 《世纪伟人》，载于《时代周刊》，153（12）（1999年3月29日）（http://content.time.com/time/magazine/article/0,9171,990608,00.html）；P. 格雷，《计算机科学家：艾伦·图灵》，载于《时代》第153（12）（1999年3月29日）。

**2.** 谷歌学术搜索"艾伦·图灵"（https://scholar.google.co.uk/citations?user=VWCHlwkAAAAJ）。

**3.** 图灵（1936），图灵（1950），图灵（1952）。

**4.** 计算机协会 A. M. 图灵奖（http://amturing.acm.org/）。

**5.** C. 佩奇和 M. 理查兹，《克里斯托弗·斯特雷奇的一封信》，《复苏：计算机保护学会杂志》，73（2016年春季），第22~24页（http://www.computerconservationsociety.org/resurrection/res73.htm#d）。

**6.** P. 伯玛、G. D. 杜伦、R. 梅尼耶里和 V. I. 齐夫里诺维奇，《图灵机器》，收录于《量子计算机导论》，世界科学出版社（1998），第8~12页；E. 伯恩斯坦和 U. V. 瓦齐拉尼，《量子复杂性理论》，收录于 STOC'93 第二十五届年度 ACM 计算理论研讨会论文集，ACM（1993），第11~20页；阿哈罗诺夫和瓦齐拉尼：《量子力学是可证伪的吗？量子力学基础的计算视角》，收录于 B. J. 科普兰、C. 波西和 O. 沙格里尔（编辑），《可计算性：哥德尔、图灵、邱奇和其他》，麻省理工学院出版社（2013年）。

**7.** P. 兰德尔，《生命游戏——通用图灵机》，YouTube（2010，上传于2012年）（http://www.youtube.com/watch?v=My8AsV7bA94）。

**8.** F. L. 莫里斯和 C. B. 琼斯，《艾伦·图灵的早期程序证明》，载于《IEEE 计算史年鉴》，6（2）（1984），第139~143页。

**9.** R. 海菲尔德，《对思考机器的思考》，伦敦科学博物馆（2015年12月11日）（http://blog.sciencemuseum.org.uk/what-to-think-about-machines-that-think/）。

**10.** M. 博登《格雷·沃尔特预期的乌龟》，载于《卢瑟福杂志》，2（2006-7）(http://rutherfordjournal.org/article020101.html)。

**11.** D. 鲁尼，"破译者艾伦·图灵的生平和遗产"，科学博物馆，伦敦，YouTube（2012年6月19日）（http://www.youtube.comwatch?v=I3NkVMHh0_Q）；R.Highfield，"破译者赢得伟大展览奖"，伦敦科学博物馆（2012年12月17日）（http://blog.sciencemuseum.org.uk/codebreaker-wins-great-exhibition-award）。

**12.**《艾伦·图灵百年》，自然出版社，482（2012年2月25日），第

450~465 页（http://www.nature.com/news/specials/turing）。

**13.**《破译密码》，IMDb（1996）（http://www.imdb.com/title/tt0115749）。

**14.**《图灵: 历史的一幕》，由玛丽亚·伊莉莎贝塔·马雷利编剧和导演,（https://vimeo.com/channels/712706）。

**15.** http://www.thehopetheatre.com/productions/lovesong-electric-bear/; https://www.thestage.co.uk/reviews/2016/to-kill-a-machine-review-at-kings-head-theatre-london/。

**16.** https://georgezarkadakis.com/2011/10/28/notes-on-the-imitation-game/;www.scientiicamerican.com/article/alan-turing-comes-alive。

**17.** http://www.jamesmccarthy.co.uk/blog/codebreaker-an-introduction。

**18.** 图灵写给萨拉·图灵的信（1930 年 2 月 16 日），国王学院档案馆，目录参考 K1/20。图灵 1930 年写给默卡母亲的信收录在霍奇斯（1983）中。

**19.**《模仿游戏》，互联网电影数据库（IMDb，2014）（http://www.imdb.com/title/tt2084970）。

**20.** S. 麦凯，《图灵、白雪公主和毒苹果》，载于《旁观者》（2015 年 5 月 9 日）（http://www. spectator.co.uk/2015/05/turing-snow-white-and-the-poisoned-apple/）。

**21.** S. 凯特尔，《艾伦·图灵》（http://www.stephenkettle.co.uk/turing.html）。

**22.** 英国广播公司新闻（2014 年 11 月 8 日）《布莱切利园纪念图灵炸弹邮票》(http://www.bbc.co.uk/news/uk-england-beds-bucks-herts-29950356)；布莱切利园发行邮票纪念艾伦·图灵一百周年，BBC 新闻（2012 年 1 月 24 日）（http://www.bbc.co.uk/news/uk-england-beds-bucks-herts-16688942）。

**23.** 为艾伦·图灵写的一首歌，YouTube（2011 年 10 月 16 日）（http://www.youtube.com/ watch?v=ksUyhJRkvNk）。

**24.** http://www.scribd.com/document/65056089/For-Alan-Turingsolo-piano。艾伦·图灵在剑桥大学国王学院的百年诞辰聚会,由杰克·科普兰和马克·斯普雷瓦克组织（https://sites.google.com/site/turingace2012/）。

**25.** J. 麦卡锡,《密码破译者:介绍》（http://www.jamesmccarthy.co.uk/blog/codebreakeran-introduction）。

**26.** 麦卡锡（注25）。

**27.** J. 罗杰斯,《为艾伦而写》:宠物店的男孩们带着他们的图灵歌剧去参加《卫报》的舞会（2014年7月20日）（https://www.theguardian.com/music/2014/jul/20/pet-shop-boys-alan-turing-enigma-proms-tribute-interview）（感谢詹姆斯·加德纳。）

**28.** 尼科·穆利饰演艾伦·图灵:《卫报》（2015年6月6日）"没有人想看一部关于同性恋殉道者的清唱剧"（http://www.theguardian.com/music/2015/jun/06/nico-muhly-takes-on-alan-turing-no-onewants-a-gay-martyr-oratorio）。

**29.** R. 柯林斯,《斯蒂夫·乔布斯评论:疯狂娱乐》,载于《每日电讯报》（2015年11月12日）（http://www.telegraph.co.uk/ilm/steve-jobs/review）。

**30.** H. 弗里斯,《揭开苹果商标背后的故事》,CNN（2011年10月7日）（http://www.edition.cnn.com/2011/10/06/opinion/apple-logo）；A. 罗宾逊,《电影:现实与调查》,载于《柳叶刀》,386（2015年11月21日）,2048。

**31.** S. 麦凯,《艾伦·图灵的秘密文件是怎样为国家保存下来的》,《每日电讯报》（2011年7月30日）（http://www.telegraph.co.uk/lifestyle/8668156/How-Alan-Turings-secret-papers-were-savedfor-the-nation.html）。

**32.** S. 希基,《艾伦·图灵笔记本在纽约拍卖会上的售价超过100万美元》,载于《卫报》（2015年4月13日）（https://www.theguardian.com/science/2015/apr/13/alan-turings-notebook-sellsfor-more-than-1m-at-new-york-auction）。

**33.** R. 列文,《超级密码之战》,Graton出版社（1978）,第64页。

34. A. 霍奇斯，《在艾伦·图灵出生地的演讲》，（http://www.turing.org.uk/publications/oration.html）。

35. 《为图灵请愿后，首相的道歉》，BBC新闻（2013年9月11日）（http://news.bbc.co.uk/1/hi/technology/8249792.stm）；G. 布朗：《戈登·布朗：我很自豪地向一位真正的战争英雄道歉》，载于《每日电讯报》（2009年9月10日）（http://www.telegraph.co.uk/news/politics/gordon-brown/6170112/Gordon-Brown-Im-proud-to-say-sorry-to-a-real-war-hero.html）。

36. 《政府拒绝赦免艾伦·图灵》，英国广播公司新闻（2012年3月8日）（http://www.bbc.co.uk/news/technology-16919012）。

37. S. 斯温福德，《艾伦·图灵获女王特赦》，载于《每日电讯报》（2013年9月24日）（http://www.telegraph.co.uk/history/world-war-two/10536246/Alan-Turing-granted-Royal-pardonby-the-Queen.html）。

38. 英国广播公司新闻《破译者艾伦·图灵的王室赦免》（2013年12月24日）（http://www.bbc.co.uk/news/technology-25495315）。

39. A. 考伯恩，《独立报》（2016年10月20日）（http://www.independent.co.uk/news/uk/politics/alan-turing-law-government-pardon-rachel-barnes-historic-crimes-a7370621.html）。

40. R. 道金斯：《上帝的错觉》，Bantam出版社（2006年），第289页。